AF567797

Franz Kurowski

1943

So war der 2. Weltkrieg

Franz Kurowski

1943

So war der
2. Weltkrieg

FLECHSIG

Umwelthinweis:
Dieses Buch und der Umschlag wurden auf chlorfrei
gebleichtem Papier gedruckt.
Die Einschrumpffolie – zum Schutz vor Verschmutzung –
ist aus umweltverträglichem und recyclingfähigem PE-Material.

Sonderausgabe für Flechsig-Buchvertrieb
© 2008 Verlagshaus Würzburg GmbH & Co. KG, Würzburg
Internet: www.verlagshaus.com
Gesamtherstellung: AGORA, United Graphic Services b.v., Netherland

ISBN 978-3-88189-714-3

Inhaltsverzeichnis

EINSCHNEIDENDE EREIGNISSE 9-16
Alles oder nichts! - Hitlers Bekenntnis (9) - Casablanca - Blut und Tränen (13)

WELIKIJE LUKI 17-32
Entsatzangriff auf Welikije Luki (17) - Der Endkampf: Bis zur letzten Patrone (18) - Der Entsatzvorstoß (21) - Entsatzangriff und Ausbruch (23) - Der Ausbruch (25) - Der Behnemann-Bericht zu Welikije Luki-Ost (25) - Auszug aus dem KTB des Oberkommandos der Heeresgruppe Mitte vom 14. bis zum 15. Januar 1943 (29)

STALINGRAD 33-67
Rundumverteidigung, Hunger und Kälte (33) - Die Luftwaffe im Einsatz (34) - Das Versorgungsproblem in Stalingrad (35) - Das sowjetische Ultimatum (37) - Weitere Abwehrkämpfe (39) - Opfergang des Panzergrenadier-Regiments 71 (40) - Das VIII. Fliegerkorps im Einsatz (43) - Die großen Vögel kommen (45) - Die letzten Kämpfe (48) - »Befehl an alle: Konzentrischer Angriff!« (49) - Räumung von Pitomnik - Übersiedlung nach Gumrak (49) - Beim VIII. Flieger-Korps (50) - Sonderstab Milch: Auftrag des Führers (52) - Das VIII. Fliegerkorps im Einsatz (56) - Unser letzter Start aus dem Kessel (58) - Endkampf in Stalingrad (62) - Die Kämpfe bei den Divisionen (63) - Die letzten Versorgungsflüge (65) - Das Fazit (67)

RÜCKZÜGE - FRONTBEGRADIGUNGEN 68-102
Der Rückzug von Rshew (68) - Rückzug aus Demjansk (70) – Kampfraum Charkow: Rückzug und Rückeroberung (73) Charkow: Aufgegeben und zurückgewonnen (75) - Kampfgruppe Meyer und der Ausbruch (78) - Die Rückeroberung von Charkow (80)

ZWISCHEN KAUKASUS UND DNJEPROPETROWSK 103-147
Der Schatten von Stalingrad (103) - Weiterer Rückzug (106) - Der Kampf um Rostow (107) - Rückzug des XXXXIX. Gebirgskorps (113) – Der Kubanbrückenkopf (114) - Sowjetische Landungen bei Noworossijsk (115) - Rückzug zum »Gotenkopf« - Versorgungsflüge (117) - Einsätze des VIII. Fliegerkorps (118) - Seenotflieger im Kubaneinsatz (120) - Weitere Einsätze der Luftflotte 4 im Kubangebiet (121) - Die sowjetischen Luftstreitkräfte (123) - Schlachtflieger der Roten Luftflotte gegen den deutschen Nachschubverkehr (126) - Kampfgebiet Krymskaja (128)

HEERESGRUPPE MITTE ERSTES HALBJAHR 1943 148-168
Die Übersicht (148) - Kurzbericht über die Vorbereitungen der Sowjetarmee (152) - Die Nordzange: Planung und Angriff (155) - Panzereinsätze der Nordzange (Überblick) (156) - »Panzergreandiere: Mir nach!« (159) - Der Angriff der Südzange: Übersicht (161) Bei der Südzange: Der Angriff (162) - Der erste Schlag (163) - Ein Obersturmführer der »Leibstandarte« (164)

AFRIKA 1943 169-199
Die Vereinigung: Unternehmen »Eilbote« Januar 1943 (169) - Rückzugsweg der Panzerarmee Afrika (171) - Alliierte Vorbereitungen (174) Kommandowechsel bei der »Achse« (174) - Auf des Messers Schneide: Durch den Faidpass - Stoßrichtung Tebessa (175) - Bestandsaufnahme (197)

DAS ENDE IN AFRIKA 200-207
Kämpfe im Nordabschnitt (200) - Die Operation »Pugilist« (200) - Entscheidung im April (202) - Angriffe im Norden (203) - 13. Mai 1943: Das Oberkommando der Wehrmacht gibt bekannt! (207)

KRIEGSSCHAUPLATZ ITALIEN 208-242
Sizilien: Tor zur Festung Europa - Die Vorgeschichte (208) - Die Kräfte beider Seiten: Ihr Ansatz (209) - Die Landung - Erste Kämpfe (211) - Die Inselverteidigung (212) - Die 8. Armee vor schweren Kämpfen (215) - Absetzen auf die Ätnastellung (216) - Die 8. Armee am Simeto (217) - Der »Hube-Plan« (218) - Der Staatsstreich in Rom (218) - Endkampf auf der Insel (220) - Ruhmreicher deutscher Rückzug (222) - »Umfall auf italienisch« (223) - Die deutschen Verbände in Italien (242)

SPRUNG IN DIE FESTUNG EUROPA 243-262
Der Angriff auf Kalabrien (243) - Die geplante Luftlandeoperation gegen Rom (243) - Die Entwaffnung - Die Flucht (247) - »Mussolini muß befreit werden!« (248) - Der Kampf um Rom (250) - Sturm auf Monte Rotondo (251) - Handstreich auf den Gran Sasso (252) - Einsatz auf Elba (254) - Leros wird erobert (255) - Der Kampf aus der Sicht des Heeres (257)

PARTISANENKRIEG AUF DEM BALKAN 263-303
Rückblick und Übersicht (263) - Bandengründungen und Bandenkampf im Rückblick (263) - Befehlsstrukturen nach der Teilung (265) - Überfälle und Vergeltungsschläge (268) - Das Jahr 1942 im Rückblick (269) - Unternehmen »Weiß« (272) - Parlmentäre - Der Gefangenenaustausch (291) - ELAS und EDES: Die Todfeinde (292) - Der Kampf um die Führung auf dem Balkan (294) - Jugoslawien im Feuer (295) - Der Fall »Achse« auf dem Balkan (296) - Die flankierenden britischen Aktionen (298) - Letzte Operationen 1943 (299) - Die Konferenzen von Kairo und Teheran (300) - Das erste Treffen Churchill - Stalin – Roosevelt (301)

DER SEEKRIEG 1943 304-316
Wachwechsel in der Kriegsmarine (304) - Die alte und neue Führung (306) - Andere Befehlshaber der Marine (308) - Die Großkampfschiffe 1943 (309) – Kommandounternehmen gegen die »Tirpitz« (310) - Der Kreuzerkrieg in Stichworten (312) - Untergang der »Scharnhorst« (312)

TORPEDOBOOTE UND ZERSTÖRER IM EINSATZ 1943 317-351
Zerstörer »Hermes« vor Tunesien (317) - Zerstörerflottille »Narvik« in der Biskaya (320) - Torpedoboote am Feind (337) - Die 9. Torpedoboot-Flottille in der Ägäis (340) - Noch einmal Torpedoboote im Westen: - September bis Dezember 1943 (341) - Die Schnellboote 1943: Stärkemeldung (345) - Schnellboote im Mittelmeer (348) - Schnellbooteinsätze 1943 im Schwarzen Meer (349)

DER U-BOOT-KRIEG 1943 352-384
Die letzte Phase der Schlacht im Atlantik (352) - Das Finale im Mai (354) - Das Ende der Schlacht im Atlantik (356) - Die Krise der U-Boot-Waffe (359) - Das totale U-Boot (361) - Die Metox-Krise (364) - U-Boot-Einsatz in fernen Gewässern 1943 (367) - Mit dem »Zerstörerknacker« auf Feindfahrt (381) - Die Übersicht 1943: Erfolge und Verluste (383)

DER ALLLIIERTE BOMBENKRIEG ÜBER DEUTSCHLAND 385-410
Vorbemerkungen (385) - Winterschlacht der Royal Air Force (385) - Luftschlacht über der Ruhr (386) - Operation »Züchtigung« (389) - Von Wuppertal bis Hamburg (391) - Regensburg und Schweinfurt (395) - Das Unternehmen »Hydra« - Bomben auf Peenemünde (396) - Die letzten Angriffe des vierten Kriegsjahres (399) - Neuorganisation von September bis Dezember (400) - Neue Maschinen und Waffen (401) - Die Kämpfe im Herbst und Winter (404) - Luftschlacht über Schweinfurt (405) - Die Haupteinsätze des 4. Kriegsjahres (vom 1.9.1942 bis zum 31.8.1943) (407) - Die Haupteinsätze des 5. Kriegsjahres (vom 1.9.1943 bis zum 22.2.1944) (409)

IM HOHEN NORDEN 411-414
»Lappland - Das ist Dietl« (411) - Das OKW und Dietls Pläne (412) - Die Stärkemeldung der 20. Gebirgsarmee (413)

DER OSTKRIEGSSCHAUPLATZ 415-444
Bei der Heeresgruppe Nord (415) - Die 2. Ladoga-Schlacht (416) - »Tiger« im Einsatz (418) - Knappe Übersicht über den Sommer 1943 - Herbst im Nordabschnitt (420) - Im Mittelabschnitt der Ostfront (423) - Die schwere Panzerkampfgruppe Bäke während der Abwehrkämpfe (426) - Die zweite Phase der Offensive (427) - Herbst- und Winterkämpfe der 3. Panzerarmee (431) - Die 7. PD im Kampfraum Kiew-Zitomir (433) - Weitere Kämpfe - Tod des Divisionskommandeurs (435) - Im Kubanbrückenkopf: Sommer und Herbst 1943 (437) - »Büffel nach vorn!« (438) - Der Landungsverband der Sowjets und sein Landungsunternehmen (440) - Die Rückführungen (442) - Die Überführungsmaßnahmen (443)

DER AMERIKANISCH-JAPANISCHE KRIEGSSCHAUPLATZ 445-458
U-Boot-Einsatz im Pazifik 1943 (445) – U-Boot-Einsatz im Indischen Ozean (446) - Die ersten Rückeroberungen: Das Massaker von Lae (447) - Die Seeschlacht bei den Komandorski-Inseln (449) - Verstärkungen der Luftstreitkräfte für Rabaul (450) - Treibjagd auf Admiral Yamamoto (450) – Lagebericht April 1943 - Krieg auf den Nebenschauplätzen (451) - Kampf im burmesischen Dschungel (452) - Die Lage in China (453) - Neue Planungen auf beiden Seiten (454) - Kleineinsätze: Die Rückeroberung von Attu (455) - Operation »Cartwheel« (456)

DIE GROSSE WENDE 459-469
Trägerraids und Kreuzerduelle (459) - Die neue US-Strategie (459) - Der erste große Trägerraid (461) - Ein neuer Flugzeugträger-Verband tritt auf (464) - Die Seeschlacht in der Kaiserin Augusta-Bay (465) - Letzte Kämpfe 1943 (467)

ABKÜRZUNGSVERZEICHNIS 470-472

QUELLEN- UND LITERATURVERZEICHNIS 473-476

EINSCHNEIDENDE EREIGNISSE

Alles oder nichts – Hitlers Bekenntnis

Am 10. Januar 1943 um 19.30 Uhr hatte sich die deutsche militärische Führung mit der rumänischen im Führerhauptquartier Wolfsschanze versammelt. Von rumänischer Seite waren erschienen: Marschall Antonescu, Vize-Ministerpräsident Mihai Antonescu, Rüstungsminister General Dobre, der Chef des rumänischen Generalstabes, General Steflea.

Von deutscher Seite waren anwesend: Reichsaußenminister von Ribbentrop, Generalfeldmarschall Keitel, General Jodl, General Zeitzler und Chefdolmetscher, Gesandter Schmidt.

Als Hitler erschien, wußten die Anwesenden noch nicht, daß ihnen ein dreieinhalbstündiger Vortrag, gewissermaßen ein Bekenntnis des Führers, bevorstand.

Noch am Vormittag hatte Hitler Marschall Antonescu wegen des Versagens der rumänischen Truppen bei Stalingrad zur Rede gestellt. Nun aber wollte er die Lagebetrachtung aus seiner Sicht halten.

»In meinen Augen liegt das Entscheidende in dem gegenwärtigen Kampf darin, daß es diesmal nicht - wie in früheren Kriegen - um Einsätze geht, die später wieder zurückgewonnen werden können, wenn sie jetzt verlorengehen.

Gleichgültig, an welcher Front sich unser Kampf abspielt, es ist immer ein Kampf um Sein oder Nichtsein.

Die Angelsachsen werden jedoch - falls sie obsiegen würden, nur theoretisch bedingt Sieger sein, denn bei einer Niederlage der Achse und ihrer Verbündeten würde Rußland auf dem Kontinent so stark sein, daß die Angelsachsen hier jeden Einfluß verlieren würden.«

Hitler und seine Generale kennen das Wort »Sowjetunion« kaum.

»Der entscheidende Unterschied zwischen der Lage Mitteleuropas beim Zusammenbruch von 1918 und der Situation, die sich bei einem Zusammenbruch der Achse und ihrer Verbündeten ergeben würde, liegt darin, daß im russischem Raum im Jahre 1918 ein Vakuum infolge des Zusammenbruchs des zaristischen Reiches entstanden ist, während dies jetzt keineswegs der Fall sein wird. - - -

Bei einem Zusammenbruch der Achse und ihrer Verbündeten würde heute ein mächtiges bolschewistisches Reich bestehen mit starker Industrie, reichen Rohstoffquellen und großen Menschenmassen, das die alten Expansionsziele Rußlands mit Hilfe dieser Massen mit Energie weiterverfolgen wird: Nach Norden bis an den Atlantischen Ozean und bis zu den Ausgängen der Ostsee in die Nordsee, nach Westen über ganz Westeuropa und nach Süden in Richtung auf das Mittelmeer.

Diese Expansion wird den Bolschewisten dadurch erleichtert, als in vielen Ländern Europas eine Art Vorbolschewismus marxistisch-sozialistischer Prägung herrscht, der diese Länder für das Aufgehen im Bolschewismus reif gemacht hat und sie bei einer solchen Krise im gegebenen Zeitpunkt zum innerlichen Aufbrechen bringen wird.

Dies gilt insbesondere für Schweden und die Länder Westeuropas. Verließe zum Beispiel die deutsche Besatzung Frankreich, so würde weder Pétain noch Laval, sondern der Bolschewismus das Land regieren. Ebenso würde in Spanien nach dem Weggang von Franco, der die Machtmittel dieses Landes in seiner Hand konzentriert hat, der Bolschewismus die Regierung übernehmen.

In Südslawien schlummert, wie übrigens auch im tschechischen Raum, eine Art von intellektualistischer Bereitschaft, sich aus nationalen Gründen nach Moskau zu wenden. Dieser intellektuelle Salonbolschewismus auf rassischer Grundlage würde im Augenblick der Krise in eine panslawistische Bewegung von roter Prägung auslaufen. Ganz allgemein würden die Massen in allen Ländern Europas mit unausgeglichenen sozialen Lebensbedingungen in ihrer Wahl zwischen einem geordneten Europa und einem ihnen als besser hingestellten bolschewistischen Regime schwanken und sich dann schließlich für das letztere entscheiden.

Wenn unter diesen Umständen Deutschland und seinen Verbündeten der Kampf aufgezwungen wurde, so handelt es sich um einen Existenzkampf und nicht um einen Krieg um den Besitz von Territorien.«

In Griechenland sollte sich kein Jahr später beweisen, daß diese Formulierungen im allgemeinen zutrafen. Daß Griechenland nicht von den Kommunisten vereinnahmt und damit so wie alle übrigen Balkanstaaten ins Elend gestürzt wurde, verdankte es - nach den Worten markanter griechischer Politiker - einmal den Deutschen, die die kommunistischen Banden bekämpft und die nationalgriechischen geschont hatten, und zum anderen England, das im Kampf gegen die »Banden der ELAS« Remedur schaffte und die Kommunisten mit Panzern, Flugzeugen und Truppen vernichtete, wo sie angetroffen wurden.

In seiner ganzen Geschichte hat Europa nur viermal einen derartigen Ansturm erlebt. Das erste Mal, als die Hunnen hereinbrachen, die alte europäische Ordnung vernichteten und für Jahrhunderte ein Chaos schufen.

Das zweite Mal, als der Ansturm des Islam vom Balkan bis fast nach Mitteleuorpa hinein erfolgte.

Das dritte Mal, als die Mauren (ebenfalls Muselmanen, die die linke Flanke des Einkreisungskeiles vorantrieben) durch Spanien über die Pyrenäen bis an die Seine und von Afrika nach Sizilien vordrangen.

Der vierte Ansturm war der Angriff der Mongolen, der bis in schlesische Gefilde vorgetragen wurde und dort aus Gründen, die uns bisher noch nicht bekannt sind, aufgehalten wurde.

Alle vier Anstürme hatten als Ziel das reiche und schöne Europa. Ihr Zweck war es, den anstürmenden Völkern den europäischen Kontinent gewissermaßen als kulturelles Weideland zu überantworten.

»In dem jetzigen gigantischen Kampf«, fuhr Hitler nach einer kleinen Pause fort, »zur Abwehr eines neuerlichen Ansturms dieser Art müssen wir mit langen Zeiträumen rechnen und die Linie des Erfolges oder auch Mißerfolges nicht nach einzelnen Aktionen, sondern nach dem Gesamtablauf der Geschehnisse beurteilen.«

Hitler trat dann zur Karte und legte mit ihrer Hilfe weiter dar, wie es der deutschen Wehrmacht gelungen sei, die Bedrohung aus dem Osten weit nach Osten hinauszuschieben. Die Sicherung des Westens und Nordens sei bereits 1940 gelungen. Der Eintritt Italiens in den Krieg habe Deutschland eine weitere Front, jene im Süden und Südosten auf dem Balkan gebracht. Daß es gelungen sei, die Südfront zu sichern, mit der Möglichkeit, die Brücke nach Afrika zu schlagen, wurde von ihm ebenfalls besonders dargelegt, obgleich er nach Stand der Dinge wissen mußte, daß sich Afrika nicht mehr sehr lange würde halten können. Denn die Wehrmacht war nicht in der Lage, die dort seit dem Unternehmen »Torch-Fackel« - der Landung der westlichen Alliierten in Nordwestafrika - in größte Bedrängnis geratene Panzerarmee Afrika und die nach dem 8. November 1942 neu aufgestellte 5. Panzerarmee für Tunesien mit zwei Panzerdivisionen aufzufüllen, die Rommel dringend benötigte, um den Kampf mit Aussicht auf Erfolg fortsetzen zu können.

Immer noch hoffte Hitler - entgegen den Katastrophenmeldungen aus Stalingrad und von anderen Schauplätzen des Ostfeldzuges - den sowjetischen Gegner niederkämpfen zu können.

Sich den Franzosen zuwendend, erklärte er: »Seit etwa sechs Monaten habe ich immer stärker werdende Zweifel an der Aufrichtigkeit der Franzosen. Unter diesen Umständen bildet Frankreich eine Gefahr, denn ein großer Teil des Staates ist unabhängig gewesen und hat auch eine eigene Wehrmacht von acht Divisionen besessen, aus denen sie die Kader von 25 Divisionen hätten machen können.

Trotz dieses Entgegenkommens und der Tatsache, daß Deutschland keine einzige französische Kolonie annektierte und den Franzosen jede Freiheit ließ, haben einige französische Offiziere Verrat geübt. Deshalb wurde unsererseits rasch zugegriffen und mit schnellen Verbänden, darunter auch Panzerdivisionen, ans Mittelmeer vorgestoßen.«

(Am 16. November 1942 hatten französische Truppen entgegen ihrer ersten Haltung gegenüber den angloamerikanischen Besetzungsversuchen in Algier, Marokko und Tunesien auf Seiten der Westalliierten in den Kampf in Afrika eingegriffen, was Hitler als einen feindseligen Akt ansah. Bereits am 10. November hatte der französische Staatschef, Marschall Pétain, dem Oberkommandierenden in Nordafrika, Admiral Darlan, Weisung gegeben, gegenüber den Alliierten die Waffen zu strecken, wonach Oran kapitulierte.)

(Mit den im vorletzten Abschnitt genannten Panzerdivisionen meinte Hitler die 10. und 7. PD, die am 27. November im Unternehmen »Lila« Toulon besetzten).

Die gesamte Mittelmeerküste und Korsika, fuhr Hitler fort, seien besetzt worden. Seine Absicht sei es, das Mittelmeer von Afrika aus zwischen Sizilien und Tunesien derart zu verminen, daß es in zwei Teile zerschnitten würde.

»Solcherart werden die Engländer dazu gezwungen, den langen Seeweg um Afrika herum für ihre Transporte ins Ostmittelmeergebiet zu benutzen, wodurch sie fünf- bis sechsmal mehr Transportraum benötigten. Darüber hinaus sind sie auf dem langen Seeweg den immer erfolgreicher werdenden Einwirkungen deutscher U-Boote ausgesetzt.«

Nach weiteren Themen, wie dem U-Boot-Krieg, dem fernöstlichen Kriegsschauplatz und der angelsächsischen Produktionskapazität im Verhältnis zur deutschen, kam Hitler auf den wunden Punkt zu sprechen:

»Das von Deutschland und seinen Verbündeten kontrollierte Gebiet ist für den Kampf auf das beste gerüstet. Es gibt in diesem Kampf nur eine offene Wunde: Rußland!

Hier ist im Augenblick das Dreieck Rostow - Stalingrad - Kaukasus das wichtigste Gebiet. Wir müssen uns diese Tatsache vor Augen halten und uns nicht in unserem Urteil von dem Verlauf einzelner Phasen des großen Dramas beeinflussen lassen, sondern gerade in Krisenzeiten eiserne Nerven behalten.

Wenn Deutschland zwei Drittel seines Eisenvorkommens und 80 Prozent seiner Ölquellen verloren hätte und die gesamte Kokskohle dazu, dann wäre die Lage verzweifelt erst recht, wenn außerdem noch eine große Gummiknappheit hinzukommen würde. Dies aber ist die Gefahr, in der sich Rußland heute befindet. Zwar besitzt Rußland Eisenvorkommen am Ural, aber Kokskohle zur Herstellung von Stahl aus diesen Erzen hat es nicht. Lebensmittel- und Menschenmangel sind weitere Schwierigkeiten, die es letzten Endes zum Erliegen bringen wird.«

Er wisse nicht, wann dieser Krieg zu Ende gehen werde, das hätten alle Heerführer und Staatsmänner zu keiner Zeit gewußt, aber bei dem großen Konflikt wie dem jetzigen Weltkrieg komme es nur darauf an, das Ziel fest ins Auge zu fassen, die Voraussetzungen zur Erringung des Zieles zu erkennen und für ihre Verwirklichung zu sorgen.

»An der Spitze aller Voraussetzungen steht die geistige Haltung, das heißt, die fanatische Entschlossenheit, unter keinen Umständen zu kapitulieren. Diese geistige Haltung darf nicht nur an der Spitze vorhanden sein. Sie muß sich bis zum letzten Kompanieführer und Soldaten durchsetzen. Auf diese Weise werden wir alle Krisen, wo auch immer sie auftauchen, überwinden.«

Daß dieses Wunschbild trog, daß neben dieser eisernen Entschlossenheit vor allem auch Soldaten und Waffen stehen mußten, sollten die nächsten Monate dieses entscheidenden Kriegsjahres zeigen. (Führerrede nach den amtlichen Aufzeichnungen von Chefdolmetscher Schmidt. RegNr. Füh. 6/43 gRsRAM-Film Nr. 9/442-458).

Hinter dieser »Führerrede« stand - das war den Männern in der engsten Umgebung Hitlers klar - die bange Frage: Werden unsere Mittel ausreichen, diesen gefährlichsten Feind, die Sowjetunion, zu vernichten? Werden unsere Hauptkampflinien, werden unsere festen Plätze dem übermächtigen Ansturm der Sowjetarmee standhalten können?

Überall dort, wovon Hitler sprach, war die Initiative von der Wehrmacht auf die Sowjets übergegangen, und selbst der Frontbogen von Rshew, von dem aus Hitler einen erneuten Vorstoß nach Moskau unternehmen wollte, geriet bereits durch die Planungen, die Truppen von dort zurückzuführen, ins Wanken.

Das Jahr 1943, wie es in diesem Band dargestellt werden soll, wird zeigen, ob die geheimen Befürchtungen Hitlers sich erfüllen würden oder ob es noch einen Weg gab, aus der Defensive herauszukommen und wieder eine neue erfolgreiche Offensive zu starten.

Eines aber hatte Hitler genauso vorausgesehen, wie es in der Tat auch eintrat: den Kampf bis zum letzten, bis zum bitteren Ende. Dies fand sich bereits wenige Wochen später bestätigt, als es den Alliierten darum ging, die Ziele gegen Deutschland zu artikulieren.

Casablanca – Blut und Tränen

Als Ende 1942 der Kampf in Nordafrika zu Ende ging und sich nach den Landungen der Alliierten in Nordwestafrika eine endgültige Entscheidung auf diesem Kriegsschauplatz abzuzeichnen begann, während in Stalingrad die 6. Armee ihrem Untergang entgegenschritt, wurde der Bischof von Chichester durch einflußreiche Männer der deutschen Widerstandsbewegung gebeten, in London und Washington zu eruieren, ob man dort bereit sei, mit einer neuen deutschen demokratischen Regierung über einen Friedensschluß zu verhandeln.

Der Bischof versuchte alles, dieses Ziel zu erreichen. Doch Friedensbereitschaft vor der endgültigen Niederringung Deutschlands wurde strikt abgelehnt. Dazu General Wedemeyer, enger Mitarbeiter von General Marschall, dem Chef des US-Generalstabes:

»Die westlichen Alliierten unternahmen nicht den geringsten Versuch, die Deutschen zu dividieren, indem sie den Gegnern des Hitlerregimes annehmbare Friedensbedingungen zusicherten. Dies, obgleich der US-Nachrichtendienst wußte, daß Hitler mit Widerstand aus den höchsten Stellen der Wehrmacht und jenen des zivilen Sektors rechnen mußte.« (Siehe Wedemeyer Carl: Der verwaltete Krieg).

Die Konferenz von Casablanca bestätigte diese Haltung. Dort trafen sich vom 14. bis zum 25. Januar 1943 Präsident Roosevelt und der britische Premier Churchill. Die US-Delegation wurde von so prominenten Persönlichkeiten wie Harry Hopkins, Elliot Roosevelt (der Sohn des US-Präsidenten) und den drei Chefs der US-Streitkräfte gebildet. Admiral King vertrat die Marine, General Marshall die Armee, und General Arnold die Luftstreitkräfte.

Mit Winston Churchill waren General Sir Alan Brooke, Admiral Sir Dudley Pound, und Luftmarschall Sir Charles Portal erschienen. Ihm persönlich stand Lord Louis Mountbatten zur Seite.

Die Konferenz fand in einer Prominentenvorstadt Casablancas statt. Stalin war ebenfalls von Roosevelt eingeladen worden, an dieser wichtigen Konferenz teilzunehmen, doch er lehnte ab, da »die Lage an der Ostfront dies nicht zuläßt!«

Casablanca sollte dem Ziele dienen, die gemeinsame Strategie der Fortsetzung des Krieges für das Jahr 1943 zu beraten. Die beiden wichtigen, zur Klärung anstehenden Hauptabsichten waren:

1. Die Ausnutzung der durch die Operation »Torch« gewonnenen starken Postion im Mittelmeer durch einen Angriff aus Süden gegen Italien und Deutschland und gleichzeitige Truppenlandungen auf dem Balkan mit der Absicht, von dort aus den deutschen Truppen im Südabschnitt der Ostfront in den Rücken zu fallen.
2. Den neuen Schwerpunkt griechische Inseln zu bilden und die Konzentration aller verfügbaren Streitkräfte in diesem Raum als Absprungbasis für einen Angriff gegen Nordeuropa und Bildung einer zweiten Front gegen Deutschland zu benützen.

Wie es der UdSSR gelang, diese Operationspläne, welche die Westalliierten sehr rasch über den Balkan bis nach Österreich gebracht hätten, zu torpedieren und die Anglo-Amerikaner auf die berüchtigte »Zentimeteroffensive« in Italien abzudrängen, wird in einem der folgenden Abschnitte, der sich mit dem gesamten Balkan befaßt, dargelegt werden.

In Casablanca traten die USA mit der Forderung nach einer baldigen Invasion in Westfrankreich auf, während sich England für einen Angriff gegen Sardinien, Sizilien, Kreta, Italien, das griechische Festland - und dies war ihr stärkster Plan - notfalls auch gegen die Türkei aussprach. Roosevelt stellte schließlich seine Pläne für die Invasion in Nordwestfrankreich auf das Jahr 1944 zurück und gab sich mit einem Angriff zur Eroberung der Insel Sizilien zufrieden.

Am 10. Tag der Konferenz von Casablanca fand eine Besprechung mit anschließender Orientierung der Presse statt. Vor der großen Zahl der aus aller Welt angereisten Korrespondenten wurde dem Sprecher der Journalisten ein gemeinsames US-englisches Memorandum übergeben.

Von Journalisten und Reportern umringt, gaben der US-Präsident und Churchill, auf weißen Ledersesseln sitzend, zum Schluß noch eine besondere Erklärung ab, die alles das weit übertraf, was das Memorandum enthalten hatte:

»Ich und Premierminister Churchill«, so Roosevelt, »werden uns nur mit einer bedingungslosen Kapitulation Deutschlands, Italiens und Japans zufrieden geben.«

Churchill sekundierte diese Worte Roosevelts mit einem gewichtigen Kopfnicken, und die anwesenden Reporter sorgten für eine sofortige Verbreitung dieser »wichtigsten Meldung seit Kriegsbeginn« (Harold W. Shannon) in der ganzen Welt noch am Tage der Veröffentlichung.

Damit wußte man in Deutschland, daß man mit dem Rücken zur Wand stand und daß es zu kämpfen galt, um entweder zu siegen oder unterzugehen.

»Dieser Satz wurde im Garten von Casablanca von Präsident Roosevelt unbedacht ausgesprochen, damit hatte der US-Präsident den Zweiten Weltkrieg um mindestens ein Jahr verlängert.« (Siehe Crocker, George N.: Schrittmacher der Sowjets).

In seinem Werk »The Second World War« schrieb der bedeutende Historiker J.F.C. Fuller: »Da keine Großmacht, die etwas auf ihre Ehre und ihr Ansehen, auf ihr Volk und die Nachwelt hält, diese Forderung erfüllen konnte, mußte der Krieg bis zur völligen Vernichtung einer Seite geführt werden. Dadurch bekam er ein religiöses Gepräge und ließ noch einmal alle Schrecken der Religionskriege aufleben.

Sobald der Sieg errungen war, mußte das Kräftegleichgewicht innerhalb Europas unwiderruflich in Scherben zerbrechen. Rußland mußte als größte Militärmacht Europas übrigbleiben und daher Europa beherrschen. Infolgedessen konnte der Friede, den diese Worte voraussagten, nur die Nazi-Tyrannei durch eine noch grausamere Gewaltherrschaft ersetzen.«

Diese prophetischen Worte sollten sich in den folgenden 40 Jahren als richtig erweisen.

Die Hauptakteure dieses »Geniestreiches« feierten in fröhlicher Runde beim Dinner diesen ihren Sieg.

Als Churchills Beitrag zu diesem »Geniestreich« in Zweifel gezogen wurde und man ihn einem »Alleingang des damals bereits kranken US-Präsidenten« zuschreiben wollte, berichtete die Contemporary Revue im Oktober 1949 aus der Feder von Lord Hankey folgende Richtigstellung:

»Die Idee stammte zwar von Präsident Roosevelt. Er produzierte sie am Samstag, den 23. Januar 1943 in seiner Villa in Casablanca während eines Frühstücks mit Mr. Hopkins, des US-Präsidenten Freund und Vertrautem und seinem Sohn Elliot. Dieser hat das Ereignis in seinem Tagebuch verzeichnet.

Nach diesem Bericht von Elliot Roosevelt hat Mr. Churchill zuerst darüber nachgedacht, dann die Stirn gerunzelt, dann wieder nachgedacht, um schließlich nur ein Wort von sich zu geben: ›Ausgezeichnet!‹

Später brachte Churchill dann einen Toast auf die ›bedingungslose Kapitulation‹ aus, worauf alle ihre Gläser erhoben.

Am nächsten Mittag, Sonntag, dem 24. Januar 1943, weniger als 24 Stunden, nachdem er diesen Vorschlag gemacht hatte, verkündete Roosevelt ihn vor der versammelten Presse. Dies hatte er Churchill allerdings nicht vorher wissen lassen.«

Die Weichen für eine neue Weltordnung waren gestellt, die sich mit der Niederringung Deutschlands abzeichnete, 1945 begann und viele Völker der Erde, die unter sowjetischer Vorherrschaft standen, in den Abgrund stürzten.

Jetzt konnte deutscherseits kein Zweifel bestehen, daß alles Sinnen und Trachten der Gegner Deutschlands nur auf Vernichtung eingestellt war. Die Illusionen eines glimpflichen Kriegsausganges waren schlagartig zerstoben.

»Nun sah die Mehrzahl der Deutschen in Opfer und Durchhalten die einzige Möglichkeit, die ihnen noch einen sinnvollen Einsatz für die Zukunft zu geben schien.«

So nahm es auch nicht wunder, daß der italienische Außenminister Graf Ciano irrte, als er in seinen Memoiren schrieb, daß Hitler dem deutschen Volke eine so ernst gehaltene Neujahrsbotschaft zumute und »daß nunmehr das Volk nicht mehr mitmachen werde.« (Siehe Ciano, Graf Galeazzo: Tagebücher 1939 - 1943).

Der italienische Außenminister täuschte sich gewaltig. Das deutsche Volk entfaltete damals gewaltige Energien. Anders wäre es nicht erklärlich, daß von Anfang 1943 an noch weitere zweieinhalb Jahre hindurch bis zum endgültigen Sieg über Deutschland - von einem ›Zusammenbruch‹ wird man nicht sprechen können - härteste Kämpfe geführt wurden.« (Siehe: Die deutsche Wehrmacht, Wehrmachtführung im Kulminationsjahr 1943; in: Schramm, Percy E. Hrgb.: Kriegstagebuch des Oberkommandos der Wehrmacht 1943, Teilband II).

In der Folgezeit kam es zu einer Reihe weiterer Konferenzen, auf denen das Schicksal Deutschlands erneut behandelt wurde. Als Konsequenz auf diese Ergebnisse der Konferenzen allein ist die wilde Entschlossenheit der Obersten Deutschen Führung zurückzuführen, den Kampf bis zum bitteren Ende fortzusetzen. In diesen Konferenzen traten ihre Wortführer mit Forderungen an die Öffentlichkeit, die - als sie Deutschland bekannt wurden - nichts anderes mehr zuließen als den Kampf bis zum Tod. Über jene Konferenz, auf der der Vorschlag, Deutschland zu einer Viehweide zu machen, behandelt wurde, sei im zweiten Teil dieses Bandes besonders eingegangen.

WELIKIJE LUKI

Entsatzangriff auf Welikije Luki

Am 1. Januar 1943 fuhr Generalleutnant von der Chevallerie zum Gefechtsstand des Generalleutnants Wöhler, dessen Gruppe den Entsatzvorstoß auf Welikije Luki führen sollte.

Als Ergebnis dieser Besprechung wurde dem Korps-KTB anvertraut: »Alle Maßnahmen sind so abzustimmen, daß am 4. Januar 1943 angetreten werden kann.

Die Panzer sollten tiefgestaffelt in mehreren Wellen angreifen. Der Einsatz des Sonderverbandes (Versuchsverband Mitte) möglichst erst in Welikije Luki.«

Für dieses Unternehmen standen der Gruppe Wöhler die 20. ID (mot.) und die 291. ID zur Verfügung.

Am 2. Januar fuhr GenLt. von der Chevallerie nach Nowosokolniki, um dort im Gefechtsstand der 8. PD mit deren Kommandeur, GenMaj. Brandenberger, zu sprechen. Der Stadtkommandant von Nowosokolniki war ebenfalls zugegen. Hier erfuhr der Kommandierende General, daß ein größerer Angriff der Division in Richtung auf die Nordspitze des Kisloje-Sees nicht mehr in Frage komme. Die Kräfte der Division reichten nur noch zu einem örtlichen Einbruch in die feindliche HKL, ohne diese Stelle halten zu können. Vom KommGen. wurden daraufhin für den 3. Januar 1943 ein solcher Einbruch und kleinere Unternehmungen auf der gesamten Front befohlen. Die Artillerie sollte den Raum nordwestlich von Welikije Luki unter Störfeuer nehmen.

Der Stadtkommandant von Nowosokolniki erhielt Weisung, ab dem 3. Jan. zur Täuschung des Gegners kleinere Unternehmungen zu starten, um den Feind zu fesseln.

Am 3. Januar meldete sich der OB der HGr. Mitte fernmündlich und ließ den KommGen. des LIX. AK an den Fernsprecher holen. Von Kluge war geneigt, bei einer Wetterverschlechterung und damit nicht möglichem Einsatz der Luftwaffe den Angriff zu verschieben.

Der KommGen. gab einen Lagebericht über Welikije Luki und las dem Feldmarschall die letzte Meldung aus der Stadt vor, aus der zu erkennen war, daß mit dem Zusammenbrechen des eigenen Widerstandes infolge eines Feindeinbruches vom Stützpunkt »Kolberg« aus bis zur Toropezer Straße jederzeit gerechnet werden müsse.

Mit Rücksicht darauf, daß einerseits eine Wetterbesserung auch in den folgenden Tagen nicht eintreten werde, man aber andererseits kaum mit dem Erreichen von Welikije Luki am ersten Angriffstage würde rechnen dürfen, blieb von der Chevallerie bei seiner Absicht, »auf jeden Fall am kommenden Morgen anzutreten. Es kann nur die Verschiebung des Angriffs um einige Stunden in Frage kommen, falls die Wettervorhersagen am frühen Morgen des 4. Januar eine Verbesserung zum Mittag versprechen.«

GFM von Kluge sagte, daß er die Dinge durchdenken werde. Er rief um 17.25 Uhr noch einmal zurück und gab die Zustimmung zur Absicht des KommGen. Die offizielle Bestätigung erfolgte durch den stellvertretenden Chef des Stabes der HGr. Mitte um 19.00 Uhr. Damit war der Angriff zum 4. Januar 1943 genehmigt.

Zum Angriff am Morgen des 4. Januar standen folgende Kräfte zur Verfügung:

1.) Rechts die 20. ID (mot.):
Mit bisher eingesetztem starken JägBatl. 3 und dem GR 76 sowie zwei neu zugeführten starken Bataillonen der 205. ID und dem ebenfalls neu zugeführten starken JägBatl. 6. Gepanzerte Waffen: 21 Panzer und elf Sturmgeschütze.

2.) Links die 291. ID:
mit bisher eingesetzten GR 504 und GR 505 sowie zwei neu zugeführten starken Bataillonen der 331. ID (für die schwachen GR 504 und 505). Gepanzerte Waffen: 22 Panzer und zehn Sturmgeschütze.
Zur Verfügung Gruppe Wöhler: 17 Panzer.

3.) Artillerie:
rechts bei der 20. ID (mot): 7 schwere Rohre, 36 leichte Rohre,
174 mittlere Werfrohre,
links bei der 291. ID: 5 schwere Rohre,
24 leichte Rohre,
108 mittlere Werfrohre,
Schwerpunktgruppe außerdem mit 27 schweren Rohren.

Der Endkampf: Bis zur letzten Patrone

Im Kampf um die Stadt griffen die Sowjets am 4. Januar 1943 die Stellungen des Stützpunktes »Augsburg« ebenso wie die Front nach Westen an. Südlich des Stützpunktes »Kolberg« drückte der Feind unter Einsatz zahlreicher Panzer und schwerer Waffen weiter nach Süden und schlug die Verteidiger zwischen der Toropezer Straße und der Bahnlinie weiter nach Osten zurück. Auf dem südlich der Bahnlinie gelegenen Westabschnitt lag der starke Beschuß schwerer Waffen.

Der Angriff auf die Stützpunkte »Wien« und »Budapest«, der in Kompaniestärke mit Panzern geführt wurde, konnte abgeschlagen werden.

Auf der Zitadelle lag der Beschuß von Artillerie und schweren Infanteriewaffen. Drei Panzer wurden vernichtet. Mit über 600 Schuß beteiligte sich auch die Artillerie der Gruppe Wöhler während des 4. Januar am Abwehrkampf.

Durch einen Funkspruch meldete GenLt. Scherer, der um 17.30 Uhr mit der 83. ID auf Welikije Luki angesetzt worden war, dem Stadtkommandanten: »Angriff ist gut vorwärtsgekommen. Spitze im Kampf um die Höhe Gribuschino. - Scherer.«

Die Tagesmeldung aus Welikije Luki des 5. Januar registrierte weitere Feindeinbrüche, die nur notdürftig abgeriegelt werden konnten. Der Feinddruck hielt unvermindert an. Der Lastensegler-Landeplatz ging am Nachmittag verloren. Außer Pferdefleisch und Wasser gab es in der Zitadelle keinerlei Verpflegung mehr.

Feindliche Schlachtflieger jagten im Tiefflug über die Stadt hinweg, und um 10.10 Uhr mußte Oberstleutnant Saß melden, daß der Feind mit Panzern an der Nordbahn durchgebrochen war und sich dem Ostbahnhof näherte. Während dieser Kämpfe war die letzte deutsche Feldhaubitze von Feindpanzern zerschossen worden.

Um 14.55 Uhr dieses 5. Januar mußte der Verteidiger von Welikije Luki einen weiteren Funkspruch absetzen lassen:

»Durch starke Feindangriffe mit Panzern gelang es dem Gegner, zwischen Südbahn und Stützpunkt »Schwaben« einzubrechen. Im Abschnitt »Schwaben« bilden sich zur Zeit Igel, da infolge Kräftemangels keine zusammenhängende Front mehr möglich ist.

Im Norden liegt der Gegner bei der Ostkaserne. Der Bahnhof ist zur Zeit noch in eigener Hand, die Versorgung durch Abwurf ist nicht mehr möglich, da keine Kräfte zur Bergung derselben zur Verfügung stehen. Es herrscht Munitionsmangel.

Die Zitadelle hält sich noch. Rückläufige Bewegungen der Russen von Westen auf die Stadt. Wenn noch Hilfe kommen soll, dann nur durch völlige Entsetzung von außen und noch heute!

Wir kämpfen bis zum letzten Mann und bis zur letzten Patrone. - Saß.«

Am 6. Januar ging der Feind bereits im Morgengrauen zum ersten Angriff mit Panzern und stärkster Artillerieunterstützung gegen die HKL Ostkaserne - Bahnhof - Stützpunkt »Wien II« vor. Im Raum des Bahnhofes gelang ihm ein Einbruch. Zwei der hier angreifenden Panzer wurden abgeschossen. Die Verteidiger hatten hohe Verluste.

Ein Panzerzug der Sowjetarmee, der bis vor den Stützpunkt »Bromberg« rollte, lud dort Stalinorgeln aus. Rechtzeitig waren Stukas zur Stelle und stürzten sich auf diesen Zug, der zerstört wurde.

Die eigene Luftwaffe unterstützte nun den Kampf um Welikije Luki und mit Teilen der Gruppe Wöhler den Angriff. Die Luftversorgung mit Verpflegungsbomben erfolgte auch an diesem Tage. Ziel war die Zitadelle und der Ostteil.

Von den drei Lastenseglern mit einem Pionierstoßtrupp, einer 7,5 cm-Pak und Munition, stürzte der mit dem Stoßtrupp beladene Segler kurz vor der Landung ab, weil der Pilot durch Erdbeschuß verwundet wurde.

Am Nachmittag des 7. Januar ließ GenLt. Scherer an die Besatzung der Festung funken: »An Saß: Versorgung muß weitergehen, notfalls am Tage mit Stuka-Versorgungsbomben ohne Fallschirm. Nur Abwurfplatz angeben!«

Um 17.55 Uhr meldete sich die Festung mit folgendem FT-Spruch: »Lage unverändert. Im Nordabschnitt Nordkaserne - Schule hält nur noch der Stützpunkt »Berlin«, keine HKL mehr. Zwei schwere Pak nach Abschuß von drei Panzern vernichtet. Erbitte dringend zur Panzerbekämpfung Luftpanzerjäger. Zur Klärung der Lage ist schnellstens ein Vorstoß von Panzern und Sturmgeschützen nach Bahnhof Welikije Luki erforderlich. Noch heute! Mit Abwehr innerhalb der Stadt ist kaum zu rechnen. Saß.«

Um 23.50 Uhr dieses Tages ging ein weiterer FT-Spruch bei GenLt. Scherer ein, in dem ObstLt. v. Saß meldete: »Ein in russische Gefangenschaft geratener deutscher Soldat wurde mit einem Brief zu mir geschickt, in dem ich zur Kapitulation bis 17.00 Uhr aufgefordert wurde. Ich habe nicht geantwortet. Der Mann wurde - da offensichtlich geistesgestört - in Fesseln gelegt. Saß.«

Zur gleichen Zeit ließ GenLt. Scherer an die Festungsbesatzung tasten: »Trotz der letzten Meldung geht unser Angriff weiter, der nur das eine Ziel hat, Euch herauszuholen. Auch die Luftwaffe wagt alles, um zu helfen. Kämpfe jeder bis zum letzten, wo er auch stehe. Zerstört alles an der Bahn, an Waffen, Munition, soweit nicht mehr in Kampf verwendbar.

Mut, wir kommen bald! - Scherer.«

Am 8. Januar forderte Oberstleutnant v. Saß nach Ausfallen weiterer dreier schwerer Pak durch Flammpanzer erneut Luftpanzerjäger an, vergebens.

Um 13.15 Uhr dieses Tages meldete der Kommandant, daß die Ostkaserne weiter gehalten werde, daß der Bahnhof stark gefährdet und der Stützpunkt »Bern II« verlorengegangen sei. »Wir kämpfen wie befohlen. Es hängt am seidenen Faden. - Saß.«

Um 22.07 Uhr wurde Saß darüber verständigt, daß der eigene Angriff zum Entsatz von Welikije Luki an diesem Tage bis nach Schepoldina gekommen sei und noch in der Nacht bis zur Straße fortgesetzt werden sollte. Die Zitadelle werde von 23.00 Uhr bis 1.00 Uhr des 9. Januar durch Artilleriefeuer unterstützt.

Am vergangenen Tage waren über der Zitadelle zwischen 11.00 Uhr und 14.00 Uhr von insgesamt 12 Flugzeugen Versorgungsabwürfe durchgeführt worden. Der Stukaangriff gegen feindliche Panzerzüge beim Stützpunkt »Bromberg« war erfolgreich. Drei Volltreffer wurden beobachtet.

Um 14.20 Uhr des 9. Januar 1943 ließ ObstLt. von Saß die Verlustmeldung tasten. Die Kernsätze lauteten: »Die Verluste betragen jetzt für alle in Welikije Luki eingesetzten Einheiten 90 %.

Die Verluste an Offizieren ab dem 6. Januar sind: Oblt. Letsch - Heckenrose, Oblt. Köster - Orakel, Obltl. Klinger -Reitschule. Verwundet bei Orakel: Hptm. Wege; verwundet bei Realschule: Oblt. Baudorf, Lt. Marter und Lt. Teben.«

Um 14.30 Uhr, zehn Minuten nach dieser erschütternden Bilanz des Kampfes um Welikije Luki, wurde von dort gemeldet, daß die Ostkaserne in Flammen stehe und daß die letzte 7,5 cm-Pak durch Volltreffer vernichtet worden sei.

Als Antwort ließ GenLt. Scherer um 17.45 Uhr tasten: »Lieber Saß, jetzt naht Ihre Befreiung. JägBatl. 5 und Panzer haben die Zitadelle besetzt und Befehl erhalten, noch heute nacht mit Ihnen Verbindung aufzunehmen. Sie müssen entgegenarbeiten! Wohin soll die Artillerie schießen? Herzlich - Scherer.«

Der Funkspruch aus der Stadt lautete: Artillerie soll schießen: Jahrmarktstraße, alte Flak- und Mörserstellung, Losawitzaübergang an Toropezer Straße, Losawitzaübergang Eisenbahn, Falkenauge, Papaligino, Nordspitze »Kolberg« und ehemalige Stützpunkte vor Süd- und Südostfront. Infanteristisch kann ich nur durch Halten meiner Linie helfen. Vorstöße nicht mehr möglich. Spruch an Zitadelle weiterleiten. - Saß.«

Der Entsatzvorstoß

In der Meldung der 205. ID über diesen genannten Einsatz heißt es folgendermaßen:

»205. ID trat mit dem 5. JägBatl., verstärkt durch verstärkte Pz-Abtl. 18, nach Abwehr eines von sieben Panzern unterstützten Feindangriffs um 13.50 Uhr aus Poderesje - Belodedowo an. Aus Gegend Belodedowo ging es zum Durchbruchsangriff weiter vorwärts. Diese Stoßgruppe hat die feindlichen Linien durchbrochen und in kühnem Vorstoß um 15.00 Uhr die Zitadelle erreicht.

Über die Auswirkungen dieses Durchbruchs auf den weiteren Angriff liegen noch keine Meldungen vor. Durch etwa gleichzeitig angesetzten Angriff der 331. ID unter Abschirmung nach Westen wurden die Höhen ostwärts Oleschkino und Lachny genommen, sowie der Feindangriff auf die Höhe südostwärts Kuliki teils abgewehrt, teils im Gegenstoß zunichte gemacht.«

Am 10. Januar um 18.20 Uhr meldete ObstLt. von Saß: »Lage kaum noch zu halten. Widerstand in Süd und West, die HKL beschränkt sich nur noch auf einige wenige Gruppen, die in der Masse aus Artillerie und Trossen bestehen, da alle Infanteristen gefallen oder verwundet sind. Zwischen den Widerstandsgruppen befinden sich große Lücken. Die Verwundeten sind mit eingesetzt. Wenn Hilfe noch wirksam werden soll, dann muß der Stoß noch heute nacht durchgeführt werden. Freiwillige der Luftwaffe und Esten sind bereits eingesetzt.«

Genau 50 Minuten später meldete ObstLt. von Saß, daß das Verlassen des Regimentsgefechtsstandes, der 190 m hinter der HKL am Bahndamm lag, nicht mehr möglich sei, weil der Gegner die Bunkereingänge unter MG- und Panzerfeuer genommen habe.

Um 20.15 Uhr folgte ein weiterer Funkspruch: »Russe versucht soeben unter dem Mantel notgelandeter Segelflieger den Regimentsgefechtsbunker auszuräuchern.«

Die Tagesmeldung für den 10. Januar zeigte schließlich das gesamte Ausmaß der Kämpfe. Die Zitadelle wurde von Osten angegriffen, der Feind geworfen. Das am Vortage mit Teilen der PzAbt. 18 zur Zitadelle durchgebrochene JägBatl. 5 konnte wegen Treibstoff- und Munitionsmangel keine Verbindung mit dem Ostteil aufnehmen.

Im Ostteil brach der Feind in Richtung »Budapest« ein. Der Feind, der sich auf dem Bahnhofsdach festgesetzt hatte, wurde durch Sprengungen zum Verlassen des

Bahnhofs gezwungen. Das Krankenhaus stand durch Feindbeschuß in Flammen. Etwa 70 deutsche Schwerverwundete sind darin verbrannt, 20 in sowjetische Hand gefallene Soldaten sind vermißt. Die HKL besteht nur noch aus einigen wenigen Gruppen.

Ein Stoßtrupp des Gegners, Mongolen in deutschen Uniformen, 17 Mann stark, versuchte den RgtGefStand 100 m hinter der HKL nach Sprengung der Bunkereingänge durch Feuer aus MG und mit Panzerunterstützung auszuräuchern. Dieser Stoßtrupp wurde im Nahkampf vernichtet.

Mit dem letzten noch schußbereiten Infanteriegeschütz wurden am Mittag des 11. Januar zwei Panzer vernichtet; danach mußte das Geschütz zerstört werden, da keine Granaten mehr vorhanden waren.

Zwischen Ziegelei und Bahnlinie erfolgte wenig später ein starker Feindeinbruch, große Ausfälle waren die Folge. Der Gegner tauchte vor allen Stützpunkten mit Panzern auf. Auch der RgtGefStand wurde von zwei Panzern beschossen.

Die eigene Angriffsspitze der Gruppe Wöhler befand sich am Abend dieses Tages in der Linie Rybiki - Fotnewa.

Auch an diesem Tag konnte das verstärkte JägBatl. 5 nicht aus der Zitadelle zum Angriff antreten, da zwei Panzer und ein MTW noch vor Verlassen der Zitadelle durch starken Feindbeschuß ausfielen. Zwei Feindangriffe aus Südwesten und Osten auf die Zitadelle wurden abgewiesen.

Im Ostteil wurden der noch haltende Stützpunkt »Braunschweig« und die Ostkaserne angegriffen. Eigene Stukas griffen erneut in den Kampf ein. Versorgungsabwürfe erfolgten ebenfalls durch Stukas. Vier gingen in den Ostteil, sechs Stukas und zwei He 111 versorgten die Zitadelle.

Am Morgen des 12. Januar griffen feindliche Flammpanzer den Stützpunkt »Stolp« und dessen Anschluß zur Toropezer Straße an. Sechs dieser Flammpanzer schossen diese Linie systematisch zusammen und räucherten die letzten Widerstandsnester mit ihren Flammstrahlen aus. Der RgtGefStand und schwache Teile westlich davon bildeten nun einen Stützpunkt, der nach Osten völlig offen stand.

Die Ostfront hielt noch. In ihrem Süden war die Ziegelei eingeschlossen worden und ein zwischen »Wien I« und »Budapest« erfolgter Durchbruch der Roten konnte nicht mehr bereinigt werden. ObstLt. von Saß erklärte in seinem Funkspruch um 18.45 Uhr dazu:

»Wenn noch Entsatz kommen sollte, dann schnellstens! Die Verwundetenlage ist katastrophal. Verluste sind nicht mehr tragbar. Die Operationsgruppe ist nicht mehr arbeitsfähig. Verteilung der Ärzte auf Bezirke. Überall umherirrende Verwundete. Zahllose Verluste unter ihnen. - Martin.«

Auch am Morgen des 14. Januar versuchte GenLt. Scherer noch einmal die Koordinaten für einen Versorgungsabwurf zu erhalten. Um 10.35 Uhr erreichte die Festungsbesatzung ein FT-Spruch der Gruppe Wöhler, zu der ja nun auch die 83. ID gehörte: »Heute nacht ist der Einbruch in die Hauptkampflinie 500 m südwestlich der

Zitadelle gegen stärkste feindliche Gegenwirkung erreicht. Verbindung mit der Zitadelle hoffentlich bald hergestellt. - Wöhler.«

Um 20.00 Uhr frage die Gruppe Wöhler an, welchen Weg ObstLt. von Saß für den Stoß von der Zitadelle zu ihm im Ostkessel vorschlagen würde.

Am 15. Januar um 1.30 Uhr erging ein Befehl der Gruppe Wöhler an die Verteidiger des Ostkessels: »Durchschlagen mit letzten Leuten zur Zitadelle oder Tyiki südwestlich davon in der Nacht zum 16.1. kann nötig werden. Welcher Weg, welche Zeit und welche Feuerunterstützung erwünscht? Falls Funkverbindung aussetzt, wird Flugzeug Zeichen geben! Es bedeutet rote Leuchtkugel: »Durchschlagen« und mehrmals grüne Leuchtkugeln: »Durchhalten, bis wir kommen.« Wöhler.«

Um 4.40 Uhr traf die Antwort aus der Festung bei der Gruppe Wöhler ein: »Durchschlagen erscheint ausgeschlossen, da rund 2000 Verwundete dann in Feindeshand fallen und keine Möglichkeit der Versorgung geboten. Hilfe muß sofort von außen kommen. Antwort erbeten. Saß.«

Um 13.30 Uhr ging ein weiterer Funkspruch der Gruppe Wöhler nach Welikije Luki hinaus: »Stoßtruppe verstärktes Fallschirmjäger Btl. (III./FJR 1) greift heute 19.00 Uhr Richtung Zitadelle an, um dortige Besatzung zu entsetzen und die Zitadelle noch in der Nacht zu räumen. Vorstoß über Lowat Richtung Ostteil nur mit starken Stoßtrupps entlang der Eisenbahn durchführbar.

Besatzung Ostteil muß sich noch heute nacht gruppenweise entlang der Eisenbahn auf Rybiki (1 km südlich der Zitadelle) durchschlagen. Melenka, Kryjukowo, Scheboldina, Kirkino, Welebezkoje sind feindbesetzt. Rybiki, Fotnewa, Lachny, Belodedowo befinden sich in eigener Hand. Wöhler.«

Der Entsatzangriff – Ausbruch

In den Trümmern des Ostteils von Welikije Luki, am Bahnhof und in der Ostkaserne, standen in den letzten Kampftagen Oberstleutnant Frhr. von Saß noch etwa 1000 Soldaten zur Verfügung.

Längst waren - ein Glücksfall für die Besatzung der Stadt - die vorhandenen 300 Pferde geschlachtet und verzehrt worden. Von den letzten 45 aus der Luft abgeworfenen Verpflegungsbomben konnten nur sieben geborgen werden.

Bei beißender Kälte, Tag und Nacht von Artillerie und Flugzeugen mit Feuer belegt, tagsüber mehrfach angegriffen, nur völlig unzureichend ernährt, standen diese Männer in einem verzweifelten Abwehrkampf gegen die rote Dampfwalze. Täglich gab es in diesen letzten Tagen für zehn Soldaten ein Brot. 20 Soldaten mußten sich eine Büchse Fleisch am Tage teilen.

Verlaust, verdreckt, am Verhungern, fast alle verwundet, so lebten diese Männer im feindlichen Granatenhagel. Tote lagen überall umher und konnten nicht fortgeschafft werden. Die Verwundeten blieben notdürftig versorgt in den Löchern und Stellungen liegen. Trinkwasser wurde unter Lebensgefahr aus dem Teich vor dem Wall geholt. Im Teich lag ein abgeschossener russischer Panzer mit seiner Besatzung.

Was wurde zum Entsatz der eingeschlossenen Stadt unternommen? Wie war die Lage in diesem Kampfraum? Während das LIX. AK unter GenInf. von der Chevallerie die Front um Witebsk hielt, hatte GenLt. Wöhler, Chef des Stabes der HG. Mitte, - wie bereits erwähnt - eine Entsatzgruppe zusammengestellt, der es am 24. Dezember 1942 gelang, bis auf 10 km an Welikije Luki heranzukommen. Dort blieb sie im tiefen Schnee stecken und erlitt schwerste Verluste durch Feindangriffe aller Art, vor allem durch Schlachtflieger der Roten Luftwaffe.

Der 331. ID unter GenLt. Dr. Franz Beyer gelang es, sich bis auf vier km an den Westrand von Welikije Luki heranzukämpfen. Dann blieb auch dieser Verband liegen.

Schließlich erfolgte am 9. Jan. 1943 ein neuer Entsatzangriff. Diesmal trat eine Kampfgruppe des JägBatl. 5 unter Major Tribukait mit Panzern und SPW zum Sturm auf die von der Sowjetarmee eingeschlossene Festung im Sumpf an. Hinzu kamen Teile der PztAbt. 15 der 8. PD, die diesen Angriff gemeinsam fuhren. »Fahren und schießen!«, so lautete der Befehl, den Günther Tribukait als Kampfgruppenführer ausgegeben hatte.

Der Verband trat an, schoß sich im Vorfahren den Weg frei und erreichte um 15.06 Uhr die Zitadelle, die von Hptm. Darnedde, Kdr. des Felders Btl. der 83. ID, mit 427 Mann verteidigt wurde.

Die Männer der Zitadelle weinten vor Erleichterung und Freude. »Geschafft! - Geschafft!« riefen sie den Kameraden zu.

Es waren 15 gepanzerte Fahrzeuge, die den Hof der Zitadelle erreichen konnten. Der Gegner eröffnete nun das Feuer aus allen Rohren auf dieses kleine Rechteck von 100 x 250 m. Dicht bei dicht gingen hier die Granaten nieder. Es war klar, daß bald alle Verteidiger vernichtet sein würden, wenn sie hier stehenblieben. Sie mußten sich durch den schmalen Einfallkorridor zurückziehen. Major Tribukait gab diesen bitteren, aber notwendigen Befehl. Mitten in der Einfahrt über den Wall der Zitadelle erhielt einer der 15 Panzer vier Artillerietreffer und blieb mit zerschossenen Ketten liegen. Damit saß diese gepanzerte Kampftruppe in der Falle, denn die nachfolgenden Wagen kamen nicht an dem lahmgeschossenen Panzer vorbei.

Nun verstärkte sich das feindliche Artilleriefeuer. Granaten hämmerten in die Kampfwagen und Schützenpanzer hinein. Flammen stoben aus ihnen empor. Explosionen wirbelten Türme und Aufbauten durch die Luft. Kein einziges der 15 Fahrzeuge überlebte dieses Trommelfeuer auf engstem Raum.

Die Männer Tribukaits und die Panzermänner, die nun auch in der Falle saßen, fügten sich als Grenadiere in die Verteidigungslinie der Zitadelle ein.

Der Ausbruch

Um 2.00 Uhr des 17. Jan. 1943 trat die Besatzung an. Es waren insgesamt 120 Kämpfer, die das Inferno überstanden hatten, um nun durch eine weitere Hölle zu gehen und den Weg in die Freiheit zu suchen.

Sie stießen auf einen Pak-Stand der Roten und überwältigten die Besatzung. Zwei MG-Nester folgten im entschlossenen Ansprung, und dann stießen sie auf einen starken Stützpunkt des Feindes, der im Nahkampf mit letzter Entschlossenheit angegangen und vernichtet wurde.

Nach Durchbrechen dreier feindlicher Linien erreichten sie nach 210 Minuten tödlicher Gefahr und letzter Kräfteanspanung die deutschen Linien und waren gerettet. Sieben Gefangene brachten sie mit.

Die zurückbleibenden Verwundeten hatten durch irgendwelche Kanäle von dem Ausbruchsunternehmen gehört. Unter Führung eines leicht verwundeten Leutnants und eines Feldwebels machten sich 30 von ihnen, die noch laufen konnten, ebenfalls auf den Weg. Sie kämpften sich unter unsäglichen Anstrengungen vorwärts, schossen sich einen Weg frei, und wenn auch zwölf von ihnen fielen, 18 Verwundete kamen durch und erreichten nach einer unglaublichen Leistung die deutschen Linien.

Der Behnemann-Bericht zu Welikije Luki-Ost

Aus dem Ostteil von Welikije Luki gelang es nur drei Soldaten, auf unglaubliche Art und Weise zu entkommen und sich durchzuschlagen. Drei von 1000 überlebten dieses Desaster. Einer von ihnen war Oblt. Behnemann, Chef der 9./AR 183. Sein Bericht, den er zur Verfügung stellte, lautete:

»Es ist der 13. Januar 1943. Noch halten einzelne Widerstandsnester im Bahnhofsbereich. In meinem Bunker waren es noch 41 Männer, davon 20 schwerverwundet. Sie liegen auf dem Boden oder auf Pritschen. Alle sehen schlimm aus. Sie haben nächtelang in den Gräben gestanden, als Verpflegung ein Siebtel Brot am Tag, in der Feldflasche kalten Malzkaffee. Sonst nichts!

Um 22.00 Uhr reißt die Verbindung zur Beobachtungsstelle ab. Der abgelöste Posten aus dem Holzhaus neben dem Bunker kommt herüber und meldet:

›B-Stelle und GefStand der Abteilung werden von einem russischen Panzer zusammengeschossen und brennen.‹

Also geht es drüben, bei Major Hennings, dem Artilleriekommandeur von Welikije Luki, zu Ende. Es ist noch keine zwölf Stunden her, daß Hennings anrief:

›Halten Sie den Bunker, Behnemann! Ich verteidige die B-Stelle!‹ Die Männer dösen vor sich hin. Die Luft ist dick zum Schneiden. Die Schwerverwundeten stöhnen. Der Sanitäter hat kein Morphium mehr, kein Verbandszeug. Als es gegen 7.00 Uhr dämmert, gehe ich hinüber ins Holzhäuschen, um zu beobachten, denn jetzt wird es ernst. Das Haus ist ziemlich demoliert. Im Fußboden hat eine einhauende Granate ein tiefes Loch gerissen; man kann mit dem ganzen Körper darin verschwinden, unter den schadhaften Bodenbelag kriechen und durch die ramponierte Außenwand alles gut beobachten. Ich kann deutlich erkennen, daß der Feind bereits in der B-Stelle sitzt. Es ist klar, daß sie von hier aus gleich den Bunker erstürmen werden. Ein T 34 rollt langsam am Grabenrand herauf. Ich beobachte ihn und dadurch entgeht mir, was in meinem Rücken geschieht. Keine 50 Zentimeter von mir entfernt, an der Außenwand, stehen feindliche Soldaten und werfen Handranaten gegen die Tür. Danach schießen sie mit ihren MPi in die Scharten des Bunkers.

Dann ruft eine deutsche Stimme vom Bunkereingang: »Nicht schießen! – Wir ergeben uns, wir sind alle verwundet!«

Ein Russe antwortet auf deusch: ›Kommt heraus!‹ Die Bunkertür öffnet sich und meine Männer treten mit erhobenen Händen ins Freie.

Ich krieche noch weiter unter den Bodenbelag und mache mich so klein wie möglich. Über meinem Kopf findet jetzt die Vernehmung meiner Männer statt.

›Offiziere?‹ ist stets die erste Frage, dann folgt: ›Beruf?‹ und wenn die Antwort ›Arbeiter‹ lautet, sagt der Dolmetscher ›gutt‹. Falls einer ›Bauer‹ sagt, folgt ebenfalls ein ›gutt!‹

Nach der Vernehmung müssen die Gefangenen in den Schießstand hinunterspringen. ›Dawai – dawai!‹ werden sie angetrieben, und los geht es hinüber zum roten Haus.

Die Verwundeten haben sich Wolldecken übergeworfen und wanken durch den Graben. Mißhandlungen gibt es nicht, aber unentwegt wird ›Dawai, dawai!‹ gebrüllt.

Den ganzen Tag liege ich unter dem Fußboden des Holzhauses. Gegen Nachmittag wird ein langer Zug von Gefangenen durch den alten Schießstand getrieben. Es sind 500 bis 600 Mann, ein jämmerlicher Haufen. Einige Offiziere wanken auf Strümpfen durch den Schnee. Man hat ihnen die Filzstiefel weggenommen. In diesem Augenblick steht eines eisern für mich fest: Ich gehe nicht in die Gefangenschaft! Ich habe zwar keine Karte, sondern nur einen Marschkompaß bei mir. In der Tasche die Pistole mit acht Schuß Munition. Dazu meine Tagesration, bestehend aus einem Siebtel Brot.

Es ist 19.30 Uhr, meine Flucht beginnt. Stockdunkel ist es nicht, als ich mich aus dem Fenster schwinge und frech, aufrecht gehend, den Schießstand hinuntergehe. Dann lasse ich mich nach rechts über die Böschung rollen, denn der Mond, der hinter einer Wolke versteckt war, tritt klar heraus und hüllt diese Trümmerlandschaft in ein geisterhaftes, gespenstisches Licht. Der hartgefrorene Schnee knirscht und knackt unter meinen Filzstiefeln.

›Stoj!‹ erschallt es plötzlich. Ich haste weiter. Und wieder das erregte, erregende Stoj!‹

Verflucht! – In den Schnee. Eine halbe Stunde lang spiele ich den toten Mann. Dann robbe ich weiter, arbeite mich durch den Draht. Mit einem Male ist Leben um mich herum. Soldaten der UdSSR fangen streunende Pferde ein und treiben sie in Richtung Maximowo.

Da hockt doch etwas im Schnee! - Unbeweglich ... vorsichtig gehe ich darauf zu: tot. Ein deutscher Soldat. Fünfzig Meter weiter wieder einer. Eine fürchterliche Wegemarkierung. Alle 30 bis 50 Meter ein lebloser Soldat, vornübergesunken oder in eine Decke gehüllt, oder lang ausgestreckt. Alles Schwerverwundete, die auf dem Marsch in die Gefangenschaft, in den sie gnadenlos von den Russen hineingetrieben wurden, einen Moment ausruhen wollten und im Sitzen erfroren sind.

Aus Richtung des Stützpunktes »Braunschweig« hörte ich immer wieder MG-Feuer, das meinen Weg kreuzte, so daß ich erst jetzt 100 Meter auf dem Gefangenenweg aufrecht gehen konnte.

Durch das Moor zogen sich sehr viele Schlittenwege nach allen Richtungen, wie ich an den Spuren erkennen konnte. Ich begegnete auch einigen kleinen Kolonnen. Nach etwa 4 Kilometern überquerte ich die erste Nachschubstraße des Gegners. Während der Nacht passierte ich dann noch weitere sieben oder acht solcher Nachschubstraßen. Alle liefen genau in Richtung West-Ost, zwei davon hatten sogar eine doppelte Fahrbahn mit einem Schneestreifen in der Mitte.

Die Lowat überquerte ich um 24.00 Uhr. Parallel zum Fluß verlief die einzige Straße in nord-südlicher Richtung. Der Marsch selbst und die Orientierung bereiteten keinerlei Schwierigkeiten.

Bis zum Morgengrauen konnte ich den Brand meiner B-Stelle beobachten. Um 5.00 Uhr kam ich über die Nassawa und überquerte in der Dämmerung des heraufziehenden Tages die letzten großen Nachschubstraßen von Westen nach Osten, etwa drei km südlich des Dorfes Molodi.

In einem Weidengestrüpp nur 100 m hinter der Straße suchte ich mir ein Versteck. Darin mußte ich den ganzen Tag über auf einem Fleck stehen und versuchte, mit Freiübungen die Kälte und die Langeweile zu vertreiben.

Trotz der Anspannung noch verhältnismäßig frisch, setzte ich zu Beginn der Abenddämmerung meine Wanderung fort. Die ersten Stunden führten durch ein urwaldartiges Gelände, in dem ich nur sehr schwer und langsam vorwärtskam. Dann wechselte immer wieder flaches Moor und hohe Schilfstauden mit dichtem Weidengebüsch einander ab. Als ich noch einmal die Nassawa überqueren mußte, rutschte ich die sehr steile Böschung hinunter und schlug dabei mit dem Hinterkopf hart auf. In dieser Stellung, hart an die Böschung gelehnt, sah ich plötzlich mir genau gegenüber auf dem anderen Ufer des Flusses einen Rotarmisten, der jetzt sein Gewehr hob und laut hörbar mit dem Schloß spielte. ›Parool!‹ rief er.

Ich flüchtete nach Westen. Vier bis fünf Schüsse wurden mir nachgeschickt, die fehlgingen. Nach 300 Meter schnellen Laufes kletterte ich die Böschung wieder hinauf. Da ich bemerkte, daß ich verfolgt wurde, versteckte ich mich rückwärts in einem Graben.

Als der Mond untergegangen und es stockdunkel geworden war, ging ich weiter.

Um 3.30 Uhr drang ich in einen neuen Urwald ein. Hier konnte ich nur noch im Schneckentempo vorwärts kommen. Umgefallene Bäume, tiefer Schnee und Gestrüpp ergaben ein Höchsttempo von etwa einem Kilometer in der Stunde. Als der Morgen heraufzog, befand ich mich noch mitten in diesem Wald. Ich ging weiter, bis sich etwa gegen 8.00 Uhr der Wald lichtete und in hohes Schilf überging.

Am Rande dieses Schilfes entdeckte ich, daß ich mitten in einer Postenkette des Gegners steckte. Kriechend arbeitete ich mich bis in Höhe der MG vor, die in Seitenabständen von etwa 200 m zueinander aufgestellt waren, davor und dazwischen jeweils ein Posten mit Karabiner.

Am Tage mußte ich nun auf dem Bauche liegenbleiben, beobachtete dabei den Ablösungsrythmus der Postenlinie und anderes, um nicht einzuschlafen. Von 17.00 bis 19.00 Uhr schob ich mich mit den Postenablösungen weiter vor, mußte aber dann doch einsehen, daß hier bei dem hellen Mondschein kein Durchkommen war.

Frech ging ich nun aufrecht zurück, wandte mich eine kurze Strecke nach Norden und versuchte dann noch einmal mein Glück. Nun erhielt ich von links, also von meiner alten Stelle aus, Feuer, wurde auch von rechts nach der Parole befragt und dann, als ich nicht antwortete, ebenfalls beschossen.

Ich blieb jetzt auf freiem Feld, suchte mir immer die Mitte zwischen den Gestrüppen aus, aus denen ich MG- und Karabinerfeuer erhielt. Dann hatte ich auf einmal etwa 2000 m lang Ruhe, und nun erst begann die eigentliche Hauptkampflinie der Roten Armee. Sie war tief gestaffelt, und überall auf den Höhen standen in etwa 300 m Seitenabstand schwere MG, die ohne Leuchtspur schossen. Dazwischen lagen Schützen.

Auf den nächsten fünf bis acht Kilometern wurde ich nicht beschossen, war aber so geschwächt, daß ich alle halbe Stunde zusammenbrach und so lange im Schnee liegenblieb, bis die Kälte mich wieder hochtrieb. Der tiefe Schnee, Hunger und Durst machten sich nun stark bemerkbar. Ich hatte in den letzten Tagen nur von Schnee gelebt.

Um 3.00 Uhr ließ ich endgültig das Moor hinter mir zurück und wollte jetzt nur noch möglichst schnell ein Haus erreichen, um schlafen zu können. Um 4.00 Uhr gelangte ich in ein Dorf und stieg gleich in die erste Scheune auf den Boden und kroch tief in das dort liegende Heu.

Ich glaubte 24 Stunden geschlafen zu haben, es waren aber nur zwei Stunden voller schwerster Fieberträume. Klar denken konnte ich nicht mehr, als ich hinunterkletterte und vor die Scheune trat. Dort wurde ich - noch immer benommen - nach der Parole befragt. Ich antwortete darauf: ›Ich Pan!‹ und torkelte weiter westwärts. Tatsächlich hatte es sich hier nicht um Russen, sondern um deutsche Soldaten gehandelt. Nach 500 Metern brach ich erneut zusammen. Für mich stand fest, daß ich in ein Bauernhaus gehen und dort erst essen und schlafen mußte, bevor ich weiterfliehen konnte.

Ich ging wieder auf die Straße zu und stand plötzlich vor der Bahnlinie Nowosokolniki - Nassawa, in der Nähe des Ortes Gamijewa, meinem Ziel.

Auf der anderen Straßenseite sah ich ein Schild mit dem taktischen Zeichen des Trosses der 5. Batterie Art.Rgt. 80 der 8. PD. Ich fand die Schreibstube und drückte nach 60stündigem Marsch, auf dem ich etwa 40 Kilometer zurückgelegt hatte, dem ersten deutschen Soldaten die Hand.

Ohne Aufenthalt wurde ich zum Regimentskommandeur weitergeleitet, erhielt dort zu essen und wurde zum Divisionskommandeur gefahren. Dort frühstückte ich ein zweites Mal und wurde zum HVpl. der 8. PD nach Nassawa geleitet, wo nach der Entlausung um 12.00 Uhr meine Flucht mit einem langen totenähnlichen Schlaf ihr Ende fand.«

Auszug aus dem KTB des Oberkommandos der Heeresgruppe Mitte vom 14. Januar bis 15. Januar 1943

14. Januar Funksprüche von Welikije Luki:

11.05 Uhr: »Russe versucht wiederholt GefStand zu sprengen.«

19.20 Uhr: »Stützpunkt RgtGefStand 250 m ostw. Bahnhof wiederholt von Russen gesprengt. Starke Ausfälle, kaum noch Munition. Sofort durchstoßen, allerhöchste Not. Kein Wasser, kein Brot.«

23.20 Uhr: »Weg zum schnellen Vorstoß unbedingt noch heute nacht Zitadelle Marienstr. beiderseits Eisenbahnbrücke nach Osten. Lage in allen Igeln unhaltbar, wenn nicht sofort Hilfe kommt!«

Funksprüche von Zitadelle:

5.40 Uhr: »Ein verwundeter Uffz. von Ost ohne Auftrag hierher durchgeschlagen, schildert dort hoffnungslos. Er meldet das Haupt des Feindes Ostufer Lowat. Lowat-Eis zur Sprengung vorbereitet.«

14.30 Uhr: »Erster Abwurf schlecht, Masse beim Feind. Zweiter Wurf gut, viel zertrümmert. Munition expolodiert. Genaue Meldung noch nicht möglich. Verpflegung vordringlich, dann dringend Sprit.«

18.30 Uhr: »Keine Verbindung mehr zu Ost. Aufklärung durch Stoßtrupp gegen Lowat-Knie 600 m südw. Westtor Zitadelle stellte keine deutsche Truppe fest. Kein Panzer fahrbereit. Nach schweren Verlusten reicht Gesamtbesatzung nur noch zur Verteidigung Zitadelle. Erbitte noch einmal Lage.«

2.30 Uhr: (15. Jan.) »Versorgung: Verpflegungsstärke 488, davon 133 verwundet oder krank. Am 14. Jan. geborgen: 5 Bomben Verpflegung, 2 Medikamente, 2 Munition (unbrauchbar). Verpflegung gerade für 14. Jan. Weiterer Kräfteverfall. Erbitte dringend für morgen vordringlich Anoden und Sammler, dann Verpflegung, und zwar für warme Kost. Außerdem Leuchtpatronen weiß, 300 Krankendecken, Beleuchtungsmittel. Keine Muntion. Bomben möglichst tief ausklinken.«

Die Luftwaffe wirft über der Zitadelle 5,8 t Verpflegung, Munition, San.-Gerät und 6 s.GrW. ab, die allerdings teilweise beim Feind landen.

Bei Gruppe Wöhler müssen Teile der 205. Div., die unter hohen Verlusten Schebol-dina genommen hatten, wegen stärkstem Flankenfeuer aus Gegend Melenka wieder zurückgenommen werden. Eine im Morgengrauen angetretene Kampfgruppe von 3 Btlnen. (Btle. 205. Div., JägBatl. 3) bleibt im feindlichen Flankenfeuer von 124,9 und 108,9 liegen.

Nach übereinstimmender Ansicht von GFM v. Kluge, General von der Chevallerie und General Wöhler verspricht eine Fortsetzung des Angriffs in Richtung der Zitadelle in der Nacht zum 15. Jan. keinen Erfolg, da die in der Angriffsspitze stehende Truppe so gut wie völlig ausgepumpt ist. Der Gegner hat um die Spitze des Angriffskeiles einen Halbkreis konzentriert und deckt die eigene Truppe mit schwerem Feuer zu. Der Raum ist zu groß, um den Feind artilleristisch wirksam fassen zu können.

Es wird daher der Entschluß gefaßt, unter Einsatz des III.FJR 1 in der Nacht 15./16. Jan. zur Zitadelle und - falls es möglich ist - mit Teilen zum Ostteil von Welikije Luki vorzustoßen und bis zum Hellwerden mit den noch bewegungsfähigen Teilen der Besatzung und den erreichbaren Verwundeten (Schlittenkolonnen vorbereitet) wieder in der Ausgangsstellung zu sein. Eine andere Lösung erscheint nicht mehr möglich.

15. Januar:

Voll innerer Bewegung werden angesichts der Unmöglichkeit, helfen zu können, die letzten Funksprüche aus dem Ostteil von Welikije Luki aufgenommen.

1.00 Uhr: »Fortlaufend über Fortschritte melden, da Russe heute in deutschen Uniformen Befreier spielt. Saß.«

1.30 Uhr: (an Welikije Luki): »Durchschlagen mit letzten Teilen nach Zitadelle oder nach Rybiki südw. davon in Nacht 15./16. Jan. 43 kann nötig werden. Welcher Weg, welche Zeit und welche Feuerunterstützung erwünscht? Falls Funkverbindung ausfällt, wird Flugzeug Zeichen geben. Es bedeutet mehrmals rote Leuchtkugel Durchschlagen und mehrmals grüne Leuchtkugel Durchhalten, bis wir kommen. Wöhler.«

Welikije Luki antwortet:

4.40 Uhr: »Durchschlagen erscheint ausgeschlossen; da etwa 2.000 Verwundete in Feindeshand fallen und keine Möglichkeit der Übermittlung dieser Befehle nach Igel Ost und Süd. Hilfe muß sofort von außen hierher kommen. Umgehende Antwort erbeten.«

7.20 Uhr: »Wir können nicht mehr durchbrechen. Ihr müßt uns schnellstens herausschlagen, koste es, was es wolle! Saß.«

8.40 Uhr: »Angefordertes Art.Feuer dringend. Saß.«

Nach diesem letzten verständlichen Spruch folgen nur um 10.35 Uhr noch einmal nicht verständliche Funkzeichen.

Im Ostteil der Zitadelle bricht der Gegner nach starker Art. Vorbereitung und nach starkem Fliegerangriff ein. Die Luftwaffe bekämpft die gegen die Zitadelle geführten Feindangriffe. Sturzkampfflugzeuge werfen über der Zitadelle 4 t Verpflegung, Munition, Nachr.-Gerät und 1,76 cbm Betriebsstoff ab.

Major Tribukait meldet:

2.15 Uhr: »Weg durchgeschlagener Uffz. völlig belanglos, da nachts mitten durch Feind durchgeschlichen. Vorschlag: Allgemein: Vor Ansatz in einem Stoß zu Saß wird gewarnt, desgl. vor Nachtangriff. Abschnittsweise vorgehen (Lowat - Losawitza) nach meiner Ansicht allein Aussicht auf Erfolg.«

8.30 Uhr: »8.25 Uhr zwei deutsche Kriegsgefangene mit Kapitulationsaufforderung. Frist bis 9.00 Uhr, bei Ablehnung Zusammenschießen.«

8.30 Uhr: »Gefangene melden, daß neue Truppen in Welikije Luki, sehr viele schwere Waffen ringsum, einige Panzer, auch 52-Tonner. Erbitte dringend Flieger und Artillerie. Tribukait.«

11.30 Uhr: »Schwerer Zerstörungsbeschuß hält an. Zitadelle.«

13.25 Uhr: »Schwere Verluste. Lage im Ostteil bedrohlich. Starker Feind auf Ostwall und dahinter. Zitadelle.«

Um 13.30 Uhr gibt die Gruppe Wöhler folgenden Befehl durch Funkspruch an Major Tribukait: »Stoßgruppe verst. FallschirmjägBatl. angreift heute 19.00 Uhr Richtung Zitadelle, um dortige Besatzung zu entsetzen und Zitadelle noch in dieser Nacht zu räumen. Vorstoß über Lowat Richtung Ostteil nur mit schwachen Stoßtrupps entlang der Eisenbahn durchführbar. Besatzung Ostteil muß sich noch heute nacht gruppenweise entlang der Eisenbahn nach Rybiki (1 km südwestl. Zitadelle) durchschlagen. Rybiki, Fotnewa, Lachny, Belodedowo in eigener Hand. Ortsnamen: 1:50.000. Wöhler.«

Major Tribukait bereitet gemäß diesem Befehl die Räumung vor. III./FJRgt. 1 tritt infolge Verzögerung im Anmarsch statt um 18.00 Uhr erst 22.37 Uhr von Höhe 147,0 zum befohlenen Durchbruch auf die Zitadelle an. Nachdem das Btl. etwa 1 km nach Osten Boden gewonnen hat, faßt der Kdr., Hptm. Becker, den Entschluß, das Unternehmen abzubrechen, da infolge der vorgerückten Zeit das Durchstoßen zur Zitadelle, der Abtransport der Verwundeten und das Zurückkämpfen zur eigenen Stellung bis zum Hellwerden nicht mehr durchführbar erscheint. Ein am 16. Januar um 1.15 Uhr von der Gruppe Wöhler an die Zitadelle gegebener Funkspruch, die die Aufschiebung des Angriffs um 24 Stunden mitteilt, wird dort nicht mehr aufgenommen.

Major Tribukait, der von einer Annäherung der erwarteten Fallschirmjäger nichts beobachten kann und eine Räumung der Zitadelle zu einem späteren Zeitpunkt als in dieser Nacht für nicht mehr möglich hält, entschließt sich um 23.00 Uhr im Sinne des gegebenen Befehls unter Zurücklassung der etwa 200 marschunfähigen Verwundeten selbständig zur Räumung. Er ordnet hierfür an:

Antreten der Besatzung um 2.00 Uhr. Sicherung des Herauslösens durch etwa 30 Mann, die den im Ostteil Zitadelle eingebrochenen Feind bis auf 5 - 10 m gegenüberliegen. Nachfolgen dieser Sicherung mit zwei Stunden Abstand.

Bei den Verwundeten bleibt Oberarzt Wehrheim auf eigenen Entschluß mit zwei San.-Uffz. und zwei Krankenträgern zurück. Er erhält den Auftrag, dem letzten Trupp vor Abrücken Befehl zu geben, die Panzer durch Handgranaten in Brand zu setzen. Dann soll er im Morgengrauen durch eine Rote-Kreuz-Flagge zu erkennen geben, daß sich auf der Zitadelle nur noch Verwundete befinden.

Unter Führung von Major Tribukait erreicht die Besatzung der Zitadelle am 16. Jan., 5.30 Uhr, unter geringen eigenen Verlusten mit 15 Offz., 24 Uffz. und 63 Mannschaften die deutschen Linien. Bis zum 19. Jan. finden sich noch 84 Versprengte bei der Gruppe Chevallerie ein, so daß insgesamt 186 Offz., Uffz. und Mannschaften aus Welikije Luki herausgekommen sind.

Aus dem Ostteil Welikije Luki gelang es folgenden Soldaten, sich durchzuschlagen:

Oblt. Behnemann, 9./AR 183 (verwundet),
Feldw. Smigelski, 2./Pi. 183,
San.Obergefr.Voll, 2./AR 736,
Uffz. Spoehr, le.Beob.Abt. 17 (verwundet).

Sie meldeten, daß am 14. und 15. Jan. nur noch wenige und voneinander getrennte Stützpunkte Widerstand leisteten, die wohl bald danach der Übermacht des Gegners erlegen sind. Damit ist Welikije Luki in sowjetischer Hand. Der eigene Angriff wird eingestellt.

Die Tragödie von Welikije Luki hat sich vollendet. Nach 52tägigem, heldenmütigem, unter schwierigsten Bedingungen geführtem Kampf gegen einen an Menschen und Material weit überlegenen Feind ist Welikije Luki gefallen. Führung und Truppe haben das Menschenmögliche getan, um dieses Schicksal abzuwenden. Die Umstände waren stärker als menschlicher Wille, und nicht zuletzt war es eine Verkettung unglücklicher Umstände, wie GFM v. Kluge es aussprach, die allen Opfern und Anstrengungen den Erfolg versagt hat.

Die Gefechtsgruppe Wöhler war vor eine besonders schwere Aufgabe gestellt. Trotz vorbehaltlosen Einsatzes von Führer und Truppe, trotz hohen Blutopfers blieb der erstrebte Gesamterfolg aus. Immerhin konnte der kampffähigen Besatzung der Zitadelle der Weg in die Freiheit vorbereitet werden.

Der Haupterfolg ist jedoch die Bindung und weitgehende Zerschlagung von insgesamt 31 Feindverbänden durch die Verteidigung von Welikije Luki und im besonderen durch den Angriff der Gefechtsgruppe Wöhler.

STALINGRAD

Rundumverteidigung, Hunger und Kälte

Die 2. Batterie des PzArtRegt. 16 bestand nach dem Angriff nur noch aus drei Unteroffizieren und vier Obergefreiten. Und auch das Kradschützenbataillon 16 und das I./PGR 64 waren nicht viel stärker. Die Männer des III./GR 544 blieben bei der 16. PD. Sie bauten mit an den Bunkern, die es nun zu errichten galt, wollten sie nicht alle an Erfrierungen zugrunde gehen.

In den nächsten Tagen bis zum Jahreswechsel wurde in den Nächten geschanzt, um wieder in einigermaßen sichere Bunker zu kommen. Minenkommandos gingen vor. Fünfzig Soldaten des Versorgungsregiments kamen in die HKL. Unter Führung von Oblt. Holtkamp bildeten sie eine Infanteriekompanie.

In der Silvesternacht gab es wieder einen Großalarm. Am Neujahrsmorgen 1943 schmetterten dichte Lagen von »Stalinorgeln« und Werfern sowie aus Feldgeschützen auf die Kampfgruppe Reinisch nieder. Die ganze Höhe 147,6, die von der Kampfgruppe gehalten wurde, verschwand in einem einzigen dicken Qualmblock, aus dem immer wieder das Feuer der Einschläge spritzte.

Zweimal griffen die Rotarmisten an. Beide Male konnten sie geworfen werden. Dann brach dieser Angriff in sich zusammen.

Erst am frühen Morgen des 3. Januar 1943 wurde der Sturm wiederholt. Diesmal gelang es dem Gegner, mit einem kampfstarken Spähtrupp entlang der Bahnlinie, die die HKL durchzog, in die vordersten Bunkerstellungen auf der Nahtlinie zwischen der Kampfgruppe Reinisch und der Kampfgruppe Dormann einzudringen. Drei Tage und drei Nächte dauerten die verzweifelten Versuche, den Gegner hier zu werfen. Dann mußten die Soldaten der 16. PD einsehen, daß sie es nicht mehr schaffen konnten. Damit stand die Division vor der drohenden Gefahr der Aufspaltung. Major Wota, Kommandeur des I./PGR 79, seit September Träger des Deutschen Kreuzes in Gold, war die Seele des Widerstandes wie auch des Angriffs. Aber auch er schaffte es nicht mehr.

Ein wilder Einzelkampf begann, den zu schildern den Rahmen dieses Gesamtberichtes bei weitem sprengen würde.

So versuchten die Rotarmisten am 4. Januar 1943 mit Panzern erneut durchzubrechen. Bei diesem Angriff war es der Panzerzug unter Feldwebel Köbel, der den Gegner aufhielt und neun T 34 abschoß.

Bei einem Feindangriff auf die Höhe 147,6 konnte Oblt. Korte diesen Angriff abweisen. Beim Gegenstoß fand dieser tapfere Offizier den Tod.

In den folgenden Tagen, während derer der Kessel überall kleiner wurde, richteten sich die Soldaten der 16. PD zur Rundumverteidigung ein. Das PR 2 verfügte zu dieser Zeit noch über vier (!) einsatzbereite Panzer.

Der Hunger wütete, denn seit Anfang Januar konnte die 200-Gramm-Ration Brot nur noch an die Männer im Graben ausgegeben werden. Alle übrigen einschließlich des Divisionskommandeurs erhielten 100 Gramm Brot täglich. Immer wieder gingen die einzelnen Trupps in den Nächten ins Niemandsland vor, um die dort noch liegenden gefallenen Pferde zu zerschneiden. Die Soldaten der beiden Panzergrenadier-Regimenter krochen auf die Felder, um die aus dem Schnee aufragenden Ähren der Weizen- und Hirsefelder, die nicht abgeerntet worden waren, zu suchen und die Körner herauszupulen.

Die Wolga, der Schicksalsfluß der 6. Armee, fror mehr und mehr zu, und am 8. Januar 1943 konnten Kolonnen der Sowjets direkt über den Fluß setzen, um die Häuser und Werke in Stalingrad-Stadt anzugreifen.

Der Kampf war in eine entscheidende Phase getreten. Wie aber sah es um diese Zeit bei der 29. ID (mot.) aus, die im Südwestabschnitt des Kessels lag? Was tat die Luftwaffe in dieser ersten Woche des Jahres 1943?

Die Luftwaffe im Einsatz

Zum Jahreswechsel 1942-43 rief Adolf Hitler über Funk die 6. Armee in Stalingrad:

»Felsenfest kann die 6. Armee darauf vertrauen, daß die gesamte Kraft der Deutschen Wehrmacht zu Eurer Befreiung eingesetzt wird und daß Euer Aushalten zu den größten Ruhmestaten der deutschen Kriegsgeschichte gehören wird.«

Als diese Worte in den Kessel gelangten, war man auch dort beruhigt, selbst wenn die Versorgungsflüge einen katastrophalen Tiefstand erreichten.

Am 1. Jan. 1943 wurde auch Hpt. Toepke aus dem Kessel geschickt, um von außen her als 1. Quartiermeister für die Lufttransporte zu sorgen. Er erhielt, direkt unter Oberst Finkh, Weisungsrecht für die Beladung der Flugzeuge auf allen für die Luftversorgung von Stalingrad in Frage kommenden Flugplätzen. Es handelte sich um die Horste Schachty, Nowotscherkassk, Woroschilowgrad, Stalino, Taganrog und Ssalsk. Wegen der Räumung des Donbogens waren Tazinskaja und dann auch Morosowskaja in Fortfall gekommen.

Gerade die beiden letzten nahe an Stalingrad gelegenen Plätze hatten einen dreimaligen Tageseinsatz der Flugzeuge garantiert. Die Anflugszeiten verlängerten sich nun bedeutend. Anstatt mehr und bessere Güter in den Kessel zu fliegen, wurden die Versorgungsleistungen schlechter. Das jedoch war nicht von der Luftwaffe verursacht.

Die Ausfälle von Flugzeugen waren inzwischen immer bedrohlicher geworden. Allein im Dezember waren beim Versorgungseinsatz nach Stalingrad und auf den Rückflügen durch feindliche Abschüsse und Abstürze 246 Flugzeuge verlorengegangen. Dazu kamen die technischen Ausfälle, die den Einsatz einer großen Zahl Maschinen oftmals illusorisch machten.

Hauptmann Toepke sprach so bald wie möglich mit dem Generalquartiermeister des Heeres, General Wagner. Als dieser darum bat, daß der 1. Quartiermeister ihm jeden Abend eine Orientierung zukommen lassen möge, sagte Toepke zu. Ab Abend des 2. Januar 1943 wurde Hptm. Toepke mit seinen Bitten um eine bessere Unterstützung der eingeschlossenen 6. Armee sowohl vom Wehrmachtführungsstab als auch von allen anderen Stellen, die er anrief, zur nächsten verwiesen. Es war ein Kampf gegen Windmühlenflügel.

Toepke konnte sich auf den Plätzen, die er besuchte, davon überzeugen, daß die fliegenden Besatzungen bis zur Bewußtlosigkeit flogen und daß die Bodenpersonal-Einheiten sogar noch mit erfrorenen Fingern weiterarbeiteten, wenn es um die Kameraden in Stalingrad ging. Aber Maschinen fehlten und die fliegenden Besatzungen ebenfalls.

Hptm. Toepke suchte die Beladung der Maschinen so zu steuern, daß das Versorgungsgut den Bedürfnissen im Kessel möglichst entsprach. Der Oberquartiermeister der HGr. Don, Oberst Finkh, tat alles für die 6. Armee, nur zaubern konnte auch er nicht.

Jeden Abend wurden weitere Transportflugzeuge angefordert. Nach einer Woche der bohrenden Fragen kamen schließlich ganze 6 Ju 52, die Privatmaschinen von Göring, Ley, von Ribbentrop und anderen Herren. Man wagte es, den Versorgungsengpaß Stalingrad mit ganzen sechs Ju 52 zu beheben, wo jeden Tag mehr als sechs Flugzeuge abstürzten oder abgeschossen wurden.

Was fehlte, waren jene Hunderte Ju 52 und die Ju 323-Großraumflugzeuge, die noch immer nach Afrika flogen, um der dort stehenden Panzerarmee Afrika sowie der 5. Panzer-Armee Material und Truppen zu überfliegen. Hier erinnert man sich spätestens an die Beschwörungen von GFM Rommel, die Truppen aus Afrika auf das Festland zurückzuschaffen und sie nicht in Afrika untergehen zu lassen. Nur so hätten auch genügend Transportflugzeuge für Stalingrad über die Jagdflugzeuge jener Geschwader zur Verfügung gestanden, die in Afrika im Einsatz standen.

Man versuchte, beide kritischen Fronten zu halten und - verlor beide. Zwar etwas langsamer, aber darum um so tödlicher. Stalingrad und das Ende auf afrikanischem Boden, das »Tunisgrad« genannt wurde, forderte jeweils hunderttausende Tote und Gefangene, die nie wieder ersetzt werden konnten.

Das Versorgungsproblem in Stalingrad

Nicht weniger als 24 Transportzüge mit konzentrierten Verpflegungsmitteln, wie sie der Festung spätestens seit dem 24. November 1942, dem Tage der völligen Einschließung, hätten zugeführt werden müssen, standen in Schleswig-Holstein einsatzbereit. Anstelle der Wassersuppen und des ebenfalls wasserangereicherten Brotes hätten Speck, tiefgekühltes Fleisch und Dauerwurst, anstelle von Gemüsekonserven, die zu 70 Prozent aus Wasser bestanden, hätten Trockengemüse, Knäckebrot und Schoka Kola in den zusammengestellten »Blitz-Pfeil-Transporten«, die sogar vor den Munitionstransporten Vorrang hatten, nach Stalingrad transportiert werden müssen.

Diese Züge hätten in einem einzigen Marsch bis zur HGr. Don durchrollen können. Alle Weichen waren gestellt. Doch die Züge rollten erst am 10. Januar 1943 an. Drei Züge am Tage waren vorgesehen; sie fuhren auch, aber um rund 20 Tage zu spät.

Am 2. Jan. 1943 warteten die Verantwortlichen in Stalingrad vergeblich auf eintreffende Maschinen. Zunächst konnte an diesem Tage überhaupt nicht geflogen werden. Dann gelang 30 Prozent der Flugzeuge der Start und die Landung oder der Abwurf der Verpflegung. Die anderen mußten mit höchstem Vereisungsgrad umkehren, wenn sie nicht abstürzen wollten. In dieser Nacht stürzten fünf Ju 52 ab und zerschellten irgendwo in der eisüberzogenen Steppe.

Am 7. Jan. war es genauso, und im Kessel breitete sich Untergangsstimmung aus, die jedoch die Disziplin nicht gefährdete. Das war das Große an den Männern der 6. Armee: daß sie den eigenen Untergang vor Augen hatten und sich dennoch nicht selbst zerfleischten.

Am 6. Jan. 1943 ist im KTB des Oberkommandos der Wehrmacht über Stalingrad ein erster Vermerk enthalten, nachdem vom 1. bis 6. Januar kein einziges Wort über die 6. Armee berichtet wurde. Der Eintrag lautete: »In Stalingrad sind Verpflegungslage und Kräftezustand schlechter, Betriebsstoff- und Munitionslage kritisch geworden.«

Generaloberst Paulus bat noch einmal General der Panzertruppe Hube, ins FHQ zu fliegen, um als hochrangiger Offizier und Träger höchster Tapferkeitsauszeichnungen nachdrücklich die Belange von Stalingrad zu vertreten. Hube flog zunächst nach Taganrog, wohin die HGr. Don in den ersten Januartagen von Nowotscherkassk aus übergesiedelt war. Hier sprach er auch mit Hptm. Toepke, um sich über die Lage an den Absprungplätzen zu orientieren. Er brachte Briefe von Major von Kunowski und anderen Freunden sowie weitere Unterlagen mit. Danach flog er ins FHQ weiter und erstattete Hitler in Lötzen ein ungeschminktes Bild der Lage.

Als er am 8. Jan. 1943 wieder im HQ der HGr. Don erschien, meldete er GFM von Manstein, daß er Hitler die Lage genau geschildert habe. »Der Führer hat mir versichert, daß alles geschehen werde, um die 6. Armee auf lange Zeit zu versorgen; auch auf den für das Frühjahr geplanten Entsatz der Armee hat er hingewiesen.«

GFM von Manstein bemerkte über diese Rückmeldung von Gen.d.Pz.Tr. Hube: »General Hube, der ein unerschrockener Mann war, hat bei seinem Vortrag bei Hitler auch versucht, diesem klarzumachen, wie schädlich für sein Prestige als Staatsoberhaupt Ereignisse sein müßten wie die Einschließung der 6. Armee. Er wollte ihm dadurch nahelegen, den militärischen Befehl zumindest an der Ostfront an einen Soldaten abzugeben. Da Hube auch auf seinem Hinflug nach Lötzen bei uns gewesen war, hat Hitler zweifellos vermutet, daß General Hube zu seinem Schritt von mir veranlaßt worden sei, was jedoch nicht der Fall war.«

Hube kehrte in den Kessel zurück und erstattete GenOberst Paulus Bericht. Aber optimistische Berichte ersetzen nun mal kein Verpflegungs- und Munitions-Defizit, und so kam es, daß bald sowjetische Einheiten direkt vor der Front der 6. Armee spazierengehen konnten, ohne daß ein Schuß fiel, weil die Munition zur Abwehr sowjetischer Angriffe gespart werden mußte.

Das sowjetische Ultimatum

Am 8. Jan. 1943 sollte die 29. ID (mot.) die am weitesten nach Westen liegende 376. ID ablösen. Als das Vorkommando der Division die Stellungen der Infanteriedivision erreichte, wurde es klar, daß diese Stellungen keine Unterstände besaßen. Die Soldaten der 376. ID lagen in Schneelöchern und hatten trotz der inzwischen bis teilweise auf 30 Grad minus gefallenen Temperaturen keine Heizungsmöglichkeiten.

Bei eisiger Kälte und meterhohem Schnee mußten auch die Artilleriestellungen verlegt und die Geschütze in die neuen Stellungen geschafft werden.

Die Arilleristen der 29. ID (mot.) hatten in der Nacht zum 9. Januar schwer zu schuften. Für sie war es wohl die schwerste Nacht im Kessel.

Als der 9. Januar heraufzog, war der Stellungswechsel weitgehendst vollzogen, nur einige Kampfgruppen mußten noch verlegen, die bis dahin zur Sicherung der alten Stellungen für die 376. ID zurückgeblieben waren.

Noch ahnte niemand, daß am nächsten Morgen nach wochenlangen Plänkeleien der Generalangriff der Sowjetarmee beginnen würde, ein Angriff, der hätte verhindert werden können, und zwar durch die völlige und bedingungslose Kapitulation der 6. Armee. Wie dies geschah und wie sich die Führung der 6. Armee verhielt, sei an dieser Stelle eingeblendet.

Bereits am 8. Januar war im Kampfraum der 3. ID (mot.) bei Marinowka ein Offizier des Gegners aufgetaucht, der eine Parlamentärsflagge schwenkte. Man brachte ihn zum Divisionsgefechtsstand. Dort lieferte er ein Schreiben ab, das an Generaloberst Paulus, den OB der 6. Armee, adressiert war. Durch Kurier wurde dieses Schreiben nach Gumrak in den ArmeeGefStand gebracht. Generaloberst Paulus befahl allen Kommandeuren daraufhin, unter keinen Umständen Kapitulationsverhandlungen mit Offizieren der anderen Seite zu führen. Er hatte bereits am 7. Januar durch sowjetischen Funkspruch an sein Armeehauptquartier erfahren, daß ein Parlamentär zur Armee kommen werde, zu dessen Empfang hatte er sich bereit erklärt.

Das sowjetische Ultimatum wurde auf dem Funkwege an das Führerhauptquartier übermittelt. Generaloberst Paulus erbat in diesem Funkspruch abermals Handlungsfreiheit.

Weder die Genehmigung zur Kapitulation noch die erbetene Handlungsfreiheit wurden gegeben. Hitlers Begründung lautete:

»Jeder Tag, den die 6. Armee hält, hilft der gesamten Front und zieht von dieser russische Divisionen ab.«

Am 9. Januar 1943 lehnte Generaloberst Paulus das sowjetische Ultimatum ab. Zusätzlich erließ das AOK 6 an alle Korps den Befehl:

»Die Truppe ist davon zu unterrichten, daß Parlamentäre in Zukunft durch Feuer abzuweisen sind.«

Wenn man gehofft hatte, dieses Kapitulationsangebot geheimhalten zu können, so sah man sich getäuscht, denn noch am 9. Januar regnete es Flugblätter aus Maschinen der Roten Luftwaffe auf alle Frontabschnitte herunter, die den gesamten Wortlaut des Kapitulationsangebotes enthielten.

Wie aber sah es nun mit der Behauptung Hitlers aus, daß die 6. Armee in dieser Lage noch für den gesamten Südflügel der deutschen Ostfront entscheidend wichtig war?

Wer könnte zuständiger über die damalige Lage urteilen als der seinerzeitige OB der HGr Don und Süd, Generalfeldmarschall von Manstein? Er sagte zur Frage der Kapitulation am 9. Januar 1943 folgendes:

»Ich glaube nicht, daß man mir vorwerfen kann, den militärischen Entschlüssen Hitlers kritiklos gegenübergestanden zu haben. In diesem Falle jedoch stehe ich durchaus auf der Seite seines Entschlusses, die Kapitulation der 6. Armee abzulehnen, weil der Widerstand zu jenem Zeitpunkt noch eine Notwendigkeit war, mochte diese auch - menschlich gesehen - noch so hart sein.

Vom Standpunkt des Generals Paulus war die Ablehnung der Kapitulation soldatische Pflicht. Es sei denn, daß die Armee keine Aufgabe mehr gehabt hätte, daß weitere Kämpfe also völlig nutzlos gewesen wären. Damit aber kommt man erst zu dem springenden Punkt in dieser Frage, der den Befehl Hitlers zur Ablehnung der Kapitulation rechtfertigt.

Die 6. Armee hatte - so aussichtslos auf längere Sicht auch ihr Widerstand sein mochte - im Rahmen der Gesamtlage noch, solange es irgendwie ging, eine entscheidende Rolle zu spielen. Sie mußte versuchen, solange wie irgend möglich die ihr gegenüberstehenden Feindkräfte zu binden.

Anfang Dezember waren im Einschließungsring um die 6. Armee im ganzen einige sechzig große feindliche Verbände (Schützen-Divisionen, Panzer- bzw. mech. Brigaden) festgestellt worden. Ein Teil davon war zweifellos durch den Vorstoß der 4. Panzerarmee vorübergehend abgezogen worden. Dafür aber führte der Feind neue Verbände heran.

Am 19. Januar waren von den insgesamt 259 Großverbänden, die im Bereich der HGr. Don gemeldet waren, mehr als neunzig Verbände vor der 6. Armee festgelegt.

Was es bedeutet hätte, wenn die Masse dieser neunzig Verbände am 9. Jan. 1943 frei geworden wären, braucht angesichts der Lage der HGr. Don und der des ganzen Südflügels der Ostfront nicht näher erörtert zu werden.

Die Armee konnte noch kämpfen, auch wenn der Kampf für sie selbst auf die Länge aussichtslos war. Ihr Ausharren war für die Lage des Südflügels von entscheidender

Bedeutung. Jeder Tag, an dem sie die feindlichen Kräfte noch festhalten konnte, war ausschlaggebend für das Schicksal der Ostfront.«

Weitere Abwehrkämpfe

Als die Kapitulation abgelehnt wurde, standen die letzten vier Sturmgeschütze der Abteilung 177 am Bahnhof Kotluban im tiefen Schnee in einem erbitterten, blutigen Kampf. Die 44. ID kämpfte verbissen um das Halten des Flugplatzes Pitomnik. Am 10. Januar schossen die vier Sturmgeschütze, geführt von Olt. Mai, mit Lt. Kirsch und zwei Wachtmeistern als Kommandanten, zahlreiche durchgebrochene T 34 und gepanzerte MTW ab. Zwei Geschütze gingen jedoch durch Volltreffer verloren, die Besatzungen fielen. Das Geschütz von Oblt. Mai fiel durch einen Treffer ins Leitrad aus. Die Überlebenden reihten sich in die dünne Linie der Infanterie ein; hierbei wurde Oblt. Mai schwer verwundet.

Mit dem letzten Geschütz der Abteilung kämpfte Lt. Kirsch noch an der Kolchose bei Saponwjewa. Was dieses eine Geschütz leistete, grenzt ans Unglaubhafte. Immer wieder gelang es Kirsch, den anbrandenden Gegner zu halten. Dann aber fiel es selbst den Granaten der Rotarmisten zum Opfer.

Oblt. Mai kam zum HVPl nach Bolsche-Rossoschka. Er wurde noch am 21. Januar vom Flugplatz Gumrak aus dem Kessel geflogen und in das Lazarett nach Sewerewo bei Rostow übergeführt.

Die Abteilung 177 der Sturmartillerie jedoch ging im Kessel von Stalingrad unter.

Am 10. Jan. waren die Divisionen und selbständigen Brigaden der Roten Armee zum konzentrierten Angriff auf Stalingrad angetreten. Gegen die Abwehrfront des Kessels, die insgesamt 80 (!) Kilometer lang war, brandeten Panzerangriffe. Aus der Luft griffen Bomber und vor allen Dingen Schlachtflieger in das Erdkampfgeschehen ein. Genau 5000 Geschütze und schwere Waffen hatten vorher ein zweistündiges Trommelfeuer auf Stalingrad und den Westteil des Kessels gelegt. Unter dieser Stahllawine gingen in Stalingrad-Stadt die letzten nur teilbeschädigten Häuser zu Bruch. Der entscheidende Angriff war gekommen, und gegen 12.00 Uhr mittags, als die Sturmgruppen des Feindes antraten, funkte die Hauptstelle im Kessel auf der Frequenz der Heeresgruppe Don:

»Nach Artillerie-Vorbereitung Russe um 12.00 Uhr im Norden, Westen und Süden des Verteidigungsringes zur Offensive angetreten.«

Nur im Osten, über die zugefrorene Wolga kam er nicht, weil hier die Verteidiger in Ruinen am Stadtrand und in ausgebauten Bunkern lagen und beinahe unangreifbar waren. Deshalb kam man durch die Hintertüre hierher.

Zu diesem Zeitpunkt waren noch zwölf deutsche Divisionen als selbständige Verbände im Einsatz. Hinzu kamen Divisionsteile und zusammengewürfelte Kampfgruppen.

Der Hauptstoß dieses Angriffs richtete sich auf das VIII. und IX. Armeekorps, direkt auf Karpowka und Pitomnik.

Der Nordangriff traf zuerst auf die 113. ID südlich Kotluban. Auf der Nahtstelle zur westlich anschließenden 76. ID brach die Sowjetarmee durch. Der zweite Durchbruch geschah mitten durch die HKL der 44. ID. Die 384. ID, hart rechts von der 44. ID, wurde mit in diesen Untergangsstrudel hineingerissen.

In der Abendmeldung der 6. Armee an die HGr. Don hieß es dazu: »Armee meldet schwere Durchbrüche im Norden, Süden und Westen mit Zielrichtung Karpowka und Pitomnik. 44. und 76. ID schwer angeschlagen. 29. ID (mot.) nur noch mit Teilen einsatzfähig. Keine Aussichten, entstandene Lücken zu schließen. Dimitrijewka, Zybenko und Rachotin aufgegeben.«

Einer der Schwerpunkte des Angriffs waren die Stellungen der 29. ID (mot.). Folgen wir ihrem Einsatz bis in den Untergang.

Opfergang des Panzergrenadier-Regiments 71

Man schrieb den 9. Januar 1943. Die Soldaten des I./PRG 71 lagen in ihren Stellungen bei Zybenko. Sie hatten die Flugblätter gefunden und wußten gleichzeitig bereits, daß dieses Kapitulationsangebot abgelehnt worden war.

Leutnant Hagen, der die 3./PGR 71 vertretungsweise führte, wandte sich an seinen Kompanietruppführer.

»Diezmann, hier kommen wir nicht mehr raus‹«, sagte er gelassen wie immer; so als spräche er über einen anderen.

»Wir müssen doch irgendwie 'rauskommen, Herr Leutnant'«, erwiderte der Feldwebel, auch wenn er die Überzeugung des Leutnants teilte. Plötzlich klingelte der Feldfernsprecher. Feldwebel Diezmann nahm den Hörer ab. Ein Blick auf die Uhr zeigte ihm, daß es 22.05 Uhr war.

»Morgen um 06.00 Uhr früh folgt nach einer Artillerievorbereitung der feindliche Angriff.«

Diese Meldung vom Bataillonsstab klirrte dem Feldwebel förmlich in den Ohren. Er legte den Hörer zurück und gab die Nachricht weiter. In den nächsten Minuten war es im Bunker totenstill.

In dieser Nacht war die gesamte Front im Kampfraum der 29. ID (mot.) wach. Man beriet, was zu tun sei, erzählte sich aus der Heimat. Endlich war die Nacht vorüber, und gegen 06.00 Uhr hatten sie Gewißheit, daß die gestrige Meldung ernst gemeint war.

Lt. Hagen mußte zum Bataillonsgefechtsstand. Er kam zurück mit dem Befehl, daß die Überlebenden des I./PGR 71 die Höhe 111,5 drei Kilometer südlich Zybenko besetzen und dort halten sollten.

Unterwegs blieben viele der Männer liegen, der knietiefe Schnee machte sie fertig. Immer wieder stießen sie auf durchgebrochene Gruppen von Rotarmisten, die sich eingegraben hatten und das Feuer eröffneten, wenn die Panzergrenadiere vorbei waren. Um Mitternacht kamen sie auf der Höhe an. Es gab dort keine einzige Deckungsmöglichkeit und keine Gräben oder Löcher.

Die Überlebenden mußten sich absetzen und versuchten, den ungefähr 300 Meter hinter der Höhe liegenden Bataillonsgefechtsstand zu erreichen. Lt. Hagen wurde durch eine MG-Salve am linken Arm und am linken Oberschenkel verwundet. Fw. Diezmann und ein Kamerad der 2. Kp. schleppten ihn zum Gefechtsstand zurück. Als sie ihn fast erreichten, hämmerte von dort der erste Abschluß einer einzelnen »Acht-acht«. Die Granate fegte über ihre Köpfe hinweg, um weiter rückwärts einen Feindpanzer aufbrennen zu lassen.

Hier erfuhren die Männer, daß sie drei die einzigen Überlebenden des I./PGR 71 waren. Der Bataillonskommandeur, Hptm. Müller von Berneck, weinte, als er Fw. Diezmann sah und sagte:

»Diezmann, versuchen Sie, sich zum Troß durchzuschlagen, damit wenigstens noch einer von den Alten übrigbleibt.«

Die vorn eingesetzten Bataillone der 29. ID (mot.) waren beim ersten und zweiten Angriff des Gegners zerschlagen worden. Bei Dimitrijewka konnte gehalten werden, bis der Räumungsbefehl kam.

Bei Nowo Alexejewskij kämpften die Soldaten der »Falke«-Division mit letztem Einsatz. Durchgebrochene Panzer der Roten Armee wurden im Nahkampf vernichtet. In Kampfgruppen eingeteilt, standen die wenigen Panzer der Division im Gefecht.

Eine sowjetische Kampfgruppe mit mindestens 50 Panzern wälzte sich in einer dicken Schneewolke vom Kasatschi-Hügel herunter zum Angriff längs der Rollbahn und auf den DivGefStand zu. Die Panzer passierten die eigene Infanterie, die vorher liegengeblieben war. Hinter ihnen sprangen die in den Schnee eingebuddelten Rotarmisten wieder auf und folgten ihnen.

An dieser Stelle nahm sich Hptm. Reinbrecht, Kommandeur der Panzerjägerabteilung 29, die vier vorsorglich bereitgestellten Panzer. Aus einer gut getarnten Stellung fuhr er in die Flanke des feindlichen Panzerkeils, der vorher von einer Feldhaubitze und einer 7,5-cm-Pak beschossen worden war, aber nicht gehalten werden konnte.

Sie brachen in diesen Panzerpulk ein, schossen in schnellstem Salventakt - trafen aus der geringen Entfernung mit jedem ihrer Schüsse.

Panzer um Panzer der Sowjets ging in Flammen auf oder platzte in Munitions-Detonationen auseinander. Flammen stoben aus den zurückschnackenden Luken. Es war ein grausiges Bild. Die ausbootenden Panzermänner, teilweise in Flammen stehend, wurden von den ebenfalls von Hptm. Reinbrecht eingesetzten Panzergrenadieren niedergemacht.

Sechszehn Panzer brannten oder waren durch Volltreffer vernichtet. Die übrigen drehten ab und verschwanden nach Nordwesten.

Als dann noch die angekündigte Pionierkompanie am Divisionsgefechtsstand eintraf, raffte Hptm. Reinbrecht achtzig Soldaten zusammen und führte sie mit seinen vier Panzern zum Gegenangriff gegen die eingedrungenen Rotarmisten.

Der Gegner wurde geworfen, ein Teil hob die Arme. So führte der erst aussichtslos erscheinende Widerstand zu einem der letzten Abwehrerfolge der Division. Insgesamt wurden in diesem Abschnitt 32 abgeschossene Feindpanzer gezählt, die sämtlich englischer Herkunft waren.

Doch während des darauffolgenden Trommelfeuers aus Granatwerfern und durch Artillerie und bei den Angriffen Roter Infanterie wurde der Zustand der Soldaten immer schlechter. Schließlich erhielt Hptm. Reinbrecht von der Division Befehl, sich in eine Linie auf Höhe des Divisionsgefechtsstandes abzusetzen. Major Stein, Kommandeur des PiBatl. 29, schob sich mit seiner Kampfgruppe neben die des Hauptmannes.

In der folgenden Nacht sollte das Absetzen hinter den Rossoschka-Bach durchgeführt werden. Dieses Vorhaben gelang.

Bis zum 15. Januar gingen die Höhe und der Ort Nowo Alexejewskij verloren.

Einen Tag später lag das schwere Trommelfeuer des Gegners auf dem Flugplatz Pitomnik. Der Platz wurde von den Versorgungsstäben geräumt. Nachdem es am Abend des 12. Januar 1943 zu einer ersten Panik gekommen war, die noch einmal unterdrückt werden konnte, war es nun an dieser Stelle vorbei mit dem Einfliegen von Versorgungsgütern und - was noch schlimmer war - mit dem Ausfliegen der Verwundeten.

Oberst Rosenfeld, Chef des Versorgungsstabes 104, der sonst jeden Tag auf seinem Panjepferd seine Runden um den Flugplatz drehte und dafür sorgte, daß alles den Umständen entsprechend gut klappte, mußte sich auf Stalingrad-Stadt zurückziehen. Der Kessel wurde enger zusammengedrückt. Nur noch der Flugplatz Gumrak funktionierte. Dort aber war die Hölle los.

Das Armeeoberkommando verlegte in den Südteil der Stadt in den DivGefStand der 71. ID, während diese ihren GefStand im GPU-Haus einrichtete.

Auf dem kleinen Flugplatz aber wartete man auf die anfliegenden Ju 52. Diese kamen, fanden keine Landebahnmarkierung und warfen ihre Versorgungsgüter ab. Am 18. Januar landeten vier Ju 52 in Gumrak, weitere dreizehn warfen ihre Ladungen ab.

Flugzeuge, die ihre Ladung abwarfen, konnten aber keine Verwundeten mitnehmen. Dennoch: Diese Besatzungen verdienen keinen Tadel. Sie konnten nur dort landen, wo dies möglich war. Jede dritte Maschine, die nach Stalingrad flog, wurde abgeschossen. Viele weitere gingen auf den vereisten Pisten zu Bruch. Und schließlich waren rund 40.000 Verwundete von den Transportfliegern aus dem Kessel geflogen worden.

Die Kampfgruppen aller Divisionen zogen sich schrittweise nach Stalingrad-Stadt zurück. Unter ihnen auch jene zwei Sturmgeschützbrigaden, die in diesen letzten Tagen noch einmal zur Rettung für viele Soldaten wurden.

Das VIII. Fliegerkorps im Einsatz

»Allen Gewalten zum Trotz erhalten: die 6. Armee!« Mit diesem Tagesbefehl an alle Verbände begann für GenLt. Fiebig der 1. Jan. 1943. Um 16.00 Uhr weilte Fiebig bei GenOberst von Richthofen zum Tee. Daraus ergab sich eine vertrauliche Aussprache über die Lage. Diese schien, im ganzen gesehen, nicht so schwierig, wenn nicht das Gespenst des Schicksals der 6. Armee auf allen Entschließungen lastete, die getroffen werden mußten.

»Man kann sich kein Bild davon machen, was einmal dort in der Festung werden soll. Warum zerdrückt der Russe diese reife Frucht nicht? Fehlen ihm etwa die Kräfte, oder glaubt er, daß sie ihm dort eines Tages zufallen muß? Will er erst sein operatives Ziel Rostow haben? Bestimmt hat er große Schwierigkeiten mit dem Nachschub, denn ihm steht keine Bahnlinie zur Verfügung. Warum fliegt er nicht, greift nicht unsere Plätze an? Viele Fragen und Gegenfragen....

Warum ist nicht am 1. Okt. mit diesen Operationen an der Wolga Schluß gemacht worden? Warum ließ man nicht die 6. Armee von Stalingrad und von der Wolga abziehen oder gab rechtzeitig den Kaukasus auf? Nun muß man letzteres doch, ohne der 6. Armee helfen zu können.

Was zu einem solchen Handeln veranlaßt, ist schwer zu begreifen, denn die Verluste und die heraufbeschworene Not sind sehr groß...

So kreisen unsere Gedanken. Ich habe den Eindruck, daß von Richthofen diese Gelegenheit zur Aussprache vertrauensvoll aufgriff, denn man hat ja in solchen Stellungen kaum Menschen, denen man einmal sein Innerstes offenbaren kann.

Wir sind uns einig, daß die Entwicklung an unserer Front nördlich und südlich des Don noch keinen Silberstreifen zeigt. Aber eines Tages muß es doch wieder werden.« (Siehe Martin Fiebig: KTB des VIII. Fliegerkorps).

Der 2. Jan. 1943 wurde für das VIII. Flk. zu einem kritischen Tag, denn neben dem Abflug der He 111-Verbände aus Morosowskaja waren noch die Jagd-, Schlacht- und Nahkampfverbände dort. Und wenn am anderen Morgen - wie seinerzeit in Tazinskaja - der Gegner am Platz auftauchte, mußte alles gesprengt werden. Und wenn dann alles dicht war, gingen die Maschinen verloren.

Mit seinem Storch befand sich Genlt. Fiebig an diesem Tage von 0.900 bis 12.00 Uhr auf der Suche nach einem neuen Ausweichhafen für die Nahkampfverbände. Die Suche blieb erfolglos. Am 3. Jan. setzte GenLt. Fiebig zusammen mit Oberst Morzik die Platzerkundung fort. Es wurde ein neuer Ju 52-Platz in Swerowo hart nördlich von Schachty gefunden.

Am nächsten Tag flogen der KommGen. und Oberst Morzik nach Ssalsk, um beim Lufttransportführer, Oberst Förster, die technische Einsatzbereitschaft der Ju 52 durchzusprechen und die Belegung von Swerowo vorzubereiten. Oberst Morzik hatte als Lufttransportführer Ost die Luftversorgung des im Kessel von Demjansk steckenden II. AK durchgeführt und sollte als Experte zu Rate gezogen werden.

Vom 28. Dez. bis zum 4. Jan. 1943 gingen 62 Ju 52 verloren, davon blieben 15 vermißt, 24 Maschinen waren Totalverlust. Zwölf Mann der fliegenden Besatzung waren tot und 52 vermißt. Es gab 20 Verletzte.

Auch in den ersten Morgenstunden des 6. Jan. konnten nur wenige Ju 52 starten. Die Wetterlage war äußerst ungünstig, weil das Gebiet um Stalingrad bis 300 km weit nach Westen an der Kalt-Warm-Grenze lag; die Folge davon waren aufliegende Wolken, Nebel und Vereisungsgefahr.

Am Morgen des 7. Jan. gingen die He 111 bei völligem qbi (Sichtweite gleich Null) einzeln heraus. In der Nacht war nur ein Abwurf der Verpflegungsbehälter möglich. Aus Ssalsk wurde wieder wegen des dichten Schneefalls keine Ju 52 gestartet.

Die Versorgungslage in der Festung war wegen der geringen in den letzten Schlechtwettertagen überflogenen Mengen an Nachschubgütern sehr gespannt.

Die großen Sorgen, die GenLt. Fiebig bewegten, finden ihren Niederschlag in den KTB-Aufzeichnungen dieses Tages, in denen es heißt: »Das Wetter macht uns einfach machtlos. Wir sind zu weit von den Zielhäfen im Kessel ab. Wenn auf den Absprunghäfen der Start eben möglich ist, dann gehen bestimmt die Zielhäfen Pitomnik und Bassargino zu. Nebeleinbrüche, aufliegende Wolken, Schneefälle wechseln miteinander ab. Alle Flugsicherungsanlagen sind in Gerät und Personal weitmöglichst doppelt besetzt, und doch sind Ausfälle nicht ausgeschlossen, wie zum Beispiel der Ausfall des schweren Funkfeuers in der Nacht zum 7. Jan. 1943. Hinzu kommen laufende Störungen der Funkfrequenzen durch Störsender, durch die noch nicht gefestigte Besatzungen leicht irritiert werden können. - - - Eines steht aber fest: daß das überhaupt Menschenmögliche geleistet wird.«

Am 8. Jan. wurde klar, daß die Entwicklung der Gesamtlage besonders südlich des Don die Vorbereitungen für weitere Rückverlegungen im Raume Stalino notwendig machte. Vorerst aber mußte man mit allen Kräften am Raum Nowotscherkassk-Schachty festhalten, denn nur von hier aus war die Versorgung der Festung mit Ju 52 möglich. Am 9. Jan. 1943 sollte dann auch die Versorgung mit Maschinen der FW 200 »Condor« anlaufen, die bis zu sechs Tonnen Material befördern konnten.

Am Vormittag des 8. bis zum Mittag des 9. Jan. konnten 220 Tonnen Versorgungsgüter in den Kessel eingeflogen werden. Aber in der Nacht stürzten weitere fünf Ju 52 ab; der Grund dafür war nicht klar. Diese Verluste wogen schwer, aber sie mußten für die 6. Armee getragen werden.

Der Anruf von GenOberst Jeschonnek zeigte die Sorge auf, die sich der Generalstabschef der Luftwaffe um Stalingrad und die Versorgung der 6. Armee machte. Der Generaloberst konnte weitere 100 He 111, 10 FW 200 und eine He 177 in Aussicht stellen und sagte seinen Besuch für die nächsten Tage zu, um sich persönlich ein Bild von der Lage zu machen.

Die großen Vögel kommen

Es war am 9. Jan., als am frühen Morgen die Soldaten auf dem Flugplatz Pitomnik aufhorchten. Dann sahen sie bereits die Maschine anfliegen. Es war die erste FW 200, die von Ofw. Wittmann nach Pitomnik geflogen worden war. Sie kurvte um 09.30 Uhr zur Landung ein, setzte auf und rollte mit qualmenden Reifen aus. Diese FW 200, die ein Höchstgewicht von 19 Tonnen hatte, flog mit 24 Tonnen Gesamtgewicht, und nur der Schnee verhinderte, daß ihre Reifen zerfetzt wurden.

Der Jubel kannte keine Grenzen. »Wenn sie schon mit diesen Vögeln ankommen, dann werden wir es schaffen!« sagte ein Mann des Bodenkommandos, der die Maschine zur Seite winkte, weil bereits die nächste FW 200 angesagt war. Es war die Maschine von Oblt. Schulte-Vogelheim. Auch sie landete glatt, und ihr folgten noch fünf weitere Flugzeugriesen.

Diese mehr als stattlichen Transporter in genügender Zahl auf einem großen, gut ausgebauten Platz, und die 6. Armee brauchte keine Sorgen mehr zu haben. Aber es waren insgesamt nur 18 FW 200, die aus dem KG 40, dem Aufklärungsgeschwader für die U-Boot-Waffe, herausgelöst und nach Stalingrad geleitet werden konnten. Sie bildeten das KG z.b.V. 200, das von Major Willers geführt wurde. Ihr Absprungplatz war Stalino, 500 km von Pitomnik entfernt.

Diese ersten sieben FW 200 brachten fünf Tonnen Kraftstoff, neun Tonnen Munition und 22,5 Tonnen Verpflegung. Auf dem Rückflug nach Stalino nahmen sie 156 Verwundete mit, die sich glücklich schätzten, der Hölle Stalingrad entronnen zu sein.

Am zweiten Einsatztag der Riesenvögel gab es die ersten Ausfälle. Oblt. Schulte-Vogelheim mußte wegen Motorschaden umkehren. Lt. Stoye blieb in Pitomnik liegen. Ofw. Hartig landete trotz mehrerer Treffer der russischen Flak in Motor und Leitwerk in Pitomnik. Ofw. Weyer erfüllte seinen Transportflug mit einer zerschossenen Luftschraube. Ofw. Reck kam zwar heil aus Pitomnik in die Luft, blieb aber irgendwo auf dem Rückflug nach Stalino verschollen. Mit der Besatzung waren 21 Verwundete vermißt.

In Stalino hatten diese Flugzeugführer keine Wartungsmöglichkeit, keine Werkstatt für ihre Maschinen vorgefunden. Es standen in Stalino keine Flughallen zur Verfügung. Die störanfälligen FW 200 mußten im Freien gewartet werden. Die Motoren waren zwar mit Decken und Schneehemden abgedeckt, aber das half nichts. Bei 20 Grad unter Null brachen die feuchten Decken wie Glas. Es gab nicht einmal einen Windschutz aus Brettern, den man vor die Reparaturmannschaften hätte aufstellen können, weil einfach keine Bretter vorhanden waren. Oberwerkmeister Glaser mußte mit seinen Männern im eisigen Schneesturm an den Flugzeugen arbeiten. Der einzige vorerst vorhandene Wärmewagen mußte von Maschine zu Maschine fahren, um wenigstens die Mechaniker abzutauen, die mit dem Schraubenschlüssel in den Fäusten buchstäblich an den Flugzeugen festklebten.

Aber alle machten weiter! Trotz Krankheiten und Erfrierungen, bei jedem Wetter. Major Willers wurden schließlich auch Großraumflugzeuge des Typs Ju 290 zugeführt, die zum Einsatz nach Pitomnik flogen. Sie konnten auf einem Flug zehn Tonnen Nachschubgüter in den Kessel fliegen und bis zu 80 Verwundete mit zurücknahmen.

Die erste Ju 290 wurde von Flugkapitän Hänig am 10. Januar 1943 in den Kessel geflogen. Sie startete mit 78 Verwundeten zurück. nach dem zweiten Versorgungsflug startete Hänig um 00.45 Uhr des 13. Jan. 1943 aus Pitomnik nach Stalino. Diesmal waren 80 Verwundete an Bord.

Sekunden, nachdem diese Ju 290 abgehoben hatte, um mit Vollast aller Motoren steil in den Himmel zu ziehen, sahen die Männer der Bodendienste, daß sich das mächtige Flugzeug plötzlich steil aufrichtete, steiler und steiler wurde, sich überschlug und nach rückwärts am äußersten Rand des Flugfeldes zerschellte.

Unter den Trümmern der Maschine, die wie durch ein Wunder nicht in Brand geriet, kroch ein Verwundeter hervor. Es war der Uffz. Lutz, der als einziger mit dem Leben davongekommen war.

Blaß und wie von Sinnen stotterte er seine Wahrnehmungen heraus. Die Verwundeten, die in diesem Flugzeug gesessen hatten, waren bei der rasanten Startbeschleunigung, die diese schwere Maschine benötigte, um überhaupt abheben zu können, nach rückwärts gerutscht. Dadurch wurde die Ju 290 schwanzlastig, und alle Verwundeten polterten nun ganz nach hinten. Die Ju 290 bäumte sich auf, stand für eine Sekunde senkrecht in der Luft und überschlug sich dann.

Die zweite Ju 290 wurde während ihres Anfluges bei Pitomnik von sowjetischen LaGG-3-Jägern angegriffen. Diese Lawotschkin-Jäger hatten eine Höchstgeschwindigkeit von 559 km/h und konnten die schwerfälligen Riesenmaschinen nach Belieben treffen.

Der Flugzeugführer, Major Wiskrand, entkam dem Gegner, aber seine Maschine wies so starke Beschußschäden auf, daß sie nach Deutschland in die Werft zurück mußte.

Auch der Versuch, den lange erwarteten Fernbomber He 177 für die Luftversorgung von Stalingrad einzusetzen, schlug fehl. Von 40 in der Wintererprobung in Saporozje liegenden He 177 der I./Fernkampf-Geschwader 50 waren zunächst nur sieben einsatzbereit. Major Scheede, der den Verband führte, blieb auf dem ersten Flug nach Stalingrad vermißt. Diese Fernbomber konnten nur etwa 1,5 Tonnen Material tragen und keine Verwundeten mit zurücknehmen. Damit waren sie für Stalingrad völlig ungeeignet.

Nach Scheedes Tod übernahm Hptm. Schlosser die Führung dieses Verbandes. Dreizehn Kampfeinsätze wurden gegen die sowjetischen Einkesselungstruppen geflogen. Dabei stürzten ohne Feindeinwirkung sieben Flugzeuge brennend ab. Das »Reichsfeuerzeug«, wie diese Maschinen genannt wurden, deren Motorbrände Legion waren, verschliß sich hier rasch. Zur Meisterung der Versorgungskrise der 6. Armee in Stalingrad konnten sie nichts beitragen.

Am 10. Jan. 1943 wurde die III./KG 4 nach Woroschilowgrad verlegt. Die Gruppe hatte bis dahin im Einsatz bei Welikije Luki gestanden. Nunmehr sollte sie den eingeschlossenen Stalingradkämpfern helfen.

Für den neuen Einsatz erhielt die Gruppe, die starke Verluste erlitten hatte, neue Flugzeuge. In der Mehrzahl waren es He 111 H 16. Der kalte Winter und die mangelhafte technische Versorgung wirkten sich unangenehm aus. Die üblichen Stundenkontrollen wurden abgeschafft. (Die eigenen Versorgungseinrichtungen waren bei der überstürzten Verlegung zunächst in Smolensk zurückgeblieben.) Sobald Flugzeuge auch nur bedingt einsatzbereit waren, kamen sie auch zum Einsatz. Jede Maschine flog so lange, wie sie flugfähig war. Dennoch konnte die Gruppe oftmals nur 3-4 Maschinen in den Einsatz bringen. Auf den Rückflügen brachten diese Flugzeuge 8-15 Verwundete mit zurück.

Die Platz-Schutzstaffel Stalingrad, die seit Anfang Dezember in Pitomnik stationiert war, gehörte zum JG 3. Diesen wenigen ‹Bf 109-Flugzeugen war es mit zu verdanken, daß die sowjetischen Jäger und Schlachtflieger den deutschen Nachschub nicht lahmlegten und die Bodenanlagen nicht vernichten konnten. In dramatischen Luftkämpfen, immer wieder gegen eine vielfache Übermacht, schossen die Maschinen der Platz-Schutzstaffel eine Reihe Feindflugzeuge ab. Die von Hptm. Germeroth geführte Staffel erzielte - dies sei vorausgeschickt - über Stalingrad 130 Abschüsse, obgleich die ganze Zeit über nie mehr als zwei bis drei Me 109 (Bf 109) eingesetzt waren.

Erfolgreichster Jäger im Kessel wurde Fw. Ebener mit 33 Abschüssen gegen die gepanzerten IL- 2 Schlachtflugzeuge und gegen die den Bf 109 ebenbürtigen Mig-3 und LaGG 3-Flugzeuge.

Am 11. Jan. 1943 erreichten die Nachrichten von starken sowjetischen Angriffen auf die Festung von Westen und Süden die Luftwaffenbefehls- und Kommandostellen. Es wurde von starken Einbrüchen bis ins Rossonkatal gesprochen, auch davon, daß die Versorgungslage sehr gespannt sei, vor allem was die Lage auf dem Munitions- und Treibstoffsektor anging.

Es herrschte an diesem Tage Schneetreiben und dichter Nebel. Die He 111 flogen, mußten aber zum Teil ausweichen. Die Ju 52 versuchten den Start, kamen aber nicht frei.

»Bleibt die Wetterlage so, und es sieht nicht nach einer grundlegenden Umstellung aus, dann muß es mit der 6. Armee zu Ende gehen. Organisatorisch und fliegerisch ist nicht mehr zu leisten. Jeder weiß, worum es geht, und jeder gibt alles. Ich kann nur immer wieder versichern, daß alles nur Menschenmögliche getan ist.« (Siehe Martin Fiebig: a.a.O.).

Was war in Stalingrad geschehen? Welcher Art waren die Angriffe, von wem wurden sie geführt, und wer hatte sie auszuhalten?

Die letzten Kämpfe

Als die sowjetischen Sturmdivisionen das Zariza-Tal angriffen, nachdem sie das »Drei-Hügel-Grab« auf der Höhe 119,7 erobert hatten, stießen sie hier auf die Reste der Sturmgeschützbrigade 243, die als »Eisenritter-Brigade« bekannt war. Die 295. ID, die hier hielt, hatte von der Armeeführung Befehl erhalten, sich entlang der Zariza tiefer in die Stadt hinein zurückzuziehen. Um ihr diese Absetzbewegungen zu ermöglichen, ließ ObstLt. Hesselbarth, der Brigadekommandeur, das einzige noch erhaltene Sturmgeschütz unter Wachtmeister Brunisch mit einer 18-t-Zugmaschine in eine gute Position ziehen.

Dieses eine Geschütz sollte den Vorstoß der Roten Armee über Pitomnik und Gontschara nach Gumrak aufhalten.

Nachdem die Panzer des Gegners bis auf zwei Kilometer herangekommen waren, eröffnete Wachtmeister Brunisch das Feuer aus seiner Langrohrkanone. Vier Stunden lang stand dieses Geschütz an der schmalen Schlucht des Feind-Vorstoßes schießend im Einsatz.

Stabsgefreiter Ackel, der im Geschütz Brunisch saß, half Brunisch, als dieser - inzwischen in die Werkstatt der Brigade 245 abgeschleppt - beim Verlassen seines Geschützes am Hals schwer verwundet wurde. In den Morgenstunden des 21. Januar wurde Brunisch, der im Geschütz geblieben war, abermals verwundet, und zwar am Kniegelenk.

»Das ist das Ende, Otto«, sagte der Wachtmeister leise, als er verbunden wurde. Doch Otto Ackel gab nicht auf. Es gelang ihm, den Ritterkreuzträger Major Riedel, Kdr. des III./GrenRgt. 524, zu finden. Dieser fuhr den Wachtmeister, der auch die Truppen des Infanterie-Majors gerettet hatte, in einem 170 V nach Gumrak zur Brigade 245.

Major Riedel, der noch am 25. Januar 1943 als 186. deutscher Soldat das Eichenlaub zum Ritterkreuz erhielt, erfüllte an dem Wachtmeister seine Kameradenpflicht. Otto Ackel, der Freund des Verwundeten, brachte ihn am 25. Jan. 1943 mit einer 18-t-Zugmaschine zum Flugplatz Stalingrad-Mitte.

Als hier noch am selben Nachmittag eine der letzten He 111 landete, trug Ackel den schwerverwundeten Kameraden auf seinen Schultern mitten durch das Feindfeuer auf das Rollfeld. Umtost von Granateinschlägen, von MG-Salven umpeitscht, erreichte Ackel die Maschine. Wachtmeister Brunisch wurde hineingehoben und ausgeflogen. Er war gerettet.

Die »Eisenritter-Brigade« aber, die so vielen Soldaten das Leben gerettet hatte, ging in Stalingrad unter.

Ebenso erging es der Sturmgeschützbrigade 244, die unter Führung von Hptm. Stier zur Wolga stürmte und beim Angriff auf den Tatarenwall und auf die stark verteidigte Stellung »Roter Oktober« immer im Brennpunkt stand. Diese Brigade kämpfte in Stalingrad Schulter an Schulter mit den Kameraden von der Infanterie.

Am 26. Januar 1943 erhielten Wachtmeister Galle und Oberwachtmeister Müller für den Einsatz in Stalingrad das Ritterkreuz. Major Dr. Gloger, der die Abteilung in den letzten Tagen geführt hatte, wurde am 26.1. ebenfalls mit dem Ritterkreuz ausgezeichnet. Mehr als einmal hatte diese Brigade die Infanteriekräfte in ihrem Abschnitt vor der Vernichtung gerettet.

»Befehl an alle: Konzentrischer Angriff!«

Am 10. Jan. 1943 traten alle Divisionen der Roten Armee im Angriffsraum zum konzentrischen Angriff auf Stalingrad an.

Gegen die nunmehr 80 Kilometer lange Abwehrfront der 6. Armee brandeten die Panzerangriffe heran. Die sowjetische 16. Luftarmee im Norden und die sich daran im Halbkreis nach Süden anschließenden Luftarmeen (die 2., 17. und 8.) griffen mit Bombern und Schlachtfliegern, mit Jägern und wieder mit Bombern an. Die Ruinen der Stadt wurden abermals von Bombenteppichen umgewühlt.

Die gesamte Donfront geriet an diesem Tage in Bewegung. Der Hauptstoß wurde aus dem Raum südostwärts von Wertjatschi geführt. Er zielte in allgemeiner Richtung auf das Werk »Roter Oktober«. Aus verschiedenen Nebenrichtungen wurden ebenfalls Angriffsstöße geführt. So aus dem Raume Warwarowka in Richtung auf Bassargino und aus dem Raum Jersowka auf Gorodischtsche.

Als die bis dahin gewaltigste Artillerie- und Luftwaffenvorbereitung vorüber war, griffen die Truppen der Donfront an.

Am Abend des 12. Januars 1943 erreichten die Sowjets Rossoschka, und nach einer Umgruppierung griffen ihre Sturmtruppen, durch neue Kräfte wieder aufgefrischt, am frühen Morgen des 15. Jan. 1943 erneut an. Ihr Ziel war der große Flugplatz von Pitomnik, auf dem die Versorgungsflugzeuge für die 6. Armee landeten.

Das Trommelfeuer des Feindes lag auf diesem Platz. Die Versorgungsstäbe mußten ihn räumen.

Das Armeeoberkommando verlegte zum Südteil der Stadt in den DivisionsGef-Stand der 71. ID, während diese Division ihren GefStand im GPU-Haus einrichtete.

Das erste Ziel des feindlichen Angriffs war erreicht. Und wenn auch Stalingrad selbst noch nicht gefallen war, für die 6. Armee war der Anfang vom Ende gekommen.

Räumung von Pitomnik – Übersiedlung nach Gumrak

Am frühen Morgen des 16. Jan. 1943 erhielten die sechs Bf 109 der Schutzstaffel Stalingrad den Befehl zum Alarmstart. Die Sowjets standen vor der Tür, und es konnte nur noch Stunden dauern, bis sie alles kassiert hatten.

Die Bf 109 kamen im dichten Artilleriefeuer von dem Platz frei und flogen Gumrak an. Als sie dort landen wollten, mußten sie feststellen, daß keine Landebahn zu sehen war.

Die erste landende Maschine preschte in eine dichte Schneeverwehung hinein und überschlug sich. Der zweite Jäger raste in einen Bombentrichter. Die dritte, vierte und fünfte Bf 109 machten ebenfalls Bruchlandungen. Nur Oblt. Lukas, der letzte Flieger dieser Staffel des JG 3, drehte rechtzeitig ab, als er dieses Desaster beobachtete und die Warnrufe seiner Kameraden abgehört hatte. Er flog nach Westen und landete als einziges Flugzeug dieser Staffel sicher außerhalb des Kessels.

Die Sowjets erstürmten den Platz Pitomnik. Sowjetische Nachrichtenfachleute nahmen die deutsche Platzbefeuerung wieder in Betrieb und errichteten eine Scheinanlage. Mehrere Flugzeugführer fielen in der kommenden Nacht darauf herein und landeten beim Feind.

Beim VIII. Flieger-Korps

Auf dem kleinen, nicht hergerichteten Flugplatz Gumrak, 12 km weiter östlich und in unmittelbarer Nähe des Armeegefechtsstandes gelegen, war die Hölle los.

Bereits am 13. Jan. hatte GenLt. Fiebig in einer am Vormittag stattfindenden Besprechung folgenden Entschluß vorgetragen: »Alle überführungsklaren Flugzeuge sind zurückzufliegen. Alle einsatzbereiten verbleiben in Nowotscherkassk. Die sehr ernste Lage in der Festung gestattet keinen anderen Entschluß. Der Führungsstab des Generalkommandos VIII. FlK. unter von Heinemann geht nach vorbereitetem (arbeitsfähigem) GefStand Stalino. Ich verbleibe erst mit Oberst Overdyck, Neffert und Jähne in Nowotscherkassk.« Dieser Vorschlag wurde von GenOberst von Richthofen gebilligt.

GenMaj. Pickert, der Kdr. der 9. FlakDiv., der einzige General der Luftwaffe im Kessel und die Gegenstelle des VIII. FlK im Kessel, war aus Stalingrad ausgeflogen worden, um GenOberst von Richthofen Meldung zu erstatten. Er kam danach zum GefStand des VIII. FlK., um dort abzuwarten, ob noch eine Meldung von allerhöchster Stelle im FHQ befohlen würde.

GenLt. Fiebig sprach mit dem GenMaj. über die Lage im Kessel, und Pickert legte klar, daß der letzte Kampf der 6. Armee zur Zeit im Kessel stattfinde und daß es nur noch sechs, möglicherweise auch nur noch zwei Tage dauern könne, bis das Ende da sei. Es seien keine Munitions- und Brennstoff-Reserven mehr vorhanden. Der Gegner greife von allen Seiten an, und er sei noch aktionsfähig genug, den Durchbruch zu erweitern und zu marschieren.

»Jeder Mann«, sagte GenMaj. Pickert, »wird sich ab dem 13. Jan. 1943 mit der eigenen Schußwaffe dort verteidigen, wo er steht, bis die letzte Patrone verschossen ist.«

Dazu GenLt. Fiebig: »Ich glaube, niemandes Herz hat heißer für das Schicksal der 6. Armee geschlagen als das jener Männer, die für Organisation und Durchführung ihrer Luftversorgung eingesetzt sind. - - - Wie lange wird die Leidenszeit der 6. Armee noch dauern?« (Siehe Martin Fiebig: a.a.O.).

In der Nacht des 14. Jan. starteten 55 Ju 52, von denen zehn nicht erfüllen - das heißt ihre Landung nicht zum Abwurfraum bringen - konnten, weil sie Motorpannen hatten. Von den gestarteten 43 He 111 konnten zwei nicht erfüllen. Dennoch wurden an diesem Tage binnen 24 Stunden 160 Tonnen Versorgungsgüter in den Kessel geflogen.

Die bereits an diesem 14. Jan. beabsichtigte weitere Zurücknahme der Front gefährdete alle Plätze von Pitomnik.

An diesem 14. Jan. meldete sich der Kommandeur der He 177-Gruppe mit zehn Flugzeugen eingefallen. Die 20 weiteren Maschinen seien noch nicht einsatzbereit. Dazu GenLt. Fiebig: »Dieser Flugzeugtyp bringt nichts. Nur Abwurf von acht 250-Behältern, also achtmal 140 Kilogramm gleich 1120 Kilogramm Versorgungsgut-Einflug bei einem Verbrauch je Maschine von 4000 Litern Brennstoff.«

Eine Landung dieser Maschinen kam nicht in Frage, da sie zu störanfällig waren. GenOberst von Richthofen entschied, daß die He 177 ihre Ladungen abzuwerfen hätten.

Am 14. Jan. fragte GenLt. Fiebig auch bei GenOberst von Richthofen nach, wie sich Stukas, Jäger und Aufklärer verhalten sollten, wenn der Feind mit Artillerie auf den Platz Pitomnik einwirken würde. GenOberst von Richthofen entschied: »Bei Einwirkung schwerer Infanteriewaffen auf den Platz wird das Ausweichen vollgetankt nach Gumrak freigegeben. Möglichst Einsätze fliegen! Ist der Verbleib in Gumrak nicht mehr möglich, soll nach Kampfeinsatz auf Flottenplätze ausgewichen werden.«

Am Morgen des 15. Jan. 1943 war der Flugplatz Pitomnik noch anfliegbar. Mit allen einsatzbereiten H 111 wurde Versorgungseinsatz geflogen. Die einsatzklaren FW 200 und He 177 schlossen sich an.

Um 09.45 Uhr ging ein Luftflottenbefehl bei GenLt. Fiebig ein, nach welchem Ssalsk bis zum 16. Januar zu räumen sei. Die einsatzbereiten Ju 52 sollten nach Swerowo ausweichen und von dort aus die Versorgung der Festung weiterführen. GenLt. Fiebig bat GenOberst von Richthofen, diesen Befehl fernmündlich nach Ssalsk weiterzuleiten, da die Leitungen gestört waren.

Oberst Morzik traf noch am Vormittag auf dem GefStand des VIII. FlK. ein. Er sollte vom 16. Januar ab als Luftransportführer Swerowo eingesetzt werden, weil seine Kenntnisse über den Lufttransport von entscheidender Bedeutung sein könnten. Unter seiner Führung sollten sämtliche verfügbaren Ju 52-Verbände zusammengefaßt werden. Aus dem KTB des VIII. FlK:

»Es handelt sich jetzt um die letzte Kameradenpflicht gegenüber den Männern im Kessel, das letzte noch Mögliche ohne Rücksicht auf Personen herauszuholen. Daß wir die 6. Armee erhalten können, schaffen wir nicht. Wir wollen ihnen nur noch das Höchstmögliche bringen, was wir vermögen.

Es drängt sich mir jetzt oft der Vergleich der 6. Armee mit einem an der Wirbelsäule verletzten Menschen auf, der bei lebendigem Leibe allmählich zugrunde geht.

GenMaj. Pickert fliegt heute wieder in den Kessel, um Gumrak für den Versorgungsbetrieb zu organisieren.«

Hitler befahl am Vormittag des 16. Jan. 1943 GFM Milch zum Lagevortrag zu sich. Hptm. Behr, der im Auftrage von GenOberst Paulus ins FHQ geflogen war, um Hitler den Ernst der Lage in Stalingrad vorzutragen, sollte hier den Mann nach Göring sprechen, während der Reichsmarschall durch Abwesenheit glänzte, als das wichtigste Kapital des Luftwaffeneinsatzes, das er in die Wege geleitet hatte, zur Sprache kam. Er, der die Durchführbarkeit der Luftversorgung Stalingrads Hitler gegenüber garantiert hatte, wäre der Mann gewesen, sich Behrs Vortrag anzuhören und dann entscheidende Maßnahmen zu ergreifen.

Milch wurde im Beisein Behrs in die Lage von Stalingrad eingewiesen und anschließend von Hitler zum Generalbevollmächtigten für die Luftversorgung Stalingrads ernannt. Hitler ordnete die sofortige Verlegung des GFM mit seinem persönlichen Stab zur HGr. Süd nach Taganrog an. So viele Flugzeuge wie möglich sollten aus dem Mittelmeerraum und von anderen Kriegsschauplätzen zum Don verlegen. Das war alles. Als sich Hitler von Hptm. Behr verabschiedete, sagte er diesem: »Grüßen Sie Paulus! Ich tue alles für ihn, was ich kann.«

Am 17. Jan. 1943 abends kehrte Hptm. Behr nach Stalingrad zurück, und zwar mit einer He 111, die ihm vom FHQ zur Verfügung gestellt worden war. Er brachte die »Abschiedsgeschenke« aus dem FHQ und die Gaben von Angehörigen an Verwandte und Freunde im Kessel mit, nicht mehr. Seine eigene Meinung über die Lage im FHQ lautete: »Das Führerhauptquartier steht dieser Lage machtlos gegenüber. Die Initiative ist auf den Feind übergegangen; er bestimmt das Gesetz des Handelns.«

Sonderstab Milch: Auftrag des Führers

Am 15. Jan. 1943 erhielt GFM Milch im Anschluß an die Lagebesprechaung von Hitler folgenden Auftrag: »Da nun einmal der Entschluß gefaßt ist, Stalingrad zu halten, müssen hierzu auch die Mittel dazu angewandt werden. Ich habe zwar den Eindruck, daß sich dort alles weitgehend anstrengt und daß – im großen gesehen – alles geschehen ist, was geschehen konnte. Ich verlange jedoch, daß in Zukunft tatsächlich 300 Tonnen in die Festung transportiert werden, damit sie sich halten kann und somit die Bindung der sowjetischen Kräfte erreicht wird. Sie erhalten von mir die entsprechenden Sondervollmachten und die Befugnis, an alle Kommandostellen der Wehrmachtsteile Befehle und Anordnungen zu geben.«

Noch am Mittag wurde der Stab für die Versorgung Stalingrads aufgestellt. Seine Mitglieder waren:

Generalfeldmarschall Milch,
Oberst Polte als Adjutant,
Oberstarzt Prof. Dr. Kalk,
Oberstingenieur Breith,
Oberst i.G. Rohde als V.O. Generalquartiermeister,
OberstLt. Petersen als Kommandeur der Erpobungsstellen.
Hptm. Amelung als Ia (kommandiert vom Stab Luftflotte 4),
Hptm. i.G. Meffert, vom 23.-26. Jan. vom Stab VIII. FlK. kommandiert.

Um 14.24 Uhr dieses 15. Jan. 1943 startete die Maschine mit GFM Milch in Gatow; sie landete um 15.40 Uhr in Rastenburg. 50 Minuten darauf erreichte der GFM das FHQ Wolfsschanze, in dem sich Hitler aufhielt. Der Feldmarschall wurde von General Bodenschatz empfangen, der ihm die vom Führer gestellte Aufgabe in großen Zügen umriß. Sie lautete, wie eingangs dargestellt: »Verbesserung der Luftversorgung der in Stalingrad eingeschlossenen 6. Armee mit allen Mitteln.«

Die bereits erwähnte Besprechung beim Führer fand um 20.00 Uhr statt und brachte das eingangs zitierte Ergebnis. – In der daran anschließenden Besprechung mit General Bodenschatz, General Jodl und Major von Below ging es darum, die Versorgung mit möglichst konzentrierter Nahrung fortzusetzen.

Am frühen Morgen des 16. Jan. ließ sich GFM Milch über die Lage in Stalingrad unterrichten. Er erfuhr, daß am Vortage heftige Angriffe gegen die West- und Südwestfront sowie gegen die Stadtfront Stalingrad abgewiesen worden waren und daß der Gegner diese Angriffe fortsetze. Der Flugplatz Pitomnik sei gefallen und der Flugplatz Gumrak nicht nachtlandeklar.

Die Luftlage über Stalingrad sei gekennzeichnet durch zahlreiche Angriffe sow. Stuka-, Jagd- und Schlachtflugzeuge gegen den gesamten Festungsraum. Es erfolgten Bombenwürfe von zum Teil schwerstem Kaliber und Bordwaffenbeschuß. Die Bekämpfung dieser massiert auftretenden feindlichen Luftwaffenverbände sei nicht möglich, da die eigenen Jäger nach Ausfall von Pitomnik nicht mehr einsatzbereit seien und sämtliche schweren Flak-Batterien im Erdkampf eingesetzt werden mußten.

Der Versorgungseinsatz sei mit 39 Flugzeugen erfolgt, die 68,5 Tonnen Versorgungsgüter überführten. Infolge des wolkenlosen Wetters konnten die Ju 52 und die FW 200 nicht eingesetzt werden. Die Einsatzbereitschaft sei infolge der vorhergehenden schnellen Verlegung der Ju 52-Verbände nach Swerowo gering. Dort herrschten zunächst schlechte Platzverhältnisse.

Um 09.45 Uhr startete die Maschine mit GFM Milch an Bord in Rastenburg zum Flug nach Kalinowka, wo zum Auftanken zwischengelandet wurde. Von hier aus ging es direkt nach Taganrog-West weiter, wo die He 111 um 14.57 Uhr landete. 23 Minuten später erschien GFM Milch im Sonderzug der Luftflotte 4 am Flugplatz Taganrog-Süd, wo um 18.30 Uhr die erste Lagebesprechung stattfand, an der neben Milch

GenOberst von Richthofen und Oberst i.G. Herhudt von Rohden, der Chef des Generalstabes der Luftflotte 4, der Oberquartiermeister dieser Luftflotte, Oberst i.G. Schulz, Oberst i.G. Rohde, der V.O. des Generalquartiermeisters, Oberstarzt Prof. Dr. Kalk und OberstLt. Petersen teilnahmen.

Einziger Besprechungspunkt waren die zur Versorgung der Festung eingesetzten Verbände. Oberst Schulz trug vor, und GFM Milch erfuhr hier vor Ort, daß erheblich weniger Flugzeuge zur Verfügung standen, als dies im FHQ angenommen worden war. Auf die Frage von GFM Milch, wie viele Flugzeuge auf den Plätzen stünden, nannte Oberst Rohde 280 Maschinen, von denen jedoch nur 70 Flugzeuge einsatzbereit waren.

»Das ist ja eine viel geringere Zahl, als wir im FHQ angenommen haben; wie ist das möglich?« forschte Milch weiter.

Oberst Schulz verwies nur auf die täglichen Lagemeldungen, die an das FHQ gegangen waren und die genau das gleiche sagten wie er hier, nur daß Hitler diese Meldungen niemals vorgelegt worden waren. GFM Milch wurde dann das Überführungsergebnis vorgelegt. Es besagte, daß vom 22. Nov. 1942 bis zum 16. Jan. 1943 von 3410 Flugzeugen insgesamt 5300 Tonnen Versorgungsgüter in die Festung eingeflogen wurden. Dies entsprach einem täglichen Durchschnitt von 64 Maschinen mit 100 Tonnen.

Am 16. Jan. hatten auch die Ju 52-Gruppen den Absprungplatz Ssalsk fluchtartig verlassen müssen. Sie verlegten nach Swerowo, wo ein Maisfeld notdürftig zur Startbahn umfunktioniert worden war. Oberst Morzik übernahm die Führung dieses Verbandes und sollte sie bis zum Schluß auch behalten.

Gleich zum Auftakt verloren hier die Transportgruppen am 16. Januar durch einen überraschenden sowjetischen Bombenangriff über 50 Ju 52. Zwölf davon brannten nach Bombenangriffen völlig aus, der Rest war teilweise schwerer, teils leichter beschädigt worden.

In der Nacht zum 16. Jan. 1943 erreichten noch vier Ju 52 Pitomnik. Zwei davon stürzten bei der Landung ab, die beiden anderen landeten und wurden noch entladen. Am frühen Morgen des 16. Jan. rollten sowjetische Panzer auf den Platz.

Am Abend dieses schwarzen 16. Jan. 1943 ließ der Chef des AOK 6, GenMaj. Schmidt, aus dem Kessel einen Funkspruch folgenden Wortlauts absetzen: »22.15 Uhr: von Chef AOK 6 an Luftflottenkommando 4 und VIII. Flieger Korps: Von heutiger Nachtversorgung Nacht 17./18. Jan. Schicksal der Armee entscheidend abhängig. Einzelheiten siehe Tagesmeldung Armee.« Dieser Funkspruch ging an GFM Milch, den Luftflottenchef, den Chef des Generalstabes sowie an die Ia und Ic.

Genau zur gleichen Zeit, direkt an den vorausgegangenen FT-Spruch angehängt, folgte ein zweiter Funkspruch folgenden Inhaltes: »Bisher nur Versorgungsabwürfe. Wenn heute Nacht nicht Betriebsstoff in großen Mengen gebracht wird, ist der Kampf der Armee aussichtslos. Bewegungen von Panzern und Sturmgeschützen am 17. Jan.

dann nicht mehr möglich. Abwurfbehälter in der Nacht nicht auffindbar; am Tage bei tiefem Schnee und ohne Betriebsstoff nur in geringem Umfange zu erfassen. – Flugplatz Gumrak ist wiederholt frühzeitig nachtlandeklar gemeldet worden. – AOK 6 Chef.«

Die Funksprüche aus der Festung gingen von GenOberst v. Richthofen aus an das VIII. FlK weiter; und GenLt. Fiebig fragte, warum keine Landungen auf Gumrak erfolgt seien. Alle Flugzeuge, die in dieser Nacht starten sollten, waren jedoch bereits auf Abwurf eingestellt, weil aufgrund aller Feststellungen – Jäger-Bruchlandungen auf Gumrak, He 111-Landungen um 12.30 Uhr und die Erkundung einer Ju 88 um 15.30 Uhr – Landemöglichkeiten nicht gegeben waren und eine Platzorganisation in Gumrak fehlte.

GenLt. Fiebig sagte zu, daß die ersten He 111-Flugzeuge am Morgen des 17. Jan. eine Landung versuchen würden.

Noch am späten Abend führte GenLt. Fiebig mit GFM Milch eine Reihe von Gesprächen. Der GFM und Sonderbeauftragte für Stalingrad versicherte dem KommGen. des VIII. FlK, daß seine Aktion kein Mißtrauen gegen von Richthofen und ihn sei. Der Führer wollte lediglich Gewißheit haben, daß nichts versäumt und alles Menschenmögliche zur Versorgung unternommen wurde.

Im Nachteinsatz starteten in der Nacht zum 17. Jan. 35 He 111 und 5 Ju 52 zum Abwurf. Es wurde ein Kreuz ausgemacht, das aber nur zeitweise leuchtete. Ein Landepfad war nicht ausgeleuchtet. Die fünf Ju 52 setzten trotz der erkannten Artillerieeinschläge zur Landung an.

Als sie ausgerollt waren, mußten die Besatzungen feststellen, daß kein Entladekommando vorhanden war. Man handelte sofort und kurz entschlossen. Die Verpflegung wurde an vorüberziehende eigene Truppen ausgehändigt.

Vom VIII. FlK. ging ein Funkspruch in den ersten Morgenstunden des 18. Januar an die 6. Armee ab: »Zugeflogenes Versorgungsgut am 17. Januar: 4,65 Kubikmeter Otto-Kraftstoff, 48 Tonnen Verpflegung, 28 Tonnen Munition C 250, 0,2 Tonnen Gerät. – Vorgesehen für den 18. Januar. Abwurf oder Ladung von Munition, Betriebsstoff und Verpflegung.«

Am Morgen des 18. Jan. waren die Einsatzplätze der Transport-Gruppen durch meterhohe Schneewehen versperrt. Eine Arbeit war an den Flugzeugen nicht möglich. Generalingenieur Weidinger, der nach Swerowo geflogen war, erkannte, daß auf diesem vom feindlichen Luftbombardement verwüsteten Platz zur Zeit kein Einsatz möglich sei.

Aus der Festung gingen nun beinahe stündlich Beschwerden bei allen führenden Stellen ein, daß nicht gelandet werde. Alle Feststellungen hatten aber ergeben, daß Gumrak nicht nachtlandeklar war.

GFM Milch, der am 17. Jan. um 09.00 Uhr am Bahnübergang Taganrog mit seinem Kraftwagen gegen eine Lokomotive gefahren war, hatte trotz seiner erheblichen Verletzungen seinen Dienst weiter versehen. Sein Stab war ziemlich lädiert.

Der Tageseinsatz am 18. Jan. brachte zunächst den Start von Hptm. Meyer, Staffelkapitän der 9./KG 27, der landen und die Platzverhältnisse in Gumrak klären sollte.

In diesem morgendlichen Ferngespräch kam auch heraus, daß in Schachty nur vier einsatzbereite Jäger zur Verfügung standen und daß eine Reihe Besatzungen dort vorhanden seien, die keine Maschinen hatten.

Der Morgenvortrag von Oberst i.G. Rohde über die Möglichkeiten der Versorgung mit Versorgungsbehältern ergab, daß auf den verschiedenen Plätzen noch etwa 7000 Abwurfbehälter vorhanden waren. Bei einem täglichen Bedarf von höchstens 1000 reichten diese für eine ganze Woche. Aus dem Reich seien neun Züge im Anrollen, die ab dem 25. Jan. eintreffen mußten. Zwei Züge träfen jedoch bereits am 19. und 22. Jan. ein; in ihnen würden Abwurfbehälter und Verpflegungssäcke sowie Verpflegung herangeschafft.

Was die Lastenseglerfrage angehe, seien 50 Segler im Raume Makejewka vorhanden und 92 weitere in der Luftzuführung unterwegs. In zwei Zügen würden DFS 230-Lastensegler zugeführt. Vier weitere Züge mit Go 242 seien im Zeitraum vom 11. bis 15. Jan. in der Heimat abgerollt und würden zwischen dem 23. und 27. Jan. in Stalino eintreffen.

Diese kurzen Einblendungen der Transportleistungen sollen die Anstrengungen veranschaulichen, die noch in letzter Minute - leider um einen vollen Monat zu spät - angelaufen waren.

Das VIII. Flieger-Korps im Einsatz

Um 12.00 Uhr des 18. Jan. startete GenLt. Fiebig in Begleitung von Oberst Kühl und GenMaj. Pickert nach Taganrog zur Meldung bei GFM Milch. In den Gesprächen, an denen sich auch GenOberst von Richthofen beteiligte, wurde einstimmig beschlossen, daß der 6. Armee mit allen Mitteln und Kräften das Erforderliche zugeführt werden müsse. Alles, was möglich sei, müsse dafür aktiviert werden; ob es noch helfen konnte oder nicht, das war nicht die Frage. Das war auch bisher das Leitmotiv des VIII. FlK. gewesen, und die Anwürfe aus der Festung konnten nichts daran ändern.

Am Nachmittag des 18. Jan. 1943 setzte das AOK 6 einen FT-Spruch an die HGr. Don ab: »Laut Führerbefehl General Hube herausfliegen. Er wird GFM Milch für die Durchführung der Versorgung der 6. Armee unterstellt. Hierzu General Hube am 19. Jan. ab Hellwerden Flugplatz Gumrak bereithalten und mit erster landender Maschine starten.«

Es war die FW 200 von Lt. Gilbert, die in der Nacht zum 19. Jan. mitten im Schneesturm bei 50 Meter Sicht durch einen offenen Funkspruch von der Festung aus zur Landung herunterbefohlen wurde. Die Landung ging trotz des gebrochenen Sporns glatt. General d. PzTr. Hube kletterte in die Maschine, und um 10.35 Uhr gab das AOK 6 eine Meldung aus dem HQ der HGr. Don weiter: »General Hube in Taganrog gelandet.«

Die am 19.Jan. startenden He 111 von Oberst Kühl landeten zum Teil in Gumrak, andere Teile warfen ab, weil die Landung schwierig war und zugleich Artilleriefeuer auf dem Platz lag. Es waren sieben He 111, die herunterkamen, während 41 He 111, 1 FW 200 und 3 Ju 52 ihre Versorgungsgüter abwarfen.

Im KTB des VIII. FlK. berichtete General Fiebig unter dem 20. Januar 1943 über die Tätigkeit des Sonderstabes Milch folgendes:

»Die Einschaltung von GFM Milch in die Versorgungsaktion hat noch keine klare Linie gebracht, alles geht durcheinander, weil er keinen arbeitsfähigen Stab hat. Es wird direkt an die LTF befohlen, ohne uns zu orientieren; es kommen keine Befehle. Ich schlage daher GenOberst von Richthofen vor, den Stab umzubauen.

Ich scheide damit aus meiner bisherigen Aufgabe aus, behalte nur einen kleinen Ia-Stab für den Neuaufbau der alten Korpsverbände, der Q-Stab wird ganz an Milch angehängt. Es ist sehr schwer, meine Aufgabe abzugeben; im Interesse der Sache können aber nicht drei Stäbe arbeiten, es muß eine klare Organisation sein zur direkten Auswirkung auf alle eingespannten Stellen.«

Die Versorgung am 21. Januar brachte über 100 Flugzeuge auf oder an den Platz von Gumrak, aber der Ablauf der Dinge konnte dadurch nicht aufgehalten werden. »Es sind nur noch Morphiumspritzen, die damit gegeben werden. Ein unerbittliches Los ist über die 6. Armee gekommen. Ob es schicksalbestimmend für den Krieg wird?« (Siehe Martin Fiebig: a.a.O.).

Am Abend des 21. Jan. 1943 mußte Gumrak als Versorgungsplatz aufgegeben werden.

An diesem Tage wurde auch General Jaenecke aus dem Kessel ausgeflogen. Mit ihm kam Major Maehs aus Stalingrad zurück.

Der Flugbetrieb in der vergangenen Nacht hatte mit starken Vereisungen abgebrochen werden müssen. Die Tag-Versorgung des 22. Jan. ging auf den Platz Stalingradskij über. Er lag drei km ostwärts des Bahnhofs Gumrak. Hier landeten in rascher Folge He 111 und Ju 52-Flugzeuge. Fünf He 111 und eine Ju 52 blieben als Bruch am Platzrand liegen. Die Besatzungen kamen mit den übrigen Maschinen zurück. Die Startbahn bestand aus 40 bis 50 cm dickem verharschtem Schnee. Das angrenzende Gelände war von Bomben- und Granattrichtern übersät.

GenLt. Fiebig befand sich am 22. Jan. 1943 von 08.00 bis 12.00 Uhr am Befehlszug der Luftflotte 4 in Taganrog. Die erste Besprechung bei GenOberst von Richthofen drehte sich noch immer um die Organsierung des Stabes Milch. Die Zukunftsaufgaben der Luftflotte 4 waren ebenso unbekannt wie jene des VIII. FlK.; es ging darum, nach dem Ende in Stalingrad alle Verbände des VIII. FlK., die total herunter waren, wieder aufzufrischen, um den Kampf fortsetzen zu können.

Unser letzter Start aus dem Kessel

»Es war im Januar 1943, als von Swerowo aus die Lufttransporte mit Ju 52-Flugzeugen nach Stalingrad durchgeführt wurden. Ich startete am 22. Jan. um 09.45 Uhr mit meiner Besatzung, Uffz. Frielinghaus, Uffz. Könnecke und Uffz. Wassilowski. Wir hatten eine Tonne Sondermunition geladen. Die Wolkenuntergrenze lag zwischen 600 und 800 m, und ich flog zunächst in 2000 m Höhe blind in Richtung Stalingrad.

Über sowjetischem Gebiet wurde es langsam heller, so daß ich auf 2500 m ging und damit im Sonnenlicht über einer geschlossenen Wolkendecke flog. Mein Kurs lag auch diesmal 50-100 km südlich des Funkstrahls, der von Saporozje aus in Richtung Stalingrad-Stadtmitte verlief.

Der Russe hatte diesen Electra-Strahl längst ausgemacht und entlang der Strecke Flaksperren errichtet, die zu umfliegen nur ratsam war.

Als wir uns in Höhe unserer alten Einsatzhäfen Tazinskaja und Morosowskaja befanden, riß die Wolkendecke plötzlich auf, ohne daß ich am Horizont eine Fortsetzung der Wolken entdecken konnte.

Dann aber fand ich wieder einige Wolkenfetzen, die uns Deckung bieten konnten; ich hatte praktisch Stalingrad erreicht, als unter mir eine große Wolkendecke durchzog. So gelangte ich von der Feind-Flak unbehelligt über das Festungsgebiet.

Unter mir zog eine He 111 im Steigflug vorbei, die mir anzeigte, daß der Flugbetrieb auch von Stalino aus durchgeführt wurde. Gleich darauf passierte uns ein Jäger der Roten Luftwaffe, der etwas höher flog und uns nicht bemerkte, durch den wir aber den MG-Stand mit der Führerkanzel verloren.

Während ich auf die gegnerische Jagdmaschine einkurvte, stieß nämlich mein Bordmechaniker mit dem Körper gegen die Verriegelung des MG, so daß das MG mitsamt der Plexiglashaube fortgerissen wurde. Wir saßen von diesem Augenblick an nicht nur im Freien, sondern hatten auch noch unsere Antenne verloren und keine Funkverbindung mehr.

Parallel zur Wolga fliegend, stieß ich nach unten durch und fand sofort den Landeplatz, auf dem ich bereits mehrere zu Bruch gegangene He 111 bemerkte. Im Tiefflug erkannte ich, daß die Landebahn nicht horizontal eben verlief, sondern sich zum Fluß hin stark senkte. Dieser Umstand hatte offenbar den Kampfflugzeugen das Fahrwerk gekostet.

Ein Landekreuz war nicht vorhanden, wurde jedoch wenige Augenblicke, bevor ich mich dem Platzrand näherte, in Form eines roten Balkens blitzschnell ausgebreitet und nach unserem Aufsetzen wieder eingezogen. Diese Arbeit wurde von einem einzelnen, einsam in der Schneewüste stehenden Soldaten verrichtet.

Sobald die Räder in den Schnee eingesunken waren, verlor das Flugzeug sofort an Fahrt, und nur mit Vollgas konnte ich zu den winkenden Mannschaften rollen, die mich etwa auf Höhe des Landepunktes an den Rand des Platzes einwinkten.

Ich bemerkte auf diesem neuen Platz in Stalingradskij im großen und ganzen keinen Betrieb, der sich mit jenem in Pitomnik oder Gumrak vergleichen ließ. Da es nicht sehr kalt war und die Sonne bereits an verschiedenen Stellen den Nebel durchbrach, stellte ich alle drei Motoren ab und verließ mit Funker und Bordmechaniker die Maschine. Unser Heckschütze blieb in der Mühle zurück.

Ein Wm. der Flak, den ich nach der Lage fragte, sagte mir, daß die Panik nicht im Kessel stattfinde, sondern draußen gemacht würde. Die Stimmung sei gut, und man hoffe, daß recht bald Entsatz eintreffen werde. Diese Antwort traf mich tief, denn sie zeigte mir, dieser Mann ahnte nicht, daß die deutschen Linien nun bereits mehr als 350 km weiter nach Westen zurückgenommen worden waren und daß der erste Entsatzvorstoß aus Richtung Kotelnikowo nur eine Episode war.

Inzwischen war die Wolkendecke aufgebrochen. Und als man mich fragte, wie viele Verwundete ich mitnehmen wollte, wurde mir klar, daß bei so hellem Himmel ein Steigflug mit der Ju 52 über mehrere tausend Meter kaum eine Chance bringen würde, den sowjetischen Jägern zu entkommen, die über der Festung kreisten.

So entschloß ich mich, den Start um 2 - 3 Stunden zu verschieben und zur Zeit der einsetzenden Abenddämmerung gegen 03.00 Uhr bis 04.00 Uhr zu starten.

Inzwischen ging das erste Granatwerferfeuer auf den Platz nieder. Mehrere IL 2-Tiefflieger der Roten preschten über den Platz hinweg und beschossen glücklicherweise lediglich die auf dem Bauch liegenden Bruch-He 111. Wir warfen uns in den Schnee.

Diese Ereignisse sagten uns, daß eine Chance zum Entkommen nur im sofortigen Start lag, denn der Gegner konnte zu jeder Zeit wiederkommen und unsere Maschinen zusammenschießen. Der Ausflug aus dem Kessel, unter Umständen im Tiefflug, bot die reellste Entkommensschance.

Ich ließ die Verwundeten herbeirufen. Wir hatten uns vorgenommen, 17 Mann mitzunehmen, da wir glaubten, mit dieser Belastung bei halb leergeflogenen Treibstofftanks die besten Chancen zu haben.

Augenblicke später kamen, in Grüppchen verstreut, die ersten Verwundeten heran. Der Anblick von Menschen, die sich halb angekleidet, zum Teil nur in Unterhosen, mit schwersten Erfrierungen und Verwundungen durch den Schnee schleppten, ist auch für den hartgesottensten Soldaten etwas Furchtbares. Mir fehlt die Sprache, um einen solchen Eindruck zu schildern. Wenn es auch nur vereinzelte Grüppchen waren, die sich der Maschine näherten, so konnten wir doch nicht alle unbedenklich einsteigen lassen.

Mein Bordmechaniker stand in der Tür, und während er beim Einsteigen behilflich war, zählte er genau mit. Als die vorgegebene Zahl erreicht war, drehte ich mich um, da ich nicht mitansehen konnte, wie nun die Reihe der Ankömmlinge zurückgewiesen werden mußte. Für manchen dieser Armen - wenn nicht für alle - bedeutete das den Tod. Einzelne hatten sich fast drei Tage und Nächte ununterbrochen, auf den Knien durch den Schnee kriechend, von einem Gemäuer am

Horizont, das als Lazarett diente, zum Landeplatz geschleppt, nachdem sie bemerkt hatten, daß auch hier Flugbetrieb vorbereitet wurde. Alle wurden zurückgewiesen, nur einer Bitte konnte ich mich nicht entziehen. Zwei Landser sagten mir mit Verbitterung, daß in einer etwa 100 m entfernt zu Bruch gegangenen He 111 in der Bodenwanne noch ein Schwerverwundeter liege. Die Besatzung habe sofort nach dem Unfall die Maschine verlassen, um noch gerade von einem zum Start rollenden Kameraden mitgenommen zu werden. Alle an Bord befindlichen Verwundeten hätten sich aus dem Wrack befreit bis auf diesen Mann, der durch seine schwere Kopfverletzung daran gehindert war.

Ich gab Frielinghaus und Könnecke den Befehl, diesen Mann zu holen. Sie brachten ihn wenige Minuten später gemeinsam mit den Landsern an. Sobald wir ihn im Stroh der Maschine zwischen die anderen gebettet hatten, die in der verschiedensten Lagen in der Kabine hockten, starteten wir.

Es ging zunächst im Steigflug mit Vollgas empor, obgleich ich mich ja vorher zum Tiefflug entschlossen hatte. Ich denke, daß diese Eingebungen vom Gefühl her diktiert waren. So entdeckte ich über dem südlichen Stadtrand eine Wolkenbank, und diese »Wolke vom Dienst« mußte ich erreichen.

Ich hatte kreisend nahezu 3000 m Höhe erreicht, als ein Feindjäger auftauchte. Sofort ging ich in einem stark gedrückten Vollgasflug in Richtung auf die Wolkenbank über. Gleich darauf geriet ich über das Frontgebiet, und es dauerte auch nur wenige Sekunden, bis die ersten Flakwolken und Leuchtspurlinien von unten auftauchten. Da ein Jäger hinter mir hing, schossen die Flak-Batterien nicht genau, weil man sich offenbar auf die Jak verließ.

Als mein Heckschütze den ersten Angriff meldete, riß ich die Ju 52 seitlich über die linke Tragfläche in einen 60-Grad-Sturzflug, durch den ich den Rand der Wolkenbank erreichte. Die MG-Salven des Gegners flitzten über uns hinweg. Die Jak überholte uns; sie mußte hochziehen und kreisen, um erneut von hinten angreifen zu können. Diese Zeitspanne reichte für mich aus, in die Wolken einzutauchen. Aber Sekunden später befand ich mich bereits unter den Wolken und mußte zu meinem Entsetzen feststellen, daß es sich nur um einen Wolkenschleier handelte. Immerhin brachte er uns Rettung. Es entspann sich ein förmliches Katz- und Maus-Spiel. Befand ich mich unter dem Wolkenschleier, war der Gegner darüber. Stieß er hinunter, zog ich in den Schleier empor und darüber hin. Dies setzte ich einige Minuten fort, ehe die Jak - offenbar aus Benzinmangel - verschwand.

Wassilowski hatte im Heckstand alle Munition auf den Angreifer verschossen. Als eine Ladehemmung auftrat, hatte er mit dem Reserve-MG, aus der Hüfte heraus, stehend freihändig weitergeschossen, weil ihm keine Zeit blieb, die MG auszuwechseln.

Wir befanden uns über der Kalmückensteppe und erreichten um 15.30 Uhr Swerowo, wo wir landeten. Um 12.20 Uhr waren wir in Stalingradskij gestartet. Drei Stunden und 10 Minuten waren wir in der Luft gewesen.

Am nächsten Tag wurden wir zum Lufttransportführer Oberst Morzik, befohlen, der meiner Besatzung die besonderen Glückwünsche von GFM Milch aussprach. Die Landung war eine der letzten einer Ju 52 im Kessel von Stalingrad.« (Siehe Fritz Krause: Start der letzten Ju 52 aus Stalingrad).

Der nächste Funkspruch des AOK 6 vom 23. Jan., um 19.00 Uhr mit KR an das Luftflottenkommando 4 und das VIII. FlK. abgesetzt, lautete:

»Ring um Festung schließt sich enger. Auch heute andauernde starke Angriffe des Gegners vor der ganzen Front. Nord- und Westfront noch gehalten. Feind hat neue Einbrüche erzielt. Im anderen Stadtbezirk grauenhafte Zustände; mindestens 20.000 unversorgte Verwundete und ebensoviele Frostkranke. Verhungernde und Versprengte hausen unterkunftsuchend in Hausruinen und Kellerlöchern.

Bilder der Katastrophe größten Ausmaßes. Starkes Artillerie- und Granatwerferfeuer auf der ganzen Stadt.

Die Front wird gehalten durch kleine Kräftegruppen unter Führung von Generalen und beherzten Offizieren, die, selbst in vorderster Linie stehend, letzte kampfkräftige Männer organisiert haben. - Erster Generalstabsoffizier: Ellenkamp.«

Dieser Funkspruch wurde am 24. Jan. 1943 um 00.57 Uhr aufgenommen. Auch der Wehrmachtbericht meldete sich am 24. Jan. zur Lage in Stalingrad zu Wort. Es heißt in der Meldung dieses Tages: »In Stalingrad konnten Angriffe an der Nordfront abgewiesen werden; an der nur schwach befestigten Widerstandslinie im Westen erzielte der Feind weitere Einbrüche. Die Lücke zwischen Nord- und Südkessel konnte aus Mangel an Kräften nicht mehr geschlossen werden. Der letzte Flugplatz der Stadt nordwestlich der Stadtmitte war nicht mehr anfliegbar.«

Der Versorgungsbetrieb war am 24. Januar zum Erliegen gekommen. In der Festung herrschte eine Wolkendecke vor mit der Untergrenze von weniger als 50 m. Eine FW 200, vier He 111 und drei Ju 52 schafften dennoch den Abwurf auf die Stadt. Die Flakabwehr des Gegners war trotz der Wolkendecke sehr stark. Mit Einfall der Dunkelheit mußte wegen des Fehlens der Funkfeuer und starker Vereisung mit niedrigst hängender Wolkendecke der Einsatz erstmals zur Gänze eingestellt werden.

Als die von Norden einziehende Kaltfront mit Temperaturen von minus 20 Grad heranzog, riß die Wolkendecke auf, und ab 02.30 Uhr des 25. Jan. standen die He 111 wieder im Einsatz. Sie erkannten einen Abwurfplatz im Süden der Stadt und warfen die Verpflegungsbomben ab. Die Ju 52 konnten bei Tage nicht starten. Ebenso war es für die FW 200 unmöglich, nach Stalingrad zu fliegen. Die He 111 meldeten starke Jagd- und Flakabwehr.

Um 10.00 Uhr meldete sich GenLt. Fiebig bei GFM Milch. In dieser Besprechung brachte Milch zum Ausdruck: »Es muß abgeworfen werden, solange deutsches Leben sich regt und erkannt wird. Lastenseglereinsatz kommt nicht mehr in Frage, und Storch-Aktionen zum Herausholen wertvoller Menschen haben keine Chancen mehr, da im Stadtgebiet kein Landegelände zur Verfügung steht. Aber wir machen weiter.«

Endkampf in Stalingrad

»Im Südteil des Stadtgebietes von Stalingrad erzielte der Gegner am 24. Jan. einen tiefen Einbruch. Auf dem höchsten Haus des inneren Stadtgebietes wurde die Hakenkreuzfahne gehißt, um unter diesem Zeichen den letzten Kampf zu führen.«

So lautet die Eintragung in das KTB des Sonderstabes Milch vom 25. Januar 1943. Es fährt fort:

»Gegen starke Feindangriffe konnte der Westrand von Stalingrad (die Südhälfte) in Linie 7 km südlich Gorodischtsche - 3 km ostw. Sadowaja gehalten werden. Vorstadt Minina ging verloren. Reste der 371. ID kämpften noch an der Bahnlinie. Die Wolgafront ist unverändert. Verbindung mit dem XI. AK nicht mehr vorhanden. XI. AK kämpft in der Linie Spartakowka - nördl. Orlowka - Westrand Gorodischtsche und süd. davon. Letzte Widerstandslinie des Korps am Westrand von Stalingrad. Laufend starke Luftangriffe gegen das gesamte Stadtgebiet.«

Am 26.1. meldete das KTB des Sonderstabes Milch folgende Lage in der Festung:

»Angriffe auf der ganzen Front des XI. AK machen die Zurücknahme in Linie 2 km nordostwärts Orlowka bis 4 km südostw. Gorodischtsche erforderlich. Zurückklappen der 100. JägDiv. nach Süden öffnet die Südfront des XI. AK hart westlich Krasnyj Oktjabr. Abriegelung ist im Gange.

Die Westfront ist nicht mehr kampffähig. Überlegene Feindkräfte nahmen bis Mittag das Stadtgebiet südlich der Zariza in Besitz und zerschlugen dabei die Reste des IV. AK.

Eine dünne Sicherungslinie steht am Nordufer der Zariza. Über die Zariza vorgestoßener Feind wurde vernichtet. Die Westfront in der Linie 5 km südostwärts bis 4 km südlich Gorodischtsche und 5 km nordostw. Werchne Jelschanka konnte die Feindangriffe abweisen. An der Wolgafront keine besonderen Ereignisse. - Laufende Bombenangriffe auf das gesamte Stadtgebiet.«

Von diesem Einsatz des 26. Januar meldete der Wehrmachtbericht am darauffolgenden Tage: »In Stalingrad besetzte der Feind den Südteil der Stadt bis zur Zariza. An der Westfront wurden Angriffe abgewehrt. Die Verpflegung ist bis auf Reste aufgebraucht. Tatkräftige Führer versuchen noch, aus Versprengten, deren Zahl mit denen der Verwundeten auf 30.000 - 40.000 Mann gestiegen ist, Widerstandstrupps zu bilden.«

Was aber verbarg sich hinter den trockenen Berichten? Welche Tragödien begleiteten diese lapidaren Sätze! Noch während die Sowjets den Flugplatz Gumrak in Besitz nahmen, befahl das AOK 6, die Tausende Verwundeten in den Behelfslazaretten um den Flugplatz herum und am Bahnhofsgelände ihrem Schicksal zu überlassen. Alle Ärzte und das Pflegepersonal erhielten Befehl, sich den nach Stalingrad-Stadt zurückflutenden Truppen anzuschließen. Damit waren die Verwundeten, die man zurückließ, ihrem Schicksal hilflos ausgeliefert.

Von Gumrak aus wankten die total erschöpften, verhungernden Soldaten in die Stadt und verkrochen sich in den Ruinen. Autos, Panzer, Selbstfahr-Lafetten und selbst die letzten ausgeladenen Nachschubgüter, die von den He 111 gebracht worden waren, blieben als Beute für die Sowjets zurück.

Die Kämpfe bei den Divisionen

Auch der Kampf der 24. PD in den letzten Wochen in Stalingrad war nichts anderes als ein langsames Sterben. Als der Kessel von Stalingrad am 26. Januar 1943 durch einen Angriff der Roten Armee in eine Nord- und Südhälfte aufgespalten wurde, war das Ende gekommen.

Der DivStab lag in diesen letzten Entscheidungstagen im Keller des Stalingrader Traktorenwerkes. Hier lagen auch noch Teile der 389. ID und fast das gesamte XI. Armeekorps unter General der Inf. Strecker, der als Kommandeur der 79. ID am 26. Oktober 1941 das Ritterkreuz erhalten hatte. General Strecker wurde zum Verteidiger des Nordkessels.

Neben der 24. PD im Nordkessel standen auch noch die 16. PD, die 389. ID und die 100. leichte Division im Einsatz.

In Stalingrad Süd aber, in dem Ruinenfeld mit den Häuserresten und den glosenden Trümmerhaufen, befanden sich das Armeehauptquartier und die 71. ID.

Im Kessel Mitte hingegen lagen noch die Teile der 113. ID, der 76. ID und der 384. ID. Die 305. ID hielt in diesem Abschnitt die HKL zur Wolga, und die Reste der 29. ID (mot.) und der 3. ID (mot.) zogen sich darauf zurück.

Am 30. Jan. kapitulierte der Kessel Mitte, als ein russischer T 34 vor dem Befehlsbunker des XIV. Panzerkorps auftauchte und zur Übergabe aufforderte. Am nächsten Tage kapitulierte das LI. AK. Zwei Stunden nach dem Ende des Kessels Mitte gab die 6. Armee noch einen Funkspruch auf, dessen Wortlaut erhalten ist:

»Rest der 6. Armee, auf kleinstem Raum in drei Kesseln zusammengedrängt, hält noch einige Straßenviertel westl. des Bahnhofes und südlich vom Wasserwerk. IV. AK nicht mehr vorhanden. XIV. PzK hat kapituliert. Mit VII. und LI. Korps keine Verständigung mehr. Zusammenbruch ist keine 24 Stunden mehr aufzuhalten.«

Stoßtrupps der Roten Armee hatten am 30. Januar den Roten Platz von Stalingrad erreicht. An diesem Tage wurde GenOberst Paulus, der am 15. Januar als 178. deutscher Soldat das Eichenlaub erhalten hatte, zum Generalfeldmarschall befördert. Und am Abend vorher hatte Hitler zu Feldmarschall Keitel gesagt:

»Es gibt in der Kriegsgeschichte keinen deutschen Generalfeldmarschall, der in die Gefangenschaft gegangen ist.«

Am 31. Januar 1943 um 05.45 Uhr erreichten die Russen mit ihren Sturmgruppen das Kaufhaus am Roten Platz, in welches das Armeeoberkommando umgezogen war. Ein Oberleutnant der Wache meldete GFM Paulus, daß die Russen da seien. Zur gleichen Zeit gab der Nachrichtenoffizier des Armeeoberkommandos den letzten Funkspruch ab:

»Der Russe steht vor dem Bunker, wir zerstören!« Dann schwieg die Funkstelle.

Nun kämpften nur noch die im Nordkessel eingeschlossenen Soldaten. Gen. d.Inf. Strecker saß im Morgengrauen des 2. Februar 1943 im Gefechtsstand der Kampfgruppe Julius Müller. Er stand plötzlich auf und sagte: »Ich muß jetzt gehen!«

Um 08.40 Uhr ließ der General an das FHQ funken: »XI. Armeekorps hat mit seinen sechs Divisionen seine Pflicht getan.«

Um 09.00 Uhr erreichten die ersten Rotarmisten den Divisionsgefechtsstand der 24. PD. General von Lenski ließ seine überlebenden Soldaten noch einmal zusammenkommen. Eine seltsame Stille lag über der Stadt, als er nach einem Abschiedswort das letzte dreifache Hurra auf Deutschland aufklingen ließ, was die Russen schweigend geschehen ließen.

Um 10.10 Uhr begann für die 24. PD der Marsch in die Gefangenschaft. Es ging zunächst durch die Orlowka-Schlucht und dann nach Norden, weiter und weiter durch Eis und Schnee. Sie landeten Monate später in Pachta-Aral, nördlich der afghanischen Grenze.

Nur wenige sahen die Heimat wieder.

Bei der 16. PD, die ebenfalls im Nordkessel lag, kämpfte man noch am 1. Febr. 1943. Im Laufe dieses Tages wurden die Reste der 60. ID (mot.) vom Gegner überrannt. Damit war die 16. PD auf beiden Seiten ohne Anschluß. Die letzten Männer dieser Division kämpften in der Silikatfabrik. Hptm. Schmitz und Oblt. Brendgen waren die letzten Offiziere, die mit ihren Kampfgruppen fochten. Major Stock und der DivStab unter ObstLt. i.G. Menzel versuchten noch, in den Abschnitt der 60. ID (mot.) durchzustoßen und so Luft zu schaffen.

Kurz vor Tagesanbruch warf sich Major Dormann, am 5. Januar 1943 mit dem Ritterkreuz ausgezeichnet, noch einmal der Umklammerung entgegen, die ihnen den Weg nach rückwärts verwehrte.

Um 09.20 Uhr an diesem 2. Februar 1943 ging der letzte Funkspruch hinaus. GenMaj. Angern wollte sich noch zu den Pionieren unter Oblt. Knörzer durchschlagen. Angern, der mit den letzten 28 Kämpfern im Traktorenwerk lag, kam nicht durch. Auf dem Gefechtsfeld fand man später seine Leiche; er wollte seine Division nicht überleben. Dann war auch im Traktorenwerk der Kampf zu Ende.

Aus der Gefangenschaft kehrten 128 Soldaten der 16. Panzerdivision zurück. Unter ihnen auch ObstLt. i.G. Menzel, der am 18. Oktober 1955 nach zwölfjähriger Gefangenschaft entlassen wurde.

Der Kessel von Stalingrad war gefallen. Von den 230.300 deutschen Soldaten und den rund 15.000 Rumänen konnten bis zum 24. Januar 42.000 Kranke und Verwundete ausgeflogen werden. 16.800 wurden bis zum 19. Januar 1943 von den Sowjets gefangengenommen. 91.000 Mann ergaben sich bei den Kapitulationen.

80.500 deutsche Soldaten blieben auf dem Schlachtfeld zurück. Tot, verscharrt oder einfach im Schnee liegend.

Stalingrad hatte die 6. Armee verschlungen, und am 2. Februar 1943 wurde in dem einfachen Funkspruch eines Aufklärers ihr Sterbelied gesungen: »In Stalingrad keine Kampftätigkeit mehr.«

Noch am 2. Februar 1943 fingen die Empfangsstationen der HGr. Don um 12.35 Uhr einen Funkspruch der Stalingrader Wetterstelle auf:

»Wolkenhöhe 5000 Meter. Sicht 12000 Meter, klarer Himmel, vereinzelt kleine Wölkchen. Temperatur 31 Grad minus, über Stalingrad Nebel und roter Dunst. Wetterstelle meldet sich ab. Gruß an die Heimat!«

Am 3. Februar 1943 meldete der Wehrmachtbericht: »Aus dem Führerhauptquartier, 3. Februar: Das Oberkommando der Wehrmacht gibt bekannt:

Der Kampf um Stalingrad ist zu Ende. Ihrem Fahneneid bis zum letzten Atemzug getreu ist die 6. Armee unter der vorbildlichen Führung des GFM Paulus der Übermacht des Feindes und der Ungunst der Verhältnisse erlegen. Ihr Schicksal wird von einer Flak-Division der Luftwaffe, zwei rumänischen Divisionen und einem kroatischen Regiment geteilt, die in treuer Waffenbrüderschaft mit den Kameraden des deutschen Heeres ihre Pflicht bis zum Äußersten getan haben.«

Trauer senkte sich auf viele deutsche Familien. Trauer und die große bange Frage nach dem Warum.

In Moskau aber herrschte Jubel. Der Oberbefehlshaber der Roten Armee, Generalissimus Stalin, erließ einen Befehl an den Oberbefehlshaber und die Truppen der Don-Front:

»Ich gratuliere Ihnen und den Truppen der Don-Front zum erfolgreichen Abschluß der Kämpfe, die zur Vernichtung der bei Stalingrad eingeschlossenen deutschen Truppen führten.

Ich spreche allen Soldaten, Offizieren und politischen Leitern der Don-Front den Dank für ihre hervorragenden Kampfoperationen aus.«

Die Toten mahnen, diesen Wahnsinn nie wieder zu begehen.

Die letzten Versorgungsflüge

Vom 27. Januar bis zum 2. Februar 1943 flogen die Verbände des VIII. FlK weiter nach Stalingrad. Das fliegende Personal setzte sich ebenso wie alle Bodendienste opfervoll ein.

Allein am 27. Januar wurden von den noch einsatzbereiten Ju 52 35 Einsätze gemeldet. Oberst Kühl führte mit nur noch 24 Flugzeugen seines KG. 55 allein 65 Einsätze durch; dies bedeutet, daß jede Maschine mindestens zweimal in die Hölle von Stalingrad fliegen mußte.

Bis zum Abend dieses Tages hatten insgesamt 124 Flugzeuge 103,4 Tonnen Versorgungsgüter nach Stalingrad geschafft.

In der folgenden Nacht gelang 80 Maschinen der Abwurf von Versorgungsgütern. In der Nacht zum 29. Januar starteten 125 Flugzeuge, von denen 109 ihren Auftrag ausführten. Sie warfen 108,8 Tonnen Verpflegung und Munition ab.

Eine Nacht darauf starteten 151 Maschinen, von denen 124 ihr Zielgebiet erreichten und der 6. Armee 130 Tonnen Versorgungsgüter brachten.

Am Nachmittag des 30. Januar standen 85 Flugzeuge startbereit. Vier kamen bis zum Abend aus der Werft hinzu. 118 Tonnen waren ihre Transportleistung.

Daß in der Nacht zum 1. Februar noch einmal 120 Versorgungseinsätze geflogen werden konnten, war dem unermüdlichen Einsatz der Bodendienste zu verdanken. In der Nacht zum 2. Februar waren es noch einmal 108 Maschinen, die das Feuer des Gegners durchstießen und 98 Tonnen Versorgungsgüter, davon 65 Tonnen Verpflegung, abwarfen.

Am Abend des 2. Februar wurden dann sämtliche Ju 52-Einsätze eingestellt. Dazu GenLt. Fiebig in seinem KTB: »Die 6. Armee hat aufgehört zu sein, ihr Kampf um Stalingrad war einmalig, ihr Sterben in der Stadt an der Wolga erschütternd.« (Siehe Fiebig Martin: a.a.O).

Nachdem am 3. Februar trotz völlig ungewisser Erdlage noch einmal 27 He 111 eingesetzt wurden, von denen zehn Maschinen noch immer Kampftätigkeit in der Stadt feststellten und sieben Tonnen Versorgungsgüter abwarfen, entfiel noch am selben Tage der Führerbefehl über die Versorgung von Stalingrad.

GenLt. Fiebig blieb es überlassen, der kämpfenden Truppe den Einstellungsbefehl bekanntzugeben. Sein Fernschreiben, das an alle beteiligten Verbände und Einheiten ging, hatte folgenden Wortlaut:

»Die 6. Armee hat ihren heroischen Kampf in Stalingrad ausgekämpft. Der Führer hat heute die Einstellung der Luftversorgung befohlen.

Männer des VIII. Flieger-Korps und der Transportverbände! Ihr habt in den vergangenen Monaten Euer Bestes hergegeben, um den Kampf der Festung zu unterstützen. Ich danke Euch allen! Den fliegenden Besatzungen, dem technischen Personal der F.B.K. der Werft- und Werkstattzüge, den Fliegerhorst-Kommandanten, den Baukompanien, den Nachrichten-Einheiten und nicht zuletzt den Stäben für ihren hingebungsvollen Einsatz. Ihr habt Eure Pflicht getan, ungeachtet aller Schwierigkeiten. Euch allen meine höchste Anerkennung!

Eingedenk des Opfers unserer Kameraden von Stalingrad, insbesondere der 3000 Angehörigen des VIII. Flieger-Korps, werden wir weiterkämpfen, getreu unserem Fahneneid bis zum Endsieg.

Ihre Treue ist unsere Treue!

Es lebe der Führer!

Fiebig

Kommandierender General des VIII. Flieger-Korps.«

Das Fazit

Die Flugzeugverluste der Luftbrücke nach Stalingrad betrugen vom 14. Nov. 1942 bis zum 31. Jan. 1943: 266 Ju 52, 165 He 111, 42 Ju 86, 9 FW 200, 5 He 177, 1 Ju 290. Das sind insgesamt 488 Flugzeuge. Von ihnen waren 166 Totalverlust; 108 gingen durch unbekannte Ursachen verloren. Ihre Besatzungen gelten als vermißt, und 214 gingen bei Start- und Landemanövern zu Bruch und waren nicht mehr zu reparieren.

Der Gesamtverlust betrug demzufolge fünf Luftgeschwader oder ein ganzes Flieger-Korps. Über 1000 Männer der fliegenden Besatzungen fanden den Tod.

Gemeinsam mit General der PzTr. Hube flog GFM Milch ins Führerhauptquartier. Am Abend des 5. März ließ Hitler zuerst Hube zu sich kommen und fragte diesen, ob GFM Milch alles in seiner Macht Stehende getan habe. Hube antwortete: »Das und mehr, mein Führer!«

Hube erklärte, wenn GFM Milch auch nur 14 Tage früher erschienen wäre, so wäre Stalingrad nicht verloren gewesen. Hitler erwiderte darauf: »Ja, das ist mein Verhängnis.«

Richtig ist jedoch, daß weder Milch noch Göring und nicht einmal Hitler selber in der Lage gewesen wären, die benötigte Zahl der Flugzeuge zusammenzutrommeln und sie einsatzbereit zu halten. Das Ende der 6. Armee war vorherbestimmt, nachdem der Entsatzvorstoß der 4. PzArmee unter GenOberst Hoth zum Erliegen kam und die 6. Armee nicht ausbrach.

GFM Milch meldete sich anschließend bei Hitler mit den Worten zurück: »Befehl nicht erfüllt.«

»Doch, Milch, Sie haben Ihren Auftrag erüllt, aber ich habe Sie zu spät gerufen«, lautete Hitlers Antwort. »Die Luftwaffe war eben zu schwach, mein Führer!« »Ich weiß, ich weiß! Schwer, sehr schwer trage ich an Stalingrad, Milch. Sie können es mir glauben! Ich muß mir selber die größten Vorwürfe machen. Aber warum hat denn Göring seine Zusage so leichtfertig gegeben? - 300 Tonnen!«

RÜCKZÜGE - FRONTBEGRADIGUNGEN

Der Rückzug von Rshew

Die das ganze Jahr über im Großraum von Rshew tobenden Kämpfe hatten die dort stehenden Verbände der 9. und Teile der 4. Armee derart geschwächt, daß nach Bekanntwerden der Niederlage der 6. Armee im Raume Stalingrad auch der Eckpfeiler der HGr. Mitte bei Rshew in große Gefahr geriet. Seit Oktober 1941 im Brennpunkt immer wieder aufflammender Kämpfe stehend, war diese Stadt am Oberlauf der Wolga nach vier großen Sommer- und Winterschlachten unter Generaloberst Model zum begehrten Ziel der Sowjetarmee geworden.

Von diesem vorgeschobenen Frontbalkon aus war es der deutschen Wehrmacht immer noch möglich, einen Vorstoß nach Moskau zu unternehmen. Diese Gefahr 180 Kilometer vor der sowjetischen Metropole galt es auszumerzen. Hier hatte sich die Gewalt der sowjetischen Winterschlacht 1942-43 gebrochen.

Daß hier eine ganze Armee und Teile einer weiteren auf einem Frontabschnitt von 530 Kilometern festlag, was Hekatomben Opfer forderte, schien Hitler nicht zu kümmern. Er wollte diese ihm verbliebene Bastion auf dem Wege nach Moskau nicht preisgeben.

Erst nach dem Desaster der 6. Armee in Stalingrad und den Krisenlagen an anderen Stellen der Ostfront gelang es dem Chef des Generalstabes des Heeres, General Zeitzler, Hitler von der Notwendigkeit einer Frontverkürzung in diesem Raume zu überzeugen. Die Pläne dazu waren bereits ausgearbeitet, und die daraus erkennbare Frontverkürzung von 300 Kilometern überzeugten auch Hitler von der Notwendigkeit, die Operation »Büffel« durchführen zu lassen.

Generaloberst Model erhielt Weisung, einen solchen Plan im einzelnen noch vor Einsetzen der Schlammperiode durchzuführen.

Der zu räumende Kampfraum war 100 km tief. Es gab nur wenig Straßen, weitere mußten ausgebessert und für Kraftfahrzeuge passierbar gemacht werden. Es galt nicht nur, alle Waffen und alles Gerät zurückzuschaffen, sondern auch die dort noch lagernden Wirtschaftsgüter, Vieh, Erntevorräte und auch landwirtschaftliches Gerät zu erfassen.

200 Eisenbahnzüge mit über 100.000 Tonnen Ladekapazität und eine Reihe Transportkolonnen mit 10.000 Tonnen standen dazu zur Verfügung.

Nach Ende dieser riesigen Operation sollten alle Eisenbahngeleise und 1.300 Kilometer Drahtleitungen abgebaut und zurückgeschafft werden.

Es galt, einen Marschplan für die 29 Divisionen der 9. Armee und die Heerestruppen - insgesamt 250.000 Mann - mit Waffen und Gerät zu erstellen.

Am 6. Februar genehmigte Hitler diesen Rückzug auf die Sehnenstellung Spas Demensk - Dorogobusch - nordostwärts und nörlich Demidow.

Den ganzen Februar hindurch schneite es in diesem Raum. Plötzlich setzte Tauwetter ein, dann fror es erneut.

Sowjetische Lautsprecherwagen verkündeten am 18. Februar: »Die 9. Armee packt ihre Koffer und bereitet sich zum Rückzug vor!«

Damit war die befohlene strikte Geheimhaltung durchbrochen. Ende Februar taute es abermals. Da die Armee am 27. Februar den 1. März zum X-Tag erklärt hatte, marschierten die ersten Truppen am 1. März um 18.55 Uhr ab.

Am 28. Februar hatten sowjetische Gefangene, die bei der 251. ID gemacht worden waren, ausgesagt, daß die Sowjetarmee mit 20 Panzern und 1000 Mann vor dem rechten Flügel der 206. ID zum Nachstoßen alarmiert worden sei.

Dennoch blieben vom Abend des 1. März an nur die Nachtruppen in ihren Stellungen zurück. Der Feind folgte nur vorsichtig. Am 2. März mußten die wenigen Truppen der Nachhut mehrfach sowjetische Angriffe abweisen, ehe sie an diesem Tage um 18.00 Uhr die HKL und Rshew räumten. Aus dem KTB der 9. Armee ist dazu gemeldet worden:

»Die Armee gibt ohne Feinddruck in voller Kampfbereitschaft im Interesse der Gesamtoperationen ein Gebiet auf, das sie in hartem Kampf eroberte, dessen Verteidigung sie über ein Jahr lang erfolgreich geführt hat. So verlassen die Rshew-Kämpfer unbesiegt einen Frontabschnitt, dessen Name allein für sie der Inbegriff soldatischer Bewährung bleibt.« (Siehe: Armeeoberkommando 9, Signatur RH 20-9, Bundesarchiv-Militärarchiv).

Am 3. März meldete der sowjetische Wehrmachtbericht: »Vor einigen Tagen begannen unsere Truppen den entschlossenen Angriff auf Rshew. Heute nahmen sie nach langen und harten Kämpfen die Stadt.« Ein Kommentar zu dieser Darstellung erübrigt sich.

Die Sowjets fühlten in Rshew vorsichtig vor. Sie fanden geräumte, verlassene Stellungen und am Bahnhof einen Schrotthaufen.

Die von Hitler befohlene Sprengung der großen Wolgabrücke hat Horst Großmann in seinem Werk über Rshew folgendermaßen dargestellt:

»Hitler wollte die Sprengung der Wolgabrücke in seinem Hauptquartier hören. So wurde die Fernsprechleitung vom FHQ bis zum Sprengkommando an der Brücke durchgeschaltet. Alles verlief programmgemäß, und Hitler hörte an seinem Fernsprecher den Krach der in die Luft fliegenden Brücke.« (Siehe Großmann, Horst: a.a.O.).

Die zurückgehenden Truppen erreichten in voller Ordnung am 5. März die Abwehrlinie Ssytschewka – Belyj. Diese wurde plangemäß bis zum 7. März gehalten. Die Rote Armee griff hier mit starken Kräften an, ohne auch nur an einer Stelle den Durchbruch zu schaffen.

Die sowjetischen Angriffe wurden auf neuen großen Motorschlitten vorgetragen, die von den Panzerjägern reihenweise abgeschossen wurden. Achtmal griffen sie auf diese Weise an. Nach Ende des Kampfes lagen vor zwei Regimentern im Angriffsstreifen 15 zerschossene Motorschlitten.

Auch die eingesetzten Panzer vermochten diesen Abwehrwall nicht zu durchbrechen. Ein Einbruch des Gegners wurde mit schwachen Kräften abgeriegelt und im Gegenstoß wieder zurückgewonnen. Dabei fiel am 13. März Oberfeldwebel Schnitger, Zugführer in der 6./IR 18, der in der Sommerschlacht der Stoßtruppführer vom Dienst gewesen war. Bereits am 2. Januar 1942 hatte er wegen vielfacher schneidiger Stoßtrupps das Deutsche Kreuz in Gold erhalten.

Das Absetzen am Abend des 13. März führte am folgenden Tag zu zehn (!) weiteren sowjetischen Angriffen, die alle abgewiesen wurden.

Insgesamt 29.000 Mann Pioniere und Bautruppen hatten dem Gegner den Weg mit Minensperren und Drahthindernissen versperrt. Darüber hinaus hatten sie in den vorgesehenen Rückzugslinien Bunker und Kampfstände in den harten Boden gesprengt.

21 Tage lang dauerte dieser Rückzug. Die Truppe marschierte - in der Hauptsache zu Fuß - insgesamt 160 Kilometer zurück.

Noch vor Einsetzen der Schlammperiode standen die Truppen der 9. Armee und der linke Flügel der 4. Armee unter General Heinrici in der ausgebauten Linie Spas Demensk - Dorogobusch-Duchowtschina, der neuen »Büffelstellung«.

Damit war die Front von 530 km auf effektiv 200 km verkürzt worden. Dies führte zur Gewinnung großer Reserven von insgesamt 15 IDen, zwei Divisionen (mot.), drei Panzerdivisionen und einer SS-Kavallerie-Division.

General der Infanterie Großmann setzte mit der lückenlosen Darstellung des Kampfes um Rshew nicht nur der 9. Armee, sondern vor allem auch seiner 6. ID ein bleibendes Denkmal. Aber er erklärte auch:

»Nicht zuletzt gilt unser Dank der Luftwaffe, die sich in allen Schlachten rücksichtslos einsetzte und durch Aufklärung und Bekämpfung der feindlichen Flugzeuge und durch ihr unmittelbares Eingreifen mit Bomben und Bordwaffen in den Kampf die Erdtruppen wirkungsvoll unterstützte.

Unbesiegt hat der deutsche Soldat das Schlachtfeld von Rshew verlassen.« (Siehe Großmann, Horst: a.a.O.).

Rückzug aus Demjansk

Nachdem Marschall Timoschenkos Truppen im Norden des Kessels von Demjansk mit insgesamt 400 Panzern versucht hatten, den Schlauch nach Demjansk abzukneifen und zu vernichten, wobei er mehr als die Hälfte seiner Panzer verlor, begann der zweite Akt des Ringens in Demjansk am 2. Januar 1943: Der Angriff auf den Südabschnitt.

Dieser Angriff wurde von der 1. Stoßarmee geführt. Die Grenadiere der 126., der 58. und der 225. Division standen in ihrem härtesten Abwehrkampf. Der Feind blieb vor den Stellungen dieser drei Divisionen liegen.

Nunmehr verlegte die Führung der Sowjets den Angriff weiter nach Osten. Diesmal gelang ihnen bei der rechts an die 126. ID anschließenden 123. ID ein Einbruch.

Generalmajor Hoppe befahl dem GR 424 seiner 126. ID, den Gegenstoß zu führen.

In der kommenden Nacht griff die 11. Kp. dieses Regiments um 2.45 Uhr an. Bei tiefster Finsternis, im leichten Schneetreiben, führte Oblt. Uhde seine Kompanie. Sie erreichten die von den Rotarmisten okkupierten Gräben. Im Nahkampf wurde der eingedrungene Gegner geworfen. Sie ließen 17 Tote und 53 Gefangene zurück.

Am 13. Januar war es mit der Angriffskraft der Roten zu Ende. Sie hatten ihr Ziel nicht erreicht. Dies sollte aber nicht heißen, daß sie aufgeben würden. Die deutschen Truppen in diesem Kessel hatten lediglich eine Atempause erhalten.

Bereits zu dieser Zeit traf das Generalkommando II. AK unter General Laux im Einverständnis mit der Armee und der Heeresgruppe die Vorbereitungen zur Räumung des Kessels. Lediglich die Oberste Wehrmachtführung wußte noch nichts von dieser Absicht.

Es galt, zwölf deutsche Divisionen und viele Einzeltruppen - darunter auch die während der Kämpfe im Kessel dreimal genannte Sturmgeschützabteilung 184 - über eine einzige Straße zurückzubringen. Der Kessel mußte geräumt werden, denn er hatte bereits unsägliche Opfer an Leben und Material verschlungen.

Allein vom 28. November 1942 bis zum 23. Januar 1943 waren hier 17.767 deutsche Soldaten gefallen, vermißt oder verwundet. Das war für eine »einfache Wachtpostenstellung auf dem Waldai zuviel.« (Siehe Oberst Martin Steglich: Bericht über den Kessel von Demjansk).

Im FHQ versuchte General der Infanterie Zeitzler, Hitler zur Aufgabe dieses Kessels zu bewegen. Aber erst, als Ende Januar 1943 der Verlust der gesamten 6. Armee in Stalingrad grausige Wahrheit wurde, war Hitler auch in diesem Falle dem weiteren Drängen Zeitzlers zugänglich. Diese 100.000 Mann sollten nicht auch noch verlorengehen. Und so konnte der Kriegstagebuchführer, Hellmuth Greiner, am 30. Januar 1943 in das KTB eintragen:

»Der Führer hat gestern Meldung über die Vorräte im Raume Demjansk verlangt, um zum Entschluß über die Räumung des Kessels zu kommen.« (Siehe Greiner, Hellmuth: Die Oberste Wehrmachtführung 1939 - 1945, Wiesbaden, 1951).

Am 1. Februar 1943 erhielt das II. AK über die 16. Armee, der es unterstand, einen Funkspruch aus dem FHQ. Danach sollte der Rückzug aus dem Kessel in 70 Tagen durchgeführt werden.

General Laux hatte für diesen Plan nur ein amüsiertes Lächeln, denn er hatte mit Major von Rosenthal, dem Ia der 225. ID, nicht nur einen Planungsmann erster Güte für die Rückführung eingesetzt, sondern mit diesem auch den Zeitplan ausgearbeitet; dieser sah die Rückführung in 10 (!) Tagen vor.

Als General Laux am 2. Februar in Losnizy bei der Gruppe Hoehne war, sagte er dem General, der wenig später das II. AK führen sollte, daß die bevorstehende Räumung Tatsache sei.

Die Rückzugsstraße verlief für alle Truppen, die ostwärts der Lowat standen, über Losnizy - Bol. Sassowo - Dubki - Tscherentschizy. Die 126. ID erhielt den Befehl, diese Straße - komme was da wolle - offenzuhalten. Zuerst sollten die Pferde zurückgeschafft werden. Es waren ihrer über 20.000 (!).

Bis Mitte Februar gelang es, 8000 Tonnen Gerät, 5000 bespannte und 1.500 mot.-Fahrzeuge zurückzubringen.

Daß diese Bewegungen den Sowjets nicht verborgen blieben, weil Partisanen und Agenten im Kessel darüber berichteten und den verstärkten Einsatz sowjetischer Ski-Spähtrupps veranlaßten, wurde bald deutlich.

Im STAWKA - dem HQ der roten Streitkräfte in Moskau -wurden neue Angriffsvorbereitungen gegen diese zwölf deutschen Divisionen getroffen, um so die Hauptstreitmacht der 16. Armee zu vernichten. Ein drittes Mal erhielt Marschall Timoschenko Befehl, seine beiden vorher erlittenen Schlappen auszuwetzen und die 100.000 Deutschen im Kessel endgültig zu liquidieren.

Der Sowjetmarschall, »Fuchs vom Don« genannt, setzte den Angriff an der engsten Stelle des »Flaschenhalses« an. Am frühen Morgen des 15. Februar 1943 begann ein mörderisches Trommelfeuer auf diese deutsche Frontstelle. Drei Stunden schossen die Geschütze der Roten Armee auf diesen schmalen Flecken Erde.

Um 7.02 Uhr tauchten die ersten Rotarmisten vor den deutschen Stellungen auf. Es waren insgesamt sechs Schützendivisionen und drei Panzerregimenter, die angriffen. Ihr Stoß richtete sich gegen die Stellungen der 290., 58. und 254. ID im Nordteil. Es waren Eliteverbände der sowjet. 11. Armee.

Im Süden des doppelten Angriffs war es wieder einmal mehr die 1. Stoßarmee mit sechs Schützendivisionen und drei Schützenbrigaden, die allein auf die 126. ID zustürmten. An der Spitze dieser sechsfachen Übermacht im Süden rollten 50 schwere Panzer als Stoßkeil voraus.

Drei weitere Sowjetarmeen standen als Reserven zum Einsatz an den erhofften Einbruchstellen bereit.

Um dieser Bedrohung zuvorzukommen, mußte die Front des Brückenkopfes verkürzt werden. General Laux sprach über eine neue Fernsprechleitung (deren Anlage der 1. Kp. des Luftnachrichten-Regiments 1 binnen weniger Wochen 52 Tote und 107 Verwundete gekostet hatte) direkt mit GFM Busch und bat die Räumung unverzüglich zu befehlen.

Der Generalfeldmarschall gab noch am 17. Februar das Stichwort »Zieten« aus. Damit wurde die dramatischste und wohl auch kühnste Rückzugsbewegung der Kriegsgeschichte in Gang gesetzt. Die 30. und 12. ID blieben noch 24 Stunden in den geräumten Stellungen im Osten und Südosten stehen. Alle übrigen Verbände flossen in langen Kolonnen zurück.

Plötzlich waren die Rotarmisten da! Sie kamen aus Wäldern und Dickichten und wurden im Nahkampf an der Straße niedergemacht.

Während die 126. ID in diesem Abwehrkampf stand, schoß ein Flakkampftrupp (von der 1./FlakAbt. 291) unter Wachtmeister Grabbert von 13 in seinem Bereich angreifenden Sowjetpanzern neun ab.

General Hoppe fuhr nach vorn, um beim bedrohten GR 424 zu sein. Oblt. Pfaffendorf fuhr mit seiner Sturmgeschütz-Batterie aus Kukuj vor und schoß im Gefecht zwölf Feindpanzer ab. Damit war der feindliche Angriff aufgehalten, und die Kolonnen, die nicht haltgemacht hatten, konnten weiter in die dritte Auffangstellung zurückrollen.

Bei Godilowo setzten die Sowjets nun eine Reservedivision ein; es war die SD 166. Auch sie rollte gegen die Abwehrfront der 126. ID vor. Ihr Ziel war es: »Durchbruch mit allen Mitteln nach Norden!«

Als die 126. ID in ihrem Abschnitt am 18. Februar die Führung an GenMaj. Volckamer von Kirchensittenbach, 8. Jägerdivision, abgab, war die Schlacht bereits gewonnen.

Im tobenden Schneesturm bauten die Soldaten ihre alten Stellungen ab, verminten Bunker und Gräben und sprengten den überflüssigen Ballast, ehe auch sie sich zurückzogen.

Demjansk ging in Flammen auf. Dieses Feuer war durch Unachtsamkeit entstanden, und der Oststurm trieb den Funkenregen durch die Stadt, die bald ein einziges Flammenmeer war. Das Lazarett, in dem immer noch etwa 50 Sowjetsoldaten lagen, wurde von einer Pionierkompanie evakuiert, die sieben Tote für diese Rettungstat an Verwundeten des Gegners einbüßten.

Unter der Führung eines russischen Arztes mit dem sowjetischen Pflegepersonal blieb das Lazarett beim Abzug zurück.

Fünf sowj. Armeen hatten versucht, diese 100.000 deutschen Soldaten zu vernichten oder gefangenzunehmen. Aber am 27. Februar 1943 nach genau zehn Tagen war die letzte deutsche Kompanie aus dem Kessel von Demjansk entkommen. Lediglich die Gräber der Gefallenen blieben zurück. Es waren viele Tausende in der »Grafschaft« Demjansk, jenen 3.000 Quadratkilometern blutgetränkten Bodens auf den Höhen des Waldaigebirges. Genau waren es nach der Gräberliste 10.119 Kameraden. Und viele Tote lagen immer noch unbestattet unter dem Schnee.

Diese Räumung und das Unternehmen »Büffel« ließen noch einmal die Standhaftigkeit der deutschen Truppen aufblitzen.

Daß es neben diesen Rückzügen auch noch einen weiteren Rückzug mit anschließender Rückeroberung eines aufgegebenen Gebietes gab, sei im folgenden Kapitel dargestellt.

Kampfraum Charkow: Rückzug und Rückeroberung

Nach der Niederlage der 6. Armee und deren Untergang in Stalingrad herrschte im Kreml euphorische Siegesstimmung. Die Auflösung der Verbände der Rumänen, Italiener und Ungarn hatte zwischen Woroschilowgrad und Charkow eine fast 300 km breite Lücke in der deutschen Front aufklaffen lassen. Seit Ende Januar hatte Marschall Stalin weitere Truppen in diesen Raum geworfen, um die Gunst der Stunde zu nutzen. Er trug sich mit der Absicht, die gesamte Heeresgruppe Süd mit einem großangelegten Offensivschlag zu vernichten. Es galt, den Donez mit starken Kräften zu überschreiten und in einem raschen Vorstoß - starke Panzerkräfte voraus - den Dnjepr zu erreichen und von Norden aus Höhe Kiew auf das Schwarze Meer einzuschwenken und im Verein mit jenen Truppen, die über Krementschug und Dnjepropetrowsk, Melitopol und Mariupol eindrehten, die in diesem Raum stehenden deutschen Truppen einzukesseln. Ein kleinerer Kessel sollte den Raum um Stalino zwischen Mariupol und Taganrog schließen.

Die Sowjetarmee stieß in einem unglaublichen Tempo vor. Generalfeldmarschall von Manstein erkannte diese drohende Gefahr nicht nur, sondern er unternahm auch alle Schritte, um ihr zu begegnen. In seinem HQ in Stalino arbeitete er jenen Plan aus, der die HGr. Süd retten konnte. Dann flog er am 6. Februar 1943 ins FHQ. Vier Stunden dauerte die Lagemeldung von Mansteins bei Hitler, dann stimmte dieser - durch die Wucht der Argumente überzeugt - dem von Manstein geplanten operativen Rückzug zu.

Die Armeeabteilung Hollidt erhielt Befehl, hinhaltend zu kämpfen und Schritt für Schritt auf den Donez zurückzugehen und erst am Mius halt zu machen.

Der 1. Panzerarmee unter General der Kavallerie von Mackensen befahl von Manstein, den bedrohten Nordflügel der HGr. Süd am mittleren Donez zu verstärken und den Feind aufzuhalten.

Generaloberst Hoth mußte mit seiner 4. PzArmee durch Schneestürme und über Schlammwege den unteren Don nach Norden gewinnen. Die Panzerarmee sollte rechtzeitig den Raum zwischen dem Donez und dem Dnjeprknie erreichen und sich dort an den Westflügel der HGr. Don anlehnen.

Diesen Bewegungen lag von Mansteins Plan des Schlagens aus der Nachhand zugrunde, einer operativen Meisterleistung, die nur einem großen Feldherrn gelingen konnte. Und von Manstein war einer der Größten.

Die HGr. Don wurde am 14. Februar 1943 in HGr. Süd umbenannt. Alle Teile dieser neu benannten, aber bereits seit langem bestehenden Heeresgruppe standen im erbitterten Einsatz gegen einen an Masse und Waffen weit überlegenen Feind. Es war vor allem auch die Armeeabteilung Lanz (wenig später in Armeeabteilung Kempf umbenannt), die mit dem Korps Cramer, dem Alpinikorps der italienischen 8. Armee, der italienischen 8. Armee und der ungarischen 2. Armee den Feind zu halten versuchte. Sie stand ostwärts und südostwärts von Charkow in einem gnadenlosen Überlebenskampf. Charkow sollte unter allen Umständen gehalten werden. Falls es der Roten Armee gelang, die Linien der Armeeabteilung Lanz zu durchbrechen und den Dnjeprübergang von Krementschug zu erreichen und dort über den Fluß zu gehen, nicht weniger als dies hatte Marschall Stalin seinen Truppenführern befohlen, dann konnte die ganze Krim abgeriegelt werden. Sie würde dann für die gesamte 17. Armee zu einer einzigen großen Falle werden.

Als letzte Konsequenz wäre es der Sowjetarmee dann möglich, den gesamten Südflügel der Ostfront zu vernichten. Damit wäre dann auch die HGr. Mitte allein; ohne einen Nachbarn im Süden völlig isoliert, mußte sie möglicherweise einstürzen.

Wie hatte Marschall Stalin noch formuliert, als er in der STAWKA die ersten Erfolge zu analysieren versuchte:

»Die Armeen der Heeresgruppe Süd sind bereits zerschlagen. Sie können jetzt nur noch den Versuch unternehmen, sich hinter den Dnjepr zurückzuziehen.« (Siehe Zhilin: Die Geschichte des Großen Vaterländischen Krieges der Sowjetunion).

Daß es deutschen Truppen möglich sein könne, noch vor dem Dnjepr eine Widerstandslinie zu bilden, oder am Mius eine neue Front zu errichten und die Sowjets aufzuhalten, hielten Stalin und seine Berater für völlig abwegig. Diese Haltung Stalins ging auf eine Meldung zurück, die ihm vom Stabschef der »Südwestfront«, GenLt. Jwanow, über die STAWKA zugegangen war. Darin hieß es:

»Unsere Aufklärungsergebnisse haben ohne Ausnahme gezeigt, daß der Feind das Donezgebiet räumt und seine Truppen hinter den Dnjepr zurücknimmt.«

Dieser Meldung war handschriftlich hinzugesetzt: »Dieser Auffassung wird vorbehaltlos zugestimmt!«

Stalin erteilte den drei Heeresgruppen, die in diesem Großbereich standen, folgenden Befehl: »Die Woronesch-, Südwest- und Südfront stößt ohne Rücksicht auf den eigenen Nachschub und auf feindliche Nachhuten durch den weichenden Feind und erreicht noch vor Einsetzen der Schlammperiode des Frühjahrs den Dnjepr, um der deutschen Heeresgruppe Süd den Rückzugsweg abzuschneiden.«

Bereits am 11. Februar hatte Hitler General Lanz befohlen, Charkow unter allen Umständen zu halten. Die Stadt war bereits von zwei sowjetischen Großverbänden teilweise umgangen und stand vor ihrer Einschließung.

Die Verteidigung der Stadt sollte General der Waffen-SS Hausser mit seinem in Frankreich neu aufgestellten II. SS-Panzerkorps übernehmen. Dieser Befehl wurde am 13. Februar noch einmal von Hitler wiederholt. General Lanz mußte diesen Befehl an General Hausser weiterleiten und dieser handelte.

Charkow: Aufgegeben und zurückgewonnen

Als Hitler dem OKH befahl, das in Frankreich aufgestellte II. SS-Panzerkorps nach Osten in Marsch zu setzen, wurden auch erste Teile der 1. SS-PD »Leibstandarte Adolf Hitler« Ende Januar 1943 verladen. Ihr folgte dichtauf die 2. SS-PD »Das Reich«. Der »geschlossene Gegenangriff des Korps« jedoch, der von Hitler befohlen worden war, wurde durch den sowjetischen Vorstoß zunichte gemacht. Beide Divisionen mußten, wie sie auf dem Kriegsschauplatz eintrafen, zur Abwehr der feindlichen Panzerlawine eingesetzt werden.

General Lanz übernahm am 28. Januar offiziell die Führung über das II. SS-PzKorps; SS-Obergruppenführer Hausser war damit General Lanz unterstellt.

Als der Gegner in dieser Lage am 1. Februar seine 3. PzArmee bei Waluiki einschob und mit deren frischen Verbänden den Angriff auf breiter Front fortsetzte, wurden die ebenfalls zur Armeegruppe A (Armeegruppe Lanz) gehörenden Infanteriedivisionen 298 und 320 abgeschnitten.

Am nächsten Tage wurden die soeben in Charkow eintreffenden Panzer der II./SS-PR 1 alarmiert. Das Korps, soweit es in Charkow eingetroffen war, stand kurz vor seiner Einschließung, und Obergruppenführer Hausser erhielt den Führerbefehl: »Kampf bis zur letzten Patrone!«

Er entschloß sich entgegen dieser Weisung dazu, mit drei Kampfgruppen zunächst nach Süden anzutreten und somit die Einschließung Charkows zu verhindern.

Die Kampfgruppe Meyer (Obersturmbannführer Meyer) erhielt Alexejewka zum Ziel. Um dieses Ziel zu erreichen, mußte sie sich 70 Kilometer durch feindverseuchtes Gebiet durchkämpfen. Geben wir an dieser Stelle Kurt Meyer, allgemein als »Panzermeyer« bekannt, das Wort:

»Neben mir steht der Spitzenführer der Kampfgruppe, Obersturmführer Schulz, der bereits den Sturm auf Rostow im Vorjahr miterlebte. Untersturmführer von Ribbentrop ist der Kommandant des ersten Panzers.

Schulz hat den Befehl, unter dem Schutz der Panzer des Zuges Ribbentrop das Dorf, das vor uns lag, zu durchrollen und die Abteilung in dem jenseits der Ansiedlung gelegenen Wäldchen zu erwarten.«

Als erste Attacke erlebte die 7./SS-PR 1 einen Angriff gegen die feindliche Panzerspitze. Im Sumpf fuhren sich die deutschen Panzer fest. Nun rollte die 6. /PR 1 vor, um das Lösen der »Siebten« zu decken. Dabei vernichtete die »Sechste« einige Feindpak, leichte Panzer und Schlitten durch Punktfeuer.

Über die Sprechverbindung vernahm Rudolf von Ribbentrop, der junge Zugführer, die Stimme von Untersturmführer Alt. Er meldete wie auf dem Exerzierplatz:

»Untersturmführer Alt bei einem Treffer auf den Wagen schwer verwundet, Chefwagen durch Treffer ausgefallen.«

Sekunden später erhielt von Ribbentrops Wagen ebenfalls einen Paktreffer, der jedoch nur leicht war, weil er als Abpraller außer Lärm und dem Ausfall der Antenne – was den Funkverkehr zum Verstummen brachte – keine weiteren Schäden anrichtete.

Es gelang dennoch, diesen Gegner zu werfen, und zum Abend zogen die Panzer der II./SS-PR 1 in Merefa unter.

Am nächsten Morgen wurde die 6. Kp. unter Führung von Obersturmführer Astegger der Auflärungsabteilung Meyers unterstellt. Sie sollte einen Angriff fahren, um dem Korps Luft zu schaffen. Dazu Rudolf v. Ribbentrop:

»Ich stand an der Spitze meines Zuges unmittelbar vor dem Haus, als General Hausser ins Freie trat. Ich grüßte und »Papa« Hausser rief zu mir hinauf:

›Viel Glück‹.

Wir ahnten noch nicht, daß in dem Haus vor uns der General seine Entscheidung getroffen hatte, sein Korps zu retten und es nicht in Charkow verheizen zu lassen.«

Für die KGr. Meyer galt es, den bereits geschlossenen Ring um Charkow bei Nowaja Wololaga zu durchbrechen und die dort stehenden Truppen des sowjetischen VI. Gardekavalleriekorps zu durchstoßen, sich in den Besitz des Ortes Ost-Alexejewka zu setzen, dort die von Norden auf dasselbe Ziel angesetzte Kampfgruppe unter Standartenführer Witt mit dem SS-PGR 1 aufzunehmen und sich mit ihr zu vereinigen. Als die vorn rollenden Panzer mit den ersten Feindpanzern ins Gefecht traten, fiel der Zugführer, Untersturmführer Eckardt und noch im Vorrollen wurde Untersturmführer von Ribbentrop befohlen, die Spitze mit seinem Zug zu übernehmen.

In schneller Fahrt rollten die Panzer an Kolonnen von Rotarmisten vorbei, die nach allen Seiten auseinanderliefen. Einige leichte Panzer wurden von den Pz.IV Ribbentrops zerschossen, drei Feindpak zum Schweigen gebracht.

Dieser überraschende Stoß tief in den Gegner hinein brachte die KGr. Meyer etwa 50 Kilometer nach vorn und damit hinter die Angriffsspitzen des Gegners.

In seinem schweren Horch-Kübelwagen fuhr Standartenführer Meyer dicht hinter von Ribbentrops Panzer IV. Es ging mit Höchstgeschwindigkeit vorwärts, über die verschneite Ebene südlich von Charkow. Die Offensive der Roten war mit ihren beiden Schwerpunkten weiter nördlich und südlich angesetzt, sodaß die KGr. Meyer in eine Lücke hineinstieß. Es war genau die Stelle, an der das Korps sich der Umfassung durch den Feind entziehen konnte.

Das Dorf Jefremowka wurde in der Abenddämmerung erreicht, es lag kurz vor Alexejewka, dem Tagesziel.

»Hier hielt Kurt Meyer den Vorstoß an und gab mir den Befehl, mit meinem Zug auf der Feindseite einer breiten Ortschaft zu sichern.

Ich fuhr mit meinen vier Wagen die Dorfstraße entlang bis zum Ortsausgang und hatte keine Feindberührung.

Als ich gerade die Kommandanten zur Postenlinie eingewiesen hatte, bemerkte ich voraus auf der Straße einen dunklen Punkt, der sich rasch vergrößerte. Es war ein Schlitten, der in rascher Fahrt aus Alexejewka herankam.

Es konnte sich nach meiner Meinung nur um einen Bauern handeln. Also schlenderte ich langsam diesem Schlitten entgegen. Als dieser herangekommen war, griff ich dem Kutscher in die Zügel und stellte gleichzeitig fest, daß er mit etwa zehn bis an die Zähne bewaffneten Russen besetzt war. Ich trug nicht einmal meine Pistole. Instinktiv schlug ich mit bloßen Fäusten auf den Russen ein und teilte auch gegen jene weiter aus, die versuchten, den Schlitten zu verlassen.

Als unsere Panzer das Feuer eröffneten, hechtete ich in einen halb mit Schnee gefüllten Graben. Einer der Russen blieb stehen und gab aus seiner MPi zwei Schüsse auf mich ab. Dann rannte er den anderen fliehenden Russen hinterher. Ich aber blieb verwundet zurück.« (Siehe Ribbentrop, Rudolf von: Aufzeichnungen eines Soldaten).

Von Ribbentrop hatte einen Einschuß im rechten Schulterblatt und einen zweiten in der linken Schulter erhalten, zum Glück wurde die Lunge nicht verletzt.

Beim Angriff dieses 11. Februar 1943 war Obersturmführer Schulz durch Brustschuß gefallen. Die KGr. Meyer setzte sich trotz Widerstandes am nächsten Tage durch den tobenden Schneesturm bis Oktjabrskij durch, das nur etwa 5 km westlich Alexejewka lag.

Als der Feind am späten Abend des 14. Februar in Charkow eindrang, gab Obergruppenführer Hausser am Mittag des 15. Februar den Befehl, die Stadt zu räumen. Die SS-PD »Das Reich« sollte sich auf den Udy-Abschnitt zurückziehen, und die »Leibstandarte« schloß sich an.

Als um 16.30 Uhr dieses Tages ein weiterer Befehl der Armeegruppe einging, »unter allen Umständen zu halten«, lautete Haussers Antwort:

»Es bleibt bei der Räumung!«

General Hausser wollte sein Panzerkorps nicht der Gefangenschaft anheimfallen lassen, sondern gab den Befehl zu seiner Rettung, um es dann später für die Fortsetzung des Angriffs nach Süden zur Vereinigung mit der HGr. Süd noch zur Verfügung zu halten.

Kampfgruppe Meyer und der Ausbruch

Der Versuch der inzwischen in Alexandrowka eingedrungenen KGr. Meyer, die Verbindung zu der von Norden her angreifenden KGr. Witt herzustellen, mißlang.

Solcherart getrennt, mußten sie sich von allen Seiten den neuen Angriffen der Sowjets auf Alexandrowka erwehren. Der Gegner versuchte in die Stadt einzudringen. Drei Tage gelang es Kurt Meyer, den Feind aufzuhalten, dann befahl er den Ausbruch, der zu Fuß erfolgen mußte, weil kein Treibstoff mehr zur Verfügung stand. Die zurückzulegende Entfernung zu den eigenen Truppen betrug etwa 30 bis 40 Kilometer.

Am Morgen des 5. Einschließungstages sprach Kurt Meyer über Funk mit der KGr. Wünsche. Sturmbannführer Wünsche war sofort bereit, einen Durchbruch von außen durch die Umklammerungsfront der Rotarmisten zu unternehmen, um die Kameraden zu entsetzen.

»Max, mach schnell!« beschwor Meyer den Freund und Kameraden.

Alle warteten auf Wünsche und seine Panzer. Am frühen Nachmittag tauchten die ersten Panzer Wünsches auf. Flammen und Rauch, explodierende sowjetische Panzer und brennende, zur Seite rollende Fahrzeuge markierten Wünsches Weg zu den Eingeschlossenen. Die Ausbruchsschneise war freigeschossen, und über die Rollbahn verließen in der folgenden Nacht die Männer der KGr. Meyer die Stadt. Alle Verwundeten wurden mitgenommen, nur die Toten blieben in Alexandrowka zurück.

Im Verlaufe der Nacht wurden die eigenen Linien erreicht und dort mit der KGr. Witt der Versuch der anrennenden Russen abgewehrt, die Front zu durchbrechen.

Ostwärts von Nowajawodolaga griff Ribbentrop mit drei Wagen den Gegner an, der gerade versuchte, eine Kameradengruppe, die eine Höhe besetzt hielt, zu überwältigen. Mit Sprenggranaten hämmerten die drei Panzer in die dichten Ansammlungen des Gegners hinein und zerschlugen diesen Angriff. Die MG's fielen in das Feuer ein, die Lage war gerettet.

Diese Art der Kleinkämpfe hielten an. Der Gegner griff nicht massiert genug an, um einen Einbruch, geschweige denn Durchbruch erzielen zu können. Erst zwei Tage später traf ein stärkerer Durchbruchsverband auf die 7./SS-PR 1, die sich mit ihren wenigen Panzern diesem sowjetischen Sturmlauf entgegenwarf.

Trotz erbitterten Einsatzes stürmten die Rotarmisten in Regimentsstärke durch. Untersturmführer Alt fiel. Der Hilferuf der 7. Kp. rief die in ihrer ständigen Bereitstellung stehenden Panzer der 6. Kp. auf den Plan. Sie rollte dem Gegner entgegen, der inzwischen eine Balka erreicht hatte und sich darin sicher wähnte.

Mit Höchstfahrt rollten die Panzer Ribbentrops durch diese Schlucht und auf beiden Rändern entlang. Es gelang ihnen, diesen Gegner zu stellen und niederzukämpfen. Jene Rotarmisten, die sich nach Nowajawodolaga hinein zurückzogen, wurden dort von Küchenpersonal und Troßfahrern vernichtet.

Da die Sowjets die Ortschaft unter starkes Feuer nahmen, wurde Absetzen befohlen, nachdem dieser Artillerieschlag die ersten Häuser in Brand gesetzt hatte.

In der eisigen Kälte ging es zurück. Auf einem vereisten Nebenweg mußte die II./SS-PR 1 durch dichten Nebel hindurch in einen Auffrischungsraum, um sich für den bevorstehenden Einsatz zur Rückgewinnung von Charkow - wie es Obergruppenführer Hausser versprochen hatte - wieder voll einsatzbereit zu machen und die ausgefallenen Panzer zu ersetzen.

Das Generalkommando des II. SS-PzKorps erließ am 17. Februar einen Tagesbefehl mit folgendem Wortlaut:

»Seit dem 30. Januar 1943 hat das SS-Korps in welchselnden Angriffs- und Abwehrkämpfen den Ansturm von drei russischen Armeen aufgehalten und ihnen schwere Verluste zugefügt. Ein Kavalleriekorps wurde bis auf geringe Reste zerschlagen.

Zum ersten Male konnten die Divisionen meines Korps, ›Leibstandarte Adolf Hitler‹ und ›Das Reich‹, zu welchen noch die Panzergrenadierdivision ›Totenkopf‹ kam, Schulter an Schulter fechten. Alle Truppenteile haben in diesen Wochen ihr Bestes gegeben und trotz der Vermischung der Verbände, welche die Führung sehr erschwerte, einen entscheidenden Abwehrerfolg errungen.

Teile der 298. ID und der 213. ID haben, in unseren Reihen kämpfend, Anteil am Erfolg gehabt.

Die 320. ID, dem Korps neu unterstellt, hat durch ihr tapferes Durchschlagen unter harten Entbehrungen während 10 Kampftagen die Südflanke des Korps entscheidend entlastet.

Ich spreche Führung und Truppe aller unterstellten Verbände meine volle Anerkennung für Leistung und Haltung in diesen schweren Wochen aus. - gez. Hausser, Obergruppenführer.«

Die Rückeroberung von Charkow

Nachdem Josef Stalin den Rückzug des II. SS-Panzerkorps als Zeichen für ein Zerbrechen der deutschen Front gewertet hatte, ließ er alle Angriffskräfte in diesem Raum voll auf Durchbruch setzen. Er befahl seiner 6. Armee, am rechten Flügel seiner Offensivplanung bei Dnjepropetrowsk und Saporozje den Dnjepr zu überschreiten und den wankenden Verbänden der Deutschen den Rest zu geben, sie einzukesseln und zu vernichten.

Um die Durchschlagskraft der 6. Armee zu stärken, wurde ihr ein Panzerverband von 150 Kampfwagen direkt unterstellt. Diese sollten als stählerner Stoßkeil an der Spitze fahren.

General Haussers Absicht, sein Korps freizubekommen und mit ihm nach Süden anzutreten, um die Verbindung mit der HGr. Süd wieder herzustellen, war durch das Lösen aus Charkow gelungen.

Inzwischen hatte die Panzerarmee Popow bei Slawjansk, am Nordrand des Donezbeckens, mit massierten Panzerverbänden die HGr. Don überflügelt und stieß in Richtung Pawlograd vor, um dort den Dnjepr zu erreichen. Vor dem Dnjepr gab es an diesem Frontabschnitt keine Truppen. Schnell zusammengeraffte Verbände aller möglichen Truppen wurden unter GenLt. Steinbauer zusammengefaßt. Sie setzten sich im Westteil von Nowomoskowsk nördlich von Dnjepropetrowsk fest. Ostwärts davon konnte die 15. ID, in letzter Minute herangeführt, den Vorstoßweg der Roten sperren.

Die sowj. 6. Armee, deren Hauptverbände vor der »Leibstandarte« standen, versuchte mit ihrem schnellen Südflügel deren Umfassung zu erreichen und warf mehrere schnelle Divisionen in den »Skat«, die schließlich auch die Straße Nowomoskowsk - Krasnograd überschritten. Wenn das weitere Vorgehen dieser 6. Armee nicht aufgehalten wurde, bestand für die HGr. Don Lebensgefahr.

Obergruppenführer Hausser befahl der »Leibstandarte«, ihren linken Flügel etwa bis auf das Korps Raus zurückzunehmen und in dem erreichten Raum mit dem XI. AK den Feindangriff abzuwehren.

Die Division »Das Reich« erhielt Befehl zum Angriff und trat am 19. Februar von Krasnograd aus nach Süden an, um die beiderseits des Orelflusses und der Ssamara stehenden sowjetischen Kräfte zu vernichten.

Dieser Angriff wurde örtlich durch den Südflügel der »Leibstandarte« aus dem Raum nordostwärts von Krasnograd unterstützt.

Stalingrad – noch ahnt niemand in Deutschland, dass diese Stadt zum Wendepunkt im 2. Weltkrieg werden wird.

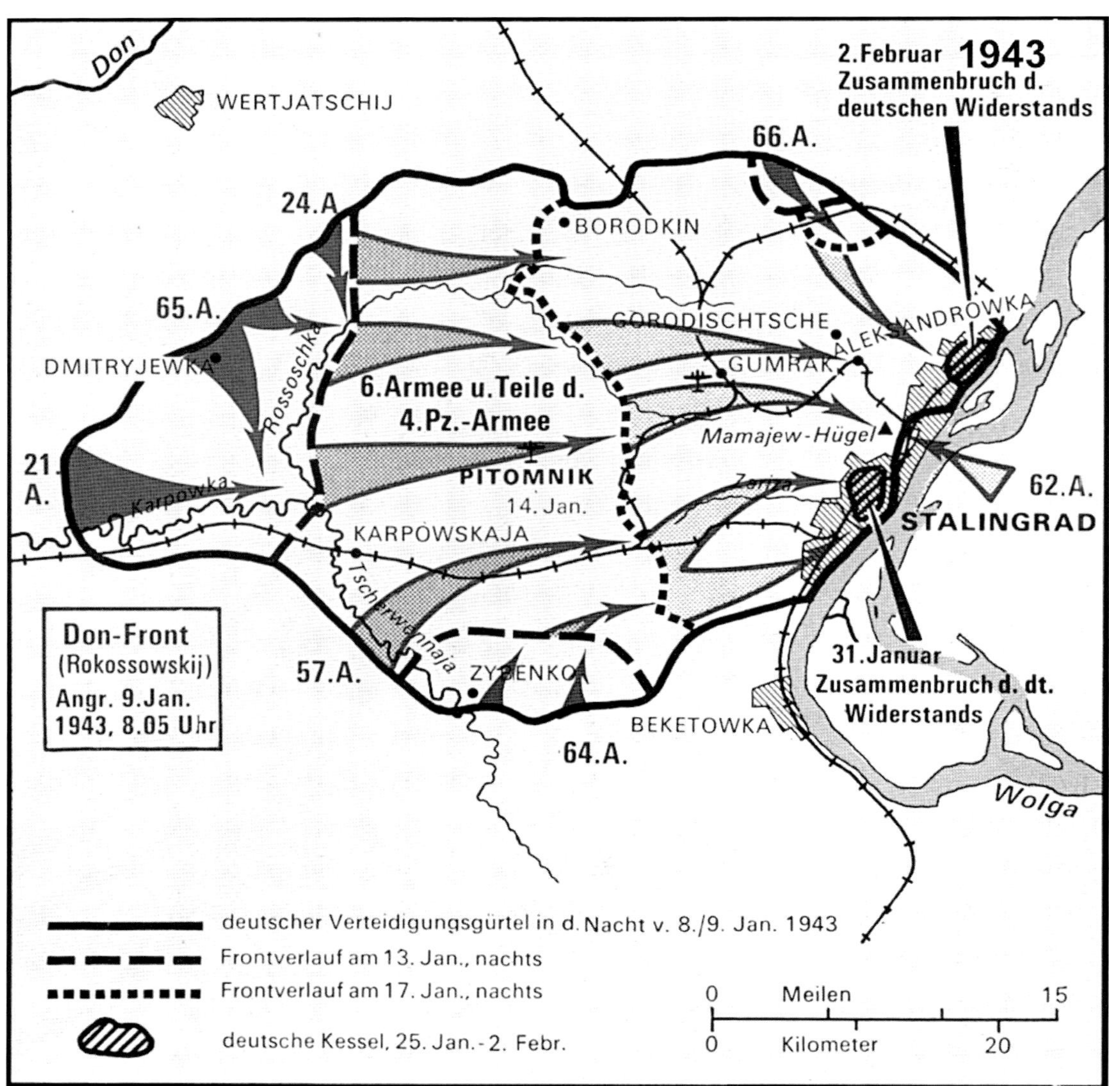

Nachdem im November 1942 die sowjetischen Panzerkeile beide Flanken der 6. Armee, die durch die Verbündeten Rumänen, Italiener, Ungarn und ein paar wenige deutsche Verbände gehalten wurden, hinweggefegt hatten, war die 6. Armee in der Stadt, die sie erobern sollte, eingeschlossen. Unzureichend aus der Luft versorgt, mussten sich die eingeschlossenen Verbände immer mehr auf das Stadtgebiet zurückziehen, wo ihre Reste ab Ende Januar 1943 kapitulierten.

Generalfeldmarschall Friedrich Paulus befolgte Hitlers unbedingten Haltebefehl für die 6.Armee.

Nach der Kapitulation Stalingrads spielte von Seydlitz eine umstrittene Rolle in dem von russischer Seite kontrollierten „Bund Deutscher Offiziere" gegen Hitler.

Frierende Landser in einem Grabenstück warten auf das Artilleriefeuer, das dem bevorstehenden Angriff vorausgehen wird.

Tatsächlich gelang es deutschen Pionier- und Infanteriestoßtrupps unter großen Verlusten, Hauptteile des riesigen Stadtgebietes von Stalingrad bis Ende 1942 in Besitz zu nehmen.

Nach der Einkesselung von Stalingrad wendete sich das Blatt und die Sowjet-Russen gingen an allen Seiten der Einschließungsfront zum Angriff über.

Görings Zusage, Stalingrad mit seiner Luftwaffe aus der Luft zu versorgen, konnte trotz der aufopfernden Einsätze aller Transportverbände der Luftwaffe nicht eingehalten werden.

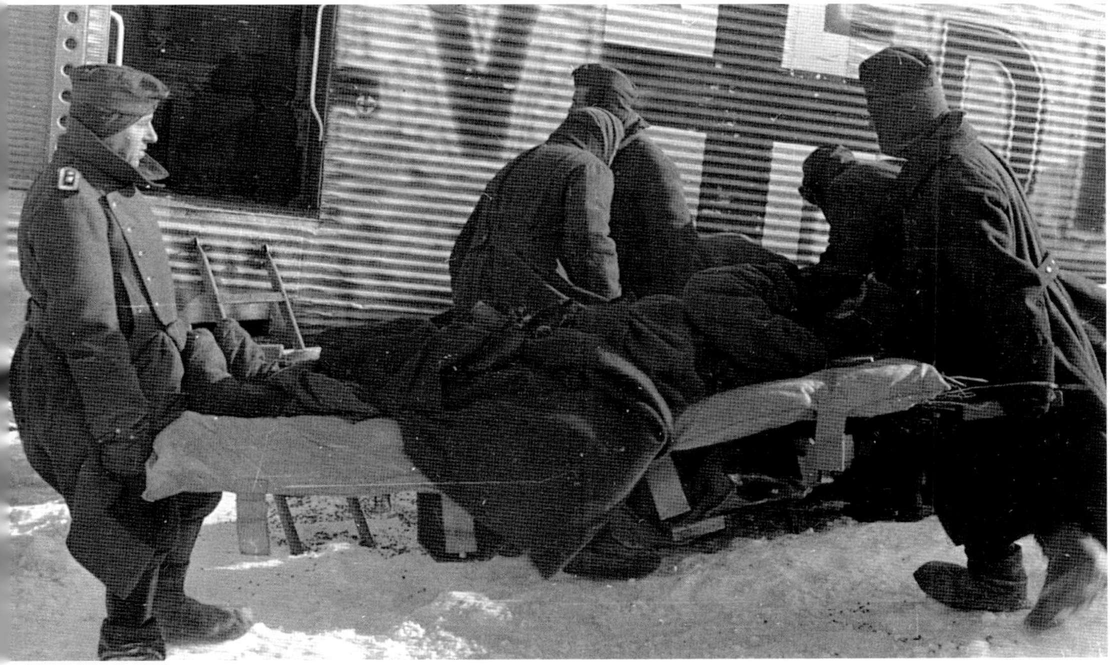

In der eisigen Kälte von Stalingrad 1942/43 verwundet zu werden, einen Platz in einer Ju 52 zu finden und herausgeflogen zu werden, war ein Glücksfall. 40.000 Verwundete konnten mit den Transportmaschinen aus dem Kessel von Stalingrad ausgeflogen werden.

Die Panzergruppe Hoth versuchte im Dezember 1942 einen Entsatz-Vorstoß bis nach Stalingrad voranzutreiben. Der Haltebefehl von Hitler verhinderte jedoch den Ausbruchsversuch der 6. Armee.

Generaloberst Hoth (hier bei einer Sommeroperation) musste seine, an den Flanken, gefährdeten Panzer wieder in die Ausgangsstellung zurücknehmen. Ein Ausbruch der 6. Armee war nun unmöglich geworden.

Vährenddessen kämpften sich die Sowjets durch die völlig erwüsteten Fabrikanlagen von Stalingrad immer weiter vor nd schlossen den Kessel um die 6. Armee immer enger.

Ausgehungert und in Lumpen gehüllt, gingen die deutschen Landser in die russische Gefangenschaft.

Feldmarschall Paulus verlässt mit seinem Stab die letzte Befehlsstelle.

Welcher dieser Soldaten kehrte nach Hause zurück? Nur ca. 5.000 von 90.000 überlebten die Gefangenschaft!

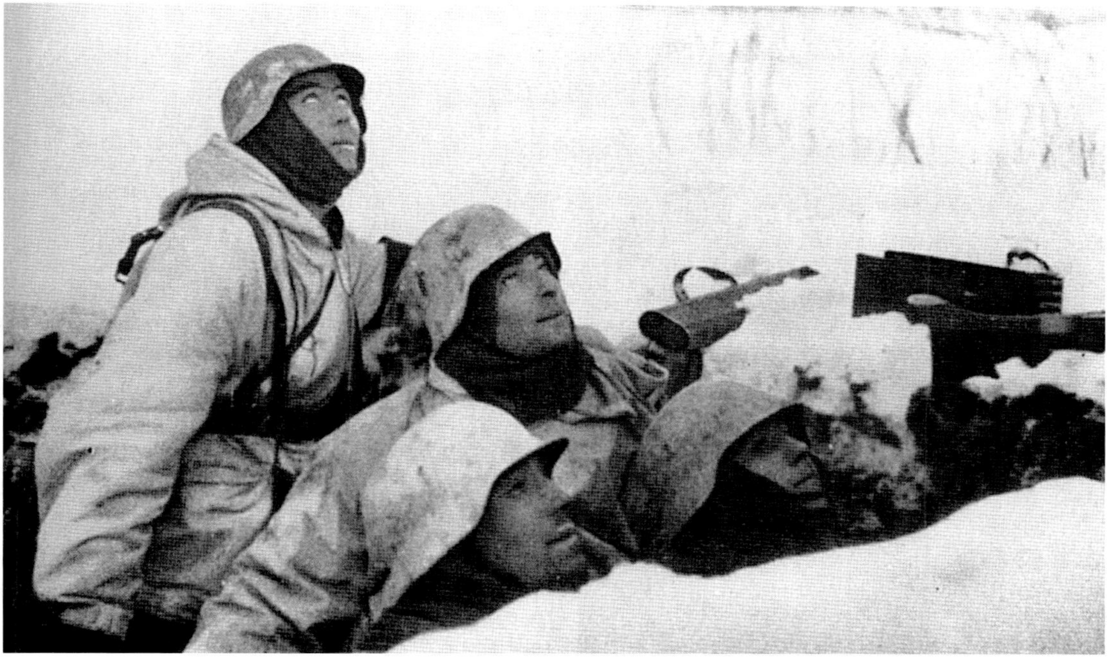

Auch an der Nordfront gab es heftige Kämpfe um den Entsatz von Leningrad. Hier beobachten Landser Flugzeuge am Himmel über der Front am Ladogasee.

Ein belebter deutscher Flugplatz im russischen Winter. Ju 87-Stukas und Me 109-Begleitjäger warten auf den nächsten Einsatz.

Russische Angriffstruppen im Sturmlauf auf deutsche Stellungen.

Ein Stoßtrupp arbeitet sich im Schutze von künstlichem Nebel zu den eigenen Linien zurück.

Erschöpfte Soldaten haben sich in ein Schneeloch zum Schlafen hingelegt irgendwo an der endlosen russischen Front.

Im Schein der Leuchtkugeln arbeitet sich dieser Spähtrupp zu den gegnerischen Linien durch.

Um den Frontbogen bei Rshew im Mittelabschnitt der Ostfront wurde hart gekämpft. Eine Ju 88 überfliegt die Großstadt Rshew.

Kampf um den Stützpunkt Posselok.

Ein Sturmgeschütz III in der Ausfertigung F in Wintertarnung. Die Sturmgeschütze waren eine wichtige Hilfe für die deutsche Infanterie.

Ein erbeuteter russischer T 34 wird begutachtet. Als Beutepanzer wurde er dann in deutschen Diensten gegen seine früheren Besitzer eingesetzt.

Ein Stoßtruppführer im Wintertarnanzug geht, mit seiner Maschinenpistole im Anschlag, nach vorn.

Treffer! Diese Pak-Bedienung hat mit ihrer 5 cm-Kanone noch einmal Glück gehabt.

Eine MG-Bedienung wird in die neue Stellung eingewiesen. Im Winter 1942/43 waren schon mehr deutsche Soldaten mit Winterausrüstung ausgerüstet als im ersten russischen Winter 1941/42.

Entlang eines Blockhauses geht es in die vorgeschobene Stellung. Die Armbinden mussten zur Freund-Feind-Erkennung oft gewechselt werden. Im weißen Wintertarnanzug waren deutsche und russische Truppen nicht voneinander zu unterscheiden.

Auch im Winter 1942/43 waren die Sowjets offensiv sehr aktiv.
Ein T 34 mit aufgesessener Infanterie geht gegen ein von Deutschen besetztes Dorf vor.

Der Feind wurde zum Stehen gebracht. Der am frühen Morgen des 19. Februar begonnene Angriff ging zwar nur langsam vorwärts und führte zu erbitterten und verlustreichen Kämpfen ostwärts von Krasnograd, doch gegen Abend konnte ein Flußlauf überwunden werden, und nach harten Nachtgefechten gelang es, auch den Orelabschnitt zu überwinden. Der Feind wurde völlig überrascht, hatte ihm doch seine Propaganda eingetrichtert, daß die Deutschen ins Laufen gekommen seien.

Hitler ließ einen Funkspruch an die Truppe senden, in dem er die Bedeutung dieser Stunde des neuen Angriffs herausstellte, doch solcher Aufmunterungsspritzen bedurften die Männer der Waffen-SS nicht; ebensowenig jene Truppen, die mit dem Korps und an dessen Seite zum Angriff angetreten waren.

Feindliche Pakfronten wurden überrollt. Die Panzer schossen den Weg für die dichtauf folgenden SPW, die Artillerie und Flak frei.

In dieser entscheidenden Stunde waren wieder die Stukas der Luftwaffe dabei; wie sie dies schon so oft unter Beweis gestellt hatten, stürzten sie sich in den Kampf und bahnten den deutschen Spitzengruppen den Weg.

Bis zum Abend des 20. Februar hatte der Angriff etwa 100 km an Boden gewonnen und Nowomoskowsk erreicht. Hier wurde die Verbindung mit der Gruppe Steinbauer hergestellt.

An dieser Stelle wurden die Sowjets aufgehalten und zu regelloser Flucht getrieben. Anders aber im Süden, wo starke Kräfte hinter den vor Nowomoskowsk stehenden Spitzenverbänden nach Westen einbogen und an den deutschen Verbänden vorbeistießen. Ebenso geschah es von Pawlograd aus. Von dort drangen starke Kampfverbände des Gegners, nach Süden ausholend, in Richtung Dnjeprknie vor. Es gelang der Division »Das Reich« in der Nacht zum 21. Februar, sich einen Brückenkopf über den Dnjepr zu erkämpfen, von dort aus im ersten Büchsenlicht des 21. Februar anzutreten und bis zum Mittag dieses Tages Pawlograd in Besitz zu nehmen.

Das Regiment »Deutschland« stieß dem weichenden Feind hinterher und erreichte südwestlich der Stadt zwei Brigaden des Feindes, die sich anschickten, ebenfalls nach Pawlograd vorzustoßen. Die Kämpfe des Rgt. »Deutschland« gegen diesen Feind dauerten drei Tage. Dann war auch dieser Gegner vernichtet.

Am 21. Februar hatte Generaloberst Hoth den Befehl über sämtliche Truppen übernommen, die südlich der Ssamara standen. Weitere eigene Kräfte seiner 4. Panzerarmee ließ er sofort nachziehen, er nahm am 22. Februar die Verbindung mit dem XXXXVIII. PzKorps auf.

Der Feind stand noch immer - wenn auch angeschlagen - ostwärts seines bisherigen Vormarschweges. Ihn galt es im zweiten Schlag zu vernichten und damit auch die Verbindung zur »Leibstandarte« wieder herzustellen, die am rechten Flügel der Armeeabteilung Kempf (General der Panzertruppe Kempf hatte sie von General Lanz soeben übernommen) nordostwärts Krasnograd stand.

Die Division »Totenkopf«, die dringend im Kampfraum erwartet wurde, traf am frühen Morgen auf dem Gefechtsfeld ein und griff mit den ersten herangekommenen

Teilen von Pereschtschepino nach Südosten an und zerschlug im Vorstoß zwischen dem Ssamara- und Orel-Abschnitt stehende starke Feindkräfte.

Durch die Unterstützung der Stukas gelang es der Division »Das Reich«, den Ssamara-Übergang zu erzwingen und Webki in Besitz zu nehmen. Hier trafen sich beide Divisionen am 24. Februar.

Noch war der Abwehrerfolg nicht sicher, denn die sowj. 1. Gardearmee kam in Eilmärschen heran. Gegen die »Leibstandarte« traten ebenfalls neue Truppen an.

Generaloberst Hoth hatte gegen fünf feindliche Panzerkorps zu bestehen, die sich vor der 4. PzArmee befanden und nach Südosten durchzubrechen versuchten.

Dennoch setzte GenOberst Hoth, einer der erfolgreichsten und bewährtesten Panzerführer, sein XXXXVIII. PzKorps und das II. SS-Panzerkorps nach Norden an und erreichte mit ihnen das Höhengelände bei Losowaja. Sie durchstießen die nach wie vor nach Südwesten gerichteten sowjetischen Marschkolonnen. Am Westflügel des Angriffs bewährte sich die Division »Totenkopf«, die nun mit Stoßrichtung Norden angetreten war und mit ihrem verstärkten Panzerregiment durch den Feind stieß.

Einer der aus dem Raum südlich von Pawlograd nach Norden zurückweichenden sowjetischen Verbände griff den Korpsgefechtstand des II. SS-PzKorps an, der sich in Jurjewka befand. Ein anderer stieß direkt auf den GefStand der 15. ID vor. Sie wurden beide vernichtet.

Der Gegner wurde nun weich. Bis zum 28. Februar weit nach Norden verfolgt, zog sich die 6. Armee unter General Popow und die 1. Gardearmee geschlagen zurück. 615 Panzer, 400 Geschütze, 600 Pak und eine Vielzahl an Fahrzeugen mußten sie zurücklassen.

Der Angriff des II. SS-PzKorps wurde am 1. und 2. März fortgesetzt. Da Feindverbände in eine Lücke zwischen dem angreifenden Korps hineinstießen, wurde durch schnelles Eindrehen der Division »Totenkopf« mit Unterstützung starker Schlachtfliegerverbände in einer dreittägigen Kesselschlacht bei Jeremejewka bis zum 3. März der Feind vernichtet.

Es war das Gros der sowj. 3. Panzerarmee mit dem XII. und XV. Panzerkorps, einem Kavalleriekorps und drei Schützendivisionen, das hier vernichtet wurde oder in die Gefangenschaft ging. In der Nähe des Gefechtsstandes von Obergruppenführer Hausser wurde der Kommandierende General des XV. PzKorps tot aufgefunden.

Nach dieser Schlacht wurde die »Leibstandarte« dem II. SS-PzKorps wieder zugeführt. Mit drei Divisionen setzte das Korps am 6. März den Angriff fort. Bei diesem Vorstoß war es Stubaf. Peiper, der mit seinem SPW-Bataillon in einem blitzartigen Vorstoß bei Bridok einen ersten Brückenkopf über die Msha gewann. Am 9. März 1943 erhielt Sturmbannführer Peiper als Kdr. des III. (gep.)/ SS-PGR 2 das Ritterkreuz.

In dieser Lage machte Untersturmführer von Ribbentrop wieder auf sich aufmerksam.

Am 1. März hatte er die Führung der 7. Kp. des SS-PR 1 übernommen. In sein KTB trug er in den folgenden Tagen ein:

»Am ersten Tag waren wir als Spitzenkompanie eingeteilt. Wir stießen zügig in Richtung Walki vor. Gleichzeitig griff auch unsere I. Abteilung diese Ortschaft an. Als wir Walki in Sicht hatten, erkannten wir in der vor uns liegenden Senke dichte Gruppen zurückgehender Rotarmisten.

»Feuer frei auf den Gegner« befahl ich. Alle Wagen eröffneten das Feuer, um den Gegner daran zu hindern, sich in Walki festzusetzen.

Die Sowjets hatten hohe Verluste, dennoch konnte sich ein Teil nach Walki hinein retten. Dort aber war inzwischen unsere I. Abteilung eingedrungen. Wir hatten verhindert, daß sich noch größere Feindgruppen nach Walki zurückzogen.«

Der Angriff wurde am anderen Morgen fortgesetzt. Es ging über die Straße von Walki nach Lubotin. Eine erkannte Pakstellung wurde von den weit auseinandergezogenen Panzern Ribbentrops zerschossen. Dennoch gelang es dem Feind, diesen Angriff bis zum Nachmittag aufzuhalten. Erst dann wurde zum Weiterstoß angetreten. Die 7. Kp. fuhr wieder Spitze. Sie prallte am Ortseingang von Lubotin auf eine zweite Pakfront, die im zusammengefaßten Feuer ausgeschaltet wurde. Hier wieder der Bericht von Ribbentrops.

»Ich beobachtete durch mein Fernglas die vor mir liegende Ortschaft Lubotin. Sie war mit Russen vollgestopft, die offenbar im Begriff standen, die Ortschaft zu verlassen. Plötzlich hörte ich im Kopfhörer die Stimme von Untersturmführer Stollmeier, der direkt hinter mir fuhr: `Oberführer Witt steht draußen am Panzer!‹

Ich öffnete das Luk und sah den Kommandeur des SS-PGR 1, Oberführer Witt. Er hatte am 1. März das 200. Eichenlaub erhalten. Er war in seinem Pkw vorgefahren, und als ich zur Luke hinausblickte, sagte er: ›Ribbentrop, wir müssen Lubotin haben!‹

Obwohl wir keine Sprenggranaten mehr hatten, gab ich den Befehl zum Angriff. Wir rollten mitten durch die russischen Kolonnen, die zur Seite hasteten, mitten durch den kilometerlangen Ort hindurch. Wir schossen mit Panzergranaten auf die Pak, ohne nennenswerte Wirkung zu erzielen.

Dann standen wir plötzlich 30 m vor einer Feindpak. Der hinten auf unserem Panzer aufgesprungene Oberscharführer der Pioniere sprang herunter und griff diese Pak mit Handgranaten an. Nach der ersten Detonation ließen die Russen ihre Pak im Stich und rannten in die Häuser. Der tapfere Mann, dessen Namen wir nicht einmal kannten, hatte uns das Leben gerettet.

Es ging in wilder Jagd weiter durch Lubotin. Am jenseitigen Ortsausgang stießen wir – um eine Kurve rollend – mitten in die zurückgehenden Russen hinein. Die Russen spritzten zur Seite, ergaben sich teilweise und rissen die Arme hoch. In dieser Situation wurden wir über Funk angehalten.

Die Nachschubkolonne erreichte uns wenig später, wir tankten, munitionierten auf und erhielten den neuen Auftrag, in einem großen Bogen um Charkow herum nach Norden auf die Ortschaft Dergatschi zuzufahren.

Im mittlerweile wieder einsetzendem Schneefall rollten wir los. Es war stockdunkel, die Orientierung war gleich Null, und wir waren wieder Spitzenkompanie. Wir erreichten trotz aller Bedenken Dergatschi noch in der Nacht und stießen hier auf die Infanterie des Bataillons Hansen. (Es war das II./SS-PGR 1). Im kommenden Morgengrauen stand neben diesem Bataillon auch die II./PR 1 bereit. Das Ziel war die Inbesitznahme von Dergatschi.

Auf einer ungewöhnlich schmalen Dorfstraße rollten wir ins Nest hinein. Unser Panzer wurde von beiden Seiten mit Handgranaten beworfen. Ein Panzerbüchsentreffer traf direkt in die Luke. Der Kinonblock wurde binnen weniger Sekunden ausgewechselt. Wir schossen Sprenggranaten gegen einen Bretterzaun, um die dahinter lauernden Rotarmisten in die Flucht zu jagen.

Plötzlich gab es einen harten schmetternden Knall. Wir waren getroffen. Mußten wir ausbooten?

Doch der Motor lief noch einwandfrei, und der Turm ließ sich noch drehen.

Über Funk fragte ich den hinter mir fahrenden Stollmeier, was mit mir los sei, ob er erkennen könne, wo ich getroffen sei.

Dieser antwortete trocken: ›Ich habe Dir einen Russen mit einer Sprenggranate vom Panzer geschossen. Er wollte dir mit einem Molotow-Cocktail Feuer unter dem Hintern machen. Das MG hatte Hemmung, und es war größte Eile geboten.‹

Wir rollten in schneller Fahrt weiter. Alle Wagen folgten dichtauf, und so stießen wir über den Dorfausgang hinaus auf das freie Feld, um das Abfließen der Russen aus dem Dorf zu verhindern.

Kurz darauf erreichten wir die Straße Charkow-Bjelgorod und unterbrachen sie. Danach drehten wir nach Süden ein, schossen im Gefecht mit dem hier auftauchenden Gegner einige Panzer ab, die Charkow zu erreichen suchten, und hielten erst auf dem Flugplatz Charkow-Nord an.«

Soweit von Ribbentrop. Am nächsten Morgen folgte der Angriff der Panzergrenadiere des SS-PGR 1 auf den Stadtrand von Charkow, den die Panzer mit zu unterstützen hatten. Erst vor einer Sperrkette eingegrabener T 34 blieb der Angriff liegen. Plötzlich tauchten hier die ersten zur Ostfront gekommenen Tigerpanzer auf. (Im Kampfraum Leningrad waren sie bereits im späten Herbst 1942 erprobt worden).

In schneller Fahrt rollte der mächtige Kampfwagen mit seiner Langrohrkanone an den Männern der Waffen-SS vorbei, hielt etwa 200 m weiter vorn an und schoß. Der mächtige Schlag des Abschusses verschmolz fast mit dem Krach des Einschlages. Der erste T 34 war vernichtet. Der Tiger rollte wieder an, machte abermals Schießhalt, und wieder hörten die Männer Abschuß und Treffer ineinander übergehen. Dies setzte sich etwa ein dutzendmal fort.

Dann rollte der Tiger zurück, die Kanone zur Seite gedreht. Sein Kommandant war schwer verwundet worden. Er rief den Männern um von Ribbentrop zu, daß er einen Schuß auf die Walzenblende erhalten habe und daß der Richtschütze getroffen und getötet worden sei.

In dieser Lage tauchte wieder einmal Oberführer Witt bei den Panzern auf, um sich persönlich vom Stand der Dinge zu überzeugen. Er fuhr bis in die HKL und befahl dort dem II/SS-PGR 1 unter Sturmbannführer Hansen, am Nachmittag anzugreifen.

Diesen Panzergrenadieren gelang es, eine Stunde nach Angriffsbeginn in die ersten Häuserblocks von Charkow einzudringen.

Von Ribbentrop erhielt Befehl, die Panzergranadiere auf ihrem Weg zum Roten Platz zu sichern.

»In schneller Fahrt rollten wir in die Stadt hinein. Plötzlich standen wir vor einer Sperre - einem von seiner Besatzung verlassenen KW I. Der unbeweglich gemachte Panzer wurde zur Seite gehievt, und die drei Panzer IV Ribbentrops rollten weiter. Stollmeier fuhr zu den Panzergrenadieren, um diese in enge Sicherung zu nehmen, während wir noch hart an der Beseitigung des Hindernisses arbeiteten.

Als er um die nächste Straßenbiegung verschwand, knallten plötzlich die Abschüsse einer Pak. Wir rollten sofort los und sahen - um diese Biegung fahrend -, daß Stollmeiers Panzer in Flammen stand. Fahrer und Funker schlugen sich zu uns durch und meldeten, daß sie von einem T 34 gestoppt worden seien, dessen Granate die Turmbesatzung getötet hatte.

Der Rote Platz wurde erreicht. Am nächsten Morgen begann der Nahkampf gegen die in den Häuserblocks verschanzten Rotarmisten. Erst am Abend ließ der Widerstand nach, die Einnahme von Charkow war vollzogen.«

So weit die Darstellung des Kampfes um Charkow aus der Sicht eines Mitkämpfers, die uns deutlich macht, daß Panzer auch in kleiner Zahl in bestimmten Situationen entscheidende Hilfe für die Panzergrenadiere sein konnten: So in der Beseitigung von wuchtigen Straßensperren.

In der Nacht zum 13. März rief Adolf Hitler den Gefechtsstand der Leibstandarte an. Obergruppenführer Dietrich wurde an den Apparat gerufen. Hitler sprach aus Saporoshje, dem HQ der Heeresgruppe Süd, wohin er sich begeben hatte, um mit GFM von Manstein die weiteren Schritte zu besprechen.

Hitler beendete dieses Gespräch mit den Worten: »Wenn meine Leibstandarte mit dem üblichen Schwung angreift, werden sie dem Feind Charkow entreißen.« So war es in der Tat geschehen.

Den weiteren Vorstoß auf Bjelgorod, der von der KGr. Peiper mit dem Kern von Peipers III. (gep.)/ PGR 2 am 17. März geführt wurde, sah wieder die 7. Kp. von Ribbentrops mit dabei. Inzwischen Obersturmführer geworden, gelang es ihm, die südlich von Nechotejewka stehende Pakfront des Gegners zu durchbrechen und Sturmbannführer Peiper den Weg zu bahnen. Nach zwei weiteren harten Kampftagen wurde Bjelgorod genommen.

Am 19. März erließ Hitler einen Tagesbefehl mit folgendem Wortlaut (im Auszug).

»Soldaten der Heeresgruppen Süd und Mitte, der Luftflotte 4 und des Luftwaffenkommandos Ost!

In einer der schwersten Krisen des Krieges mußte ich mich vor Wochen mit der Bitte an Euch wenden, jeden Meter Bodens zäh zu verteidigen, um mir dadurch die Zeit zu geben, der Front neue Verbände und neue Waffen zuzuführen, die zur endgültigen Brechung des sowjetischen Ansturms erforderlich waren. Unter opfervollem Einsatz zahlloser Offiziere und Soldaten und dank einer überlegenen Führung ist es gelungen, diese Voraussetzungen zu schaffen.

Neben den alten erprobten Soldaten des Heeres und der Waffen-SS aus dem Osten kamen neu herangeführte Divisionen des Heeres und der Waffen-SS zum Einsatz. Ihrem geschlossenen stürmischen Angriff und dem dauernden heroischen Einsatz der Luftwaffe ist der Russe an den wesentlichen Stellen der Front erlegen. Charkow ist wieder in unserer Hand! - gez. Adolf Hitler.«

Nach dieser Vorleistung war es GFM von Manstein möglich, seinen großen Operationsplan in die Tat umzusetzen.

Am 14. März 1943 erhielt GFM von Manstein ein Fernschreiben, das mitteilte, ihm sei als 209. Soldaten der Wehrmacht das Eichenlaub zum Ritterkreuz verliehen worden.

Hier noch einmal Erich von Manstein in dem Werk, das er mit Franz Kurowski gemeinsam erarbeitet hat:

»Mit der Einnahme von Charkow und Bjelgorod war der zweite Gegenschlag der HGr. Don beendet. Bei dem einsetzenden Regenwetter und dem damit verbundenen Schlamm konnten vorerst keine weiteren Operationen geführt werden.

Wir hatten an und für sich gehofft, noch vor dieser Schlammperiode den großen Kursker Frontbogen auszuräumen und dadurch eine kürzere Front zu schaffen. Diese Absicht mußte fallengelassen werden, als die Heeresgruppe Mitte sich nicht zur Mitwirkung imstande sah. So blieb der Frontbogen von Kursk, der im Sommer 1943 zu einem hart umkämpften Schlachtfeld werden sollte.«

ZWISCHEN KAUKASUS UND DNJEPROPETROWSK

Der Schatten von Stalingrad

Nachdem am Terek, zwischen Prochladny im Norden über Alexandrowskoj - Elchotowo - Darg Koch bis hinunter in den Raum etwa 20 Kilometer westlich von Ordzonikidse der Vorstoß des III. Panzerkorps durch den Kaukasus zum Stehen gekommen war, wurde im Dezember 1942 die Lage an diesem südlichsten Frontabschnitt durch die Ereignisse am Donbogen und bei Kotelnikowo beeinflußt. Die SS-Division »Wiking« mußte freigemacht werden. Sie wurde der 4. Panzerarmee zugeführt.

Zuvor aber galt es, das III. PzKorps zurückzubringen. General der Kavallerie von Mackensen hatte bereits am 21. November sein Korps verlassen müssen, um vorübergehend die Führung der 1. PzArmee zu übernehmen.

Da sich auch an der Donfront die Ziele der sowjetischen Stoßarmeen deutlich abzeichneten und als eines der ersten Rostow zu erkennen war, mußte Hitler auch der 1. PzArmee den Rückzug befehlen. Die beiden Kommandierenden Generale der 1. PzArmee, das III. PzKorps unter GenLt. der Waffen-SS Steiner und Generalleutnant Heinrici, der das XXXX. PzKorps führte, hatten im Stabsquartier der 1. PzArmee in Pjatigorsk General von Mackensen Vortrag gehalten. Danach wurden die Einzelheiten des Rückzuges festgelegt.

Der Absetzplan für die 50. ID wurde im DivGefStand in Chamidija durch den Ia, Major i.G. Stephanus, ausgearbeitet. GenMaj. Schmidt ließ den Verbänden seiner Division in der Silvesternacht die Absetzbewegungen mitteilen. Die 3. PD war am 29. Dezember bereits zum Absetzen vorbereitet. In der Neujahrsnacht 1943 begann beim XXXX. PzKorps der Rückzug. Das LII. AK und das III. PzKorps sollten sich 24 Stunden später diesen Bewegungen anschließen.

Bei der Gefangennahme mehrerer Offiziere der Gegenseite anläßlich eines Stoßtruppenunternehmens des I./PGR 394 (3. PD) wurden Dokumente gefunden, in denen ein sowjetischer Panzerangriff zum 1. Januar mit 120 Panzern geplant war. Die Bereitstellungsräume waren in den gesicherten Karten eingezeichnet.

Diesem Angriff kam das massierte Feuer des PzArtRgt. 75 und einer Werferbatterie zuvor, welche um Mitternacht das Feuer eröffneten.

Dennoch begann der Feindangriff planmäßig. Dichte Panzerpulks rollten gegen die Stellungen der 3. PD und der KGr. von Jungschulz an und fanden genau die Nahtstelle. Diese wurde aufgerissen, und durch die Lücke, die sich ständig verbreiterte, rollten die Feindverbände, nach allen Seiten schießend, hindurch.

Oblt. Fiehls, KpChef der 2./PR 6, schoß mit seinen Panzern in die dichten Pulks der Panzer hinein.

Als plötzlich die dichte Nebeldecke aufriß, sahen er und Ofw. Blaich, Zugführer in der 12./PR 6, sich 62 sowjetischen Panzern gegenüber. Blaich eröffnete mit seinem Zug ebenfalls das Feuer. Er trug seit dem 24. Juli 1941 bereits das Ritterkreuz und war einer der erfahrensten Panzerkommandanten der 3. PD. Es gelang ihnen, den Feind abzuschmettern, doch dieser drehte nur aus dem Feuerbereich der Panzer heraus, um sich wieder der Front zuzuwenden. Südlich der deutschen Abwehrpanzer rollten die T 34 direkt auf den BatlGefStand des I./PGR 394 zu. 400 Sowjetsoldaten brachen bei nur einer Kompanie - der 2./PGR 394 - ein. Hier scharte Ofw. Steinführer, einer der Zugführer der Kp., einige Dutzend Männer um sich, er gewann mit Hurra die alte Stellung im Gegenstoß zurück und trug mit dazu bei, daß sich die Front wieder festigte. (Ofw. Steinführer wurde für diese Leistung am 8. Mai 1943 mit dem Ritterkreuz ausgezeichnet. Er fiel als Oberfähnrich und Fhr. der 2./PGR 3 am 4. Juli dieses Jahres bei Garzowka im Raume Kursk-Orel).

Auch das PGR 3 der 3. PD wurde ununterbrochen berannt. Einige Stellungen wurden vom Feind durchstoßen. Die 7. Kp. dieses Regiments wurde besonders getroffen. Hier hatte Ofw. Kruse die Kp. soeben als Fhr. übernommen. Er führte den Gegenstoß. Im Nahkampf wurden neun Panzer des Gegners vernichtet. Die Infanterie wich vor dem dichten Feuer der MG 42 - Hitlersägen genannt - zurück. Ofw. Kruse stürmte mit seinen Männern dem fliehenden Feind hinterher und machte ihn nieder. Da er bereits seit dem 6. Oktober 1942 das Ritterkreuz trug, wurde er für diesen schlachtentscheidenden Einsatz am 17. Mai als 245. deutscher Soldat mit dem Eichenlaub zum Ritterkreuz ausgezeichnet. (Siehe dazu: Kollatz, Karl: Oberfeldwebel Kruse).

Dennoch mußte GenMaj. Westhoven den Rückzugsbefehl 24 Stunden eher als geplant geben, dies allerdings zunächst nur für seinen Nordflügel. Das PGR 3 ging demzufolge auf die für es vorbereiteten Aufnahmestellungen zurück. (Siehe: Traditionsgemeinschaft der ehemaligen 3. Panzerdivision: Geschichte der 3. Panzerdivision - Berlin-Brandenburg 1935 - 1945).

Die 370. ID im Abschnitt des LII. AK rüstete sich ebenso wie die 50. und 111. ID dieses Korps ebenfalls zum Absetzen. Das Korps hielt den Abschnitt vom Dorf Terek am gleichnamigen Fluß bis zum jenseitigen Ende der Schleife des Terek bei Elchotowo. Dort hatte der rechte Flügel Anschluß an die 13. PD.

Hier begann das Absetzen in der Nacht zum 2. Januar 1943. Die erste Zwischenstellung verlief bei Mosdok und Gnadenburg und von Chamydija bis Arik noch im inneren Terekbogen.

Der Feind fühlte nur zögernd nach. Lediglich im Gebirge gelang es ihm, die 1. PzArmee zu umfassen und abzuschneiden. Hier verteidigten deutsche und rumänische Gebirgsjäger Schulter an Schulter mit Einheiten des SS-Regiments »Nordland«. Der Abmarsch erfolgte am 31. Dezember 1942. Am folgenden Tage wurden in Naltschik die wichtigen Anlagen einschließlich des aufgelösten und ausgeräumten Verpflegungslagers gesprengt.

Bei Elchotowo an der Naht des III. PzKorps zum LII. AK - der »kaukasischen Pforte« - begannen noch einmal schwere Kämpfe. Neben der 13. PD standen hier auch Männer des II./Brandenburg und das der 13. PD unterstellte GR 667 der 370. ID. Noch einmal griff hier die sHArtAbt. 731 (mot.) in den Kampf ein und unterstützte das Absetzen.

Der Raum von Naltschik wurde aufgegeben. Der Rückzug nach Nordwesten gestaltete sich schwierig, da der Gegner durch die Enge von Elchotowo nachstieß. Smeiska fiel den Roten zu und wurde im Gegenstoß zurückgewonnen, um den Rückzugsweg nach Pjatigorsk offenzuhalten.

Die gesamte 1. PzArmee, geführt von Gen.d.Kav. von Mackensen, marschierte nun zurück. Die Etappen waren genau festgelegt.

Die 3. PD hatte drei Kampfgruppen unter bewährten Kommandeuren gebildet. Es waren dies:

KGr. 1: Oberstleutnant Schmidt-Ott mit Panzern und SPW.

KGr. 2: Oberst Zimmermann mit den Panzergrenadieren.

KGr. 3: Oberstleutnant Pape mit dem PGR 394.

Die Nachhuten verließen am Morgen des 3. Jan. 1943 Mosdok. Am selben Tag gingen die sowjetischen Truppen unter General Chomenka und Generalmajor Melnik über den Terek und erreichten das geräumte Mosdok.

Durch Eis und Schnee ging es von der am 3. Januar besetzten »Augsburg-Linie« zur am folgenden Tage erreichten »Stuttgart-Linie« zurück. Am 7. Januar wurde die »Potsdam-Linie« erreicht.

Die Roten drängten mit motorisierten Truppen und Panzern dichtauf nach.

Das Grenadierregiment 122 der 50. ID wurde von starken sowjetischen Feindpanzergruppen am 7. Januar eingeschlossen. Der Funkspruch des Regiments um 9.20 Uhr dieses Tages lautete:

»Feind, mindestens eine Panzer- und Schützenbrigade, folgt über Kurgany nach.«

Um 11.20 Uhr bat der RgtKdr., Oberst Grothe, darum, sich absetzen zu dürfen. Fünf Minuten später meldete er, daß seine Artillerie und Pak sich verschossen hätten und um 12.10 Uhr kam der letzte FT-Spruch des Regiments: »In der Zange! - Stellungen unhaltbar!«

Oberst Grothe gab den Befehl zum vorzeitigen Absetzen auf die »Potsdam-Linie«. Es gelang nur Teilen des Regiments, diese Auffanglinie zu erreichen.

Daß es der 50. ID dennoch gelang, am 8. Januar die Solka-Kuma-Linie zu besetzen, war nur dank der Entschlossenheit aller Soldaten möglich. Auch die 3. PD erreichte am 8. Januar die Kuma und den dort für sie vorgesehenen Abschnitt.

Lediglich Major Musculus, Kommandeur der PzJägAbt. 111 (der 111.ID), stand mit seiner Abteilung und einer darum gebildeten KGr. noch vor dem Kuma-Abschnitt. Er hielt unter unerhörter Anspannung die Kumabrücken bei Soldatsko - Alexandrowskoje offen, denn nach wie vor rollten dichte deutsche Gruppen über die Brücke zurück, gefolgt von sowjetischen Sturmtruppen. In einer nicht für möglich gehaltenen Kraftanstrengung gelang es Major Musculus mit seinen bewährten Kompaniechefs, Oblt. Piedmont (2. Kp.) und Oblt. Klümpel, (1. Kp.) den Feind aufzuhalten. Unmittelbar an der Brücke stand Oblt. Buchholz bereit. Uffz. Ebel als Sprengtruppführer hatte alle Vorbereitungen getroffen. Als der letzte deutsche Wagen die Brücke passierte, drückte der Sprengtruppführer den Hebel der Zündmaschine herunter. Die Sprengung rollte, und als sich die Rauchwand auflöste, sahen alle, daß die Brücke noch befahrbar war und die ersten Russen darüber fuhren. Der vorderste Wagen wurde abgeschossen, rechts und links davon arbeiteten sich Rotarmisten vorwärts.

Unteroffizier Ebel mußte noch einmal auf die Brücke, um zu sehen, welche Ladung versagt hatte. Seine Kameraden gaben ihm Feuerschutz. Er erreichte die Zündschnur, die sich gelöst hatte, verband sie wieder und raste zurück auf den Damm, um sich dort in Deckung zu werfen.

Die Brücke flog in die Luft. Uffz. Ebel, Gruppenführer im Pionierzug der Stabskompanie des GR 50, erhielt für diese einmalige Leistung am 17. Februar 1943 das Ritterkreuz.

Am selben Tage wurde auch Major Musculus mit dem Ritterkreuz ausgezeichnet.

Weiterer Rückzug

Der Rückzug ging weiter. Als einer der letzten Verbände löste sich die KGr. unter Oberst von Le Suire aus den Hochgebirgspässen des Chotju Tau, des Kluchor, des Dombai Ulgen und des Maruch. Oberst von Le Suire führte seine Gebirgsjäger des GJR 9 und Teile des GJR 94 sowie andere Unterstellungen aus dem Elbrus zurück. Hauptmann Bärenfänger, seit dem August 1942 mit dem Ritterkreuz ausgezeichnet, Kdr. des III./GR 123, hielt im Solkaabschnitt den Feind auf und errang das 243. Eichenlaub am 17. Mai 1943.

Die 3. und 13. PD trugen in den nächsten Tagen und Wochen die Hauptlast der hinhaltenden Verteidigung in den einzelnen Widerstandslinien.

Das XXXX. PzKorps erreichte bis zum 23. Januar die Linie bei Tichorez. Die verfolgende »Nordgruppe der Transkaukasischen Front« wurde am 24. Januar in »Nordkaukasusfront« umbenannt. Ihr war von der Führung der Sowjetarmee der Befehl gegeben worden, neben Tichorez auch und vor allem Primorsko-Achtarsk am Asowschen Meer zu erreichen. Wenn es Teilen der 11. PD nicht gelungen wäre, am 22. Januar bereits einen Stoßkeil der sowj. 2. Panzerarmee zu zerschlagen und diesen Stoßkeil aus dem Brückenkopf von Manytschkaja, nur drei Kilometer vor den Brücken von Bataisk, zu vernichten, wäre das LVII. PzKorps, das noch weit ostwärts vorgestaffelt im Brückenkopf Proletarskaja stand, nicht mehr zurückgekommen.

Im Halbkreis um Bataisk herum, auf einer Gesamtfrontlänge von 100 Kilometern, stand Ende Januar 1943 die 3. PD in ihren Stützpunkten abwehrbereit. Die letzten Nachhuten gelangten in der Nacht zum 3. Februar 1943 über die Donbrücken bei Bataisk. Damit war für sie der Rückzugskampf beendet.

Der Kampf um Rostow

»Die Operationen kristallisierten sich um den Besitz von Rostow. Durch dieses Nadelöhr mußte unsere Heeresgruppe »Kaukasus« hindurch, aber die Sowjets standen näher an Rostow als unsere Verbände. Der Schleier, der Rostow schützen sollte, war zu dünn, als daß er dem Ansturm sowjetischer Stoßarmeen hätte standhalten können.« (Siehe Balck, Hermann: Ordnung im Chaos, Erinnerungen 1893 - 1948).

General der Panzertruppe Balck fuhr in seinen Erinnerungen fort: »Unser Aktivum war, daß Stalingrad noch hielt, wesentliche Kräfte der Russen band und deren Nachschub blockierte.

Unter diesen Umständen und unter unseren heftigen Schlägen war die sowjetische Bewegung im Donbogen auf Rostow zu einem Schneckentempo verlangsamt. Anders sah es im Raume Manytsch aus. Die Manytschlinie wurde von starken russischen Kräften angegriffen, die weiter auf Rostow vordrangen.«

Die 11. PD wurde in den Raum Manytsch geworfen und erreichte am 22. Januar Rostow. Die Division hatte Befehl, gemeinsam mit der 17. PD und der 16. ID (mot.) die feindliche Angriffsspitze, die den Manytsch überwunden hatte und sich auf Rostow vorarbeitete, zu zerschlagen.

Die 4. Panzerarmee, der auch die 11. PD unterstellt worden war, befahl »Äußerste Eile!«, doch der Treibstoff für die motorisierten Kolonnen traf nicht ein.

In der Nacht zum 23. Januar konnte endlich aufgetankt und aufmunitioniert werden. Gemeinsam mit der 16. ID (mot.) griff die 11. PD an. Zwei feindliche Stellungen wurden durchstoßen und der Ortsrand von Manytschkaja erreicht. Doch hier kam der Vorstoß zum Erliegen.

Die Sowjettruppen verteidigten sich am nächsten Tag in Manytschkaja. Seine wenigen Panzer - ein Funkspruch sprach von nur noch 15 Kampfwagen, die einsatzbereit seien - waren eingegraben worden.

Dreimal griffen Teile der beiden deutschen Divisionen an, um dreimal abgewiesen zu werden.

Am nächsten Morgen ließ General Balck einen Angriff mit vorausgegangenem Artilleriefeuer, bei dem auch Nebelgranaten geschossen wurden, vortäuschen, der durch vorrollende Panzerspähwagen, SPW und Lastwagen täuschend echt wirkte. Die Panzer der Sowjets verließen ihre Stellungen und rollten hinter die Ortschaft, um den vermeintlichen Angriff der Deutschen aufzuhalten.

Nun ließ GenLt. Balck alles Feuer auf die Angriffsstelle richten. Der Angriff begann, Manytschkaja wurde erobert. Die Sturmtruppen drehten hinter den Sowjetpanzern ein und vernichteten sie. 22 abgeschossene Feindpanzer wurden gezählt.

Die fliehenden Rotarmisten wurden von den schnellen deutschen Verbänden verfolgt und niedergemacht. Damit war der gefährliche feindliche Brückenkopf ausgeräumt. Bis zum 31. Januar 1943 blieb die 11. PD hier als »Brückenwache« stehen.

Das sowjetische III. Gardepanzerkorps war nicht mehr.

Am 28. Januar jedoch wurde die 11. PD bereits dem LVII. PzKorps unterstellt. Mit den Infanteriedivisionen dieses Korps gelang es, das Zurückfließen der 1. Panzerarmee nach Rostow zu sichern. Dies aber unter der Gefahr, daß das LVII. Panzerkorps kurz vor der völligen Einkesselung stand.

Mit dem Heranrücken des LVII. PzKorps an Rostow, das am 29. Januar den Kampf gegen den einschließenden Feind aufnahm und diesen völlig zerschlug, wurde auch die 16. ID (mot.) unter GenMaj. Graf von Schwerin, die bei Sporny-Wesselij das »Loch am Manytsch« gesperrt hatte, zurückgenommen. Um Rostow standen am 3. Februar schließlich von Norden nach Süden die Armeegruppe Hollidt nördlich des Don, die 16. ID (mot.) südwestlich Manytschkaja, die 17. PD, die 23. PD, die SS-PD »Wiking« und die 11. PD, die nach Westen herausgesetzt den Südteil von Rostow abschirmte. (Karte)

Der Gegner, der den Verbänden des LVII. AK gefolgt war, stand im Norden mit der 2. Gardearmee, dichtauf gefolgt von der 51. Armee, im Osten mit der 28. Armee, während von Südosten das IV. und V. Gardekavalleriekorps nach Nordwesten vorstieß und versuchte, die südlich von ihnen vom Terek aus auf Rostow zurückgehende 1. Panzerarmee abzuschneiden.

Die Division »Wiking« hatte im Januar 1943 zunächst mit dem Regiment »Germania« bei der 17. PD gekämpft. Das Regiment »Westland« stand 10 km südlich davon im Einsatz.

Der erste Panzertransport dieser Division erreichte in der Nacht zum 1. Januar 1943 den Bahnhof Kuberle. Hier sichtete Sturmbannführer Mühlenkamp die ersten zurückflutenden rumänischen Verbände, als der Zug auf offener Strecke angehalten wurde. Am 2. Januar erreichte der Transportzug mit den Panzern der »Wiking« Simowniki.

Mühlenkamp, Kommandeur der SS-PzAbt. 5, kämpfte in den folgenden Tagen an den kritischen Punkten der Front, Oberführer Gille, der Kdr. der Division, fuhr von einem Regiment zum anderen, um das von mehreren Seiten berannte Simowniki zu halten, während die 17. PD unter GenLt. von Senger und Etterlin die Angriffe des Gegners gegen den Nordflügel des LVII. PzKorps abschmetterte.

Als die Sowjets versuchten, Proletarskaja zu erreichen, wurde der 17. PD die PzAbt. 503 unterstellt.

Oberstleutnant Post trat am Morgen des 5. Januar 1943 gegen den nach Stawropol eingedrungenen Feind an. Sie stießen auf starke Panzer- und Pakabwehr und mußten am Abend dieses Tages auf Krassnyj Skotowod zurückgenommen werden.

Im dichten Schneetreiben wurde am nächsten Morgen der Angriff wieder aufgenommen. Diesmal gelang es, den Gegner in erbitterten Duellen aus Stawropol zu werfen.

Am 8. Januar wurden um 10.30 Uhr alle Panzerkommandanten der Abteilung 503 dem OB der 4. Panzerarmee, GenOberst Hoth, vorgestellt. Der OB dankte ihnen für den Abwehrerfolg und kündigte »Aufgaben von größter Bedeutung« an. (Siehe Kühn, Volkmar: TIGER - Die Geschichte einer legendären Waffe 1942 - 1945).

Der nächste Angriff der Tiger wurde gegen Wesselyj gefahren. Acht T 34 wurden im Kampf abgeschossen, doch der Angriff blieb kurz vor Wesselyj liegen; die Abteilung rollte nach Proletarskaja zurück.

Am nächsten Morgen rollte die Abteilung unter Führung von Oberstleutnant Post abermals zum Gegenangriff. Es galt, die verlorengegangenen Ortschaften Nikolajewskij und Romanoff zurückzugewinnen. Mehr als ein Dutzend 7,62 cm-Geschütze, eine Reihe 4,7 cm-Pak und Zugmaschinen wurden vernichtet.

Gegen zwei sowj. Bataillone, die bei den Brücken von Nowy Manytsch und Baranniki eingesickert waren, rollten drei Tiger und sechs Pz III unter Hauptmann Heilmann. Der Gegner wurde im ersten Ansprung geworfen.

Als es den Sowjets gelang, am 16. Jan. bis zu einer Kolchose 10 km ostwärts Proletarskaja vorzudringen, griff eine KGr. aus allen einsatzbereiten Teilen der Abteilung, diesmal unter dem Kommando von Hptm. Kaphengst an. Unterstützt von Grenadieren der Division »Wiking«, wurde die Lage wieder hergestellt.

Auch am 17. Jan. wurde der sich abermals auf Proletarskaja zubewegende Feind abgeschmettert. Danach erhielt die sPzAbt. 503 Befehl, nach Rostow zurückzufahren und sich dort erneut bereitzustellen, um dem erwarteten sowjetischen Großangriff mit allen Waffen begegnen zu können.

Über Bataisk, wo der Gegner Brücken und Dämme noch vor den deutschen Truppen erreichen wollte, was ihm nicht gelang, ging es über den Don und nach Rostow hinein. (Siehe dazu: Kühn, Volkmar: Tiger, die Geschichte einer legendären Waffe 1942-1945).

Doch zurück zur SS-PGD »Wiking«!

Nach heftigen Gefechten in der Zeit vom 10. bis zum 24. Januar 1943 gelang es den beiden Regimentern »Germania« und »Nordland«, die im Brennpunkt der Kämpfe standen, den Feind aufzuhalten. Obersturmbannführer Joerchel, Kommandeur der »Nordland«, und Obersturmbannführer Reichel, der das Regiment »Westland« befehligte, kämpften bei Proletarskaja, in Donskoje und Renischanskij, während »Germania« bei Romanow im Einsatz war. Bei Krasnoje Snamkja stand das I./«Nordland« im Abwehrkampf. Sturmbannführer Lohmann, Kdr. dieses Bataillons, berichtet in seinem persönlichen Tagebuch:

»Die »Nordland« I. erreichte im Zuge der Januar-Rückzugsbewegungen aus dem Kaukasus Krasnoje Snamkja. Mit einer unmittelbar bevorstehenden Gefechtsberührung rechne ich nicht, aber gegen Mittag zieht sowjetische Infanterie in Tarnanzügen ca. 500 m nördlich von uns über eine leichte Anhöhe in Richtung Krasnoje Snamkja. Aus Richtung Krasnoje Snamja erschallt Gefechtslärm, die Zahl der vorbeiziehenden Russen wurde immer größer. Oberscharführer Stock bekommt Befehl, mit drei Infanteriegruppen auf Krasnoja Snamkja vorzuziehen.« Dazu Oberscharführer Stock:

»Wir gehen links rückswärts gestaffelt hinter dem Hang vor. Auf der leichten Anhöhe, von der die Ortschaft einzusehen ist, zieht sich eine Buschreihe entlang einem Fahrweg auf das Dorf zu. In der Buschreihe geht mein Zug in Stellung. Wir sehen die am Ortsrand mit Teilen unseres Regiments kämpfenden Russen. Als ich das Feuer eröffnen will, rollt rechts an der Buschreihe ein Pulk von sechs T 34 entlang. Sie halten genau vor uns und beschießen die Ortschaft.

Knapp eine Stunde später rollen sie weiter. Wir ziehen uns auf den Stützpunkt zurück, ich melde mich über Fernsprecher und bekomme Befehl abzuwarten. Als ich das nächste Mal anrufe, besteht keine Verbindung mehr zum Bataillon.«

Im BatlGefStand aber erlebte Sturmbannführer Lohmann das Anrollen sowjetischer Panzer. Sein Bericht darüber:

»Plötzlich tauchen russische Panzer auf und rollen zwischen den Gefechtsvorposten entlang in mein Bataillon hinein. Der Alarm erfolgt fast gleichzeitig mit der Feuereröffnung der Panzer. Die Kompanien verschwinden in den vorbereiteten Stellungen und nehmen das Feuer auf. Ein Dutzend Panzer fährt feuernd die Dorftstraße auf und ab. Die russische Infanterie, die sie begleitet, wird vernichtet. Über den noch intakten Fernsprecher erbitte ich vom Regiment panzerbrechende Waffen. Obersturmbannführer Joerchel scheint mir nicht zu glauben. Da rollt direkt an meiner Kate ein T 34 vorbei, ich rufe in den Fernsprecher: ›Obersturmbannführer, was Sie jetzt hören, ist ein T 34!‹

Die Panzer rollen hin und her und vernichten fast alle Häuser. Sie decken sich gegenseitig. Es gelingt den Russen, uns immer weiter aus dem Dorf hinauszudrücken. Erst im zweiten Drittel des Dorfes kommt der Angriff zum Stehen.«

Soweit Lohmann. Die Hilfsmaßnahmen waren sofort angelaufen; der Infanteriegegner, etwa noch 400 Mann, wurde geworfen. Im Gegenzug griff der Gegner erneut an, denn auch für ihn bedeutete dieses Dorf Schutz vor der beißenden Winterkälte. Abermals drang er mit Infanteriekräften und neuer Panzerunterstützung in das Dorf ein.

Um 24.00 Uhr traten alle inzwischen eingetroffenen Einheiten zum Gegenstoß an. Mit Aufflammen der weißen Leuchtkugel wurde Feuer eröffnet und mit »Hurra«! stürmten die Soldaten in das Dorf hinein.

Dazu Wilhelm Tieke: »Die Russen sind so überrascht, daß sie keinen ernsthaften Widerstand leisten. Es geht alles so schnell, daß wir keine Zeit finden, die Häuser zu durchsuchen. Ein paar Feuerstöße auf Fenster und Türen, und schon folgt der nächste Sprung zum nächsten Hauseck. - - -

Wir kommen zügig weiter, sehen schon im Flackerlicht eines brennenden Hauses das Ende des Dorfes. Dort aber stehen auf einer breiten Straßenkreuzung drei T 34, die uns mit ihrem Feuer am Weiterkommen hindern. Ein Reservezug wird von der Gartenseite umfassend angesetzt, der die letzte Häuserzeile ausräumt.

Die Panzer und die restlichen Russen ziehen sich zurück. Das I. Batl. übernimmt wieder die Sicherung am Ortsrand.« (S.: Tieke Wilhelm: Der Kaukasus und das Öl).

Am 15. Januar hatte das I./ »Nordland« in Krasnoje Snamja verzweifelt um das Loslösen und das Absetzen auf Proletarskaja zu kämpfen. Gleichzeitig damit fuhr die 16. ID (mot.) am Nordflügel des Korps ihre Angriffe gegen jene sowjetischen Kräfte, die versuchten, die Überflügelung der genannten Ortschaften zu erreichen und die dort noch kämpfenden deutschen Soldaten zu vernichten. Die PzAbt. 116 dieser Division unter Hptm. Tebbe rollte mit den Grenadieren des PGR 60 in den sowjetischen Brückenkopf von Sporny-Wesselij hinein und zerschlug ihn. Hier war es wieder der alte Kämpfer der 1. PD (nun in der PzAbt. 116), Zugführer Ofw. Bunzel von der 3./ PzAbt. 116, der mit dem III./PGR 60 unter Oblt. Klappich auf die Dammbrücke von Sporny zurollte. Oblt. Klappich wies Bunzel ein und befahl ihm, die Brückensicherung niederzukämpfen und dort zu sichern, während er selbst über den Damm in das feindbesetzte Dorf Ssamodurowka eindringen und den dort stehenden Gegner vernichten würde.

Bunzels Panzer kämpften die Sowjets nieder und übernahmen die Sicherung, während Oblt. Klappich mit seinen Panzergrenadieren im dichten Schneetreiben über den Brückendamm vorrollte.

Das Dorf Ssamodurowka wurde im Handstreich erobert und der Stabschef der hier haltenden sowjetischen Brigade mitsamt den Dokumenten geschnappt. Es war die 2. mech. Schützenbrigade, die hier vernichtet wurde. Die erbeuteten Befehle bewiesen, daß die 2. Gardearmee Befehl gegeben hatte, die Brückenköpfe Ssamodurowka und Manytschkaja unter allen Umständen zu halten, bis die Armee nachgezogen war. Von hier aus sollte - immer nach dem Armeebefehl - der Angriff gegen Bataisk geführt werden.

Generalmajor Graf von Schwerin, der mit seiner 16. (mot.) seit vielen Wochen die etwa 300 Kilometer breite Lücke zwischen der 1. und 4. Panzerarmee abgeschirmt und damit beide Armeen vor der Umklammerung durch die sowj. 28. Armee geschützt hatte, war erst am 10. Januar in Richtung Rostow zurückbefohlen worden. Im Rückwärtsfahren wurde die 16. ID (mot.) vom Gegner überflügelt. In dieser Phase, da die Sowjets fast vor dem ersehnten Erfolg standen, spielte das Kriegsglück der Division den genannten Armeebefehl zu, in dem auch der Angriffsstreifen der 28. Armee eingezeichnet war. Die Befehle an die eingesetzten Korps waren ebenfalls genau aufgezeichnet. Eines dieser Korps, das V. Garde-mech-Korps, sollte mit unterstellten weiteren Verbänden zum Angriff auf Spornyi antreten. Mit der ihm sofort unterstellten 46. ID (mot.) rollt GenMaj. von Schwerin direkten Weges auf Spornyi zurück. Als seine Spitzenverbände dort eintrafen, befanden sich bereits Feindtruppen in der Ortschaft, und darüber hinaus rollten schnelle Sowjetverbände mit Stoßrichtung Bataisk weiter.

Der daraufhin erfolgte Angriff, der zuvor geschildert wurde, schuf die Voraussetzungen für das Überleben nicht nur der 16. ID (mot.)

Ofw. Bunzel wurde vom Divisionskommandeur zum Ritterkreuz eingereicht, das ihm am 10. Februar 1943 verliehen wurde. (Siehe dazu auch: Karl Alman: Panzer vor; hier: Kapital 4, Hans Bunzel).

Die 11. PD und die 16. ID (mot.) warfen in den Tagen des 23. bis 24. Januar die Rotarmisten aus der Ortschaft Manytschkaja hinaus. Am 25. Januar lockte General Balck - wie bereits geschildert - die Sowjets aus ihrer Reserve und eroberte Manytschkaja endgültig.

Hier abschließend ein Kurzbericht des damaligen Kommandeurs der PzAbt. 5, »Wiking«, Sturmbannführer Mühlenkamp.

»Für die Panzer gilt in diesem Januar 943: Am Tage nach allen Richtungen zu kämpfen und nachts in Richtung Rostow zu marschieren, meist abseits der großen Straßen bei grimmiger Kälte und schwieriger Orientierung. Neulich hatten wir 42 Grad unter Null. Mit großen 2-Liter-Lötlampen mußten wir vor jedem Start die Vorgelege anwärmen. Die Motoren werden mit Schwungkraftanlassern mit der Handkurbel gedreht, wobei zwei Mann den 450-PS-Motor ankurbeln müssen. Wir fahren wie die Seefahrer oft nach Kurskreiselzahl.

Feindverbände, die versuchen, unsere Division einzukesseln oder ihr in die Flanke zu fallen, werden durch schnelle, entschlossene Gegenstöße der Panzer vernichtet. Am 4. Februar mußten wir überall angreifen.

Wir gehen an der Ölleitung entlang nach Bataisk zurück. Unsere gefallenen Kameraden, die wir nicht mehr bestatten konnten, nehmen wir mit.« (Siehe: Johannes Rudolf Mühlenkamp: Kampfberichte und persönliche Daten an den Autor).

Der Kommandierende General des LVII. Panzerkorps, General der Panzertruppe Kirchner, schrieb in seinem Tagesbefehl vom 4. Februar 1943 an die SS-PGD »Wiking« u.a.:

»Vom ersten bis zum letzten Tage der Unterstellung hat die Division in schwungvollem Angriff und in härtester Abwehr Bewundernswertes geleistet und einen ganz hervorragenden Kampfgeist bewiesen. Sein Ziel, Durchbruch und Umfassung, hat der Feind nicht erreicht. So sehe ich heute die tapferen Männer der SS-PGD `Wiking‹ schweren Herzens aus meinem Verband scheiden. Mein Dank und meine volle Anerkennung gilt gleicherweise Führung und Truppe. - gez. Kirchner.«

Rostow fiel nicht dem Feind im Handstreich zu, die 1. Panzerarmee wurde nicht überflügelt, abgeschnitten und vernichtet. Der Kurzbericht über diese Leistung, die in einschlägigen kriegsgeschichtlichen Werken stets zu kurz kam, sei an dieser Stelle wenigstens in den Umrissen deutlich gemacht.

Rückzug des XXXXIX. Gebirgskorps

Nachdem der deutsche Angriff in Richtung Tuapse und Baku bis zum 20. Dezember 1942 endgültig aufgegeben werden mußte setzten sich die Verbände des XXXXIX. GebKorps mit der 1. und 4. GebDiv. ebenso wie das XXXXIV. Korps mit der 97. und 101. Jägerdivision und die Grenadiere der Infanteriedivisionen 46, 125 und 198 zunächst schrittweise ab.

Am 31. Dezember 1942 begann schließlich auch der Rückzug am Terek, und die Verbände des XXXXIV. JägKorps ebenso wie des XXXXIX. GebKorps zogen sich weiter zurück.

Die Angriffsvorbereitungen der Roten zielten, wie erkannt wurde, auf Krasnodar, den wichtigen Angelpunkt der 17. Armee. Damit wäre auch die Straße Krasnodar – Krymskaja gefährdet gewesen. Über sie aber würde sich der Rückzug des deutschen Südflügels in den Kubanbrückenkopf abwickeln müssen.

Die 97. JägDiv. begann ihren Rückzug aus den Stellungen südostwärts von Schaumjan. Die 101. JägDiv. schloß sich am folgenden Tage an. Als letzter Verband verließ das JgRgt. 228 die Stellungen von Schaumjan am 4. Januar.

Die 198. ID gab ihre Stellungen südlich der Ssassnowaja-Schlucht auf und trat am 4. Januar unter den Befehl des XXXXIX. GebKorps.

Am 10. Januar befahl GenMaj. Müller, Kdr. der 198. ID auf seinem GefStand in »Tri Duba - Drei Eichen« - den Rückzug unter dem Stichwort ›Seilbahnbewegung‹, der sich über drei Zwischenstellungen bis zum Kuban zwischen Ust-Labinskaja und Krasnodar hinziehen sollte.

Im Gegenzug hatten die Sowjets ihren Angriffsplan »Gebirge« am 16. Januar in Gang gesetzt mit dem Ziel Krasnodar und mit der Sperrung der Straße Krasnodar - Noworossijsk für das zurückgehende XXXXIV. ArmKorps.

Der Vorstoß der sowj. 56. Armee auf Krasnodar wurde durch die 125. und 198. ID aufgehalten. Allerdings gelang es den Sowjets beim rumänischen Kavalleriekorps südlich von Ssewerskaja und auch bei Kaluschskaja, die Front aufzureißen. Nur dem entschlossenen Gegenangriff der KGr. Malter der 97. JägDiv. gelang es, die alte HKL wieder herzustellen.

Die 20. Gebirgsschützen-Division der Roten schloß Teile des JägRgt. 207 bei Stawropolskaja ein. Die 61. Schützendivision setzte gemeinsam mit der 55. Gardeschützen-Division den Angriff auf Katosskaja in Richtung Nowo Dimitrijewskaja fort, um die dort verlaufende deutsche Rückzugsstraße zu sperren. Sowjetische Flugzeuge, überwiegend Schlachtflieger IL 2, griffen die zurückmarschierenden deutschen Kolonnen auf der Straße an.

Es gelang der 97. JägDiv., die Rückzugsstraße ihres Korps offenzuhalten. Ihr wurden mehrere Verstärkungsgruppen zugeführt.

Es gelang dem XXXXIV. ArmKorps, den befohlenen Schwenk zu vollziehen und die neue HKL zu festigen.

Währenddessen erfolgte das Zurückweichen der 125. und 198. ID und der schnellen slowakischen Division auf Krasnodar.

Das XXXXIX. Gebirgskorps hatte den Drehpunkt Ust-Labinska erreicht und erhielt Weisung, nördlich des Kuban auf den Kubanbrückenkopf zurückzuschwenken.

Der nachstoßende Großverband der Roten Armee mit der 32. und 6. Gardeschützen-Division erzielten zwar beträchtliche Geländegewinne, wurden schließlich aber zum Stehen gebracht. Der am 31. Januar versuchte Gewinn der Kubanbrücke ostwärts Schabanochabl wurde ebenfalls abgewehrt.

Der Angriff auf Krasnodar wurde abgewiesen. Der neue Angriff am 4. Februar mit frischen Kräften, der sich am 5. Februar auf den gesamten Abschnitt der 101. JägDiv. ausweitete, wurde von GenMaj. Vogel mit unterstellten Teilen der rum. 9. KavDiv. unter Oberst Negrescu abgewiesen. 18 T 34 blieben zerschossen auf dem Kampffeld liegen.

Die letzte Kubanbrücke in diesem Raum wurde vom GR 326 so lange gehalten, bis auch das letzte Fahrzeug sie passiert hatte. Oberst Keiser, der RgtKdr., verließ als letzter die Brücke, die hinter ihm in die Luft flog.

Auf der Straße nach Ssewerskaja erreichte das GR 326 Anschluß an seine Truppe.

Der Kubanbrückenkopf

Dieser starke Brückenkopf war von Hitler befohlen worden, um damit eine neue Ausgangsbasis für die endgültige Eroberung des Kaukasusgebietes und der Ölquellen der UdSSR zu erhalten.

Die Sowjetarmee erreichte bis zum 22. Februar 1943 die Linie zwischen Kalabatka - Prikubanski und südlich des Kuban jene zwischen Prokowski - Cholmskaja.

Die Nachhuten der 46. ID gingen bei Ust-Labinskaja in der Nacht zum 31. Januar 1943 über die Kriegsbrücken, die anschließend gesprengt wurden.

Dennoch gelang es den Sowjetsoldaten nördlich und südlich davon auf ausgelegten Brettern über den vereisten Kuban zu gelangen, doch sie waren zu schwach, um mehr als einen örtlichen Erfolg zu erzielen.

Am 1. Februar kam Generaloberst Ruoff, der OB der 17. Armee, nach Woronezkaja zum GefStand von General Konrad, der inzwischen seit einigen Wochen die Führung des XXXXIX. GebKorps von General Lanz übernommen hatte. In einem ausführlichen Gespräch kamen die beiden Generale darin überein, alle schadhaften Fahrzeuge zu sprengen, den etappenweisen Rückzug in den Kubanbrückenkopf zu vollziehen, sobald die bereitgestellten Baubataillone die Stellungen ausgebaut hatten.

Sobald dann die Eisverhältnisse in der Straße von Kertsch die Rückführung der für die Krim und die HGr. Don bestimmten Verbände zuließ, mit der Rückführung zu beginnen und gleichzeitig den Kuban-Brückenkopf zu verkleinern.

Auch mit den übrigen Korps der 17. Armee besprach GenOberst Ruoff solche Planungen.

Wie gestaltete sich dieser sowjetische Überraschungsschlag im einzelnen, und welche Kräfte waren daran beteiligt?

Sowjetische Landungen bei Noworossijsk

Bereits am 20. Dezember 1942 wurde von Agenten und sowjetischen Überläufern ein bei Anapa bevorstehender Landungsversuch des Gegners bekannt. Dies war für die 17. Armee Anlaß, die Verteidigung neu zu formieren.

Die Kampfgruppe Küste wurde mit der 73. ID und der rum. 10. ID gebildet. GenLt.v. Bünau, Kdr. der 73. ID, übernahm hier die Führung.

Die aus der 9. ID und der rum. 3. GD bestehende KGr. Albin wurde unter den Befehl des Kdr. der 9. ID gestellt.

Die sowjet. 47. Armee begann Ende Januar die Stellungen der 9. und 73. ID anzugreifen. Doch sie erzielte keinen Durchbruch. Nun griff Marschall Stalin auf einen Plan zurück, der ihm vorher zu abenteuerlich erschienen war: Ein Landeunternehmen mit Handstreich auf Noworossijsk.

Das Unternehmen begann in der Nacht zum 31. Januar 1943 mit der Beschießung deutscher Stellungen im Raume Noworossijsk von See her. Darin griff der Kreuzer »Vorosilov« mit drei Zerstörern ein. Generaloberst Ruoff war nicht davon überzeugt, daß die Sowjets in einem so frontnahen Raum landen könnten. Er verfügte dennoch Alarmstufe 1 für die Krim und die Küste von Taman bis nach Anapa. Er befürchtete, daß seine Armee in der Kertschstraße abgeschnürt werden könnte.

Entgegen diesen Befürchtungen vertrat GenLt. von Bünau die Überzeugung, daß der Feind zu Landungen in der Osereikabucht, also im Nahraum von Dnjepropetrowski, landen werde.

Als dann aber in der Nacht zum 4. Februar der Sowjet-Zerstörer »Bojkij« mit vier U-Jägern den Hafen von Anapa beschoß und vier Torpedokutter der UdSSR vor Kap Zhelesny Rog auf- und abstanden, wurde dort eine Landungszone vermutet.

Eine Stunde nach Mitternacht des 4. Februar aber wurden die Orte Osereika, Wassilewka, Borissowkja und Mefodijewka durch sowjetische Bomber angegriffen und die deutschen Scheinstellungen in der Osereikabucht beschossen.

Der sowjetische Landungsstoß galt also der zwei Kilometer breiten Osereikabucht und dem nach Norden auslaufenden schluchtartigen Strand, der sich etwa 10 km weit nach Norden erstreckte.

Diese Meldung wurde von Major Dr. Lahmeyer, Kdr. der HeKüArtAbt. 789, direkt an die 73. ID weitergegeben.

Nach dem »Wirkungsschießen« der Schiffsgeschütze von 1.00 bis 2.00 Uhr begann das Übersetzen der ersten Welle in Stärke von 1500 Mann Marine- und Panzertruppen. Mit erstem Büchsenlicht folgten weitere Landungen mit Panzern.

Es waren Teile der 83. und 255. Marinebrigade und der 165. Schützenbrigade, die hier an Land gingen. Von den Panzerlandungsschiffen sank eines, ein zweites wurde durch Treffer beschädigt und setzte die Panzer zu früh aus, so daß sie untergingen. Nur ein Teil der Panzer erreichte den Landekopf.

Dennoch konnten sich die Männer der 1. Welle am Strand festsetzen, sodaß der sowjetische Nachrichtenoffizier den Funkspruch absetzte: »Habe Landekopf! Verstärkung her!«

Da der Beschießungsverband unter VAdm. Vladimierskij nicht rechtzeitig zur Stelle war, fehlte die Feuerunterstützung für die erst jetzt eintreffenden Landungsfahrzeuge, die von der deutschen Küstenartillerie beschossen und zum Großteil zum Abdrehen gezwungen wurden.

Die 1. Landungswelle blieb also weitgehend an diesem Morgen allein auf sich gestellt.

GenLt. von Bünau erhielt als Unterstützung zur Abwehr das aus Krymskaja herausgezogene III. JgR 229 der 101. JägDiv.

Am 5. Februar ging eine KGr. unter Lt. Wieczorek gemeinsam mit einigen rumänischen Einheiten gegen den Landestrand vor. Sie fanden hier nur Tote, Panzerwracks und gestrandete und auf Grund liegende Landungsfahrzeuge. Bis zum folgenden Tage wurden 594 Gefangene gemacht. Von den übrigen 1.216 Mann konnten sich nur wenige zur Landfront der Sowjets durchschlagen.

Eine kleine Nebenlandung bei Stanitschka, einem Vorort von Noworossijsk gelang, obwohl es sich nur um ein Täuschungsunternehmen handelte. Kommandeur dieser Gruppe war Major Kunikow, der die an der Küste liegenden Einheiten der rum. 10. ID überraschte und Stanitschka besetzte. Hier wurde wenig später eine zweite 590 Mann starke Landungswelle nachgeschoben, die den Landekopf ausdehnen konnte und sich in dem dicht verfilzten bergigen Gelände einnistete.

General Petrow, OB der »Schwarzmeergruppe«, sah in diesem Nebenlandeplatz die Chance, trotz des Desasters bei Osereika, dort zum Zuge zu kommen. Die Hauptlandungsgruppe, noch immer auf dem Rückmarsch über See nach Gelendschik und Tuapse befindlich, wurde auf See angehalten und zum Landekopf Stanitschka zurückgeschickt. In der Nacht zum 5. Februar landete dort ein Regiment, und am 7. Februar befanden sich insgesamt 8000 Mann im Landekopf Stantschka. Bis zum 9. Februar wurde die dortige Kampfstärke auf 17.000 Mann gebracht.

Der deutsche Gegenangriff begann am 8. Februar, doch nun waren die Kräfte des Feindes den deutschen Verbänden zahlenmäßig weit überlegen und wurden aus der Luft und von See her tatkräftig unterstützt. Der Angriff sollte über Stanitschka bis zum Myschakoberg führen, auf dessen Hügel sich die Sowjet-Soldaten eingegraben hatten.

In einem blutigen Häuserkampf ging das angesetzte GR 305 unter Oberstleutnant de Temple bis auf Reste verloren.

Damit hatte Major Kunikow einen großen Erfolg errungen. An seiner Seite stand als Politoffizier Oberst Breznew, der die Truppe immer wieder anfeuerte und ständig zwischen dem Festland und dem Brückenkopf hin- und herfuhr, um das größtmögliche Maß an Hilfe für Kunikow zu erhalten.

Dieser Kampf ging später als Ringen um das »Kleine Land« in die Kriegsgeschichte ein.

Der Brückenkopf konnte nicht eingedrückt werden. Er sollte sich bis Oktober 1943 auf 78.000 Mann ausweiten.

Doch zurück zu den Einzeldarstellungen auf deutscher Seite.

Rückzug zum »Gotenkopf« Versorgungsflüge

Der Südflügel der 17. Armee sollte bei Noworossijsk stehenbleiben, während der Nordflügel in mehreren Etappen bis zum 25. Februar hinter die Protoka zurückgehen würde.

Die HGr. B war bis zum 31. Januar in die vorbereiteten Stellungen gelangt.

Am Asowschen Meer stand das LII. AK mit der rum. 2. GebDiv., der 50. und 370. ID.

Auf dem Südufer des Kuban hatte das XXXXIV. ArmKorps mit der 101. und 97. JägDiv sowie der 125. und 198. ID unter Einschluß rumänischer Verbände Stellungen bezogen.

Das Nordufer des Kuban wurde beiderseits Ust-Labinskaja vom XXXXIX. Geb-Korps mit der 46. ID und den Gebirgsdivisionen 1 und 4 besetzt.

Die 17. Armee ging in vier Zeitabschnitten auf die »Große Gotenstellung« zurück.

Die Versorgung des sich solcherart bildenden Kubanbrückenkopfes war durch die Sperrung der Nachschubwege über Bataisk und Rostow nur noch über die Halbinsel Taman, die Straße von Kertsch und die Krim möglich.

Da diese Möglichkeiten begrenzt waren und zudem das Bauen von Landungsstegen und Brücken infolge der Eisverhältnisse nicht möglich war, mußte ein weiteres Mal die Luftwaffe in die Bresche springen; sie hatte im Kampf um die Versorgung von Stalingrad schwere Verluste erlitten.

Es war vor allem die Kampfgruppe 200, die mit viermot. Fernkampfflugzeugen ausgestattet war. Sie unterstand mit ihrem Kommandeur, Major Willers, dem Transportführer, Obert Morzik, in Saporozje. Sie führte den Löwenanteil der Versorgungseinsätze durch. Sie flog vom 4. bis zum 12. Februar 1943 mit insgesamt jeweils 3-7 Maschinen 42 Versorgungseinsätze und schaffte Versorgungsgüter und Munition in den Kubanbrückenkopf. Der Verband erhielt Befehl zum Rückflug nach Berlin-Staaken.

Der 43. und letzte Versorgungseinsatz wurde von einer letzten FW 200 am 13. Februar geflogen. Die Transportleistung dieser Kampfgruppe belief sich in wenigen Tagen auf 116 Tonnen Munition, 75,6 Tonnen Verpflegung, 50,4 Tonnen Kraftstoff und 12 Tonnen Gerät. Ausgeflogen wurden 830 Verwundete, 1.057 Soldaten und 55,1 Tonnen Kupfer.

Neben diesem Verband war eine Reihe weiterer Einheiten der Luftwaffe zur Versorgung des Brückenkopfes eingesetzt.

Und zwar:

KGr. z.b.V. 9: Oberst Jäckel/Hptm. Ellerbrock aus Sarabus
KGr. z.b.V. 102: Oberstltlt. Erdmann, Maj. Penkert aus Sarabus
KGr. z.b.V. 50: Major Baumann aus Samorsk
KGr. z.b.V. 172: Major Zähr aus Bagerowo
KGr. z.b.V. 500: Major Beckmann aus Cherson.

Diese Transportgruppen waren mit Ju 52 ausgestattet. Sie verfügten über jeweils etwa 40-45 Maschinen, von denen jeweils zirka 30 einsatzbereit waren. Sie erzielten vom 5. bis zum 25. Februar jeweils etwa eine Tagesleistung von 110 Tonnen Munition, Betriebsstoff und Verpflegung und brachten (wie am 5. Februar gezählt) 366 Verwundete, 357 Soldaten und 25,7 Tonnen Gerät zurück.

Einsätze des VIII. Fliegerkorps

Während des Rückzuges der 17. Armee mit der rechten Flanke in Noworossijsk befahl die Luftflotte 4 dem VIII. Fliegerkorps, die Bewegungen der 17. Armee aus der Luft bestmöglich zu unterstützen. (Siehe: Kurowski, Franz: Balkenkreuz und roter Stern, Der Luftkrieg über Rußland 1941 bis 1944).

Das VIII. Fliegerkorps griff mit allen Stukaverbänden an und vernichtete Truppenbereitstellungen des Feindes ebenso wie feindliche Panzerspitzen, während die Bomberverbände die Nachschubwege und Bahnlinien der Truppen der Sowjetunion bombten.

Schwache Jagdverbände, dem VIII. FlK zur Verfügung gestellt, griffen sowjetische Luftverbände an, vor allem Schlachtflieger, die sich auf deutsche Nachhutstellungen stürzen wollten. Sie schossen eine große Zahl feindlicher Flugzeuge ab.

Als die Sowjets in der Nacht zum 3. Februar 1943, unterstützt von starken Artilleriekräften und Schiffsgeschützen, Noworossijsk angriffen, fuhren Landungstruppen auf Sturm- und Schnellbooten über die 4,5 km breite Bucht von Noworossijsk. Sie sicherten eine Reihe von Landungspunkten und Brückenköpfen. Hier setzten die Angriffe des VIII. Fliegerkorps ein. Zwei der ersten Brückenköpfe wurden zerbombt und die Rotarmisten sowie die Soldaten der Roten Marine über See zurückgeschlagen.

Am 4. Februar erfolgte eine weitere Landung; diesmal waren es die 165. Schützenbrigade und die Marinebrigaden 83 und 255, von kleineren Einheiten und Verbänden unterstützt.

Auch für diesen Landungsverband war die sowjetische Scharzmeerflotte südlich Noworossijsk aufgekreuzt. Drei Kreuzer und drei Zerstörer führten die wirkungsvolle Artillerieunterstützung durch. Ein weiterer, kleinerer Ablenkungsverband mit zwei Zerstörern, drei Kanonenbooten und kleineren Einheiten leistete dem größeren Dekkungsverband Artillerieunterstützung. Zur Täuschung beschoß ein Zerstörer Anapa.

Es war die Luftwaffe, die an der Beseitigung und Niederhaltung dieser Angriffskräfte entscheidenden Anteil hatte.

Der Gegenangriff des Heeres gegen den starken sowjetischen Brückenkopf südlich von Noworossijsk jedoch schlug nicht durch. Die Sowjets verstärkten ihn, um von hier aus dem deutschen Drehpunkt Noworossijsk den Garaus zu machen.

Dieser Brückenkopf wurde wiederholt durch Stukas des VIII. FlK angegriffen. Auch die sowjetischen Zufuhrkonvois über See zu diesem Brückenkopf wurden mehrfach schwer getroffen und teilweise unterbunden. Diese Angriffe wurden in der Hauptsache durch Ju 88 und He 111 geflogen. In der ersten Zeit beteiligten sich auch die Maschinen der I./StG 3 an den Angriffen.

In diesem Raum starteten immer mehr Sowjet-Jäger moderner Baumuster und griffen die deutschbesetzten Flugfelder und Häfen, insbesondere im Großraum Kertsch mit der Absicht an, die Versorgung für die 17. Armee zu unterbinden.

In der von der HGr. Süd erreichten Gotenkopfstellung gaben die Verbände des VIII. FlK der 17. Armee jede nur mögliche Untertützung gegen sowjetische Sturmverbände, die Rote Luftwaffe und Schiffe. Bomber und Sturzkampfflugzeuge flogen ihre Angriffe gegen Bahnlinien des Gegners, Versorgungsstraßen und Brücken im Kaukasus und verhinderten dadurch zusätzlich das schnelle Heranrücken weiterer Streitkräfte des Feindes in dieses Gebiet.

Das war einer der Hauptgründe der sowjetischen Luftwaffenführung, starke Verbände gegen die verschiedenen Positionen der 17. Armee und insbesondere gegen die deutschen Flugfelder im Kubanbrückenkopf anzusetzen. Schlagkräftige Verbände der IL 2-Sturmowik-Einheiten versuchten den deutschen Nachschubhafen Taman zu vernichten.

Um den gesamten Kubanbrückenkopf wirksam schützen zu können, fehlten der Luftwaffe im Süden der Ostfront mindestens zwei Jagdgeschwader. Darüber hinaus waren die vorhandenen Jägereinheiten durch die nassen Flugfelder in ihren Aktionen stark beeinträchtigt. Es war also Hauptaufgabe der Flak, den Gegner zu vernichten.

Vor allem die 9. Flakdivision unter GenMaj. Pickert hatte diese Aufgabe übernommen. Pickert war zum Kommandeur aller Flakverbvände der 17. Armee ernannt worden. Seine Truppen verteidigten die Häfen Kertsch, Taman, Anapa und Temrjuk gegen feindliche Luftangriffe. Unterstützt wurde die Flak durch zwei schwache Jäger- und eine Stukagruppe.

Das Hauptverteidigungsgebiet war die Straße von Kertsch. Weitere Flakeinheiten flossen diesem Raum nach und nach zu. Als alle eingetroffen waren, verfügte die 9. Flakdivision über eine vorher nie erreichte Gefechtsstärke.

Neben der Unterstützung der Kämpfe der 17. Armee und dem Kampf gegen die Feindverbände auf ihrer Verfolgung oblag es dem VIII. FlK, große Mengen an Versorgungs- und Kriegsmaterial für die Armee zu überfliegen. Täglich wurden auch Truppen ein- und Verwundete ausgeflogen. Munition, Waffen und Treibstoff galt es heranzuschaffen. Ab dem 9. März - dies sei hier vorausgeschickt - wurden auch Seeflugzeuge eingesetzt, um Versorgungsflüge und Verwundetentransporte durchzuführen.

Die am Tage durch Artillerie und Luftwaffe erlittenen Verluste glich die Rote Luftwaffe durch allnächtlich laufende Nachschubgeleite aus.

Der Einsatz des VIII. FlK wurde in einem Tagesbefehl des OB der HGr. A, GFM von Kleist, vom 28. Februar 1943 gewürdigt. Darin heißt es:

»Das VIII. Fliegerkorps hat in dieser Zeit 50.000 Soldaten aus dem Brückenkopf ausgeflogen, die verwundet waren.« (Siehe KTB der Luftflotte 4: Einsatz der Luftflotte 4 im Kampfraum Süd der Ostfront vom 1.1.1943 bis 12.9.1943; G/VI/4d Karlsruhe Document Collection).

Die Leistungen der Ju 52-Transportgruppen vom 26. Februar bis zum 25. März waren enorm. So wurden insgesamt 5.263 Tonnen Versorgungsgüter und Waffen aller Art in den Brückenkopf geflogen. Am 12. März gelangen Versorgungsflüge mit 660 Tonnen (!) Material.

Auf dem Rückflug nahmen diese Flugzeuge im genannten Zeitabschnitt 5.139 Spezialisten mit. Hinzu kamen 989 Tonnen wertvoller Geräte und 11.818 Mann, überwiegend Verwundete.

Der Gesamtversorgungszeitraum betrug 50 Tage. Während dieser Zeit wurden insgesamt 5.418 Tonnen Versorgungsgüter in den Kubanbrückenkopf geflogen; das ergibt einen Tagesdurchschnitt von 182 Tonnen, was übrigens fast das Doppelte jenes Tagesdurchschnitts bedeutete, der nach Stalingrad überflogen werden konnte. Allerdings waren die Flugwege auch bedeutend kürzer als jene von den einzelnen Versorgungsstützpunkten nach Stalingrad.

Seenotflieger im Kubaneinsatz

Als nach dem Verlust von Stalingrad nach Einsetzen der Schlammperiode der Kubanbrückenkopf nicht mehr durch Landflugzeuge versorgt werden konnte, erhielt Major Hansing, der im Januar 1942 die Nachfolge von Major Fengler als Leiter der Seenot-Zentrale Konstanza übernommen hatte, den Auftrag, als Transportführer (See) einen Seeflugzeug-Transportverband zusammenzustellen.

Dieser erhielt Weisung, mit seinen Seeflugzeugen den Kubanbrückenkopf zu versorgen. Der Stab dieses Verbandes unter dem Kommando von Oblt. Wind konnte in Sewastopol 18 DO 24-Flugboote übernehmen, die er in zwei Staffeln einteilte:

1. Seetransportstaffel: Oblt. Stretter.
2. Seetransportstaffel: Oblt. Hülsmann.

Eine weitere Seetransportgruppe, bestehend aus Ju 52, wurde auf Schwimmer gesetzt und als »Pantinen-Ju« auf dem Ortalisee unter Major Gude zusammengefaßt.

Vom 5. bis 25. März 1943 flogen alle drei Verbände in 3-4 Einsätzen täglich 1.910 Tonnen Transportgüter in den Brückenkopf. Bei diesen Einsätzen ging eine Ju 52 verloren.

Ausladeplatz war die Ortschaft Gostagajka am Witjasewski-See nördlich von Anapa. Dort hatten Heerespioniere lange Stege mit einer Ausladerampe gebaut. An behelfsmäßig ausgelegten Gummibojen machten die Flugzeuge fest. Von Pioniersturmbooten gezogene Flöße schafften die Versorgungsgüter an Land. Ein starker Kordon schwerer und mittlerer Flak schützte diesen Ausladehafen. Auf dem Rückweg nahmen die Maschinen so viele Verwundete mit, wie dies möglich war.

Der KommGen. des XXXXIX. Gebirgskorps, General Konrad, dankte den Seenotfliegern für diese Hilfeleistung besonders. Aber auch General der Flieger Fiebig, KommGen. des VIII. FlK, sprach dem Seenotdienst seine besondere Anerkennung aus.

Daß darüber hinaus im Frühjahr und Sommer 1943 vom Seenotdienst Schwarzes Meer 21 erfolgreiche Seenoteinsätze geflogen und durch Fl-Boote gefahren wurden, bei denen 69 deutsche, rumänische und sowjetische Flieger gerettet wurden, sei besonders erwähnt. Es war GenLt. Mahnke, KommGen. des I. FlK, der diese Leistung besonders würdigte. (Siehe Kühn, Volkmar: Der Seenotdienst der Deutschen Luftwaffe 1939-1945).

Weitere Einsätze der Luftflotte 4 im Kubangebiet

In der Nacht zum 12. März sichteten Luftaufklärer der Luftflotte 4 einen Tanker der Sowjetflotte. Dieser wurde von den darauf angesetzten Booten der 1. Schnellboot-Flottille vor dem Hafen von Tuapse gestellt und mit Torpedos in Brand geschossen.

Luftminenoperationen gegen den Hafen Gelendschik und Bombardierungen anderer Häfen waren weitere Aufgaben der Luftflotte 4. Am 30. März wurde der letzte Transportflug in den Kubanbrückenkopf geflogen. Am 1. April wechselte die Befehlsführung im Großraum Kuban-Krim. Das VIII. FlK wurde in den Nordraum der Luftflotte 4 verlegt, um der Armeegruppe Kempf zu helfen, die in schweren Abwehrkämpfen stand. Das I. FlK unter GenLt. Korten mit HQ in Simferopol übernahm von diesem Tage an alle Einsätze im Kubanbrückenkopf. In Kertsch wurde ein vorgeschobener GefStand errichtet.

Hauptaufgabe des I. FlK war die Unterstützung des Heeres durch Angriffe gegen Truppenkonzentrationen des Gegners. Vor allem galt es, Artilleriestellungen des Feindes zu zerschlagen, Straßen- und Bahnlinien zu unterbrechen und die sowjetischen Luftaktivitäten zu unterbinden.

Als sowjet. Truppen bei Krimsk einen Durchbruch erzielten, flog das I. FlK zusammengefaßte Luftangriffe gegen die eingedrungenen und durchgebrochenen Feindkräfte. Jäger und Schlachtflieger schossen an diesem Tage 56 Feindflugzeuge ab und vernichteten durch die Panzerkampf-Staffel acht Feindpanzer.

Der deutsche Angriff mit dem Codenamen »Neptun« gegen den feindlichen Brükkenkopf südlich Noworossijsk wurde mit starker Luftunterstützung geführt. Zwei Jäger- und Stukagruppen sowie ein Kampfgeschwader mit zwei Gruppen griffen den durchgebrochenen Feind an. Sie richteten ihre Angriffe auch gegen die Batterien der Sowjets entlang dem Ostufer der Bucht.

Dennoch gelang es den deutschen Truppen nicht, tiefer in den Brückenkopf einzudringen. (Siehe dazu: Plocher, Hermann: The German Air Force versus Russia 1943).

Der am nächsten Tag neu angesetzte Angriff drang ebenfalls nicht sehr tief in den Brückenkopf ein, in dem Eliteverbände der Sowjets sich in den Boden gekrallt hatten.

Nunmehr erhielt das Stukageschwader 2 »Immelmann« unter Oberstleutnant Dr. Kupfer, der am 8. Januar 1943 als 173. deutscher Soldat das Eichenlaub erhalten hatte, den Befehl, die Hauptwiderstandsnester der Sowjets anzugreifen und diese im Punktangriff zu vernichten. Hinzu kamen Angriffe auf erkannte sowjetische Truppenkonzentrationen und feindliche Überwachungspositionen.

Der erste Angriff war durch das schlechte Wetter behindert. Dennoch konnte eine Feindbatterie und eine daneben liegende Infanteriestellung sowie eine weitere Batterie getroffen werden.

Jäger der Sowjet-Luftwaffe starteten in unregelmäßigen Abständen und schossen drei Ju 87 an, die auf dem Flugfeld bei ihrer Rückkehr eine Bruchlandung machten. Vier weitere Ju 87 wurden so schwer getroffen, daß sie ausfielen. Dennoch wurden insgesamt 494 Einsätze geflogen. Sowjet. Flak schoß im Bereich ihres Brückenkopfes ebenfalls vier Ju 87 an.

Am 18. April wurden von den Stukas insgesamt 511 Einsätze geflogen. Jeweils 25 Maschinen begannen ab 4.45 Uhr mit diesen Angriffen und führten bis zum Abend etwa jede 20 Angriffe durch. Die frühe Zeit am Morgen erklärt sich dadurch, daß bei den deutschen Truppen auch weit im Osten mitteleuropäische Zeit galt.

Auf der »Jägerhöhe« und dem »Russenriegel« wurden schwere Treffer erhielt.

Der 19. April sah, von 16 Ju 87 durchgeführt, weitere 294 Einsätze zur Unterstützung der 17. Armee im Kampf um diesen großen Brückenkopf, der Noworossijsk gefährdete und damit die gesamte Kubanbrückenfront zum Einsturz bringen konnte. Diesmal wurden der feindbesetzte »Tafelberg« und der »Zuckerhut« getroffen.

Der Angriff wurde am 20. April wieder aufgenommen. Die Sowjets hielten die Jägerhöhe mit letzter Kraft. Hier hatten sich die Verteidiger in die Erde eingegraben und wiesen den deutschen Infanterieangriff ab. Die Truppe erlitt schwere Verluste.

Dieser am 17. April begonnene Angriff gegen den Brückenkopf Myschako wurde für viele deutsche Soldaten zu einem Todesunternehmen. Hier kam es auch zwischen der Luftwaffe und den sowjetischen Fliegerkräften zu harten Auseinandersetzungen. In ihrem Verlauf schossen die Kräfte des I. FlK allein am 20. April 91 Feindflugzeuge ab. Über der rechten Flanke der 17. Armee waren es 56 Feindflugzeuge, die abgeschossen wurden.

Am 25. April wurde dieser Angriff eingestellt.

Die sowjetischen Luftstreitkräfte

Gegen Ende April begann die Sowjetarmee einen weiteren Durchbruchsversuch gegen die Truppen des XXXXIV. AK bei Krimskaja. Auch dagegen traten Verbände des I. FlK an und versuchten mit allen greifbaren Maschinen den Angriff zum Stehen zu bringen. Am 29. April wurden 63 Feindflugzeuge abgeschossen, am nächsten Tag waren es 32 und am 3. Mai noch einmal 35 Abschüsse. Der 4. Mai sah noch einmal starke Konzentrationen im Luftraum, was mit dem Abschuß von 24 Feindflugzeugen verbunden war.

Aus sowjetischen Quellen ist zu erkennen, daß die deutschen Luftangriffe gegen den Myschakoberg als besonders schwer empfunden wurden. Um diesen deutschen Angriffen gewachsen zu sein, hatte die Sowjet-Luftwaffe etwa 500 Flugzeuge bereitgestellt, darunter 100 Bomber. Die weite Entfernung ihrer Flugfelder ließ keine Massenstarts zu. Im Gegensatz dazu erreichten die deutschen Fliegerverbände von den nahegelegenen Flugfeldern Gostagajewskaja und Anapa aus den Kampfplatz in kürzester Zeit, so daß selbst die Jäger mindestens 30 Minuten über Myschhako bleiben konnten.

Am 21. April erschien General Nowikow, der OB der sowjetischen Luftstreitkräfte, auf einem vorgeschobenen Gefechtsstand, um von dort aus die Luftkämpfe beobachten zu können. Direkt über seinem Kopf gelang es dem Piloten Rhyklin mit seiner IL 2, beim Angriff von vier deutschen Jägern zwei von ihnen durch seinen Heckschützen Jefremenko abzuschießen. Dann wurde der Pilot verwundet, doch es gelang ihm, die IL 2 zum Flugplatz zurückzubringen und zu landen. General Nowikow ließ den beiden Männern eine der in der UdSSR ebenso wie in Deutschland bekannte »Schlachtfeldbeförderung« angedeihen. Rhyklin wurde zum Ersten, Jefremenko zum zweiten Leutnant befördert. Später wurden beide mit dem Goldenen Stern eines Helden der Sowjetunion ausgezeichnet.

Am 21. und 22. April flogen sowjetische Verbände Einsätze über den Abschnitt Noworossijsk und meldeten insgesamt 45 Abschüsse. Insgesamt wurden von den sowjetischen Fliegerkräften in der Zeit vom 17. bis zum 24. April 182 Abschüsse gemeldet und die Vernichtung und Beschädigung von weiteren 260 deutschen Flugzeugen am Boden hinzugefügt, womit sie nahezu das gesamte I. FlK. ausgerottet hätten. Über die eigenen Verluste bemerkten die sowjetischen Berichte, daß sie bedeutend geringer gewesen seien, als die deutschen.

Neben diesen Ungereimtheiten (es waren überhaupt keine 442 deutschen Flugzeuge in diesem Raum vorhanden) waren die Angriffe der Sowjet-Flieger dennoch bedrohlich und forderten Opfer. Jener Angriff gegen Krymskaja am Morgen des 29. April, der sich gegen das XXXXIX. GebKorps richtete und von der 56. Armee geführt wurde, erfuhr die volle Unterstützung der sowjetischen Luftstreitkräfte. Es waren Einheiten der sowjet. 4. Luftarmee, die seit dem Beginn des Angriffs 210 Tonnen Bomben in die geplante Einbruchstelle warfen.

Aus den russischen Quellen ist zu entnehmen, daß der Luftwaffeneinsatz am Morgen des 20. April besonders gut gelungen sei. Man habe mit 60 Bombern, denen ein Geleitschutz von 30 Jägern beigegeben worden sei, die deutschen Truppenansammlungen direkt hinter dem Rand des Brückenkopfes 30 Minuten vor Beginn des deutschen Angriffs auf den Myschakoberg geflogen.

Nach kurzer Pause hätten weitere 100 sowjetische Flugzeuge diesen Raum ein zweites Mal angegriffen. Somit sei der deutsche Angriff bereits vor seinem Beginn schwer gestört worden.

Eine spezielle Gruppe sowjetischer Abfangjäger - so dieser Frontbericht der Sowjet-Luftwaffe weiter - habe die deutschen Angreifer zu stoppen versucht und eine Reihe deutscher Flugzeuge abgeschossen. Hinzugekommen sei dann der Angriff der Langstreckenbomber der Fernfliegerverbände, die deutsche Flugplätze auf der Krim, vor allem die deutsche Hauptbasis Sarabus, so schwer getroffen hätten, daß allein dort etwa 100 deutsche Flugzeuge vernichtet oder schwer beschädigt worden seien.

Die sowjetischen Angriffe gegen Krymskaja, die am Morgen des 29. April begannen und von der 56. Armee geführt wurden, stießen auf das XXXXIV. AK unter General Rendulic. Auch dieser Angriff wurde von der sowjet. Luftmacht stark unterstützt. Bereits in der Nacht vor Angriffsbeginn flog die 4. Luftarmee Angriffe gegen die Einbruchstelle und warf 210 Tonnen Bomben. Hier kämpfte das 46. Nachtbomber-Regiment unter dem weiblichen Major Berzanskaja. Die ebenfalls weiblichen Pilotinnen flogen die Bomber des Typs Po 2 und erledigten ihre Aufgaben mit äußerster Präzision.

Ein weiterer Angriff der 4. Luftarmee erfolgte am Morgen des 30. April. 144 Bomber und 82 Schlachtflieger, geschützt durch 265 Jagdflugzeuge, belegten drei Stunden lang die deutschen Truppen mit Bomben oder griffen sie im Erdangriff mit allen Bordwaffen an. Durch die von ihnen zu schlagende Lücke sollten die Bodentruppen - immer weiter von den Luftstreitkräften unterstützt - vorstoßen.

Um diesen Durchbruchsversuch der Russen zu stoppen, ließ das I. Fliegerkorps sofort Bomber und Schlachtflugzeuge sowie Jäger starten.

Der Himmel über Krymskaja war an diesem Tage voller Flugzeuge: deutscher wie sowjetischer. Nach zuerst lockeren Luftduellen begann schließlich eine permanente

Luftschlacht über diesem Gebiet, die bis zum 12. Mai andauerte. Jeden Tag gab es etwa 40 Luftduelle, in die bis zu 100 Flugzeuge beider Seiten verwickelt waren.

Nach sowjetischen Angaben verlor das I. Fliegerkorps täglich im Durchschnitt 18 Jäger und 12 Kampfflugzeuge.

Daß von den wenigen vorhandenen deutschen Jägergruppen in diesen 12-tägigen Kämpfen nicht 252 Maschinen - also zweieinhalb volle Luftgeschwader - abgeschossen sein konnten, ist bewiesen, weil das I. Fliegerkorps nicht annähernd über so viele Maschinen verfügte.

Hier die Darstellung eines Luftkampfes, der sich am 29. April über Krymskaja ereignete: Der bekannte Jagdflieger Glinka, in der sowjetischen Siegerliste mit 50 Luftsiegen an vierter Stelle geführt, war an diesem Tage mit sechs seiner Jäger gestartet, um einen deutschen Bomberverband zu stellen. Als am frühen Morgen eine Gruppe Ju 88 das Dorf überflog, griff Glinka mit seiner Staffel an. Er schoß zunächst das führende Feindflugzeug ab und vernichtete in den folgenden Kämpfen zwei weitere deutsche Bomber. Dieser verwegene Angriff unterbrach einen deutschen Überfall von 60 Flugzeugen. (Siehe: Kilmarx, Robert A.: The Soviet Air Force in World War II).

In diesem Luftraum kämpfte auch Georgij Golubew vom 16. Garde-Jägerregiment. Er berichtete, daß beinahe jeder Pilot seines Regiments in diesen Tagen durchschnittlich 4-7 Einsätze geflogen sei und dabei zwei- bis dreimal in Luftkämpfe verwickelt wurde. Er bemerkte:

»Im überfüllten Luftraum über Krymskaja entwickelten sich Luftkämpfe von äußerster Schnelligkeit. Geriet ein Pilot in diesen Strudel, dann sah er sich einem verwirrenden Spiel der Luftduelle gegenüber. Die Blitze der Leuchtspurgeschosse, das Rattern der MG, die Flakexplosionswolken und das wilde Durcheinander von Flugzeugen in unterschiedlicher Höhe zerrte an den Nerven.« (Siehe: Golubew, Georgij: Kampfeinsätze über dem Kubanbrückenkopf).

Das 29. Jägerregiment schoß am 3. Mai 1943 zehn deutsche Flugzeuge ab und beschädigte zwei weitere. Jahre nach Kriegsende berichtete Luftmarschall Werschinin, daß über dem Kubanbrückenkopf der Jagdflieger Semenischin mit seiner I 16 hervorragendes Können und große Tapferkeit unter Beweis gestellt habe. »Als Staffelkapitän war er ein As, auch wenn er - was seine Abschußzahlen angeht - nicht ganz an Pokryschkin herankam.«

Am 3. Mai war es das sowjetische 2. Bomberkorps, das mit 162 Maschinen Angriffe gegen deutsche Artilleriestellungen flog. In Intervallen von 10 bis 15 Minuten griffen sie immer wieder an. GenMaj. Uzakow, der Kommandeur dieses Verbandes, flog den ersten Angriff selber mit.

Gleichzeitig damit ebneten die IL 2-Gruppen des 2. Gemischten Fliegerkorps unter dem Kommando von GenMaj. Jermenko den russischen Panzerspitzen den Weg. Dieser Schlachtflieger- und Bomberverband erzielte in den ersten vier Schlachttagen bei 2.243 Einsätzen große Erfolge. Damit konzentrierte die 4. Luftarmee alle Angriffe auf einem Streifen von 30 Kilometern der insgesamt 160 km langen Frontlinie, um den Bodentruppen hier den Durchbruch zu verschaffen.

Vom 29. April bis zum 10. Mai flog die 4. Luftarmee insgesamt 12.000 Einsätze. Es galt, 285 Luftkämpfe zu bestehen, in denen die Sowjets insgesamt 368 deutsche Flugzeuge abgeschossen haben wollen. Dennoch gelang es der sowjet. 56. Armee nicht, das ersehnte Ziel, Anapa und damit das Schwarze Meer, zu erreichen. Von April bis Juni 1943 flog in diesem Luftraum auch A.L. Iwanow vom 57. Gardejäger-Regiment, der als erster russischer Verband mit Spitfire-Flugzeugen ausgestattet worden war.

Die deutsch-sowjetischen Luftduelle setzten sich weiter fort, und hier war es, wo Aleksandr Pokryschkin nicht weniger als 20 seiner deutschen Jagdfliegergegner abschoß und als Staffelkapitän zum »Helden des Kuban« wurde. Um ihn sammelten sich weitere erfolgreiche Flieger der UdSSR, so die Brüder Dimitrij und Boris Glinka, die 21 und 10 Luftsiege errangen. G.F. Reschkalow kam hinzu, er brachte es auf insgesamt 55 Abschüsse und stand damit an dritter Stelle der Abschußlisten der Sowjet-Luftwaffe. Er war über dem Kuban elfmal erfolgreich. Reschkalow wurde zweimal mit dem goldenen Stern eines Helden der Sowjetunion ausgezeichnet.

Dann flog am Himmel über dem Kuban auch Vadim Fadejew, der hier 19 Luftsiege erzielte, N.E. Kawitzkij mit 15 Luftsiegen und A.L. Prokozchikow mit 20 Abschüssen. Einige weitere stießen hinzu. Boris Glinka, der jüngere der Glinkabrüder, erzielte in 15 Luftkämpfen zehn Siege.

Wenn an dieser Stelle ein knappes Bild von der sowjetischen Jägerwaffe gezeichnet wurde, das beliebig verlängert werden könnte, dann in der Absicht, dazulegen, daß die sowjetischen Flieger nicht - wie dies oftmals dargestellt wurde - wohlfeile Opfer deutscher Jäger gewesen seien und daß über der UdSSR erzielte Luftsiege deutscher Jäger nicht soviel zählen würden, wie beispielsweise über Afrika oder im Kampf mit englischen Gegnern über der Deutschen Bucht. Im Osten mußte ebenso hart um den Sieg gekämpft werden, das beweisen diese knappen Zeilen. Die Piloten des Gegners waren durchweg Freiwillige, durch die vormilitärische Ausbildung geschulte und besessene Kämpfer.

Dies zeigte sich auch in der Bekämpfung der deutschen Nachschubgeleite zum Kaukasus und in den Kubanbrückenkopf, der abschließend auch ein Bild über die sowjetischen Schlachtflieger geben soll.

Schlachtflieger der Sowjet-Luftwaffe gegen den deutschen Nachschubverkehr

Schiffsgeleitzüge, von den deutschen Versorgungsverbänden zusammengestellt, liefen tagsüber durch die Straße von Kertsch nach Anapa. Dort wurden sie ausgeladen und noch bei Tageslicht durch die Straße von Kertsch zurückgeleitet.

In Anapa, aber auch teilweise unterwegs standen deutsche Jäger als Jagdschutz zur Verfügung, ohne jedoch die Gesamtstrecke schützen zu können.

Die ersten 40 Geleite des Unternehmens »Kleiner Bär« kamen gut von Kertsch nach Anapa durch. Am 23. April erfolgte ein Angriff auf »Kleiner Bär 41«, der von sowjetischen U-Booten geführt wurde. Ohne Erfolg für diese mußte der Angriff abgebrochen werden.

Am 19. Mai 1943 wurde »Kleiner Bär« von acht Bombern der Sowjet-Luftwaffe mit etwa 100 Bomben belegt. Die beiden Marinefährprähme F 309 und F 367 wurden von mehreren Bomben getroffen und sanken. Ein weiterer MFP wurde beschädigt. Zwei Flugzeuge wurden von der Bordflak abgeschossen.

»Kleiner Bär 97« wurde von sieben IL 2 am 27. Mai angegriffen. Ein MFP wurde beschädigt, eine IL 2 abgeschossen.

Drei Tage darauf griff die Sowjet-Luftwaffe mit neun Bombern und sechs Jägern »Kleiner Bär 99« an. MFP 332 sank. Drei Sowjet-Flugzeuge wurden von den Booten mit ihrer Bordflak abgeschossen. Neun Flugzeuge fielen den rechtzeitig hinzustoßenden deutschen Jägern zum Opfer, nur drei Flieger konnten entkommen.

Vom 1. Juni an erhielt diese Geleitzugoperation die Bezeichnung »Hagen«. Bereits »Hagen 4« wurde am 4. Juni angegriffen. Acht Bomber mit sechs Maschinen als Jagdschutz drehten vor dem dichten Abwehrfeuer ab.

Erst »Hagen 6« wurde mit der Beschädigung eines MFP beeinträchtigt, und mit »Hagen 23 erzielten die Angreifer wieder die Versenkung eines MFP.

»Hagen 34« erlitt zwei Verluste durch schwere Beschädigung der MFP, als acht IL 2 am 6. Juli angriffen. Vier Tage darauf wurde »Hagen 38« von zehn IL 2 angegriffen, die zwei MFP trafen. Zwei Schlachtflieger wurden abgeschossen.

Der 13. Juli wurde für »Hagen 40« zum Großkampftag, denn 15 IL 2 griffen an, die zwei MFP beschädigten. Als die Sowjet-Flieger am selben Tag ein von Anapa zurückkehrendes Geleit angriffen, versenkten sie ein geschlepptes Landungsboot und beschädigten drei MFP, sie verloren aber durch die Bordflak vier Maschinen. Mehrere weitere Angriffe boten dem Angreifer die Chance, erneut deutsche Einheiten zu vernichten. Aber erst mit »Hagen 90« wurde ein Geleitzug von 18 und dann noch einmal 13 Bombern angegriffen. Der »harte Schlag«, der den deutschen Nachschubverkehr schwer treffen sollte, sah nur die Beschädigung eines MFP.

Am 20. September lief der letzte Geleitzug für den Kubanbrückenkopf mit der Bezeichnung »Hagen 91«. Auf dem Wege nach Anapa wurde der Konvoi ergebnislos von sieben IL 2 angegriffen. In Anapa angekommen, wurden sie von 35 Flugzeugen angegriffen, wobei nur ein MFP beschädigt wurde.

Das Fazit lautete deutscherseits: »Von 190 nach Anapa zur Versorgung des Kubanbrückenkopfes ausgelaufenen Geleiten wurden nur 30 angegriffen. Es gingen insgesamt drei MFP und Landungsboote verloren, einige wurden schwer beschädigt, eine Reihe weiterer erhielten leichte Beschädigungen.

Die Sowjet-Luftwaffe verlor bei diesen Angriffen 45 Flugzeuge, überwiegend gepanzerte IL 2-Schlachtflugzeuge.« (Siehe: Plocher Hermann: a.a.O.).

Doch zurück zu den Landkämpfen, die nach dem erfolglosen deutschen Angriff gegen den Myschakoberg mit der Tatsache sowjetischer Brückenköpfe bei Noworossijsk leben mußten.

Kampfgebiet Krymskaja

Krymskaja, Schauplatz erbitterter Luftduelle, war gleichzeitig auch und vor allem das »Bollwerk« des »Großen Gotenkopfes«. Hier vollzog sich der Einsatz nach dem 23. März 1943 im Kubenbrückenkopf. Die Rote Armeeführung benannte die Schwarzmeergruppe in »Nordkaukasusgruppe« um.

Nach der Konsolidierung der Lage bei Charkow und Rostow konnte dem Kubanbrückenkopf - wie skizzenhaft dargelegt - wieder mehr Luftunterstützung gewährt werden. In einigen deutschen Stäben wurde dadurch sogar die Erwägung genährt, daß von hier aus auch die Kaukasusoperation mit Beginn der Operation »Zitadelle« wieder anlaufen könnte.

Die neue HKL war für die deutschen Verteidiger günstig, denn vom Rand des Asowschen Meeres mit seinen weiten Schilf- und Moorgebieten nach Süden verliefen einige Flußbarrieren, deren Ufer versumpft waren. Die Südfront wiederum zog sich durch das Waldgebirge, und in der Mitte beiderseits Krymskaja wurde ein tiefgestaffeltes Verteidigungssystem ausgebaut, weil die Sowjets hier angreifen mußten, wenn sie Aussicht auf Erfolg haben wollten.

Die »Nordkaukasusfront« setze die 56. Armee beiderseits der Bahnlinie Krasnodar - Krymskaja an, mit dem Befehl, dort den Durchbruch zu erzwingen und die nördlich und südlich davon stehenden deutschen Verbände zu überflügeln, abzuschneiden und zu vernichten.

Ostwärts von Krymskaja verteidigte die 97. JägDiv. einen 10 km breiten Abschnitt der HKL. GenLt. Rupp, ihr Kommandeur, hatte bereits am 7. März für die Abwehrleistungen seiner Division das RK erhalten. Nun oblag ihm die Aufgabe, den ersten sowjetischen Angriffsstoß aufzufangen.

Der Angriff der sowjet. 56. Armee begann am 3. April mit sechs Divisionen, mehreren Panzerverbänden und 30 Batterien. Die Spitzengruppe bildete die 2.GSD, die eine Ausgangsposition für den Hauptangriff erringen sollte. Der Angriff wurde abgeschlagen.

Am Morgen des 4. April setzte um 8.00 Uhr starkes Artillerie- und Werferfeuer ein. Der Großangriff begann. Die 55. GSD und 61. und 383. SD erzielten mit ihren Sturmbataillonen zwischen Bahn und Straße einen Einbruch, der bis zur südlich an die 97. JägDiv. anschließenden 9. ID reichte.

Der Tiger-Panzer sollte endlich die russische Panzerüberlegenheit brechen. Wo immer er auftauchte, war er ein gefürchteter Gegner. Jedoch kamen zu wenige Tiger an die Front. Der Inspekteur der Panzertruppe, Generaloberst Guderian bei einer Besichtigung.

Frühjahr 1943 am Wolchow: Ein abgeschossener T 34 steht in der Landschaft.

Die 5 cm-Pak 40 war die bis 1942/43 am häufigsten produzierte Panzerabwehrkanone der Deutschen. Erst später kam die leistungsfähigere 7,5 cm-Pak vermehrt an die Front.

Die russische 7,62 cm-Allzweckkanone war eine sehr gefürchtete Waffe. Sie wurde wegen der hohen Fluggeschwindigkeit ihrer Geschosse „Ratsch-Bumm" genannt. Der Einschlag der Granate erfolgte unmittelbar nach dem Ertönen des Abschussknalls.

Wie immer hatte die Infanterie, nunmehr Grenadiere genannt, die Hauptlast des Kampfes zu tragen.

Dieser große Bomben- oder Granattrichter diente der Landsergruppe als Ort für eine Verschnaufpause.

Ein deutsches MG 34 feuert auf die angreifenden russischen Verbände.

Angehörige eines Grenadierbataillonsstabes im Frühjahr 1943 bei Kowel.

Eine Rotte FW 190 Jäger startet zum Feindflug. Die Stärke der russischen Luftstreitkräfte war im Jahr 1943 wesentlich größer als zu Beginn des Russlandfeldzuges.

Russische LaGG 5-Jäger machen sich zum Start bereit.

Die Stukas wurden bei Schwerpunktangriffen auch 1943 in großer Zahl eingesetzt.

Eine Heinkel He 111 Besatzung feiert den 500-sten Feindflug ihrer Staffel. Die He 111 und die Ju 88 waren bis 1944 die am meisten eingesetzten Horizontalbomber der Luftwaffe.

Als taktisches Aufklärungsflugzeug hatte die Focke Wolf FW 189 sehr gute Eigenschaften.

Eine deutsche Panzereinheit passiert eine Gruppe gefangener Russen.

Panzer III mit der langen 5 cm-Kanone gehen mit Grenadieren zum Angriff vor.

Auch wenn ab 1943 Panther- und Tiger-Panzer an die Front gelangten, blieb der Panzer IV, inzwischen mit der langen 7,5 cm-Kanone ausgestattet, das „Arbeitspferd" der deutschen Panzerwaffe.

Behelfslösungen wie der Marder II, hier im Bild, waren im Feuerkampf gegen die russischen T 34-Panzer wegen ihrer mangelhaften Panzerung deutlich unterlegen.

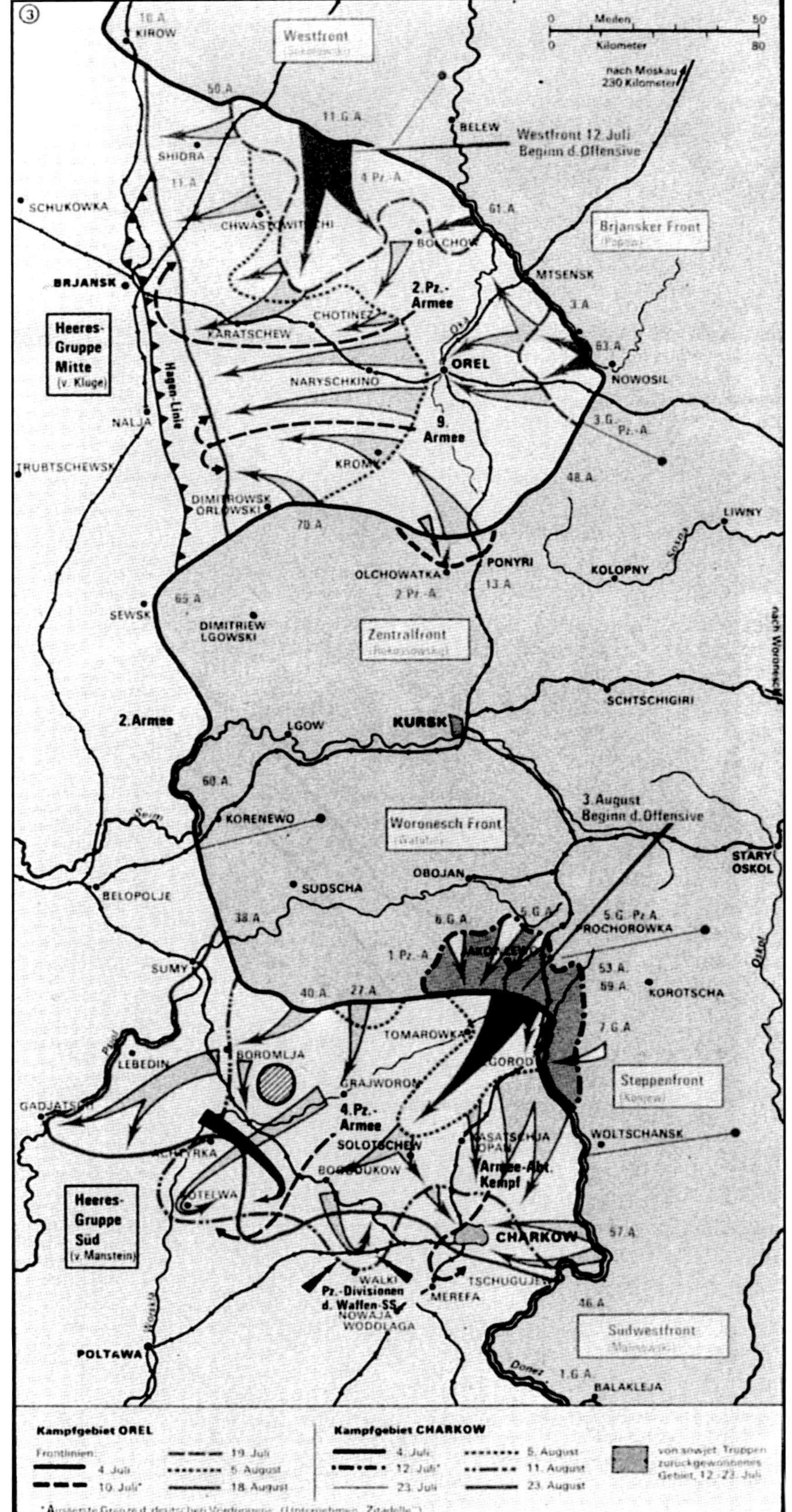

Die große deutsche Offensive im Juli 1943 mit dem Decknamen „Zitadelle" gegen den Frontbogen bei Kursk, sollte das Kriegsglück im Osten noch einmal wenden. Hier blutete die deutsche Panzerwaffe aus, und die Russen starteten eine Gegenoffensive, die die deutschen Geländegewinne zunichte machten.

Die Panzerschlacht am Frontbogen bei Kursk erreichte eine Dimension von bis dahin nicht da gewesenem Ausmaß. Sie forderte ungeheure Verluste auf beiden Seiten. Panzer IV mit Seitenschürzen, die gegen Hohlladungsgeschosse angebracht waren, auf dem Vormarsch.

Eine Gruppe Panzer IV, die mit 7,5 cm-Kanone ausgestattet sind, wird zum weiteren Vormarsch bereitgestellt. Endlich war es dem Panzer IV möglich, den russischen Panzer T 34 wirkungsvoll zu bekämpfen.

Ein Tiger muss wegen technischem Defekt abgeschleppt werden. Ein mühsames Unterfangen für die 18-Tonnen-Zugmaschine.

Eine Gruppe deutscher Grenadiere geht an einem abgeschossenen T 34 vorbei weiter vor.

Generalfeldmarschall Erich von Manstein, einer der fähigsten deutschen Strategen 1942-44.

Tiger bei der Fahrt durch Charkow. Nicht selten wichen russische Panzer fluchtartig zurück, wenn Tiger auf dem Schlachtfeld auftauchten.

Auch der Panther war eine sehr wirkungsvolle Waffe. Zum Zeitpunkt der Kursker Panzerschlacht jedoch technisch noch nicht voll ausgereift, fiel er wegen diverser technischer Defekte oft aus.

Der Panzerjäger „Elefant“ oder „Ferdinand“ genannt, besaß eine starke Bewaffnung und Panzerung. Viele dieser Panzerjäger gingen jedoch durch technische Defekte verloren.

Ein Tiger im Nachtkampf um eine brennende Ortschaft.

General der Infanterie Karl Hollidt führte nach der Katastrophe von Stalingrad die neu aufgestellte 6. Armee.

Oberstleutnant Willy Langkeit führte das Panzerregiment 36 mit großem Erfolg und war bei seinen Männern sehr beliebt.

Oberstleutnant Adelbert Schulz (links im Bild) führte das Panzerregiment 25 und erhielt für seine Führungsleistungen am 6. August 1943 die Brillanten zum Ritterkreuz mit Eichenlaub und Schwertern verliehen. Neben ihm ist Friedrich von Steinkeller im Bild.

Bis zum Mittag konnte GenLt. Rupp den Gegenangriff vorbereiten. Der 1500 m breite Einbruchsraum wurde abgeriegelt, der eingedrungene Feind vernichtet. Die alte HKL war wieder hergestellt.

Das XXXXIV. ArmKorps meldete die Gefahr, die an dieser Stelle drohte, und das AOK 17 stellte ihre Reserve in Gestalt der KGr. Brux südwestlich Krymskaja bereit. Oberstleutnant Brux, seit dem 8. Februar auch Träger des Deutschen Kreuzes in Gold, kämpfte mit seinem PGR 66 der 13. PD mit vollem Einsatz. Der erneut angreifende Gegner wurde geworfen.

Erst am 14. April setzte die Sowjetarmee diesen Angriff fort, nachdem sie mit starken Fliegerkräften (siehe Vorkapitel) Krymskaja angegriffen hatte. In drei Stoßkeilen drangen russische Panzerverbände vor. Sie erzielten auf einer Breite von 2000 m einen Einbruch. Krymskaja schien verloren und damit auch der Schlüsselpunkt der gesamten Kubanfront, denn von hier aus führte die einzige Straße zur Taman-Halbinsel und eine zweite direkt nach Noworossijsk.

Die 97. JägDiv. und ihr unterstellte rumänische Verbände hatten ein zweites Mal diesem Ansturm standzuhalten.

Den Sowjets gelang es, bis Mittag an den Südrand von Krymskaja heranzukommen. Aus dem Nachbarabschnitt der 101. JägDiv. wurde das III./*JR 228 in den bedrohten Raum geworfen. Dann rollte die KGr. Brux vor. Sie durchstieß den Gegner und gelangte bis zum Fuß der feindbesetzten Höhe 68,8, wo sie liegenblieb. Damit war die Schließung der Frontlücke durch die KGr. Brux erfolglos geblieben.

Dennoch hatten diese Abwehrstöße den Gegner in Gestalt der 83. GebSchtzDiv. und der 383 SD derart geschwächt, daß er in den erreichten Stellungen liegenblieb, um das Herankommen von Verstärkungen abzuwarten.

Dies sah GenLt. Rupp als einzige Chance an, den Gegner mit allen Kräften - »unter Schwächung des Nordflügels« - anzugreifen. Diesmal sollte die KGr. Malter gemeinsam mit der KGr. Brux angreifen und die alte HKL zurückgewinnen. Der Angriff wurde von deutschen und russischen Fliegern aus der Luft in Angriff und Abwehr unterstützt. Dreh- und Angelpunkt war der Besitz der Höhe 68.8, die, von Stukas mit Bomben belegt, dennoch dem folgenden Angriff standhielt.

Am Abend, nach dem Eintreffen sowjetischer Verstärkungen wurden die deutschen KGr. wieder Schritt für Schritt zruückgedrängt. GenLt. Rupp befürwortete beim Korps die Zurücknahme auf eine neue westlich davon verlaufende Stellung. Dies wurde abgelehnt.

Angriff und Gegenstoß wechselten einander ab. Erst nachdem die StGeschAbt. 249 mit ihrer 3. Batterie das Kampffeld erreichte, wurde der Angriff erneuert, und als gegen Mittag noch mal Stukas in den Kampf eingriffen, wurde die Höhe 68.8 zurückgewonnen. Als der Abend dieses 16. April einfiel, war die alte HKL bis auf einige kleine Stücke wieder in deutscher Hand.

38 Sowjet-Panzer wurden von den Erdtruppen und der Sturmgeschütz-Batterie, zehn weitere durch Stukas vernichtet.

»Dieser Erfolg mußte teuer erkauft werden, er war aber entscheidend für die Gesamtlage im Brückenkopf.« (GenLt. Rupp in seinem Tagesbefehl vom 17. April 1943. Ernst Rupp fiel am 30. Mai 1943 im Kampf.)

Die Sowjets führten die Angriffsoperationen am 29. April mit starkem Trommelfeuer fort. Wieder wurde die 97. JägDiv. schwer getroffen. 60 angreifende T 34 wurden abgewiesen und eine Reihe davon abgeschossen. In der folgenden Nacht wurde Krymskaja durch Bomberverbände des Feindes mit 3.500 Bomben aller Kaliber belegt. Unter ihnen auch Luftminen. Damit wollte man die Zuführung deutscher Reserven verhindern.

Die Kämpfe setzten sich auch am 30. April fort. Der 1. Mai wurde von einem starken sowjetischen Artilleriefeuerschlag eingeläutet, bevor der Angriff in mehreren Wellen vorgetragen wurde. Die deutsche HKL konnte sich halten.

Am Nordflügel der 97. JägDiv. gelang es an diesem Tage zwei Bataillonen des Feindes durchzusickern und bis nach Kesslerowo durchzustoßen. Hier war es Hptm. Randelshofer vom Divisionsstab der 97. JägDiv., der die Gegner im Zusammenwirken mit einer Angriffsgruppe unter Oberst Weber, bestehend aus Teilen der rumän. 19. ID, vernichtete.

Bis zum 3. Mai hielt die 97. JägDiv. ihre Stellungen ostwärts Krymskaja. Der Angriff der Russen, von General Zhukow befohlen, setzte am 3. Mai wieder ein. Als sich eine südliche Umfassung der Ortschaft abzeichnete, wurde Krymskaja in der Nacht zum 4. Mai geräumt und die D-Linie - eine vorgeschobene Linie des »Großen Gotenkopfes« - auch »Blaue Linie« genannt - bezogen.

Am 12. Mai mußte die 97. JägDiv. Teile der Stellungen der sich anschließenden 9. ID mit übernehmen.

Die Kämpfe im Kubanbrückenkopf entwickelten sich in den folgenden Wochen zu ständigen Auseinandersetzungen mit den angreifenden sowjetischen Verbänden. Da die Front des XXXXIV. ArmKorps durch die Zuführung der 79. ID verstärkt wurde, konnte der Gegner aufgehalten werden.

Die 17. Armee sah den Abschied von Generaloberst Ruoff und erhielt General der Pioniere Jaenecke zum neuen Oberbefehlshaber. Auch die Führung der Sowjets in diesem Raum wechselte, als Marschall Zhukow andere Aufgaben übernahm und an seine Stelle Generaloberst Petrow trat, der nun die Nordkaukasusfront führte.

Die sowjetische Offensive zum Durchbruch durch die Blaue Linie begann am 26. Mai 1943. Ein Durchbruch konnte nicht erzielt werden. Der Angriff wurde am 27. Mai fortgesetzt, und der 28. Mai sah die erbitterten Kämpfe um Borissowka.

Hier war es, wo Leutnant Lumpp, Führer der 3./GR 226, über sich hinauswuchs. Als der Feind in Borissowka eingedrungen war und Haus um Haus im Nahkampf zu nehmen begann, wurde Lt. Lumpp mit seinen letzten 50 Soldaten bis auf die letzten Häuser zurückgedrückt. Von dort aus trat er mit seinen Männern zum Gegenstoß an. Mit wenigen MPi, Pistolen, Spaten und Seitengewehren stürmte der Leutnant seinen Männern voran. Die wenigen Handranaten unterstützten den Häuserkampf wirkungsvoll. Haus um Haus wurde zurückgewonnen, oftmals im härtesten Nahkampf. Ein heranrollender T 34 wurde mit einer Tellermine vernichtet. Die anderen rollten zurück. Es war 11.30 Uhr, als Lt. Lumpp nach mehr als sechstündigem Kampf über Funk an das Regiment meldete:

»Feindpanzer haben sich zurückgezogen. Borissowka wieder fest in unserer Hand. Lt. Lumpp verwundet.«

Innerhalb von zwei Stunden des Häuserkampfes war Lt. Lumpp sechsmal (!) verwundet worden. Er erhielt das Goldene Verwundetenabzeichen und wurde zum Ritterkreuz eingegeben, das ihm am 18. Juli verliehen wurde.

Die Kämpfe um Borissowka brandeten noch einmal am 29. Mai auf. Sowjetische Flugzeuge ließen Phosphor auf die Ortschaft abregnen und Bomben werfen.

Am Nachmittag des 30. Mai erfolgte ein völlig überraschender Luftangriff auf den DivGefStand der 97. JägDiv.. Hierbei fand GenLt. Rupp den Tod.

Am nächsten Morgen traten mit dem ersten Büchsenlicht die Kampfgruppen von Gaza und Polster zum Gegenangriff an. Die Ortschaft Gorischtschnyj wurde hart umkämpft, die Höhe 121,4, Angriffsziel der KGr. von Gaza, konnte nicht genommen werden. die 97. JägDiv. blieb vor Tambulowskij liegen.

Am 4. Juni traf GenMaj. Ludwig Müller als neuer DivKdr. bei der 97. JägDiv. ein. Er sollte diese ruhmreiche Division noch lange führen.

Die Kämpfe im Kubanbrückenkopf flauten ab. Wenden wir uns zunächst der HGr. Mitte zu, wo neben den Kämpfen um Welikije Luki weitere schwere und dramatische Kämpfe im Frühjahr 1943 tobten.

HEERESGRUPPE MITTE - ERSTES HALBJAHR 1943

Die Übersicht

Nach den Versuchen der Sowjetarmee und noch während ihrer Bemühungen, bei Welikije Luki den ersehnten Durchbruch zu erzwingen, hatte sie sich bereits seit Beginn des Jahres 1943 auf den rechten Flügel der Heeresgruppe Mitte konzentriert. Dort bestand für sie die Chance, nach Stalingrad zu großen Erfolgen zu kommen. Der im Winter erzielte Einbruch in die deutsche Front westlich Kursk sollte zum Sprungbrett für eine neue Offensive werden, mit dem Ziel, den deutschen Frontbogen beiderseits von Orel abzuschneiden und - wenn möglich - die Front der gesamten HGr. Mitte zum Einsturz zu bringen.

Diese Offensive wurde Generaloberst Sokolowskij, OB der »Brjansker Front« übertragen. Sein Kriegsrat war Generalleutnant Bulganin.

Sokolowskij setzte seine 13. und 48. Armee als Speerspitze ein. Diese stieß am Morgen des 12. Februar mit der geballten Kraft der vorausrollenden Panzerbrigaden in die HKL der 2. Armee hinein.

Generaloberst von Salmuth, OB dieser Armee, hatte soeben eine neue HKL im Raume westlich Kursk eingerichtet, verfügte aber noch nicht über jene Kräfte, die einer Armee zustanden.

In Stützpunktkämpfen dramatischen Zuschnitts kämpften die Gegner in dem tief verschneiten Gelände 42 Tage und Nächte um den Sieg. In dieser Zeit erzielten die sowjet. Verbände Geländegewinne zwischen 10 und 30 Kiometern und erreichten am 24. Februar die Linie Nowosil - Maloarchangelsk - Briarzewo.

Das STAWKA hatte bereits am zweiten Tage der Schlacht Befehl an die »Woronesch-Front« gegeben, die »Brjansker Front« zu unterstützen. Dazu mußte sie aus dem Nordteil der HGr. Süd nach Nordwesten abgedreht werden. Hinzu kam die »Zentralfront« unter Armeegeneral Rokossowskij. Sie eröffnete den Angriff am 15. Februar und trat mit drei Armeen und einer Panzerarmee aus ihrem Abschnitt Fatesh - Lgow an. Die sowj. 2. Panzerarmee erhielt Weisung, gemeinsam mit der 65. Armee Orel frontal anzugreifen.

Dieser Angriff stieß auf die Stellungen der deutschen 2. Panzerarmee unter Generaloberst Schmidt, dem als Chef des Generalstabes Generalmajor von Kurowski zur Seite stand. (Kurowski hatte als Oberst i.G. am 23.1.1942 das RK erhalten).

Erst am 25. Februar gelang es der sowj. 115. Panzerbrigade unter Oberst Sankowskij, am äußersten linken Flügel der Zentralfront einen Einbruch zu erzielen, in den hinein General Rokossowskij das II. Kavalleriekorps unter GenMaj. Krujkow nachschob.

Das Panzerarmee-Oberkommando ließ sofort Teile der 5. GebDiv. unter GenLt. Ringel und der 221. Sich.Div. unter GenMaj. Lenz zum Gegenstoß antreten. Da auch sie - ohne schwere Waffen und Panzer - sich schrittweise zurückziehen mußten, wurde von der HGr. die unter dem Kommando von GenMaj. Schneider stehende 4. PD in die Frontlücke dirigiert.

Die Spitzeneinheiten dieser Division trafen am 7. März in Nowgorod-Ssewersk ein und wurden durch GFM von Kluge, dem OB der HGr. Mitte, persönlich zum Angriff eingesetzt.

Die 4. PD kämpfte verbissen und brachte den sowjetischen Vorstoß zum Stehen, konnte jedoch nicht verhindern, daß die Rotarmisten am 10. März Nowgorod-Ssewersk in Besitz nahmen.

Der Angriff der »Zentralfront« wurde am 23. März eingestellt. Der Frontvorsprung bei Orel wurde gehalten. Die Offensive auf dem rechten Flügel der HGr. Mitte wurde eingestellt. Weder Welikije Luki, das die Sowjets hatten erobern können, noch Orel hatte den beiden Flügeln der HGr. Mitte entscheidend geschadet.

Rshew wurde - wie dargestellt - geräumt, Demjansk freigegeben. Hitler hatte in seinem Gespräch mit den Oberbefehlshabern der HGr. Mitte, GFM von Kluge und Süd, GFM von Manstein, am 6. Februar zu den notwendigen Räumungsaktionen sein Ja gegeben.

Es war die 9. Armee unter Generaloberst Model, die mit ihren fünf Korps zu Beginn des Jahres 1943 noch immer bei Rshew gehalten hatte und nun den Rückzugsbefehl gab, der wie geplant ablief. Damit sollten Truppen eingespart werden und als Reserven dienen. Doch Hitler hatte es anders beschlossen. Er wollte 1943 so früh wie möglich seine Offensive wieder aufnehmen. So erließ denn das OKH in seinem Auftrag am 13. März 1943 den Operationsbefehl Nr. 5 mit der »Weisung für die Kampfführung der nächsten Monate«. Es ging darum, dem Gegner zuvorzukommen und noch vor dem Losbrechen der sowjetischen Offensive die Initiative zu übernehmen.

Immerhin hatte die Ostfront neben den schweren Rückschlägen und Niederlagen auch einige Erfolge erzielt. Zu ihnen zählten: Die erfolgreiche Verteidigung des Raumes Orel, die Rückeroberung von Charkow und Bjelgorod.

In Begleitung des Chefs des Generalstabes des Heeres, GenOberst Zeitzler, traf Hitler am 13. März in Minsk, dem HQ der HGr. Mitte ein. Hitler befahl hier, aus den Kräften der 9. Armee eine Angriffsgruppe zu bilden und mit ihr eine große Operation nach Süden zu beginnen.

Das Heeresgruppenkommando gab am 23. März Model die Weisung, die Vorbereitungen zu diesem Offensivschlag zu treffen.

Dazu verlegte das HQ der 9. Armee am 30. März nach Orel. Alle übrigen Großverbände der HGr. Mitte erhielten Befehl, zur Verteidigung überzugehen. So sollte die 2. PzArmee eine Stellung an der Oka und Bolwa ausbauen, während die 4. Armee die Kirowstellung ausbauen sollte. Die 3. PzArmee sollte wiederum den Raum zwischen Dnjepr und Düna befestigen.

Mit seinem Stab bezog GenOberst Model am 5. April das neue HQ Kiskinka nahe Orel. Am 9. April legte Model seinen Vorschlag zur Durchführung der Operation »Zitadelle« vor. Dieser wurde vom HGr. Kdo weiter ausgearbeitet. Es leitete den endgültigen Entwurf am 12. April dem OKH zu.

Als Model am 19. April von der HGr. Süd - deren Führung er für den in Urlaub gefahrenen GFM von Manstein übernommen hatte - in sein HQ zurückkehrte, lag dort Hitlers Operationsbefehl Nr. 6 vom 15. April 1943, Nr. 430246/43 vor:

»Ich habe mich entschlossen, sobald die Wetterlage dies zuläßt, als ersten der diesjährigen Angriffsschläge den Angriff ›Zitadelle‹ zu führen. Ihm kommt daher ausschlaggebende Bedeutung zu. Er muß schnell und durchschlagend gelingen. Er muß uns die Initiative für dieses Frühjahr und den Sommer in die Hand geben. Deshalb sind alle Vorbereitungen mit größter Umsicht und Tatkraft durchzuführen. Die besten Verbände, die besten Waffen, die besten Führer, große Munitionsmengen sind an den Schwerpunkten einzusetzen.

Der Sieg von Kursk muß für die Welt wie ein Fanal wirken!« Nun war es an GenOberst Model, am 16. April alle Kommandierenden Generale und deren Stabschefs sowie die Ersten Generalstabsoffiziere in sein HQ zu befehlen. Als Fazit dieser Besprechung wurde durch Model dem HGrKdo gemeldet und damit die Feststellung verbunden, daß die 9. Armee für diese Aufgabe nicht voll ausgestattet sei. Dem Fehl an Offizieren und Soldaten stünden Fehlbestände in den Panzerdivisionen und den Artillerieverbänden zur Seite.

Diese Meldung, so berechtigt sie auch war, wurde von der Heeresgruppe in Zweifel gezogen. Die Auseinandersetzungen drohten den Zusammenhalt zu zerstören, sodaß GenOberst Zeitzler am 24. April ins Armee-HQ 9 flog, um Frieden zu stiften und Model willfähriger zu machen.

GenOberst Model jedoch war nicht umzustimmen. Wenn er angriff, dann mußte er seine Truppe auf dem Beststand haben. Er flog ins FHQ und trug Hitler vor. Es stellte sich heraus, daß seine 9. Armee in der Tat einen Fehlbestand von 26.442 Mann aufwies. Durch Heeresaufklärer hatte Model feststellen lassen, daß die Sowjets vor seiner Front in stark befestigten Stellungen lagen.

Wenn GenOberst Model auch die Heeresgruppe nicht überzeugen konnte, Hitler war nach dem Vortrag des Generalobersten dessen Meinung und verschob den Angriff auf den 10. Mai. (Siehe Kollatz, Karl: Generalfeldmarschall Walter Model).

Am 4. Mai kam es zu einer Aussprache zwischen den Spitzen der Heeresgruppen, den Armeeoberbefehlshabern und deren Generalstabsoffizieren. Wieder war es Model, der auf die besonderen Schwierigkeiten beim Durchbruch durch das feindliche Stellungssystem hinwies. Die beiden HGrOberbefehlshaber von Manstein (Süd) und von Kluge (Mitte) waren mit Generaloberst Zeitzler einer Meinung, daß der Durchbruch mit den vorhandenen Panzern und der Artillerie gelingen müsse.

Der Panzerexperte, GenOberst Guderian, hingegen wies besonders darauf hin, daß die Panzerwaffe noch nicht wieder auf der Höhe ihres Sollstandes sei, daß sie aber die

Initiativschläge werde führen müssen, weshalb die Offensive so lange verschoben werden müsse, bis die Panzerwaffe ihren Bestzustand erreicht habe. GenOberst Guderian schlug vor, dem Feind an allen Frontabschniten Abnutzungsschlachten zu liefern und erst dann, wenn die Panzerwaffe wieder voll auf der Höhe und mit den schweren Tigern ausgestattet sei, also erst im Jahre 1944, diesen Offensivschlag zu führen.

Hitler ließ den Angriff ein weiteres Mal bis zum Juni verschieben. Bis dahin wollte er dafür sorgen, daß der HGr. Mitte alle zur Verfügung stehenden neuen Tigerpanzer und einige Sturmgeschütz-Brigaden zur Verfügung gestellt würden.

In der Tat erfolgte die Verstärkung der 9. Armee nunmehr zügig. In den drei Panzerkorps, über die sie verfügte, standen starke Panzerkräfte. So präsidentierte sich die HGr. Mitte mit folgenden Streitkräften: (Von Norden nach Süden bzw. von links nach rechts):

XXIII: AK:	Generalleutnant Frießner,
XXXXI. PzK:	General der Panzertruppe Harpe,
XXXXVII. PzK:	General der Panzertruppe Lemelsen,
XXXXVI. PzK:	General der Panzertruppe Zorn,
XX. AK:	General der Artillerie Frhr. von Roman,
Reserven:	10. PzGrenDiv., 4. PD, 12. PD.

Der 9. Armee gegenüber lagen mit der sowj. »Zentralfront« unter Armeegeneral Rokossowskij mindestens gleichstarke Verbände mit 31 Schützendivisionen, 9 Luftlandedivisonen, sechs Artilleriedivisionen und je einer Artillerie- und Werferbrigade. Hinzu kamen: eine Panzerabwehrbrigade, vier Panzerkorps und drei selbständige Panzerbrigaden.

Am 14. Juni wurde vom OKH der Operationsbefehl »Zitadelle« herausgegeben. Die 9. Armee erhielt folgenden Befehl:

»Während das XXIII. AK und das XXXXI. PzK die Ostflanke des Angriffskeiles der Panzer sichern, bildet das XXXXVII. PzK den Schwerpunkt und stößt auf das Höhengelände nördlich Kursk durch. Von dort setzt es den Vorstoß nach Süden bis zur Vereinigung mit der HGr. Süd fort.

Das XXXXVI. PzK sichert die Westflanke, während das XX. AK in seinen Stellungen verbleibt und Angriffsabsichten vortäuscht, um einen möglichst starken Gegner zu binden.«

Trotz der Zuführungen an gepanzerten Waffen war die Panzerlage der 9. Armee für ihre acht Panzerdivisonen einschließlich der schweren Panzerabteilung 505, die ihr unterstellt wurde und mit Tigern ausgestattet war, nicht voll befriedigend, denn diese acht Divisionen und die sPzAbt. 505 hatten nur 478 Panzer zur Verfügung. Allein die 5. PD verfügte über einigermaßen ausgeglichene Panzerkräfte in Gestalt von 84 Panzern; alle übrigen Divisionen waren um 30 - 50 Prozent unter Sollstärke mit Panzern ausgestattet.

Ein besonderes Plus für die 9. Armee waren allerdings die insgesamt 348 Sturmgeschütze in den 16 ihr zugeteilten Sturmgeschütz-Verbänden.

Die Luftunterstützung der 9. Armee war der Luftflotte 6 unter Generaloberst Ritter von Greim übertragen worden. Sie erhielt folgende Angriffsweisungen:

a) Störung der Kräftezufuhr des Feindes in den Raum Kursk,
b) Störung, wenn möglich Lähmung feindlicher Truppenbewegungen.
c) Unterstützung der Schwerpunktgruppe im Angriff nach Kursk.

GenOberst Ritter von Greim unterstellte alle fliegenden Verbände der 1. Fliegerdivision, GenLt. Deichmann.

Damit standen GenLt. Deichmann 730 Flugzeuge aller Art zur Verfügung. Diese waren auf den 15 Horsten rund um Orel eingefallen, um möglichst frontnah operieren zu können. Eine weitere Aufgabe dieser Verbände war es vor allem, feindliche Flugplätze auszuschalten und damit der sowjetischen Massierung der Fliegerkräfte entgegenzuwirken. Darüber hinaus aber hatten sie vor allem das XXXXVII. Panzerkorps bei seinem Durchbruch zu unterstützen und mit Bombern und Sturzbombern in den Erdkampf einzugreifen und die Lücken zu schlagen.

In zwei Tagesbefehlen, einmal an alle Truppenkommandeure, sodann auch an alle Soldaten von »Zitadelle« beschwor Hitler Offiziere und Mannschaften, diese »erste Offensivschlacht des Jahres 1943 erfolgreich durchzuschlagen«. Seine Aufrufe gipfelten in der Aufforderung:

»Der gewaltige Schlag, der die Sowjetarmeen am heutigen Morgen treffen wird, muß sie bis ins Tiefste erschüttern. Die deutsche Heimat blickt mit heißem Vertrauen auf Euch!«

Kurzbericht über die Vorbereitungen der Sowjetarmee

Am 20. April 1943 meldete der in der Schweiz arbeitende Geheimsender »Dora« den deutschen Angriffstermin gegen Kursk und fügte gleich hinzu, daß die Operation, die für die erste Maiwoche vorgesehen sei, verschoben würde.

Das STAWKA faßte alle Frontbefehlshaber bei Kursk zu einer Besprechung zusammen und begann anschließend damit, die insgesamt 360 km lange Front zu verstärken. Ostwärts Kursk bildete das sowjetische Oberkommando die »Steppenfront«, die unter den Befehl des bewährten Generalobersten Konjew gestellt wurde.

Diese neue Heeresgruppe sollte für den Fall des Durchbruchs deutscher Verbände durch die Front zum Einsatz gelangen und die deutschen Panzerkräfte vernichten. Dazu wurden ihr die 5. Gardepanzerarmee, das IV. Gardepanzerkorps, das X. PzK, das I. mech. Korps, drei Garde-Kavalleriekorps und die 5. Luftarmee unterstellt.

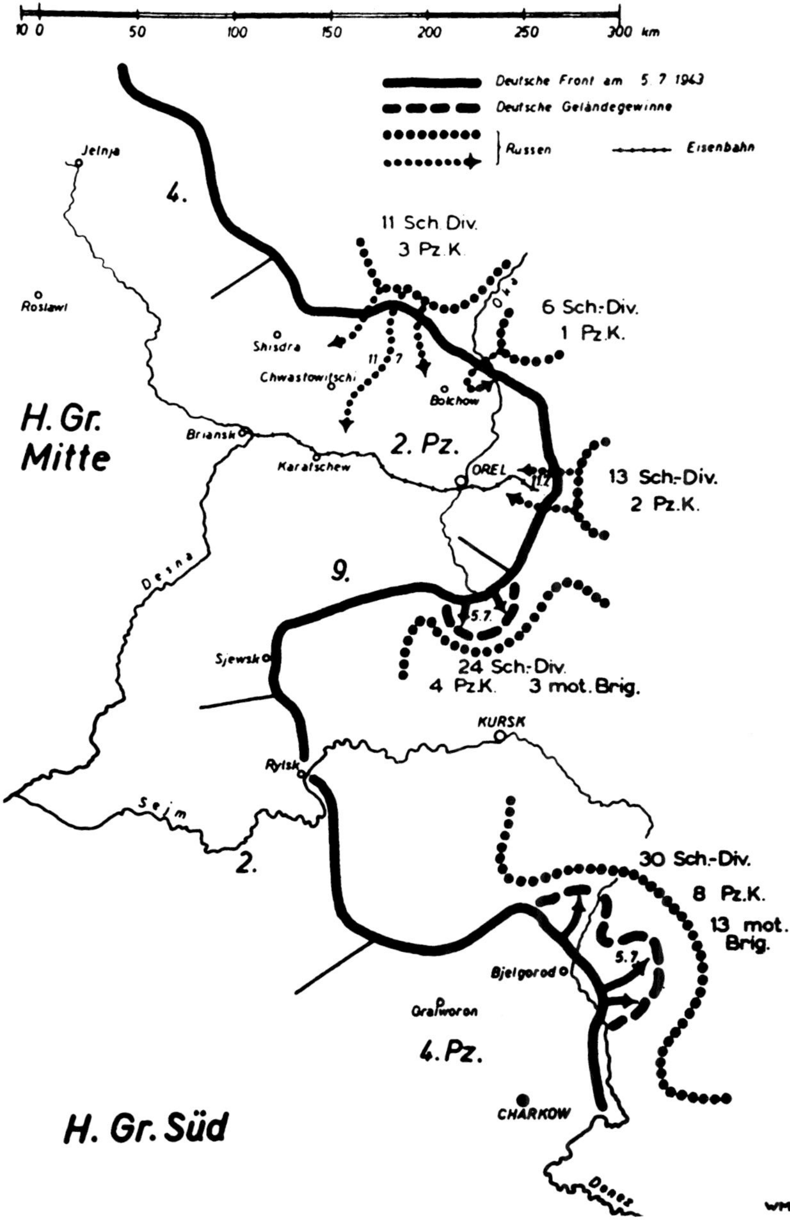

Juli 1943: Der Aufmarsch der HGr. Mitte und Süd zu »Zitadelle«.

Es hatte sich gezeigt, daß die Sowjetarmee die ihr durch die dauernden Verschiebungen des Angriffs gewährte Zeit mindestens ebensogut genutzt hatte wie das deutsche Heer, nur mit dem Unterschied, daß den Sowjets mehr Waffen und Menschen zur Verfügung standen.

Als sich Ende Juni der große Schlagabtausch abzeichnete, hatten die Sowjets auf diesem Frontbogen und in dessen Hinterland nicht weniger als 40 Prozent des gesamten sowjetischen Feldheeres zusammengezogen.

»Die Heeresgruppe Zentralfront, die der 9. Armee gegenüberstand, hatte auf einer Frontbreite von 70 Kilometern von rechts nach links die 48., 13., 70., 65. und 60. Armee in Stellung. Dahinter befanden sich im zweiten Treffen, ebenfalls von rechts nach links aufmarschiert, das XIX. und XVI. Panzerkorps, die 2. Panzerarmee sowie das III., IX. und XI. Panzerkorps.« (Siehe: Haupt, Werner: Heeresgruppe Mitte 1941-1945).

Daß auch die in diesem Kampfraum zuständige 16. Luftarmee der Sowjets aufgestockt wurde und vermöge ihrer Durchschlagkraft die erste Luftoffensive durchführte, sei im folgenden Abschnitt dargelegt. Jedenfalls verfügte sie über folgende Verbände: III. Kampffliegerkorps, VI.Jagdfliegerkorps, VI. gemischte Fliegerkorps. Hinzu kamen zwei Schlachtflieger, - zwei Kampfflieger, - fünf Jagdflieger- und eine gemische Fliegerdivision.

Erstmalig hatten die Sowjets auch einen mächtigen Flakgürtel im Kursker Bogen zusammengezogen: Neun Flakdivisonen mit 40 Regimentern und 10 Flak-Panzerzüge bildeten eine gewaltige Streitmacht, die gegen die 1. Fliegerdivision aufgeboten wurde.

Am 1. Juli wurde von dem STAWKA »Alarmstufe 1« ausgelöst. Der Zentralfront wurde mitgeteilt, daß mit dem deutschen Angriff am 3. oder 4. Juli zu rechnen sei.

Zu den letzten Vorbereitungen sei an dieser Stelle wieder einmal GFM von Manstein zitiert:

»Am 1. Juli 1943 mußten alle Oberbefehlshaber und Kommandierenden Generale, die für ›Zitadelle‹ vorgesehen waren, nach Rastenburg kommen. Hitler unterrichtete uns, daß er ›Zitadelle‹ nun am 5. Juli 1943 starten wolle.

Zur Täuschung des Gegners (die allerdings nicht gelang) fuhr ich anschließend nach Bukarest, um dort, zum Jahrestag der Eroberung von Sewastopol, Marschall Antonescu den Krimschild in Gold zu überreichen.

Das Oberkommando der Heeresgruppe Süd zog am 4. Juli dicht hinter die Angriffsfront vor. Dies war Gewähr dafür, die Angriffsoperationen der zwei Armeen straff leiten zu können. Wir bezogen einen im Walde abgestellten Befehlszug, was zweifellos eine gute Lösung war.

Das Unternehmen ›Zitadelle‹ begann planmäßig am 5. Juli. Der nördliche Angriff der 9. Armee gelangte binnen zweiter Tage 14 km tief in das feindliche Stellungssystem und erreichte bis zum 9. Juli auch noch eine Höhenstellung bei Olchowatka. Hier, 18 km tief im gegnerischen Stellungssystem, lief sich der Angriff fest.« (Siehe: Erich von Manstein und Franz Kurowski, Generalfeldmarschall von Manstein, Sein Leben; Kriegseinsatz, Prozeß und Aufbau der Bundeswehr).

Hier der Angriff der Nordgruppe aus der Sicht der Panzerverbände.

Die Nordzange: Planung und Angriff

Die 9. Armee sollte die Feindfront in einem spitzen Angriffskeil unter offensiver Abdeckung auf beiden Seiten durchbrechen. Das XXXXVII. PzK sollte die Spitze des Angriffskeiles bilden. Sobald es die erste Lücke geschlagen hatte, sollte das zweite Treffen darüber hinweg in die Tiefe des feindbesetzten Raumes vordringen und - falls notwendig - eine dritte Welle der zweiten folgen.

Vorn setzte GenOberst Model nur die 20. PD ein. Dies war nach der Überzeugung des Panzerexperten, General der Panzertruppe Nehring, gegenüber dem Autor »viel zu wenig!« General Nehring weiter:

»Von sechs schnellen Divisonen in der Nordzange standen fünf (!) in Reserve; dies bedeutete bereits die Vorentscheidung zugunsten der Sowjetarmee. Es wäre zweckmäßig gewesen, vorn zwei Panzerdivisonen vorzusehen, die auf unmittelbare Unterstützung durch Infanterieverbände zurückgreifen konnten, um das durchrollte Gelände auch zu sichern! Dies wäre ein Verfahren gewesen, das sich gegen die eingebauten Verteidiger bewährt hätte, da beide Waffengattungen sich solcherart ergänzen und decken konnten.« (Siehe Kurowski, Franz: Deutsche Panzer 1939-1945).

General Nehring wies besonders auch auf die Chance hin, die sich bot, wenn man die 90 »Ferdinande« der beiden schweren Panzerabteilungen 653 und 654 und die 45 schweren 15 cm-Sturmhaubitzen der Sturmpanzerabteilung 216 mit den beiden Fernlenk-Panzerkompanien 312 und 314 unter dem Panzerbrigadestab 21 zusammengefaßt hätte.

»Dieser Verband«, so Nehring weiter, »hätte - auf der Flanke durch schnelle Panzer und Panzerjäger geschützt - mit durchschlagender Wirkung jede feindliche Verteidigungsstellung aufgerollt und den Durchbruch erzwungen.«

Der Angriff der Nordzange begann also am 5. Juli um 3.30 Uhr. Der zu Beginn nur schwache Feindwiderstand versteifte sich rasch. Am 6. Juli wurde das zweite Treffen des XXXXVII. PzK mit der 2. und 9. PD eingesetzt.

Am Abend dieses Tages forderte GenOberst Model die Freigabe auch der 4. PD, um den Vorstoß auf Kursk, der ins Stocken geraten war, »ohne Verzug fortsetzen zu können.« (Siehe Kollatz, Karl: a.a.O.).

Am 7. Juli mußten beide Flügel der Deckungsstreitkräfte starke Feindangriffe abwehren. Am 8. Juli nahm die Panzerbrigade 2, die aus Panzern der 2. und 4. PD (und leider nicht auch aus den schweren »Ferdinanden« und den Sturmhaubitzen) gebildet worden war, die Höhe südlich Teploje. Dort aber wurde sie von den Panzern der sowj. 2. Panzerarmee zum Stehen gezwungen.

Am 8. Juli kam schließlich die gesamte Vorwärtsbewegung der 9. Armee zum Erliegen. Die Armee hatte in den vergangenen vier Kampftagen schwere Verluste hinnehmen müssen.

Nach Auffrischung und Umstellung wurde der Angriff am 10. Juli 1943 fortgesetzt, aber auch dieser Angriff des XXXXVII. PzK. schlug nicht durch, sodaß es auf die Ausgangsstellung des Morgens zurückgenommen werden mußte. GenOberst Model gab die Weisung heraus, am 12. Juli erneut, aber nur »zu kurzen Angriffen« anzutreten. Damit war der Angriff im Nordabschnitt der Offensivfront bereits an diesem Tage zu Ende, da man auf eine schnelle operative Entscheidung verzichtet hatte.

Panzereinsätze der Nordzange (im Überblick)

Auf der Ostflanke des Panzerkeils stand die 18. PD im Verband des XXXXI. PzK im Einsatz. Ihr Kdr., GenMaj. von Schlieben, hatte anstelle der 96 Panzer im Sollbeistand seiner Division nur deren 50 in der Panzerabteilung 18 zur Verfügung. Am Morgen des 6. Juli erschien GenOberst Model auf dem DivGefStand und ließ eine bewegliche Kampfgruppe bilden, die zur Verfügung des Korps nach Alexandrowka-Ost in Marsch gesetzt wurde. Aber erst am dritten Tag der Schlacht griff sie in die Kämpfe ein. Sie stieß gegen die Front des sowj. III. PzK und wurde aufgehalten. Die 18. PD sicherte nun im Abschnitt der 292. ID und erlitt schwere Verluste. Am 9. Juli rollte sie vor und erlitt abermals schwere Verluste, als sie die Höhe 240,2 überwand. Sie konnte die gewonnene Höhe 248,6 nicht halten, weil die Männer der 292. ID nicht schnell genug vorwärts kamen, um das durchrollte Gelände zu sichern.

Mit ihren 90 Ferdinanden rollte das PzJgRegiment 656, zu dem die beiden Abteilungen 653 und 654 unter Oberstleutnant von Jungenfeldt zusammengefaßt worden waren, der 86. ID voraus in die Kursker Schlacht. Es gelang der Abtl. 653 unter Major Steinwachs, im ersten Anrollen vier Kilometer weit durchzustoßen und auf dem Wege nach Alexandrowka etwa 30 T 34 abzuschießen.

Die Abt. 654 unter Major Noack rollte dem GR 508 der 78. Sturmdivision voraus und zerschoß die Feindbunker auf dem Wege zur Höhe 239,8. Als die Höhe erobert war, befahl der Kommandeur der 78. Sturmdivion, GenLt. Völkers, den sofortigen Weiterstoß dieser überschweren Panzer. Diese schafften der Division Luft und halfen ihr, das gesteckte Tagesziel zu erreichen. In diesen und den darauffolgenden Kämpfen errang Ofw. Schreiber, der bereits am 31. März dieses Jahres das Ritterkreuz erhalten hatte, das 309. Eichenlaub, das ihm am 5. Oktober 1943 verliehen wurde. Mit seiner 7. Kp. meisterte er die Lage als mehrere Feindkompanien rechts von ihm in den Graben eindrangen und diesen aufzurollen drohten. Schreiber warf diesen Gegner, seinen Kameraden mit Hurra vorausstürmend, wieder hinaus. (Siehe Kollatz, Karl: Oberfeldwebel Josef Schreiber).

Bis zum 12. Juli stand das Pz.Jg.Regiment 656 immer wieder im Einsatz. Bei der sowjetischen Gegenoffensive, die am 12. Juli im Nordraum losbrach, waren sie die »Türme in der Schlacht«, die den Rückzugsweg der Infanteriedivisionen sicherten.

Binnen dreier Wochen schoß dieses Regiment mit seinen 90 Ferdinanden 502 Sowjet-Panzer ab, vernichtete 27 Pak und über 100 Geschütze. Die Zahl der Feindbunker, die unter dem Feuer dieser Panzerriesen zerbarsten, ging in die Hunderte.

Auch die Kämpfe der Armeereserve mit dem Kern der 4. PD und der 6. ID, bei der die 1. und 2./sPzAbt. 505 im Einsatz standen, wurden mit großer Erbitterung geführt.

Unmittelbar nach Angriffsbeginn am 5. Juli nahm auch die 6. ID diesen Angriff auf und erreichte bis 8.00 Uhr des Tages den »Kirchwald«. Hier entschloß sich GenLt. Großmann, die Tiger aus ihrer Bereitstellung heraus über seine 6. ID hinweg auf die Höhen südlich und südostwärts Podolja anzusetzen. (Siehe Großmann, Horst: Geschichte der rheinisch-westfälischen 6. Infanterie-Division 1939-1945).

Beide Kompanien der Tiger-Abt. 505 rollten nach vorn und stießen - den Grenadieren der 6. ID bald weit voraus - auf Kursk vor. Hier lag wenig später der entscheidende Durchbruch in greifbarer Nähe. Die Tiger brachen sich rücksichslos Bahn. Major Sauvant, der bereits das Ritterkreuz trug, führte von der Spitze. Sein Befehl war es, so weit wie möglich in die Tiefe des Raumes vorzustoßen. Dabei war er so erfolgreich, daß die für den Durchbruch in die weitere Tiefe des Raumes vorgesehenen drei Panzerdivisionen (die 2., 9. und 20. PD) nicht rechtzeitig nach vorn kamen, weil sie zu weit rückwärts bereitgestellt worden waren. Sie trafen erst 24 Stunden darauf in diesem freigeboxten Raum ein und damit 24 Stunden zu spät. Dies entschied die Schlacht.

General Großmann nach dem Kriege zu Franz Kurowski:

»Wenn die drei Panzerdivisionen direkt nach dem Freischlagen der Lücke durch die Tiger angetreten wären, hätten wir das Ziel Kursk mit Sicherheit erreicht. Der Feind war überrascht und demoralisiert worden. Aber wertvolle Zeit ging verloren, und diese nutzte die Rote Armee zum Vorwerfen aller greifbaren Reserven, die rechtzeitig herankamen, um das Loch hinter der Tigerabteilung zu stopfen.« (General der Infanterie Horst Großmann: Skizzen zur Kursker Schlacht, i.Ms.)

Die sPzAbt. 505 unter Major Sauvant erreichte Nasjana Poljana, zerschmetterte das hier in Stellung gegangene 676. Schützenregiment und trieb wie ein Wirbelsturm die 81. SD auseinander. Riesige Beute fiel der ihr folgenden 6. ID zu, darunter ganze feuerbereite Stalinorgel-Batterien, Panzer, Pak und Artillerie. Bei diesem Angriff schossen die Tiger 44 Feindpanzer ab, überwiegend T 34.

Am 6. Juli wurde die Abteilung aus dem Verband der 6. ID herausgelöst und der 2. PD unterstellt. Major Sauvant wurde am 28. Juli das 260. Eichenlaub zum Ritterkreuz verliehen.

Unter der 2. PD kämpfte diese Abteilung gegen jene starken sowjetischen Panzerkräfte, die am Abend des 6. Juli im Raume Ponyri und Soborowka erschienen waren. Hier standen sie mit den Kameraden des PR 3 im folgenden Abwehrkampf gegen eine Feindgruppierung, die über etwa 1000 (!) Panzer verfügte und außerdem »gegen einen dichten Wald aus Pak, Artillerie und Sturmgeschützen des Gegners.« (Fw. Willy Genzert).

Bis zum späten Abend des 7. Juli dauerte der Panzerkampf. 34 Feindpanzer wurden abgeschossen, eine etwa gleiche Zahl zog brennend und lahmgeschossen ab, Granatwerferstellungen und viele Schweigepak wurden vernichtet. Dann aber war die Kraft aufgebraucht.

Am nächsten Morgen - es war der 8. Juli - tauchten auf dem nahegelegenen Ausladebahnhof die Tiger der 3./sPzAbt. 504 auf. Von der Rampe herunter rollten sie ins Gefecht. Ihr Chef, Oblt. Barkhausen, fiel im ersten Gefecht. Lt. Knauth übernahm die Führung. Aber am nächsten Tag wurde die Kp. wieder herausgezogen.

In ähnlicher Weise waren die 2., 9. und 18. PD - wie bereits skizziert - eingesetzt worden, während noch die 4. und 12. PD mit der 10.PGD von GenOberst Model als Eingreifreserve zurückgehalten wurden.

Die 2. PD rollte mit 150 Panzern mehrerer Typen in die geschlagene Lücke und griff mit der II./PR 3 die Höhen von Kaschera an. Dort wurden sie abgewiesen.

Erst am Morgen des 8. Juli setzte GenOberst Model auch die 4. PD ein. Diese rollte aus der dritten (!) Reservestellung heraus und fuhr unter dem Kommando von GenLt. von Saucken vor.

Der I./PR 35 gelang es dabei, an eingegrabenen T 34 und KW I vorbeirollend, das Dorf Teploje zu erreichen. Hier mußten sie mit Major Sauvants Tigern gemeinsam einen nur 1000 m entfernt vorbeirollenden feindlichen Panzerverband niederkämpfen. Keiner dieser Feindpanzer entkam.

Auf dem GefStand des XXXXVII. PzKorps trafen GFM von Kluge, GenOberst Model und die Generale Harpe und Lemelsen zu einer Besprechung zusammen. GenOberst Model erklärte hier, daß eine Durchbruchsschlacht nicht mehr akut sei, vielmehr wolle er von nun an nur noch eine Abnutzungsschlacht führen.

In der Nacht zum 11. Juli ließ GenOberst Model die 10. PGD als letzte Reserve der 9. Armee über die 292. ID hinweg zum Angriff antreten. GenLt. Schmidt verteidigte mit seinen Panzergrenadieren den ganzen 12. Juli über Ponyri. Der anrennende Gegner blieb liegen. Aber auch der deutsche Angriff im Norden war endgültig zusammengebrochen. An diesem Tage wurden GFM von Kluge und GFM von Manstein ins FHQ befohlen.

Bevor diese entscheidende Besprechung der beiden HGrOberbefehlshaber Revue passiert, sei noch ein Kampfbericht aus der Nordzange eingeblendet, der mehr als alle kriegsgeschichtlichen Fakten vor allem die menschliche Seite und hier die Tapferkeit des einfachen Soldaten beleuchtet.

»Panzergrenadiere: mir nach!«

Als Major Kahler, der nach der Verwundung von Oberst Dr. Mauss am 12. Mai 1943 das PGR 33 der 4. PD übernommen hatte, am Nachmittag des 6. Juli den Befehl erhielt, zum DivGefStand zu kommen, wußte er, daß nun der Einsatz seines Regiments bevorstand.

Dort angekommen erfuhr er, daß der Angriff der GR 18 und 58 der 6. ID vor der Höhe 274 liegengeblieben sei und daß die 6. am frühen Morgen des 7. Juli angreifen werde.

»Dazu greift das Panzergrenadierregiment 33, verstärkt durch die 2. und 5./PzAA 4, den Feind auf der Höhe 274 flankierend an und wirft ihn. Panzerregiment 35 und die Tiger unterstützen den Angriff und stoßen nach.«

In der Nacht wurden die Munitions- und Spritkolonnen von Hptm. Mitteldorf, Ib und Versorgungsoffizier der 4. PD, nach vorn geworfen. Die KGr. Kahler versorgte.

Mit Beginn des ersten Büchsenlichtes gingen die Panzergrenadiere abgesessen nach vorn. Voraus, etwa 2.000 Meter entfernt, sah Major Kahler die Höhe, von der aus der Feind mit Artillerie und Werfern herunterfeuerte. Granaten hämmerten ringsum in den Boden. Ein Feuerschlag ging genau in der vorgehenden 2./PzAA 4 nieder und tötete bis auf Oblt. Weidner sämtliche Offiziere.

»Herr Major, es geht nicht weiter!« rief einer der Begleitoffiziere dem KGrFhr. zu.

»Wir dürfen nicht liegenbleiben! – Vorwärts Männer!« befahl Kahler und stieß den Arm zum weiteren Sprung nach vorn in die Höhe. Gleichzeitig schnellten die Männer aus ihren provisorischen Deckungen und rannten weiter, um bei der nächsten heranheulenden Lage wieder zu Boden zu gehen.

Die Männer des I./PGR 33 folgten dem Major. Das erste Ziel, eine Sumpfschlucht vor der Höhe, wurde erreicht.

Feindliches Feuer prasselte den Männern entgegen. »Alles mir nach!« rief Kahler den Kameraden zu. Zuerst kriechend, dann in der Deckung niedriger Kusseln vorwärtsspringend, erreichten sie das II. Bataillon.

»Siebte Kompanie folgt mir! Alles andere gibt Feuerschutz. Wieder sprang Kahler auf, führte die Kp. in die Sumpfschlucht hinein, schwenkte nach rechts aus und rollte den hier liegenden Feind von der Flanke her auf, bis den nachfolgenden Männern aus der Schlucht kein Feuer mehr entgegenschlug.

Der weitere Sturm in Richtung der Höhe war in dem dichten Abwehrfeuer nicht möglich. Die Männer mußten nach rechts und links ausweichen. Rechterhand lag die Ortschaft Teploje. Dort war das II. Batl. weit vorangekommen. Kahler wies dorthin: »Wir greifen Teploje an!«

Sie rannten weiter, Teploje lag in greifbarer Nähe, aber die Kräfte drohten zu erlahmen.

Im flankierenden Feuerschutz des I. Batl. erreichten die Grenadiere den Ortsrand. Im erbitterten Nahkampf wurde Haus um Haus im Besitz genommen. Teploje war in deutscher Hand!

Von hier aus befahl Major Kahler wenig später den Angriff auf die nunmehr linkerhand liegende Höhe 274,5. Das I. Batl. griff frontal an, während das II. Batl. aus der erreichten Flanke antrat.

Diesmal schafften sie es. Sie erreichten die Höhe, säuberten die Gräben und Stellungen. Das PGR 33 hatte sein Angriffsziel erreicht.

Die 4. PD, die ebenfalls angetreten war, konnte nur längs durch den Teplojesumpf vorwärtskommen. Mitten in dieser Wildnis wurde der Divisionskommandeur, General von Saucken, verwundet. Der Ia der Division, Oberstleutnant Lutz, fand neben seinem Kommandeur den Tod, Hptm. Schmidt, Fhr. der PzAA 4, kam durch eigene Bomben zu Tode, die zu kurz geworfen wurden. Major Kahler war während des Angriffs auf die Höhe durch einen Granatsplitter am Kopf verwundet worden, führte aber das Bataillon weiter.

Auf der Höhe hielten 100 (!) Panzergranadiere gegen die anrennenden Rotarmisten stand und verteidigten sich bis Mitternacht, ehe sie nach Teploje zurückbefohlen wurden. Die Gefechtsstärke des PGR 33 betrug je Kp. nur noch 15 Mann.

Drei Tage lang hielt der Kampf um Teploje an. Sowjetische Artillerie hielt den Ort unter Dauerfeuer. Stalinorgeln schossen ihre jeweils 16 Raketen gegen die deutschen Stellungen.

Am Morgen des 10. Juli erhielt Lt. Sachse, OrdOffz. der PzAA 4 Befehl, zum PGR 33 zu fahren, um als Verbindungsoffizier zu fungieren. Major Kahler, der bei der Division war, kehrte bald zurück und begrüßte den jüngeren Kameraden. Lt. Sachse trug über diese Tage bei den Panzergrenadieren u.a. in sein eigenes Tagebuch ein:

»Wir hatten alle ein seltsames Geborgenheitsgefühl. Der Major war die Ruhe selbst und der ruhende Pol unserer Gemeinschaft. Ganz dem Gefechtsgeschehen zugewandt, in absoluter Nichtachtung der höllischen Begleitumstände unseres Beisammenseins, vermochte er zu erwirken, daß auch unsere Fassung nicht erschüttert wurde.« (Sachse, Ulrich: Streiflichter aus dem Einsatz der PzAA 4).

Immer wieder griffen die Sowjets mit frischen Kräften an. Major Kahler war vorn bei seinen Männern. Er fuhr mitten durch das Feindfeuer, um Ersatzkräfte von der Division loszueisen. Er erhielt die beiden Jägerbataillone 8 und 9. Mit ihnen gelang es schließlich, der drohenden Umfassung durch die Rotarmisten zuvorzukommen und sich in die neue HKL nördlich von Ssamodurowka abzusetzen. Es ging in der Nacht über die 60-Tonnen-Brücke zurück, die sich über die Ssamodurowka-Schlucht spannte.

Von Panzern und Schlachtfliegern angegriffen, zog Major Kahler sein Regiment ohne weitere Verluste heraus. Die Feinde griffen mehrfach an, doch die Panzergrenadiere hielten stand. Am 16. Juli – die Schlacht um Kursk war bereits beendet, konnte durch Major Kahler noch ein Großangriff des Feindes, der zum Durchbruch der Rotarmisten führen sollte, zerschlagen werden.

Für diese außergewöhnlichen Leistungen vor dem Feind während des Unternehmens »Zitadelle« wurde Major Kahler mit Wirkung vom 1. September 1943 zum Oberstleutnant befördert. Soweit der direkte Bericht aus der Kursker Schlacht. Im Kampf um Orel sollten Oberstleutnant Kahlers Panzergrenadiere weiterhin von sich reden machen.

Der Angriff der Südzange, Übersicht

»Im Angriffsstreifen meiner Heeresgruppe Süd erwies sich der erste Durchbruch ebenfalls als sehr schwer. Bei der Armeeabteilung Kempf gelang es dem als Flügelkorps eingesetzten XI. unter General Raus nicht, bis an den Korodja-Abschnitt vorzudringen. Dieser war als neue Abwehrfront anzusehen. Dennoch war ich mit dem Erreichen des Koren-Abschnitts zufrieden.

Das III. Panzerkorps hatte ebenfalls schwer zu kämpfen. Der Angriff beiderseits Bjelgorod über den Donez forderte schwere Opfer. Schließlich lag das Korps vor einer rückwärtigen Stellung des Gegners fest.

Nach einer Besprechung mit General Breith und seinen Divisionskommandeuren entschied ich mich dazu, die Offensive fortzusetzen.

Am 11. Juli gelang dem III. PzKorps der Durchbruch durch die letzte feindliche Stellung, der Weg war frei, um den Kampf mit den operativen Kräften des Feindes aufzunehmen, die aus dem Raum ostwärts von Charkow herbeieilten.

Die 4. Panzerarmee hatte in den schweren Kämpfen der beiden ersten Tage die erste und zweite feindliche Stellung durchbrochen. Am 7. Juli gelang dem XXXXVII. Panzerkorps unter General von Knobelsdorff der Durchbruch. Das Korps erreichte das freie Gelände bis 11 km vor Obojan.« (Siehe Kollatz, Karl: Otto von Knobelsdorff).

»In den folgenden Tagen mußte es starke Feindangriffe abwehren. Ebenso das II. SS-Panzerkorps unter der Führung von Obergruppenführer Hausser, das ebenfalls ins freie Gelände durchgestoßen war und am 11. Juli im Angriff auf Prochorowka stand und weiter westlich einen Übergang über den Psell erkämpft hatte.

Feindliche Gegenstöße am 12. Juli wurden an diesem und dem folgenden Tage von beiden Armeen der Heeresgruppe abgewiesen. Wir stellten fest, daß der Gegner sämtliche wesentlichen Reserven in den Kampf geworfen hatte. Die Schlacht stand auf ihrem Höhepunkt. Eine Entscheidung, ob sie zu Sieg oder Niederlage führen würde, stand unmittelbar bevor.

Uns war seit dem 12. Juli bekannt, daß die 9. Armee die Schlacht hatte abbrechen müssen und daß der Feind vor der 2. Panzerarmee zur Offensive übergegangen war.

Dennoch stand unser Entschluß fest, die Schlacht fortzuführen. Noch stand uns das XXIV. Panzerkorps zur Verfügung, mit seiner 17. PD und der SS-Panzergrenadierdivision ›Wiking‹, die wir als Trumpf in die Schlacht werfen konnten.

So stand die Schlacht, als Feldmarschall von Kluge und ich für den 13. Juli ins Führerhauptquartier befohlen wurden.

Hitler erklärte uns, daß die Lage auf Sizilien, wo die Westalliierten am 10. Juli gelandet waren, ernst sei. Der nächste Zug des Gegners würde wahrscheinlich auf das Festland zielen. Deshalb sei die Bildung neuer Armeen in Italien und auf dem westlichen Balkan notwendig. Dazu, so Hitler weiter, müsse auch die Ostfront Kräfte abgeben, und somit könne ›Zitadelle‹ nicht fortgeführt werden.

Es war jetzt die Lage eingetreten, vor der ich am 4. Mai in München gewarnt hatte.

Feldmarschall von Kluge meldete, daß Models 9. Armee nicht mehr vorwärts komme und bereits 20.000 Mann verloren habe.

Damit war das Unternehmen ›Zitadelle‹ von der Obersten deutschen Führung bereits vor dem Fallen einer Entscheidung abgebrochen worden. Beide Erwägungen, die Hitler dazu brachten, waren voraussehbar und hätten demzufolge vermieden werden können.

Die deutsche Oberste Führung hatte kräftemäßig (durch ihre Verweigerung einiger Infanteriedivisionen, die sie natürlich anderen Fronten hätte entziehen müssen) ebenso wie auch zeitlich dem Risiko auszuweichen versucht. Sie hätte diese beiden Risiken auf sich nehmen müssen und alles auf den Kampf und Sieg bei Kursk setzen sollen.

Wäre der Angriffstermin der ersten Stunde eingehalten worden, hätte Sizilien nicht stattfinden können. Und einige Divisionen mehr hätten der 9. Armee den Sieg gebracht und damit auch den endgültigen Sieg in der Kursker Schlacht.«

(Siehe Manstein, Erich von, und Kurowski, Franz: a.a.O.).

Wie die Südzange kämpfte, das sei im folgenden Kapital dargestellt.

Bei der Südzange: Der Angriff

Am 4. Juli griffen die Divisionen der 4. Panzerarmee - einen Tag vor dem allgemeinen Angriffsbeginn - nach vorangegangenem Artilleriefeuer und einem starken Luftangriff auf Bjelgorod - zwischen Bjelgorod und Rakitnoje an, um das vorgelagerte Höhensystem in Besitz zu nehmen. Damit sollte eine gute Ausgangsbasis für den Hauptangriff gewonnen werden.

Die HGr. Süd unter GFM von Manstein verfügte an diesem Tage über folgende Verbände:

Armeeabteilung Kempf: General der Panzertruppe Kempf, XXXXII. AK:

Darin zusammengeschlossen: die 39., 161., 282. ID. XI. AK:

mit den Infanteriedivisionen 106, 320, III. Panzerkorps: mit der 6., 7. und 19. PD und der 168. ID

4. Panzerarmee: Generaloberst Hoth mit dem II. SS-Panzerkorps: SS-Divisionen »Leibstandarte«, »Das Reich« und »Totenkopf«.

XXXXVIII. Panzerkorps:

mit der 3. und 11. PD, der PGD »Großdeutschland« und der 167. ID.

LII. AK:

mit den Infanteriedivisionen 57, 255, 332.

Die Heeresgruppe Süd verfügte mit Angriffsbeginn über 1.081 Panzer und 376 Sturmgeschütze. Der Operationsplan für die Südzange war von GFM von Manstein mit seinem Stab wie folgt festgelegt worden:

1.) Armeeabteilung Kempf übernimmt die offensive Abdeckung des Angriffs nach Osten zu. Unter Festhalten ihrer bisherigen Front dringt sie bis zur Linie Korodja-Ssejm vor.
2.) 4. Panzerarmee faßt alle Panzerverbände zusammen, durchbricht mit ihnen die feindliche Stellung westlich Bjelgorod und stößt über Obojan auf Kursk vor.
3.) Die Luftflotte 4 unter Gen.d.Flakart. Dessloch ist auf Zusammenarbeit mit der HGr. Süd angewiesen. Mit ihrem VIII. Fliegerkorps (das über 1.100 Flugzeuge aller Art verfügte) und dem I. Flakkorps unterstützt sie das Heer und bekämpft sowjetische Luftstreitkräfte über dem Kampffeld und im Hinterland.

Der erste Schlag

Auf der rechten Flanke des Angriffsstreifens der HGr. Süd traten die drei Sturmgruppen des II. SS-Panzerkorps unter Obergruppenführer Hausser an. Ziele waren die Höhen bei Jochontow und Streletzkoje, die auch genommen wurden.

Am frühen Morgen begann der Hauptangriff zeitgleich an der Nord- und Südfront. Die 7. PD des III. Panzerkorps ging westlich Dorogobuzino über den Donez, kämpfte sich durch dichte Feldbefestigungen bis nach Rasumnoje durch. Hier erfolgte der erste sowjetische Gegenstoß. Eine Reihe Feindpanzer wurden abgeschossen. Gegen 18.00 Uhr ging das PR 25 (der 7. PD) über eine Pionierbrücke auf das Ostufer des Donez.

Am 6. Juli rollte das Regiment, geführt von Oberstleutnant Schulz, in eine sowjetische Panzerbereitstellung hinein.

Wie stets fuhr der Kdr. an der Spitze seines Regiments, das in schnellen Rochaden gegen den Feind rollte, kompanieweise Schießhalt machte und binnen kurzer Zeit 34 T 34 abschoß. Hptm. Fortun, Kdr. der I./PR 25, fiel in diesem Gefecht. Er erhielt posthum am 7. August das Ritterkreuz.

Der Vorstoß der 7. PD wurde auch am 7. Juli fortgesetzt. Bis zum 9. Juli erreichte die »Gepanzerte Gruppe Schulz« das Höhengelände südlich von Scheino. Bis zum Abend des 11. Juli war das gesamte III. PzKorps in den Raum nördlich Scheino nachgezogen worden. Das Gros der 4. Panzerarmee bahnte sich den Weg mitten durch tiefgestaffelte feindliche Stellungssysteme. Ihre Divisionen erreichten den Großraum Prochorowka.

Bis zum 12. Juli verlor die Sowjetarmee im Südabschnitt der Offensive von Kursk 24.000 Gefangene, 1.800 Panzer, 267 Geschütze und 1.080 Pak. Die Schlacht stand auf ihrem Höhepunkt. GFM von Manstein war zuversichtlich, sie durchschlagen und siegreich beenden zu können.

Ein Obersturmführer der »Leibstandarte«

Bis zum 12. Juli war auch das II. SS-PzKorps in den Großraum Prochorowka gelangt. Zwar hatte die Sowjetarmee diesen beiden starken Panzerkorps mehrere Panzer- und mot.-Brigaden entgegen geworfen, um sie aufzuhalten und zu vernichten, doch dies war nicht geschehen. Nunmehr faßte General Rotmistrow, der in diesem Abschnitt führte, zur endgültigen Vernichtung des III. PzKorps und des II. SS-Panzerkorps 850 Panzer zusammen.

In den beiden deutschen Panzerkorps verfügte GenOberst Hoth über insgesamt etwa 860 Panzer. Die Schlacht, die als Panzerschlacht bei Prochorowka in die Kriegsgeschichte eingehen sollte, konnte beginnen.

Mit seinem Korps, links die Division »Totenkopf«, in der Mitte die »Leibstandarte« und rechts, direkt auf das sowjetische II. Panzerkorps zielend, »Das Reich«, rollte Obergruppenführer Hausser vor.

Ein sowjetischer Flankenstoß wurde durch die Schlachtflieger der IV./SG 9 und der I./SG 1 unter Major Druschel zerschlagen. Mit den unter den Henschel-Panzerjägern montierten Bordkanonen wurden von diesen beiden Gruppen in einem sagenhaften Einsatz binnen einer Stunde 60 T 34 vernichtet.

Bei Wessely ging die Division »Totenkopf« über den Psjol. Die beiden anderen Divisionen stießen durch die Landbrücke zwischen Psjol und der Bahnlinie nach Prochovowka durch und standen nunmehr mit dem XVIII. PzKorps und den XXIX. PzKorps der Roten Armee im Gefecht.

Am nächsten Morgen, es war der 13. Juli 1943, stieß die II./SS-PR 1 unter Sturmbannführer Groß auf den Panzerfeind. Drei Stunden währte der Panzerkampf. 90 T 34 blieben abgeschossen auf dem Gefechtsfeld liegen.

Auf der linken Flanke waren es die Tiger der 13. (schw.) Kp. des SS-PR 1, die sich einem Breitkeil von 60 Feindpanzern gegenüber sahen. Aus Distanzen von 1.000 m, die sich im Laufe des Gefechts auf 600 m verkürzten, wurde dieser Gegner angenommen. Hier war es Untersturmführer Wittmann, der den ersten T 34 abschoß.

Als SS-Hauptsturmführer Kling Wittmann vor einem neuen feindlichen Panzerpulk mit etwa 100 Wagen warnte, eröffnete Wittmann aus. 1800 Metern das Feuer. Die beiden ihm unterstellten Tiger fielen in das Feuer ein; sie schossen die Spitze dieses Angriffs zusammen.

Ein weiterer Panzerkommandant aber war es, der hier die Entscheidung herbeiführte: Obersturmführer von Ribbentrop.

Mit seiner 6./SS-PR 1 rollte er mit seinen noch sieben einsatzbereiten Panzern IV am Morgen des entscheidenen Tages zur Unterstützung des Angriffs des III. (gep.)/ SS-PGR 2 unter SS-Sturmbannführer Peiper nach vorn. Sie fuhren gegen eine Pakfront, um Peipers Panzergrenadieren den Weg freizuschießen. Die Ausschaltung der Pakfront gelang, und Peiper meinte, zu Ribbentrop gewandt:

»Sie und Ihre Kompanie würde ich gern in meinem Haufen vereinnahmen.«

»Das war das höchste Lob, das ich im gesamten Kriegsverlauf erhielt.« (Siehe Kurowski, Franz: Rudolf von Ribbentrop in: Panzerasse)

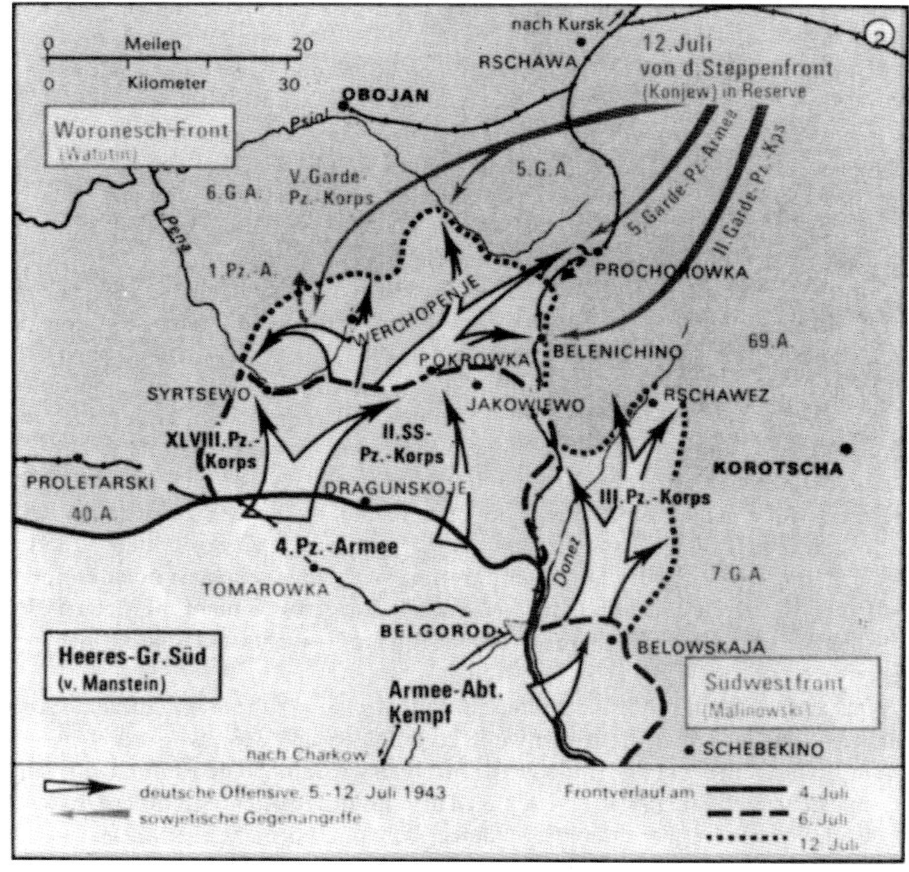

Der Gegenangriff der »Steppenfront« am 12.7.43

Zur Abteilung zurückgekehrt, wurde aufmunitioniert, und während von Ribbentrop seinen »Muckefuck« trank, sah er plötzlich vorn bei den Panzergrenadieren eine violette Rauchwand aus Rauchbündelpatronen aufsteigen.

»Panzerwarnung!« rief er seinen Männern zu.

Auf dem gesamten Kamm voraus stiegen diese Zeichen empor. Dort mußte ein großer Panzerangriff ablaufen. Von Ribbentrop ließ das heiße Kochgeschirr fallen und rief: »Anwerfen! - Folgen!«

Es ging in Linie den voraus liegenden Hang empor. Im Vorfahren kam ihnen ein Kradmelder entgegen und schnellte immer wieder die rechte Faust in die Höhe.

Aber sie waren bereits unterwegs und erreichten den Hang voraus. 200 Meter weiter halbrechts lag eine kleine Senke, und dahinter lagen die Stellungen der Panzergrenadiere.

»Wir stellten uns an den Hinterhang, um dort das Gefecht aufzunehmen, sobald sich Feindpanzer zeigen würden.

Während wir noch den leichten Vorderhang hinterrollten, erkannten wir auf etwa 800 m Entfernung die ersten T 34, die uns links umfassen wollten. Wir blieben also noch am Vorderhang stehen und schossen mehrere der Angreifer ab.

Noch während wir auf das Auftauchen weiterer Panzer warteten, um sie abzuschießen, hielt ich einen Rundblick und sah plötzlich nur noch 200 m von uns entfernt - von rechts kommend - aus einer leichten Bodenwelle nacheinander 40 T 34 auftauchen. Sie rollten mit aufgesessener Infanterie direkt auf uns zu.

Der Richtschütze erhielt einen leichten Fußtritt in die rechte Seite und drehte sofort den Turm nach rechts. Sekunden später war der erste Schuß ›raus‹, und mit dem Einschlag stand der anvisierte T 34 in Flammen. Gleichzeitig erhielt der Wagen neben mir einen Treffer und brannte ebenfalls. Ich sah, wie Untersturmführer Papke hinaussprang, hörte aber niemals wieder etwas von ihm. Sekunden darauf erhielt auch mein rechter Nachbar einen Treffer und brannte Sekunden darauf lichterloh.

Die sowjetische Panzerlawine rollte direkt auf uns zu. Wagen neben Wagen, Welle folgte auf Welle. Es war eine einfach unvorstellbare Lawine auf diesem engen Raum. Sie rollten mit Höchstgeschwindigkeit vorwärts. Wir konnten nur schießen, und aus diesen Distanzen war jeder Schuß ein Treffer. Wir selber schossen noch drei, dann noch einen weiteren Panzer ab. Teilweise aus Distanzen von unter 50 Metern. Dann hatte der Panzerpulk des Gegners uns erreicht und rollte rechts und links an uns vorbei weiter.

Wir hatten nur eine Chance: Mitten im Pulk drehend, fuhren wir zurück. Es kam darauf an, wieder hinter die Bodenwelle zu kommen und dann wegzudrehen.

Am Hinterhang der ersten Bodenwelle machten wir Schießhalt. Ein T 34, der schräg vor uns stehengeblieben war und seinen Turm in unsere Richtung drehte, hatte uns offensichtlich als Gegner erkannt. Schießen konnten wir nicht eher als er.

›Vorwärts marsch!‹ befahl ich. Fahrer Schüle, der beste Mann am Steuer in der gesamten Abteilung, jagte nach vorn, wir rollten in fünf Metern Seitenabstand an diesem T 34 vorbei, dessen Kanone nicht so weit zu drehen vermochte. Zwanzig Meter hinter diesem ausgetricksten T 34 machten wir kehrt und schossen ihm mit einer Panzergranate den Turm herunter. Dieser flog in einer gewaltigen Explosion etwa drei Meter weit.

Wir rollten weiter. Stehenbleiben hätte den Untergang bedeutet. Nun kam auch die Gefahr auf uns zu, daß wir von der eigenen Pak, die das Feuer auf die anrollenden T 34 eröffnet hatte, getroffen wurden.

Die Panzer der Russen durchrollten das Gelände der Peiperschen Panzergrenadiere und dann auch unserer Artillerieabteilung, schossen einzelne Fahrzeuge und Geschütze in Brand und erhielten Gegenfeuer von der Selbstfahr-Lafetten-Abteilung, der Artillerie und Peipers Panzergrenadieren. Letztere gingen die T 34 mit Nahkampfmitteln an.

Daß es den Panzergrenadieren auch gelang, die aufgesessene Feindinfanterie niederzuhalten, war für uns ein Glück. Das gesamte Gefechtsfeld lag unter einer dicken Rauch- und Qualmwolke. Aus diesem Hexenkessel stießen immer neue sowjetische Panzerpulks hervor, die auf dem langen Hang von unseren Panzern und der Pak abgeschossen wurden.

Unsere Chance lag darin, daß wir uns nach links, zur Straße hin, orientierten. Dort mußten wir auf eigene Infanterie stoßen. Dort konnten wir uns auch aus den russischen Panzerpulks lösen.

Meine Besatzung war währenddessen damit beschäftigt, Panzergranaten zum Ladeschützen durchzugeben. Wenn die Kanone wieder mit einer Panzergranate geladen war, wurde ein weiterer T 34 abgeschossen, der uns überholte, wenn wir Schießhalt machten.

Zu unserem Verdruß machten auch die Russen eine Linksschwenkung zur Straße hin, um den Panzergraben überollen zu können, der dort von einer Brücke überspannt wurde.

Von dort schossen eigene Panzer und Pak auf den anrollenden Gegner. Mir war es gelungen, hinter einen abgeschossenen T 34 in Deckung zu rollen. Aus dieser Position beteiligten wir uns am Kampf gegen den Gegner, der beinahe aus allen Richtungen auf die Brücke zufuhr.

Brennende T 34 fuhren ineinander. Es war ein Inferno aus Feuer und Qualm, krachenden Einschlägen und Explosionen, brennenden T 34 und Verwundeten, die zur Seite krochen.

Der Hang war mit brennenden Feindpanzern übersät. Wir standen immer noch hinter dem Panzerwrack. In dem Moment meldete der Ladeschütze: »Keine Panzergranaten mehr!«

Von diesem Zeitpunkt an versuchten wir, die russische Infanterie mit Sprenggranaten am Überschreiten der Brücke zu hindern.

Plötzlich erhielten wir einen Treffer, und Sekunden später rief der Richtschütze: »Mein Auge, mein Auge!«

Wir hatten einen Treffer auf die kleine Austrittsöffnung der Optik des Turms erhalten. Der Treffer war nicht durchgeschlagen, hatte aber die Optik mit hartem Schlag nach hinten gestoßen, so daß der Richtschütze durch das Okular eine blutende Kopfverletzung erhielt.

Wenig später, als wir unseren Richtschützen - in einen Hinterhang rollend - versorgt hatten, kam unser Schirrmeister mit einem neuen Panzer IV, in den wir umstiegen und nun den Kampf voll aufmunitioniert weiterführen konnten. Der Richtschütze blieb bei uns.

Mit einem neuen Panzer rollten wir über die Brücke nach vorn, erhielten Befehl, uns an dem nun fälligen Gegenangriff zu beteiligen, fuhren den Hang - entlang an den abgeschossenen Feindpanzern - wieder empor und warfen den Iwan hinaus.

Die Verluste meiner Kp. waren gering: nur die beiden Totalausfälle, die wir gleich zu Anfang erlitten.«

Auf Höhe der eigenen HKL, die zurückgewonnen war, standen über 100 T 34 abgeschossen und brennend herum. Davon hatte ObSturmführer von Ribbentrop mit seinem Wagen allein 14 vernichtet.

Am 20. Juli wurde er mit dem Ritterkreuz ausgezeichnet und am 1. August zur Neuaufstellung der PD »Hitlerjugend« abkommandiert.

Diese beiden Kampfberichte sollen abschließend verdeutlichen, wie der Kampf geführt und die letzte große deutsche Offensive verloren wurde.

AFRIKA 1943

Die Vereinigung:
Unternehmen Eilbote, Januar 1943

Das deutsche Afrika-Korps verteidigte in der Zeit, die wir ansprechen, nicht mehr Tripolitanien oder gar die Cyrenaika. Es wandte sich vielmehr nach Westen in Richtung Tunis. Wir zeigen also Kämpfe aus Tunesien. Unsere Soldaten und die verbündeten Italiener haben es mit Franzosen, Briten und US-Amerikanern zu tun.

Nach begrenzten Vorstößen und einer Begradigung der Front waren auch die 10. PD und die inzwischen fast vollständig auf dem afrikanischen Kriegsschauplatz eingetroffene 334. ID zur Ruhe gekommen. In den Höhenstellungen fiel sogar Schnee. Die Front erstarrte. Lediglich im Süden, bei der Division »Superga«, traten die Verbände des französischen XIX. Corps, General Koeltz, mit drei Divisionen und einer Brigade aus der Tiefe des Raumes um Tebessa an. Es waren dies:

Division »Oran«	General Boissau,
Division »Marokko«	General Methenet,
Division »Algier«	General Conne,
Leichte Brigade	General Le Couteux de Chaumont.

Vorerst durch keinen Gegner gestört, erreichten sie die Talausgänge der ostwärtigen Dorsale. Geplant war - von einigen US-Verbänden unterstützt - ein Vorstoß, der über Sbeitla und den Faidpaß nach Sfax und Gabes zielte. Damit wäre der Panzerarmee Afrika endgültig der Rückweg abgeschnitten.

Die deutsche Führung erkannte diese Bedrohung und reagierte sofort mit einem Angriff aus dem Raume Pont du Fahs. Der Angriff erhielt die Bezeichnung »Eilbote!«

Mitte Januar wurde dieses Unternehmen gestartet. Teile der 10. PD, die sPzAbt. 501, das GJR 756, zwei Artillerie-Batterien und das PiBatl. 49 stießen unter Führung von GenMaj. Weber nach Südwesten vor. Weiter südlich von dieser Kampfgruppe standen zwei Bataillone des IR 47 und das I./IR 92 der Division »Superga«. Führer dieser Kampfgruppe war Obstlt. Buhse, Kommandeur des IR 47.

In den frühen Morgenstunden des 18. Januar begann der Angriff. Am Djebel Solbia trafen die Kampfgruppen auf ersten Feindwiderstand: französische Fremdenlegionär-Regimenter, die geschlagen wurden. Weiter ging der Vorstoß der Gruppe Weber in Richtung auf den 648 m hohen Djebel Mansour. Diese wichtige Höhe wurde im ersten Ansturm nicht erreicht. Das französische XIX. Corps erlitt hohe Verluste. 4000 Mann ergaben sich den Deutschen. Damit war ein bedeutender Teil der beherrschenden Höhenstellungenen und Pässe zwischen Pont du Fahs und Pichon in deutscher Hand. GenMaj. Weber berichtete nach dem Kriege darüber. Hier die wichtigsten Auszüge aus seinem Gefechtsbericht:

»Der Kampfgruppenführer begab sich am 19. Januar gegen 06.30 Uhr mit seinem persönlichen Gefechtsstab zu den Front-Bataillonen und ordnete an:

1. Tiger-Abtl. 501, verstärkt durch das II./GR 69 unter Führung von Major Lueder dreht als Kampfgruppe Lueder südwestlich des Staudammes El Kebir nach Süden ein, stößt entlang der Straße nach Ousseltia durch das Berggelände vor und unterbricht die rückwärtigen Verbindungen des Gegners.
2. Regiment 756 folgt nach Sammlung seiner im Nachtkampf zerstreuten Verbände als zweite Staffel nach.
3. Division »Superga« bindet durch Frontalangriff aus ihrer Stellung heraus den Gegner.

Der Vormarsch der Gruppe Lueder begann um 07.00 Uhr. Bis 10.00 Uhr hatte die Kampfgruppe unter harten Kämpfen die Kreuzung nach Spika erreicht. Ousseltia lag lockend als Ziel vor den Panzern. Aber dem Kampfgruppenführer wurde gemeldet, daß neue Feindkräfte an den Osthängen des Djebel bou Dabouss aufgetreten seien. Der Djebel Dabouss war trotz des italienischen Angriffs in Feindbesitz geblieben. Auch die Nebanaschlucht war fest in der Hand des Gegners. Deshalb entschloß sich Major Lueder, abzudrehen, in die Nebnaschlucht hineinzurollen und sie zu durchstoßen.

Von rückwärts eindringend wurde der Gegner aus der Enge hinausgeschossen. Gegen 13.00 Uhr war die Verbindung mit den italienischen Truppen aufgenommen. Es war Major i.G. Strymieschny gelungen, den Italienern durch Schwenken einer Flagge aus vorderster Linie anzuzeigen, daß im Rücken des Gegners nicht dessen Verstärkungen, sondern Hilfe nahte. – – –« Soweit der direkte Bericht.

Der Djebel bou Dabouss wurde am 20. Januar von den Gebirgsjägern des Regiments 756, durch sämtliche Einheiten der angesetzten Kampfgruppen unterstützt, in Besitz genommen.

In der Nacht zum 22. Januar wurde die Gruppe Lueder über Kairouan, das GJR 756 über Spika herausgezogen und in den Nordabschnitt zurückgeführt.

Oblt. Hartmann, Zugführer in der 1./sPzAbt. 501, der nach der Verwundung von Oblt. Schmidt-Bonarius die Führung der 1. TigerKp. übernommen hatte, erhielt das E.K. I. Lt. Vermehren, Ofw. Augustin und Gefr. Vogel wurden ebenfalls mit dem E.K. I. ausgezeichnet.

Das folgende Unternehmen »Eilbote II« zielte auf die Wegnahme des Djebel Mansour und von Pichon. Am 31. Januar traten die Verbände unter GenMaj. Weber und ObstLt. Buhse an. Stoßrichtung der Gruppe Weber war der Djebel Mansour und der Djebel Sidi Salem, während der Gruppe Buhse Pichon zugewiesen wurde.

Die Franzosen, die inzwischen durch Panzereinheiten der 1. US-PD und US-Artillerie mit schweren Kalibern verstärkt worden waren, verzögerten diesen Vorstoß. Südlich des Djebel Chirich kam es zu einem erbitterten Ringen. Der Djebel Mansour wurde erstürmt. Die britische Garde holte ihn wieder zurück. Abermals griffen die

Gebirgsjäger der 334. ID an. Diesmal gelang die Eroberung. Der Berg wurde gegen mehrfache feindliche Angriffe gehalten.

Nun ging es gegen Pichon. Dort standen die Franzosen. Von Pichon bis Sousse war es nicht allzu weit, und da die Panzerarmee Afrika nach schweren Rückzugskämpfen und raschen Fahrten in Tripolis angekommen war, mußte das Gebiet zwischen Pichon und Gafsa gesichert werden, um den Rückzugsweg offen zu halten.

Drohender als die Gefahr aus Pichon war jene, die vom Faidpaß her drohte, wo Franzosen und Amerikaner standen. Diesen gegenüber lag nur ein Bataillon der »Superga«, das sich in die Felshänge eingekrallt hatte und den Paß verteidigte. Ein deutsches Marschbataillon unterstützte die Italiener. Westlich davon, im Raume Maknassy und Sened, lagen die Bersaglieri dieser Division. Daran anschließend hatten die ersten Teile der aus Libyen zurückgehenden PD »Centauro« den Raum Gafsa erreicht.

Diese Gefahr mußte beseitigt werden. Das IR 47 stürmte unter Führung von ObstLt. Buhse aus dem Raum westlich Kairouan nach Pichon und eroberte einen Teil der Ortschaft im Häuserkampf. Doch dann mußte das Regiment der Übermacht weichen und zog sich auf die Höhen ostwärts Pichon zurück.

Der von Generalmajor Weber geführte Hauptangriff mit den Panzern und sechs Infanterie-Bataillonen sowie der Artillerie-Abteilung der 334. ID erreichte nach zweitägigen Kämpfen Ousseltia. Die französischen Verbände wurden zersprengt. Über 2000 Soldaten der Divisionen »Oran« und »Constantine« wurden gefangengenommen.

Rückzugsweg der Panzerarmee Afrika

Bis zum 15. Januar 1943 hatte sich die zurückgehende Panzerarmee Afrika in der Bueratstellung gehalten und dort einen heftigen Angriff der britischen 8. Armee abgeschlagen. Im Südflügel dieser Stellung lag die 15. PD mit dem PR 8, das seit Ende Dezember von Oberst Irkens geführt wurde.

Oberst Irkens standen zu dieser Zeit nur die etwa 30 Panzer der I./PR 8, Hptm. Stotten, zur Verfügung, denn die II./PR 8, Hptm. Schnelle, war in den Raum Gabes zurückgezogen worden, um dort die Gefechtsbereitschaft wieder herzustellen.

Als bei Vollmond die Engländer hier angriffen, wurden ihre Panzer vom Feuer der 8,8-cm-Flak empfangen. Eingebrochener Panzerfeind wurde im Gegenangriff der I./PR 8 vernichtet. Es gelang bei geringen eigenen Verlusten 30 Feindpanzer abzuschießen.

In der folgenden Nacht wurde die Bueratstellung geräumt. Bis zum 22. Januar 1943 legte die Panzerarmee Afrika fahrend und kämpfend 350 km zurück. Am 23. Januar wurde mit Tripolis der letzte libysche Hafen aufgegeben.

Die in der Nachhut stehenden Panzer unter Führung von Oberst Irkens konnten den Gegner an den Zwischenstellungen bei Homs, Tarhuna südlich Tripolis und bei Ben Gardane abwehren. Panzergrenadiere, Flak und Artillerie unterstützten die Panzer. Bei Metameur wurde dem Gegner noch ein hartes Panzergefecht geliefert.

Am 25. Januar bildete Rommel aus zerschlagenen sieben italienischen Divisionen drei neue Divisionen, die er nach Tunesien in Marsch setzte. Wenn auch die 15. und 21. PD ebenso wie die 90. und 164. Leichte dezimiert waren, bedeuteten sie doch nunmehr - in Südtunesien angelangt - eine entscheidende Verstärkung der 5. Panzerarmee.

Nachdem sich die Division »Centauro« in die Südgruppe eingereiht hatte, besaß diese einen kampfkräftigen Verband, der von General Calvi di Bergolo geführt wurde.

Die Kampfgruppe Mannerini, die in der Sahara gekämpft hatte und aus dem Fezzan nach Tripolis ausgewichen war, ging in Südtunesien zwischen dem Schott el Djerid und den Höhenzügen von Matmata in Stellung. Die italienischen Divisionen »Pistoia«, General Falugi, »Trieste«, General La Ferla, »Giovanni Fascisti«, General Sozzani, »Spezia«, General Pizzolato, trafen nacheinander in der Marethstellung ein.

Hier sollten auch die Verbände des DAK eingesetzt werden. Die 90. Leichte war bereits zwischen der »Trieste«, die direkt am Meer lag, und der »Spezia« eingefügt, auch die 164. Leichte stand in dieser Front westlich von Medenine.

Die AA 3 und die AA »Nizza« lagen vorgeschoben bei Rhoumrassene bereit.

Das Comando Supremo versuchte in dieser Situation alle Verbände, die aus Tripolitanien in die Marethstellung ausgewichen waren, unter italienischen Befehl zu bringen. Es stellte die 1. Armee auf, deren OB General Messe wurde.

Rommel aber hatte selbst nach diesem mörderischen Rückzug schon wieder einen neuen Plan ausgearbeitet. Und zwar wollte er nach Auffrischen der Panzerarmee Afrika von Süden her in den Rücken der englisch-amerikanischen Front in Tunesien stoßen und diese aufrollen. Danach wollte er sich wieder mit allen Kräften auf die aus Libyen folgende 8. Armee Montgomerys werfen und sie nach Osten zurücktreiben.

Dieser Plan wurde vom Comando Supremo ebenso wie vom OKW verworfen. Er war ihnen zu kühn, das Kräfteverhältnis schien zu ungünstig. Daher sollte die Marethstellung gegen die 8. Armee gehalten werden. Dadurch konnte die Panzerarmee Afrika für Tunesien zur Rettung werden, denn nun mußte auch der Gegner im Süden mit starken Kräften eingreifen und mit der Panzerarmee Afrika rechnen.

Da der Faidpaß mit seiner feindlichen Besetzung eine dauernde Bedrohung für die Panzerarmee Afrika bedeutete, ließ GenOberst von Arnim starke Teile der 10. PD aus dem mittleren Abschnitt der Westfront, an dem es ruhig war, herausziehen und nach Süden umgruppieren.

Bis dahin war die 21. PD als erste Division des DAK voll in der Marethstellung angelangt und unterstand damit der 5. Panzerarmee. Sie sollte nach den Monaten der Kämpfe aufgefrischt werden und Ruhe haben. Doch nun kam sie eben noch rechtzeitig, um mit der 10. PD gemeinsam den Feidpaß zu erobern.

Am 30. Januar 1943 traten beide Divisionen unter Führung von GenLt. Ziegler an. Den Paß von beiden Seiten umfassend, fuhren die beiden Panzer-Divisionen ihren ersten gemeinsamen Angriff in Tunesien. 48 Stunden dauerte der Kampf. Dann war der Faidpaß in deutscher Hand. Franzosen und Amerikaner wichen auf Sidi bou Zid zurück. Der Gegenangriff des II. US-Corps mit Panzern am 2. Februar wurde abgewiesen.

Eine zweite deutsche Angriffsgruppe, bestehend aus der PD »Centauro«, verstärkt durch deutsche Panzerkräfte, griff über Maknassy auf Gafsa an. Der Angriff wurde von deutschen Luftstreitkräften unterstützt. Die 1. US-PD wurde geworfen, Gafsa freigeschlagen.

Im AFHQ in Algier sah man schwarz. Kam es zu weiteren deutschen Erfolgen, dann bestand die Gefahr, daß Tebessa ebenfalls angegriffen wurde. Vom Besitz dieser Stadt aber hing die gesamte Versorgung der alliierten Streitkräfte ab.

Das II. US-Corps setzte einige Gruppen auf Sened an. Doch diese bereinigten die Lage nicht, zumal sie Sened wieder aufgaben.

Am 5. Februar fuhr GenLt. Fischer im Abschnitt der Division »Superga« auf eine Mine. Der General starb wenige Minuten später. Der Ia der Division, ObstLt. i.G. Bürker, wurde schwerverwundet geborgen, der Ordonnanzoffizier war sofort tot.

Generalmajor von Broich übernahm auf dem Gefechtsfelde die Führung der verwaisten Division. Sein neuer Ia wurde ObstLt. i.G. Graf Stauffenberg.

Ein amerikanischer Angriff auf Maknassy wurde von den Italienern zurückgeschlagen. Im Raume Tebessa-Sbeitla-Sidi bou Zid versammelten sich starke Feindkräfte. Offensichtlich bereitete General Eisenhower ebenso eine Offensive vor, wie Feldmarschall Rommel dies beabsichtigte.

Zur Abwehr des Feindangriffes erarbeitete das PzAOK 5 einen Plan, in dem die 10. und 21. PD zu einem überrraschenden Vorstoß gegen die sich westlich des Faidpasses sammelnden Amerikaner antreten sollten. Dieser Plan erhielt die Codebezeichnung »Frühlingswind«. Die Führung des Unternehmens wurde GenLt. Ziegler übertragen. Die stählerne Speerspitze dieses Angriffs war die sPzAbt. 501. Oberst Pomtow wurde Chef des Stabes dieser Kampfgruppe. Er begab sich mit GenLt. Ziegler nach La Fauconnerie. Als sie hier die letzten Vorbereitungen trafen, nahm Feldmarschall Rommel mit ihnen Verbindung auf. Rommel machte den Vorschlag, mit seinen schnellen Verbänden diesen Vorstoß aus der Mareth-Linie heraus zu unterstützen. Er war dazu in der Lage, weil die 8. Armee noch nicht wieder zum Kampf bereit war, Rommel also seine Panzerverbände abziehen konnte.

Rommel wollte damit seinen geheimen Plan verwirklichen und weit in den Rücken der Alliierten auf Tebessa vorstoßen. Im zweiten Zuge wollte Rommel sodann von Tebessa aus nach Norden und bis zur Küste des Mittelmeeres angreifen. Gelang dieses tollkühne Unternehmen, dann war die gesamte alliierte Front in Tunesien erledigt.

GenOberst von Arnim aber verschloß sich diesen Überlegungen und Vorschlägen Rommels, weil »zur Durchführung dieses großartigen Angriffs eine Reihe von Voraussetzungen fehlten. Zum einen waren die eigenen Truppen zu schwach; zum anderen war es nicht möglich, die benötigten Versorgungslinien zu unterhalten.«

Da das OKW sich nicht dazu entschließen konnte, Rommel den Oberbefehl über alle Truppen in Afrika zu übertragen, blieb es bei der getrennten Kampfführung und bei den zwei verschiedenen Plänen. Dies war ein schwerer Fehler in der Obersten deutschen Führung. Es gibt eine ganze Reihe alliierter Historiker, die diesem Vorstoß Rommels durchaus reelle Chancen einräumten.

Alliierte Vorbereitungen

Ebenso wie auf deutscher Seite waren auch die Alliierten mit neuen Plänen befaßt. General Eisenhower traf am Morgen des 13. Februar 1943 im HQ von General Fredenhall ein. Er unternahm mit ObstLt. »Red« Akers eine Frontfahrt und besuchte die Abschnitte der 1. PD, der 1. ID und der 34. ID. Die 9. ID war noch nicht im Kampfraum eingetroffen.

Im Tal bei Fondouk besuchte er das Kampfkommando B, das sein alter Freund Robinett führte. Danach fuhr Eisenhower ins Corps-HQ zurück. Die alliierten Streitkräfte wurden umgebildet. Unter dem Oberbefehl von Eisenhower und seinem Chef des Generalstabes, GenMaj. Bedell Smith, wurde die 18. Armeegruppe gebildet. Den Befehl über diese neue Armeegruppe übernahm am 14. Februar General Sir Harold Alexander. In der Armeegruppe waren die 1. und 8. britische Armee, das II. US-Corps, das XIX. französische Corps und einige weitere Gruppen vereinigt.

Kommandowechsel bei der »Achse«

Mit der Kommandoübernahme der italienischen 1. Armee durch General Messe traten auch im italienischen HQ einige Führungsänderungen in Kraft. Graf Cavallero, Chef des Comando Supremo, wurde durch General Ambrosio ersetzt. General Bastico trat nach der Räumung von Tripolitanien vom afrikanischen Kriegsschauplatz ab.

General Messe entschloß sich, die abgekämpfte Front aus den rückwärtigen Diensten aufzufüllen. Letztere waren bedeutend größer als die kämpfende Truppe. Den 30.000 Mann italienischer Fronttruppe standen 55.000 Mann rückwärtiger Dienste gegenüber.

Am 1. Februar meldete General Messe seinem neuen Oberbefehlshaber, General Ambrosio, die Lage der 1. Armee. Nach diesem Bericht war die Kampfgruppe »Centauro« fast ohne schwere Waffen. Es fehlte an Panzern. Artillerie und Soldaten.

Zur Wiederherstellung der Kampfkraft der Armee forderte er:

148 Panzer, 20 Spähwagen, 28 gepanzerte Wagen. 590 Lastwagen, 491 Pkw, 146 Krankenwagen, 90 Traktoren und Zugmaschinen, 475 Kräder. Ferner 10 Batterien Artillerie zu insgesamt 72 Geschützen.

Nach dem Bericht von General Messe hatte allein die 15. PD einen Fehlbestand von 7210 Mann und 100 Panzern. Ihr standen nur 66 Panzer zur Verfügung.

Alle Seiten hatten sich in diesen Tagen zum entscheidenden Kampf in Tunesien gerüstet. Die Würfel waren gefallen. Angriff und Gegenangriff konnten beginnen.

Auf des Messers Schneide: Durch den Faidpass – Stoßrichtung Tebessa

In den frühen Morgenstunden des 14. Februar 1943 hielten die italien. XX. und XXI. AK, verstärkt durch die 164. Leichte, GenMaj. Frhr. von Liebenstein, die Marethlinie. Die Gruppe Sahara stand von Matmata bis Toum-Tatahouine am Schott el Djerid. Damit hatte Feldmarschall Rommel für seinen eigenen Angriff den Rücken gesichert.

Die beiden Angriffsgruppen hatten sich westlich Sfax versammelt. Die PD »Centauro« stürmte, verstärkt durch einige deutsche Panzer-Kompanien, nach Südwesten auf Gafsa, während die zweite Angriffsgruppe unter GenLt. Ziegler mit der 10. und 21. PD Stoßrichtung zum Faidpaß nahm. In der Spitzengruppe fuhr die 1./der sPzAbt. 501, die von Oblt. Hartmann geführt wurde.

Vor Erreichen des Passes teilte Ziegler seine Gruppe. Während die 21. PD nach Süden ausschwenkte, um den Paß und die auf dessen Höhen stehenden Panzer der 1. US-PD zu umgehen, führte GenMaj. von Broich die 10. PD durch den Paß.

Die ersten sich zeigenden Sherman-Panzer wurden von den Tigern abgeschossen. Ofw. Augustin gelang es, einen zurückrollenden Sherman aus 2700 m abzuschießen, ein Beweis der Leistung der Kampfwagenkanone des Tigers. Der Durchstoß wurde geschafft und an den Tigern vorbei rollten nun die Panzer des PR 7 vor, um im Einschwenken nach Süden auf die 21. PD zu stoßen, die sich über Funk bereits aus dem Raume südlich Sidi bou Zid meldete. Die 10. PD erreichte Sidi bou Zid und drang in die Ortschaft ein.

Hier rollten ihnen die US-Panzer entgegen. Die Schlacht um Sidi bou Zid, mit beiden Divisionen geführt, wurde für die feindlichen Panzerkräfte zu einem Desaster. Sie verloren über 70 Panzer. Großen Anteil am Erfolg hatte hier auch die I./PR 8 der 21. D, die unter Hptm. Stotten mit nur 23 Panzern zu diesem Raid angetreten war und einen großen Teil der feindlichen Panzer außer Gefecht setzen konnte. Die II. Abteilung befand sich noch hinter der Marethlinie in der Auffrischung.

Die deutschen Panzer hatten einen großen Erfolg errungen, doch GenLt. Ziegler wollte mehr. Am frühen Morgen des 15. Februar stieß er mit seiner gesamten Streitmacht entlang des Aquäduktes auf Sbeitla vor. Die amerikanischen Kampfgruppen A und C traten ihnen ein zweites Mal entgegen. Erneut entbrannte der Panzerkampf. Die IIth/PR 1 unter Oberst Alger wurde vernichtet. Der Oberst geriet, nachdem sein Wagen zerschossen war, in deutsche Gefangenschaft. Die Verluste beider Tage beliefen sich auf 165 amerikanische Panzer und Spähwagen. Über 2000 Gefangene wurden gemacht.

Im Weißen Haus wandte sich Präsident Roosevelt nach Erhalt dieser Nachricht an seine Militärexperten und rief anklagend: »Können unsere Jungens denn nicht kämpfen?«

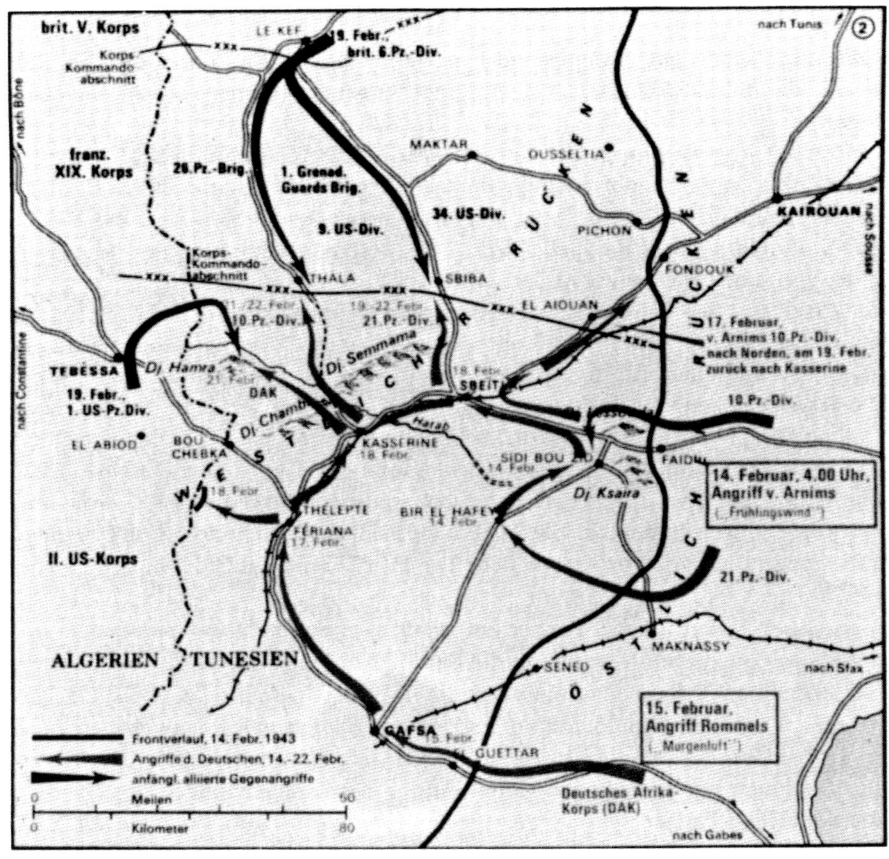

Frühjahrskampf in Tunesien. Rommels Vorstoß durch den Kasserine-Paß.

Durch die Rücknahme der deutschen Kaukasusfront verblieben starke deutsche Kräfte im Kuban-Delta, die hier bis zum Herbst 1943 hinhaltend kämpften und sich nur langsam zurückzogen.

Störungssucher suchen per Boot in den ausgedehnten Sümpfen des Kuban-Deltas nach einer unterbrochenen Leitungsstelle.

Auch Einheiten der Gebirgsjäger hatten großen Anteil an den Abwehrerfolgen am Kuban.

Planmäßig und mit nur geringen Verlusten gelang im Herbst 1943 die Evakuierung des Kuban-Brückenkopfes über die Landenge von Kertsch.

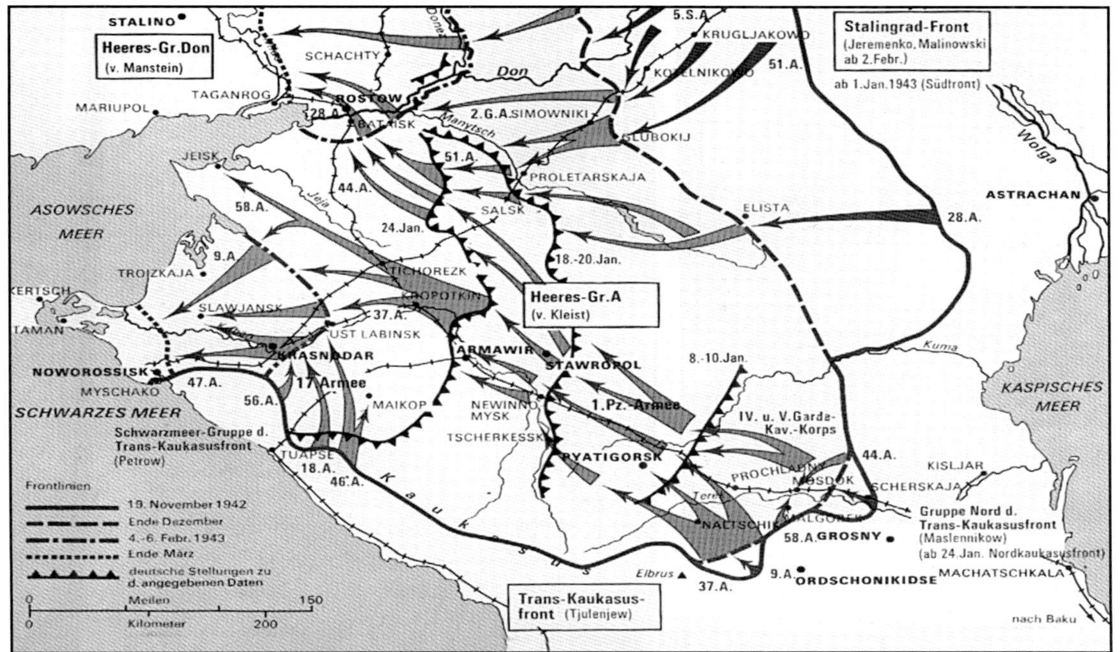

Die Karte verdeutlicht die Situation am Kuban im Jahr 1943.

Die schwer erkämpfte Stadt Noworossisk musste aufgegeben werden. Im Bild ein deutscher Gegenstoß mit Sturmgeschützen im Sommer 1943.

Ein russischer IL-2 Schlachtflieger hat eine Bauchlandung gemacht. Diese Flugzeuge waren bei den deutschen Landsern sehr gefürchtet.

Die Ju 88 wurde bis Kriegsende für vielfältige Zwecke eingesetzt. An der Ostfront wurde sie hauptsächlich als Bomber und Aufklärer eingesetzt.

Eine 3,7 cm-Flak auf Selbstfahrlafette passiert eine vernichtete russische Artilleriekolonne.

Der Schießbecher wurde auf den Karabiner aufgesetzt, um kleine Gewehrgranaten weit ins Vorfeld schießen zu können.

Ab Sommer 1943 hatten die Russen ihre Angriffstaktik verändert und setzten Panzer und Infanterie in Massen ein.

Der T 34 war auch im Jahr 1943 der am häufigsten eingesetzte russische Panzer. Er war eine sehr wirkungsvolle Waffe.

Hilfe gegen die vielen T 34 brachte für die Infanterie sehr oft das Sturmgeschütz, das als bewegliches Panzerabwehrgeschütz benutzt, sehr viele gegnerische Panzer ausschaltete. Das Sturmgeschütz diente der deutschen Infanterie als wirkungsvolle Waffe gegen Angriffe russischer Panzerverbände. Viele russische Panzer fielen der Sturmgeschützwaffe zum Opfer.

Überall dort wo Sturmgeschütze in der Schlacht auftauchten, konnte die Infanterie aufatmen. Hier im Bild wird Hauptmann Wagner in die Lage eingewiesen.

Ein Panzerjäger „Hornisse“ empfängt durch einen Kradmelder einen neuen Einsatzbefehl.

Das Sturmgeschütz III fährt im schwierigen Gelände dem nächsten Einsatz entgegen.

Ein Stuka-Verband auf dem Weg zu seinem Einsatzort.

Einsätze von Stukas konnten nur in Begleitung von Me 109-Jägern durchgeführt werden, da die Stukas für russische Jäger ein leichtes Ziel darstellten.

Der Kampfpanzer „Panther" sollte ab Ende 1943 allmählich den Panzer IV ablösen. Beide Panzertypen standen aber noch gemeinsam bis zum Kriegsende im Einsatz.

Die „Hornisse", mit der 8,8 cm-Pak-Kanone ausgestattet, war auf Grund der Durchschlagskraft ihrer Kanone bei der Panzerbekämpfung sehr erfolgreich. Auf kurze Distanz war sie mangels Panzerung für den Gegner eine leichte Beute.

Herbst 1943: Ein Schilderpfahl weist auf Verbände der Panzergrenadierdivision „Großdeutschland" hin.

Im Spätsommer 1943 tauchten die ersten russischen Sturmgeschütze SU-152 mit 15,2 cm-Haubitze auf. Sie waren schwer gepanzert und ihr Geschütz war in der Lage auch die Panzerung des Tigers zu durchschlagen.

Die ukrainische Hauptstadt Kiew musste im November 1943 von den Deutschen aufgegeben werden. Artilleriefeuer hatte die Häuser in Brand gesetzt.

Sowjetische Pioniere beim Brückenschlag in der Nähe von Kiew.

Deutsche Panzer und Grenadiere bei einem Gegenstoß bei Shepetowka im November 1943.

Der wichtige Verkehrsknotenpunkt Shitomir konnte von den Deutschen zurückerobert und damit die Offensive der Russen gestoppt werden.

Deutsche Grenadiere ziehen durch ausgebrannte Straßenzüge von Shitomir.

Am 16. Februar schwenkte die 10. PD nach Norden ein und drang in Richtung Pichon vor, während die Tiger-Kompanie Befehl erhielt, die Feindkräfte am Straßenkreuz 15 km nordwestlich Sidi bou Zid zu zerschlagen. Dieser Angriff schlug durch.

Die in Pichon liegende starke französische Kampfgruppe, die GenMaj. von Broich ausschalten wollte, hielt sich am 16. Februar. Ziegler wurde das IR 47, ObstLt. Buhse, zugeführt. Als es zur Stelle war, wurde es angehalten. Ziegler hatte vom Armeeoberkommando Befehl erhalten, den Angriff einzustellen. Auch der Raid der 21. PD zum Kasserinepaß wurde angehalten. Beide Panzer-Divisionen wurden nun Feldmarschall Rommel zugeführt. GenLt. Ziegler und Oberst Pomtow kehrten nach Tunis-Nord zurück. Was war geschehen, das diesen erfolgreichen Angriff hatte anhalten lassen?

Feldmarschall Rommel hatte - wie vorher dargelegt - bereits am 5. Februar einen großen Angriffsplan vorgelegt, der abgelehnt worden war. Dennoch gab der Feldmarschall der 164. Leichten und der 15. PD Weisung, sich bereitzustellen.

Als nun das II. US-Corps am Morgen des 15. Februar Gafsa aufgab, weil es fürchtete, durch den Stoß der Gruppe Ziegler abgeklemmt zu werden, ließ Rommel sofort Oberst Menton mit dem PGR Afrika auf Gafsa vorrollen (es war der ehemlige Sonderverband 288). Mentons Panzergrenadiere nahmen Gafsa in Besitz. Ein starker Spähverband wurde auf Feriana vorgetrieben. Damit standen deutsche Truppen hart südlich des Kasserinepasses. Bis zum 17. Februar hatten Teile des DAK Feriana besetzt. Rommels Plan war dem OKW nicht mehr zu kühn. Tebessa konnte möglicherweise doch genommen werden.

Als der Flugplatz Thelepte erobert war, unterstellte das OKW Feldmarschall Rommel die beiden Panzer-Divisionen des Pz AOK 5 und genehmigte die Weiterführung des Kampfes in Richtung Tebessa. Das bedeutete die Auflösung der Kampfgruppe Ziegler.

Die 21. PD nahm Sbeitla im Kampf. Inzwischen hatte Rommel die 10. PD auf den Kasserinepaß angesetzt. Der Paß war das Tor ins tunesische Bergland. Der Angriff begann am 19. Februar. Gleichzeitig stießen deutsch-italienische Kampfgruppen weit im Süden auf Tozeur vor und rollten auf der direkten Straße Richtung Nordwesten auf Tebessa. Sie passierten Garet en Naam, Djebel Dernaja und Djebel Chettabis. Vor ihnen lag als greifbares Ziel Tebessa. Unterstützt durch Artillerie griff die 10. PD am späten 19. Februar an. Die AA 3 erreichte die Paßhöhe. Zwei Stunden dauerte der Nahkampf, dann war die AA 3 abgewiesen. Oberst Menton griff an. Auch dieser Angriff blieb im Artilleriefeuer der Verteidiger liegen.

Am Morgen des 20. Februar stürmten die Bersaglieri der »Ariete«; auch sie wurden abgewiesen. Die 10., 15. und 21. PD, die »Centauro« und Teile der »Ariete« ballten sich vor dem Paß.

Das inzwischen nachgezogene Werferregiment 71 kam zum Schuß. Oberst Andreae ließ Vernichtungsfeuer aus den Werfern jagen. Noch waren diese Salven nicht verhallt, als Hptm. Stotten mit der I./PR 8 angriff, in den Paß eindrang und die Feindpak im

Duell Panzer-Pak vernichtete. Er schlug den Weg frei. Die deutschen motorisierten Verbände, Panzer voran, ergossen sich nach Westen und Norden. Rommel hatte es geschafft, und wieder gab er seine Parole bekannt: »Ausnutzen!« General Anderson befahl: Niemand weicht einen Fußbreit!«

Am Abend des 20. Februar setzte Rommel die 10. PD auf Thala an. Die 21. PD wurde um den Gebirgsfuß herumgedreht. Auch dieser neue Angriff kostete die Angloamerikaner 169 Panzer, 95 Spähwagen, 36 Selbstfahrlafetten und 50 Geschütze.

Zur Unterstützung des Angriffs und zur Bindung des Gegners im dortigen Raum stürmte das IR 47, ObstLt. Buhse, über Pichon nach Nordwesten und erreichte Kassera.

Am 21. Februar nahm die Hauptgruppe im Vorgehen auf Tebessa einen weiteren Paß. Nun war nur noch der Paß über den Djebel el Hamra zu überwinden. Die 10. PD eroberte Thala.

General Alexander, der eben sein Kommando als Oberbefehlshaber angetreten hatte, fuhr sofort nach Thala, unterwegs alle Truppen aufsammelnd, die er finden konnte. Die 6th britische PD und die Garde erreichten das Gefechtsfeld und hielten die 10. PD auf. 10 Panzer des PR 7 gingen verloren, dann griff auch die 9. US-ID mit ihrer Artillerie in den Kampf ein. Die 10. PD gab Thala auf.

Die zweite deutsche Kolonne, die direkt auf Tebessa vorstieß, wurde vom Kampfkommando B aufgehalten, das Tebessa und seinen Flugplatz Souk les Bains schützen sollte. Das Kampfkommando B stieß um Mitternacht des 21. Februar auf Brigadier Nicholson von der britischen 6. PD, der die alliierten Kampfhandlungen koordinieren sollte. Dieser gab Robinett die 26. Panzerbrigade, Brigadier McNabb, als Unterstützung. Damit hatte es die 10. PD mit der 26. Panzerbrigade zu tun, während das DAK, an dessen Spitze die »Centauro« vorrollte, auf das Kampfkommando B stieß.

In den wechselnden Kämpfen erlitten beide Seiten große Verluste. Zehn Stukas griffen am Nachmittag des 21. Februar in den Kampf ein. Zwei von ihnen wurden abgeschossen. Als es dunkel wurde und die Nacht einbrach, hatte das Kampfkommando B den Sturm des DAK zum Stehen gebracht.

Mit dem ersten Tageslicht des 22. Februar griffen alliierte Luftwaffenverbände in den Kampf um den letzten Paß vor Tebessa ein. An diesem Tage - Washingtons Geburtstag - wurde das DAK abermals vom Kampfkommando B aufgehalten. Feldmarschall Rommel, der beim DAK weilte, mußte vor einem Artillerie-Feuerüberfall durch ein Kakteenwäldchen ausweichen.

Das IR 47, das im Angriff bis über 20 km über Pichon vorgestoßen war, wartete vergeblich auf den Nordflügel der 21. PD. Diese war bei Sbiba vor tiefgestaffelten Minensperren liegengeblieben.

Feldmarschall Rommel, der gerade in dieser kritischen Lage auch aus der Marethstellung ungünstige Nachrichten erhielt und erkannte, daß der Angriff auf Tebessa nicht rasch genug durchschlug, brach das Unternehmen ab, das sich so gut angelassen hatte.

Die britische 8. Armee war vor der Marethstellung bedeutend eher wieder einsatzbereit, als Rommel dies vorausgesehen hatte. Nach einer Lagebesprechung am Kasserinepaß, zu der auch Feldmarschall Kesselring aus Frascati herübergeflogen war, befahl Rommel die Einstellung des Angriffs.

Die Divisionen wurden langsam auf die Ausgangsstellungen zurückgenommen. Dabei wurden die Brücken und Paßstellen gesprengt und das übrige Gelände vermint.

Am 23. Februar setzte Feldmarschall Kesselring von Frascati aus eine neue Befehlsgliederung in Kraft. Die Heeresgruppe Afrika war geboren. Ihr waren sämtliche Verbände des Heeres, der Flak und die italienischen Truppen untestellt. Feldmarschall Rommel wurde der Oberbefehl übertragen. Als sein Nachfolger wurde Gen-Oberst von Arnim vorgesehen.

In der Marethstellung hatten die verteidigenden italienischen Divisionen mit den Panzergrenadieren der 90. Leichten und Teilen der 15. PD die ersten tastenden Angriffe Montgomerys abgeschlagen. Dennoch waren alle Soldaten der 15. PD froh, als die I. Abteilung nach dem Raid zum Kasserinepaß wieder zur Division zurückkehrte und reiche Beute an Karretten für die Division mitbrachte. Hptm. Stotten war für seinen Durchbruch zum Eichenlaub vorgeschlagen worden, das er am 10. Mai 1943 erhielt.

Während in der Marethstellung die Vorbereitungen zu einem eigenen Großangriff liefen, hatte auch Generaloberst von Arnim eine neue Operation mit der Bezeichnung »Ochsenkopf« vorbereitet. Mit diesem Angriff sollten die Höhenzüge im Großraum Tunis erobert und das gesamte Becken von Medjez el Bab in Besitz genommen werden.

Dem Panzer-AOK 5 waren neu zugeführt worden: das IR 47, das durch die neu nach Afrika gekommene 999. ID im Raume Pichon abgelöst worden war, und die Division von Manteuffel. Letztere war von GenMaj. von Manteuffel im Januar 1943 aus den verschiedensten Verbänden zusammengestellt worden. Das Gros bildete die »Division Broich«. Mit dieser Division sollte General von Manteuffel im Nordabschnitt eingreifen, und zwar beim Djebel Abiod, wo immer noch Maj. Witzigs Pioniere standen.

Die Korpsgruppe Weber mit der Brigade Lang schloß sich nach Süden an. Hinzu kam die sPzAbt. 501, die auf 30 Tiger aufgestockt worden war, und die Masse der 334. ID.

Das Unternehmen »Ochsenkopf« begann am frühen Morgen des 26. Februar. Es wurde ein hartes Ringen an allen Frontabschnitten, in das deutsche Stukas und Jäger eingriffen. Die Tigerpanzer, geführt von Maj. Lueder, rollten - durch 15 Panzer IV des PR 7 verstärkt - auf ihr Ziel Beja vor. In strömendem Regen fuhren sich die Tiger im Gelände fest. Der Stützpunkt Sidi en Sir wurde dennoch genommen. Die Panzer mußten auf die Straße zurückschwenken. Flankierend eingesetzte Feindpak schoß einige ab.

Am nächsten Tag wurde der Angriff fortgesetzt. Nach 10 km setzte starkes Artilleriefeuer ein, und um 11.00 Uhr griffen Tiefflieger an. Es entstanden hohe Verluste.

Am 28. Februar wurde der Vorstoß fortgesetzt. 12 km vor Beja rollten sieben Tiger kurz hintereinander auf Minen. Major Lueder wurde verwundet, ebenso die Oberleutnante Hartmann, Kodar, Stockhammer, Loose und Pohl. Heute steht an dieser Stelle ein Gedenkstein, den der Gegner errichtete, um das »Tigergrab von Beja« zu kennzeichnen. Maj. Seidensticker übernahm die Führung der Abteilung.

Die gesamte Korpsgruppe Weber blieb bei Zebla buchstäblich im Schlamm stekken. Auf den Höhen nordostwärts Medjez el Bab richteten sich die Soldaten des GJR 756, Oberst Lang, ein. Die Grenadiere des IR 47 saßen auf dem Djebel el Ang und den Nebenhügeln.

Im südlichen Angriffsabschnitt gingen das FJR 5 und die Division »HG« vor. Im Zentrum stürmte das Jäger-Reg. 3. Zwischen Bou Arada und Goubellat kam es zu erbitterten Kämpfen. Am Djebel Rihane wurde das I./FJR 5, Hptm. Jungwirt, schwer geschlagen. Die Fallschirmjäger des 6. Britischen Commandos und Teile der 11. Brigade der britischen 78. ID waren hier die Gegner.

Das III./FJR 5 unter Hptm. Schirmer nahm im ersten Ansturm ein englisches Ruhelager südostwärts Kir el Briouigue in Besitz. Mit zwölf Panzern rollte die 10./FJR 5 zur Paßhöhe von Hir el Krima hinauf. Dort oben erhielten sie starkes Feuer. Englische MG-Stellungen wurden im Handgranatenduell geknackt. Der Gegner wich, und Oblt. Gasteyer, der die 10. Kompanie führte, drängte Hptm. Hofbauer, den Chef der beigegebenen Panzerkompanie, den Vorstoß auf el Aroussa fortzusetzen.

Es dauerte vier Stunden, ehe es weiterging. Einige Flak und Pak der Division »HG«, die nachgezogen waren, schlossen sich der kleinen Kampfgruppe an.

Bereits nach 2 km Weiterfahrt am frühen Nachmittag des 26. Februar erhielten die Spitzenpanzer Pakfeuer. Insgesamt wurden binnen kurzer Zeit neun Panzer III abgeschossen. Dieser Feuerüberfall der Engländer war tödlich für die Kampfgruppe. Als Feindpanzer vorstießen, gelang es der nachgerollten Achtacht-Flak, einige abzuschießen, ehe auch sie vernichtet wurde.

Die Gruppe zog sich auf die Paßhöhe zurück. Auf der Höhe 35 i, rechts vom Paß richteten sich Teile der 10./FJR 5 zur Rundumverteidigung ein. Als hier die Engländer am 27. Februar angriffen, wurden sie abgewiesen. Stukas griffen ein und klärten die Lage. Auch am 28. Februar wurde der Paß von den Fallschirmjägern verteidigt. Am frühen Morgen des 1. März fiel die Entscheidung. Nach einem schweren englischen Angriff mußten die Stellungen geräumt werden. Die Fallschirmjäger zogen sich zurück, kämpften am Djebel Djaffa gegen die nachdrängenden Engländer und hatten auf der Plaine von Goubellat wieder Anschluß an das Regiment gewonnen.

Am 1. März erhielt Hptm. Schirmer das Deutsche Kreuz in Gold und wurde am selben Tag zum Major befördert. In einer Ansprache verkündete GenMaj. Schmid, Kommandeur der Division »Hermann Göring« daß das FJR/5 ab sofort Jäger-Regiment »Hermann Göring« heiße und zur Division gehöre.

Bestandsaufnahme

Die allgemeine Lage der Heeresgruppe Afrika hatte sich eingangs März trotz der fehlgeschlagenen Operation »Ochsenkopf« gefestigt. Die Frontlänge betrug 455 km. Hinzu kam die 400 km lange Küstenlinie, die besetzt werden mußte, weil alliierte Landungsoperationen möglich waren.

Insgesamt standen 34 deutsche und 14 italienische Bataillone der Verteidigung zur Verfügung. Daraus ergibt sich, daß jedes Bataillon einen Frontabschnitt von 10 km übernehmen mußte. 49 Batterien, überwiegend kleine Kaliber, standen zur Unterstützung der Infanterie bereit.

Der Gegner verfügte zur gleichen Zeit bei der brit. 1. Armee über 2 ID, 1 PD und zwei Brigaden mit insgesamt 50.000 Mann. Dieser Streitmacht standen 240 Geschütze, 400 Pak und 166 Panzer zur Verfügung. Die US-Streitkräfte beliefen sich auf 40.000 Mann mit 200 Geschützen, 200 Pak und 200 Panzern. Die Verbände des XIX. französischen Corps beliefen sich auf ebenfalls 40.000 Mann in drei Divisionen und einer Kampfbrigade. Diesen Streitkräften stand die 5. Panzerarmee gegenüber.

Vor der Marethstellung mit der 1. Armee, General Messe, verfügte die 8. Armee unter Montgomery über 80.000 Mann mit 400 Geschützen, 550 Pak und 900 Panzern, die sich auf acht Divisionen verteilten.

Die gesamte Heeresgruppe Afrika aber bestand aus 80.000 deutschen und 40.000 italienischen Soldaten der ersten Linie. Die rückwärtigen Dienste ergaben noch 230.000 Mann; davon waren 150.000 Mann Italiener. Die Ausrüstung an Panzern und schweren Waffen lag 50 % unter Sollstärke.

Mit ihren schwachen Kräften mußte die Heeresgruppe Afrika versuchen, in immer neuen, schnellen örtlichen Vorstößen den Aufmarsch des Gegners zu seiner Frühjahrsoffensive zu vereiteln. Daß er auf die Dauer nicht verhindert werden konnte, war sicher, und daß er die deutsche Front durchbrechen und die 1. Armee abschneiden würde, war so klar wie sicher.

Um dieser kritischen Entwicklung zuvorzukommen, mußte die Oberste Deutsche Führung bemüht sein, die Front zu verkürzen und die 1. Armee näher an die 5. Panzerarmee heranzuführen.

Deshalb sollte ein starker Schlag der Panzerkräfte aus der Marethstellung heraus geführt werden. Erstes Angriffsziel war Medenine.

Im Raume Mareth lag beiderseits der Straße Medenine-Gabes die 90. Leichte. Links zum Meer anschließend die Division »Jungfaschisten«. Rechts der 90. Leichten standen die »Trieste« und die »Pistoia«.

Auf der Paßhöhe des Gebirges bei Mareth hatte sich die 164. Leichte eingerichtet. Die tiefe Flanke westlich des el Kebilli-Gebirgsmassivs wurden von italienischen Verbänden und der Armee-AA gesichert. Als Angriffsverbände standen Rommel die 15. und 21. PD und die ihm unterstellte 10. PD zur Verfügung. Den Rücken der

1. Armee deckte die PD »Centauro« und die Brigade L unter General Imperiali. Die Führung des DAK hatte der soeben nach Afrika zurückgekehrte General Cramer übernommen.

Rommel hatte sich entschlossen, einen Angriff von Westen auf Medenine und damit gegen die in der südlichen Mareth-Linie stehenden Feindkräfte durchzuführen. Der große Nachteil des Planes war der lange Anmarschweg, denn die 10., 15. und 21. PD, ferner noch die 164. Leichte, sollten, »über den Paß von Ksar el Hallouf hinausfahrend, den linken Flügel der Engländer weit ausholend umgehen und dem Feind in den Rücken fallen.«

Bis zum 5. März waren die deutschen Divisionen in ihre Bereitstellungen vorgezogen. Die Bereitstellung des PR 8 erfolgte in der Nacht zum 6. März mit der II./PR 8 vorn, dem Regimentsstab in der Mitte und der I. Abteilung hinten.

Die Artillerie des DAK eröffnete den Angriff mit einem Feuerschlag im Raume Medenine-Métameur. Oberst Irkens führte das ruhmreiche PR 8, und gleichzeitig als Panzerführer Afrika das PR 5, Oberst Gerhardt das PR 7.

Die Panzer kamen nicht weit. Sie fuhren in eine tiefgestaffelte feindliche Feuerwand hinein. Aus vierzig Batterien schlug ihnen Vernichtungsfeuer entgegen.

Es gelang Oberst Irkens, in die vorderste Linie einzubrechen, dann aber erhielt sein Panzer einen schweren Treffer. In eine Deckung rollend, führte der Oberst weiter. Mehr und mehr seiner Panzer wurden abgeschossen. Zu Fuß drangen die ausgebooteten Besatzungen vor. Der mit über 80 Panzern angetretene Verband verlor 55 Kampfwagen, von denen eine kleine Zahl wieder repariert werden konnte.

Auch die übrigen Verbände erlitten schwere Verluste, und auf dem Gefechtsfeld der 21. PD schlug am Nachmittag dieses Tages General Cramer die Einstellung dieses Angriffes vor. Rommel stimmte schweren Herzens zu.

Drei Tage später übergab Feldmarschall Rommel die Führung in Afrika an Generaloberst von Arnim und flog ins FHQ, um Hitler Bericht zu erstatten. Am 13. März fiel im FHQ die Entscheidung. Die unbeweglichen Teile der 1. Armee sollten aus der Marethlinie zurückgenommen und in die Gabeslinie geführt werden. Im Kampfraum bei Mareth blieben nur die schnellen Truppen zurück, die erst bei Gefahr eines feindlichen Durchbruchs oder der Umfassung zurückweichen sollten. Man hoffte, den Brückenkopf noch bis zum Herbst halten zu können.

Rommel forderte im FHQ die Zurücknahme der Südfront um 150 km. Die so freiwerdenden 300 italienischen Geschütze sollten im Brückenkopf Tunesien eingesetzt werden. Dann allein wäre der Brückenkopf wirklich zu halten gewesen. Hitler lehnte ab.

GFM Rommel erhielt Befehl, sich sofort zur Kur zu begeben und seine Gesundheit wiederherzustellen.

In der deutschen Führung gab es eine Umbesetzung. Neuer OB wurde GenOberst von Arnim. Sein Stellvertreter blieb General Ziegler, Chef des Stabes war GenMaj. Gause; Ia wurde Oberst Pomtow.

GenOberst Messe blieb OB der 1. Armee, sein italienischer Chef des Generalstabes wurde General Mancinelli, deutscher Chef des Stabes wurde Oberst Bayerlein. Neuer OB der 5. Panzerarmee wurde General von Vaerst, Chef des Stabes GenMaj. von Quast. Das DAK führte General Cramer, sein Chef des Stabes war Oberst Nolte.

DAS ENDE IN AFRIKA

Kämpfe im Nordabschnitt

Im Nordabschnitt bei der Division Manteuffel wurden eingangs März mehrere feindliche Angriffe abgewiesen. Am 17. März ließ GenMaj. von Manteuffel nördlich des Djebel Abiod angreifen, während sein rechter Flügel 12 km südlich Cap Serrat stehenblieb.

Der Angriff drang bis St. Temara durch; die von Osten her angreifende zweite Kampfgruppe erreichte einen Punkt hart nördlich der Enge und hielt hier. Am frühen Morgen des 19. März wurde dieser Angriff fortgesetzt. Die Kampfgruppe Witzig nahm die Höhe 199 nordostwärts des Djebel Abiod. Die beiden anderen Kampfgruppen und die Bersaglieri zogen nach.

Bis zum 28. März wurde diese Linie gehalten. Dann brach der Gegner hier mit starken Kräften, darunter auch Panzer und Panzerartillerie, durch. Die Division Manteuffel mußte sich im wolkenbruchartigen Regen nach Osten absetzen. Bei Sedjenane richtete sie sich beiderseits der Ortschaft zur Verteidigung ein.

Am 30. März brach hier der Gegner abermals durch. Ein Gegenangriff brachte Bodengewinn. Ein neuer Feindangriff führte zum Einbruch in die HKL der Division, die sich daraufhin bis in den Raum 20 km ostwärts Cap Serrat-St.Jefna-St. de Nair absetzen mußte. Hier festigte sich die Lage. Die Division wurde aufgefrischt.

Die Operation »Pugilist«

Noch während dieser Kämpfe im Nordabschnitt war die britische 8. Armee am 20. März zur Wegnahme der Mareth-Stellung angetreten. Um 20.00 Uhr eröffneten die Briten den Großangriff mit einem massierten Artillerie-Feuerschlag. Die 50. und 51. ID drangen mittels Sturmleitern in das tiefe Wadi Zigzaghou ein. Aber infolge des tiefen Schlamms kamen nur sechs Panzer nach vorn. Die hier liegenden »Jungfaschisten« verteidigten ihre Stellungen, und am 21. März griff General Borowietz aus eigenem Entschluß mit der 15. PD in den Kampf ein. Wieder war das PR 8 unter Oberst Irkens als stählerner Stoßkeil dabei. In zwei Tagen andauernden Kämpfen wurde der Gegner unter starken Verlusten zurückgeworfen. Sechs Feindpanzer wurden abgeschossen. General Montgomery gab dieses Unternehmen auf.

Die Front der Kampfgruppe Mannerini am Djebel Tabaga aber wurde eingedrückt. Als GenOberst von Arnim am 23. März auf dem Gefechtsfelde eintraf, genehmigte er GenOberst Messe die Zurücknahme der unbeweglichen Teile der 1. Armee in die Akarit-Stellung.

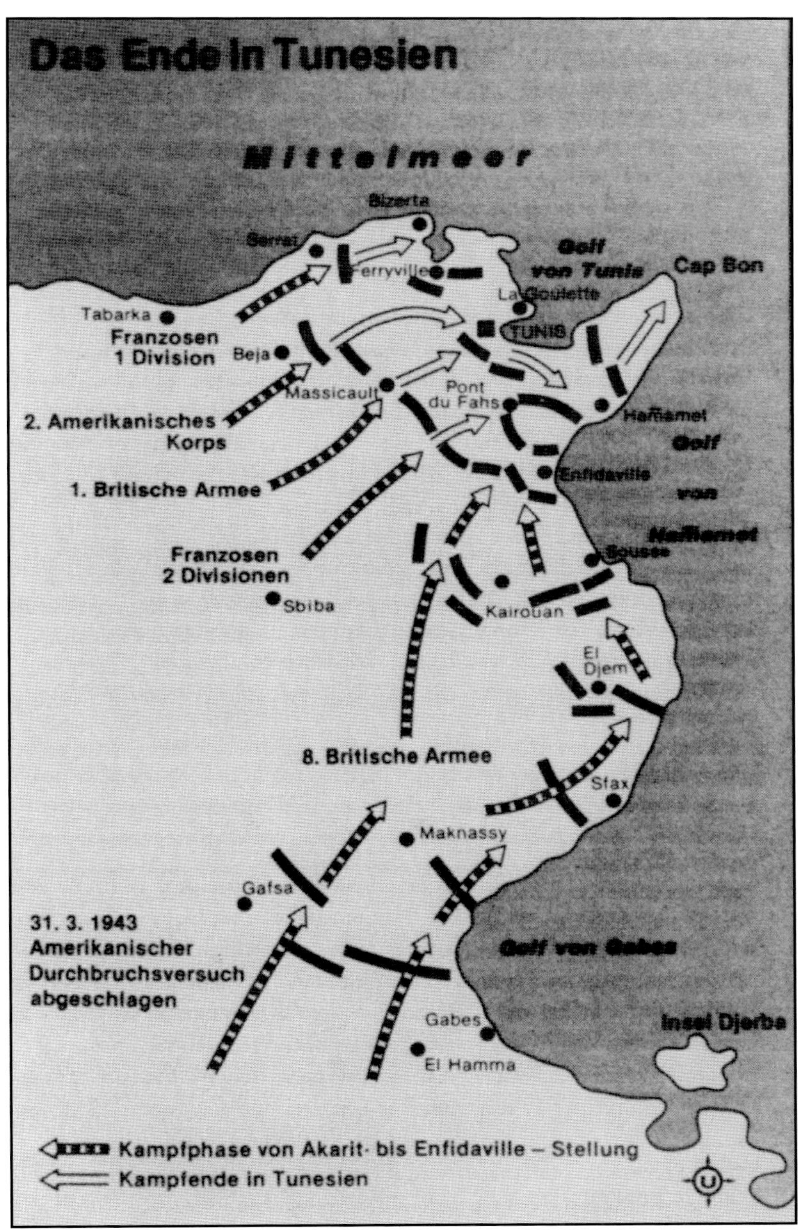

Der Endkampf in Afrika.

Die neuseeländische 2. Division griff am frühen Morgen des 26. März an. Die brit. 1. PD schloß sich diesem Angriff an. Bis zum Abend war ein tiefer Einbruch erzielt.

Die 15. PD wurde alarmiert. Die Panzer rollten dem Gegner in die Südflanke und hielten den Vorstoß auf. Dadurch wurde es den Resten der 164. Leichten und der 21. PD möglich, bei el Hamma einen Abwehrriegel aufzubauen, vor dem am 27. und 28. März weitere englische Angriffe scheiterten. Nur durch diese Einsätze konnte die Rückführung der 1. Armee in die Akarit-Stellung durchgeführt werden.

In den anderen Abschnitten wurde ebenfalls verzweifelt gekämpft. So verteidigte z.B. die Division »Centauro« im Raume Guettar gegen eine doppelte feindliche Übermacht.

Das II. US-Corps hatte von General Alexander Weisung erhalten, den Großangriff Montgomerys aus dem Großraum Gafsa heraus zu unterstützen. Doch die 34. US-ID kam nicht zum Zuge. Zur gleichen Zeit versuchte die 9. US-PD über Sened in die Küstenebene durchzubrechen. Sie wurde von kleinen Kampfgruppen aufgehalten und zurückgeschlagen. Hauptanteil an der Abwehr hatte die Kampfgruppe Medicus. Sie wurde in letzter Minute von der Kampfgruppe Lang unterstützt. Major Medicus erhielt am 16. April 1943 für diese Leistung das Ritterkreuz.

Die Nachschubfrage war für die Heeresgruppe Afrika entscheidend geworden. Seit dem 23. März war kein Schiff mehr durchgekommen. Daß trotz all dieser Schwierigkeiten der Vorstoß der britischen 8. Armee mit 7000 Fahrzeugen auf Gabes abgewehrt werden konnte, ist eines der Wunder des afrikanischen Feldzuges.

Entscheidung im April

Am späten Abend des 4. April 1943 stellte sich die brit. 8. Armee mit ihrem III. Corps bereit. Mit der indischen 4. sowie der engl. 50. und 51. ID, stürmte das Korps um Mitternacht frontal gegen die Stellungen des italienischen XX. AK. Die ersten drei Hügelstellungen wurden überrannt. Die Höhen 167 und 175 gingen verloren. Das PGR 200 der 90. Leichten warf vor seiner Front den Gegner zurück. Als sich ein Durchbruch abzeichnete, fuhren die Panzer der 15. PD und ein Panzergrenadier-Bataillon unter Führung von Hptm. Pätzold einen Gegenangriff.

Oberst Irkens berichtete darüber: »Wir stießen im Morgengrauen mit dem ersten Büchsenlicht unmittelbar auf eine Ansammlung feindlicher Lkw mit Munition und Betriebsstoff, offenkundig für die durchgebrochenen Feindpanzer bestimmt. Sie wurden vernichtet oder vereinnahmt, kein einziger Wagen entkam.

Die Einbruchstelle wurde erreicht und gesichert, ein weiteres Hineinstoßen war nicht möglich, da in diesem Moment die 50 durchgebrochenen und von ihrer Versorgung abgeschnittenen Feindpanzer zurückrollten. Sie wurden von der Kompanie Ihde und dann von unseren Panzern und der Flak der nachgezogenen Division gepackt und drehten unter Verlusten nach Westen ab. In der Gegend der Einbruchstelle befreiten wir etwa 20 abgeschnittene und festliegende Panzer des PR 5 und betankten diese.

Der große Erfolg dieses Tages war, daß die vom Engländer eingeleitete Umfassung der Marethstellung verhindert wurde. Die hier noch haltenden Verbände konnten auf die Schottstellung nördlich El Hamma - Gabes zurückgenommen werden.« (Siehe: Irkens, Franz Josef: Panzerführer Afrika).

Das PR 8 übernahm den Schutz des in der folgenden Nacht beginnenden Herauslösens der 90. Leichten und wich langsam gegen nur schwach nachdrängenden Gegner auf die Schottstellung zurück.

Zögernd erreichten die Vorhuten der 8. Armee am Abend des 7. April die Straße Gabes-Gafsa, wo sie auf das II. US-Corps, nunmehr von General Patton geführt, stießen.

Immer wieder machten Kampfgruppen des DAK kehrt und hielten die nachdrückenden Divisionen der 8. Armee auf, die aus Sousse angriffen. Am 11. April gelang es den Amerikanern, bei Kairouan die Verbindung zum britischen IX. Corps der 1. Armee herzustellen, das auf Fondouk nach Osten vorgestoßen war.

Bis zu diesem Zeitpunkt hatte die zurückgehende 1. Armee Messe die Enfidaville-Bergstellung erreicht.

Zwischen Pichon und Fondouk kämpfte die Gruppe Fullriede, die aus deutschen und italienischen Verbänden zusammengestellt war, gegen die 6. US-PD, die durch die 34. US-ID und die englische 128. Brigade verstärkt worden war. Sechs Tage hielt OberstLt. Fullriede den Gegner auf. 60 Feindpanzer wurden von dieser Kampfgruppe abgeschossen und die 6. US-PD fast an den Rand des Unterganges gebracht. Dadurch gelang der Rückzug zur Enfidavillestellung. OberstLt. Fullriede erhielt für diesen Abwehrerfolg am 11. April das Ritterkreuz.

Die britische 8. Armee erreichte am 10. April Sfax. Am Abend des 13. April erreichten die Spitzengruppen des X. Corps die Panzergräben vor der Enfidavillestellung. General Alexander teilte als OB der 18. Armygroup am 12. April General Montgomery mit, daß die 1. Armee den Hauptstoß im Schlußangriff auf Tunis führen werde. Der 8. Armee falle die Aufgabe zu, den Feind an der Südfront zu binden. Die Truppen der 8. Armee marschierten vor der Enfidavillestellung auf.

Angriffe im Norden

Im Norden, wo der Feind bis zum 1. April Cap Serrat genommen hatte, stellten sich »Frei«-Franzosen, Marokkaner und die 1. US-ID bereit. Sie griffen im Südabschnitt an und erzielten einen Einbruch bei Heidous, der durch GenMaj. von Manteuffel persönlich bereinigt wurde.

Am 7. April versuchte die brit. 78. ID mit einer unterstellten Panzerbrigade den Longstop-Hill zu gewinnen. Die 334. ID unter GenMaj. Krause wich schrittweise aus, hielt aber noch den Longstop.

Die Division »HG« mit dem FJR 5 im Mittelabschnitt hatte sich auf und um die Höhe 107 herum eingerichtet. OberstLt. Koch war wegen Krankheit in die Heimat versetzt worden. Major Schirmer führte das FJR 5.

Vom 14. bis 16. April eröffnete die neu zur Front gekommene brit. 4. ID den Reigen der Angriffe bei Sidi Nsir gegen das Regiment Lang der 334. ID.

In der Nacht zum 20. April eröffnete auch die 8. Armee ihre Generaloffensive auf die Enfidavillestellung. Enfidaville fiel, und Montgomery gruppierte am 22. April um. Das Hauptgewicht seines Angriffes verlegte er nun in den Küstenraum. Die Höhenstellungen bei Enfidaville-Zaghouan waren ihm zu schwierig.

General Alexander ließ zwei PD der 8. Armee in den Mittelabschnitt überführen, wo sie den Hauptstoß mitfahren sollten. Der 78. ID war es am 24. April gelungen, den Longstop-Hill zu erobern. Sie hatte damit das »Tor nach Tunis« geöffnet.

Die Alliierten eröffneten nun den Endkampf. Mit allen Divisionen stießen sie gleichzeitig vor. Bei Sidi Nsir versuchte die 34. US-ID vier Tage den Djebel Tahent zu gewinnen. Erst am 1. Mai mußten hier die zwei Bataillone des IR 47 weichen.

Bei der Division Manteuffel griff die 1. US-ID beim Regiment Barenthin an. Vor der 334. ID stauten sich im Tine-Tal die Angriffskolonnen der 9. US-ID und der 1. US-PD, um schließlich durchzubrechen. Als der Gegner am 30. April bei von Manteuffel die Stellungen des Bersaglieri-Regiments durchstieß, entschloß sich GenOberst von Arnim, den ganzen rechten Flügel auf die Linie westlich Bizerta-Djebel-Achkel-Höhen westlich Mateur-Edekila-Bordj Toum zurückzunehmen. In der Nacht zum 2. Mai wurde diese Verlegung durchgeführt.

Auf dem Djebel Achkel krallten sich Witzigs Pioniere in den Boden ein. Hier hielten die Fallschirmjäger bis zum 6. Mai 1943 stand. Als der Djebel Berna verlorenging, griff General von Manteuffel abermals im Gegenstoß an. Die Höhe wurde zurückgewonnen. Aber der kleine drahtige Offizier brach auf dem Gefechtsfeld zusammen. Seit Wochen krank, hatte er bis zur eigenen völligen Erschöpfung gekämpft.

Am 7. Mai wurde die Abwehrfront westlich Bizerta durchbrochen. Die Hafenanlagen wurden von der zurückgehenden Division Manteuffel gesprengt. Südlich des Sees von Bizerta hielt die Division noch stand.

Bis zum 4. Mai konnte der Gegner sich bis an die Linie Bordj Toum-French Ferme-Fourna-Ksar-Tyr-Kamelberg-Höhen bei Pont du Fahs heranschieben. Auf der Höhe 107 und einer benachbarten Höhe hielten die Männer des FJR 5 die »Kaktusfarm«, auf der ein Zug unter Ofw. Schäfer lag. Starker englischer Gegner griff hier seit dem 28. April an. Schäfer hielt gegen starke Panzer- und Luftangriffe drei Tage. Seine Männer vernichteten 37 Feindpanzer. Dann setzte sich Schäfer zum Regiment ab. Er erhielt das Ritterkreuz für diese Leistung am 8. August 1944 in der Gefangenschaft in Camp Harne, Texas.

Oberst Irkens, inzwischen zum Panzerführer Afrika ernannt, und mit den Resten der Panzer-Regimenter 5, 7 und 8 sowie den beiden Tigerabteilungen und einer italienischen Sturmgeschütz- und Panzerabteilung unter Major Piscelli der Heeresgruppe Afrika unmittelbar unterstellt, sollte mit seinen letzten 70 Panzern noch eine Wende herbeiführen und die alliierte Panzerarmada aufhalten. Mehrfach kam diese Kampfgruppe zum Einsatz und hielt den Gegner auf. Dann aber kam der 6. Mai 1943.

An diesem Tage löste die britische 1. Armee im Abschnitt Medjez el Bab die Schluß-Offensive aus. Mit einer Lawine von über 1000 Panzern rollten die Divisionen zum Durchbruch auf Tunis los. Bomber- und Jäger-Verbände dröhnten über dieser stählernen Phalanx in Richtung Osten.

Diesem Panzerkeil warfen sich die wenigen Panzer unter Irkens entgegen. Dicht nördlich der Einbruchstelle stand diese Kampfgruppe mit 30 Panzern, überwiegend solche des PR 8, die von Hptm. Schnelle geführt wurden. Aus eigenem Entschluß rollte Oberst Irkens zum Gegenangriff gegen den Nordflügel und die Nordflanke der durchgebrochenen Feindkräfte. Noch einmal bewährten sich die alten kampferfahrenen Panzerkommandanten und hielten den Einbruch für kurze Zeit auf. Als sich die letzten 20 Panzer am Nachmittag dieses Tages vom Feind lösten, hatten sie 90 Feindpanzer abgeschossen und selbst zehn Kampfwagen verloren. In der Nacht und am 7. Mai rollten sie zum Flugplatz El Alia zurück. Hier, westlich von Tunis, kam es noch zu kleineren Gefechten, bis die letzte Munition verschossen und der Treibstoff verbraucht war. Die letzten sieben Panzer wurden in ein Wadi gestürzt und vernichtet. Der Kampf war für die Panzerkampfgruppe Irkens zu Ende.

An der Miliana, ostwärts Pont du Fahs, stellte sich am Abend dieses ereignisreichen 6. Mai 1943 das FJR 5 zum letzten Kampf. Es wurde von der 21. PD unterstützt. Der französische Angriff brach vor dieser Truppe zusammen.

Mit dem ersten Büchsenlicht des 7. Mai setzten die Alliierten ihren Großangriff fort. Wieder gab es Artillerie- und Luftbombardements von größter Dichte. Die angeschlagenen deutschen Truppen wichen auf Tunis zurück. Um 17.40 Uhr dieses Tages drangen die Engländer in Tunis ein. Die Kräfte der Heeresgruppe Afrika waren aufgespalten.

Erst am 9. Mai konnte der Gegner ostwärts des Sees von Bizerta durchbrechen und Forte Farina erobern. Um 15.24 Uhr ging hier der letzte Befehl des Panzer-AOK 5 ein: »Unterlagen und Gerät vernichten. Auf Wiedersehen! – Es lebe Deutschland!«

Am Morgen des 8. Mai nahmen die Engländer Tunis in Besitz. General Frantz hatte in der Nacht zum 8. Mai mit den Resten seiner 19. Flak-Division bei Hammanlif und westlich hinter dem Miliane einen Abwehrriegel aufgebaut. Hier sammelten die Reste der 10. PD und der Division »HG« mit den Fallschirmjägern. Erst am 10. Mai konnte die britische 6. PD bei Hammanlif durchstoßen. Dieser Division folgte die indische 4. ID, die in Richtung auf Cap Bone eindrehte und die Halbinsel bis zum Abend des 12. Mai besetzte. Die dort stehenden deutschen Soldaten gingen in die Gefangenschaft.

Die 6. PD des Gegners setzte den Vorstoß nach Süden in den Rücken der 1. Armee fort, die noch gegenüber der britischen 8. Armee hielt. Teile der 90. Leichten und die Division »Jungfaschisten« machten nach Norden kehrt und wiesen diesen Gegner am 11. und 12. Mai ab.

Alle Divisionen der deutschen Mittelgruppe meldeten sich am 12. Mai bei der Heeresgruppe Afrika ab, die bei Ste. Marie du Zit den letzten Gefechtsstand hatte. Mit seinen zwei letzten Panzern schlug sich General Cramer dorthin durch.

Von hier aus meldete GenOberst von Arnim am 12. Mai nach Rom, daß der Gefechtsstand von zwei Seiten eingeschlossen sei. Am selben Tage bot er dem alliierten Oberkommando die Kapitulation der Heeresgruppe Afrika an. General der Panzertruppe Cramer ließ den letzten Funkspruch an das OKW tasten:

»An OKW: Munition verschossen. Waffen und Kriegsgerät zerstört. Das Afrika-Korps hat sich befehlsgemäß bis zur Kampfunfähigkeit geschlagen.«

Am 12. Mai kapitulierte die 90. Leichte. Am Morgen des 13. Mai verschossen die Batterien der 1. Armee die letzten Granaten, teils nach Süden und teils nach Norden. Im Verbande dieser Armee kämpfte bis zuletzt die 164. Leichte unter GenMaj. Frhr. von Liebenstein.

Gegen Mittag schloß GenOberst Messe, der unmittelbar vorher vorher vom Duce die Beförderung zum Feldmarschall erhalten hatte, die Kapitulation mit General Freyberg, dem Kommandeur der neuseeländischen 2. Division ab.

Auf afrikanischem Boden schwiegen die Waffen. Die deutschen und italienischen Kräfte hatten in den letzten Monaten Unvorstellbares geleistet.

Am 13. Mai schickte auch General Alexander einen Funkspruch an Premierminister Churchill. Darin heißt es:

»Sir, es ist meine Pflicht, zu berichten, daß der Tunesien-Feldzug zu Ende ist. Aller feindlicher Widerstand hat aufgehört. Ganz Afrika ist unser!«

Das Ende in Afrika war ebenso katastrophal wie in Stalingrad. In »Tunisgrad« gingen 130.000 deutsche Soldaten in die Gefangenschaft. Hinzu kamen 180.000 Mann italienische Truppen.

100.000 Soldaten aller Nationen ließen auf diesem Kriegsschauplatz ihr Leben. Von deutscher Seite waren es 18.594 Tote und 3400 Vermißte.

Das italienische Volk verlor 13.748 Tote und 8821 Vermißte. Auf englischer Seite fielen 35.476 Mann. Die USA verloren - ausschließlich im Raume Tunesien - 16.500 Mann. Die Zahl der in Afrika gefallenen französischen Soldaten ist nicht bekannt.

Der letzte Gefallene dieses Afrikakrieges war ein junger Araber namens Achmed el Bedui. Er war mit seinem Kommandeur, Hptm. Kuhlmann, aus Afrika zurückgekommen, geriet in Gefangenschaft und wurde schließlich vor ein französisches Kriegsgericht gestellt und zum Tode durch den Strang verurteilt, da er als »französischer Bürger« gegen Frankreich gekämpft habe. Er starb als deutscher Soldat, auch wenn auf keinem Grabstein sein Name zu lesen ist.

13. Mai 1943:
Das Oberkommando der Wehrmacht gibt bekannt!

»Der Heldenkampf der deutschen und italienischen Afrikaverbände hat heute sein ehrenvolles Ende gefunden. Die letzten der in der Umgebung von Tunis fechtenden Widerstandsgruppen, seit Tagen ohne Wasser und Verpflegung, mußten nach Verschuß ihrer gesamten Munition den Kampf einstellen. Sie sind schließlich dem Mangel an Nachschub erlegen, nicht dem Ansturm des Feindes, der die Überlegenheit unserer Waffen auch auf diesem Kriegsschauplatz oft genug hat anerkennen müssen. Die Afrikakämpfer Deutschlands und Italiens haben die ihnen gestellte Aufgabe in vollem Umfang erfüllt. Durch ihren Widerstand, der dem Feind in monatelangem, erbitterten Ringen jeden Fußbreit Boden streitig machte, fesselten sie in Nordafrika stärkste Kräfte des Gegners und brachten ihm schwerste Menschen- und Materialverluste bei. Die damit erreichte Entlastung an anderen Fronten und die gewonnene Zeit kamen der Führung der Achsenmächte in höchstem Maße zugute. Der Führer hat dem Generalobersten von Arnim, der die deutsch-italienischen Truppen in Nordafrika seit einiger Zeit befehligte, am 10. Mai folgenden Funkspruch gesandt:

»Ihnen und Ihren heldenmütig kämpfenden Truppen, die in treuer Waffenbrüderschaft mit den italienischen Kameraden jeden Fußbreit des afrikanischen Bodens verteidigten, spreche ich Dank und höchste Anerkennung aus. Mit Bewunderung verfolgt mit mir das ganze deutsche Volk den Heldenkampf seiner Soldaten in Tunesien. Für den Gesamterfolg des Krieges ist er von höchstem Wert gewesen. Der letzte Einsatz und die Haltung Ihrer Truppen werden ein Vorbild für die gesamte Wehrmacht des Großdeutschen Reiches sein und als ein besonderes Ruhmesblatt der deutschen Kriegsgeschichte gelten. Gez. Adolf Hitler« (Archiv der Gegenwart 1943 S. 5934 A).

KRIEGSSCHAUPLATZ ITALIEN

Sizilien: Tor zur Festung Europa – Die Vorgeschichte

»Seit Januar 1943 beschäftigte ich mich eingehend mit den Problemen, daß die West-Alliierten nach der Inbesitznahme von Nordafrika die Bewegungsfreiheit im Mittelmeer erlangt haben würden. Der weitere Ansatz ihrer Streitkräfte mußte ihre letzten Kriegsziele und Absichten enthüllen.

Ich verschaffte mir durch persönliche Erkundungen und Rücksprachen mit den italienischen Inselkommandanten und Befehlshabern ein klares Bild und setzte beim OKW ebenso wie beim Comando Supremo die notwendigen personellen und materiellen Maßnahmen durch.

Die Zusammenballung der britisch-amerikanischen Kräfte im tunesischen Raum ließ in erster Linie eine Fortsetzung der alliierten Operationen im West-Mittelmeer erwarten.

Sizilien lag in greifbarer Nähe. Die Wegnahme dieser Insel war eine wichtige Etappe auf dem Weg nach Italien.« (Siehe Kesselring, Albert: Soldat bis zum letzten Tag).

GFM Kesselring sprach mit General Guzzoni, dem Inselkommandanten Siziliens, den Verteidigungsplan durch. GenMaj. Westphal, der Chef des GenStabes des OB Süd, erarbeitete diese Pläne. Die Hauptforderung Kesselrings an General Guzzoni lautete: »Der Feind muß sofort ins Meer geworfen werden!«

Den auf Sizilien stehenden geringen deutschen Verbänden schärfte der OB Süd ein: »Gleichgültig, ob Sie Befehle von der italienischen Armee in Enna bekommen oder nicht: Sie haben sofort nach Erkennen des Zieles der Invasionsflotte den Vormarsch gegen den anlandenden Feind anzutreten.« (Siehe Kesselring, Albert: a.a.O.).

Mit der Wegnahme der Inseln Lampedusa und Pantelleria am 11. und 12. Juni durch die Anglo-Amerikaner, der Verteidiger von Pantelleria, dem »Malta vor Sizilien«, General Pavesi, kapitulierte angesichts der anlandenden britischen Sturmtruppen »wegen Wassermangels« – war der letzte Zweifel darüber, wo der Gegner landen wollte, beseitigt.

Vom 3. Juli an wurden die Bombenangriffe, die vorher Neapel, La Spezia und anderen Städten auf dem italienischen Festland gegolten hatten, auch gegen Sizilien geführt. Ziele waren die Flugplätze des II. Fliegerkorps unter General Bülowius. Bis zum 10. Juli wurden auch der Hafen und die Flakstellungen um Messina angegriffen und bis zum Landungsunternehmen mit 5000 Tonnen Bomben belegt. Bis zum Abend des 9. Juli waren dadurch acht deutsche Flugplätze auf der Insel außer Gefecht gesetzt.

GFM Kesselring hatte in den ersten Stunden nach Beginn der Invasion der Insel der Panzerdivision »Hermann Göring« den sofortigen Angriff befohlen, »um eine

Unterlassung gutzumachen und nicht, um in die Befehlsgebung der Italiener einzugreifen.«

Die Kräfte beider Seiten: Ihr Ansatz

Während der Konferenz von Casablanca vertrat im Januar 1943 General Eisenhower die Ansicht, daß Sizilien als nächstes Operationsziel in Europa gewählt werden müsse, sobald der Afrikafeldzug siegreich abgeschlossen sein würde. Sizilien teile das Mittelmeer in zwei Hälften, deshalb müsse seine Wegnahme die Gefahr für die alliierte Schiffahrt stark verringern.

Die Entscheidung fiel schließlich für Sizilien, und damit wurde der Bevölkerung dieser Insel ein letzter Krieg aufgebürdet, der nicht ihr Krieg war, sondern nur ihre schöne Insel als Schauplatz benutzte.

Im Zuge der Vorbereitungen der Invasion auf Sizilien, die nach der Kapitulation der deutschen Heeresgruppe Afrika am 12. Mai 1943 bevorstand, konzentrierten die westlichen Alliierten alle Bombenangriffe auf Sizilien. Neben den genannten militärischen Zielen auf der Insel fielen Hunderte von Häusern diesem Sturmreifbomben zum Opfer.

In Malta trafen sich die Oberkommandierenden der britischen und US-Streitkräfte, Eisenhower und Montgomery. Der endgültigte Einsatzplan für den D-Tag - es war der 10. Juli - lautete: »Für die 7. Armee: »Inbesitznahme der Flugplätze von Ponte Olivio, Biscari und Comiso sowie Wegnahme des kleinen Hafens von Gela. Lebenswichtiges Ziel der Armee ist die Eroberung von Ragusa am Abend des D-Tages.

Für die 8. Armee:

Eroberung von Pachino-Flugplatz, Besetzung der wichtigsten Straßen- und Bahnverbindungen nach Noto, Avola, Cassibile und Ponte Grande. Bildung einer ersten Basis für den Angriff auf Syrakus und Augusta sowie Öffnung der nach Norden in Richtung Catania-Messina führenden Straße. Die alles andere beherrschende Aufgabe der brit. 8. Armee ist es, Messina so früh wie möglich zu erreichen und so die Hintertür ans Festland zu verschließen und den Feind zwischen der 8. und der amerik. 7. Armee in die Falle gehen zu lassen.« (Siehe Pond, Hugh: Sicily).

Die brit. 8. Armee stellte dazu zwei Armeekorps bereit, während die 7. US-Armee ihr II. Korps unter General Bradley und als Sonderverband das 505. Parachute Combat Team unter Oberst Gavin stellte.

Die Kommandierenden Generale der beiden brit. Korps waren: GenLt. Sir Miles Dempsey für das XIII. Korps, und GenLt. Sir Oliver Leese für das XXX. Korps.

Transport und Ausladung der brit. 8. Armee zur und auf der Insel standen unter der Führung von Vizeadmiral Ramsay. Er hatte im Jahre 1940 die britischen Expeditionsstreitkräfte vom Strand von Dünkirchen gerettet.

Starke Deckungsflotten begleiteten diesen Transportkonvoi. Dem Vizeadmiral Hewitt, Führer der US-Western Task Force, unterstanden in seinem Befehlsbereich über 1.700 Schiffe. Er hatte die Truppen der USA an drei Punkten auf der Insel zu landen: Bei Licata, Gela und Scoglitti.

Insgesamt waren an dieser Invasion 2500 Transportschiffe und 400 Landungsfahrzeuge beteiligt, zu denen noch 750 Kriegsschiffe kamen. Auf diesen Schiffen wurden 160.000 Mann alliierter Truppen mit 600 Panzern und 1.800 Geschützen gelandet, um das Tor zur Festung Europa aufzustoßen.

Deutscherseits standen auf Sizilien nur 30 000 Mann, die den ganzen Küstenbereich der Insel decken sollten. Das italienische AOK 6 mit Sitz in Enna verfügte über sechs italienische Divisionen und zwei Küstenbrigaden, welche den gesamten Küstenbereich der Insel abdecken sollten. Es waren dies Flak, Luftwaffenteile, deren Bodenpersonal und die noch nicht aufgelösten Nachschubverbände für den afrikanischen Kriegsschauplatz.

Oberst Baade war vom Oberbefehlshaber Süd, GFM Kesselring, beauftragt worden, alle deutschen Soldaten auf der Insel zur Bildung einer Rückhaltegruppe und zur Unterstützung der italienischen Verbände zusammenzufassen.

Dieser zusammengewürfelte Verband erhielt die vorläufige Bezeichnung »Kommando Sizilien«. Aus ihm sollte eine Panzergrenadierdivision aufgestellt werden. Er wurde zunächst in Panzerdiv. Sizilien - mit nur einer, der 215. Panzerabteilung - dann in 15. Panzergreandier-Division - umbenannt.

Die auf der Insel stehenden italienischen Kräfte hätten zur Abwehr einer Invasion ausreichen müssen. Es sollte sich jedoch herausstellen, daß sie - bis auf einige wenige Ausnahmen - sehr kampfesmüde waren und rasch das Handtuch warfen, so daß schließlich nur die deutschen Verbände einer überwältigenden Übermacht an Soldaten und vor allem Waffen standzuhalten hatten.

Auch das Luftwaffenverhältnis zueinander zeichnete sich durch eine vierfache Übermacht des Gegners aus. Den 5000 Maschinen der Alliierten standen 1.250 deutsche Flugzeuge gegenüber.

Am frühen Nachmittag des 9. Juli sichtete ein Aufklärer der Luftflotte 2 die Landungsflotte der Alliierten im Seegebiet von Malta und meldete sie über Funk. Um 19.00 Uhr erhielt auch das ital. Oberkommando Meldung über die Sichtung von sieben großen Geleitzügen auf See mit Kurs auf Cabo Passero und die Reede von Gela. Eine halbe Stunde später gab das AOK 6 höchste Alarmstufe.

Bereits eine Stunde vorher hatte ein starker Luftangriff auf Caltanisetta stattgefunden. Dies war der Auftakt zu einer langen Serie von Bombardierungen der Wohnzentren im Südosten der Insel zwischen Syrakus, Palazzolo, Acreide und Catania. 400 schwere Bomber verursachten in Catania schwere Schäden, ebenso in Agrigento und Empedocle. Die Sizilianer ahnten, was ihnen nun bevorstand. Wer konnte, der zog sich in die Schlupfwinkel der Berge zurück, um nicht von der alliierten Kriegsmaschinerie zermalmt zu werden.

Die Landung – Erste Kämpfe

Neben einem Fallschirmsprungeinsatz mit 1600 Soldaten der brit. 1. Luftlandebrigade, die den Befehl hatte, den Ponte Grande - eine wichtige Brücke über den Anapo - handstreichartig in Besitz zu nehmen, startete auch die US-Fallschirmtruppe zu einem weiteren Schlag: »Inbesitznahme der Hochfläche und der Straßenkreuzungen vier Meilen nördlich von Gela und deren Sperrung. Außerdem: Unterstützung der 1. US-ID bei der Inbesitznahme des Flugplatzes von Ponte Olivio.«

Das gesamte koordinierte Unternehmen der Angloamerikaner ähnelte den deutschen Angriffen des 10. Mai 1940 mit Fallschirm- und Luftlandetruppen in die Festung Holland und auf die dortigen Plätze.

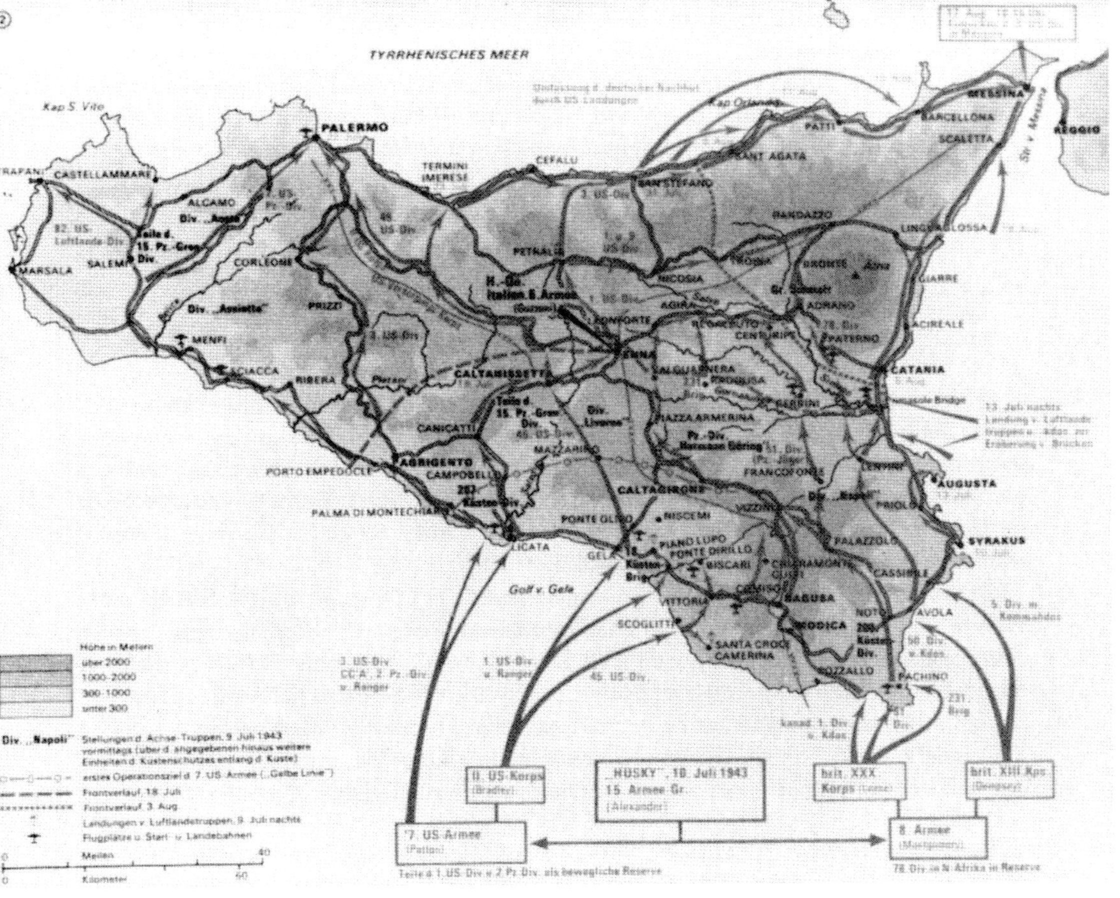

Der Kampf um Sizilien.

Damit wurde Sizilien zum Geburtsort der amerikanischen und britischen Luftlandetechnik, wenngleich die Briten bereits in Tunesien Fallschirmjäger eingesetzt hatten, die den Ehrennahmen »Rote Teufel« erhalten hatten. Sie nannten ihrerseits die deutschen Fallschirmjäger »Grüne Teufel«.

Trotz ihrer geringen Erfolge waren die alliierten Fallschirmlandungen auf Sizilien dennoch kampfentscheidend, weil es ihnen gelang, die Panzerdivision »Hermann Göring« aufzuhalten und sie am schnellen Erreichen des Strandes zu hindern. Wäre dies nicht geschehen, hätte es dieser Division gelingen können, die alliierten Landungstruppen wieder in die See zurückzuwerfen.

Die übrigen Landungen verliefen ebenfalls planmäßig. Allerdings erlitten die landenden Verbände bei Lido di Avola, dem dortigen Stützpunkt Santa Venerina und Avola selber, schwere Verluste. Hier fiel Cassibile bereits um 10.00 Uhr.

Wenige Stunden darauf waren die beiden Divisionen des brit. XIII. Korps in Avola und Noto eingedrungen.

Das britische XXX. Korps wiederum, das auf der Halbinsel Pachino gelandet war, stieß zwischen Marzamemi und Porto Ulisse auf 30 km Frontbreite vor. Der Hafen von Porto Palo wurde in Besitz genommen. Von den US-Truppen wurde der angestrebte Besitz des Flugplatzes Pachino um 6.45 Uhr geschafft.

Bis zum Abend dieses ersten Angriffstages hatten die Angloamerikaner ihr Angriffsziel erreicht.

Die Inselverteidigung

Die ersten Meldungen von den alliierten Landungen und deren Erfolgen gingen um 5.00 Uhr in Enna bei der ital. 6. Armee ein. General Guzzoni erließ zehn Minuten darauf einen Tagesbefehl, in dem er verkündete, er hoffe, daß »Die Bewohner der Insel gemeinsam mit der Truppe den Invasoren in einer geeinten Front gegenübertreten werden, um für uns einen kostbaren Teil unserer italienischen Heimat zu erhalten.« (Siehe KTB AOK 6 vom 10. Juli 1943, 5.10 Uhr).

Deutscherseits hatte die Kampfgruppe Schmalz der PD »HG« am 10. Juli die erste Feindberührung. Sie stand in Catania und marschierte nach Süden, dem Gegner entgegen. Oberst Schmalz nahm dabei in Kauf, daß er Catania ohne Schutz zurückließ und daß eine alliierte Landung auch an dieser Stelle die Stadt zu Fall bringen konnte, so daß er in diesem Falle mit seiner Truppe abgeschnitten worden wäre.

Das SPW-Bataillon der KGr. marschierte in die Räume Vizzini und Lentini und von dort aus in Richtung Syrakus weiter. Dort sollte die ital. Division »Napoli« stehen und verteidigen.

Bei Floridia geriet der vorausfahrende Funkspähtrupp ins Gefecht. Die Division »Napoli«, die hier vermutet wurde, war und blieb verschollen. Ob und wie sie gekämpft hatte, wurde nie geklärt. (Nach Aussagen des Kdr. der brit. 4. Panzerbrigade,

Brigadier Cavet, hat sie sich am 13. Juli ergeben. Ihr Kommandeur habe an der Straße Palazzuolo-Solarino die weiße Flagge gezeigt).

Bei Priolo stieß die KGr. Schmalz auf den Feind, der hier von starkem Schiffsgeschützfeuer unterstützt wurde. Dieses Feuer in die Flanke der KGr. wurde so stark, daß ein weiterer Vorstoß auf Syrakus unmöglich wurde.

Oberst Schmalz ließ auf das geschütztere Melilli zurückgehen. Am Abend faßte Oberst Schmalz die Erfahrungen des ersten Tages folgendermaßen zusammen: »Die Voraussetzungen der Kampfführung, wie mit dem ital. AOK 6 besprochen, sind nicht gegeben. Die Küstenbefestigungen wurden nicht verteidigt, die Eingreifdivision »Napoli« erschien nicht.«

Bei Lentini grub sich das Regiment Maucke (PGR 115) ein. Am Abend erkannte Oberst Schmalz die alliierten Vorbereitungen zu einer Landung bei Augusta.

Neben der KGr. Schmalz hatte die gesamte PD »Hermann Göring« ebenfalls am Morgen des 10. Juli von GFM Kesselring ihren Einsatzbefehl erhalten. Obwohl Kesselring keine Befehlsgewalt auf der Insel hatte, sah er sich zu diesem Befehl veranlaßt.

GenMaj. Conrath ließ sofort alarmieren. Eigene Aufklärungspanzer hatten ihm bereits die Landungen bei Gela und Syrakus gemeldet. Die PD »HG« - ohne die KGr. Schmalz, die ja bereits im Einsatz stand - trat mit dem Auftrag an: »Durchstoßen bis ans Meer und Vernichtung der bei Gela gelandeten Feindkräfte.«

Die Division, geführt von GenMaj. Conrath, erreichte gegen 18.00 Uhr die Straße Gela-Vittoria mit je einer Kampfgruppe südlich Niscemi und Biscari. Spätestens am nächsten Morgen würde sie in südwestlicher Richtung angreifen, um Gela und das dortige Küstengelände zurückzugewinnen.

Am frühen Morgen des 11. Juli ließ GenMaj. Conrath angreifen. Seine beiden Kampfgruppen durchstießen die Front der 1. US-ID. An der Spitze der rechten Gruppe rollte die 1. Kp. des Panzerregiments »HG« unter Oblt. Stronck. Ihr gelang es, den Weg für die nachfolgenden Einheiten freizuschießen und das US-IR 26 unter GenMaj. Roosevelt aufzurollen. Stronck schoß zwei Panzer ab. Dann war die Kp. bis auf 1000 Meter an den Strand herangekommen.

Hier lagen die soeben an Land gesetzten US-Truppen, die Nebel schossen und über Funk »Feuer auf den eigenen Standort« anforderten.

Im Feuer der alliierten Schiffsgeschütze blieb der Angriff liegen. General Conrath, der mit den ersten Panzern vorgefahren war, mußte den Rückzug befehlen. Über 30 eigene Panzer blieben lahmgeschossen auf dem Gefechtsfeld liegen. Der Großteil wurde durch das ausgezeichnet liegende Schiffsgeschützfeuer getroffen.

Der zweite Angriff am Nachmittag brach ebenfalls nach anfänglichen Erfolgen im Schiffsgeschützfeuer zusammen. Insgesamt verlor die PD »HG« am 11. Juli 43 Panzer, darunter einige Tiger der ihr erst kurz vorher zugeführten Tiger-Kp.

Die Beurteilung der Lage am Morgen des 12. Juli veranlaßte General Conrath, diese Gegenangriffe einzustellen, weil keinerlei infanteristische Ergänzung durch die beiden ital. Eingreifdivisionen erfolgt war. Die Division zog sich auf die Linie Catenanuova-Bahnlinie nach Catania zurück, um dort eine durchgehende Verteidigungslinie mit der KGr. Schmalz zu bilden.

General Montgomery leitete den Vorstoß in die Ebene von Catania und auch nach Enna ein. Das taktische HQ der britischen 8. Armee wurde noch am 11. Juli von Malta nach Sizilien verlegt. »Monty« befahl den Vorstoß des XIII. Korps auf Augusta und ließ das XXX. Korps auf der Straße Palazzuolo nach Vizzini vorstoßen. Bis zum Abend des 12. Juli war der Südostteil der Insel fest in der Hand der 8. Armee. In der Nacht zum 13. Juli drangen Truppen des XIII. Korps in Augusta ein, ohne daß ihnen Widerstand geleistet wurde. Admiral Leonardi hatte sich bereits am Nachmittag dem mit Zerstörern einlaufenden Gegner ergeben.

Den US-Truppen war es gelungen, sich bei Gela zu behaupten. Die bei der 1. US-ID entstandene Krisensituation war durch die Flotte bereinigt worden. Das HQ des II. Korps wurde in Scoglitti eingerichtet.

Am Nachmittag des 12. Juli sprang das deutsche FJR 3 unter Oberst Heilmann in der Weizenebene von Catania. Die Fallschirmtruppe war am 11. Juli alarmiert worden, da General der Flieger Student erst zu diesem Zeitpunkt dazu aufgefordert worden war. Student hatte vorgeschlagen, im Falle einer feindlichen Invasion auf der Insel direkt und sofort in den feindlichen Landeraum hinzuspringen und den Gegner von innen zu bekämpfen. Dieser Vorschlag fand vor den Augen des OKW keine Gnade, obgleich allein er Aussicht auf Erfolg bot.

Der als Verbindungsoffzier nach der Insel entsandte Hptm. Stangenberg hatte diesen geeigneten Absprungraum für das Rgt. Heilmann erkundet und gemeldet. Die Fallschirmjäger besetzten noch in der Nacht zum 13. Juli eine Stellung zwischen Carlentini und der See und wurden der KGr. Schmalz unterstellt. Oberst Schmalz schickte sofort das II./FJR 3 nach Francofonte, wo zwischen Lentini und Vizzini eine Lücke in der Front aufklaffte.

GFM Kesselring, der am Morgen des 12. nach Enna gekommen war, erwog bereits die Überführung der 29. PGD - die am 10. Juli aus Foggia nach Südkalabrien in Marsch gesetzt worden war - auf die Insel. Anschließend fuhr er mit General von Senger, dem deutschen Verbindungsoffizier beim AOK 6, zur Front.

Der 13. Juli sah den Kampf der KGr. Schmalz und des II./FJR 3 unter Hptm. Liebscher in der neuen Linie Lentini-Agnone und bei Francofonte. Am späten Nachmittag meldete sich Major Schmidt, Kdr. des FschMGBatl. 1, bei Oberst Schmalz. Das Bataillon war auf dem Flugplatz von Catania gelandet und befand sich im Anmarsch.

Nach einer schweren Bombardierung von Enna, die den gesamten Stab des ital. AOK 6 außer Gefecht setzte, verlegte der Stab nach Passo Pisciere ostwärts Randazzo.

Die 15. PGD unter GenMaj. Rodt kämpfte seit dem 11. Juli im Raume Canicatti-Delia-Sommarino und hatte Auftrag, den Feind am Vordringen auf den beiden vorhandenen Straßen nach Caltanisetta zu hindern. GenMaj. Rodt setzte die ihm unterstellte schwere PzAbt. 215 in Richtung Gela an.

Am 12. ging bei der Division der Befehl des deutschen Verbindungsstabes zum AOK 6, General von Senger, ein, nach Osten auf die Linie Gangi-Leonforte-Agira auszuweichen.

Die Abwehrkämpfe des 12. und 13. Juli sahen das PGR 129 im Brennpunkt. Vor dem PGR 104 trug der Gegner bei Piazza Armerina starke Angriffe vor, die ebenfalls abgewehrt werden konnten. Erst am Morgen des 16. Juli gab GenMaj. Rodt den Befehl, in hinhaltendem Kampf auf die Linie Gangi-Leonforte-Agira zurückzuweichen. Die Masse seiner Division setzte sich in der Nacht zum 17. Juli in diese neue Verteidigungsstellung ab. Der Divisionsstab verlegte in ein Landhaus ostwärts Nicosia. (Siehe Kurowski, Franz: Das Tor zur Festung Europa).

Die 8. Armee vor schweren Kämpfen

Am 13. Juli verlangsamte sich der Vorstoß der 8. Armee. »Monty« hatte nun die Idee (nachdem einige kritische Überlappungen beider Armeen beseitigt worden waren), noch am 13. an der Front des XIII. AK bei Lentini einen Durchbruch in die Ebene von Catania zu erzwingen. Dazu sollte die brit. 1. Fallschirmbrigade unter Brigadier Lathbury die Brücke über den Primasolefluß im Handstreich erobern und auf deren Nordseite einen Brückenkopf bilden. Dieses Unternehmen begann mit dem Verlust von 20 Maschinen, die von der deutschen Flak und der - US-Schiffsartillerie abgeschossen wurden. Dennoch landeten etwa 20 Prozent der Kräfte bei der Brücke und stießen darüber hin, um die Sprenglandungen zu entfernen. Das Unternehmen gelang.

Die bei Agnone zur Inbesitznahme des Ponte dei Malati eingesetzten britischen Gruppe des 3. Commandos unter OberstLt. Slater erreichte zwar die Brücke, wurde aber dort von einem einzigen Panzer der KGr. Schmalz aufgehalten. Die einzelnen Trupps, die einen anderen Übergang suchten, wurden von den Fallschirmjägern des Rgt. 3 gefangengenommen.

Die Sprengkammern dieser Brücke über den Lentini aber waren leer. Es gelang den deutschen Kräften nicht mehr, diese Brücke in die Luft zu jagen. Der Versuch, sie mit Tellerminen zu sprengen, war mißlungen.

Bereits am 12. Juli war der Kommandierende General des XIV. Pz-Korps, General Hube, mit einem kleinen Stab auf Sizilien eingetroffen. Am 14. ging der Befehl über alle deutschen Streitkräfte an ihn und seinen Korpsstab über. Seiner Persönlichkeit gelang es bald, die Zügel fest in die Hand zu nehmen und eine geordnete Kampfführung zu erreichen. Damit war die Krise in der deutsch-italienischen Führung beseitigt. Alle Kräfte wurden nun auf den schrittweisen Rückzugskampf ausgerichtet, den General Hube befahl.

GFM Kesselring, der am Abend des 15. Juli mit einem Flugboot bei Milazzo gelandet und von dort ins HQ von General Hube gefahren war, unterstellte diesem »völlig entgegen der Luftwaffen-Hierarchie« auch die Flakartillerie. Die Flak-Division (22.Flakbrigade) unter General Stahel wurde auch im Erdkampf eingesetzt und bewährte sich sehr.

Die PD »HG« wehrte an diesem Tage Angriffe des Gegners auf Caltagirone und Granmichele ab, wurde aber im weiteren Verlauf des Tages nach Norden zurückgedrückt und stand am Abend in der Linie Ragusa - Corna - Lungafluß bis zu dessen Mündung. Die 15. PGD wurde von diesen Bewegungen unterrichtet, um sich ihnen anzuschließen.

Zur Lage am 17. Juli GFM Kesselring: »Am rechten Flügel war noch von keiner Front zu sprechen; die 15. PGD, rechts an die 1. FJD anschließend, kämpfte unter ihrem tüchtigen Kdr., General Rodt, anerkennenswert gut.

Rechts davon klaffte eine Lücke, die durch die 29. PGD geschlossen werden sollte, deren Herankommen sich aber durch Eingriffe des OKW immer wieder verzögerte.« (Siehe Kesselring, Albert: a.a.O.).

Absetzen auf die Ätnastellung

Das II. US-Korps erhielt durch den OB der 7. US-Armee, General Patton, Weisung, in zwei Stoßgruppen auf Enna und Caltanisetta vorzugehen. Einen Tag später wurde General Patton vom OB der 15. Armeegruppe, General Alexander, dem allliierten Oberkommandierenden auf der Insel, angewiesen, »mit allen Kräften auf Palermo vorzustoßen und von dort über die Küstenstraße ostwärts nach Messina zu marschieren.«

»Damit aber«, so einer der Stabsoffiziere zu Patton, »sitzen wir hier gemütlich beim Schwätzchen, während ›Monty‹ den verdammten Krieg hier beendet und die Lorbeeren einheimst.«

Das war nichts für Patton, den »amerikanischen Guderian«. Er ließ den Angriff auf die Nordküste beginnen und trieb seine Armee zur Hergabe aller Kräfte an. Die Armee durchquerte die Insel in einem der längsten Nonstopmärsche des Mittelmeer-Kriegsschauplatzes. General Bradley lenkte von »Peter Piper« - wie er den Ort seines Hauptquartiers Pietraperzia der Einfachheit halber nannte - den Weg seiner beiden Divisionen.

Caltanisetta wurde am 18. Juli erobert. Die 1. US-ID stand vor Enna und nahm das ehemalige HQ der 6. Armee am 20. Juli in Besitz. Gleichzeitig stießen die 2. US PD und die 3. US-ID von Agrigent aus nach Palermo vor, um solcherart den gesamten Westteil der Insel abzutrennen (in dem sich kein einziger deutscher Soldat befand).

Der Kommandant von Palermo, ein ital. General, kapitulierte am 22. Juli ohne daß die Festungsbesatzung auch nur einen Schuß abgefeuert hätte.

Für die Bewohner der Stadt war dies ein Segen, für die deutsche Abwehrkriegführung nicht.

Am frühen Morgen des 23. Juli erreichte die 45. US-ID bei Termini die Nordküste. Damit war die Insel in zwei Hälften aufgespalten. General Middleton wollte nun mit seiner 45. ID in Eilmärschen nach Messina durchstoßen und die noch im Raume Catania kämpfenden deutschen Verbände abschneiden.

Die zweite Marschgruppe der 7. US-Armee aber, die sich nach Enna emporquälen mußte, kam schließlich nur noch schrittweise weiter. Nicosia bildete den Schwerpunkt. Den Höhepunkt aber bildete die kleine Gebirgsstadt Troina. Dort standen die Männer der 15. PGD im Abwehrkampf. Im Report der 7. US-Army heißt es denn auch: »Der Kampf um Troina gehört zu den erbittertsten kleineren Gefechten des Zweiten Weltkrieges.«

Die 8. Armee am Simeto

Im Bereich der 8. Armee konzentrierte sich der Kampf um den Simeto-Übergang. Die 51. ID der Briten hatte am 14. Juli Vizzini genommen und wollte nun mit Stoßrichtung auf Catania weiter vorgehen. Die can. 1. ID stieß über Caltagirone auf Piazza Armerina vor und berannte wenig später Francofonte. Am 16. Juli befahl Montgomery den Vorstoß auf Paterno. Die 51. ID überschritt den Simeto, sah sich starken deutschen Verteidigern gegenüber und blieb liegen. Piazza Armerina aber fiel am 17. Juli der can. 1. ID zu. Wenn nun noch die deutschen Linien bei Primasole durchbrochen wurden, war der Weg nach Catania frei.

Um den Besitz der Simeto-Brücke entwickelten sich heftige Kämpfe. OberstLt. Walther, Kdr. des FJR 4, hatte mehrfach versucht die Brücke zu sprengen. Alle Versuche endeten ergebnislos. Dann gelang es der brit. 23. PzBrig., die Brücke zu überwinden und am Nordufer einen Brückenkopf zu bilden. Die KGr. Walther ging elastisch in einem trockenen Bachbett etwa 2000 Meter nördlich der Brücke zurück und richtete sich hier erneut ein.

Den 17. Juli über versuchten die Engländer den Brückenkopf auszuweiten, was aber mißlang. Dennoch konnte das XIII. Korps immer mehr Panzer hinüberziehen und den Brückenkopf auf 2.600 Meter ausweiten. Der Durchbruch nach mehrstündigem Trommelfeuer mit der 23. PzBrigade und der 51. ID mißlang. OberstLt. Walther konnte den Einbruch ausbügeln. Nun sollte die 5. ID westlich der Brücke über den Fluß setzen. Sie überwand den Fluß, stieß auf die KGr. Schmalz und wurde geworfen.

Am 20. Juli befahl General Montgomery, die bei Sousse wartende 78. ID auf die Insel zu bringen, um damit die Stoßkraft seines linken Flügels zu erhöhen.

Der »Hube-Plan«

General der Panzertruppe Hube hatte am 17. Juli offiziell die Führung auf Sizilien übernommen. Gemeinsam mit seinem Chef des GenStabes, Oberst v. Bonin, entwikkelte er einen Plan, wie alle deutschen Kräfte auf das Festland geschafft werden solllten. Dazu mußte die Messinastraße offengehalten werden. Oberst Baade wurde zum Kommandanten Messinastraße ernannt. Er unternahm alle Maßnahmen, um die Straße offenzuhalten, und organisierte ihren Flakschutz vorbildlich. Die beiden schweren Batterien der 15. PGD - 17 cm-Geschütze mit 28 km Reichweite - wurden auf der Festlandsseite bei San Giovanni eingesetzt, um die Übergangsstelle gegen feindliche Kriegsschiffe zu sichern. Damit war der Plan der Rückführung und des planmäßigen Rückzuges vorgegeben.

Am 22. Juli hatte General Alexander den Befehl gegeben, den Endkampf auf der Insel einzuleiten. Die Operationen sollten spätestens am 1. August beginnen.

Der britische Angriff auf die Ortschaft Centuripe wurde vom II./FJR 3, nun unter Hptm. Liebscher, abgewiesen. Regalbuto wurde vom III. Batl. dieses Regiments gehalten. Bei Agira griff die 231. Malta-Brigade an. Der Kampf tobte hier zwei Tage, ehe diese Ortschaft am 27. Juli fiel. Am selben Tage war auch die 78. brit. ID an der Front erschienen.

Der Staatsstreich in Rom

Am 24. Juli 1943 begab sich GFM Kesselring allein zum Duce, um mit ihm vor allem die Lage auf Sizilien zu erörtern. Mussolini hatte gerade eine Besprechung und bat den Feldmarschall, etwas zu warten. Nach etwa 30 Minuten wurde Kesselring zum Duce gebeten.

Mussolini, der nicht - wie sonst üblich - hinter seinem Schreibtisch saß, kam dem deutschen Feldmarschall entgegen und fragte ihn:

»Kennen Sie Grandi? Er war eben bei mir, wir haben uns ausgesprochen. Wir bewegen uns auf einer Linie, er ist mir treu ergeben.«

Am nächsten Tag erfuhr GFM Kesselring, daß es ausgerechnet Grandi gewesen war, der auf der Sitzung des Faschistischen Großrates am Morgen des 25. Juli als Gegner Mussolinis aufgetreten war und dessen Absetzung verlangt hatte. Dazu GFM Kesselring in seinen Erinnerungen:

»Ich muß mich fragen, ob ich die Leichtgläubigkeit Mussolinis oder die ›Geschmeidigkeit‹ Grandis mehr bewundern sollte.«

Am Nachmittag des 24. Juli um 15.50 Uhr trat zum ersten Male seit Kriegsbeginn der Großrat der Faschistischen Partei im Palazzo Venezia zusammen. Hier hielt Mussolini seine letzte große Rede mit dem »Bericht zur Lage«.

Anschließend brachte der Vorsitzende des Großrates, Dino Grandi, eine von ihm und anderen Mitgliedern desselben, u.a. Ciano, Bottai und De Bono, unterschriebene Tagesordnung ein, die mit folgenden Sätzen schloß:

»Der Großrat bekräftigt die Notwendigkeit der moralischen und materiellen Einheit der Italiener in dieser ernsten und für die Geschicke der Nation entscheidenden Stunde. Er erklärt, daß zu diesem Zweck die sofortige Wiederherstellung aller staatlichen Funktionen notwendig ist, die der Krone, dem Großrat, der Regierung, dem Parlament und den Korporationen nach den Verfassungsgesetzen zukommen.

Der Großrat fordert den Regierungschef auf, Seine Majestät, den König, dem sich treu und vertrauensvoll das Herz der gesamten Nation zuwendet, zu bitten, daß er zur Ehre und Rettung des Vaterlandes das Kommando der Wehrmacht zu Lande, zur See und in der Luft gemäß Artikel 5 der Verfassung übernimmt, welch höchste Entscheidung unsere Institutionen ihm zuweisen und die in unserer ganzen Geschichte immer das ruhmreiche Erbteil unserer erhabenen Dynastie Savoyen gewesen ist.« (Siehe: Schramm, Percy E.: Das Kriegstagebuch der deutschen Wehramacht).

Am Vormittag des 25. Juli empfing König Viktor Emanuel III. den Duce. Dieser erhielt zu seiner grenzenlosen Überraschung das Entlassungsschreiben seines Souveräns als Capo di Governo und Oberkommandierender der italienischen Streitkräfte.

Als Mussolini das königliche Hauptquartier verließ, wurde er verhaftet und schied damit für viele Monate aus der italienischen Politik aus, um nach seiner Befreiung die Schattenrepublik von Salo zu übernehmen.

König Viktor Emanual III. beauftragte den Marschall von Italien, Pietro Badoglio, mit der Regierung. Das Comando Supremo unterstellte er sich selber. Neuer Kriegsminister wurde Sorica, Marineminister Admiral de Courten.

In ihren Aufrufen an das italienische Volk erklärten sowohl der König als auch Marschall Badoglio, daß der Kampf an der Seite Deutschlands fortgesetzt werde. Dies bekräftigte der Marschall von Italien am folgenden Morgen auch GFM Kesselring gegenüber. Als GFM Kesselring nach dem Aufenthaltsort Mussolinis fragte, wurde ihm bedeutet, daß der Duce nicht etwa gefangengehalten werde, sondern lediglich zu seiner eigenen Sicherheit vom König an einen ihm - Badoglio - unbekannten Ort gebracht worden sei. GFM Kesselring wies eindringlich darauf hin, daß Hitler diese Brüskierung nicht auf sich beruhen lassen werde. In seinem Tagebuch notierte er, ein aufrichtiger Freund Italiens bis zum Ende:

»Der Eindruck dieser Unterredung war: Kühl, zurückhaltend und unwahr!«

Danach sprach GFM Kesselring auch mit dem König. Viktor Emanuel III. erklärte »hoch und heilig«, daß Italien niemals von der Seite seines deutschen Freundes und Verbündeten weichen werde.

Zu seiner grenzenlosen Verblüffung erfuhr GFM Kesselring vom König, daß dieser nicht wisse, wo Mussolini sei. Der König versicherte dem Feldmarschall, daß er sich für Mussolinis persönliches Wohlergehen verantwortlich fühle. Viktor Emanuel erklärte: »Nur Marschall Badoglio kennt den Aufenthaltsort Mussolinis«. Der Leser möge sich selber ausmalen, wer von diesen beiden höchsten Repräsentanten Italiens ein Lügner war.

Um das Maß der Lüge und Heuchelei voll zu machen, bat General Roatta, Generalstabschef der italienischen Streitkräfte, General Westphal, Chef des Generalstabes des OB Süd, in sein Hauptquartier. Roatta gab Westphal gegenüber die Versicherung ab, »daß die italienische Wehrmacht unbeirrt und bis zum Endsieg getreu an der Seite der deutschen Wehrmacht stehen und kämpfen werde.« (Siehe Kurowski, Franz: Siegfried Westphal, Generalstabschef dreier Feldmarschälle).

Hitler erklärte alle jene, die versuchten, der deutschen Führung Sand in die Augen zu streuen, zu Lügnern. »Ich glaube ihnen kein Wort!«

Er ließ sofort einen Plan ausarbeiten, wie die Regierung Badoglio im Falle des Ausscherens Italiens aus dem Krieg verhaftet und wie sein Freund Mussolini befreit werden könnte, um den Duce wieder in alle seine Rechte einzusetzen.

Als GFM Kesselring vom OKW ersucht wurde, zu diesem Zweck Truppen und Lastwagenkolonnen mit Panzersicherung bereitzustellen, um die im Handstreich zu verhaftenden Regierungsmitglieder abzutransportieren, was »mit Sicherheit zu einem Aufstand mit unabsehbaren Folgen für die italienische Bevölkerung geführt hätte«, erklärte der Feldmarschall, daß er weder die Wagenkolonnen noch die Truppen dazu habe. Er müsse an Sizilien denken, wo alles auf des Messers Schneide stand. Im Innern des Landes brauche er Ruhe. Zu GenMaj. Westphal sagte Kesselring im Hinblick auf dieses Ansinnen:

»Da denkt man ein Leben lang, man wäre Offizier und Ehrenmann, bis sich auf einmal herausstellt, daß man nur als Räuberhauptmann betrachtet wird.« (Siehe Westphal, Siegfried: Erinnerungen).

Zum Geburtstag Mussolinis am 29. Juli wurde GFM Kesselring von Hitler damit beauftragt, dem Duce Hitlers Geschenke zu überbringen. Auch Görings Geschenk sollte Kesselring persönlich übergeben. Doch die Italiener »rochen den Braten«. Sie hielten den Aufenthaltsort des Duce geheim.

Endkampf auf der Insel

In der Nacht zum 31. Juli begann auf Sizilien der Großangriff. Centuripe hielt. General Conrath hatte das gesamte FJR 3 dorthin geworfen. Die hier angreifende brit. 78. ID wurde blutig abgewiesen. Am Mittag des 1. August wurde Centuripe von Bombern der Alliierten in Schutt und Asche gelegt. Viele Bewohner kamen hierbei ums Leben. Das Batl. Liebscher hatte sich rechtzeitig zurückgezogen.

In der folgenden Nacht dauerte der Kampf um Centuripe an. Erst am Morgen drangen die Engländer in die Stadt ein. Dies unmittelbar vor einem neuen Bombenangriff, der die noch stehenden Häuser verwüstete. Die Engländer flohen vor den eigenen Bomben, und die deutschen Fallschirmjäger rückten nach. Erst als am Abend

Oberst Heilmann das Batl. Liebscher zurückzog, drangen die Engländer in die verwüstete Stadt ein.

Der Kampf um Regalbuto gestaltete sich ähnlich hart. Auch hier wurden zahlreiche Bombenangriffe geflogen, die den Haß der Zivilbevölkerung auf die Engländer ins Unerträgliche steigerten, was sogar zum Kampf der Zivilisten gegen einzelne Gruppen des Gegners führte. Am Abend des 2. August wurden die Fallschirmjäger zurückgenommen.

In der Nacht zum 4. August war die brit. 50. ID gegen die KGr. Walther angetreten. Bis zum Nachmittag des 5. August gewann sie einen Geländestreifen von 7 km Tiefe. Südlich Catania kam es noch einmal zu erbitterten Gefechten, ehe die Stadt in der Nacht zum 6. August aufgegeben werden mußte.

Am nächsten Tag wurden auch Paterno und Misterbianco aufgegeben. Mit der Eroberung von Adrano am 7. August war die deutsche Hauptverteidigungslinie quer durch Nordostsizilien zusammengebrochen.

Im Bereich der US-Streitkräfte begann am 4. August der Angriff auf die Troinastellung, wo die 15. PGD verteidigte. Hier schoß der Gegner zum ersten Male im Zweiten Weltkrieg ausschließlich mit Phosphorgranaten. Außerdem warf er dichte Bombenteppiche. Durch beide Maßnahmen verlor die 15. PGD an einem Tage 1.600 Mann, 40 Prozent der kämpfenden Truppe.

Nördlich an Troina vorbei gelang dem Gegner am 6. August ein tiefer Einbruch, und am Abend stand dieser Gegner an der Straße Troina-Cesaro. Ein Gegenangriff der PzAbt. 215 unter Hptm. Gierga brachte die Amerikaner noch einmal zum Stehen und hielt die Rückzugsstraße der Division offen.

Das Absetzen in der kommenden Nacht gelang. Inzwischen waren auch die Hauptteile der 29. PGD auf die Insel überführt worden. Das GR 15 hatte bereits am Abend des 22. Juli von General Hube den Befehl erhalten, in den Raum Cefalù zu marschieren und dort den Vorstoß der auf der Küstenstraße nach Osten rollenden US-Verbände aufzuhalten. Oberst Ulich, Kdr. dieses Regiments, gelang es, rechtzeitig vor dem US-Gegner dort zu sein. Die vorgeworfenen Kradschützen traten als erste ins Gefecht, womit die 29. PGD in den Kampf um Sizilien eingegriffen hatte. GenMaj. Fries, ihr Kdr., übernahm am 25. Juli den Befehl über den Nordabschnitt.

Kämpfend zogen sich die beiden Regimenter der 29. PGD, bis zum 7. August schrittweise weichend, auf die Zappulla-Stellung zurück.

Durch eine Feindanlandung bei Torrenuovo wurde das II./Gren.Rgt. (mot.) 71 der 29. PGD abgeschnitten, konnte sich aber durchschlagen.

Nach einer zweiten Feindanlandung im Rücken der 29. PGD wurde der GefStand des AR 29 bei Brolo angegriffen. Oberst Dr. Polack, Kdr. dieses Regiments, verteidigte ihn und griff mit unterstelltem II./GR 71 und den bei Brolo liegenden Flakbatterien die Landungsstelle des Gegners an. Er eroberte den alten GefStand zurück, der zeitweise verlorengegangen war und griff nun den Gegner an. Zur gleichen Zeit kämpfte Oberst Krüger mit dem Gros des GR 71 den Rücken nach Osten frei. Er vereinigte sich mit der KGr. Polack, und so konnten alle Kampftruppen nach Osten abfließen. Der letzte Befehl von Oberst Polack ließ die Brücke bei Brolo sprengen. Das war eine Glanzleistung der beiden Kommandeure, die dafür beide mit dem Ritterkreuz ausgezeichnet wurden.

Ruhmreicher deutscher Rückzug

General Hube sein Chef des GenSt., Oberst von Bonin, hatten inzwischen den Rückführungsplan bis in die letzte Einzelheit ausgearbeitet. In fünf sich immer mehr verjüngenden Widerstandslinien sollten alle Truppen auf Messina zurückgeführt und dort übergesetzt werden. Dafür wurden sechs Tage geplant.

Beim Ausweichen auf die erste der genannten Widerstandslinien sollten etwa 10.000 Mann freigemacht und nach Messina in Marsch gesetzt werden. Das letzte Fünftel der deutschen Truppen sollte in der letzten Nacht unmittelbar von der Widerstandslinie aus in die bereitliegenden Boote gehen und auf das Festland übersetzen.

Dieser Plan wurde durch Oberst von Bonin in Frascati GFM Kesselring vorgetragen. Dieser genehmigte ihn und erwirkte auch die dazu notwendige Handlungsfreiheit beim OKW.

Hinhaltend kämpfend zogen sich die deutschen Truppen in Richtung auf diese Widerstandslinien zurück.

Mit dem 9. August flossen die ersten Divisionsteile der 29. PGD, die bei Floresta den letzten Kampf auf Sizilien auszutragen hatten, nach rückwärts zu den Übergangsstellen zurück. Sie konnten den Marsch infolge der mittels Bomben zur Entzündung gebrachten Sprengladungen der Brücken bei Randazzo und Pianotorre, die in die Luft flogen, und dann auch noch durch die Sprengung der dritten Brücke - sie verband Orto und Torre di Faro - nur über eine Straße antreten. Dennoch ging alles reibungslos.

Die Aktionen begannen planmäßig, sie wurden durchgehalten und durch die äußerst dichten Flak-Feuervorhänge derart geschützt, daß sie sogar bei Tage erfolgen konnten. Kein alliierter Bomber wagte es, diesen massierten Feuervorhang aus mehreren hundert Rohren zu durchstoßen, weil dies sein Ende bedeutet hätte.

Diese Darstellung steht zwar im Gegensatz zu den Schilderungen auf der Gegenseite, hat aber den Vorzug, wahr zu sein.

Zum Übersetzen standen zwei Fährstellen bei S.Faro und nördlich Messina mit 10-15 Siebelfähren zur Verfügung, die von Marineeinheiten gefahren wurden.

Die Verbände der 15. PGD wurden vom 11. bis zum 13. August überführt. Am 15. August verließ das letzte Nachkommando die Insel.

Bei der 29. PGD, die bis dahin mit der PD»HG« die Rückzugslinien verteidigt hatte, stand ab dem 13. August nur noch das GR 71 im Einsatz.

GenMaj. Fries ließ – als die Sache kritisch wurde – einen 2 km tiefen Sicherungsring um die Fährstelle legen. Damit war auch für die beiden letzten Tage die Gefahr gebannt.

Diese Fährstelle wurde zum Übersetzen der PD »HG« und der Fallschirmjäger genutzt. In einem der letzten Sturmboote setzte Oberst Schmalz am frühen Morgen des 17. August nach Kalabrien über. Bei den letzten deutschen Soldaten, welche die Insel nach 38 Tagen härtester Kämpfe verließen, befand sich auch General Hube mit seinem engsten Stab. Dies war am 17. August um 5.30 Uhr.

Eine Stunde später stieß die Spitze der 3. US-Division zur Westvorstadt von Messina vor. Um 8.25 Uhr reichten sich diese Soldaten mit einer Patrouille der 45. US-ID vor dem Rathaus von Messina die Hand.

Wenige Minuten darauf traf ein OberstLt. der brit. 4. PzBrig. mit einem kleinen Spähtrupp in Messina ein. Aber zu spät! Die 7. US-Armee hatte den Wettlauf nach Messina gewonnen. Zwei Stunden später traf auch General Patton in Messina ein.

Der alliierte Ring hatte sich zwar geschlossen, aber darin fand sich kein einziger deutscher Soldat. Die Insel war zwar gefallen, aber die große strategische Konzeption der Alliierten: »Gefangennahme aller deutscher Soldaten auf der Insel« war nicht in Erfüllung gegangen.

Die Verluste waren auf beiden Seiten hoch. so verloren die Alliierten auf Sizilien: 19.729 Tote, Verwundete und Vermißte. Die Italiener hatten den Verlust von 160.000 (!) Gefangenen, Toten und Verwundeten sowie Vermißten zu beklagen. Der weitaus größte Teil war in Gefangenschaft geraten.

Die deutschen Verluste betrugen: 32.000 Mann an Toten, Gefangenen, Verwundeten und Vermißten.

Die Zahl der Toten unter der Zivilbevölkerung wurde nie gezählt.

»Umfall auf italienisch«

Als Rudolf Rahn Anfang August 1943 nach Steinort ins Quartier von Reichsaußenminister von Ribbentrop gebeten wurde, übertrug von Ribbentrop ihm Posten eines Botschafters in Rom. Der amtierende Botschafter von Mackensen sollte abgelöst werden.

Hitler hatte in Erfahrung gebracht, daß der italienische Generalstab seine Truppen in der Absicht aus Frankreich zurückzog, die Alpenpässe zu sperren. Geschah dies, dann waren die Truppen des OB Süd eingeschlossen. Dies bestärkte Hitler in seiner Überzeugung, daß der Abfall der Italiener vom Achsenbündnis unmittelbar bevorstand. Als sich Rudolf Rahn bei Hitler meldete, eröffnete dieser dem Botschafter:

»Es steht nun für mich fest, daß sowohl König Viktor Emanuel als auch Marschall Badoglio einen Sonderfrieden mit dem Feind anstreben. Sie, Rahn, werden jetzt Badoglio dazu zwingen, daß er Farbe bekennt! Ich habe befohlen, Mussolini zu befreien und ihn wieder in seine Rechte einzusetzen.« (Siehe: Rahn, Rudolf: Ruheloses Leben).

Am 30. August 1943 traf Rahn in Rom ein und stellte sich als neuer Geschäftsträger des Reiches vor. Der Außenminister der Badoglio-Regierung, Guariglia, beteuerte Rahn gegenüber die Bündnistreue Italiens.

Botschafter Rahn sagte ihm auf den Kopf zu, daß Italien bereits mit dem Feind in Spanien und Portugal verhandle. Dies hatte er durch den deutschen Geheimdienst Ausland/Abwehr erfahren.

Rahn erklärte Außenminister Guariglia: »Ein Waffenstillstand mit dem Feind wird von Deutschland als heimtückischer und verräterischer Bruch des Bündnisvertrages betrachtet und zweifellos mit brutaler Gewalt beantwortet werden. Außerdem würden Sie von diesem Tage an einen blutigen Bruderkrieg im Lande haben. Suchen Sie eine konstruktive Lösung, und Sie werden in mir einen Verbündeten finden.« (Siehe Rahn, Rudolf: a.a.O.).

Am nächsten Tag stand Botschafter Rahn Marschall Badoglio gegenüber. Als am Ende dieses Gesprächs Rahn noch einmal die Befürchtung aussprach, daß Italien ausscheren könnte, ergriff Badoglio seine Hand und sagte mit Pathos:

»Ich bin der Marschall Badoglio, ich gehöre zu den drei ältesten Marschällen Europas. Das Mißtrauen der deutschen Reichsregierung gegen mich ist mir unverständlich. Ich habe mein Wort gegeben und stehe dazu. Haben Sie bitte Vertrauen!«

Dies alles spielte sich am 3. September ab, lange nachdem Badoglio Außenminister Guariglia mit der Weisung in die Türkei geschickt hatte, diese möchten die alliierten Vertreter in Ankara davon unterrichten, daß Italien einen Kurswechsel vornehmen werde. (Am selben 3. September 1943 wurde in Cassibile auf Sizilien der Waffenstillstand Italiens mit den Alliierten unterzeichnet).

Entgegen seinen Beteuerungen den deutschen Stellen gegenüber und wider die Fakten erklärte Marschall Badoglio in seinen Memoiren:

»Weder ich als Chef der Regierung noch Guariglia als Minister des Äußeren haben irgendein Mittel außer acht gelassen und keine Zeit verloren, um zu versuchen, den Alliierten unsere Absichten zur Kenntnis zu bringen.« (Siehe Badoglio, Pietro: Italien im Zweiten Weltkrieg).

Bereits am 28. August war General Castellano aus Lissabon zurückgekehrt und hatte Badoglio die erhaltenen Waffenstillstandsbedingungen vorgelegt. Der Marschall ging am nächsten Tag zum König und trug diesem vor. Viktor Emanuel III. stimmte zu.

Am 30. August rief Badoglio die Generale Castellano und Ambrosio sowie den Außenminister in sein Amt und erklärte, daß Italien die Bedingungen bis auf einige Verbesserungen annehme und daß Castellano am 1. September zur Unterzeichnung nach Sizilien fliegen sollte, wie dies mit dem alliierten Oberkommando vereinbart worden war.

Am 31. August besprach General Castellano mit General Eisenhowers Stabschef, GenMaj. Bedell Smith, die Änderungswünsche. Doch damit kam er nicht durch. Die

Die Kräfte die Rommel noch im Jahr 1942 verweigert worden waren, mussten nun beschleunigt nach Tunesien gebracht werden, um den zurückweichenden deutschen Afrikatruppen den Rücken freizuhalten.

Oberbefehlshaber des tunesischen Brückenkopfes wurde Generaloberst von Arnim.

Sogar die neuen Tiger-Panzer wurden nach Tunesien entsandt. Diesem Tiger-Panzer wurde durch eine Minendetonation die Kette abgesprengt. Alle Tiger auf dem afrikanischen Kriegsschauplatz gingen bis Mai 1943 verloren.

Die riesigen Transportflugzeuge Me 323 brachten unentwegt Material und Soldaten nach Tunesien. Hier wird ein Kfz-17 entladen.

Die Amerikaner mussten zu Beginn ihrer Offensive in Afrika empfindliche Verluste verkraften. Noch unerfahren im Kampf, waren sie den schwachen aber kampferprobten deutschen Kräften unterlegen. Hier im Bild ein ausgebrannter Sherman-Panzer.

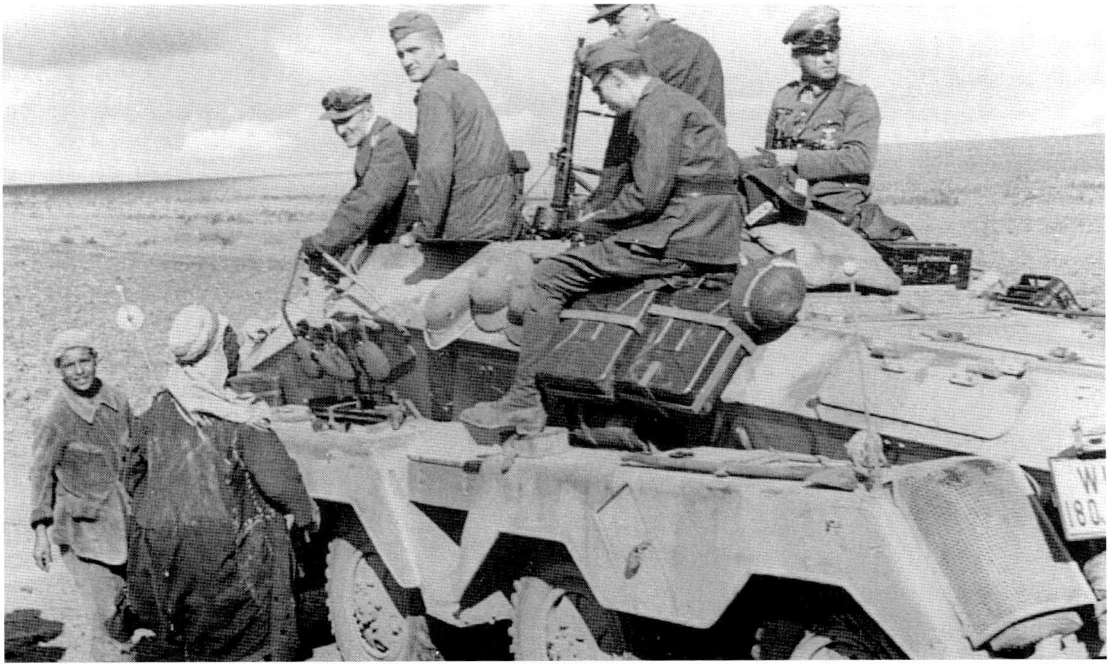

Major Voigtsberger auf einem 8-Rad-Spähwagen in Tunesien.

Eine amerikanische Panzerspitze wurde vernichtet.

Englische Truppen rollen zur Verstärkung an die alliierte Front in Tunesien.

Der Ort El Bathan war Schauplatz heftiger Kämpfe in Tunesien.

Dieser englische Cromwell-Panzer fiel nahezu unversehrt in deutsche Hände.

Amerikanische Gefangene auf dem Weg zur Verladung in Tunis. So hatten sie sich ihren Einsatz in Afrika nicht vorgestellt.

Auch Fallschirmjäger kamen in Tunesien zum Einsatz und kämpften hier bis zum bitteren Ende. Im Bild sieht man Kradmelder bei der Übernahme von Befehlen.

Panzer IV und Schützenpanzerwagen der 10. PD im tunesischen Bergland im Frühjahr 1943.

Zwei völlig unterschiedliche „Tiere“, ein Dromedar und der Tiger begegnen sich am Rand einer Oase.

Joachim Müncheberg, ein bekanntes Fliegerass, ereilte das Schicksal am 23. März 1943 über der tunesischen Wüste. Beim Abschuss eines Gegners wurde sein Flugzeug von Wrackteilen des abgeschossenen Gegners getroffen, verlor dabei eine Tragfläche und stürzte in die Tiefe.

Die amerikanische Lightning, eingesetzt als Jäger und Jagdbomber, kam über Tunesien in größerer Stückzahl zum Einsatz.

Generaloberst von Arnim (OB der Heeresgruppe Afrika) und General von Vaerst im April 1943 in Tunesien.

Gegen Luft- und Bodenziele war der 2 cm-Flakvierling eine hochwirksame Waffe. Sie war bei alliierten Jagdbombern und Tieffliegern sehr gefürchtet.

Großadmiral Dönitz bei Italiens „Duce" (Führer) Benito Mussolini. Es geht um die Frage der Transportwege für die Versorgung der Heeresgruppe Afrika über das Mittelmeer.

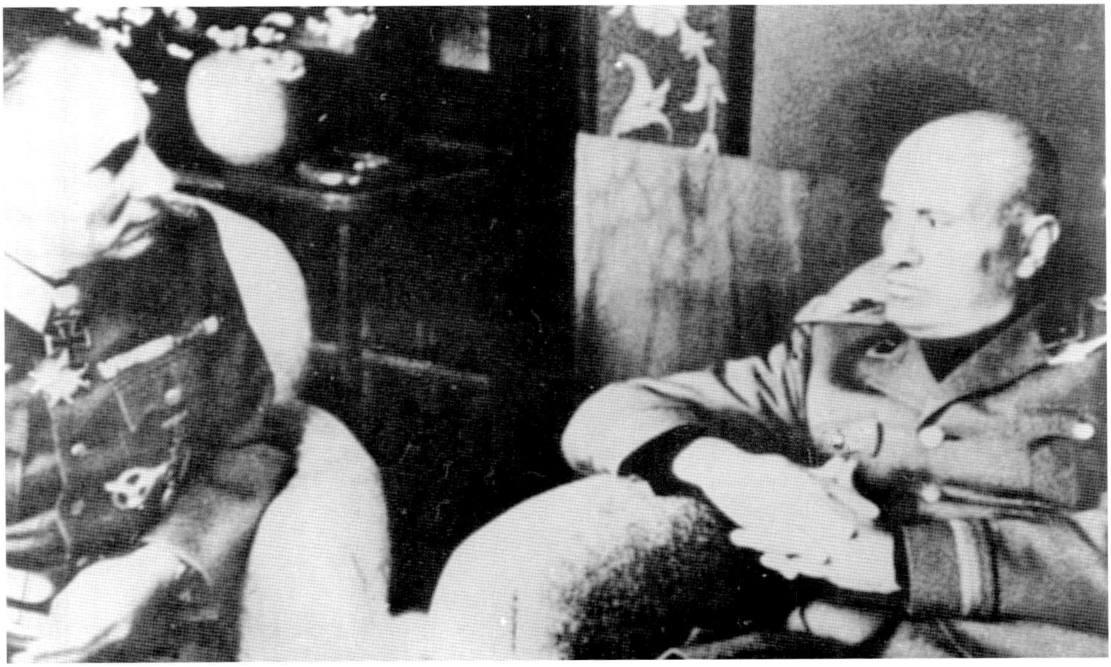

Auch Rommel hat öfters mit Mussolini konferiert, um Italiens Kriegsanstrengungen zu erhöhen.

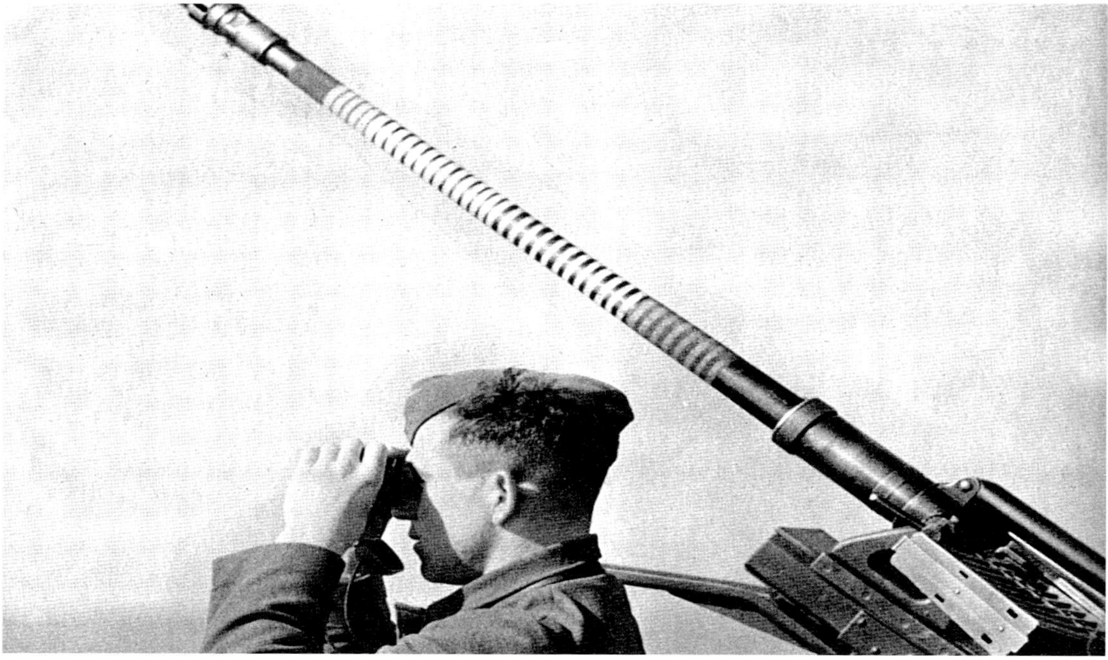

Diese leichte 2 cm-Flak hat bereits 40 Abschüsse zu verzeichnen!

Ein VB (Vorgeschobener Beobachter) der Division „Hermann Göring" auf Sizilien.

Die Alliierten landeten ab 10. Juli 1943 auf Sizilien, der Sprung nach Europa war geschafft. Hier landen Soldaten des britischen XIII. AK bei Cassibile.

Landungsboote in der Gela-Bucht auf Sizilien. Die meisten italienischen Küstenverbände flohen oder kapitulierten sogleich. Die Operation „Husky" war erfolgreich.

Diese amerikanische P 47-Thunderbolt musste notlanden.

Ein Fallschirmjäger späht aus einem Hauseingang hervor, seine MPi 40 schussbereit im Anschlag.

Der amerikanische General Patton befehligte die 7. US-Armee auf Sizilien. Er sollte im 2. Weltkrieg noch zu Ruhm gelangen, starb jedoch kurz nach dem Kriegsende auf mysteriöse Weise bei einem Unfall.

Bedingungen waren diktiert, und Italien hatte sie zu akzeptieren, oder der Krieg ging weiter.

Am 1. September trug General Castellano abermals in Badoglios Amtssitz vor. Alle Anwesenden, auch General Ambrosio und Außenminister Guariglia, waren einverstanden, und Badoglio fuhr zum König, um diesen zu verständigen.

Der 2. September sah General Castellano wieder in Sizilien. Am folgenden Tage unterzeichnete er den Waffenstillstandsvertrag. Alle Dokumente wurden am 5. September durch Major Marchesi, dem Adjutanten von General Castellano, von Cassibile nach Rom gechafft. Major Marchesi gab die alliierte Weisung bekannt, daß mit ihrer öffentlichen Verkündung noch bis zum 10. oder gar zum 15. September gewartet werden sollte.

Diese Zeitspanne müsse eingehalten werden, um die Vorbereitungen zum geplanten alliierten Luftlandeeinsatz gegen Rom treffen zu können.

Alle italienischen Führungsstellen einschließlich des »glorreichen« Marschalls von Italien und des italienischen Königs, logen den Deutschen frech ins Gesicht und warteten nur darauf, den ehemaligen Verbündeten in einer Nacht- und Nebelaktion auszuschalten.

Hitlers Befehl »Achse«, der bei dem bevorstehenden Abfall Italiens zur Durchführung kommen sollte, sah folgendes vor:

»Für den Fall der Kapitulation Italiens muß sich die 10. Armee den Rückzug offenhalten. Mittelitalien, besondes der Raum Rom, sind vom OB Süd zu halten.

In dem zunächst am meisten bedrohten Küstengebiet von Neapel - Salerno ist so rasch wie möglich eine starke Gruppe von wenigstens drei schnellen Verbänden der 10. Armee zu versammeln. In diesen Raum sind auch alle nicht mehr beweglichen Teile der Armee zu führen.

Voll bewegliche Teile können vorerst zur beweglichen Kampfführung zwischen Catanzaro und Castrovillari verbleiben. Zum Schutz von Foggia können Teile der 1. Fallschirmjägerdivision verwendet werden.

Der Raum Neapel - Salerno ist gegen eine feindliche Landung zu halten.«

Der Schutz Sardiniens, die Fortsetzung des Kampfes in Süditalien und andere Dinge mehr wurden in diesem Führerbefehl verankert.

GFM Kesselring versuchte noch immer, die Situation in Italien zu verbessern. Seine Lagebeurteilung vom 19. August an das OKW zeigte auf, daß der Feind auf Sizilien und in Tunesien über ein riesiges Potential von 15-17 Infanteriedivisionen, vier Panzerdivisionen, einer Luftlandedivision und mehreren Panzer- und Infanteriebrigaden verfügte. Im Raume Algier - Oran standen weitere drei Panzerdivisionen, acht Infanteriedivisionen und eine Luftlandedivision. Die Landungsmittel für diese Verbände stünden vor allem in Bizerta bereit. GFM Kesselring versuchte wenigstens einen Teil der italienischen Truppen in deutsche Dienste zu ziehen. Doch Hitler erklärte darauf nur:

»Der Kesselring ist zu anständig für die Leute da unten, für die geborenen Verräter!« (Hitler: Führerhauptquartier am 18. August 1943).

Als GFM Kesselring am 23. August Hitler gegenüberstand, sagte ihm dieser: »Geben Sie Ihre allzu große Vertrauensseligkeit den Italienern gegenüber auf und stellen Sie sich auf ernste Verwicklungen ein.« (FHQ: 23. August 1943).

Die deutschen Verbände in Italien

Seit Ende Juli 1943 trafen nacheinander acht deutsche Divisionen, aus Südfrankreich, Tirol und Kärnten kommend, in Norditalien ein. Die lautstarken Proteste der italienischen Führung konnten Hitlers Entschluß nicht ändern. Ihm ging es darum, den Rückzugsweg der noch in Süditalien stehenden deutschen Truppen zu sichern.

Am 24. August ging dieserhalb ein Text des Comando Supremo in Berlin ein, der von General Toussaint, dem Nachfolger von Rintelens als deutscher General im Hauptquartier der ital. Wehrmacht in Italien, weitergeleitet worden war.

Darin war die Erklärung Roms zur offenen Stadt beantragt worden. Hitler stimmte zu. Alle Stäbe wurden aus der Stadt herausgezogen.

Um Rom aber standen nicht weniger als sieben italienische Divisionen. Als Begründung für diese Massierung gaben die italienischen Führungsstellen an, daß die Truppen in Kalabrien und Apulien eingesetzt werden sollten.

Am 31. August ging im OKW die besondere Anordnung Nr. 1 für den Fall »Achse« hinaus. Am 1. September beschossen alliierte Kriegsschiffsgruppen den Raum Reggio. Alliierte Bomberverbände griffen Cosenza, Salerno, Pescara, Pisa und Livorno an.

Am 3. September 1943 überschritten die alliierten Streitkräfte die Straße von Messina. Der Kampf um das italienische Festland konnte beginnen.

SPRUNG IN DIE FESTUNG EUROPA

Der Angriff auf Kalabrien

Am 3. und 4. September 1943 ging die brit. 8. Armee unter General Montgomery über die Straße von Messina. Zur gleichen Zeit, da in Cassibile auf Sizilien der immer noch geheime Waffenstillstand unterzeichnet wurde, landeten zwei Divisionen der 8. Armee an der Küste Kalabriens. General Montgomery hatte den Soldaten in seinem Tagesbefehl folgende Worte mit auf den Weg gegeben:

»Nachdem wir Sizilien erobert haben, ist jetzt der Tag gekommen, an dem wir auf das Festland übersetzen werden. Die 8.Armee hat die Ehre, dies als erster Truppenverband der alliierten Armeen zu tun. Wir wollen uns der großen Ehre würdig erweisen. - - - Also vorwärts zum Sieg! Wir wollen den Italienern die Lust am Kriegführen austreiben. Viel Glück! Gott segne Euch!«

An dem kleinen Küstenabschnitt zwischen Reggio und Villa San Giovanni gingen die kanadischen und britischen Truppen an Land. Eine Stunde später gelangte Reggio kampflos in britischen Besitz. Villa San Giovanni fiel um 11.30 Uhr. Das brit. XIII. AK hatte den Sprung ans italienische Festland geschafft.

Aber den Italienern und der italienischen Führung brauchte Montgomery nicht die Lust am Kriegführen auszutreiben.

Während die in diesem Raum stehende 29. PGD unter GenMaj. Fries kämpfend nach Nordwesten zurückwich, um Anschluß an die 26. PD zu finden, versuchte die brit. 5. PD den Hauptstoß entlang der Küstenstraße nach Norden zu forcieren. Pizzo und Nicastro waren die Ziele. Gleichzeitig rollte die can. 1. ID in Richtung San Stefano - Cittanova. Bis zum 10. September wurde die italienische Stiefelspitze in Besitz genommen.

Am Vortag war die Landung der 5. US-Armee unter GenLt. Clark mit vier Divisionen bei Salerno erfolgt. Diese Operation »Avalanche« stieß auf den Verteidigungsabschnitt der 16. PD.

Die geplante Luftlande-Operation gegen Rom

Am 5. September 1943 übergab General Eisenhower, OB in Italien, einem in Cassibile weilenden Offizier des italienischen Oberkommandos einen Brief. Er enthielt einen Abdruck der Befehle für die 82. Luftlandedivision der Amerikaner unter dem Kommando von GenMaj. Taylor zum Angriff aus der Luft auf die italienische Hauptstadt.

Mit ihrer ersten Welle sollte die Division über den Flughäfen Furbara und Cerveteri, in der zweiten Welle über den Plätzen von Guidonia und Centocello abgesetzt werden.

Ihr Ziel: Inbesitznahme der genannten vier Landeplätze und ihr Freihalten für die nachzulandenden Infanterieverbände.

In der Bucht von Santa Maria bei Ustica wurden GenMaj. Taylor, der DivKdr., und Oberst Gardiner aus seinem Stabe abgesetzt. Hier wurden die beiden Amerikaner von Admiral Maugeri empfangen. Sie hatten Befehl, den Angriff auf Rom mit den italienischen Kommandostellen abzuklären.

Zur Überraschung der Italiener verkündete General Taylor, daß die Luftlandeoperation zum 8. September beginnen sollte. Dies sollte geschehen, sobald General Eisenhower die Kapitulation Italiens verkündet hatte.

Admiral Maugeri erklärte: »Die italienische Flotte ist bereit, sich unmittelbar nach Verkündigung des Waffenstillstandes mit den Alliierten zu vereinigen.«

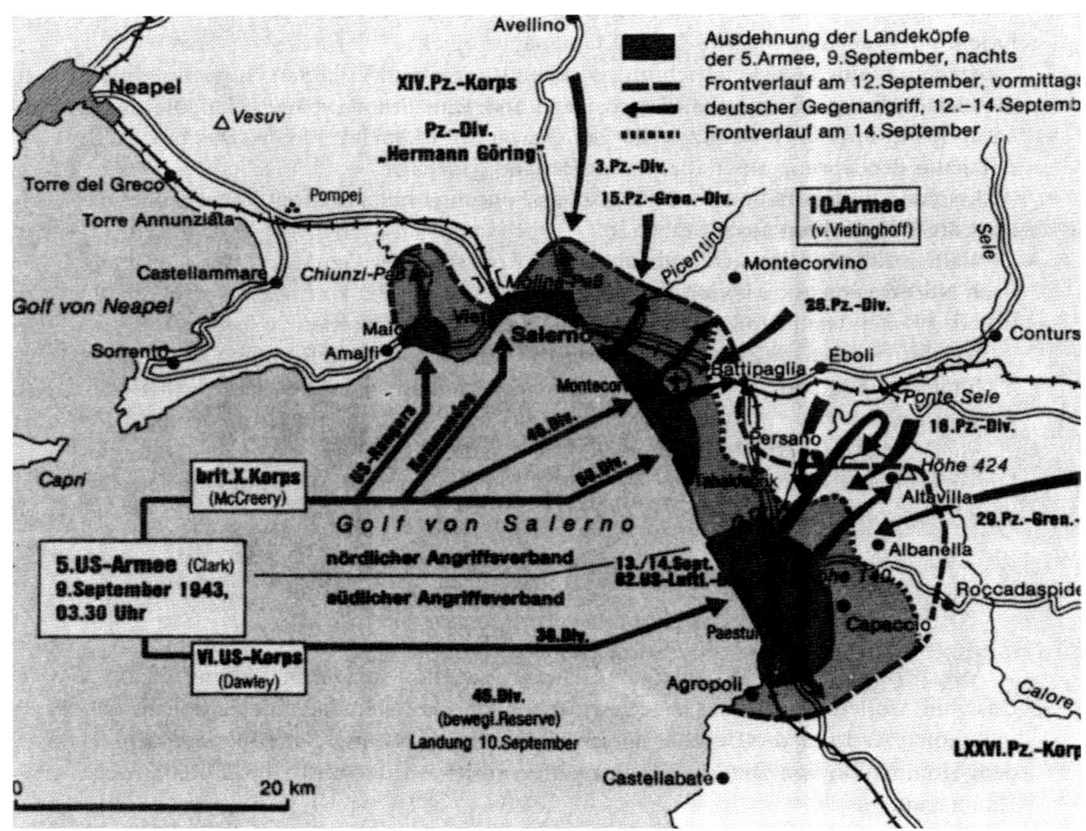

Der alliierte Landekopf bei Salerno.

Die »Ibis« lief nach Gaeta. Vor dem Einlaufen richteten sich die beiden US-Offiziere als »auf See aufgefischte Flieger« her. Sie wurden sogar mit Wasser übergossen, um die Sache glaubhafter zu machen. Beide wurden in einen direkt am Landungssteg stehenden Wagen geschafft und zu einem am Rande von Gaeta wartenden Lastwagen gefahren, in den sie umstiegen.

Gegen 22.00 Uhr erreichte der Wagen Rom und hielt vor dem Palazzo Caprera in der Via Venti Settembre. Hier sprangen Taylor und Gardiner ab und eilten an den beiden salutierenden Wachen vorbei ins Haus, wo sie von dem vorausgefahrenen Admiral Maugeri in »Empfang genommen« wurden.

Am 8. September um 2.50 Uhr traf hier General Carboni, Kommandeur jener drei Armeekorps ein, die zur Verteidigung Roms gegen die deutschen Truppen bestimmt waren.

An die Tatsache, daß deutscherseits Rom zur offenen Stadt erklärt worden war, dachte offenbar niemand. Jeder der hier Versammelten nahm in Kauf, daß bei den von ihnen geplanten Kämpfen die Stadt in Trümmer gelegt und unersetzliche Altertümer vernichtet wurden.

General Carboni, der übrigens keinerlei Vollmachten der italienischen Regierung hatte, erfuhr durch General Taylor, daß General Eisenhower um 18.30 Uhr die Kapitulation Italiens verkünden werde und daß zur gleichen Zeit 135 Transportmaschinen von ihren Plätzen in Nordafrika starten würden, um die erste Welle der Fallschirmjäger nach Rom zu bringen. Danach würden die Männer der zweiten Welle antreten.

»Das ist unmöglich!« rief General Carboni. »Wir sind noch nicht so weit! Das Fallschirmunternehmen muß verschoben werden, die Verkündung des Waffenstillstandes ebenfalls.«

Als General Taylor über diesen plötzlichen Sinneswandel Aufklärung verlangte, erklärte General Carboni: »Die deutschen Truppen haben in den vergangenen Tagen Rom besetzt. Es wird zu einem Massaker an der römischen Bevölkerung kommen, wenn jetzt die Fallschirmjäger eingreifen würden. Im Tibertal befinden sich weitere 12.000 deutsche Soldaten. Hinzu kommt eine deutsche Panzerdivision, die in den letzten Tagen auf 24.000 Mann verstärkt worden ist.« Starke Artillerie- und Flakverbände, überwiegend mit den gefährlichen Achtacht-Geschützen ausgestattet, stünden zur Abwehr jeden Angriffs bereit.

»Außerdem«, so General Carboni weiter, »stehen 150 schwere und leichte Panzer der Deutschen nahe Rom einsatzbereit.«

Daß General Carboni hier eine faustdicke Lüge auftischte – Rom war aufgrund von Hitlers Befehl von den deutschen Soldaten verlassen worden – war den Amerikanern nicht klar. Klar war General Taylor allerdings, daß die Italiener plötzlich »Angst vor ihrer eigenen Courage« bekommen hatten. Dies wurde durch Marschall Badoglio bestätigt, der darauf bestand, daß die Luftlandungen frühestens in der Nacht zum 9. September erfolgen könnten. Badoglio schrieb General Eisenhower einen Brief, er möge mit der Bekanntgabe des »Umfalls« bis zum 12. September warten, damit alle Vorbereitungen für den Einsatz der Fallschirmjäger getroffen und mit den königstreuen Divisionen koordiniert werden könnten. Der italienische Generalstab erbat das gleiche in einer Note vom Morgen des 8. September.

Eisenhowers Antwort, ein Funkspruch vom 8. September um 17.30 Uhr getastet, lautete:

»Die italienische Regierung hat am Abend dieses Tages den Waffenstillstand zu erklären. Falls eine solche Erklärung nicht erfolgt, wird der am 3. September unterzeichnete Waffenstillstand als ungültig betrachtet. Alle bis dahin von der italienischen Regierung mit dem alliierten Oberkommando geführten Verhandlungen werden dann über die Sender Algier und London bekanntgegeben.«

Das war zwar eine glatte Erpressung, aber das alliierte Oberkommando verstand mit den Italienern umzuspringen. Eisenhower und sein Stab waren der festen Überzeugung, daß Marschall Badoglio jederzeit von den Deutschen gestürzt werden konnte. Dann aber war das bereits unterschriebene Dokument des Waffenstillstandes hinfällig. Eine solche fatale Entwicklung galt es durch eine rasche Veröffentlichung zu verhindern.

Zwar erklärten Kriegsminister General Ambrosio und General Carboni die Amerikaner für wortbrüchig, was sie angesichts ihres eigenen skandalösen Verhaltens gegenüber ihrem deutschen Bundesgenossen der Lächerlichkeit preisgab, aber es galt nun zu handeln.

Die Generale Ambrosio und Carboni waren dafür, den Waffenstillstand unter diesen Umständen nicht anzunehmen. König Viktor Emanuel III. aber erklärte, daß dies nicht mehr möglich sei, er müsse angenommen werden.

Mitten in diese Besprechung hinein wurde ein Zettel des Nachrichtendienstes eingereicht mit der lapidaren Meldung: »Der Londoner Rundfunk hat Italiens Bitte um Waffenstillstand verbreitet.«

Wenige Minuten darauf wurde die Erklärung von General Eisenhower aufgenommen, daß die Vereinten Nationen den von Italien erbetenen Waffenstillstand bewilligt hätten.

Die Versammlung wurde aufgelöst. Marschall Badoglio begab sich sofort zur Ente Italiana Audizioni Radiofoniche – der staatlichen Rundfunkgesellschaft. Dort gab er folgende Sondermitteilung bekannt:

»Die italienische Regierung hat die Unmöglichkeit erkannt, den ungleichen Kampf gegen die Übermacht der Gegner fortzusetzen. Sie hat in der Absicht, dem Volk weiteres und schwereres Unglück zu ersparen, den Oberkommandierenden der angloamerikanischen Streitkräfte, General Eisenhower, um Waffenstillstand gebeten. Diese Bitte ist erfüllt worden.

Jede feindselige Handlung gegen die anglo-amerikanischen Streitkräfte hat an jedem Ort und sofort aufzuhören. Die Streitkräfte werden jedoch auf eventuelle Angriffe irgendwelcher anderer Herkunft reagieren.«

Dies bedeutete – es offen zu nennen war der italienische Marschall nicht fähig –, daß sich italienische Truppen gegen ihre alten Verbündeten, die Deutschen, richten sollten.

Damit war der Kampf der Achsen-Bundesgenossen und der Italiener gegeneinander eingeläutet. Er sollte Hunderttausende an Opfern kosten.

Nachdem sie dies vollzogen hatten, ließen die italienischen Kommandeure und Oberbefehlshaber ihre eigene Wehrmacht und ihr eigenes Volk im Stich. Die Drahtzieher zogen sich nach Pescara zurück, um von dort aus mit der Korvette »Baionetta« nach Brindisi zu fahren, wo sie an Land gingen.

Es waren: Der König mit seiner Familie, der Marschall von Italien, Badoglio, der Kriegsminister, der Marineminister und der Generalstabschef des Heeres mit 30 seiner Offiziere. Sie hatten sich in Sicherheit gebracht, nicht ohne vorher noch die italienische Wehrmacht zum Widerstand gegen die Deutschen und damit zum Selbstmord aufzufordern.

Die Badoglio-Regierung erklärte Deutschland am 13. Oktober 1943 den Krieg. Sie wurde von den Alliierten als »Mitkriegführender« anerkannt.

Die Entwaffnung – Die Flucht

Die Achse Berlin-Rom war zerbrochen. GenMaj. Westphal hatte unmittelbar nach Bekanntwerden der Kapitulation die Generalstabsoffiziere des Korps Carboni zu sich rufen lassen und ihnen erklärt, keinen Widerstand zu leisten, sonst würden sie von bereitstehenden deutschen Stukaverbänden gebombt und vernichtet werden. Er schlug ihnen vor, mit ihren Truppen die Waffen niederzulegen und die Soldaten nach Hause zu schicken.

Am nächsten Tag, dem 9. September 1943, um 14.00 Uhr, tauchte General Carboni nicht auf. Er hatte sich ebenfalls nach Brindisi abgesetzt und sein Korps im Stich gelassen. Schließlich erschien ein alter Marschall Italiens, der in Rom im Ruhestand lebte, und erklärte, daß er den Waffenstillstand mit den Deutschen unterzeichnen werde, weil die Truppe führerlos geworden sei. So geschah es auch. Damit war zunächst schwerer Schaden von Rom abgewendet worden, zumal ja auch das geplante amerikanische Luftlandeunternehmen abgeblasen wurde.

Am 9. September 1943 lief die italienische Schlachtflotte aus La Spezia aus und nahm Kurs auf den Gegner, um sich diesem kampflos auszuliefern.

Der sofortige Luftangriff vom 11 Do 217 der III./KG 100 unter Major Jope mit den neuen Gleitbomben FX 1.400 verlief erfolgreich. Der Verbündete von gestern, nun der neueste Gegner von heute, verlor das moderne Schlachtschiff »Roma«, während das Schwesterschiff, die »Italia«, beschädigt wurde. Am 10. September erreichte dieser italienische Flottenverband Malta und ergab sich den Alliierten.

Am selben 9. September mit den einander überstürzenden Ereignissen wurde eine faschistische Gegenregierung unter Pavolini im deutschen Machtbereich gebildet.

Auch von Tarent aus ging das dort liegende italienische Geschwader unter Admiral Da Zara ankerauf und erreichte ebenfalls am 10. September Malta.

Hitler hatte unmittelbar nach der aufgefangenen Rundfunkansprache Eisenhowers das Stichwort »Achse« ausgegeben.

Generalfeldmarschall Kesselring sagte nach dem vollzogenen Abfall der Italiener nur einen Satz: »Ich habe diese Menschen geliebt, jetzt kann ich sie nur noch hassen!«

Daß er sich dennoch um diese ebenfalls von ihrer Führung betrogenen Menschen Sorge machte, zeigen seine Maßnahmen zur Verpflegung der Bevölkerung und zum Schutz der italienischen Städte.

Die geflohene italienische Regierung hatte in Rom ein vollkommenes Chaos hinterlassen. Zur Versorgung der Bevölkerung war nichts getan worden. Dies wurde wieder einmal mehr den betrogenen Deutschen überlassen.

Nach Ausgabe des Stichwortes »Achse« erfolgte zunächst die Entwaffnung des ital. Korps (mot.) Carboni. Danach wurden alle Truppen in Italien, die ihre Waffen abgaben und sich gefangengaben, nach Hause entlassen. Ebenso die Truppen der ital. 4. Armee in Südfrankreich.

Insgesamt wurden in Norditalien durch Verbände der HGr. B 82 ital. Generale, 13.000 Offiziere und 402.600 Soldaten entwaffnet.

In italienischen Häfen wurden 53 Kriegsschiffe und 385.000 BRT Handelsschiffsraum in Besitz genommen. Die Beute an Waffen belief sich auf 1.138 Geschütze, 536 Pak, 797 Flak, 236 Panzer aller Art, 5926 MG, 2558 Granatwerfer und 386.900 Gewehre.

Bis zum 5. Oktober wurde Korsika von deutschen Truppen geräumt. In diesem Bereich war es nur zu sporadischen Kämpfen zwischen Italienern und Deutschen gekommen.

Gänzlich anders lag aber dies im Großraum der Balkanhalbinsel und den Inseln dieses Seeraumes, wo es mit dem Stichwort »Achse« teilweise zu blutigen Gefechten kam, die auf beiden Seiten hohe Opfer forderten. Dort gehörten deutsche Divisionen zu italienischen Korps. Binnen drei Wochen waren diese Korps gefangen und entwaffnet.

Auf den von Italienern besetzten Inseln der Ägäis versuchten britische Kommandos den ital. Widerstand zu organisieren. Darüber in einem der nächsten Abschnitte (Krieg und Bürgerkrieg auf dem Balkan) mehr.

»Mussolini muß befreit werden!«

Nach Beginn der alliierten Invasion Siziliens wurde neben der 1. FJD das gesamte XI. Fliegerkorps alarmiert. Aber erst am 25. Juli erhielt die 2. FJD den Befehl zum Einsatz.

Am späten Nachmittag dieses Tages wurde General Student ins FHQ befohlen. Er saß eine Stunde später in seiner schnellen Reisemaschine und flog nach Rastenburg, wo er nach fünfstündigem Flug kurz vor Mitternacht eintraf.

Hitler empfing den Fallschirmjägergeneral sofort in seinem Vortragszimmer. Er war allein und kam sogleich zur Sache:

»Ich habe Sie«, erklärte er, »und Ihre Fallschirmtruppe für eine sehr wichtige Aufgabe ausersehen. Der Duce ist heute mittag vom italienischen König abgesetzt und in Haft genommen worden. Das bedeutet den unmittelbar bevorstehenden Abfall Italiens vom Achsenbündnis und seinen Übergang ins feindliche Lager. Gehen Sie so schnell wie möglich mit allen verfügbaren Fallschirmjägern nach Rom. Sie sind dafür verantwortlich, daß Rom gehalten wird; sonst sind unsere Truppen auf Sizilien und in Süditalien abgeschnitten. Sie sind mit Ihrem Korps dem Oberbefehlshaber Süd unterstellt. Feldmarschall Kesselring wurde bereits orientiert.«

Dazu GenOberst a.D. Student:

»Am frühen Morgen startete ich nach Rom. Mit mir flog der mir bis dahin unbekannte SS-Hauptsturmführer Skorzeny. Er war mir noch in der Nacht mit etwa 40 Männern eines SS-Kommandos für die Durchführung etwa notwendig werdender polizeilicher Maßnahmen zugeteilt worden.

In Frascati angekommen, meldete ich mich bei GFM Kesselring, der mich näher über die Lage in Italien orientierte. Dann forderte er mich auf, in seiner Residenz zu wohnen.« (Siehe Karl Alman: Sprung in die Hölle).

Die Fallschirmjäger wurden unverzüglich nach Rom geflogen. Binnen 48 Stunden landeten auf dem Flugfeld Pratica di Mare, südwestlich von Rom, 20.000 Fallschirmjäger. Sie bezogen in den Pontinischen Sümpfen Biwak. Die Soldaten waren in 90 Ju 52, 45 He 111 und 80 Lastenseglern - darunter sechs Giganten Me 323 und einigen Go 242 - nach Italien geschafft worden. Sehr bald wurde der GefStand der 2. FJD nach Ostia verlegt. Dem XI. FschKorps wurde noch die 3. PGD unterstellt.

Unmittelbar nach seinem Eintreffen in Rom nahm General Student die Nachforschungen nach dem spurlos verschwundenen Duce auf.

Durch einen Zufall kamen die Nachforschenden, darunter auch Otto Skorzeny, darauf, daß Mussolini auf die Insel Ponza verbracht worden war. Der seinerzeitige Polizeiattaché in Rom, SS-Sturmbannführer Kappler, bestätigte bald darauf die Anwesenheit des Duce auf dieser Insel. Bevor noch die Befreiungsaktion starten konnte, hatte man Mussolini abermals verlegt, und zwar nach Maddalena.

General Student wurde nach Rastenburg befohlen. Dort bat Hitler den Fallschirmjägergeneral, so schnell wie möglich zuzuschlagen. Skorzeny wurde mehr und mehr in die Nachforschungsarbeit eingeschaltet. Als wieder die Vorbereitungen zum Handstreich auf Hochtouren liefen, mußte Skorzeny General Student melden, daß der Duce auch von Maddalena verschwunden sei.

Abermals war es die Nachrichtenstelle Kappler, die kurz darauf den Hinweis gab, daß Mussolini auf dem Gran Sasso sitze.

Der dorthin entsandte Stabsarzt Dr. Krutoff erfuhr am 8. September, daß das Sanatorium Campo Imperatore auf dem Gran Sasso geschlossen sei. An der Anwesenheit von etwa 600 Carabinieri aber erkannte Dr. Krutoff, daß sich dort etwas tat.

Die mit dem italienischen Umfall kritisch werdende Lage in Rom ließ die Befreiungsoperation zunächst jedoch zurücktreten.

Der Kampf um Rom

Am Mittag des 8. September 1943 bombardierten alliierte Flieger die Gefechtsstände der deutschen Führungsstäbe des OB Süd in Frascati. 1000 italienische Zivilisten wurden getötet. Der GefStand in Grottaferrata bei Rom wurde nicht getroffen, und am Nachmittag meldete die Luftaufklärung einen großen feindlichen Schiffsverband südwestlich von Neapel. Der Verband lief jedoch weiter nordwärts und landete in der Bucht von Salerno.

Wenige Minuten, nachdem am 8. September General Roatta General Westphal, dem Chef des Generalstabes des OB Süd, noch einmal versichert hatte, daß ein Überlaufen Italiens zum Feind »nur leere Propaganda« sei, verkündete General Eisenhower um 18.30 Uhr vorzeitig, daß der Waffenstillstand mit den Italienern vollzogen sei. Sofort liefen deutscherseits ab 20.30 Uhr unter dem Stichwort »Achse« die Gegenmaßnahmen an, welche die völlige Entwaffnung der italienischen Streitkräfte vorsahen.

Noch in der Nacht zum 9. September wurde die 2. FJD zum Angriff auf Rom bereitgestellt. Sie wurde wegen der Erkrankung von General Ramcke kurzfristig von OberstLt. Meder-Eggebert und dem Ia, Major Frhr. von der Heydte, gemeinsam geführt.

Das FJR 2 rollte beiderseits der Via Appia in die Stadt hinein. Über die Via Ostiense zwischen dem Lido di Roma und Rom waren es die Truppen des FschArtRgt. 2 und die Divisionseinheiten, die nach Rom vorstießen. Das FJR 2 erreichte unter teilweise erbitterten Kämpfen am 10.9. den Stazione Termini.

Dem FJR 6 war es gelungen, über die Via Ostiense und das Weltausstellungsgelände zur Porta die Sao Paolo vorzudringen. Von dort aus gelangte es über den Viale Aventino zum Colosseum.

Das am Nemi-See liegende FJR 7 mit dem unterstellten FschLehrBatl. setzte sich gegen mehrere italienische Divisionen durch.

Zur gleichen Zeit stieß die 3. PGD von Norden aus dem Bereitstellungsraum am Lago di Bolsena nach Rom vor.

Am 10. September streckte aufgrund der Unterhandlungen von General Westphal und der Tatsache, daß Rom bereits teilweise in deutscher Hand war, das Korps Carboni um 15.30 Uhr die Waffen. Einige Divisionen dieses Korps hatten sich bereits selber aufgelöst.

Das I. FschKorps hatte seine Aufgabe ohne zu großes Blutvergießen gelöst. Die Nachschubstraßen und Bahnlinien nach Süden wurden gesichert.

Nach Befriedung dieses Geländes ließ GFM Kesselring nur einen FJ-Wachzug zum Schutz des Vatikans und das neu aufgestellte Batl. Schirmer zur Sicherung der wichtigsten Gebäude zurück. Alle übrigen Truppen mußten die italienische Metropole verlassen, weil GFM Kesselring sie zur offenen Stadt erklärt hatte, um sie vor der Vernichtung zu schützen.

Sturm auf Monte Rotondo

24 Stunden nach der Landung der Fallschirmjäger im Großraum Rom hatte General Student Major Gericke, Kdr. des II./FJR 6, zu sich rufen lassen und ihm folgenden Auftrag erteilt:

»Wir müssen damit rechnen, daß Italien über kurz oder lang aus dem Krieg ausscheidet. Sobald dieses Ereignis stattgefunden hat, haben Sie mit Ihrem Bataillon das italienische Hauptquartier in Monte Rotondo im Sprungeinsatz auszuheben und den gesamten Führungsapparat der italienischen Streitkräfte lahmzulegen.

Unterstützung vor, während oder nach dem Sprung kann Ihnen aus Geheimhaltungsgründen nicht gewährt werden.«

Major Gericke erhielt den Einsatzbefehl am 8. September 1943. Um 6.30 Uhr am anderen Morgen startete sein Batl. in Ju 52 zum Flug nach Rom. Nahe Monte Rotondo erhielt der Pulk das erste Abwehrfeuer. Zwei Maschinen wurden abgeschossen. Das Gros aber sprang, wurde jedoch teilweise falsch abgesetzt. Dennoch erstürmten die richtig abgesetzten Einheiten den Monte Rotondo. Sie drangen im Nahkampf in die Stellungen der Italiener ein, die nun ihre Feinde waren. Major Gericke griff an der Spitze seines Bat. das Kastell an, das die Führungsabteilung der Italiener beherbergte. Gleichzeitig damit erstürmte eine andere dazu ausgewählte KGr. die Großfunkstelle.

Aus dem Kastell peitschte das Abwehrfeuer der Italiener hinaus. Doch es wurde von den Fallschirmjägern erstürmt. Anstelle des italienischen Generalstabes und seines Chefs, General Roatta, wurden hier nur 15 Offiziere und 200 Soldaten gefangengenommen. General Roatta und der Generalstab hatten rechtzeitig das Weite gesucht und warteten um diese Zeit bereits in Pescara auf den Flug zu den Alliierten. Insgesamt ergaben sich 2500 Italiener der KGr. Gericke, unter ihnen 100 Offiziere.

Als am Nachmittag italienische Verstärkungen auf dem Monte Rotondo eintrafen und es kritisch wurde, als eine aus Rom herausrollende PD den Hügel hinaufrollte, verlegte sich Gericke aufs Verhandeln.

Ein Parlamentär des I. FschK. kam diesem Vorhaben zu Hilfe. So konnte das Batl. Gericke am 11. September um 9.30 Uhr frei und ungehindert mit allen Waffen den Monte Rotondo verlassen.

Das Bataillon fand im Raum Rom schnell Anschluß an die Verbände der 2. FJD. Noch am selben Tage kapitulierten die Italiener in Rom. Für diesen Einsatz wurde Major Gericke mit dem Deutschen Kreuz in Gold ausgezeichnet.

Handstreich auf den Gran Sasso

Nachdem in Rom Ruhe eingekehrt und das Gros der italienischen Truppen entwaffnet war, konnte General Student die zurückgestellte Aktion zur Befreiung von Benito Mussolini anlaufen lassen. Student faßte den Entschluß, die Befreiung des Duce am 12. September zu unternehmen. Noch am 11. September beauftragte er das FschJäg-LehrBatl. unter Maj. Mors mit der Durchführung des Auftrages und befahl ihm, mit einer Kompanie Lastensegler auf dem Gran Sasso zu landen. Mit der Masse seines Bataillons sollte Mors die in Assergi liegende Talstation der Bergbahn auf den Gran Sasso besetzen und verhindern, daß Italiener sie benutzen. Damit war der Angriff der Lastenseglergruppe auf dem Plateau des Gran Sasso gedeckt.

General Student baute auf den Überraschungsfaktor, den die lautlos einschwebenden Segler hervorrufen und den Gegner dort oben auf dem 2000-Meter-Berg lähmen würden.

Die auf der Insel Elba liegende Lastenseglerstaffel wurde für diesen Handstreich ausgewählt.

Maj. Mors übertrug Oblt. von Berlepsch mit seiner 1. Kp. den Einsatz der Lastensegler. Der Kompanie sollte auch Otto Skorzeny mit einer Gruppe von etwa 20 SS-Fallschirmspringern angehören, um notwendig werdende Polizeiaufgaben zu erfüllen und den Schutz des Duce sicherzustellen.

Die Führung des Fliegerverbandes übertrug General Student Hptm. Langgut, der auch die vorangegangene Bildaufklärung über dem Gran Sasso geflogen hatte und sich in diesem schwierigen Luftraum auskannte. Aus der ersten Schleppmaschine sollte Langgut den gesamten Schleppverband führen.

Als General Student um 9.00 Uhr des 12. September auf dem Flugplatz Pratica di Mare eintraf, waren die Kp. von Maj. Mors bereits nach Assergi unterwegs.

Am Rande des Flugplatzes wurde General Student von Oblt. von Berlepsch, dessen Kpn. sowie Otto Skorzeny mit seinen SS-Männern erwartet.

Die Schleppstaffel wurde von Oblt. Heidenreich geführt. Führer der Seglerstaffel war Lt. Meyer-Wehner. General Student schärfte allen Männern noch einmal ein, daß auf dem Gran Sasso kein Schuß fallen dürfe. Obtl. von Berlepsch teilte die Männer für die Segler ein, wobei er der Gruppe Skorzeny die zweite Kette zuwies.

Der Start erfolgte um 13.00 Uhr. Da die vorderste Kette bei Erreichen der Berge noch zu niedrig flog, legte sie eine Kreiskurve ein, der die zweite Kette jedoch nicht folgte. Dadurch kamen die Segler mit den SS-Männern und Otto Skorzeny an die Spitze des Verbandes. Der erste Segler mit Lt. Meyer-Wehner landete dicht neben dem Hotel. Skorzeny stürmte in das Gebäude, dicht gefolgt von seinen Männern. Er vernichtete mit seiner MPi das Funkgerät. Die Wachen leisteten keinen Widerstand.

Als Hptm. Gerlach mit dem Fieseler Storch, mit dem er Mussolini abholen sollte, auf dem Plateau landete, fragte er Lt. Meyer-Wehner, wo sich der Duce befinde. Dieser sagte ihm die Zimmernummer, und Gerlach eilte hinauf. In dem angegebenen Raum traf er den Duce und - Otto Skorzeny. Gerlach meldete Mussolini, daß er mit ihm den Gran Sasso im Fieseler Storch verlassen werde. Mussolini erhob Einwände, aber da die Bergbahn noch zu unsicher war, schickte er sich schließlich darein, Fluggast in dieser winzigen Kiste zu werden.

Als dann aber auch Skorzeny mitfliegen wollte, schien dies das Ende des Fluges zu sein, denn der »Storch« war ein Zweisitzer, und Skorzeny mußte hinter dem Pilotensitz, weit vornübergebeugt stehend, den ganzen Flug aushalten. Gerlach konnte den SS-Mann nicht dazu bewegen, von diesem Flug Abstand zu nehmen. So startete er trotz größter Bedenken, auf dem schrägen Hang abwärts rollend.

Wider Erwarten gelang der Start. Wohlbehalten landete der »Storch« in Pratica di Mare. Gerlach ließ die Maschine dicht neben der bereitstehenden He 111 ausrollen. Mussolini verabschiedete sich von ihm und erklärte, daß er Gerlach sein Leben verdanke.

Außer Skorzeny, der die Sicherung des Fluggastes übernahm, flog noch Stabsarzt Dr. Rüther mit, um den Duce, falls sich dies als notwendig erweisen sollte, zu behandeln. Die beiden bereitstehenden He 111 starteten unmittelbar darauf und erreichten den Flugplatz Wien-Aspern, von wo aus Mussolini nach Wien ins Hotel Imperial geleitet wurde, wo er Unterkunft nahm.

Skorzeny meldete Himmler telefonisch die gelungene Befreiung des Duce, während General Student dem Reichsmarschall bereits unmittelbar nach dem Abflug des Duce von dem gelungenen Handstreich Meldung gemacht hatte. Göring verabsäumte es, Hitler sofort zu benachrichtigen. So kam es, daß Himmler derjenige war, der dem Führer die Befreiung des Duce durch seine SS-Fallschirmjäger meldete.

Skorzeny erhielt bereits am 13. September aus der Hand Hitlers das Ritterkreuz. Hptm. Gerlach und Lt. Meyer-Wehner, den eigentlichen Befreiern des Duce, wurde am 19. September auf Students energische Meldung hin diese Auszeichnung ebenfalls verliehen. General Student überreichte sie den beiden Soldaten der Fallschirmtruppe in feierlicher Form am Nemisee. Alle übrigen Teilnehmer dieses Handstreichs der Fallschirmjäger erhielten das EK I. GenOberst a.D. Student sagte dem Autor später:

»Es ist doch müßig, darüber zu streiten, wem das Verdienst gebührt, Mussolini befreit zu haben.«

Und der damalige Hptm. Gerlach erklärte nachdrücklich: »Nur eine Persönlichkeit kann vor der Geschichte in Anspruch nehmen, Befreier des Duce gewesen zu sein: Generaloberst Student, der alles plante, leitete und die Verantwortung für dieses Unternehmen trug.«

Nach der Befreiung Mussolinis am 12. September verübte der ehemalige Chef des Comando Supremo, Marschall Cavallero, am 13. September Selbstmord. Auch er hatte sich gegen Mussolini gewandt und mußte nun damit rechnen, für diesen Verrat mit einem schmachvollen Ende zu sühnen.

Am 15. September - Mussolini war von Hitler darin bestärkt worden - trat der Duce an die Spitze einer italienischen Gegenregierung. Diese übernahm unter deutscher Aufsicht die Führung des Landes in Nord- und Mittelitalien. Der Sitz dieser republikanisch-faschistischen Regierung wurde Salò am Gardasee.

Zum Reichsbevollmächtigten bei der neuen italienischen Regierung wurde Botschafter Rahn ernannt. Höchster SS- und Polizeioffizier wurde SS-Obergruppenführer Wolff.

Einsatz auf Elba

Neben diesen geschilderten Einsätzen, die infolge des »Umfalls auf italienisch« stattfinden mußten, kam es an zwei weiteren Stellen zum Einsatz deutscher Fallschirmjäger.

Da die italienischen Truppen auf Elba ihre Waffen nicht niederlegten und deutscherseits eine Landung der Alliierten auch auf dieser Insel befürchtet wurde, womit die italienische Westküste auf das äußerste gefährdet worden wäre, wurde die Operation »Goldfasan«, Sprungeinsatz der Fallschirmjäger gegen Elba, eingeleitet. Dazu stellte der Führer der Springoperation, Major Hübner, sein III./FJR 7 zur Verfügung, das auf dem Flugplatz Campino bei Rom bereitstand.

Für die Seelandungen wurden General Student das I./PGR 200 der 90. Leichten Afrika-Division und einige Spezialeinheiten zur Verfügung gestellt.

Auf Elba standen nach den Meldungen der deutschen Stäbe 700 Italiener und eine Reihe Küstenbatterien sowie Fahrzeuge der Marine. Der Inselkommandant war General Giraldi.

Während die Angriffsvorbereitungen liefen, versuchten deutsche Unterhändler den General zur Übergabe zu bewegen. Trotz langem Hin und Her war dieser nicht bereit, die Übergabe der Insel durchzuführen. Es war bald klar, daß General Giraldi nur auf Zeitgewinn spielte und auf einen englischen Handstreich wartete. Als dieser nicht stattfand, baten die Italiener am Abend des 16. September um eine weitere Verhandlungsrunde und nahmen nun die bedingungslose Übergabe der Insel an. Auf dem Festland aber war die Maschinerie des Angriffs bereits angelaufen. So starteten am frühen Morgen des 17. September die 600 Fallschirmjäger unter Maj. Hübner vom Flugplatz Campino zum Sprungeinsatz Elba. Vorher hatte eine Stukagruppe bereits angegriffen.

Bereits beim Anflug des Transportverbandes, der von Hptm. Dudeck geführt wurde, sahen die Fallschirmjäger die Verwüstungen, welche die Luftangriffe der

Stukas verursacht hatten. Portoferraio lag in Trümmern. Die Bewohner flohen noch immer aus der Stadt.

Es war 8.30 Uhr, als in den vorderen Ju 52 die Boschhörner heulten, und die Fallschirmjäger ihre Maschinen im Hechtsprung verließen. Sie landeten zum Teil in einem Weinberg, zum anderen Teil im Südwestteil der Bucht. Noch während sich die Fallschirmjäger sammelten, kamen ihnen bereits die Italiener mit emporgehobenen Armen und waffenlos entgegen.

Gleichzeitig mit dieser Fallschirmlandung erreichten die Sturmtruppen der 90. Leichten, nunmehr 90.PGD genannt, von Livorno aus auf Siebelfähren den Hafen von Portoferraio. Auch hier wurde kaum Widerstand geleistet. Die Küstenbatterien, die ihren Anmarschweg fast bis zur Küste hätten bestreichen können, schwiegen.

Der Fallschirmjägereinsatz war nichts weiter als ein Übungssprung gewesen. Bereits 24 Stunden darauf verließen die Männer des III./FJR 7 Elba wieder und kehrten in ihre Quartiere an der Festlandsküste bei Ostia und Pratica di Mare zurück. Ein Teil der Fallschirmjäger blieb für Ordnungsaufgaben, wie Entwaffnung der Italiener, Sammeln der Waffen und des Geräts auf der Insel zurück und überführte alles auf das Festland.

Leros wird erobert

Anders als dieser Sprungeinsatz sollte jener auf die Inselfestung der Engländer, Leros, verlaufen. Dort hatten die italienischen Inselbesatzungen des Dodekanes es zugelassen, daß sich englische Verbände auf der Insel einnisteten und diese zu einer waffenstarrenden Festung machten.

Zunächst waren zur Rückeroberung dieser Insel die »Brandenburger« gefragt. Hptm. Kuhlmann, Chef der 1. Küstenjäger-Abt. »Brandenburg«, hatte in Athen am 28. September 1943 von GenLt. Müller, dem Kdr. der 22. ID (der ehemaligen 22. LL-Div. in Holland), den Befehl erhalten, zuerst die Insel Kos zu besetzen.

Dieses Vorhaben gelang in einem minutiös durchgeführten Angriff, der am 3. Oktober begann, nachdem die »Brandenburger« die Küstenbatterie bei Kephalos in Besitz genommen und den britischen Flugplatz erstürmt hatten.

Kalymnos wurde im Sturmboot-Einsatz genommen. Von hier aus sollte der Sturmangriff auf Leros, den Hauptstützpunkt der Engländer, erfolgen.

Es dauerte bis zum 12. Nov., ehe die Sturmboote der Küstenjäger von ihren Anlaufpunkten in die Alindabucht von Leros vorstießen. Sie landeten nach erbittertem Kampf, wurden von herunterstoßenden Stukas unterstützt, erreichten gute Ausgangspositionen zur Erstürmung des Hauptberges der Insel. Dann aber blieben sie liegen.

Nun sollte der auch hier geplante Fallschirmjäger-Einsatz folgen. Neben der Fallschirmjäger-Kp. der »Brandenburger« unter Oblt. Oschatz war das I./FJR 2 dazu ausersehen. Zum Transport in die Ausgangspositionen wurde das Batl. zum Flughafen

Ferrara geschafft. Dort kletterten die 470 Fallschirmjäger in die bereitstehenden Ju 52 und wurden zum Flughafen Tatoi bei Athen geflogen.

Ab Anfang November begannen die Stukagruppen des StG. 1 unter Maj. Nordmann, von Rhodos startend, mit der Bombardierung der Insel. Eine Gruppe He 111 fiel in dieses Bombardement ein und bereitete das Sturmreifmachen von Leros vor.

Am frühen 12. November begann der Angriff der Fallschirmjäger, aber die Maschinen wurden nach Athen zurückbeordert, da die Heeresteile von See her noch nicht gelandet waren.

Der zweite Start erfolgte auf Tatoi um 10.00 Uhr. Die 40 Ju 52 mit ihren 470 Fallschirmjägern erreichten gegen 13.00 Uhr von Westen her die Insel, auf der bereits schwere Kämpfe im Gange waren. Italienische und britische Flak eröffneten das Feuer. Aber die Flugzeugführer setzten die Jäger genau an den vorgeschriebenen Stellen zwischen der Gurnabucht und der Alindabucht, an der schlanken, nur 2000 Meter breiten Taille der Insel ab.

Es gelang Hptm. Kühne, seine Männer rasch zu sammeln. Oblt. Haase, Chef der 1. Kp., erhielt Weisung, den Nordteil der Insel abzuschirmen und den Gegner nicht von dort nach dem Südteil vordringen zu lassen. Die 2. Kp. unter Oblt. Fellner erhielt den Monte Rachi zum Ziel, jene in der Karte verzeichnete Höhe 105, die etw 600 Meter weiter landeinwärts gelegen war. Die 4. Kp. unter Oblt. Möller-Astheimer wurde auf die gleiche Höhe angesetzt. Blieb noch die 5. Kp., geführt von Oblt. Raabe. Diese wurde damit beauftragt, nach Osten gegen die Alindabucht und gegen die Hauptstadt Leros zu sichern.

»Wir treffen uns im Bataillonsgefechtsstand auf dem Monte Rachi wieder«, schloß Hptm. Hübner seine Einweisung.

Im Feuer des zäh verteidigenden Gegners gingen die Fallschirmjäger vor. Schwere Verluste dezimierten die Jägergruppen, und es wurde als Erleichterung begrüßt, als schließlich die Kp. Oschatz der »Brandenburger« noch sprang und in die Kämpfe eingriff.

Als die Nacht einfiel, hatten die Fallschirmjäger zwei der ihnen gestellten Aufgaben erfüllt. Der Nordteil der Insel war abgeschirmt, die Höhe des Monte Rachi erreicht und der BatlGefStand dort eingerichtet.

Die Jäger hatten auch bis zum Abend die Verbindung zum II./IR 65 (der 22. ID unter Maj. von Saldern) hergestellt, das mit Fährprähmen im dichten Feuer der Inselverteidigung gelandet war und im Laufe des Tages die Alindabucht in Besitz genommen hatte.

Im Morgengreuen des 13. November landeten das II./IR 16 (der 22. ID) und ein Batl. der 11. Luftwaffenfeld-Division an der Nordküste von Leros. Das II./IR 16 unter Hptm. Aschoff stieß über die Höhe 192 zur Alindabucht durch und nahm mit den Fallschirmjägern auf dem Monte Rachi Verbindung auf.

Nun galt es, den Monte Maraviglia mit dem GefStand der Inselführung auszuheben. Angriffe des Gegners am 13. und 14. November wurden abgewiesen.

In der Nacht zum 15. Nov. sammelten die Fallschirmjäger am Monte Rachi und umgingen in einem Nachtmarsch den Monte Maraviglia, um diesen von Südosten an der weniger steilen Seite zu erobern. Der Angriff begann am frühen Morgen des 16. November 1943.

Gleichzeitig mit den Fallschirmjägern griffen auch die beiden genannten Bataillone der 22. ID an. Aus Kasematten und Bunkern wurden die Angreifer mit einem Feuerhagel überschüttet. Die Fallschirmjäger kamen sprungweise voran. Hptm. Froböse, Kp-Chef der 11./JägRgt. 1 »Brandenburg«, der Führer des Infanterieangriffs, wurde nur 30 Meter vor den Feindbunkern verwundet. Für ihn übernahm Oblt. Wandrey die Führung des Angriffs-Batl.

Während die Fallschirmjäger schließlich den Hauptteil des Feuers auf sich zogen, gelang des Oblt. Wandrey, mit 20 Freiwilligen einen steilen Felshang zu überwinden und die Kasematten auf der Höhe zu erreichen. Mit geballten Ladungen wurden sie aufgesprengt. Wandrey schoß das vereinbarte grüne Leuchtzeichen.

Dies zeigte Hptm. Kühne, daß die »Brandenburger« nun auf den Angriff der Fallschirmjäger warteten. Kühne stürmte mit drei Kpn. den Steilhang empor. Gleichzeitig eilten auch die Männer von Salderns und die Fallschirmjäger von Oblt. Oschatz auf den Monte Maraviglia zu.

Oblt. Wandrey hatte inzwischen den Hauptbunker erreicht, dessen Tür aufgesprengt wurde. Mit seinen letzten elf Soldaten stieß er auf den Gegner, der sich ergab und eine weiße Fahne auf der Spitze des Bollwerkes hißte.

Neben dem englischen Kommandeur wurde hier auch der italienische Gouverneur von Leros, Admiral Mascherpa, gefangengenommen.

Gegen 18.00 Uhr dieses 17. November lief ein Sturmboot mit GenLt. Müller an Bord in die Stazione Marina di Leros ein. Der Nachrichtenoffizier meldete dem Kommandeur der 22. ID: »Alle Engländer und Italiener haben die Waffen gestreckt. Admiral Mascherpa hat auch für die italienische Besatzungstruppe die Kapitulation angeboten.«

200 englische Offiziere und 2000 Mann sowie 350 italienische Offiziere und 5000 Mann gingen auf Leros in die Gefangenschaft.

Hptm. Kühne erhielt am 29. Februar 1944 für diesen und für seinen Einsatz bei Anzio-Nettuno das Ritterkreuz. Er kehrte mit seinem Batl. erst am 18. Januar 1944 nach Italien zurück. Dort wurde es zum Stamm des in der Aufstellung befindlichen FJR 10 der 4. FJD. Damit war dieses Bataillon für immer aus der 2. FJD ausgeschieden.

Oblt. Wandrey und Maj. von Saldern erhielten ebenfalls das Ritterkreuz.

Der Kampf aus der Sicht des Heeres

Nach der Landung der Truppen der 5. US-Armee unter GenLt. Clark bei Paestum und Maiori westlich von Salerno mit zwei Korps, in denen sieben Divisionen standen, wurde Salerno eingeschlossen. Die Stadt fiel nicht. Die hier verteidigende 16. PD unter General Sieckenius versuchte den Gegner aufzuhalten. Dies war jedoch auf einer Frontbreite von 40 Kilometern ein unmögliches Unterfangen. Die bei Neapel stehende PD »HG« und die bei Formia verhaltende 15. PGD rollten heran und nahmen den Kampf auf.

Bis zum 11. September hatte der feindliche Brückenkopf eine Tiefe von 19 Kilometern erreicht. Er wurde durch die Linie Agropoli - Höhe 1108 - Rocca d'Aspide - Altavilla - Persano - Battipaglia - Salerno - Amalfi begrenzt.

Südlich des Apennin standen - um das Kräfteverhältnis einmal aufzuzeigen - folgende deutsche Verbände:

Großraum Rom: 3. PGD und 2. FJD.

Sardinien: 90. PGD,

Süditalien: LXXVI. PzK mit der 16. und 26. PD. Ferner:

Das XIV. PzKorps mit der PD »HG« und der 25. und 29. PGD. Hinzu kam die 1. FJD.

Der erste mit stärkeren Kräften geführte deutsche Gegenangriff am 12. September brachte etwas Luft. GFM Kesselring konnte nach der Kapitulation der italienischen Streitkräfte bei Rom die 3. PGD nach Süden schicken. Damit hatte das XIV. PzKorps unter GenLt. von Senger und Etterlin seine volle Kampfstärke erreicht.

GFM Kesselring zögerte nicht, nun auch noch das LXXVI. PzKorps unter GenLt. Dostler mit der von GenLt. Hecker geführten 29. PGD aus Kalabrien herauszuziehen und gegen den Brückenkopf Salerno anzusetzen.

General von Vietinghoff, OB der 10. Armee, griff nun mit fünf Divisionen und einer Teildivision an.

Der Flugplatz von Monte Corvio, der von den Alliierten erreicht worden war, lag unter so dichtem deutschen Feuer, daß von dort keine Maschine starten konnte. Stattdessen griffen 250 bis 300 Flugzeuge des US-Trägergeschwaders unter VAdm. Hewitt an.

Am 12. September, wurde den Engländern Battipaglia wieder entrissen. Die US-Truppen wurden aus Altavilla und Persano geworfen. 48 Stunden lang sah es so aus, als sollte der Brückenkopf einstürzen. Dazu General Clark:

»Die 5. Armee bewegte sich während dieser Zeit wahrhaftig am Rande des Abgrunds.« (Siehe Clark, Mark: Calculated Risk, Kap. »Salerno - Wir streifen den Abgrund«).

Die 26. PD umrollte die von der 29. PGD gefesselte 45. US-ID und trieb dabei noch die 36. US-PD vor sich her. Auf dem Strand von Salerno bahnte sich bereits ein zweites Dünkirchen an, als schließlich an dieser Stelle der Einsatz der nicht mehr für Rom benötigten 82. Luftlandedivision erfolgte. Hinzu kam das geballte Feuer der US-Marinestreitkräfte von See her, wo sich insgesamt acht Flugzeugträger, sechs Schlachtschiffe, 15 Kreuzer und 59 Zerstörer versammelt hatten und aus allen Rohren in die deutschen Truppenbewegungen hineinfeuerten. Dies änderte die Lage entscheidend.

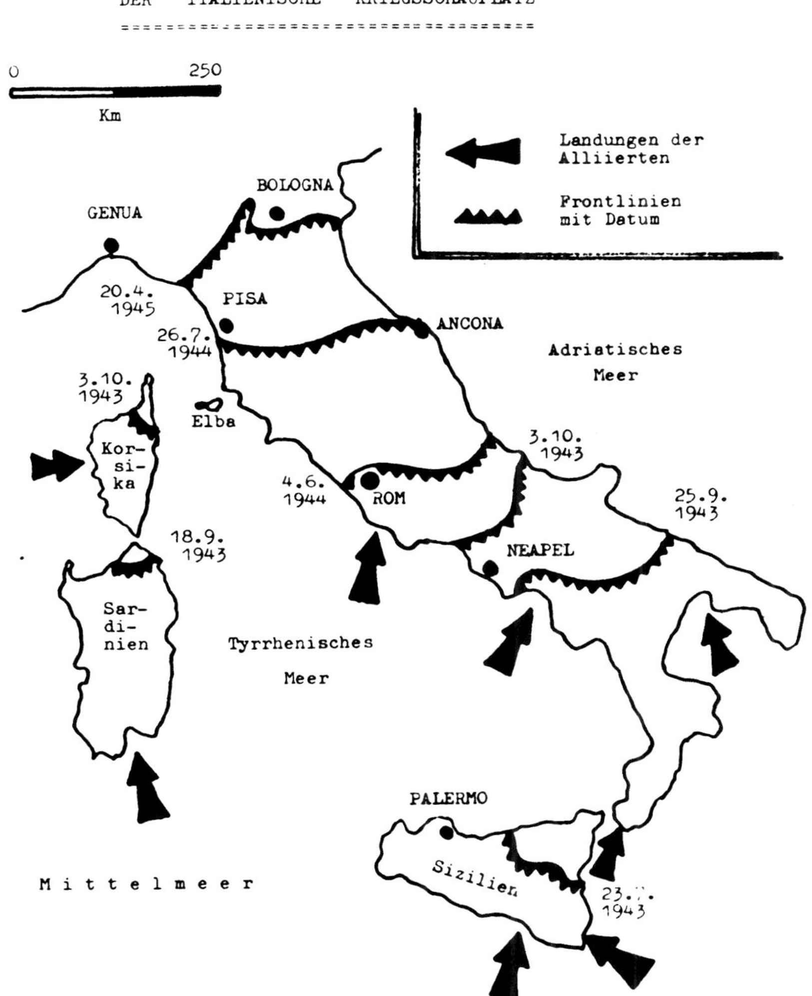

Kriegsschauplatz Italien: Die deutschen Rückzugslinien.

Gegen diese Flottenansammlung setzte GFM Kesselring alle einsatzbereiten Luftwaffen-Gruppen ein, von denen zwei auch die ferngelenkten Bomben HS 293 und die FX 1.400 mitführten.

Das Schlachtschiff »Warspite« wurde von zwei Fernlenkbomben getroffen; der US-Kreuzer »Savannah« von einer.

Der Kreuzer »Uganda« wurde ebenfalls schwer getroffen, drei weitere Kreuzer waren durch Nahtreffer leicht beschädigt. Das Lazarettschiff »New Foundland« sank.

Nun griffen 523 viermotorige US-Bomber die deutschen Truppenansammlungen an.

Unmittelbar nach dieser Landung hatte GFM Kesselring vom OKW die Freigabe der 24. PD und der SS-PGD »Leibstandarte Adolf Hitler« erbeten, Hitler lehnte dies ab, was ein entscheidender Fehler war, denn beide Divisionen hätten zwischen dem 12. und 17. September zur Stelle sein und den Sieg vollenden helfen können.

So aber erlaubte diese Verzögerung General Alexander, die brit. 8. Armee mit großer Beschleunigung der 5. US-Armee zuzuführen und diese entscheidend zu verstärken.

Mit seinen Truppen hatte General Montgomery bereits in den ersten beiden Tagen zwischen Palmi und Melito die kalabrische Küste auf einer Breite von 80 km besetzt. In den folgenden Tagen bis zum 13.9. gelang es der 8. Armee mit dem V.Korps unter GenLt. Allfrey, bei Tarent und Brindisi zu landen und mit seiner Vorausabteilung im Golf von Sta.Eufemia Fuß zu fassen.

Am Tage der Krise bei Salerno erreichte »Montys« linke Angriffsgruppe Cosenza, während die rechte Altamira in Besitz nahm, also noch etwa 150 km von der 5. US-Armee entfernt war.

Als der Hilferuf der 5. US-Armee Montgomery erreichte, schickte er seine 5. ID und die PzBrig. 231 als schnelle KGr. los. Diese Verbände rollten auf der Küstenstraße von Reggio nach Neapel und erreichten mit den Vorhuten am Abend des 15. September Scalea. 24 Stunden darauf durchfuhren sie Sapri und waren damit nur noch fünf km vom Schlachtfeld von Salerno entfernt. Am 17. September vereinigten sich beide Armeen in der Nähe von Agropoli.

Damit standen auf der linken Flanke und im Rücken der deutschen Verbände starke Feindgruppen der 8. Armee, die sich stündlich verstärken konnten.

Über den Nachrichtendienst erhielt GFM Kesselring Meldung von der Landung der 3. US-ID und der 82. Luftlandedivision im Raum Salerno. Daraus zog der Feldmarschall die einzig richtige Konsequenz und befahl: »Kämpfendes Zurückgehen nach Norden und Nordosten!«

192 Feindpanzer blieben zerschossen auf dem Gefechtsfeld zurück. Mit den deutschen Truppen zogen auch 4.000 Gefangene nach Norden. In der Nacht zum 17. September löste sich die 10. Armee vom Feind. Die Nachhuten zerstörten alle Brücken, um ein schnelles Nachsetzen des Gegners zu verhindern. Allerdings mußten

jene 2.500 deutschen Soldaten, die den Rückzug deckten, zurückgelassen werden. Sie gerieten in Gefangenschaft.

GFM Kesselring trachtete nun danach, jene Geländeabschnitte zu erreichen, in denen eine Verteidigung Aussicht auf Erfolg versprach. Südlich Neapel bestanden diese Chancen nicht, deshalb wurde dieser Hafen am 1. Oktober gesprengt, ehe sich die Deutschen aus Neapel zurückzogen.

Um ihren Rückzug aufzuhalten, ließ General Alexander am Morgen des 4. Oktober im Rücken der deutschen Truppen bei Termoli eine KGr. der 8. Armee landen.

Die 1. FJD, die frontal von der brit. 78. ID angegriffen wurde und bereits von den Kommandotruppen umgangen war, konnte durch die 26. PD entsetzt werden.

Die Einkesselung deutscher Verbände war mißlungen, und zehn Tage darauf befanden sich die gepanzerten Verbände in den Abruzzen, wo die 3. und 90. PGD sowie die 95. und 305. ID sich bereits zur ersten Verteidigung eingerichtet hatten.

Nach Übernahme des Kommandos in ganz Italien durch GFM Kesselring als Oberbefehlshaber Südwest - Heeresgruppe C am 21. November 1943 suchte der Feldmarschall persönlich mit einem kleinen Arbeitsstab die einzig richtige Verteidigungslinie aus.

Italien, das hatte Kesselring festgestellt, ließ sich am besten in jenen beiden Räumen verteidigen, in denen sich der Apennin zwischen dem Tyrrhenischen Meer und der Adria von Westen nach Osten über die Halbinsel erstreckt. Dies war einmal im Norden zwischen La Spezia im Westen und Rimini im Osten der Fall und wurde als spätere Rückzugslinie ausgebaut.

Die zweite Möglichkeit aber bestand südlich Rom zwischen Gaeta und Pescara. In diesem Abschnitt wird die aus Rom kommende Straße bei der Enge von Cassino von dem Monti Auruni einerseits und dem Monte Cairo andererseits begrenzt. Beide Gebirge sind über 1.500 m hoch. In der Mitte dieser Linie liegen die noch höheren Monte Miletto, Petroso und Malella mit dem 2.795 m hohen Monte Malella. Danach fällt das Gebirge steil zur Adria ab.

Zwischen Gebirge und Meer blieb nur ein schmaler Küstenstreifen von Bari nach Rimini zum Vorgehen einer Armee übrig.

Für die Verteidiger von entscheidender Bedeutung war die Tatsache, daß der aus mehreren hintereinander liegenden Gebirgsketten gebildete Apennin nicht in einem Sprung überwunden werden konnte. Daneben gab es noch einige reißende Flüsse, die für den allliierten Vorstoß zum schwierigen Hindernis werden würden.

Die von GFM Kesselring gewählte Verteidigungslinie wurde durch die 10. Armee mit zehn Divisionen besetzt.

General Montgomery versuchte diesen Riegel so schnell wie möglich zu überwinden. Er ließ mit seiner rechten Flanke auf Istonia vorstoßen, um von dort aus über Avezzano den Weg nach Rom zu öffnen. Dazu unterstellte er seinem V. Korps noch die indische 8., die neuseeländische 2. ID und die 78. ID an der Adria.

Der Angriff sollte aus dem Brückenkopf auf dem Nordufer des Sangro, der ab dem 24. November gebildet worden war, am 27. November beginnen. Ein Artilleriefeuerschlag leitete ihn ein. Der Hauptstoß traf die 65. ID, die sich absetzen mußte und so die Straße nach Ancona freigab. Die britischen Panzer, die hier vorstoßen und den Einbruch auswerten wollten, blieben in dem von ihrer eigenen Artillerie völlig zerstörten Dorf Mazzagrogna hängen.

Diese 24-stündige Verzögerung gab der deutschen Führung die Gelegenheit, die 26. PD und die 90. PGD heranzuführen und die Lücke wieder zu schließen. Die 8. Armee blieb liegen.

Schwere Kämpfe entbrannten um die Stadt Ortona, die erst Ende Dezember in Feindeshand fiel. Montgomery hatte den von ihm angestrebten strategischen Durchbruch nicht erzielt.

General Alexander, der alliierte Oberbefehlshaber in Italien, schickte an Winston Churchill folgenden Bericht:

»Durch den offenkundigen Mangel der Alliierten an Landungsschiffen und Flugzeugträgern sind die Deutschen von jedem ernsten Risiko einer größeren Landung in ihrem Rücken befreit und graben sich sowohl in der schmalen Küstenniederung als auch quer über das gebirgige Rückgrat der Halbinsel ein.« (Siehe Bryant, Arthur: Sieg im Westen).

Dem Chief of Imperial, General Staff - CIGS - Feldmarschall Alan Brooke, teilte General Alexander mit, daß es wesentlich sei, »den ganzen Winter hindurch weiter anzugreifen.«

Dies veranlaßte Feldmarschall Alan Brooke zu der Feststellung: »Es wird immer klarer, daß unsere Operationen in Italien erliegen werden und daß wir infolge Mangels an Mitteln nicht nur zu einem Stillstand kommen, sondern uns auch noch in einer sehr gefährlichen Lage befinden, wenn nicht die Russen von Erfolg zu Erfolg schreiten.«

PARTISANENKRIEG AUF DEM BALKAN

Rückblick und Übersicht

Der beginnende Umschwung der Lage im Mittelmeergebiet und die damit für diesen Raum erwachsende Gefahr einer Invasion feindlicher Streitkräfte bildeten den entscheidenden Anlaß, der Hitler am 28. Dez. 1942 zum Handeln bewog. Er erließ an diesem Tage die Führerweisung Nr. 47, in welcher er nicht nur die Befehlsbefugnisse für den Südostraum vereinfachte, sondern sie noch erweiterte.

Für den gesamten Südostraum wurde damit Alarm gegeben. Bisher nur als Nebenkriegsschauplatz beachtet, der dem Reich durch den sinnlosen Angriff der Italiener auf Griechenland aufgezwungen worden war, schien dieser Großraum nun ins Epizentrum des Weltbebens zu geraten. »In absehbarer Zeit«, so Hitler in der Führerweisung, sei ein »Angriff auf Kreta, auf die deutschen und italienischen Stützpunkte in der Ägäis und auf dem gesamten Balkan möglich. Es muß damit gerechnet werden, daß dieser Angriff durch Aufstandsbewegungen in den westlichen Balkanländern unterstützt wird.« Der Wehrmachts-Befehlshaber Südost, GenOberst Löhr, wurde mit sofortiger Wirkung zum Oberbefehlshaber Südost und damit zum Befehlshaber auf dem gesamten Balkan ernannt.

In Kroatien blieb nach wie vor General Glaise von Horstenau als »Deutscher bevollmächtigter General« und zugleich Wehrkreisbefehlshaber im Kommando, obgleich im November 1942 auch ein Befehlshaber der deutschen Truppen in Kroatien, GenLt. Lüters, ernannt worden war. Dieser General hatte sich bereits im Ersten Weltkrieg besonders verdient gemacht und trug den Pour le mérite.

Zugleich mit der »Aufwertung« dieses Kommandos wurde auch die Zahl der Truppen heraufgesetzt. Sie betrug Ende 1942 30 Divisionen mit insgesamt 830.000 Mann, überwiegend italienische Verbände.

Besonders auf dem Balkan hatte die deutsche Niederlage von Stalingrad und der Rückzug der Panzerarmee Afrika aus den Stellungen in der östlichen Wüste vor El Alamein den Partisanenverbänden besonderen Auftrieb gegeben. In Jugoslawien und Griechenland hatte sich seit der Eroberung der beiden Länder einiges getan, was zu größter Besorgnis Anlaß gab.

Bandengründungen und Bandenkampf im Rückblick

Welcher Art die jugoslawischen ebenso wie die griechischen Bandenaktivitäten waren, sei hier in der Rückschau in Stichworten eingeblendet, um dem Leser einen allgemeinen Überblick zu verschaffen:

Nach Ende des Balkanfeldzuges konzentrierten sich die beiden großen Kriegsgegner Deutschland und Rußland auf jene Kämpfe an der Ostfront, die mit der Bezeichnung Kesselschlachten bedacht wurden. Während dieser Zeit, da der Koloß UdSSR wankte, erklärte in Moskau das Politbüro »den Abwehrkampf gegen die ›deutschen Invasoren‹ zum »Vaterländischen Krieg«.

Damit trat automatisch auch der Balkan wieder ins Blickfeld der Sowjetunion. Der Kreml forderte seine Bundesgenossen auf dem Balkan auf, die »faschistischen Besatzer mit allen Mitteln zu vernichten!«

Deutsche Besatzungstruppen in Jugoslawien gab es zunächst 1941 so gut wie keine. Die Italiener waren zwar mit größeren Truppenkontingenten auf dem Balkan präsent, ohne sich aber in verlustreiche Kämpfe gegen Partisanen einzulassen.

Mit einem schütteren Netz von Stützpunkten versuchten Truppen der deutschen Wehrmacht die Straßen- und Bahnlinien nach Saloniki und Athen zu sichern. Einige Panzerzüge verkehrten auf den gefährdeten Strecken.

Kampfkräftige Stoßtrupps drangen sporadisch und aus gegebenem Anlaß ins Gebirge vor. Falls sie einmal einen Bandenstützpunkt erreichten, hatte sich der Gegner bereits abgesetzt und überfiel die Stoßtrupps an Engpässen und in besonderen »Fallen«.

In Griechenland wurden bereits am 1. Juli 1941, nur wenige Wochen nach dem Ende des Kampfes auf Kreta, auf dem VI. Plenum des Politbüros der Kommunistischen Partei Griechenlands die Richtlinien für den Partisanenkampf gegen die Besatzer festgelegt.

Parallel dazu erhielt in Belgrad die Kommunistische Partei Jugoslawiens über Funk Weisung aus Moskau, den »offenen Kampf gegen die Invasoren aufzunehmen und einen Partisanenkrieg hinter den feindlichen Linien zu beginnen.«

Gleichzeitig damit berichtete der Nachrichtendienst des deutschen Auswärtigen Amtes aus Agram (Zagreb), daß dort Meldungen aus Bosnien und teils serbischbewohnten Gebieten des Landes einträfen, die den ungeheuerlichen Terror der Ustascha (kroatisch - Aufstand) gegenüber der serbischen Bevölkerung brandmarkten. Die Serben würden zugleich mit den Juden zu Zielscheiben der Innenpolitik von Pavelic.

Ante Pavelic, ein kroatischer Politiker, führte seit 1929 von Italien aus diese kroatische Unabhängigkeitsbewegung »Ustascha«. Er wurde nach dem Einmarsch deutscher Truppen im April 1941 in Jugoslawien und der Niederwerfung der jugoslawischen Armee bereits im selben Monat zum Staatschef des »Unabhängigen Staates Kroatien« ernannt.

Mit dieser Ernennung begann die Verfolgung der Serben, Juden und Moslems in diesem Staat.

Pavelic trug sich mit der Absicht, ein Drittel der Serben aus Kroatien zu vertreiben und ein weiteres Drittel zum Übertritt in die römisch-katholische Kirche zu zwingen. Das letzte Drittel sollte nach seinen eigenen Bekundungen liquidiert werden. Die in

Sarajewo aufgestellte berüchtigte »Schwarze Legion« wurde zur Kerntruppe für die spätere Ustascha-Wehrmacht.

Marschall Kvaternik wiederum stellte für Kraotien die ersten Einheiten der »Domobranen« - Landwehr auf.

Nachdem Winston Churchill und sein Außenminister Eden der jugoslawischen Exilregierung in London am 26. Juni und dann am 2. Juli 1941 die Wiederherstellung des Königreiches Jugoslawien versprochen hatten, trat am Freitag, dem 4. Juli 1941, das Politbüro der jugoslawischen KP in dem Schlupfwinkel von Josip Broz-Tito in Belgrad zusammen. Tito erließ einen Aufruf an alle Völker Jugoslawiens:

»Auf in den Kampf, denn das schulden wir den Sowjetvölkern, die auch für unsere Freiheit kämpfen!«

Außerdem wurden folgende Grundregeln aufgestellt:

1.) Entfachung und Ausbreitung des Aufstandes über ganz Jugoslawien.
2.) Fortlaufende Schaffung freier Territorien, die als »befreite Gebiete« in Besitz genommen werden.
3.) Bildung von Überfallkommandos und Sabotagetrupps.

Am Montag, dem 7. Juli 1941, wurde in Bela Crkva, Westserbien, von Tito-Partisanen die ersten zwei Menschen ermordet. Es waren keine Angehörigen der Deutschen Wehrmacht, sondern serbische Gendarmen.

Von nun an ging es Schlag auf Schlag. Ein besoners schwerwiegender Angriff galt einem italienischen Truppenverband, der zwischen Cetinje in Montenegro und Fiume (Rijeka) bei Crnojevica stattfand. 670 italienische Offiziere und Mannschaften wurden in eine Falle gelockt und ermordet. Ihre gesamte Bewaffnung und Ausrüstung fiel den Partisanen in die Hände.

Es folgte das, was in jeder Armee der Welt und zu jeder Zeit die Folge solcher blutiger Bandenüberfälle ist: Ebenso blutige Vergeltung!

Befehlsstrukturen nach der Teilung

Mit der Aufteilung der Beute auf dem Balkan verkündeten Deutschland und Italien die staatsrechtliche Auflösung des Königreiches Jugoslawien. Italien kassierte den Löwenanteil der Beute. Ganz Griechenland mit Ausnahme von Athen und Saloniki wurde italienisches Verwaltungsgebiet und von der ital. 11. Armee besetzt. Die Bulgaren setzten sich in Serbisch-Mazedonien und Griechisch-Thrakien fest.

Griechenland blieb allerdings als einheitlicher Staat erhalten. Nur geringe deutsche Truppenkontingente besetzten den Peloponnes, den wichtigen Küstenbereich und die Verkehrswege: Straße und Bahn.

Von Kvaternik wurde bereits am 10. April 1941 der unabhängige Staat Kroatien aus der Taufe gehoben. Mit Bosnien, der Herzegowina und Teilen Dalmatiens waren dies zwei Fünftel des ehemaligen Königreiches Jugoslawien, mit 6,5 Millionen Einwohnern auf 100.636 qkm. Mitten durch dieses Gebilde ging jene Demarkationslinie, mit denen sich Deutschland die Durchgangsstraßen und Bahnlinien sicherte. Nordkroatien unterlag damit der deutschen, Südkroatien der italienischen Einflußsphäre.

Als deutscher Gesandter in Agram fungierte SS-Obergruppenführer Kasche. Deutscher bevollmächtigter General war Gen.d.Inf. Glaise von Horstenau. Slowenien wurde zwischen Italien, Deutschland und Ungarn geteilt. Zentralmazedonien mit der Hauptstadt Skopje und Teile Serbiens wurden von Bulgarien besetzt. In Montenegro hatte eine »Konstitutionierende Nationalversammlung« die Unabhängigkeit proklamiert und sich mit Italien liiert. Damit gelangte das von Albanern besiedelte Gebiet von Kosovo-Mitrovica unter italienische Militärverwaltung. Die weiteren Verästelungen und die neuen Zonen, in die Jugoslawien am 8. Juli 1941 aufgeteilt wurde, seien am Rande erwähnt, um einigermaßen einen Durchblick durch diesen heillosen Wirrwarr zu erhalten.

Nun begannen die Deportierungen und »Völkerverschiebungen«, der Ungarn, die 150.000 Serben aus der Batschka nach Altserbien abschoben. Die Abschiebungen der bulgarischen Regierung in Thrazien und Mazedonien, die Grausamkeiten der Albaner, denen zwischen Fünfkirchen (Péc) und Prizren sowie am Ochridasee und bei Joanina tausende Griechen zum Opfer fielen, folgten.

Die Guerillatätigkeit wurde zu einem Wirbelsturm entfacht. Der Tschetnik-Hauptmann Durisic - ein Freund von Mihailovic - überfiel im Gebirge kleine italienische Garnisonen und brachte die dort stationierten Soldaten um.

3000 serbische Forstarbeiter stießen im Juli mordend und sengend nach Nordosten vor und machten die Kroaten nieder, die im Becken von Bosnisch-Petrovac lebten.

Tito gründete am Sonntag, dem 27.7.1941, in Belgrad den Hauptstab der »Volksbefreiungs- und Partisanenverbände Jugoslawiens«.

Der Handstreich der Partisanen, am 29. Juli zur Befreiung des im Belgrader Polizeilazarett gefangengehaltenen Kommunistenchefs Rankovic, einen der engsten Mitarbeiter Titos, gelang. SS-Standartenführer Veesemayer wurde nach Belgrad beordert, um die Partisanenverbände aufzuspüren und sie zu vernichten.

Die Partisanen, die am 10. August 1941 die erste Nummer des Bulletins des Hauptstabes Titos herausgaben, brachten alle politischen Gegner um, derer sie habhaft wurden. Ihre Hauptgegner waren nicht die deutsch-italienischen Truppen, sondern zunächst ihre Konkurrenten: Die serbischen Tschetniks unter Mihailovic und die kroatischen Ustascha-Verbände. Aber auch den slowenischen Domobranen und anderen nichtkommunistischen Gruppen wurde der Kampf angesagt. Für diese »Klassenfeinde und Verräter« gab es keinen Pardon.

Bereits am 27. August 1941 mußte der deutsche Gesandte in Belgrad nach Berlin melden, daß die Tito-Partisanen in Serbien bereits das ganze Land kontrollierten und sich die Wehrmacht in Konvois bewegen müsse, um ungeschoren zu bleiben.

Die serbische Regierung, am 29. August 1941 unter GenOberst Nedic gebildet, widmete sich vor allem der Partisanenbekämpfung. Gemeinsam mit der Tschetnikgruppe unter Kosta Pecanac gelang es, einige Erfolge gegen die Partisanen zu erzielen.

Die Italiener zogen Ende August 1941 13 ihrer 45 Divisionen vom Balkan zurück. Die übriggebliebenen 32 Divisionen bildeten das:

Armeeoberkommando 2 der Streitkräfte Sloweniens und Dalmatiens mit acht Divisionen.

Armeeoberkommando 9 der Streitkräfte Albaniens-Montenegros mit 12 Divisionen.

Armeeoberkommando 11 der Streitkräfte in Griechenland mit 11 Divisionen. Eine weitere Division blieb auf dem Dodekanes stationiert.

Die italienische Besatzungsmacht machte den verhängnisvollen Fehler, an Ort und Stelle alle Nahrungsmittel zu beschlagnahmen und nach Italien zu transportieren. Die Bevölkerung hungerte. Dies war der Keim der dauernden Unruhen und des vermehrten Zulaufs der Bürger des Landes zu den Partisanen.

Eine Meldung ist in diesem Zusammenhang von besonderer Bedeutung. Sie wurde vom Ministerialdirektor SS-Gruppenführer Dr. Turner, Chef des Verwaltungsstabes beim Militärbefehlshaber Serbien, dem Wehrmachts-Befehlshaber Südost gemacht:

»Bisher sind aus Ungarn 37.000, aus Bulgarien 20.000 und aus Kroatien 104.000 Serben entgegen alle Vereinbarungen abgeschoben worden. Diese Menschen, die in unzähligen Fällen selbst Zeugen der bestialischen Hinmordung ihrer Angehörigen durch die Ustascha waren, hatten nichts mehr zu verlieren. Sie konnten nicht aufgefangen werden. Für sie bestanden keine Unterbringungsmöglichkeiten. Damit gesellten sie sich zu den Kommunisten in den Wäldern und Gebirgen.«

Die erste stärkere, gut geführte Aufstandsbewegung mußte der Wehrmachts-Befehlshaber Südost, GFM List, am 5. September 1941 nach Berlin melden. Er meldete »weite Gebiete von Partisanenverbänden besetzt, sodaß ganz Westserbien aufgegeben werden muß.«

Hitler beauftragte den GFM am 16. Juli 1941 mit der Niederschlagung der Aufstandsbewegung im Südostraum. Gleichzeitig ernannte er General Böhme zum Bevollmächtigten Kommandierenden General in Serbien. Der General wurde zugleich mit der Niederschlagung des Aufstandes und der Übernahme der vollziehenden Gewalt im gesamten Operationsgebiet betraut.

Hitler genehmigte nun, den Ernst der Lage erkennend, die Verlegung zweier gut ausgebildeter Verbände, der 342. ID unter GenMaj. Wanger, und der 113. ID unter dem Kommando von GenMaj. Güntzel, nach Serbien.

Panzer, Panzerzüge, Artillerie und Flugzeuge unterstützten die Säuberungsbewegungen, die von General Böhme persönlich geleitet wurden. Doch weder die Tschetniks von Mihailowic noch Titos Partisanen konnten vernichtet werden.

Überfälle und Vergeltungsschläge

Nachdem Mihailovic und Tito sich am 19. Juli 1941 getroffen hatten, landete am Samstag, den 20. September, vor der Adriaküste bei Petrovac ein U-Boot, aus dem per Schlauchboot der Südafrikaner Captain Hudson, ein SOE-Verbindungsoffizier zum brit. GenStab, an Land gesetzt wurde. In seiner Begleitung ein Funker mit einem leistungsstarken Sender und zwei Fliegeroffiziere.

Am 24. September verließ Tito die Villa des Verlegers M. Ribnikar in Belgrad und ging in sein Partisanenhauptquartier nach Stolice. Hier wurde am 26. Sept. von allen zusammengekommenen Partisanenführern der Oberste Stab der jugoslawischen Partisanenverbände für die Volksbefreiung gebildet. Sein Oberbefehlshaber wurde der Vorsitzende des Zentralkommitees, Tito.

Einen Tag später, am 27. Juli wurde in Griechenland auf Betreiben der Nationalen Befreiungsfront - EAM - eine Volksfront von sechs Linksparteien und antiroyalistischen Politikern gebildet.

Der Gegenschlag der deutschen Truppen gegen die Terroranschläge der Partisanen richtete sich am 20. Oktober 1941 gegen Kraljwo in Serbien. Dort war es einige Tage zuvor zu einem Angriff der vereinigten Tschetniks und Tito-Partisanen auf dieses Dorf gekommen, das von einer deutschen Kp. belegt war. 30 deutsche Soldaten wurden umgebracht. Im benachbarten Dorf Kragujevac, wo ebenfalls 10 deutsche Soldaten ermordet wurden, fand das Strafgericht am nächsten Tage statt. »Es wurden 2.300 der Partisanen und Dorfbewohner erschossen.« In Kraljewo sollen es nach jugoslawischen Angaben 6.000 gewesen sein.

Deutscherseits wird betont, daß die Überzahl der Toten in beiden Städten von den beiden Partisanengruppen verursacht worden sei.

Bis zum Spätherbst war durch Partisanenüberfälle und -angriffe mehr als ein Drittel Jugoslawiens befreit und stand unter Kontrolle der Partisanen.

Am 27. Oktober verlegte GFM List sein HQ von Athen nach Saloniki. Ein wichtiger Faktor der Widerstandsbewegungen auf dem gesamten Balkan war die bereits im Sommer 1940 auf persönliche Weisung von Winston Churchill hin entstandene Special Operation Exekutive, SOE, unter Brigadier Gubbins. Aufgabe dieses Sonderverbandes war die »Organisation und Führung der Widerstandsbewegungen gegen die Besatzungsmächte in Europa.« Dazu wurde sie vom britischen Secret Intelligence Service geführt.

Damit hatte die britische Führung besonderen Einfluß auf die Widerstandsbewegungen. Sowohl die jugoslawische als auch die griechische Exilregierung wurden durch die SOE, also vom britischen Secret Intelligence Service, geführt. Selber verfügten sie nicht über die notwendigen Verbindungsmittel. Diese wurden ihnen auch während des ganzen Zweiten Weltkrieges nicht zur Verfügung gestellt, um sie in ständiger Abhängigkeit zu halten.

Nur so hatte London die Garantie, daß auch auf dem Balkan in erster Linie britische Interessen vertreten und verteidigt wurden.

Das Oberkommando der Middle East Forces - der Streitkräfte im Mittleren Osten - in Kairo stellte jene SOE-Abteilung auf, die direkt der Londoner Zentrale dieses Verbandes unterstellt wurde. Ihr Chef in Kairo war Brigadier Keble. Er leitete damit die britische Militärmission auf dem Balkan.

Die ebenfalls im Mittleren Osten aufgestellte A-Force unter Colonel Simonds hielt engste Verbindung mit den Widerstandsbewegungen auf dem Balkan.

RAF-Bomber warfen in der Nacht zum 9. November 1941 im Raume Ravna Gora Container mit Versorgungsgütern für die Tschetniks ab, und am Dienstag, dem 11. Nov. 1941, eröffnete der sowjetische Sender »Slobodna Jugoslavija« - »Freies Jugoslawien« - seine Tätigkeit.

Erst Anfang Dezember 1941 kam es dann zu ersten regulären Operationen deutscher Truppen, als stärkere Partisanengruppen aus dem Raum Uzice in Ostbosnien nach Westserbien eindrangen. Die 342. und die 113. ID sowie das aus Griechenland herangeschaffte IR 125 kamen zum Einsatz, der von Panzern und Flugzeugen unterstützt wurde. Es galt vor allem, die wichtige Bahnverbindung von Agram nach Österreich zu schützen. Die links und rechts der Bahnlinie gruppierten Partisaneneinheiten wurden aufgerieben.

Ende Dezember 1941 waren große Teile Jugoslawiens von Partisanen beherrscht.

Zur gleichen Zeit hatten sich in Griechenland mehrere Widerstandsorganisationen gebildet. Die stärkste war die EAM, deren kämpfende Truppe sich in der ELAS-Ethnikos Apeleftheriotikos Stratos - zusammenfand; sie wurde von Moskau gesteuert.

Die National-Republikanische Griechische Liga - EDES - war eine nichtkommunistische Bewegung, die von Beginn an von der ELAS stärker bekämpft wurde als die Deutschen oder Italiener. Die EDES stand unter dem Kommando von General Zervas. Die Nationale Soziale Befreiung - EKKA - wiederum war zu klein, um groß in Erscheinung zu treten. Auch sie war Zielscheibe des Hasses der ELAS und wurde rasch liquidiert.

Das Jahr 1942 im Rückblick

Donnerstag, dem 15. Jan. 1942, unterzeichneten die griechische und jugoslawische Exilregierung im Londoner Foreign Office ein Abkommen mit dem Zweck der Bildung einer Balkan-Union. Zwei Tage vorher war die jugoslawische Exilregierung umgebildet worden. General Mihailovic wurde zum Kriegsminister ehrenhalber ernannt.

Im Frühjahr 1942 begannen auch die Partisanenkämpfe in Griechenland, die sich nicht gegen Deutsche oder Italiener, sondern gegeneinander richteten. ELAS und EDES waren die Gegner, die sich in unversöhnlichem Haß gegenüberstanden.

Am 20. April 1942 begannen die Säuberungsaktionen in Jugoslawien gegen alle Partisanen in Bosnien, in der Herzegowina und in Montenegro. Deutsche und italienische Truppen sowie die Ustascha und die regierungstreuen Tschetniks nahmen daran teil. Die Tito-Partisanen wurden in den folgenden Wochen eingekreist. Tito versuchte Anfang Mai dieser Einkreisung zu entgehen. Er zog sich nach Aufgabe des Gebietes um Foca nach Süden, in das Gebiet von Montenegro zurück, um dort eine neue Volksrepublik zu gründen. Dieser Versuch scheiterte am Widerstand der montenegrinischen Tschetniks, welche die Partisanen abdrängten.

Diese Tschetniks unter General Mihailovic waren zu dieser Zeit noch stärker als Titos Partisanenarmee.

Alle westalliierten Führer priesen Mihailovic in den höchsten Tönen. In den USA prangte er auf den Titelseiten der Magazine. Und den Rest besorgte der britische Rundfunk.

Die Ustascha betätigte sich als »Partisanenkämpfer«, was aber nicht ausschloß, daß sie in Kroatien etwa 600.000 Serben umbrachte und 100.000 Überlebende ohne jede Habe über die serbische Grenze jagte.

Hier liegt eine der Wurzeln des unversöhnlichen Hasses der Serben gegen alles Kroatische.

Der ganze Sommer und Herbst 1942 verging mit einem unerbittlichen Guerillakrieg gegeneinander, in das die Deutsche Wehrmacht nur sporadisch eingriff, wenn eigene Truppen überfallen und getötet wurden.

Am 28. Dezember erließ Hitler die Weisung Nr. 47:

Der Führer FHQ, den 28.12.1942

OKW/WFST/Op. Nr. 552273/42 g.K.Chefs.

Chefsache!

Nur durch Offizier! Weisung Nr. 47 für die Befehlsführung und Verteidigung des Südostraumes.

1. Die Lage im Mittelmeerraum macht in absehbarer Zeit einen Angriff auf Kreta, die deutschen und italienischen Stützpunkte in der Ägäis und die Balkanhalbinsel möglich.
2. Aufgrund dieser Lage und der Entwicklung in Nordafrika übertrage ich die Verteidigung des Südostraumes einschließlich der ihm vorgelagerten Inseln dem Wehrmachts-Befehlshaber Südost, der mir als OB Südost (HGr. E) unmittelbar unterstellt ist. Für die Vorbereitung eines solchen Abwehrkampfes fallen dem OB Südost folgende Aufgaben zu:
   a) Vorbereitung der Verteidigung an den Küsten mit Schwerpunkten im Dodekanes, Kreta und Peloponnes, die festungsmäßig auszubauen sind (Ausnahme Mytilene und Chios).
   b) Endgültige Befriedung des Hinterlandes und Vernichtung der Aufständischen und Banden aller Art in Verbindung mit der italienischen 2. Armee.

3. Organisation der Befehlsführung:
1. Der OB Südost ist der oberste Vertreter der Wehrmacht im Südosten und übt in den von deutschen Truppen besetzten Gebieten vollziehende Gewalt aus.
2. Dem OB Südost unterstehen:
   a) Für den Bereich Kroatien: Der Deutsche Bevollmächtigte General in Kroatien und der Befehlshaber der deutschen Truppen in Kroatien.
   b) Für den Bereich Altserbien: Der Kommandierende General und Befehlshaber in Serbien.
   c) Für den Bereich Saloniki und die Inseln Lemnos, Mytilene, Chios und Strati sowie für die neutrale Zone der Türkei in Thrazien der Befehlshaber Saloniki-Ägäis.
   d) Für den Bereich des Hafens Piräus die Unterkünfte und den Bereich der deutschen Truppen in Attika sowie Insel Melos: Der Befehlshaber Südgriechenland.
   e) Für den Bereich Kreta: Der Kommandant der Festung Kreta.
   f) Für Admiral Ägäis in allen Fragen der Küstenverteidigung.
   g) Der Militärattaché in Sofia im Rahmen seiner über die Attachéaufgaben hinausgehenden Aufgaben.
      AA) Die Führung des gesamten Luftkrieges im gesamten Mittelmeerraum mit Ausnahme des südfranzösischen Mittelmeeres bleibt Aufgabe des OB Süd.«

Der Dezember 1942 auf dem Balkan war durch verschiedene Aktivitäten politischer und militärischer Art gekennzeichnet. Die deutschen Kräfte in Griechenland bestanden am Dienstag, dem 1. Dezember 1942, aus einem Korps, dem allerdings sechs (!) Divisionen angehörten. Zu ihnen stieß die SS-Freiw-Geb.Div. »Prinz Eugen« unter SS-Gruppenführer Phleps. Die 22. ID unter GenMaj. F.W. Müller auf Kreta gehörte ebenfalls dazu, ohne daß sie in die Kämpfe auf dem griechischen Festland hätte eingreifen können.

Das italienische Comando Supremo hatte 33 Divisionen eingesetzt, die zur Sicherung nicht nur von Griechenland, sondern auch von Jugoslawien, Albanien und den Mittelmeerinseln verantwortlich waren.

Vierzehn Tage später wurde der »Antifaschistische Rat der Nationalen Befreiung« als alleinige jugoslawische Regierung von Moskau anerkannt.

Am 17. Dez. erhielt GenOberst Löhr Hitlers Auftrag, »die Bandenbewegung von Grund auf zu zerschlagen.« Auch die Italiener sollten »ihr« Gebiet von Banden freikämpfen.

Unternehmen »Weiß«

Diese neue Offensive gegen Partisanen und Tschetniks unter Mihailovic begann am 22. Dez. 1942. Während dieser Kämpfe landete am 25. Dezember 1942 nahe dem HQ von Mihailovic an der Grenze nach Montenegro eine brit. Militärmission unter Colonel Bailey. Dieser sollte die Zuführung britischer Waffen und Geräte koordinieren und die Banden zu energischen Aktionen gegen Deutsche und Kroaten gleichzeitig anhalten.

Dies alles brachte Hitler dazu, die vorher umrissene »Führerweisung Nr. 47« erlassen.

Das Unternehmen »Weiß« wurde dergestalt geführt, daß die kroatische 3. Gebirgsbrigade »Jirovac« das ehemalige HQ Titos besetzte. Diese von den Partisanen »vierte Offensive« genannte Kampfhandlung sah die 714. ID., GenMaj. Stahl, und die 717. ID unter GenLt. Dippold sowie die aus kraotischen Volksdeutschen aufgestellte SS.Freiw.-Gebirgsdivision »Prinz Eugen«, SS-Gruppenführer Phleps, die 369. (kroat.) Legionärsdivision - »Teufelsdivision« genannt - sowie einige kroatische Gebirgs- und Ustascha-Brigaden im Einsatz. Die 718. ID unter GenMaj. Forner sollte im Raume Sarajewo das Entkommen der Partisanen nach Osten verhindern.

Darüber hinaus hatten die italienischen Divisionen »Re«, »Lombardia« und »Sassari« mit einer Tschetnikgruppe im Süden an der Narenta (Naretva) eine Sperrstellung bezogen. Damit waren insgesamt 80.000 Mann gegen die Partisanen im Einsatz. Sie wurden durch Artillerie und Fliegerverbände unterstützt.

Auf Seiten der Partisanen verteidigten etwa 30.000 Mann das »befreite« Territorium.

Der SS-Division »Prinz Eugen« gelang am 29. Jan. 1943 der Sturm auf die Partisanenstadt Bihac. Die Partisanen wurden im Raume des Grmec-Gebirges eingekesselt und ihre 7. Banija-Div. ostwärts Bihac überwunden. Es gelang den Deutschen, in Bosnisch Petrovac einzudringen. Die KGr. »Vogel« der 717. ID stieß über das Gebirge nach Prozor vor. In erbitterten Nahkämpfen wurde die 4. Proletarische Brigade schwer angeschlagen.

Im Gegenzug versuchte Tito mit der 1. und 2. Proletarischen Division, unterstützt durch die 3. Stoßdiv., bis zur Narenta durchzustoßen, um im Gegenzug die dort stehenden Italiener und Tschetniks zu zerschlagen.

Der Kampf wurde zu einem wüsten Gemetzel. Als es der 6. Lika-Stoßdivision der Partisanen am 15. Februar gleichzeitig mit der 8. Kordun-Division gelang, die ital. Divisionen »Sassari« und »Re« zu überrennen, mußten sich diese nach Knin zurückziehen. Die 2. Proletarische Div. drang nördlich von Mostar bis an die Narenta vor und eroberte am 17. Febr. das stark verteidigte Konjic, eine wichtige Bahnstation.

Währenddessen zog sich der Hauptteil der Partisanen in das etwa 150 km weiter südlich liegende Narentatal zurück.

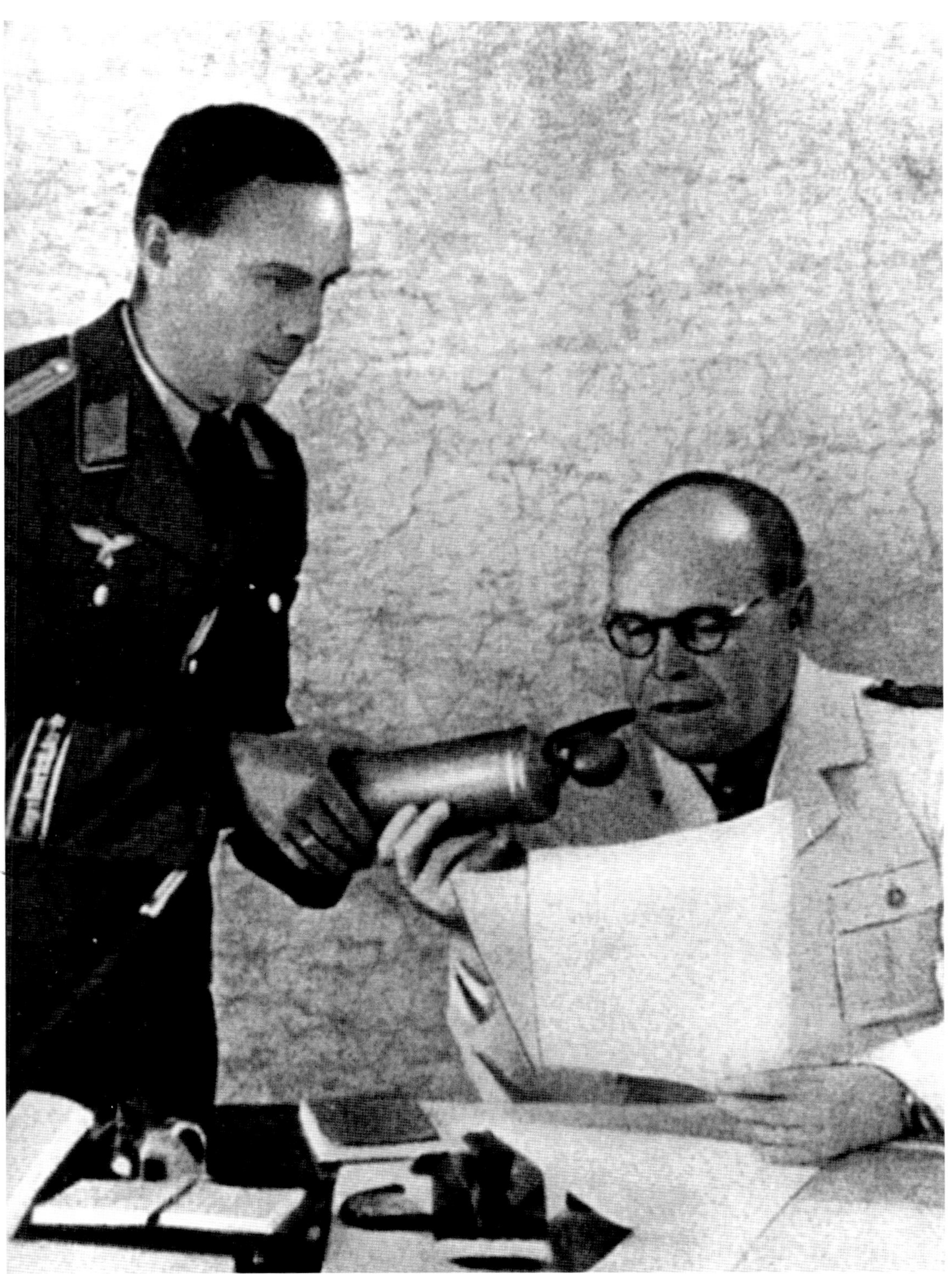

Generalfeldmarschall Albert Kesselring bei einem Rundfunkinterview 1943. Der Oberbefehlshaber Süd, führte seine wenigen deutschen Verbände mit großem Geschick und brachte den alliierten Vormarsch durch Italien oftmals zum Stehen.

Das kriegsmüde und krisengeschüttelte Italien unter seinem König Viktor Emanuel III wechselte im September 1943 zu den Alliierten über.

Der abtrünnige italienische General Badoglio gab dem Putsch seinen Namen. Er knüpfte bereits ab Ende 1942 und Anfang 1943 erste Kontakte zu den Alliierten, um den Seitenwechsel der Italiener vorzubereiten.

Albert Kesselring hatte schon länger geahnt, dass das Bündnis mit Italien trotz aller Beteuerungen Mussolinis nicht halten würde. Hitler wollte dies anfänglich nicht glauben.

Am 15. September 1943 landeten britische Truppen bei Salerno und betraten damit zum ersten Mal das italienische Festland. Die abgekämpften deutschen Truppen, die aus Sizilien entkommen waren, konnten die Landung der Alliierten nicht verhindern.

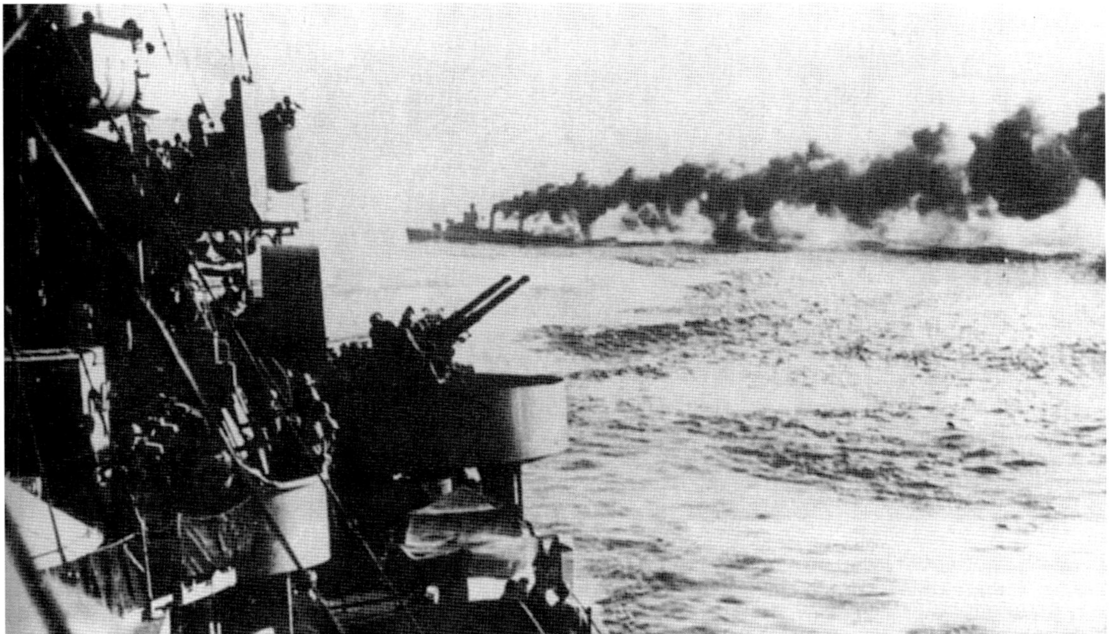

Im Golf von Salerno nebeln sich britische Kriegsschiffe ein. Dennoch versuchten die wenigen deutschen Truppen, von ein paar italienischen Einheiten unterstützt, die Anlandungen mit allen Mitteln zu verhindern.

Nachlandungen südlich von Salerno werden unter Beschuss genommen. Für die Engländer und Amerikaner war der Sprung nach Italien kein leichtes Spiel.

Auch deutsche Kampffliegerverbände bekämpften die Landungsflotte, hier ein Ju 88-Verband beim Anflug.

Ein Landungsboot am Strand von Salerno. Die Alliierten hatten bereits reichlich Erfahrung mit maritimen Landungsoperationen in Europa gesammelt, als die Invasion in Frankreich begann.

An der Verteidigung deutscher Truppen in Italien hatte auch die relativ schwache deutsche Kriegsmarine im Mittelmeer ihren Anteil. Im Bild ein deutsches Schnellboot in Venedig.

Nach dem Abfall Italiens vom Bündnis mit Deutschland mussten die deutschen Truppen viele strategisch wichtige Orte in Italien besetzten. Vereinzelt kam es zu Kämpfen mit dem ehemaligen Verbündeten.

Meist jedoch gelang die unblutige Entwaffnung der italienischen Truppen. Hier eine Pak in den Straßen von Rom.

Der faschistische Führer Benito Mussolini wurde von der italienischen Führung auf dem Gran Sasso interniert. Vom deutschen Geheimdienst aufgespürt, ließ Hitler seinen alten Bundesgenossen am 12. September 1943 durch ein kühnes Fallschirmjägerkommando befreien.

Benito Mussolini umringt von deutschen Fallschirmjägern, neben ihm Major Harald Mors. Hitler wollte seinen Freund Benito nicht den Alliierten überlassen.

Besonders die italienische Marine war von proalliierten Admiralen durchdrungen. Im Kampf um das Mittelmeer 1940-1943 spielten die italienischen Großkampfschiffe kaum eine Rolle und nach dem Abfall Italiens vom Bündnis flüchteten Sie nach Malta. Das Schlachtschiff Roma wurde am 10. September 1943 von deutschen Flugzeugen auf der Flucht versenkt.

Auch Amerikaner waren in großer Zahl auf dem italienischen Festland gelandet. Hier Soldaten der 45. US-Infanteriedivision im Ortskampf.

Im gebirgigen Süditalien konnte die Kampfkraft der in großen Stückzahlen zum Einsatz gelangten Sherman-Panzer, nicht voll zur Entfaltung kommen.

Der hinhaltende Widerstand der deutschen Truppen war erfolgreich. Hier die wirksame 7,5 cm-Pak einer Fallschirmjägereinheit im Feuerkampf.

Auch die 8,8 cm-Flak hatte bei der Bekämpfung von Luft- und Bodenzielen reichlich Auswahl. Hier ein besonders erfolgreiches Exemplar mit vielen Abschussringen auf der Flak-Kanone.

Ein Engländer wird in Italien gefangen und abgeführt. Die Kriegsgegner von Nordafrika 1941-1943 und Sizilien 1943 standen sich wieder gegenüber.

Die P-51 Mustang war ein leistungsfähiges amerikanisches Jagdflugzeug, das in großen Stückzahlen auf dem westeuropäischen Kriegsschauplatz zum Einsatz kam.

Die große strategische und taktische Bomberflotte der Alliierten konnte immer ungestörter ihr Vernichtungswerk vollbringen. Die deutsche Jagdwaffe hatte trotz aller Tapferkeit der alliierten Übermacht nichts entgegenzusetzen.

Benito Mussolini, von Hitler bewundert wegen seiner Erfolge als faschistischer Diktator in den 20er und 30er Jahren, war ab Herbst 1943 nur noch eine unbedeutende Figur im weiteren Kriegsverlauf.

„Glauben, Gehorchen, Kämpfen" – dieses Motto Mussolinis konnte in Italien ab 1943 nur noch wenige begeistern. Die Italiener wechselten die Seite und aus Faschisten wurden Widerstandskämpfer.

Die Lage im Balkanraum wurde ab 1943 immer unruhiger. Große Gebietsteile waren nicht mehr kontrollierbar. Waffenlieferungen der Alliierten an die Partisanen, stärkten deren Kampfkraft. Im Bild Partisanenführer Tito beim Ausprobieren einer neuen Maschinenpistole.

Die kommunistischen Partisanen um Tito (rechts im Bild) wurden sowohl von den Sowjets als auch von den Engländern mit Waffen und Beratern unterstützt. Letztlich setzten sich die Kommunisten durch.

Generaloberst Alexander Löhr; Oberbefehlshaber des Südost-Raumes, wurde am 26. Januar 1947 in Belgrad hingerichtet.

Auch Frauen schlossen sich den Partisanengruppen an.

Griechische EDES-Partisanen mit einem amerikanischen Instruktor (Mitte) bei Prevesa 1943. England und Amerika wollten durch Unterstützung der Partisanen ein Gegengewicht zu den Sowjets bilden.

Generalleutnant Ulrich Kleemann befehligte die Sturmdivision Rhodos auf der gleichnamigen Insel. Nach dem Abfall Italiens vom Bündnis kam es auf Rhodos zu erbitterten Kämpfen zwischen den ehemaligen Verbündeten.

Partisanenführer General Zervas (mit Bart) mit seinem Stab in Epirus im September 1943. Kaum von den wenigen deutschen Truppen gestört, konnten sie sich im Lande bewegen.

Auch in Griechenland kämpften die kommunistischen und königstreuen Partisanen gegen die deutschen Besatzer und auch einander. Das sollte zu einem langen, blutigen Bürgerkrieg führen, der bis in die 50er Jahre andauerte.

Mit ihnen zogen 500 Angehörige der ital. Division »Murge«, die gefangen worden waren, als Träger der verwundeten Partisanen durch den tiefen Schnee der gebirgigen Landschaft. Gemeinsam mit den Partisanen zogen auch 40.000 Flüchtlinge, überwiegend Frauen und Kinder der Partisanen, auch sie nur unzureichend versorgt und der sich ausbreitenden Typhus-Epidemie preisgegeben.

Titos dauernde Funksprüche nach Moskau um sofortige Hilfe fanden außer den Worten »tiefer brüderlicher Sympathie« kein Echo. Bereits zu dieser Zeit war Tito mit »Rußland fertig«, wie seine Kameraden berichteten.

Am 18. Februar ging der erste Teil dieser Aktion zu Ende. Sehr bald setzten die Kämpfe wieder ein, als die 1. Proletarische Brigade Konjic angriff, das wieder von Deutschen in Besitz genommen worden war. Bei Gornji Vakuf stand die 7. Banija-Div. um gemeinsam mit der 3. Krajina-Brigade die Sicherung der Partisanen-Korpsabteilung z.b.V. zu übernehmen.

Am Sonntag, dem 21. Februar 1943 hatte die dt. KGr. Anacker, ein Rgt. der 718. ID, mit einigen GebGeschützen und drei Ustascha-Bataillonen, unterstützt von Fliegern, den Ivan-Sattel nördlich Konjic erobert. Gleichzeitig damit griff die KGr. Vogel, ein weiteres Rgt. der 718. ID, durch Panzer und Artillerie unterstützt, mit Teilen einer kroatischen Brigade, Teile der 7. Banija-Div. sowie die 3. Krajina-Brigade an und besetzte Gornji Vakuf und Vrbas.

Das Comando Supremo erhielt vom OKW die dringende Aufforderung, Zusammenstöße zwischen Tschetniks und deutschen Truppen unbedingt zu verhindern.

Als die Partisanen am 23. Febr. die Narenta erreichten, die sich durch eine tiefe Schlucht des fast 2000 m hohen Prenjgebirges windet, waren bereits 1.200 Tschetniks dort auf den Höhen versammelt. Diese eröffneten das Feuer.

Nachdem die Partisanen mit der 7. Banija-Div., unterstützt durch die 3. Krajina-Brig. und die 1. Dalmatinische Brigade, das Nachrängen deutscher Verbände südlich Gornji Vakuf unterbunden hatten, traten die SS-Div. »Prinz Eugen« und die 369. kroatische ID. mit Teilen des ital. XVIII. AK zum Unternehmen »Weiß II« an. Die KGr. Anacker eroberte am 27. Februar Konjic zurück.

Der Gegenangriff der Partisanen wurde von Tito am 28. Februar befohlen. Die Hauptkräfte des Partisanenkorps sollten zum Gegenangriff antreten und den Feinden Jugoslawiens bei Gornji Vakuf den Garaus machen. Zu den Feinden wurden ausdrücklich auch die Ustascha- und Domobranen-Verbände gezählt. Die Brücke über die Narenta sollte gesprengt werden. Doch nach dem Fall von Bosansko Garzhovo stürmte die rechte Flanke der Division »Prinz Eugen« weiter vor und zwang den Stab des I. Bosnischen Korps, zur Verteidigung überzugehen und sich später in Richtung Kljuc durchzuschlagen.

Unter dem Kommando von GenLt. Dippold gelang es der 717. ID und der KGr. Vogel, den Raum um Prozor zu erreichen, wo die Partisanen ihre Verwundeten untergebracht hatten. Der Kampf im Narentatal und bei Prozor begann. Es ging um das nackte Überleben. 20.000 Partisanen verteidigten gegen vier deutsche Divisionen.

Dennoch gelang es den Partisanen, im Gegenstoß die Narenta noch einmal zu überwinden. Drei Bataillone der 2. Proletarischen Div., mit Handgranaten und MPi ausgestattet, durchbrachen in der Nacht zum 7. März die Tschetnik-Verbände auf dem jenseitigen Steilufer des Flusses bei Jablanica, überwanden den Fluß bei der teilzerstörten Brücke und wurden danach von neu zugeführten Tschetnik-Verbänden zurückgeworfen. Die Brücke war nicht mehr zu benutzen.

Nun gelang es Pionieren des Obersten Stabes, eine behelfsmäßige Hängebrücke über die Narenta zu errichten, die von der 7. Banija-Div. am frühen Morgen des 8. März überschritten wurde.

Dennoch mußte Prozor am 8. März von den Partisanen geräumt werden. In mehreren Nächten konnten die Verwundeten, wiederum größtenteils von italienischen Gefangenen getragen, über die Brücke entkommen.

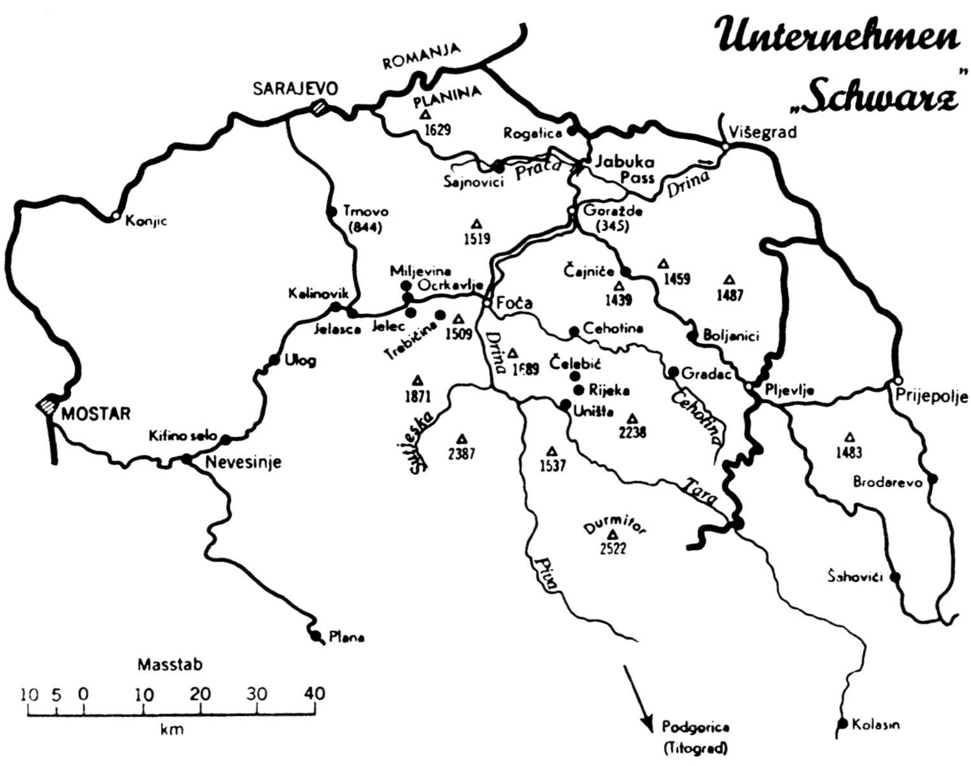

Kriegsschauplatz Bandenkampf-Jugoslawien: Das Unternehmen Schwarz.

Parlamentäre – Der Gefangenenaustausch

Am Morgen des 11. März gingen drei Männer, von denen einer an einem Stock ein weißes Tuch trug, in Richtung Prozov. Sie marschierten mitten auf der Straße. Es waren: Milovan Djilas, Koca Popovic und Vlacko Velebit. Popovic führte die 1. Partisanen-Div., die beiden anderen waren engste Vertraute und Kampfgefährten von Tito und Mitglieder des Obersten Stabes der Partisanenarmee. Sie wollten ein Gespräch mit den Befehlshabern der ihnen gegenüberliegenden deutschen Truppen führen.

Die drei Südslawen wurden nach Gornji Vakuf gebracht und von GenLt. Dippold erwartet, der die 717. ID bis April 1943 führte. Es handelte sich um den Austausch von etwa 20 deutschen Gefangenen, unter ihnen Major Strecker, gegen eine gleiche Anzahl kommunistischer Gefangener. Der Grund für diese »humane Geste Titos« war die Tatsache, daß sich unter diesen kommunistischen Gefangenen auch seine erste Frau Herta Has befand.

Die drei Partisanen fuhren nach Sarajewo zum deutschen Oberkommando. Im Konak-Gebäude fand das Gespräch statt, an dem deutscherseits GenOberst Löhr und General Glaise v. Horstenau teilnahmen.

Während hier die Verhandlungen weitergingen, konnte die 2. Proletarische Division am 20. März 5000 Tschetniks unter schweren beiderseitigen Verlusten in Richtung Foca zurückschlagen. Dennoch wurde mit diesem Tage die für die deutsche Rüstungsindustrie entscheidende Sicherung des so wichtigen Bauxitgebietes um Mostar erreicht, denn die Partisanenkräfte, die sich westlich und nördlich der Narenta befunden hatten, waren vernichtet oder geflohen.

Auch bei diesem Unternehmen zeigte es sich, daß es vor allem darum ging, die für die Aluminiumherstellung so wichtigen Bauxitgruben zu sichern, nicht um blinde Zerstörungswut.

Die Gefangenen wurden ausgetauscht. Am 26. März fuhr Milovan Djilas nach Agram, um gemeinsam mit Velebit weitere Verhandlungen mit den Deutschen zu führen. Es kam jedoch nicht zu irgendwelchen Abschlüssen. Dennoch führten diese Kontakte zum ersten offenen Konflikt zwischen Tito und Stalin, der bereits nach der unterlassenen Hilfeleistung der UdSSR unter der Asche geglüht hatte und nun zur offenen Flamme entfacht wurde.

Marschall Stalin machte Tito schwere Vorwürfe, daß er überhaupt ein Gespräch mit dem Erzfeind gesucht habe. Doch Tito konterte mit jenem Satz, der zeigt, wie tiefe Spuren die verweigerte Hilfe geschlagen hatte: »Wenn ihr uns nicht helfen könnt, dann laßt uns in Frieden!«

Gleichzeitig wandte sich Tito noch einmal mit einem Waffenstillstandsangebot an General Glaise von Horstenau, in dem vereinbart werden sollte, daß Deutschland in Westbosnien nicht angreifen solle. Im Gegenzug wollte sich Tito verpflichten, auf die Ausdehnung des Aufstandes auf andere Gebiete, beispielsweise Slawonien, sowie auf alle Terror- und Sabotageakte zu verzichten. Im Falle einer westalliierten Landung sei er bereit, gemeinsam mit den in Kroatien stehenden deutschen Divisionen gegen die gelandeten Westalliierten vorzugehen.

Dr. Höttl war nun gezwungen, alles Hitler vorzutragen. Dieser vergab die große Chance, wie er auch jene in der Ukraine 1941 vergeben hatte, indem er weiteres Verhandeln mit den Worten verbot: »Mit Rebellen wird nicht verhandelt, Rebellen werden erschossen!«

Am 1. April 1943 traf in Agram der Großmufti von Jerusalem ein, Emir el Husseini, das religiöse Oberhaupt der palästinensischen Araber. Er wurde von England mit Steckbrief gesucht, weil er gegen die britische Mandatsmacht in Palästina ebenso wie gegen die dortigen Juden Unruhe gestiftet hatte.

In seiner Begleitung auf der Kroatienreise, die er von Berlin aus angetreten hatte, befand sich der Chef des SS-Hauptamtes, SS-Gruppenführer Berger. Ziel dieser Reise war die Aufstellung einer moslemischen SS-Division aus Kämpfern des Landes. Etwa 12.000 Moslems aus Kroatien und anderen Teilen Jugoslawiens meldeten sich. Im Sommer 1943 entstand hieraus die Kroatische SS-Freiwilligen-Gebirgsdivision, die im Juni 1944 in 13. Waffen-Geb.Div. der SS »Handschar« (kroat. Nr. 1) umbenannt wurde.

Mit der Bildung eines Brückenkopfes über die Drina begannen die Partisanen am 6. April 1943 eine neue Offensive. Die 2. Proletar. Div. erweiterte den Brückenkopf und griff aus ihm heraus die italienische Besatzung von Foca an. Zu spät für diesen gemeinsamen Angriff setzte die 1. Proletar.Div. erst am 18. April mit Flößen über den Fluß. Der Angriff gelang, und die Partisanenverbände marschierten auf ihrem Rückzug, dessen Weg nun frei war, über die Gebirgspässe der Herzegowina in das nördlich gelegene Montenegro.

Damit war die dritte Phase des Unternehmens »Weiß« beendet. Die Partisanen waren entkommen.

ELAS und EDES: Die Todfeinde

Zur gleichen Zeit hatten die Guerillaverbände in Griechenland mit sporadischen Kleinaktionen versucht, den Deutschen einige Nadelstiche beizubringen. Ihre Ziele waren Eisenbahnbrücken und Gleisanlagen. In Athen oder Saloniki kam es nicht zu öffentlichen Kämpfen, oder gar Aufständen. Hier wurde lediglich Untergrundkampf betrieben. Für die kommunistischen Partisanen war die Niederkämpfung der Deutschen nicht wichtig, denn sie wollten ja nicht die nationale Unabhängigkeit wiederherstellen, sondern ein neues Griechenland kommunistischer Färbung unter der Führung Moskaus errichten. Dem standen die republikanischen Verbände der EDES unter General Zervas gegenüber. Diese galt es zu vernichten. Die kleineren Partisanenverbände waren bereits von der ELAS ausgelöscht worden.

Die deutsche Wehrmacht, der es lediglich um die Aufrechterhaltung der Verkehrsströme ging, ließ die ELAS-Banden im Gebirge unbehelligt, solange diese keine Schwierigkeiten bereiteten.

Nicht nur in der Sowjetunion saßen die Helfer und Sympathisanten der ELAS. Auch in England und vor allem in Kairo waren sie vertreten und sorgten in Ägypten für das notwenidge Durcheinander. Kim Philby und seine KGB-Agenten, die erst viel später enttarnt wurden, und andere KGB-Agenten selbst in der SOE hatten diese Organisation im Auftrage Stalins unterwandert.

Was den Kommunisten in Griechenland fehlte, war eine Führerfigur, wie sie Tito darstellte. KGB-Agenten aus Moskau waren zwar berüchtigte Figuren in der Kunst des Unterwanderns und Berufsrevolutionäre, ohne auch nur einen Griechen vom Stuhl zu reißen. Sie waren eben keine Griechen. Dennoch hatten sich die Kommunisten in Griechenland das Monopol des Widerstandes gesichert. Unter dem Vorwand, die Besatzer zu vernichten, führten sie einen Vernichtungskrieg gegen die eigenen Bürger.

Der Chef der britischen Militärmission in Griechenland, Colonel Meyers, der im britischen Auftrag unter Zustimmung des griechischen Königs versuchte, die »Nationale Gruppe« ins Leben zu rufen, scheiterte an der Person des Führers der ELAS, Aris Velouchiotis. Da sich dieser außerdem in den eigenen Reihen mißliebig gemacht hatte, wurde er durch Oberst Saraphis ersetzt, der zwar Republikaner war, sich aber dem lockenden Ruhm nicht entziehen konnte. Damit hatte die ELAS einen erstklassigen Soldaten gewonnen.

Dennoch verliefen die nächsten Monate in Griechenland ereignislos, bis Colonel Meyers in der Nacht zum 21. Juni 1943 mit seinem SOE-Stab und den nichtkommunistischen Banden das Unternehmen »Animals - Tiere« startete, das drei Wochen dauern sollte.

Es handelte sich dabei um großangelegte Sabotageakte, die das Ziel hatten, die Deutschen von der beabsichtigten Landung alliierter Truppen auf Sizilien abzulenken und den Achsenstreitmächten den Beginn des Balkankrieges vorzugaukeln.

Oberst Saraphis von der ELAS lehnte jede Beteiligung an diesem Unternehmen ab.

Dennoch wurde am 5. Juli 1943 zwischen Colonel Meyers und der EAM-ELAS ein Abkommen unterzeichnet, darin letztere als Teil der unter dem HQ Naher Osten stehenden Streitkräfte anerkannt wurde. Um die ELAS zur Unterzeichnung zu bringen, mußte Meyers ihnen zusichern, alle Einsätze mit ihrem vereinigten Partisanen-Generalstab zu besprechen und sich bereiterklären, jeder Guerilla-Gruppe allmonatlich pro Kopf der Guerillas einen Sold von einem Pfund Sterling in Gold zu gewähren. Dies entsprach im Inflationsland Griechenland etwa dem knappen Jahreslohn eines Arbeiters.

Die Engländer hielten sich an die vorgelegten Namenlisten und zahlten. Dementsprechend wurden die Namenlisten allmonatlich länger, weil die ELAS Zwangsrekrutierungen durchführte, um an das englische Gold heranzukommen.

Die Landung auf Sizilien und die am 25. Juli 1943 erfolgte Entmachtung Mussolinis ließ die Aktivitäten sowohl in Griechenland als auch in Jugoslawien anschwellen. Nach der Bildung des Obersten militärischen Rates der ELAS am 28. Juli, dem Stefanos Saraphis vorstand, mit Aris Velouchiotis und Wassilis Samariniotis in seinem Stab und Dimitrios Petrulakis als Generalstabschef des Generalhauptquartiers, wurden die Kommandeure der einzelnen Kampfzonen benannt. Es waren dies:

Für Thessalien: D. Flulis
Für Mazedonien: Wassilis Tsotsos
Für Epirus: Panos Nassis
Für Rumeli: Jannis Papathanassiu
Für Peloponnes: Das ELAS-Hauptquartier in Athen.

Nach der Zahlliste der SOE verfügte die ELAS nun über 16.000 Mann und 16.000 »Reservisten«. Die EDES hatte 5000 Mann auf ihren Listen und ebensoviele Reservisten.

Der Kampf um die Führung auf dem Balkan

Der August 1943 war für den gesamten Balkan ein entscheidender Monat. Der britische und der US-Geheimdienst begannen ihren Konkurrenzkampf, der unterschwellig schon immer bestand, in offener Fehde auszutragen.

Der US-Präsident beschloß am 2. August, ebenfalls eine US-Militärmission zu den Titopartisanen und zu den Mihailovic-Tschetniks zu entsenden. Diese Aufgabe wurde dem Office of Strategic-Services, OSS, übertragen. Dagegen wandte sich der SOE mit aller Macht. Die Royal Navy blockierte US-Versuche, Commandos an der Adriaküste zu landen. So oft die OSS kleine Schiffe für ihre Landungsoperationen von der Royal Navy anforderte, wurde dies abgelehnt. Bis das Weiße Haus General Donovan aufforderte, persönlich in London auf Abstellung dieser merkwürdigen Konkurrenzmaßnahmen zu dringen.

Gleichzeitig damit flammte auch der Streit zwischen den beiden rivalisierenden Guerillagruppen in Griechenland mit aller Macht wieder auf. Die ELAS verlangte über ihre politische Vertretung, der EAM, die politische Anerkennung und eine eigene Exilregierung in Kairo. Damit wollte sie ihren kommunistischen Machtanspruch zementiert wissen. Oberst Meyers konnte eine solche Zusicherung nicht geben. Er wollte nun persönlich in Kairo vortragen. Die EAM forderte daraufhin, daß eine größere Abordnung der Partisanen den Oberst dorthin begleiten sollte.

Erst am späten Abend des 9. Aug. war der Streit entschieden. Eine Dakota landete auf der inzwischen bei Neraida in Mittelgriechenland vorbereiteten Landepiste.

Die Besprechungen in Kairo endeten mit einem Eklat. Die Partisanen wollten König Georg II. von Griechenland nicht als ihren Monarchen anerkennen. Infolge dieser dauernden internen Auseinandersetzungen kam es in Griechenland nicht zu größeren Partisaneneinsätzen.

Jugoslawien im Feuer

Drei Tage nach der Kapitulation der Heeresgruppe Afrika in Tunesien begann im Raume des Sandschak zwischen Bosnien und Montenegro das Unternehmen »Schwarz«. Ziel dieses Großeinsatzes deutscher, kroatischer und italienischer Verbände war es, in dieser von den Partisanen »Fünfte Offensive« genannten Operation den Titopartisanen eine entscheidende Niederlage beizubringen.

Diesmal beteiligten sich drei Heeresverbände, die als kampfstark bekannt waren: Die 1. Gebirgsdivision, die 118. Jägerdiv. und die 369. ID. Die SS-Freiw. Gebirgsdiv. »Prinz Eugen«, vier deutsch-kroatische Jägerbrigaden und die drei italienischen Infanteriedivisionen: »Venezia«, »Ferrara« und »Taurinense« kamen hinzu.

Die Tschetnikverbände, als unzuverlässig erkannt, waren aufgelöst worden.

In dem gebirgigen Gebiet auf dem Hochplateau Montenegros, in tiefen Schluchten und verborgenen Waldverstecken kam es zu erbitterten Gefechten.

Während dieser Kämpfe sprang ein britisches Commando in der Nacht zum 28. Mai nahe dem Dorf Negobudje ab und wurde von dort in Titos Hauptquartier am Rande des Crno Jezero - des Schwarzen Sees - geleitet. Dieses Kommando wurde von Captain Deakin geführt. Er brachte die erfreuliche Nachricht Churchills mit, daß er den Titopartisanen im Monat etwa 500 Tonnen Versorgungsgüter und Waffen im Lufttransport zuführen werde.

Der Kampf ging währenddessen weiter, die Partisanen wurden eingekesselt. Nur der Weg durch die Piva-Schlucht auf das Plateau von Vucevo war noch offen. Durch diese Lücke entkamen die Partisanen in der Nacht zum 10. Juni aus dem Dorf Mratinje nach beschwerlichem Abstieg durch die Piva-Schlucht und erreichten die Ortschaft Gornje Krusevo.

Im Feuer der verfolgenden und flankierenden Verbände ihrer Gegner, mit dem ersten Büchsenlicht von Stukas gebombt, gelang ihnen der Rückzug. Die Verwundeten wurden von den 500 kriegsgefangenen Italienern der Division »Murge« getragen, die bei den Februarkämpfen im Narentatal gefangengenommen worden waren. Als die Verwundeten in Sicherheit waren, wurden diese 500 Italiener auf Befehl Titos erschossen.

Dem Unternehmen »Schwarz« entgingen etwa 3000 Partisanen, unter ihnen auch Tito. Ihre schweren Waffen und Geräte mußten sie allerdings zurücklassen. Nach den Schätzungen deutscher und italienischer Seite blieben 11.000 Partisanen auf diesem Wege, durch Waffeneinwirkung getötet, liegen. 2000 an Seuchen gestorbene Partisanen kamen hinzu.

Am 10. Juni wurde ein weiterer Partisanenverband in Sutjeska-Piva entdeckt. Unter ihnen Tito mit dem Gros der Entkommenen. Die 1. Geb.Div. wurde darauf angesetzt. Doch auch diesmal gelang es Tito, mit den Seinen dieser neuen Einschließung zu entkommen und Avtovac zu gewinnen. Einen letzten deutschen Sperr-Riegel durchbrechend, erreichten die Partisanen die waldbedeckten Berge von Javor Planina und anschließend den Raum westlich von Foca.

Das Unternehmen »Schwarz« ging offiziell am 19. Juni zu Ende. GenLt. Lüters, Pour le mèrite-Träger des Ersten Weltkrieges und Befehlshaber der deutschen Truppen in Kroatien, konnte melden:

»Damit ist die stärkste und einheitlichst geführte kommunistische Kräftegruppe auf dem Balkan zerschlagen.«

Wenige Tage darauf meldete General Lüters, daß trotz der starken Partisanenverluste in Montenegro damit zu rechnen sei, »daß Tito mit den in Slawonien und Westkroatien stehenden kommunistischen Verbänden erneut schlagkräftige Gruppen bilden kann.«

Der Fall »Achse« auf dem Balkan

Ergänzend zum Fall »Achse« auf dem italienischen Festland und den vorgelagerten Inseln sei an dieser Stelle noch einmal dieser Operationen gedacht, die dieses Stichwort auf dem Balkan auslöste.

Da der Zusammenbruch Italiens und sein Übertritt ins westalliierte Lager nicht zu verhindern war, mußte die deutsche Militärverwaltung auf dem Balkan verstärkt und den neuen Begebenheiten angepaßt werden.

Am 20. August 1943 übernahm GFM von Weichs die Führung auf dem Balkan. Als Oberbefehlshaber Südost (HGr. F) verlegte er sein HQ nach Belgrad.

Als Wehrmachts-Befehlshaber Südost unterstanden ihm folgende Verbände:

Heeresgruppe E,Generaloberst Löhr, HQ in Saloniki. (Griechenland, Serbien und die ital. 11. Armee).

2. Panzerarmee:General der Inf. Dr. Rendulic, HQ in Belgrad. (Kroatien, Montenegro und Albanien)

Militärbefehlshaber Serbien:General der Inf. Felber, HQ in Belgrad.

Deutscher Bevollmächtigter General in Kroatien: General der Inf. Glaise von Horstenau, HQ in Agram.

Kreta und Rhodos:Unter der Befehlsgewalt der Festungskommandanten.

Hitler befürchtete einen Angriff auf den Balkan, wie dies bereits im Abschnitt Italien erläutert wurde, doch nach Abzug der Landungsschiffe für die indische 8. Division, die Rhodos besetzen sollte, nach Burma entschied sich das Schicksal des Balkans und die weitere Kriegführung der Alliierten, die mit der Meteroffensive in Italien 1944 blutig fortgesetzt wurde.

Roosevelt wandte sich im Bunde mit Stalin, den er kumpelhaft »Joe« nannte, gegen Churchills Plan, über den Balkan vorzustoßen und direkten Kurs auf Wien zu nehmen, um sich dort mit den sowjetischen Verbänden zu treffen und Deutschland einen schnellen Garaus zu machen. Der US-Präsident versuchte alles, um den »Alleingang Churchills zu stoppen«.

Mit Ausgabe des Stichworts »Achse« befanden sich allein in Jugoslawien 15 italienische Divisionen, die von Marschall Badoglio Befehl erhalten hatten, gegen die ehemaligen Bundesgenossen, die Deutschen, zu kämpfen und sich notfalls auf die Seite der Partisanen zu schlagen.

Die jugoslawischen Partisanen reagierten sofort und entfesselten einen »Volksaufstand«.

Dennoch gelang es den wenigen deutschen Verbänden, 11 italienische Divisionen rasch zu entwaffnen und in Kriegsgefangenschaft zu nehmen. Einzelne ital. Verbände aber nahmen den Kampf gegen den ehemaligen deutschen Bundesgenossen auf.

Die Küstenstädte Zara, Spalato, Ragusa (Dubrovnik), Durazzo und Valona waren von italienischen Truppen besetzt, die teilweise heftigen Widerstand leisteten und erst niedergekämpft werden mußten. Deutsche Truppen standen mit dem Rücken zur Wand.

Als Split ebenfalls Widerstand leistete, wurde die SS-Division »Prinz Eugen« dagegen angesetzt. Erst nach tagelangen Gefechten, in die auch Stukas eingriffen, konnten die Italiener überwunden werden. GenOberst Dr. Rendulic zu diesem sinnlosen italienischen Beginnen: »Der mutwillige und sinnlose Kampf der Italiener kostete die deutschen Truppen weit über 500 Tote und Verwundete. Aber mit dem Fall von Split war die ganze Küste in unserem Besitz.« (Siehe Rendulic, Dr. Lothar: Gekämpft, gesiegt geschlagen).

Der Kommandant der Festung Split (Spalato), General Fulgosi, und ein Teil der Mannschaften wurden erschossen. In Ragusa wurde General Amico und seine Stabsoffiziere erschossen. Auf den Dodekanes-Inseln wurden 102 italienische Offiziere, die Verrat geübt und auf den deutschen Bundesgenossen das Feuer eröffnet hatten, hingerichtet. Einige italienische Divisionen, dazu einzelne Bataillone und Batterien, wollten den deutschen Bundesgenossen nicht im Stich lassen und schlossen sich ihnen an.

Mit einer kleinen KGr. flog General Rendulic von Kraljevo nach Tirana und nahm den dorthin geflohenen OB der italienischen HGr. »Est« gefangen.

Die Partisanen machten mit den aufständischen Italienern gemeinsame Sache und griffen Zara, Ragusa und Cattaro ebenso wie die Inseln Korfu, Skarpanto, Kos, Leros und Samos an. Ihnen eilten britische Commandos und Fallschirmjäger zur Hilfe.

1.500 Italiener liefen in Dalmatien zu den Partisanen über und bildeten später zwei italienische »Befreiungsbrigaden«.

Dies zu tolerieren oder auch nur zähneknirschend über sich ergehen zu lassen, hätte das Ende der deutschen Wehrmacht auf dem Balkan bedeutet. Es gab – darin sind sich die Heerführer aller kriegführenden Staaten der Erde einig - keinen anderen Weg, als so eine Krisensituation mit drakonischer Härte zu meistern.

Das war kein Kavaliersdelikt, wie dies immer wieder von bestimmten Blättern behauptet wurde, sondern eine Frage von Leben und Tod. Der italienische Umfall war geeignet, die gesamte Balkanfront zum Zusammensturz zu bringen und den Briten Gelegenheit zu geben, in einer einzigen Offensive bis nach Wien durchzustoßen.

Die flankierenden britischen Aktionen

Um den italienischen Abfall vom Achsenbündnis zu nutzen, versuchten britische Commandos, den italienischen Widerstand auf den Inseln der Ägäis zu schüren und zu organisiseren. Doch bereits am 12. September fiel Rhodos in deutsche Hand. Es war den deutschen Truppen jedoch nicht möglich, die von den Italienern freigegebenen Gebiete unter Kontrolle zu bekommen.

Den Titopartisanen gelang es, durch den Abfall der Italiener vom Achsenbündnis ein riesiges Waffenarsenal zu bekommen. Mit all diesen italienischen Waffen, teilweise aus deutschen Beständen an die Italiener ausgegeben, konnten Tito und sein Stab weitere 80.000 (!) Partisanen ausrüsten. Darüber hinaus wurden sie von den in Süditalien gelandeten Alliierten weiterhin mit Waffen und Versorgungsgütern beliefert.

Allein vier italienische Divisionen im Machtbereich von Mihailovic wurden nicht von den Tschetniks, sondern von den Tito-Partisanen entwaffnet, wobei die Italiener nicht den geringsten Widerstand leisteten. Damit war Tito weit über Mihailovic hinausgewachsen.

Die 2. Panzerarmee unter General Rendulic hatte sich in den nächsten Tagen und Wochen mit einer ständig steigenden Zahl an Partisanen in Ostbosnien herumzuschlagen.

Während am Dienstag, dem 14. September, die griechischen Partisanen aus Kairo heimkehrten, ohne etwas erreicht zu haben, und anstelle von Colonel Meyers Colonel Woodhouse, Chef der britischen Militärmission, nach Griechenland mitkam, gingen in Jugoslawien die erbitterten Kämpfe weiter. Am 14. Oktober gründete Tito das erste Partisanen-Fliegergeschwader mit 60 britischen Flugzeugen. Vier Tage später wurde der erste Marinestab der Partisanen ins Leben gerufen, der aus italienischen Beutefahrzeugen aufgestellt wurde.

Zu dieser Zeit versuchte die ELAS in Griechenland ein weiteres Mal die EDES unter General Zervas zu vernichten. Die Rettung für die EDES kam nicht von britischer, sondern von deutscher Seite.

General der GebTr. Lanz, KommGen. des XXII. GebKorps, hatte aus eigener Machtbefugnis mit General Zervas von der EDES ein Waffenstillstandsabkommen getroffen udn der EDES gegenüber der ELAS Flankenschutz gegeben, sodaß die

ELAS, die soeben die EKKA vernichtet und deren Führer hingerichtet hatte, gegen die EDES nicht zum Ziel kam.

Im Gegenzug wurde das Unternehmen »Panther« durchgeführt. Es galt der ELAS, die in einigen Gefechten zerstreut wurde. Am Montag, dem 1. November 1943 meldete GFM von Weichs ins FHQ:

»Auf dem Balkan handelt es sich nicht mehr nur um Bandenunwesen, sondern der Feind hat auf dem Balkan Fuß gefaßt und muß geschlagen werden, bevor die eigenen Truppen in die Küstenverteidigung zurückgezogen werden.«

Letzte Operationen 1943

Am Sonntag, dem 7. November 1943 führte GenOberst Jodl, Chef des Wehrmachtführungsstabes, vor den versammelten Reichs- und Gauleitern aus:

»Die Beherrschung des Balkans als Bestandteil der Festung Europa ist aus operativen, militärpolitischen und wirtschaftlichen Gründen kriegsentscheidend. - - -

Was die kriegswirtschaftliche Seite betrifft, so liegen von der europäischen Gesamterzeugung an Mineralöl auf dem Balkan 50 Prozent. Chromerz wird zu 100 Prozent vom Balkan bezogen. Für die deutsche Kriegswirtschaft kommen Bauxit mit 60 Prozent, Antimon mit 29 und Kupfer mit 21 Prozent vom Balkan.«

Die Eroberung der Insel Leros aus den Händen britisch-italienischer Truppen wurde bereits im Abschnitt Italien und hier aus dem Einsatz der Fallschirmtruppe dargestellt.

Die KGr. Müller unter GenLt. Friedrich-Wilhelm Müller besetzte am 18. Nov. die Inseln Furni, Ikera, Lisso und Patmos. Die Insel Samos kapitulierte am 22. November nach einem starken Stukaangriff der II./StG 3 auf die Stadt Tigani. 2.500 Italiener legten hier die Waffen nieder.

Ein Teil der britischen Commandos auf den Inseln, vor allem auf Leros, wurde gefangengenommen. Bei den Geleit- und Angriffsaufgaben britischer Seestreitkräfte gingen sechs Zerstörer udn zwei U-Boote verloren. Vier Kreuzer und vier Zerstörer wurden durch deutsche Bombenangriffe beschädigt.

Im Verlauf der Konferenz in Teheran am 28. November 1943 bis zum 1. Dezember 1943 beschlossen die »Großen Drei«, Churchill, Stalin und Roosevelt, einstimmig, nur noch die Titopartisanen zu unterstützen. Tito wurde als »selbständiger Befehlshaber« anerkannt.

In Teheran fielen nicht nur die Entscheidungen über Deutschland. Hier wurde in gleicher Weise das Schicksal von Mihailovic und seiner Tschetnik-Truppen entschieden. Man ließ Mihailovic fallen, weil er es nach den Worten von General MacLean »versäumt hatte, unsere eigenen Erwägungen zu erfüllen«.

Das vorläufige jugoslawische Kabinett wurde am 29. November 1943 in Jajce (Bosnien) aus der Taufe gehoben und die Grundsätze der zukünftigen Volksrepublik

Jugoslawien beschlossen. Der Exilregierung in London wurde die Anerkennung verweigert. König Peter von Jugoslawien und allen übrigen Angehörigen des Herrscherhauses Karageorgevic wurde die Rückkehr nach Jugoslawien verboten. Jozip Tito wurde der Rang eines Marschalls von Jugoslawien verliehen.

Die letzte deutsche Aktion zur Bandenbekämpfung auf dem Balkan im Jahre 1943 bestand in der am 2. Dezember beginnenden Operation »Kugelblitz«.

In den vereisten Bergwäldern Bosniens begann ein erbitterter Kampf gegen 30.000 Tito-Partisanen, die durch die proslawische Bevölkerung unterstützt wurden. Der Kreis um Titos HQ im Raume Jajce wurde enger gezogen. Die Partisanen, die sich über die Drina nach Serbien absetzen wollten, wurden abgewiesen.

Nun versuchten sie gleichzeitig nach Westen und Norden aus dem Kessel zu entkommen. Die Partisanen wurden durch das deutsche Artilleriefeuer stark geschwächt. Dennoch gelang ihnen am 17. Dezember im Norden im dichten Waldgelände der Durchbruch. Sie verloren zwar Tuzla, konnten dafür aber ihre Streitmacht aus dem Kessel retten. Dazu General Rendulic:

»Ihre Verluste während der ganzen Aktion wurden auf 15.000 Mann geschätzt. Darunter 10.000 Gefangene.«

So ging das Jahr 1943 auf dem Balkan zu Ende, und es sollte sich im kommenden Jahr zeigen, daß sowohl die jugoslawischen Partisanen im Kampf gegen die deutsche Wehrmacht, als auch die griechischen ELAS-Partisanen im Kampf gegen die eigenen Brüder, stärker denn je auftreten würden.

Die Konferenzen von Kairo und Teheran

Am 22. November 1943 begann die Konferenz der Westalliierten in Kairo, an welcher auch der chinesische Staatschef Tschiang Kai-schek teilnahm. Roosevelt erschien hier mit seinem persönlichen Vertrauten Harry Hopkins und einem großen Stab militärischer Berater.

Winston Churchill war ebenso von einem Schwarm von Beratern umgeben, dessen Spitzenmann Außenminister Eden war.

In Kairo bestand die letzte Chance für die Westalliierten, Stalin auszubooten und der UdSSR jede weitere Unterstützung zu versagen. Darüber hinaus konnten die Westmächte dann mit dem deutschen Widerstandskreis in Verhandlungen eintreten.

Dies alles geschah nicht. US-Präsident Roosevelt traf schließlich jene Entscheidung, mit der er seine Rolle als »Baumeister einer neuen heilen Nachkriegswelt« zementieren wollte. In dieser Rolle war er nach den Worten von George N. Crocker in dessen Werk »Schrittmacher der Sowjets« dargestellt.

Als beispielsweise Churchill in Kairo einen westalliierten Vorstoß auf dem Balkan vorschlug, weil man dort dank der Partisanenaktivitäten besser durchkommen würde als in Italien, um damit auch den Sowjets zuvorzukommen und die Balkanstaaten aus dem sowjetischen Herrschaftsbereich herauszubrechen, lehnte Roosevelt dies kategorisch ab. Dies, so Roosevelt, »kann möglicherweise einen schlechten Eindruck auf Stalin machen«.

Damit war die große Chance, über den Balkan rascher zum Sieg zu kommen, vertan.

Von Kairo aus reisten die westalliierten Staatschefs nach Teheran. Hier begann am 28. November 1943 jene Konferenz, die das Schicksal Deutschlands, seine Zerstükkelung, einleitete:

Das erste Treffen Churchill – Stalin – Roosevelt

Als Stalin in Teheran eintraf, befanden sich der Außenminister Rußlands, Molotow, und Marschall Woroschilow in seiner Begleitung.

Als erstes schlug Stalin den US-Präsidenten noch am 28. Nov. als Vorsitzenden vor, und bei der ersten Vollsitzung begrüßte Roosevelt seinen Freund Joe, Molotow und Woroschilow als »neue Mitglieder im Familienkreise.«

Am Abend des ersten Konferenztages waren Stalin und Churchill mit ihren Mitarbeitern Gäste des US-Präsidenten. Nachdem sich die Stimmung durch einige Gläser Champagner und Wodka aufgelockert hatte, forderte Stalin in einem Trinkspruch, daß man die Deutschen hart anfassen solle. Er plädierte dafür, daß Polen einen großen Bissen von Deutschland erhalten müsse. Was nun die baltischen Staaten anlangte, ging er gleich voll zur Sache:

»Die Sowjetunion wird Lettland, Litauen und Estland behalten, da die Rote Armee diese Länder erobert hat.«

Auf der zweiten Vollsitzung sprach Churchill von einem Vorstoß gegen Deutschland aus dem östlichen Mittelmeerraum heraus. Stalin unterbrach sofort und erklärte, daß er jetzt über das Unternehmen ›Overlord‹ – die alliierte Invasion an der nordwestfranzösischen Küste – sprechen wolle. Die Türkei, Jugoslawien und die Einnahme von Rom seien uninteressant.

In dieser kritischen Phase der Verhandlungen schlugen sich Roosevelt und General Marshall offen auf Stalins Seite, und so wurde Teheran zur Geburtstagsfeier der alliierten Invasion in der Seinebucht.

General Clark berichtete dazu: »Roosevelt ließ unseren Plan des schnellen Durchstoßens durch Italien mit der nachfolgenden Eroberung des gesamten Balkanraumes einfach im Dunkel eines Aktenschrankes verschwinden.« (Siehe Clark, Mark: a.a.O.) Clark fuhr in »Calculated Risk« fort: »Dies war einer der verhängnisvollsten Fehler im Zweiten Weltkrieg. Stalin wußte genau, was er wollte: uns vom Balkan fernhalten. Was ihm ja auch gelang!«

Auf dem anschließenden Bankett kam es dann zu einem Trinkspruch von Onkel »Joe«, der sich in der deutschsprachigen Übersetzung folgendermaßen anhörte:

»Die Stärke der deutschen Armee hängt von 50.000 hohen Offizieren und Wissenschaftlern ab. Ich erhebe mein Glas mit dem Wunsche, sie zu erschießen, sobald wir sie erwischen. Alle Fünfzigtausend!«

In den im Jahre 1961 vom US State Department veröffentlichten Dokumenten mit dem Titel »Foreign Relations of the United States Diplomatic Papers, The Conference at Cairo und Teheran 1943«: heißt es dazu:

In bezug auf die künftige Behandlung Deutschlands entwickelte Stalin die These, daß wirklich wirksame Maßnahmen zur Kontrolle Deutschlands vorbereitet werden müßten. Sonst würde Deutschland in 15-20 Jahren wieder aufstehen und die Welt in einen neuen Krieg treiben. »Dazu müssen zwei Bedingungen erfüllt werden:

1. Mindestens 50.000, vielleicht sogar 100.000 Personen der deutschen Führungsschicht müssen physisch liquidiert werden.
2. Die siegreichen Alliierten müssen die wichtigsten strategischen Punkte der Welt in Besitz behalten, so daß Deutschland sofort gestoppt werden kann, wenn es auch nur einen Muskel rührt.«

Dies zeigt, daß der stalinsche Vorschlag nicht nur ein Trinkspruch war, sondern ernsthaft diskutiert worden war, sonst hätte er nicht in dieses brisante Dokument Eingang gefunden.

In den ostdeutschen Konzentrationslagern machte Stalin dann diese Ankündigung wahr.

Am letzten Sitzungstag in Teheran befaßten sich die »Großen Drei« mit zwei Problemen:

1.) Der neuen geographischen Gestalt Polens nach dem Krieg,
2.) dem zukünftigen Aussehen Deutschlands.

Deutschland sollte, so der Teheraner Plan, in fünf getrennte autonome Staaten zerrissen werden. Die reichsten deutschen Gebiete aber, das Ruhr- und Saargebiet, der Hamburger Hafen und der Nord-Ostsee-Kanal, sollten Deutschland fortgenommen werden und in die Verwaltung der Vereinten Nationen übergehen.

Polen wiederum sollte ganz Ostdeutschland bis zur Oder erhalten, während Polens Ostgrenze weit nach Westen zurückgedrängt werden würde.

Roosevelt hatte Stalin bereits am Vortage seine Zustimmung zu dieser »Westwanderung« Polens gegeben, so daß Churchills Protest, er werde den »Betrug am polnischen Volk« nicht dulden, wirkungslos verpuffte. Am Ende aber verlor Polen an die UdSSR nur 2 1/2 Mio, Polen aber vertrieb acht Millionen Deutsche. Das Land, das es erhielt, war weit mehr wert als die verlorenen Gebiete in Weißrußland und Galizien.

Roosevelt war aus »Sicherheitsgründen« während der Teheraner Konferenz in die dortige sowjetische Botschaft umgezogen und dem NKWD mit all seinen Mitteln der totalen Überwachung ausgesetzt. Selbst General Marshall, der oberste Dienstherr des US-Geheimdienstes, fand nichts dabei.

Der US-Präsident stimmte vorbehaltlos der Westverschiebung Polens zu, wobei er eklatant gegen Geist und Buchstaben der Atlantik Charta verstieß.

Waren nicht England und Frankreich zur Sicherung Polens in seiner ganzen Form im September 1939 in den Zweiten Weltkrieg eingetreten und hatten Hitler den Krieg erklärt?

DER SEEKRIEG 1943

Wachwechsel in der Kriegsmarine

Nachdem durch eine Funkmeldung von U 354, Oblt. z.S. Herrschleb, im Nordmeer ein nach Nordrußland gehender Geleitzug gemeldet worden war, ging am Nachmittag des 30. Dezember 1942 die Kampfgruppe unter Vizeadmiral Kummetz im norwegischen Kaafjord ankerauf.

Das Unternehmen erhielt das Codewort »Regenbogen«. Beteiligt waren die »Admiral Hipper«, Kpt.z.S. Hartmann, an Bord der Befehlshaber der Kreuzer, VAdm. Kummetz. Die »Lützow« unter Kpt.z.S. Stange und die 5. Z.-Flot. mit fünf Booten. Der Verband nahm Kurs auf jene Stelle der See, wo sie auf den JW 51 B stoßen mußten, in dem 14 Frachtschiffe, geleitet von einer Sicherungsgruppe unter Captain Sherbrooke, den Weg nach Murmansk liefen. Die Fernsicherungsgruppe mit dem Schlachtschiff »Anson«, dem schweren Kreuzer »Cumberland« und vier Zerstörern kam hinzu.

Mit »Hipper« an der Spitze pflügte der deutsche Verband durch die Wintersee. Noch im Altafjord, den der Verband nach Auslaufen durch die Sperren des Kaafjordes durchlief, empfing der Funkraum der »Hipper« einen FT-Spruch des Chefs des Stabes der Seekriegsleitung, VAdm. Fricke, der für den Verlauf der Unternehmung noch seine besondere Bedeutung erhalten sollte:

»Entgegen dem Operationsbefehl Verhalten am Feind: Bereits bei gleichstarkem Gegner Zurückhaltung üben, da das Eingehen von Risiken für die Kreuzer unerwünscht ist.« (Siehe: Kurowski, Franz: Auf allen Meeren, Kreuzerkrieg im Zweiten Weltkrieg).

Gegen eine mit Stärke 6 gehende See lief der Verband mit 24 kn. Fahrt. Die Zerstörer wurden am frühen Morgen des 21. Dezember zur Aufklärung eingesetzt. Sie gaben um 7.18 Uhr die erste Sichtmeldung. Der Geleitzug war entdeckt! Es war »Friedrich Eckoldt«, der um 8.29 Uhr meldete, daß er sich hinter den Geleitzug setzen werde. Z 29 und »Richard Beitzen« stießen in diese Richtung nach. Um 9.07 Uhr erfolgte der Befehl: »Auf ›Hipper‹ sammeln!«

Sechs Minuten später erhielt die »Hipper« Feuererlaubnis. Als sie die erste Breitseite schoß, ließ VAdm. Kummetz einen FT-Spruch an den Admiral Nordmeer absetzen:

»Bin im Gefecht mit Geleitzug: Kurs 90 Grad. Fahrt 10 Knoten, BdK.«

Der Kampf entwickelte sich zunächst gegen zwei Geleitzerstörer und eine Korvette. Letztere wurde nach Treffern der »Hipper« durch die Zerstörer versenkt. Es war der Minensucher »Bramble«.

Um 11.06 Uhr wurde der weiterlaufende Konvoi wieder gefunden und das Feuer auf die beiden Zerstörer »Onslow« und »Orwell« eröffnet. Die »Onslow« wurde von

»Hipper« schwer eingedeckt udn blieb brennend zurück. Der zweite Zerstörer nebelte und setzte sich nach Süden ab. Als kurz darauf der Zerstörer »Achates« in Sicht kam, wurde er mit den ersten beiden Salven der »Hipper« voll getroffen. Brände und Explosionen ließen den Zerstörer sinken.

Nur wenig später erhielt auch die »Obedient« einen Treffer, der ihre Funkeinrichtung lahmlegte. »Orwell« übernahm die Führung. Um 11.21 Uhr meldete »Friedrich Eckoldt« Auftrag erfüllt!« Er hatte den Minensucher »Bramble«, auf den er angesetzt war, versenkt.

VAdm. Kummetz ließ einen FT-Spruch an den Admiral Nordmeer absetzen: »Gefecht mit Sicherungsstreitkräften, Kein Kreuzer am Konvoi«.

Dies sollte ein großer Irrtum sein, denn Sekunden später schlugen Granaten schwerer Kaliber bei der »Hipper« ein. Die zweite Salve von sechs Schuß lag noch dichter. Der Gegner bewegte sich mit großer Fahrt auf den deutschen Kreuzer zu und brachte diesem um 11.33 Uhr den ersten Treffer bei. Die 15,2 cm-Granate traf unterhalb des Gürtelpanzers die schwache Außenhaut, schlug durch, detonierte im Kesselraum »K 3« und riß die Bunkerwand auf. Wasser drang durch das Leck ein, das aufschwimmende Öl entzündete sich, konnte aber mit Feuerlöschern gelöscht werden. »Hipper« war nur noch mit 28 kn fahrklar.

Es war der Kreuzer »Sheffield«, der nun auf »Friedrich Eckoldt« zustieß. Auf diesen eröffnete Admiral Burnett, Befehlshaber der Nahsicherung, der sich an Bord der »Sheffield« befand, das Feuer. Schwere Treffer trafen diesen deutschen Zerstörer. Aus seinem Heck schossen grelle Blitze empor, und dann sank die »Friedrich Eckoldt« und nahm ihre gesamte Besatzung einschließlich des Kommandanten, Kpt.z.S. Schemmel, mit in die Tiefe.

Die »Lützow«, die mit den drei anderen Zerstörern der Flottille von achtern auf den Konvoi operierte, erhielt von VAdm. Kummetz Befehl, den OW 51 B von Osten anzugreifen, doch Kpt. z.S. Stange beschloß - die Sicht ließ diesen befohlenen Angriff nicht zu -, der »Hipper« entgegenzulaufen und mit ihr gemeinsam anzugreifen.

Um 11.40 Uhr kamen die Schiffe des Geleitzuges in Sicht. »Lützow« eröffnete das Feuer. Z 30 fiel darin ein. Die »Lützow« erzielte zwei Treffer auf Frachter und beschoß einen in Sicht kommenden Zerstörer. Es war »Abdurante«, der einige leichtere Treffer erhielt.

Nach einem Duell gegen den erneut heranschließenden Kreuzer »Sheffield« gab VAdm. Kummetz weisungsgemäß den Befehl, den Angriff einzustellen und sich abzusetzen. Mit den englischen Kreuzern war ihm ein gleichstarker Gegner entgegengetreten, denn neben der »Sheffield« war noch der Kreuzer »Jamaika« erkannt worden.

Der Rückmarschbefehl wurde gegeben, und am 1. Jan. 1943 lief der Verband ohne »Friedrich Eckoldt« durch die Sperren in den Kaafjord ein. Um 5.40 Uhr hatten alle Einheiten wieder geankert.

Auf der Silvesterfeier im FHQ Wolfsschanze aber hatte Hitler allen berichtet, daß in eben diesem Moment ein englischer Geleitzug nach der UdSSR vernichtet werde und daß er sehr bald die Sondermeldung hinausgeben könne, die am Neujahrstag dem deutschen Volk von der Schlagkraft der Marine Kunde geben werde.

Es gab keine Erfolgsmeldung und auch kein Lebenszeichen von der KGr. Hitler erfuhr erst durch eine Agenturmeldung von Reuter aus London, daß »schwere deutsche Seestreitkräfte in der Barentsee durch britische Zerstörer abgedrängt worden seien und daß der Konvoi Murmansk sicher erreicht habe.

Als bis zum Nachmittag des 1. Januar 17.00 Uhr noch immer keine Meldung aus Norwegen eingetroffen war, - die Fernschreibverbindungen waren gestört -, sagte Hitler zu KAdm. Krancke, daß er entschlossen sei, die Schweren Einheiten außer Dienst zu stellen und abwracken zu lassen, »Sie sind nur unnötiger Menschen- und Materialverschleiß!«

Admiral Krancke rief daraufhin erregt: »Mein Führer, dies wäre der billigste Seesieg, den England je errungen hätte.«

Hitler befahl Großadmiral Raeder »sofort« zu sich. Nach zwei Stunden erhielt er die Nachricht, daß der Großadmiral wegen Krankheit nicht kommen könne.

»Vor allem aber«, so der OB der Kriegsmarine, »erscheint es sinnvoll, erst einen genauen Überblick zu gewinnen, was wirklich geschehen ist, um Ihnen, mein Führer, mit einwandfreien Unterlagen gegenübertreten zu können.« (Siehe Raeder, Erich: Mein Leben).

Die alte und neue Führung

Am 6. Januar fand das Treffen von Großadmiral Raeder mit Adolf Hitler statt. Hitler erklärte, daß der Seekrieg bisher überwiegend von den leichten Seestreitkräften und den U-Booten geführt worden sei, die außerdem noch die Schweren Seestreitkräfte zu sichern gehabt hätten, wenn diese überhaupt einmal ausliefen.

Wenn er jetzt auf die großen Schiffe verzichte, so handle es sich nicht um eine Degradierung. Er befahl, zu erkunden, wo die auszubauende Schwere Artillerie der Großkampfschiffe an Land als Küstenbatterien eingesetzt werden könne, und schlug vor, zunächst die »Gneisenau« außer Dienst zu stellen. Anschließend sollten die ohnehin zur Reparatur anstehenden Schiffe desarmiert werden.

Als GA Reader fragte, ob »Scharnhorst« und »Prinz Eugen« nach Norwegen überführt werden sollten, stimmte Hitler zu. Das abschließende Gespräch zwischen dem Großadmiral und seinem Obersten Befehlshaber verlief aus der Sicht Readers wie folgt:

»Als erstes bat ich Hitler, mich von meiner Stellung als Oberbefehlshaber der Kriegsmarine zu entbinden. Ohne sein Vertrauen könnte ich meinen Dienst nicht weiter versehen. Im übrigen sei ich fast 67 Jahre alt, ein Ersatz durch jüngere Admirale sei also am Platze.

Mein offizieller Abgang werde zweckmäßig am 30. Jan. erfolgen, nachdem ich dann während seiner Staatsführung zehn Jahre an der Spitze der Marine gestanden hätte.

Hitler stimmte zu. Am Ende dieser Unterredung forderte er mich auf, ihm zwei als Nachfolger geeignete Offiziere zu nennen.

In meinem Vorschlag nannte ich Generaladmiral Carls, Marinegruppenbefehlshaber Nord. Gleichzeitig aber schlug ich auch Admiral Dönitz, den Befehlshaber der U-Boote, vor. Hitler entschied sich für Dönitz.«

Der tiefere Grund für diesen Kommandowechsel lag in der Unzufriedenheit Hitlers mit der Kriegsmarine. Großadmiral Raeder hatte nichts dazu getan, Hitlers Abneigung zu durchbrechen, im Gegenteil: Der Ob.d.M. war der Überzeugung, daß er Distanz zum FHQ halten müsse, um dadurch Hitlers Eingreifen in die Belange der Kriegsmarine zu vermeiden.

Eine der Hauptfragen, die Hitler bei der beabsichtigten Außerdienststellung und Abwrackung der Großkampfschiffe bewegte, war die, wie man das U-Boot-Bauprogramm durch den Fortfall der großen Schiffe erweitern und beschleunigen könne.

Da Hitler den U-Boot-Krieg forcieren wollte, war also nur Dönitz als Nachfolger von GA Raeder in Frage gekommen.

Am 30. Januar wurde Raeder von Hitler zum Abschiedsempfang gebeten, und am selben Tage wurde die Ernennung von Dönitz zum Oberbefehlshaber der Kriegsmarine und die gleichzeitig damit ausgesprochne Beförderung zum Großadmiral verkündet.

Dönitz zu seiner Ernennung: »Als ich im Januar 1943 meine Ernennung zum Oberbefehlshaber der Kriegsmarine erhielt, war ich mir der Größe der Verantwortung, die ich übernahm, durchaus bewußt. An meiner Einstellung, daß es meine einzige Verpflichtung als Soldat im Kriege sei, mit aller Kraft gegen den äußeren Feind zu kämpfen, änderte sich nichts.

Großadmiral Raeder übergab mir einen Wehrmachtteil, der wie kein anderer einheitlich im Fühlen und Handeln und daher in Kameradschaft und Disziplin gefestigt war. . .

Immer wieder hatte ich in den vergangenen Jahren als Befehlshaber der U-Boote unter der kontinentalen Einstellung unserer politischen Führung und des Oberkommandos der Wehrmacht zu leiden gehabt. Dort wurde nicht voll anerkannt, daß England der Hauptgegner war. Die Kriegsmarine hatte demzufolge nicht rechtzeitig und ausreichend die Mittel erhalten, die sie der Bedeutung ihrer Kampfaufgaben für den Kriegslauf nach hätte erhalten müssen. Ich wollte versuchen, dies zu ändern.

Hierfür gab es nur einen Weg, den der persönlichen Einwirkung auf Hitler. Denkschriften genügten nicht! Die Vertretung der Forderungen der Marine durch den ins FHQ kommandierten Admiral, so wichtig sie auch war, konnte in entscheidenden

Fragen nicht ausreichend sein. Ihre Erklärung mußte durch den Oberbefehlshaber selbst erfolgen.

Es erwies sich als erforderlich, alle Forderungen der Marine in freier anschaulicher Darstellung vorzutragen, damit sie die lebhafte Phantasie und Vorstellungskraft Hitlers anregten.« (Siehe Kurowski, Franz: Großadmiral Karl Dönitz - Vom U-Bootkommandanten zum Staatsoberhaupt).

Andere Befehlshaber der Marine

»Nun ging es darum, die Besetzung der führenden Stellungen der Kriegsmarine zu überdenken. In der seit Kriegsbeginn bestehenden Spitzenordnung war das Flottenkommando nicht dem OKM unmittelbar unterstellt; vielmehr unterstand es je nach seinem Aufenthaltsort einem Gruppenbefehlshaber, der in einem bestimmten Seeraum die operative Führung aller Kampfeinheiten hatte.« (Siehe Kurowski, Franz: a.a.O.).

Die Seekriegslage ließ zu Anfang 1943 Seekriegsoperationen, für die ein solcher Gruppenstab notwendig gewesen wäre, nicht mehr als möglich erscheinen. Aus diesem Grunde wurden das Gruppenkommando Nord und das Flottenkommando durch den neuen Oberbefehlshaber zu einer Dienststelle vereinigt. Der Flottenchef, Admiral Schniewind, wurde gleichzeitig auch OB der Marinegruppe Nord.

Ohne die Leistungen der alten Flottenchefs zu schmälern, wollte Dönitz vor allem die Befehlsstruktur verjüngen, da er selber ein Teil jünger an Dienstjahren war als die Admirale. So ernannte er, neben der Umbesetzung der Gruppe Nord, Admiral Krancke zum OB der Gruppe West, Admiral Fricke zum OB der Gruppe Süd und zum OB des Marineoberkommandos Nordsee Admiral Förste. OB des Marineoberkommandos Norwegen wurde Admiral Ciliax. Anstelle von Admiral Fricke wurde Vizeadmiral Meisel Chef des Stabes der Seekriegsleitung im OKM.

»Der weitere Verlauf des Krieges hat gezeigt, daß diese ›Wachablösung‹ durch jüngere Admirale ihren Zweck erfüllt hat.« (Siehe Dönitz, Karl: Zehn Jahre und 20 Tage).

Nachdem Dönitz sich intensiv mit der Denkschrift seines Vorgängers beschäftigt hatte, gewann er die Überzeugung, daß die Großkampfschiffe im Hohen Norden eingesetzt werden müßten. Dieser Überzeugung waren auch Admiral Schniewind und dessen Chef des Stabes, KAdm. Heye.

»Ich entschloß mich«, bemerkte GA Dönitz, »nur diejenigen Einheiten außer Dienst zu stellen, die keinen Kampfwert mehr besaßen und auch für Ausbildungszwecke nicht mehr gebraucht wurden, hingegen alle in Dienst zu belassen, für die sich noch Einsatzmöglichkeiten boten und die der Ausbildung von Marinepersonal dienen konnten.« (Siehe Dönitz, Karl: a.a.O.).

Dementsprechend sollten »Hipper«, »Leipzig«, »Köln« sowie die alten Linienschiffe »Schlesien« und »Schleswig-Holstein« außer Dienst gestellt werden.

Das Schlachtschiff »Tirpitz« und der Schlachtkreuzer »Scharnhorst« sollten ebenso wie die Kreuzer »Prinz Eugen« und »Nürnberg« und die Panzerschiffe »Lützow« und »Scheer« in Dienst bleiben. »Tirpitz« und »Scharnhorst« sollten eine Kriegsschiffsgruppe bilden, die, durch Zerstörer gesichert, die norwegische Küste vor Feindanlandungen schützen und die Nordmeergeleitzüge bekämpfen sollte. Alle übrigen Schiffe sollten in die Ostsee verlegt werden und dort für Ausbildungszwecke zur Verfügung stehen.

Am 8. Februar 1943 trug GA Dönitz Hitler vor. Er forderte weitere Aufklärungsmittel im Seekrieg vor allem für die U-Boote. Darüber hinaus müsse das Bauprogramm verstärkt werden. Die zweite Besprechung diente der Flotte allgemein. Sie fand am 26. Februar 1943 statt. Dönitz trug Hitler vor, daß die schweren Schiffe unter allen Umständen erhalten bleiben müßten, solange er noch Möglichkeiten des Kampfes für diese Einheiten sehe.

Zu aller Überraschung stimmte Hitler zu und erlaubte die Verlegung der »Scharnhorst« mit ihrer Kampfgruppe in den Nordraum. Ihr Einsatz sei bei sich bietender Gelegenheit freigestellt.

Für diese und weitere noch zu bildende KGr. sei ein Einsatz an den Nordmeergeleiten durchaus gegeben, und ein solcher sei angesichts der schwer kämpfenden Ostfront notwendig, um die Waffenzufuhr nach der UdSSR zu unterbinden.

»Mit der Verlegung der ›Scharnhorst‹ und ihrer Kampfgruppe steht mit der ›Tirpitz‹, der ›Lützow‹ und etwa sechs Zerstörern eine beachtliche Streitmacht zur Verfügung.« (Dönitz, Karl: a.a.O.).

Die Großkampfschiffe 1943

Die »Tirpitz«, die durch das energische Eingreifen von GA Dönitz vor der Verschrottung gerettet war, lag das ganze Jahr 1943 hindurch bis eingangs September im Hohen Norden. Sie wurde die »Einsame Königin des Nordens« genannt. Erst dann erhielt sie den Einsatzbefehl. Angriffsziel sollte Spitzbergen sein. Mit der »Tirpitz« lief auch die »Scharnhorst« aus. Hinzu kam eine starke Zerstörersicherung.

Am 9. September 1943 lief dieser Verband auf Spitzbergen zu. Hier lösten sich die Zerstörer mit der Landungsinfanterie an Bord aus dem Verband und liefen dicht unter Land, während die beiden Großkampfschiffe weiter zurückblieben.

Mit der Eröffnung des Feuers der britischen Landbatterien auf Spitzbergen wurde dieses von den Zerstörern und der »Scharnhorst« erwidert. Auf der »Tirpitz« wurde das Aufklärungsflugzeug katapultiert. Danach erfolgte auch hier das Kommando »Feuer frei aus allen Waffen!«

Mit kleiner Fahrt lief das Schlachtschiff schließlich in die Bucht hinein. Die Landbatterien hatten ihr Feuer eingestellt. Die britischen Besatzungen marschierten nach Barentsburg ab.

In den Landungsbooten flitzten die Infanterie-Einheiten an Land. Sie sammelten nach der Landung und wurden von drei Seiten von Gewehr- und MG-Feuer empfangen. Als aber die Zerstörer nachzogen, an der Pier festmachten udn Selbstfahrlafetten und Panzer ausschifften, gab der Gegner - Engländer und Norweger - auf.

Die drei Stoßgruppen erreichten ihre Objekte: Die Funkstellen, die Wasserwerke, E-Werke und die Kohlenhalde.

Sprengungen hallten durch den Morgen. Die Kohlenhalde begann zu brennen. Die Sendetürme und Rhombenanlagen brachen zusammen. Rauch- und Flammendome stiegen empor. Gefangene wurden auf die Zerstörer gebracht. Die eigenen Verwundeten und die verwundeten Gegner wurden im Schiffslazarett der »Tirpitz« versorgt. Z 33 hatte von einer Landbatterie Treffer erhalten.

Barentsburg ging in Flammen auf. Sämtliche militärischen Anlagen wurden zerstört. Die riesigen Ölmengen, die von britischen Flottentankern hierher geschafft worden waren, brannten noch 48 Stunden später.

Dieser Handstreich auf Spitzbergen, auch Unternehmen »Sizilien« genannt, war ein voller Erfolg. Der alliierte Stützpunkt, an dem viele Kriegsschiffe sich versorgten, war erledigt.

Die »Tirpitz« und der gesamte Verband, der wieder unter dem Kommando von Admiral Kummetz stand, lief zum Altafjord zurück.

Dieser Handstreich wurde am 11. September im Wehrmachtbericht mit einigen dürren Worten erwähnt.

Kommandounternehmen gegen die »Tirpitz«

Am 22. September aber wäre um ein Haar das »Aus« über die »Tirpitz« gesprochen worden. Diesmal vom Gegner. In zweijähriger Arbeit hatte man in England ein Kleinst-U-Boot entwickelt, das X-Boot genannt wurde, vier Mann Besatzung hatte und eine 2-Tonnen-Sprengladung -jeweils zwei Objekte von einer Tonne - trug. Das Boot war 15 m lang und hatte eine Verdrängung von 30 tons.

Sechs dieser Boote, X 5 bis X 10, wurden auf die im Altafjord liegenden deutschen Kriegsschiffe angesetzt. Davon waren X 5 bis X 7 allein auf die »Tirpitz« angesetzt worden. Diese drei Boote wurden von den U-Booten »Trasher«, »Truculent« und »Stubborn« geschleppt.

Gegen die »Scharnhorst« sollten X 9 im Schlepp der »Syrtis« und X 10 im Schlepp der »Sceptre« operieren. X 8 schließlich war für die »Lützow« vorgesehen, es wurde von der »Seanymph« geschleppt.

X 9 ging beim Abmarsch am 15. September verloren, als die Schlepptrosse brach, X 8 mußte zwei Tage darauf dicht vor dem Ziel beide Sprengladungen abwerfen, wobei eine von ihnen explodierte und das Boot so stark beschädigte, daß es versenkt werden mußte. X 10 wiederum kam aus technischen Mängeln nicht zum Einsatz. Damit waren drei Boote zum Angriff übriggeblieben, die alle auf die »Tirpitz« angesetzt wurden.

Um 9.00 Uhr des 23. September sah einer der Bootsmannsmaaten auf dem Flakstand der »Tirpitz« einen Gegenstand, der wie ein U-Boot aussah, doch er glaubte sich getäuscht zu haben. 30 Minuten später meldete eine der Backbordwachen: »U-Boot-Alarm«.

Wenig später tauchte dicht neben der »Tirpitz« ein grau gestrichener U-Boot-Turm auf. Dann kam das Boot ganz heraus und wurde aus Karabinern beschossen. Ein junger Leutnant lief mit einigen Männern zum ablegebereiten Kommandantenboot, sprang hinein und fuhr auf das U-Boot zu. Das Boot ging längsseit. Ein Obergefreiter sprang auf das U-Boot und machte eine Trosse um den Turm fest. Sie versuchten nun, das X-Boot aus seinem Kurs auf die »Tirpitz« wegzuziehen, was aber mißlang.

Plötzlich öffnete sich das Turmluk, einige Männer booteten aus und stiegen mit erhobenen Armen in die Barkasse. Es waren vier. Dann brach die Trosse, und das U-Boot sank weg. Die vier Engländer wurden auf die »Tirpitz« gebracht. Kpt.z.S. Meyer vermutete eine »englische Schweinerei«, womit er recht hatte. Er versuchte, die »Tirpitz« verholen zu lassen, doch es war kein Schlepper zur Hand.

In dem Moment, als die Tauchmannschaft des Schlachtschiffes ins Tauchboot stieg, um den Rumpf der »Tirpitz« zu untersuchen, durchbrach ein weiteres Kleinst-U-Boot die Wasseroberfläche. Es wurde von der 3,7 cm-FlaMW durchsiebt und sank sofort. Es war X 5. Die vier Besatzungsmitglieder gingen mit ihrem Boot unter.

Nur Sekunden darauf tauchte ein drittes U-Boot auf. X 7 hatte seine beiden Sprengladungen unter der »Tirpitz« angebracht und den Rückmarsch angetreten, wobei es in der Netzsperre hängen blieb. Jenes Boot, das man zuerst gesichtet und schon in Schlepp gehabt hatte, bevor die Besatzung von Bord ging und das Boot sank, hatte ebenfalls seine beiden Sprengladungen unter dem Turm »Berta« des Schlachtschiffes plaziert und den Zündmechanismus ausgelöst, bevor es aufgetaucht und geentert worden war.

Bevor auch X 7 sank, gelang es seiner Besatzung auszubooten. Noch während die Ankerspills der »Tirpitz« rotierten, um den Anker einzuholen und abzulegen, dröhnten die ersten beiden Explosionen. Sekunden später meldeten die Wachgänger: »Wassereinbruch in E-Werk 8.« Dann: »Licht ausgefallen!«

Danach war plötzlich Ruhe, und erst gegen Mittag tauchte ein mit Tauchretter ausgerüsteter Engländer aus dem Wasser auf. Es war der Kommandant des dritten Bootes, der erst jetzt hatte auftauchen können.

Die Operation »Source« war zu Ende. Aber die »Einsame Königin des Nordens« war nicht versenkt worden. Sie schwamm noch. Die insgesamt vier Tonnen Sprengladungen aber hatten erhebliche Schäden angerichtet. Die »Tirpitz« war für sechs Monate außer Gefecht gesetzt.

Der Kreuzerkrieg in Stichworten

Am 11. Jan. 1943 waren der Schlachtkreuzer »Scharnhorst« und der Schwere Kreuzer »Prinz Eugen« mit drei Zerstörern auf dem Verlegungsmarsch nach Nordnorwegen unterwegs. Westlich des Skageraks wurden sie von der britischen Luftaufklärung erfaßt und traten befehlsgemäß den Rückmarsch nach Gotenhafen an.

Von hier aus lief die »Scharnhorst« erst am 8. März wieder aus; sie gelangte unter geschickter Wetterausnutzung unangefochten nach Bergen und weiter nach Drontheim. Von dort verlegte der Schlachtkreuzer gemeinsam mit der »Tirpitz«, Zerstörern und Torpedobooten bis zum 12. März in die Bogenbucht bei Narvik. Hier lagen bereits einige Zerstörer und der Schwere Kreuzer »Lützow«. Diese Massierung deutscher Großkampfschiffe zwang die britische Admiralität dazu, im Sommer 1943 die Murmansk-Konvois einzustellen, womit die »dicken Pötte« kampflos einen großen Erfolg errangen, allein als »Fleet in Being«.

Am 28. Febr. bereits war auf der »Hipper« »Flagge und Wimpel eingeholt« worden. Damit war dieses Schiff außer Dienst gestellt. Es wurde nach Beseitigung der in der Operation »Regenbogen« erlittenen Schäden nach Pillau geschleppt. Erst im Frühjahr 1944 sollte sie wieder voll bemannt noch einmal unter dem Kommando von Kpt.z.S. Henigst in Dienst gestellt werden.

Untergang der »Scharnhorst«

Nach dem Einsatz der beiden Schlachtschiffe und der Geleitzerstörer bei Spitzbergen hatten die Seestreitkräfte im hohen Norden weitere Minenunternehmungen durchzuführen. So lief die 4. Zerstörer-Flottille am Abend des 27. Oktober 1943 aus dem Alta-Fjord aus, um unter Führung von Kpt.z.S. Johannesson eine dreiteilige Minensperre vor Kanin Noss am Ausgang des Weißen Meeres zu legen. Am Nachmittag des folgenden Tages erhielt der Verband einen Funkspruch des Admirals Nordmeer, den Einsatz abzubrechen und in den Alta-Fjord zurückzukehren. Ein deutscher Seeaufklärer hatte in der Nähe des Einsatzgebietes zwei feindliche Kreuzer mit neun Zerstörern gesichtet, gegen die Johannessons wenige Zerstörer keine Chance hatten.

Die Kampfgruppe Nordmeer unter KAdm. Bey lag zu dieser Zeit im Altafjord. Am 17. November 1943 verlegte die 6. Z.-Flot. unter Kpt.z.S. Kothe nach Süden, nur die 4. Z.-Flot. blieb zurück. Sie bestand aus den Booten Z 29, Z 30, Z 33 und Z 34. Ihr besonderer Auftrag war, die »Scharnhorst« zu sichern und bei einem Kampfauftrag, wie GA Dönitz ihn Hitler in Aussicht stellte, mit auszulaufen.

Dieser Auftrag erfolgte am 24. Dezember 1943. Die »Scharnhorst« sollte den Konvoi JW 55 B angreifen und möglichst viele Handelsschiffe vernichten, die Waffen und Fahrzeuge in die UdSSR brachten.

Nachdem der Konvoi bereits am 24. Dezember von Seeaufklärern und U-Booten gesichtet worden war, lief die Kampfgruppe am 25. Dezember aus. Um 9 Uhr passierten »Scharnhorst«, Kpt.z.S. Hintze, Z 38, KKpt. Brutzer, Z 29, KKpt. Mutius, und Z 34, KKpt. Hetz, die Netzsperre des Langfjords. Als sie in den Altafjord einschwenkten, schlossen sich Z 30, KKpt. Lampe und Z 33, Kpt.z.S. Holtorf an. An Bord der »Scharnhorst« war KAdm. Bey als Kampfgruppenchef eingeschifft, während Kpt.z.S. Johannesson auf Z 29 eingestiegen war.

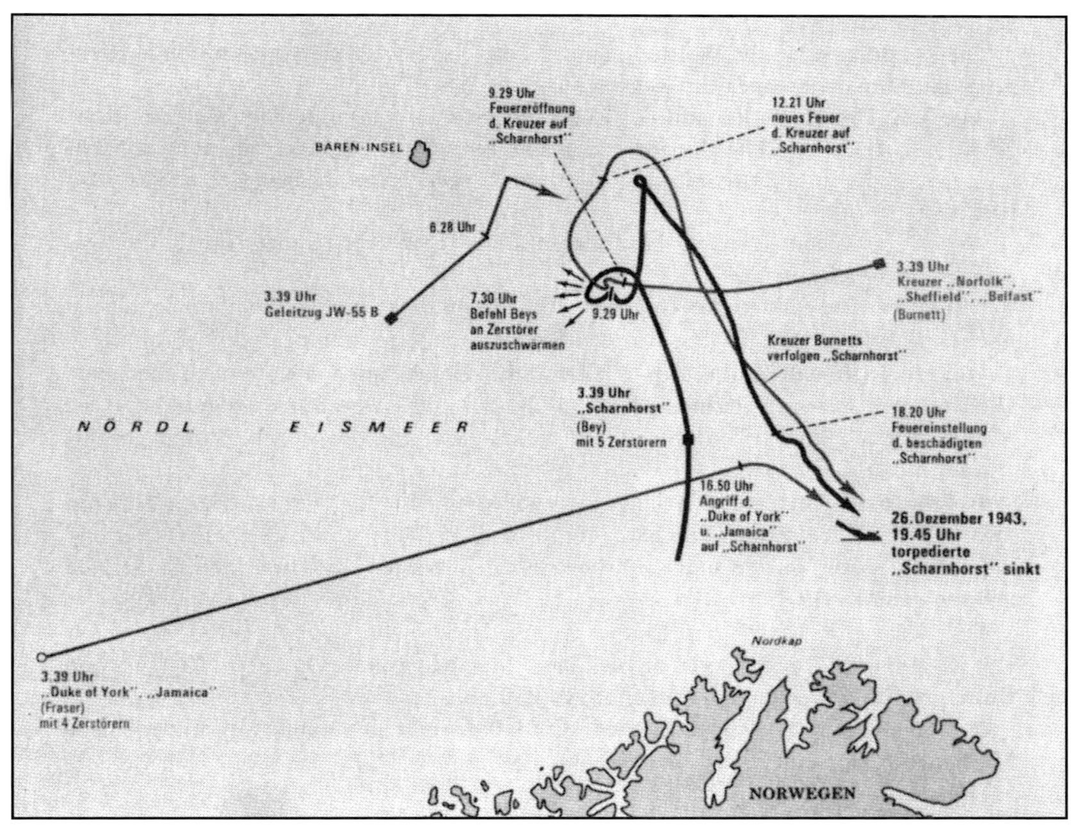

Der letzte Kampf der »Scharnhorst«

Über Stern-Sundet und Lapphavet erreichte der Verband die offene See. Ein aus Süd wehender Sturm mit Stärken 8 und 9 empfing ihn hier, während die See mit Stärken 7 und 8 von achtern auflief. Z 29 lief als Führerzerstörer vor der »Scharnhorst« an der Spitze des Verbandes; jeweils zwei Zerstörer standen als U-Boot-Sicherung an Back- und Steuerbord. Mit 25 Knoten Marschfahrt steuerte die KGr. dem Kollisionspunkt mit dem Geleitzug entgegen.

Die Fernsicherung dieses Geleitzuges bestand aus der britischen Force 2 mit dem Schlachtschiff »Duke of York«, dem Leichten Kreuzer »Jamaica« und vier Zerstörern. Admiral Fraser, C-in-c der Home Fleet, befand sich an Bord des Schlachtschiffes.

Am Konvoi selber fuhr die Force 1 mit zehn Zerstörern und zwei Korvetten. Außerdem operierte in der Barentsee eine weitere Deckungsgruppe mit drei Kreuzern.

Am Morgen des 26. Dezember lief der deutsche Verband etwa 115 sm südostwärts der Bäreninsel. KAdm. Bey vermutete um 6.30 Uhr, daß er 30 km ostwärts vom Konvoi entfernt war.

Die Zerstörer erhielten Weisung, einzelbootweise im Aufklärungsstreifen in Richtung des Anmarschweges des Konvois zu laufen.

Um 7.30 Uhr erschollen auf der »Scharnhorst« die Alarmglocken. Es gab »Klarschiff zum Gefecht!« Die Zerstörer sichteten kurz darauf Leuchtgranaten aus Richtung des »Scharnhorst«-Standortes. Dies wurde von dem deutschen Schlachtkreuzer bestätigt.

»Von feindlichen Kreuzern beschossen!« Es waren drei Kreuzer der Deckungsgruppe aus der Barentsee.

Mit den ersten Salven des Gegners wurde bereits das vordere Funkmeßgerät der »Scharnhorst« zerstört. Damit war das Schlachtschiff nach vorn praktisch blind.

Um 11.58 Uhr gab KAdm. Bey den Zerstörern Befehl, auf den Konvoi zu operieren. Die Zerstörer liefen in Richtung Konvoi ab, und eine halbe Stunde darauf stieß die »Scharnhorst« zum zweitenMal auf jene drei Kreuzer, die von VAdm. Burnett geführt wurden.

In dem folgenden Gefecht gelang es der »Scharnhorst«, den Kreuzer »Norfolk« mit zwei schweren Treffern zu beschädigen. Sie selbst erhielt diesmal keinen Treffer und lief wenig später in der sehr früh beginnenden Winternacht in Richtung auf die norwegische Küste ab.

Die 4. Z.-Flot. erhielt um 13.43 Uhr den Befehl: »4. Z.-Flot. abbrechen!« Als Kpt.z.S. Johannesson anfragte, ob die Suche oder die gesamte Operation abgebrochen werden solle, erhielt er die Weisung: »Einlaufen!«

Mit 12 kn Fahrt ging die 4. Z.-Flot. auf Südkurs und nahm unterwegs immer neue Meldungen auf, aus denen hervorging, daß sich die »Scharnhorst« im Gefecht befand.

Der Führer der 2. Skl, KAdm. Godt, beorderte die aus acht U-Booten bestehende Gruppe »Eisenbart« in den Gefechtsraum, und wenig später unterrichtete die Marinegruppe Nord die KGr.: »U-Boote und Zerstörer sind in Höchstfahrt auf das Gefechtsfeld befohlen!«

Sofort ließ Kpt.z.S. Johannesson kehrtmachen und mit großer Fahrt, die See von querab erhaltend, die Stelle ansteuern, wo die »Scharnhorst« allein gegen eine große Übermacht kämpfte.

Um 20.13 Uhr erhielt Kpt.z.S. Johannesson einen weiteren FT-Spruch der Flotte und der Gruppe Nord: »Operation sofort abbrechen. Feindberührung vermeiden, Schären einlaufen!«

Die Zerstörer drehten abermals, sie marschierten durch die Schären und ankerten im Kaafjord nahe der »Tirpitz«. Damit war das Unternehmen für die Zerstörer beendet.

Die »Scharnhorst« aber, die seit 16.00 Uhr wieder Kontakt mit dem Gegner hatte, wurde von einer 35,6 cm-Granate der »Duke of York« getroffen. Kurz darauf erhielt sie den zweiten Treffer mittschiffs. Dennoch schien das Schiff das 20 Minuten dauernde Duell gut überstanden zu haben. Doch nun griffen Feindzerstörer an. Sie kamen jeweils zu zweit von achtern und von Steuerbord.

»Scharnhorst« eröffnete das Feuer auf die beiden von achtern kommenden Zerstörer. Die zwei von Steuerbord angreifenden Zerstörer kamen derweil bis auf 1900 und 1600 m heran und schossen ihre Torpedos. Als »Scharnhorst« jetzt auf diese feuerte, gelangten die von achtern anlaufenden Zerstörer ebenfalls noch zum Torpedoschuß. Vier Torpedos liefen auf die »Scharnhorst« zu, alle vier trafen den deutschen Schlachtkreuzer.

Danach wurde »Scharnhorst« noch einmal von der »Duke of York« angegriffen und schwer getroffen. Dann fielen die Kreuzer »Belfast« und »Jamaica« in das Feuer ein, schossen vier weitere Zerstörer ihre Torpedos; zwei dieser Zerstörer wagten noch einen zweiten Anlauf.

Als dann schließlich auch noch der Kreuzer »Belfast« zum Torpedoangriff herandrehte, waren an der »Scharnhorst« bereits die Torpedotreffer aufgestiegen, die das Schiff buchstäblich durchsiebten und es rasch sinken ließen.

Die beiden Zerstörer »Matchless« und »Scorpion« liefen nun zur Untergangsstelle. Ersterer barg sechs Seeleute des Schlachtschiffes, letzterer deren 30.

Nach diesem Gefecht sagte Admiral Sir Bruce Fraser: »Der Kampf mit der ›Scharnhorst‹ ist für uns siegreich beendet worden. Ich hoffe, daß meine Kommandanten in einer so verzweifelten Lage wie jener der ›Scharnhorst‹ sich ebenso tapfer schlagen, wie sie dies heute im Kampf mit diesem Schiff erlebt haben.«

Großadmiral Dönitz blieb nur noch die Meldung bei Hitler, daß die »Scharnhorst« gesunken sei. Dazu einer der Zeitzeugen dieser Meldung, Hitlers Adjutant im FHQ Nicolaus von Beleow: »Ich mußte feststellen, daß Hitler nur geringen Anteil an diesem Verlust nahm. Er hatte den Einsatz von großen Schiffen im weiteren Verlauf des Krieges schon längst als sinnlos bezeichnet.« (Siehe: v. Below, Nicolaus: Als Hitlers Adjutant 1937-1945).

Das Jahr 1943 hatte für Großadmiral Dönitz mit einem Paukenschlag begonnen, als er die Nachricht von seiner Ernennung zum Ob.d.M. erhielt. Es ging mit dem Paukenschlag der Vernichtung der »Scharnhorst« zu Ende.

TORPEDOBOOTE UND ZERSTÖRER IM EINSATZ 1943

Zerstörer »Hermes« vor Tunesien

Dieser Zerstörer, der unter dem Kommando von FKpt. Johannesson als Geleitzerstörer viele Einsätze vor der Küste Nordafrikas gefahren hatte und von Saloniki über Piräus bis zur Cyrenaika oder nach Kreta unterwegs war und eine Reihe von Minenunternehmungen durchführte, mußte zu Beginn des Jahres 1943 diese Fahrten einstellen.

Nach einer intensiven Überholung verlegte er Anfang April 1943 in den Raum Tunis. Am zweiten Tag dieses Monats hatte ein Kommandowechsel stattgefunden. FKpt. Kurt Rechel wurde neuer Kommandant. Rechel hatte bis dahin Z 29 geführt und war als langjähriger Zerstörerkommandant bereits beim Kampf und Untergang der zehn Zerstörer bei Narvik dabeigewesen.

Seine erste Aufgabe lautete: »Verbringen des Bootes ins neue Operationsgebiet.« Der Weg führte durch den schmalen Kanal von Korinth, durch das Jonische Meer und um die Südspitze Italiens herum nach Salerno. Dort erlebte die »Hermes« am 16. April ihren ersten Fliegerangriff, der sich am folgenden Tage wiederholte. In Salerno lud der Zerstörer Minen zum Legen einer operativen Minensperre in der Mitte der Sizilienstraße. Außerdem sollte eine Lotreihe gelegt werden.

Diese erste Aufgabe im westlichen Mittelmeer begann am 19. April. Eine halbe Stunde nach Mitternacht des 30. April meldete das eigene Warngerät, daß »Hermes« von einem feindlichen Seeaufklärer erfaßt worden war. Ein FT-Spruch des Marinekommandos Italien unterrichtete, daß Aufklärer des II. FlKorps drei feindliche Zerstörer mit direktem Kurs auf die »Hermes« gemeldet hätten. Dennoch wurde das Minenlegen ab 3.35 Uhr begonnen und um 4.15 Uhr beendet. Unbeschossen lief das Boot wieder in Salerno ein.

Am 21. April sollte »Hermes« in Pozzuoli Öl übernehmen. Bereits 98 Minuten nach dem Auslaufen wurde um 8.39 Uhr das Sehrohr eines U-Bootes gesichtet. Die sich aus dieser Sichtung entwickelnde U-Boot-Jagd mit mehreren Wasserbomberfächerwürfen verlief folgendermaßen: Nach mehreren Würfen mit Dreier- bis Fünfergruppen tauchte das U-Boot plötzlich an Backbord achteraus in 3000 m Distanz aus der See empor.

Mit Hartruderlegen und AK jagte die »Hermes« auf das Boot zu und eröffnete mit Flawaffen und Artillerie das Feuer. Die 3,7 cm-Flak erzielte einen Treffer unter dem U-Boot-Geschütz. Dessen Bedienung sprang über Bord.

Es war 9.40 Uhr, als die gesamte Besatzung des Bootes an Deck kam, doch das U-Boot blieb weiterhin in Fahrt, es lief jetzt einen großen Kreis.

Mit den 12-cm-Geschützen sollte es versenkt werden. Die ersten Salven waren Treffer, und um 9.47 Uhr sank das Boot über den Achtersteven. »Hermes« lief zur Aufnahme der von Bord gesprungenen Bootsbesatzung heran, um diese zu bergen.

Es gelang, mit Leitern und der ausgesetzten Motorjolle 20 Seeleute der »Splendid« zu retten.

Das inzwischen hinzugekommene italienische Räumboot AS 226, das von Capri ausgelaufen war, konnte zehn englische Seeleute auffischen. Nach Aussagen der Geretteten befanden sich 40 Soldaten und fünf Offiziere an Bord des Bootes.

Um 12.00 Uhr machte »Hermes« an der Südmole von Pozzuoli fest. Eine Stunde später kam der Befehlshaber der Marina Napoli, Admiral Pini, an Bord und verlieh FKpt. Rechel nach kurzer Ansprache die Silberne Italienische Tapferkeitsmedaille.

Nach der Ölübernahme lief »Hermes« nach Salerno zurück. Hier erhielt die Besatzung am 23. April einen Funkspruch des OB Süd, GFM Kesselring, mit dem dieser dem Kommandanten und der gesamten Besatzung seine Anerkennung aussprach.

Am frühen Morgen des 24. April sollte das Boot zu seiner nächsten Minenunternehmung starten. Unmittelbar vor dem Befehl zum Ablegen erhielt Rechel Weisung, das Unternehmen nicht zu beginnen und stattdessen einen dringenden Truppentransport nach Tunesien durchzuführen. Dazu mußten die Minen wieder entladen werden.

Hier hätte eine einzige Flottille von 4-5 Zerstörern Wunder wirken und helfen können, viele Verluste zu vermeiden. Sicherlich hätten etwa fünf schnelle Zerstörer nach Ende des Kampfes in Afrika zehntausende Menschen von dort nach Italien zurückbringen können.

»Hermes« lief nach dem Vonbordgeben der Minen und Einschiffung von 350 Soldaten für Tunesien aus. Sie vereinigte sich auf dem Treffpunkt mit den italienischen Zerstörern »Pigafetta« und »Pancaldo«, die aus Gaeta ausgelaufen waren. Gemeinsam wurde der Weitermarsch nach Trapani fortgesetzt. Die Marschroute lautete: mit 22 kn Marschfahrt über den Pantelleriakurs auf Kap Ras Mustafa und Kap Bon zu marschieren. Am 26. April um 12.00 Uhr lief dieser kleine Verband in Tunis ein.

Direkt nach Ausladen der Truppen nahm die »Hermes« zum Auftanken Kurs nach Pozzuoli zurück.

Um 17.10 Uhr dieses Tages legte »Hermes« zur nächsten Fahrt nach Tunis ab. Auf dem angegebenen Treffpunkt stieß sie auf die beiden italienischen Zerstörer und schloß sich diesen als Nummer 3 an.

Um 1.20 Uhr wurde an Backbord querab eine Leuchtbombe gesichtet. Wenig später waren Motorengeräusche zu hören.

Bis 4.40 Uhr des 27. April wurden weitere Flugzeuge gesichtet und auch geortet. Wenige Minuten nach Sonnenaufgang tauchten dann vier eigene Jäger zum Schutz des Verbandes auf. Als um 11.38 Uhr nach Umfahren einiger Minen die afrikanische Küste in Sicht kam, atmeten alle auf.

Um 13.35 Uhr standen die Zerstörer vor La Goulette-Reede im Golf von Tunis und ankerten wenig später.

Die Ausladung der Soldaten begann, währenddessen legten auf der anderen Seite der »Hermes« ein Segler und zwei Siebelfähren mit Verwundeten an, die nach Italien zurückgebracht werden sollten.

Um 15.42 Uhr gingen die drei Boote zum Rückmarsch ankerauf. An Bord der »Hermes« befanden sich nun 173 Soldaten, von denen 100 leichtverwundet waren.

Der erste Fliegerangriff während der Rückfahrt erfolgte um 17.52 Uhr. Es waren zehn Hawker-Hurricane-Jabos. Die »Hermes« eröffnete aus allen Waffen das Feuer, und die beiden italienischen Zerstörer fielen darin ein. Alle Jabos bis auf einen warfen ins Wasser, weitab von den Zielen. Einer einzelnen gelang es, mit einem Wurf bis auf 50 m heranzukommen.

Nachdem vor Trapani wegen dicken Nebels geankert werden mußte, konnte »Hermes« am 28. April morgens in Pozzuoli einlaufen. Die Verwundeten wurden ausgeschifft. Nach der Ölübernahme ging es nach Salerno zurück.

Am Nachmittag des 29. April wurden in Salerno weitere 213 Soldaten des Regiments »General Göring« eingeschifft und mit »Pancaldo« und »Lampo« wieder der Kurs auf Tunis genommen. Bis 10.12 Uhr des 30. April verlief der Marsch planmäßig, dann erfolgten nacheinander mehrere starke Luftangriffe, zuerst von 37 Jabos, danach von 18 Zweimot. Bombern und schließlich ein dritter Angriff, an dem sich 12 Feindbomber beteiligten. Beide Bomberverbände wurden von Jägern gesichert. »Pancaldo« erhielt einen Bombentreffer und blieb brennend achteraus zurück. »Lampo« wurde durch direkte Treffer vernichtet. Auch »Hermes« hatte durch Bordwaffenbeschuß Verluste an Verwundeten erlitten. Der vierte Angriff von 18 Jabos wurde abgewehrt und schließlich griffen noch einmal 30 Jabos an. Sie erzielten mehrere Bombennahtreffer, die Störungen an der Steuerbordmaschine und Ruderversager verursachten.

Der letzte Angriff erfolgte um 12.50 Uhr. Diesmal waren es 16 Jabos, die Bombeneinschläge nahe der Bordwand erzielten.

Um 13.15 Uhr setzten beide Maschinen des Zerstörers wegen Ausfalls der Schmierölpumpen aus. Das Boot lag manövrierunfähig auf dem Wasser. Vorsorglich wurde ein Teil der Soldaten auf Flößen von Bord gegeben. Es waren etwa 60 Mann.

Um 15.00 Uhr kam das Lazarettschiff »Aquileia« in Sicht. Das Beiboot dieses Schiffes nahm die Soldaten von den Flößen auf. Sieben verwundete Matrosen der »Hermes« wurden ebenfalls übernommen.

Auf die FT-Notmeldung hin erschienen um 15.55 Uhr drei Motorsegler bei der »Hermes« und nahmen sie in Schlepp. Um 16.20 Uhr folgten der Schlepper »Carthago« und ein Hafenschutzboot. »Carthago« setzte sich als Bugschlepper vor.

Dazu FKpt. Rechel wörtlich: »Um 17.55 Uhr kann ich bei Korbus dicht unter Land ankern und den Rest der Heeressoldaten, etwa 150 Mann, mit Heeresgerät von Bord in die Motorsegler geben, die sie nach Goulette bringen.« (Siehe Rechel, Kurt: Berichte, Unterlagen und Dokumente an F. Kurowski).

Das Boot sollte nach La Goulette verholt werden. Am 1. Mai war dies wegen der Wetterlage nicht möglich, es herrschte Windstärke 8. An diesem Tag mußte ein weiterer Luftangriff von 15 Jagdbombern abgewehrt werden. Am 2. Mai folgten von 11.00 Uhr bis zum Spätnachmittag drei weitere Luftangriffe, und um 20.30 Uhr ging die »Hermes« im Schlepp der »Carthago« ankerauf. Mit seinen 600 PS schaffte der Schlepper ganze 3 kn Fahrt. Dennoch ankerte die »Hermes« um 01.30 Uhr auf der Ostseite der Reede von La Goulette. Gegen 9.00 Uhr des 3. Mai machte die »Hermes« im Hafen von Tunis fest.

Der Zerstörer »Pancaldo« war ebenfalls gesunken. »Hermes« hatte in den erbitterten Abwehrkämpfen gegen die angreifenden Bomber- und Jagdbomberverbände acht Jabos und einen Manchester-Bomber abgeschossen.

Insgesamt waren laut Meldung des Fliegerführers Tunesien nicht weniger als 80 (!) Flugzeuge auf die drei Zerstörer angesetzt worden.

Am 7. Mai erhielt FKpt. Rechel Befehl, die »Hermes« zu versenken. Um 8.10 Uhr wurde der Befehl zum Anlegen der Sprengladungen gegeben, und um 8.32 Uhr erfolgte die erste Sprengung im Vorschiff und danach weitere im Mittel- und Achterschiff. Um 9.10 Uhr legte sich die »Hermes« nach Steuerbord über und kenterte zehn Minuten später. Sie lag einen halben Meter unterhalb der Wasseroberfläche und sperrte die Hafeneinfahrt von Tunis in ihrer Gesamtbreite. Geben wir FKpt. Rechel hier noch einmal Gelegenheit zu einem Nachruf auf diesen Zerstörer und seine Besatzung:

»So schließe ich das Kriegstagebuch des Zerstörers ›Hermes‹ ab. Meine Gedanken sind bei meiner tapferen Besatzung, vornehmlich bei jenen 120 Männern, die ich in Tunesien zurücklassen mußte.« (Siehe Rechel, Kurt: KTB Zerstörer »Hermes« an F. Kurowski). Am 8. Mai 1943 erhielt Kpt. Kurt Rechel das RK.

Zerstörerflottille »Narvik« in der Biskaya

Im März 1943 wurde die 8. Z.-Flot. »Narvik« in den Westraum verlegt. Mit den Booten Z 23, Z 24, Z 32 und Z 37 kehrte sie in ihre alten Atlantikstützpunkte zurück.

Die erste Unternehmung im Westraum erfolgte am 30. März, als Z 23 mit dem Chef der Flottille, Kpt.z.S. Erdmenger, an Bord mit Z 24, Z 32 und Z 37 ausliefen, um westlich von Vigo den italienischen Blockadebracher »Pietro Orseolo« aufzunehmen und einzubringen.

Am 1. April nahmen die Zerstörer mit der »Pietro Orseolo« Kontakt auf und brachten sie trotz eines vom britischen U-Boot »Shad« auf sie erzielten Torpedotreffers in die Gironde ein, womit seine wichtige Ladung aus Ostasien gesichert war.

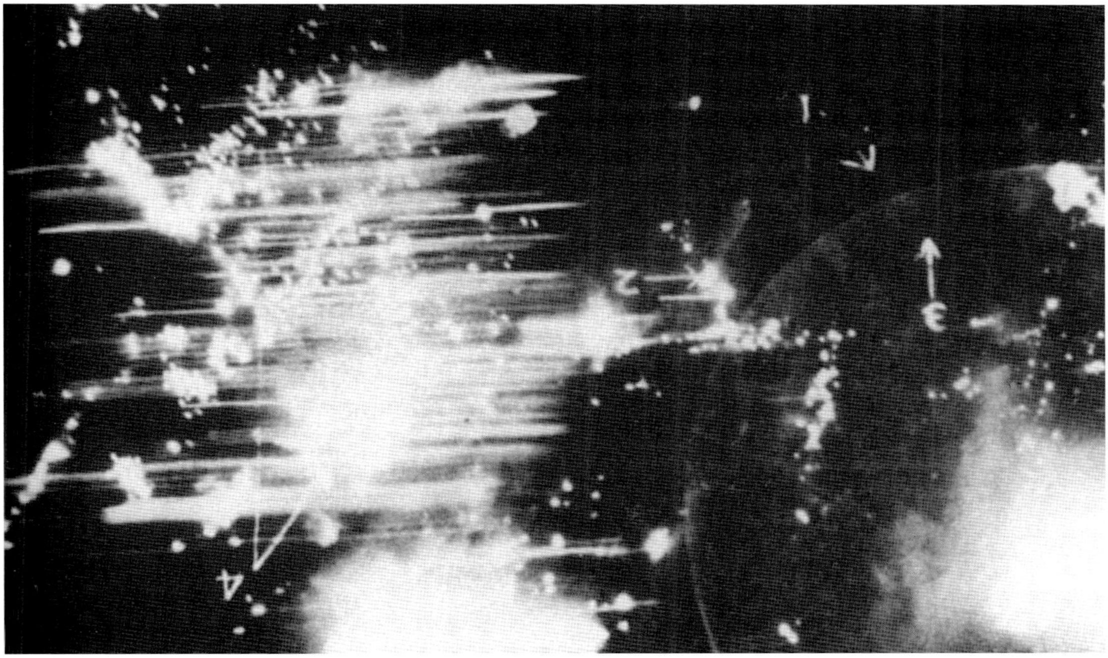

Das Jahr 1943 brachte furchtbare Bombenangriffe auf deutsche Städte. Ein Höhepunkt war die Operation „Gomorrha", die Vernichtung Hamburgs am 25. Juli 1943.

Der Tag danach: Hamburgs Altstadt in rauchenden Trümmern. Es gab Tausende von Tote, Verletzte und Obdachlose. Tagelang waren Teile der Stadt unpassierbar.

Hamburgs Nikolaikirche liegt in Trümmern. Dieser Angriff war ein Schock für Deutschlands Bevölkerung. Man konnte nur ahnen, welches Schicksal anderen deutschen Städten noch bevorstand.

Hamm in Westfalen nach einem schweren Luftangriff im August 1943. England konzentrierte seine Angriffe auf die Vernichtung von Wohnraum. Besonders geeignet waren deutsche Innenstädte, die dicht bebaut, ein gutes Ziel für die Bomberflotte darstellten.

Der Präzisionsangriff mit Spezialbomben gegen die Möhnetalsperren am 17. Mai 1943 ließ die Mauer brechen und tausende Kubikmeter Wasser ins Tal ergießen. Die Netzsperre wurde mit herausgespült und konnte die auf dem Wasser hüpfenden Bomben nicht aufhalten.

Die Heeresversuchsanstalt Peenemünde wurde am 18. August 1943 schwer getroffen. Die V-Waffen-Entwicklung wurde jedoch durch diesen Angriff nicht nachhaltig behindert.

Essen, wie das gesamte Ruhrgebiet, war ein bevorzugtes Ziel der Bombardierungen. Rauchende Ruinen nach dem Angriff am 28. Mai 1943. Die Waffenproduktion lief dennoch weiter.

Ein englischer Halifax-Bomber über einer Raffinerie in Wanne-Eickel. Die Halifax war neben der Lancaster ab 1943 das wichtigste englische Bombenflugzeug für Nachtangriffe.

Eine Staffel deutscher Me 110-Nachtjäger fliegt den Bombern entgegen. Auch wenn die Nachtjäger und die deutsche Flak bedeutende Erfolge bei der Bekämpfung der Bomber erzielten, konnte der Bomberstrom nach Deutschland nicht eingedämmt werden.

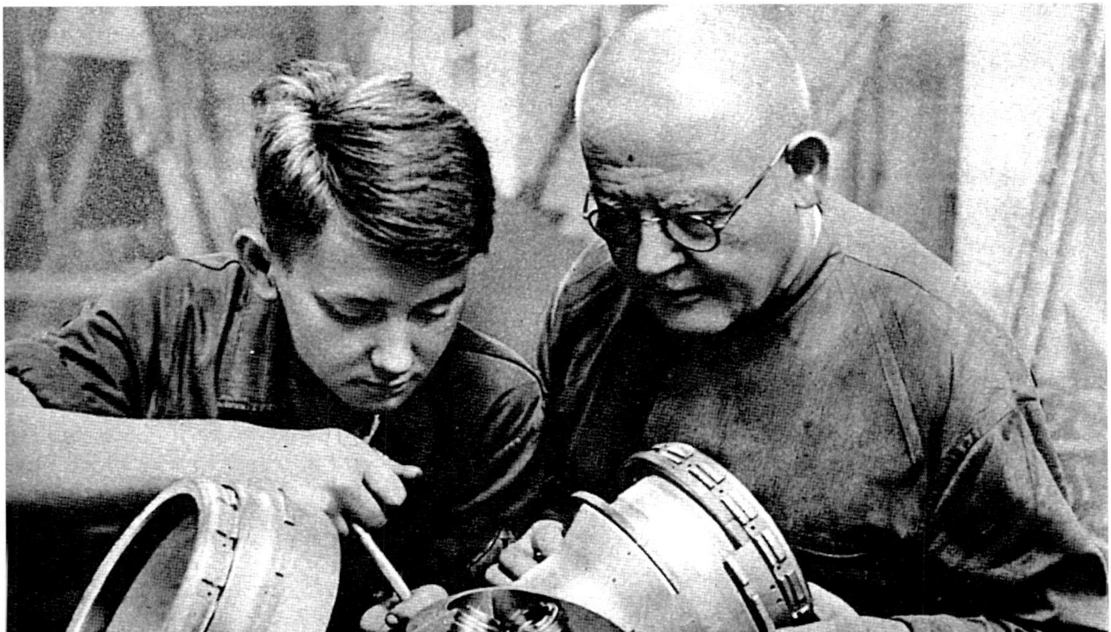

Immer mehr erwachsene deutsche Männer wurden zur Wehrmacht einberufen und fehlten in der Industrie. Junge, Alte sowie Frauen mussten die Lücken schließen.

Als Vergeltung für die vernichtenden englischen Bombenangriffe befahl Hitler England wieder verstärkt anzugreifen. Jedoch konnte die Luftwaffe nur wenige Flugzeuge dazu bereitstellen. Zu sehr wurde die Luftwaffe an den riesigen Frontabschnitten beansprucht.

Deutsche Frauen sowie Zwangsarbeiter aus den besetzten Gebieten mussten die Kriegsproduktion am Laufen halten, weil viele Männer an die Front mussten – hier eine Spinnerei.

Die Frauen mussten schwere Granaten herstellen. Nach der Montage des Zünders wurde die Granate gewogen.

Im Jahr 1943 beteiligten sich auch die Amerikaner an der Bombenoffensive gegen Deutschland. Jetzt erschienen auch am Tage Bomberflotten über deutschen Städten. Ziel dieser Bombardements war, die Moral der Deutschen zu brechen und die Rüstungsindustrie zum Erliegen zu bringen.

Neben den Nachtjägern mussten nun auch Tagjäger im Reich stationiert werden, um die Bomberflotten anzugreifen.

Die Amerikaner, die 1943 noch ohne Jagdschutz nach Deutschland einflogen, mussten große Verluste durch deutsche Jäger hinnehmen. Im Bild eine B-17, die nach einem Angriff eine Bruchlandung gemacht hat.

Ein Flaktreffer hat eine anfliegende B-24 in der Luft explodieren lassen. Die Amerikaner mussten zeitweise die Angriffe wegen zu hoher Verluste einstellen.

Heulende Sirenen und Scheinwerferkegel am nächtlichen Himmel über Deutschlands Städte gehörten bald zum Alltag.

Grell leuchtet das Mündungsfeuer einer 8,8 cm-Flak in die Nacht. Millionen von Granaten wurden den Bombern entgegengeschossen.

Die deutsche U-Boot-Waffe, 1942/43 noch sehr erfolgreich, musste durch die Einführung von Radar bei den Sicherungskräften der alliierten Geleitzüge schwerste Verluste hinnehmen.

Die Torpedorohre werden neu geladen und verschlossen. Viele tausend U-Bootmänner fanden den Tod in den stählernen Röhren.

Hitler im Gespräch mit Mussolini und Großadmiral Dönitz.

Die U-Boote waren bis zur Einführung des Radars bei schlechter Sicht vor Entdeckung relativ sicher. Mit Hilfe des Radars konnten die Alliierten selbst ein Sehrohr über Wasser erfassen. Die Folge war eine schnelle Erfassung des Gegners und die wirksame Bekämpfung der deutschen U-Boote.

U-Bootjäger auf dem Wasser und in der Luft, vernichteten sehr viele deutsche U-Boote, so dass Großadmiral Dönitz den U-Boot-Krieg zeitweise einstellen musste.

Schnellboote im Kanal mit voller Fahrt voraus. Auch sie hatten ab 1942/43 einen schweren Stand und aus Jägern wurden Gejagte.

Dieses Flakrohr musste während eines Gefechtes durch Wasser gekühlt werden.

Torpedoflieger, hier eine He 111 und Bomber bekämpften die alliierten Geleitzüge, die um das Nordkap herum, Kriegsmaterial nach Murmansk brachten. Jedes versenkte Schiff brachte den Deutschen an der Ostfront Erleichterung.

Den Schlachtkreuzer Scharnhorst, einer der wenigen noch verbliebenen deutschen Großkampfschiffe, ereilte das Schicksal am Nordkap am 26. Dezember 1943, als es nach dem Gefecht mit überlegenen englischen Einheiten sank. Nur 36 Soldaten wurden gerettet, 1.900 Mann der Besatzung gingen mit dem Schiff unter.

Während des Geleites durch die Biskaya waren die Zerstörer noch von den T-Booten »Kondor«, T 5, T 9 und T 19 verstärkt worden, die aus Brest ausgelaufen waren, um die Flankensicherung zu übernehmen.

Dies war ein entscheidender Vorteil, denn als in der Mitte der Biskaya etwa 15 Torpedo- und Zerstörerflugzeuge angriffen, konnten alle Einheiten in das Abwehrfeuer eingreifen und die Feindmaschinen am gezielten Bomben- und Torpedoabwurf hindern. Die fünf Torpedoflugzeuge wurden sämtlich abgeschossen. Auf Z 24 erlitten einige Matrosen durch Bordwaffen der Zerstörerflugzeuge Verwundungen.

Die zweite Unternehmung galt dem Auslaufen des Blockadebrechers »Himalaya« in den Atlantik. Die Flottille wurde mit drei Zerstörern eingesetzt. Z 37 war ausgefallen. Hinzu kamen aber die Torpedoboote T 2, T 5, T 22 und T 23. Die auf die »Himalaya« erfolgenden Luftangriffe wurden abgewiesen. Allerdings mußte die »Himalaya« umkehren.

Das Einholen des Dampfers »Sacco«, der bis unter die Lukendeckel mit enorm wichtigem Kautschuk voll beladen war, sah wieder die gesamte 8. Z.-Flot. im Einsatz. Am 9. April wurde der Blockadebrecher in der Biskaya aufgenommen. Neben Torpedoflugzeugen setzte der Gegner auch Bomber gegen die »Sacco« ein.

Fünf Angriffe wurden gegen die »Sacco« geflogen. Zwei Angreifer wurden abgeschossen und mehrere beschädigt. Die »Sacco« konnte unbeschädigt einlaufen.

Im Sommer 1943, als die Gefährdung der durch die Biskaya aus- und einlaufenden deutschen U-Boote rapide zunahm, wurden Torpedoboote und Zerstörer im wachsenden Maße zur Sicherung der U-Boote eingesetzt. Vor allem für die auslaufenden U-Boot-Versorger oder heimkehrende, nach Luftangriffen nur eingeschränkt oder gar nicht mehr tauchfähige U-Boote waren Torpedoboote und Zerstörer die unermüdlichen Helfer ihrer Kameraden. Manches der durch Vernichtung bedrohten Boote konnte den Heimathafen dank ihrer Geleitsicherung erreichen.

Hieran hatten mehr denn je die Torpedoboote Anteil, die im Westraum lagen.

Torpedoboote am Feind

Bereits im Oktober 1942 hatte die Marinegruppe West die Verlegung aller einsatzbereiten Torpedoboote in den Westraum gefordert. Dies wurde in den folgenden Monaten erreicht. Am 31. Oktober erhielten die Flottillen den ersten Einsatzbefehl: »Einholen des mit kriegswichtigem Material vollbeladenen Dampfers »Wismar«.« Drei Aufnahmegruppen wurden gebildet. Insgesamt liefen neun Torpedoboote und drei Boote der 6. MS-Flottille aus. Das Objekt wurde trotz aller Nachsuche auf dem Treffpunkt nicht gefunden. Die Boote liefen nach St. Jean de Luz ein, weil T 4 Brennstoffmangel gemeldet hatte.

Die »Wismar« kam zwar herein, doch die T-Boote hatten sie verfehlt.

Zum 5. November 1942 wurde von der 4. Sicherungsdivision das Geleit eines weiteren Dampfers befohlen. Es war die »Templin«, die gefunden und geleitet wurde. Wieder waren Boote der 8. MS-Flottille dabei. Nach mehreren Bombenangriffen, die alle abgewiesen wurden, lief die »Templin« ein, während die T-Boote den Marsch nach La Pallice antraten. Einige weitere Einsätze noch im Nov.-Dez. 1942 zeigten auf, wie wichtig diese kleinen Boote im Westen waren. Neben der 2. T.-Flot. befand sich seit Okt. 1942 auch die 3. T-Flot. unter KKpt. Wilcke im Westraum. Sie sollte das letzte Auslaufen des Handelsstörkreuzers »Komet« sichern. Diesmal jedoch war die britische Admiralität kein Risiko eingegangen und hatte zwei Kampfgruppen aufgestellt, in denen insgesamt neun Zerstörer und acht Motor-Torpedo-Boote standen.

In der Nacht zum 14. Oktober sichtete der MGB-Verband das deutsche Schiff. Jener Kampf begann, in dessen Verlauf schließlich Hilfskreuzer »Komet« von zwei Torpedos des MTB 236 getroffen wurde und auseinanderbrach. 351 Mann der Besatzung gingen mit diesem letzten Hilfskreuzer unter.

Mehrfach getroffen erreichten die Boote der 3. T-Flot. dennoch vollzählig ihren Heimathafen.

In den ersten Monaten des Jahres 1943 standen die T.-Boote in dauerndem Einsatz. Es galt, Minenaufgaben durchzuführen, Blockadebrecher zu geleiten und U-Boote heimzuholen.

Vom 5.-8. Mai 1943 führte die 2. T.-Flot., nun unter KKpt. Erdmann, von Le Havre und Cherbourg aus drei Minenunternehmen im Kanal durch.

Einen Monat später führte die 5. T.-Flot., jetzt unter KKpt. Koppenhagen, ebenfalls vom 4.-6. Juni zwei Minenunternehmen im Kanal durch.

Im Juli 1943 verlegten zwei weitere Flotten-Torpedoboote der neu aufgestellten 4. T.-Flot. in den Westraum. Es waren T 24 unter Kptlt. Hoffmann und T 25, geführt von Kptlt. von Gartzen.

Nach einer Reihe von Gefechten erreichten beide Boote in den Morgenstunden des 10. Juli Brest und machten nach einem letzten Gefecht mit feindlichen Booten um 8.45 Uhr im Handelshafen von Brest fest. Später kamen noch die Boote T 26, T 27, T 28 und T 29 hinzu. Die 4. T-Flot. war nun komplett.

Am 2. August erhielten T 22, T 24 und T 25 über die Marinegruppe West einen FT-Spruch: »Schnellstmöglich über Punkt ›Kern‹ zur Hilfeleistung für U 383 gehen. Das Boot ist tauch- und manövrierunfähig. Führung: ältester Kommandant.«

Auf dem Marsch in das Planquadrat dieses Bootes wurde ein FT-Spruch von U 106 aufgenommen, der besagte, daß auch dieses Boot tauchunklar sei.

Die Fahrt wurde durch eine Reihe Fliegerangriffe ständig unterbrochen. Ein weiterer FT-Spruch der Gruppe West zeigte auf, daß auch leichte feindliche Überwasserstreitkräfte gesichtet worden waren.

Der voraussichtliche U-Boot-Standort wurde dennoch von allen Booten erreicht. Hier wurde nichts gefunden, sodaß der Verband auf 228 Grad ging, um nun auf den Standort von U 106 zu operieren.

Wenig später wurden zwei Zerstörer, dann Hochbomber gesichtet, welche die T-Boote angriffen. Um 21.43 Uhr erhielt Kptlt. von Gartzen, der als ältester Kommandant führte, den Funkbefehl, die Operation abzubrechen. Kptlt. von Gartzen entschloß sich jedoch, unter Beibehaltung des Kurses bis zu dem Punkt zu laufen, wo kurz vorher Wasserbombenabwürfe durch zwei Sunderland-Flugboote gesichtet worden waren. Dort konnte sich U 106 befinden.

Um 22.35 Uhr wurde zwei Dez. an Steuerbord in rechtweisend 100 Grad das Blinken kleiner Lichter gesehen. Darauf ließ von Gartzen zuhalten. Sie stießen genau auf zwei Schwimmflöße, auf denen U-Boot-Männer lagen oder sich - im Wasser schwimmend - an den Leinen festhielten. Sie hatten die Besatzung des inzwischen gesunkenen U 106 gefunden. T 25 barg 19 Soldaten, während T 24 17 Soldaten an Bord holen konnte. Das Boot war tatsächlich von den beobachteten Sunderland-Wasserbombenwürfen versenkt worden.

Als schließlich noch T 22 herankam und gleichzeitig damit die Ortungsgeräte Überwasserfahrzeuge und Flugzeuge meldeten, ließ Kptlt. von Gartzen den Rückmarsch antreten.

Während des Rückmarsches wurden die Boote von einem Schweren Kreuzer mit zwei Zerstörern gejagt, aber sie kamen durch!

Um 17.00 Uhr machten die drei Boote mit den geretteten Kameraden von U 106 im Handelshafen von Brest fest.

Eine dramatische Rettungsfahrt war zu Ende gegangen. Von insgesamt zwei Kreuzern und acht (!) Zerstörern gejagt, von einer großen Zahl an Flugzeugen angegriffen, hatten diese drei Boote eine Fahrt von insgesamt 850 Seemeilen durchgestanden.

Am 3. August lief bei dem Kommandanten von T 25, Kptlt. von Gartzen ein Fernschreiben des OB der Marinegruppe West ein: »Gut gemacht!«

Den besten Dank aber stattete einer der geretteten U-Boot-Fahrer ihnen stellvertretend für alle Geretteten ab: »Es war wie Geburtstag und Weihnachten zugleich, als wir Euch kommen sahen.«

Das japanische U-Boot I 8, Kpt.z.S. Uchino, das am 29. August mit einer wertvollen Kautschukladung aus Japan kam, wurde von T 24, T 22 und T 25 eingeholt. Als das U-Boot keine 500 Meter vom vereinbarten Treffpunkt auftauchte, war eine Meisterleistung sowohl des japanischen Kommandanten als auch der T-Boote geschafft. Auf dem Hinweg ebenso wie auf dem Rückweg wurden die drei Boote von feindlichen MGB und MTB angegriffen, die jedoch abgewiesen werden konnten.

Die 9. Torpedoboot-Flottille in der Ägäis

Unmittelbar nach der Kapitulation Italiens übernahm die deutsche Kriegsmarine einen Teil der in der Ägäis und in den italienischen Häfen liegenden italienischen Torpedoboote.

Aus ihnen wurde in der Ägäis die 9. Torpedoboot-Flottille, im Ligurischen Meer die 10. T.-Flot. gebildet.

Die 9. T.-Flot bestand aus folgenden Booten:

TA 14 (ex »Turbine«)	Kptlt. Dehnert,
TA 15 (ex »Francesco Crispi«)	Kptlt. Vorsteher,
TA 16 (ex »Castelfiardo«)	Kptlt. Quaet-Faslem,
TA 17 (ex »San Martino«)	Kptlt. Düvelius,
TA 18 (ex »Solferino«)	Kptlt. Schmidt,
TA 19 (ex »Calatafimi«)	Oblt.z.S. Hahndorff.

Flottillenchef war zunächst bis Febr. 1944 FKpt. Riede, danach bis Oktober 1944 FKpt. Dominik.

Die Flottille unterstand dem Admiral Ägäis, Vizeadmiral Lange. Ihr Einsatzgebiet sollte das Ägäische Meer sein. Landungsunternehmen, Durchführung des Geleitdienstes, Truppentransporte und Minenunternehmungen waren ihre Aufgabe. Stützpunkt wurde Piräus, der Hafen von Athen.

Die Boote mußten zunächst entrümpelt und sodann in der Werft mit neuer Bewaffnung versehen werden. Im Oktober 1943 wurden das erste Boot in Dienst gestellt, und in der Nacht zum 11. November lief der Flottillenchef mit TA 14, TA 15, TA 17 und TA 19 zur ersten Unternehmung aus.

Dieses Unternehmen galt der Rückeroberung der von den Engländern besetzten Insel Leros, wo sich weit über 4000 Italiener mit dem Feind verbündet hatten. (Der Einsatz der Infanterie und der Brandenburger sowie der Fallschirmeinheiten wurden bereits dargestellt, nicht so jener der Torpedoboote, die einen entscheidenden Anteil an der Rückgewinnung von Leros hatten).

Die vier Boote wurden vor Leros vom Geschützfeuer der Landbatterie San Giorgio empfangen. Das Legen von Nebelwänden sicherte die landenden Fährprähme und Landungsboote. Beim zweiten Anlauf eröffneten TA 14 und TA 15 das Feuer auf die Landbatterien. So gelang es, die Sturmgruppen zu landen, die die Fallschirmjäger unterstützten.

Am Abend des 14. November lief TA 15 mit dem neu in Dienst gestellten TA 16 mit einem Teil des Regiments »Brandenburg« aus. Diese Verstärkung brachte auf Leros die Entscheidung. Aber nun war auch TA 16 nicht mehr fahrbereit, was die anfängliche Anfälligkeit dieser Beute-Boote zeigte.

TA 15 war allein übriggeblieben, um noch einmal Waffen und Soldaten nach Leros zu karren. Auf dem letzten Marsch nach Leros kam TA 14 nach fünftägigem Einsatz dicht hinter der Insel Makronisi in Sicht. Dieses Boot hatte einen Sonderauftrag ausgeführt. Es wünschte dem Rottenboot viel Glück. Kurz vor Leros erhielt Kptlt. Vorsteher, Kommandant von TA 15, einen aus zwei Worten bestehenden FT-Spruch: »Leros kapituliert!«

Nun konnte TA 15 direkt in den Hafen von Leros, Portolago, einlaufen. Von nun an folgte Einsatz nach Einsatz für die 9. T.-Flot. Samos war das nächste Ziel. TA 15 und TA 19 brachten am 23. November Truppen dorthin. Samos kapitulierte kampflos. Am Abend des nächsten Tages waren alle Inseln des Dodekanes wieder in deutscher Hand.

Im Dezember wurde zunächst der Dampfer »Leda« nach Leros geleitet. Er sollte mit Gefangenen von Leros nach Piräus zurücklaufen. Vier U-Boot-Torpedos konnte ausgewichen werden.

Am 20. Dezember begleitete TA 14 unter Kptlt. Dehnert und TA 15 das Minenschiff »Drache« nach Samos. Kurz vor dem Wiederauslaufen wurde vor der Hafeneinfahrt ein feindliches U-Boot gesichtet. TA 14 warf alle Wasserbomben bis auf die letzte Runde, ehe es von TA 15 abgelöst wurde. In mehreren Anläufen wurden Wabos geworfen. Mitten zwischen den 15 sprudelnden Wassergeysiren brandete plötzlich braunes Öl empor. Dann war kein Geräusch mehr zu hören. TA 15 hatte dieses Boot wahrscheinlich vernichtet, ohne die Vernichtung nachweisen zu können.

Am 1. Weihnachtstag liefen TA 14 und TA 15 von Saloniki nach Chalkis. Von dort brachten sie ein Geleit nach dem Piräus ein.

Das Jahr 1943 ging zu Ende. Die Torpedoboote in der Ägäis hatten mit Leros ihre große Feuerprobe bestanden.

Noch einmal Torpedoboote im Westen: September bis Dezember 1943

Vom 3. bis 5. September 1943 führten Boote der 5. T.-Flot. die Minenunternehmen »Taube« und »Rebhuhn« durch, bei der es zu keiner Feindberührung kam. Ende September erfolgte die Minenunternehmung »Talsohle«, ebenfalls ohne Schußwechsel mit dem Gegner.

Die Fernsicherung des Geleites »Nordvaard« von Brest nach Cherbourg, die am 3. Oktober begann, sah T 23, T 22, T 27 und T 25 im Einsatz. Während dieser Unternehmung kam es am 5. und 6. Oktober zur Feindberührung. Mit Torpedofächerschüssen und im Artilleriegefecht erzielte T 25 drei Artillerietreffer auf einem Feindkreuzer. Den Torpedoschüssen wich es rechtzeitig aus. Alle Boote schossen in schnellstem Salventakt. T 25 gelang es als Schlußboot des Verbandes, noch zwei Treffer auf Zerstörern zu erzielen, bevor auch T 25 durch einen Treffer in den Backbordanker, der einen seiner Flügel abriß und ein Leck an Oberdeck und an der Bordwand verursachte, getroffen wurde.

Alle Boote liefen in Kiellinie ab und geleiteten den Schiffsverband sicher nach St. Mâlo.

Die Fernsicherung des Blockadebrechers »Münsterland« wurde von dem brit. Kreuzer »Charybdis«, Captain Voelcker, mit zwei Flottenzerstörern und zwei Hunt-Zerstörern angegriffen. Das Führerboot unter Kptlt. Paul sichtete als erstes den Feindverband. Paul ließ alle Torpedos schießen. Der Kreuzer erhielt zwei schwere Treffer. Gleichzeitig damit stiegen auch an dem Zerstörer »Limbourne« zwei Trefferfontänen empor. Sieben Minuten dauerte dieses Gefecht, bevor der letzte der abdrehenden Gegner außer Sicht kam. Der Kreuzerverlust wurde zwei Tage darauf von der britischen Admiralität bekanntgegeben. Den Zerstörer »Limbourne« mußte die eigene Besatzung sprengen.

KKpt. Kohlauf wurde zum Ritterkreuz eingereicht, das er am 29. Oktober 1943 erhielt. Kptlt. Paul erhielt das Deutsche Kreuz in Gold. Er sollte noch im Frühjahr 1945 besonders von sich reden machen.

Der November verlief mit ständigen Geleitfahrten, die ohne besondere Ereignisse waren. Erst der Dez. sollte wieder ein Ereignis bringen, an dem die Torpedoboote der in Brest liegenden 4. T.-Flot. besonders beteiligt waren.

Am 18. Dezember gingen die Boote dieser Flottille ankerauf, um die Fernsicherung eines deutschen Geleitzuges zu übernehmen. Die enge Sicherung wurde von Booten der 24. MS-Flot. gefahren.

Der Chef der 4. T.-Flot. übernahm auf T 23 die Spitze des Verbandes. Gegen 21.00 Uhr wurden zwei Schatten ausgemacht. Es war das Geleit. Die T-Boote setzten sich dahinter und erreichten um 10.23 Uhr des 19. Dezember Brest.

Am 22. Dezember lief die 4. T-Flot. zum Unternehmen »Bernau« aus. Es galt, einen aus Fernost kommenden Blockadebrecher, die »Osorno« unter Kpt. Hellmann, einzuholen. Die Führung des Unternehmens hatte Kpt.Z.S. Erdmenger, Chef der 8. Z.-Flot.

Der Ausmarsch in die Biskaya verlief bis zum Nachmittag des 22. Dezember reibungslos. Danach ging um 15.59 Uhr ein FT-Spruch ein: »An ›Bernau‹: Ein Flugzeugträger, ein Kreuzer, Kurs Südwest, mittlere Fahrt. Gruppe West.«

Um 16.48 Uhr kamen auf den Booten der 4. T.-Flot., die ebenfalls eingesetzt waren, die Mastspitzen der Zerstörer in Sicht. In Kiellinie sammelten die T.-Boote auf die Zerstörer.

Währenddessen stampfte die »Osorno« durch die hochgehende See. Sie hatte bereits einige Zehntausend Seemeilen, auf sich allein gestellt, zurückgelegt. Um 20.00 Uhr tauchten die ersten Feindflugzeuge auf. Von nun an bis zum anderen Mittag wurden die Fahrzeuge der beiden Flottillen ständig angegriffen. Kurz nach 12.30 Uhr meldete der Zerstörer ZH 1 (ein niederländischer Beute-Zerstörer) eine Rauchwolke. Es war »Osorno«, die um 13.02 Uhr von dem ersten T-Boot, T 23 unter Kptlt. Weinlich, erreicht wurde und die deutsche Handelsflagge setzte.

Der Verband wurde von Beaufighters mit Raketenbomben und von Sunderland-Flugbooten auch mit Wasserbomben angegriffen. Um 16.25 Uhr griffen zwei Halifaxbomber an. Immer mehr viermotorige Bomber tauchten auf. Alle deutschen Einheiten einschließlich der »Osorno« steuerten Zickzackkurs und schossen einen dichten Feuervorhang. Zwei Bomber erhielten Treffer und drehten qualmend ab. T 27 blieb mit Ruderversager manövrierunfähig liegen. T 24 ging als Sicherungsboot zu ihm. Sie vertrieben gemeinsam einen Aufklärer, der Leuchtbomben warf.

Die »Osorno« lief weiter, wurde wieder angeflogen und durch Sperrfeuer der Zerstörer gedeckt. Die beiden T-Boote kamen achteraus wieder in Sicht. T 27 hatte den Ruderversager beseitigt.

»Werde laufend gebombt. Erwarte Jagdschutz ab Morgendämmerung!« Dieser FT-Spruch wurde von der 8. Z.-Flot. abgesetzt. Doch bis zum Mittag mußten die Angreifer allein abgewehrt werden. Erst dann tauchten ab 13.00 Uhr 14 Ju 88 auf und übernahmen den Schutz der »Osorno«. Sie wurde sicher eingebracht. ZH 1, das mit vesalzten Maschinenanlagen liegengeblieben war, wurde von T 25 auf den Haken genommen und durch die schwere See sicher in den Stützpunkt zurückgeschleppt.

Die 4. T.-Flot. wurde nicht nach La Pallice, sondern nach Brest umdirigiert. Dort warete auf sie ein neuer Auftrag. Am Morgen des 26. Dezember passierten die Boote der Flottille die Sperre im Goulet de Brest.

Am 27. Dezember liefen die einsatzbereiten Boote der 4. T.-Flot. wieder aus. Im Unternehmen »Trave« mußte der Blockadebrecher »Alsterufer«, Kpt. Piatek, eingeholt werden, der mit kriegswichtigter Ladung aus Fernost kam. Sämtliche Boote der 8. Z.-Flot. beteiligten sich daran.

Da die »Alsterufer« nicht eintraf, vereinigten sich beide Flottillen und erreichten um 10.00 Uhr des 28. Dezember den Treffpunkt mit der »Alsterufer«. Doch der Dampfer konnte nicht mehr in Sicht kommen. Er war bereits in der vorangegangenen Nacht von einer Maschine der tschechischen RAF-Staffel 322 so schwer gebombt worden, daß er aufgegeben werden mußte.

Nachdem die Marinegruppe davon erfahren hatte, befahl sie den Booten den Rückmarsch. Dabei liefen diese einem Feindverband ins Schußfeld. Zwei Feindkreuzer griffen den Verband an, der divisionsweise sammelte. Der Kampf begann mit einem Befehl Erdmengers an die 4. T.-Flot. »Torpedos schießen!«

Aber die Ziele standen noch zu weit ab, sodaß erst um 14.04 Uhr mit dem zweiten Befehl des Chefs der 8. Z.-Flot.: »Vorstoß zum Torpedoangriff!«, der mit der gleich darauffolgenden Einschränkung »Torpedoeinsatz nur bei Reichweite« erteilt war.

Die Gefechtsentfernung nahm in den nächsten Minuten ständig zu. Der Gegner eröffnete das Feuer. Seine Salven lagen bei den Schlußzerstörern erstaunlich genau. Aber vom Gegner war nur ab und zu etwas zu erkennen. Der angesetzte Zangenangriff der deutschen Boote mißlang.

Nach mehreren Manövern und Aufforderungen, die Torpedos zu schießen, ging um 15.04 Uhr die Meldung von Z 27 ein, daß er manövrierunfähig sei. Wenige Minuten später ließ der Kommandant von Z 24, der sich der 4. T.-Flot. anschließen sollte, funken: »Bitte warten Sie auf mich, ich komme auf einem Bein.« Es waren die Kreuzer

»Glasgow, Captain Clarke, und »Enterprise«, Captain Grant, die den elf deutschen Booten den Kampf antrugen.

Stunden vergingen. Das Feuer der T-Boote auf den Gegner lag gut. Aber auch dieser erzielte Nahtreffer. T 25 und T 27 standen die ganze Zeit im Feuer der feindlichen Kreuzer. Dazu Kptlt. von Gartzen:

»Ich lasse das Feuer auf eine Entfernung von 100 hm aufnehmen. Trotz Schlingerns und Stampfens liegen die Salven gut.

In künstlichem Nebel verliere ich T 27 aus Sicht und erhalte einen Treffer, der über den Vierling hinweggeht, auf dem achteren Rohrsatz krepiert und Teile des 3,7 cm-Standes mitnimmt. Ausfall der Bedienung des Vierlings und des Rohrsatzes. Tote und Verwundete. Die Backbordmaschine geht mit den Umdrehungen herunter und stoppt gleich darauf. Ich befehle Steuerbordmaschine AK, um Anschluß zu halten.

Ich möchte meine Munition sparen, aber die Entfernung nimmt rasch ab, ich muß mich wehren. Bei einer Distanz von 60 hm schießt der TO vom vorderen Rohrsatz mit von der Brücke geschätzten Werten einen Dreierfächer, der keinen Erfolg bringt.

Als der Feind im laufenden Gefecht etwa 50 hm absteht, wird das Boot von Treffern heftig geschüttelt, und ich sehe, wie mein vorderer Schornstein hochgerissen wird und nach Feuerlee über Bord geworfen wird. Der halbe Mast folgt. Das Boot verliert rasch an Fahrt, liegt dann auf SSO-Kurs gestoppt quer zur See und zur Dünung und rollt heftig.

Der LI meldet Treffer im vorderen Kessel mit anschließender Kesselexplosion. Der Strom ist ausgefallen. Ich gebe an den Kommandanten von T 22, der etwa acht hm absteht, durch Morsespruch: ›Bitte Teile meiner Besatzung übernehmen!‹

T 22 dreht sofort auf mich zu, wird aber von mehreren Salven überschüttet, daß ich selber froh bin, als er aus diesem Feuerregen herausdreht und nach Westen abläuft.

Beide Feindkreuzer stehen fast Backbord querab. Durch die bei uns einschlagenden Salven wird das Boot immer wieder erschüttert. Wir müssen geschützweise schießen, da die Feuerleitanlage ausgefallen ist. Ich lasse sämtliche auf der Brücke untergebrachten Geheimsachen über Bord werfen. Das Boot wird kopflastig. Der Geschützführer schießt trotz aller Behinderungen gut, ich registriere beim Gegner vier Treffer.

Plötzlich brechen beide Kreuzer das Feuer ab, der Gegner läuft nach SSW, in Richtung auf die beiden vorderen T-Boote ab. - - -

Das Oberdeck meines Bootes ist im Gebiet des vorderen Kessels völlig nach oben gerissen. Im Raum ist Öl und Wasser, in dem Verbrühte treiben. Achterkante Brücke, die Niedergänge und der Kutter sind zerstört. Vom Vierling lebt kein Mann mehr. Auf dem achteren Rohrsatz liegen mehrere Gefallene. An Deck viele Verwundete, die vom Flottillenarzt versorgt werden.«

Soweit der Kommandant von T 25, der mit seinem Boot mitten im Tornado der beiden schießenden Kreuzer lag, die um 15.45 Uhr wieder in Sicht kamen. Kptlt. von Gartzen gab die Verwundeten und jene Soldaten, die in dem erwarteten letzten Gefecht nicht mehr notwendig waren, von Bord. Es waren 70 Mann, die in der Jolle und auf Flößen unterkamen. Dann befahl er: »Boot klarmachen zum Versenken!«

Auf 30 hm eröffneten die Kreuzer erneut das Feuer. Ein weiterer Treffer ins Achterschiff forderte neue Opfer. Zwei Geschütze von T 25 feuerten noch.

»Als die Entfernung auf 15 hm abnimmt, ist unsere Abwehrkraft erlahmt, und ich gebe den Befehl zum Verlassen des Bootes und zum Versenken. Während der Kreuzer bereits dicht am Boot steht und alle Mann ausgestiegen waren, gingen vorn und achtern die gezündeten Wasserbomben hoch. Zwei Stunden schwimmen wir im Wasser, ehe ich von einem der vorbeitreibenden Flöße erkannt und aufgenommen werde.«

In der folgenden Nacht kam U 505 heran. Es wurden 33 Überlebende von T 25 aufgefischt und nach Brest gebracht, wo U 505 am 2. Jan. 1944 einlief.

Ein irischer Dampfer rettete weitere 67 Mann der Besatzung des T-Bootes.

Der Verlust von T 25 war jedoch nicht der einzige in diesem dramatischen Seegefecht zu Ende des Jahres 1943. Die beiden englischen Kreuzer »Glasgow«, Captain Clarke, und »Enterprise«, Captain Grant, versenkten mit Z 27 den Führerzerstörer der 8. Z.-Flot. Neben dem Kommandanten, KKpt. Günter Schultz, ging auch der Flottillenchef, Kpt.z.S. Erdmenger, mit dem Großteil der Besatzung unter.

Als drittes Boot wurde noch T 26 unter Kptlt. Quedenfeldt trotz heftiger Gegenwehr von diesen beiden Kreuzern vernichtet. Ein Teil der Besatzung, unter ihnen auch der Kommandant, wurden von einem irischen Dampfer gerettet.

Der Gegner hatte einen doppelten Erfolg errungen. Trotz mehrfacher Fliegerangriffe liefen die beiden Kreuzer wohlbehalten in Plymouth ein.

Damit war das Jahr 1943 für Torpedoboote und Zerstörer blutig zu Ende gegangen.

Die Schnellboote 1943: Stärkemeldung

Am 1. Oktober 1942 war der Bestand an Schnellbooten und Flottillen auf einem Höchststand angelangt. Es gab folgende Verbände und Boote:

1. S.-Flot.:	Chef: KKpt. Christiansen.
Die Boote:	S 26, S 28, S 49, S 51, S 72, S 102.
2. S.-Flot.:	Chef: KKpt. Feldt.
Die Boote:	S 29, S 46, S 62, S 67, S 70, S 80, S 83, S 101, S 104, S 105, S 108.
3. S.-Flot.:	Chef: KKpt. Kemnade.
Die Boote:	S 33, S 36, S 54, S 55, S 56, S 58, S 59, S 60, S 61, S 158.
4. S.-Flot.:	Chef: KKpt. Bätge (zunächst Kptlt.)
Die Boote:	S 42, S 45, S 48, S 63, S 64, S 66, S 78, S 79, S 109, S 110, S 117.

5. S.-Flot.:	Chef: KKpt. Klug.
Die Boote:	S 65, S 68, S 77, S 81, S 82, S 85, S 112, S 115, S 116, S 118.
6. S.-Flot.:	Chef: KKpt. Obermeier.
Die Boote:	S 39, S 44, S 69, S 71, S 73, S 74, S 75, S 76, S 113, S 114.
7. S.-Flot.:	Chef: KKpt. Trummer.
Die Boote:	S 151, S 152, S 153, S 154, S 155, S 156, S 157.
S-Boot-Schulflot.:	Chef, KKpt. Opdenhoff.
Die Boote:	S 18, S 19, S 20, S 21, S 22, S 24, S 25, S 50, S 84, S 103, S 107.

Die S-Boot-Geleitschiffe:

»Adolf Lüderitz«	Kdt.: KKpt. Erasmi,
»Carl Peters«	Kdt.: Kptlt. Reuthal,
»Tanga«	Kdt.: Kptlt. Brandt,
»Tsingtau«	Kdt.: Kptlt. Freyer,
»Romania«	Kdt.: Oblt.z.S. Gauland.

Ein Teil dieser Boote eröffnete das Jahr 1943 mit einem Vorstoß in den Kanal. Nach einigen Gefechtsberührungen kam es in der Nacht zum 25. Januar 1943 beim Angriff zweier S-Boot-Gruppen gegen einen vor Lowestoft laufenden brit. Konvoi zum Gefecht gegen die Geleitzerstörer »Mendip« und »Windsor«. Die deutschen Boote wurden abgedrängt.

Das Winterwetter mit hohem Seegang und teilweise Sturmstärken des Windes ließ in den nächsten Wochen keine größere Unternehmung zu. Erst am Abend des 17. Februar liefen wieder zwei Gruppen der 6. S.-Flot. zum Angriff auf einen vor Lowestoft gemeldeten Konvoi aus. Sie fanden den Konvoi, wurden aber von einer starken Sicherung abgedrängt. Im Gefecht mit der Korvette »Kittiwake« und den Zerstörern »Garth« und »Montrose« wurde S 71 durch »Garth« versenkt.

Der Angriff der 5. S.-Flot. am Abend des 27. Febr. hingegen war erfolgreich. Die Boote S 65, S 68 und S 81, denen sich noch S 85 anschloß, kamen zum Schuß. Das Motorschiff »Moldavia« mit 4.858 BRT sowie die Trawler »Harstad« und »Lord Hailsham« wurden versenkt.

Immer wieder stießen die genannten Flottillen mit vollem Einsatz in den Raum der feindlichen Küste vor. Der Einsatz am Abend des 4. März, der ins Seegebiet vor Loewstoft und Greath Yarmouth führte, sah die 2. und 6. S.-Flot. im Einsatz. Die Boote hatten harte Gefechte mit den Feindzerstörern »Windsor«, und »Southdown« sowie der Korvette »Sheldrake« zu bestehen. Auf dem Rückmarsch wurden sie kurz vor Yumiden von Spitfires und Typhoon-Jägern angegriffen. Die Boote S 70, Oblt. z.S. Klose, und S 75, Oblt.z.S. Hörning, wurden durch Raketen- und Bordwaffenbeschuß versenkt.

Sieben Boote führten am 28. März einen Einsatz vor Smiths Knoll durch. Sie wurden abgewehrt, und nach der Kollision mit einem Kameradenboot mußte S 29 aufgegeben werden.

Am 14. April war die 5. S.-Flot. unter KKpt. Klug mit sechs Booten vor Lizard Head und griff den Konvoi PW 323 an. Dessen sechs Dampfer wurden durch zwei Zerstörer und fünf Trawler gesichert. S 121, Oblt.z.S. Klocke, versenkte den Frachter »Stanlake« mit 1.742 BRT, S 65, Oblt.z.S. Sobottka, und S 112, Kptlt. Müller, schossen gleichzeitig auf den Zerstörer »Eskdale«, der sank.

In der Nacht nach der Versenkung der »Eskdale« lief eine S-Boot-Gruppe vor Lowestoft und versenkte aus einem dort laufenden Konvoi den Trawler »Adonis«. Bei der Abwehr dieses Angriffs erzielte der Zerstörer »Westminster« einen Nahtreffer auf einem der Boote, das mit mehreren Verwundeten und trotz einiger Schäden den Stützpunkt wieder erreichte.

Am 5. August gelang nach langem erfolglosem In-See-Stehen ein weiterer Erfolg. Der Trawler »Gauntlet« wurde versenkt.

Auch wenn viele der Einsätze nicht zu einem direkten Erfolg führten, so wurde der Gegner durch die deutschen S-Boote gezwungen, seine Küstengeleitzüge mit starker Bewachung auszustatten, die dem allgemeinen Kampf entzogen werden mußten.

Nach einer Reihe von Sommergefechten, die nur kurz sein durften, weil der Gegner alle bei Tag zurücklaufenden S-Boote mit Flugzeugen jagte, kam es am 25. September vor Harwich zu einem Gefecht, bei dem ein Trawler versenkt wurde. S 96 kollidierte im Kampf mit einem Leichter und sank.

Zu einem Großeinsatz von 28 Schnellbooten kam es am 23. Oktober 1943. Kommodore Petersen, der Führer der Schnellboote, ließ alle einsatzbereiten Boote vom Treffpunkt Ymuiden aus den britischen Konvoi FN 1160 angreifen, der vor Cromer von der Luftaufklärung gesichtet worden war.

Ein Trawler wurde versenkt, ein größeres Handelsschiff torpediert. S 63 und S 88 wurden von mehreren MGB und den Zerstörern »Machey« und »Worcester« angegriffen und zusammengeschossen; sie sanken. Das Unternehmen, von dem man sich soviel versprochen hatte, ging mit einem bitteren Verlust zu Ende.

Die 5.-S.-Flot. lief am Abend des 2. November unter KKpt. Klug zum Einsatz gegen den CW 221 aus. Vor Hastings wurde dieser Konvoi erreicht. Die gegnerische Sicherungsgruppe wurde überrascht. Alle Boote schossen ihre Torpedos. Die Frachter »Dona Isabel« mit 1.179 BRT, »Storaa« mit 1.976 BRT und »Foam Queen« mit 811 BRT sanken. Auf zwei weiteren Schiffen wurden Treffer beobachtet.

Zwei Tage darauf wurden die 2. und 6. S.-Flot, letztere unter KKpt. Zymalkowski, zu einer Minenunternehmung vor Smith Knoll in der Humbermündung eingesetzt. Die 4. S.-Flot., vertretungsweise von Kptlt. Causemann geführt, mußte das Unternehmen wegen Ausfalls eines Bootes vorzeitig abbrechen.

Als die 2. S.-Flot. ostwärts Cromer auf den FN 1170 stieß, wurde dieser Konvoi angegriffen und zwei Schiffe mit insgesamt 7.422 BRT daraus versenkt.

Die 2. Gruppe dieser Flot. wurde auf dem Rückmarsch von Bombern und Jabos angegriffen. S 74 erhielt einen Bombentreffer und mußte aufgegeben werden.

Am Abend des 1. Dezember griff die 5. S.-Flot. vor Beachy Head einen stark gesicherten Konvoi an. Der Trawler »Avanturine« wurde daraus versenkt.

Damit waren die Aktivitäten des Jahres 1943 im Westen beendet.

Schnellboote im Mittelmeer

Hier standen die 3. S.-Flot. unter KKpt. Kemnade und die 7. S.-Flot. unter KKpt. Trummer im Einsatz, die in den ersten Monaten des Jahres 1943 eine Reihe von Geleitzugaufgaben wahrzunehmen hatten. Darüber hinaus wurden sie zum Minenlegen herangezogen und fuhren Angriffe auf Feindfahrzeuge.

Im März 1943 kam es zu einem Gefecht mit leichten englischen Seestreitkräften. Und zwar waren die Boote S 55, S 60 und S 54 am Abend des 12. März aus Ferryville ausgelaufen. Die Boote wurden von feindlichen Jagdbombern angegriffen, und KKpt. Kemnade befahl den Rückmarsch. Er war auf S 55, Oblt.z.S. Weber, eingestiegen.

Als Flakfeuer über der Kimm gesehen wurde, ließ der Flo-Chef darauf zuhalten. Sie stießen auf einige Zerstörer, die von der 7. S.-Flot. flankierend mit Torpedos beschossen wurden. Dann sichtete auch Oberlt. z. S. Weber den Gegner und befahl, die Torpedorohre klarzumachen. Der Zweierfächer fiel wenig später. Einer der beiden gesichteten und anvisierten Zerstörer verschwand schnell von der Wasseroberfläche. Der zweite eröffnete das Artilleriegefecht. KKpt. Kemnade ließ nebeln und nach Norden ablaufen. Zwei nun erkannte Zerstörer folgten den Zickzackkurs laufenden Booten und schossen Leuchtgranaten. Erst um 23.11 Uhr brachen sie die Jagd ab.

S 158 von der 7. S.-Flot. hatte inzwischen die Versenkung des brit. Zerstörers »Lightning« gemeldet. Von den beiden Zerstörern, die von Booten der 3. S.-Flot. beschossen wurden, sank ebenfalls einer.

Mit Beginn der Invasion Siziliens in der Nacht zum 10. Juni 1943 griffen die Boote der 3. und 7. S.-Flot. feindliche Transporter und Kriegsschiffe an.

Anfang Juli erhielt FKpt. Schultz den Befehl, die 1. Schnellboot-Division im Mittelmeer aufzustellen. Zu den beiden genannten Flottillen kam die 21. S.-Flot. unter Kptlt. Wuppermann im Sept. 1943 hinzu, ferner nach geraumer Zeit später die 22. S.-Flot. unter Kptlt. Hüsing, die aus Klein-Schnellbooten »KS« im Dezember 1943 aufgestellt wurde, aber erst im Mai 1944 im Bahntransport ins Mittelmeer verlegt wurde. Die 24. S.-Flot. wurde aus italienischen Booten im November 1943 aufgestellt. Ihr Flot.Chef wurde Kptlt. Meyer.

Mit Torpedos und Bordwaffen versuchten die Boote der 7. S.-Flot. gegen die westalliierte Invasionsflotte Erfolge zu erzielen. Zwei brit. MTB wurden vernichtet, mehrere Zerstörer schwer getroffen, als am Abend des 16. Juli 1943 englische Verbände im Südeingang der Messinastraße erschienen. Dieser Erfolg wurde mit schweren Treffern auf allen fünf Booten bezahlt.

Aber die Flottille hatte den Versuch des Gegners, in die Messinastraße einzudringen, vereitelt. Dazu Captain Roskill, offizieller brit. Seekriegshistoriker:

»Es gelang uns nicht, uns in den Gewässern der Straße von Messina festzusetzen.«

Nach der Aufgabe Siziliens gingen die S-Boote zunächst ins Westmittelmeer. Ab Mitte Oktober 1943 wurde ihre Überführung in die Adria befohlen. Die 3. und 7. S.-Flot. traten den Weg nach Venedig von Genua aus über Land an. Die MS-Boote folgten auf demselben Wege 1944 nach.

Während die Boote der 3. S.-Flot. bereits aus ihren neuen Stützpunkten zu Einsätzen ausliefen, führte die 7. S.-Flot. noch zu Weihnachten 1943 die letzte S-Boot-Unternehmung in der Straße von Bonifacio südlich Korsika aus.

In der Adria versenkten derweilen S 33, Oblt.z.S. Brauns, und S 30, Oblt.z.S. Backhaus, zwischen dem Gewirr der dalmatinischen Inseln ihre ersten Motor-Nachschubsegler der Partisanen. S 61, Kptlt. von Gernet, kam am 28.11. ebenfalls auf einen solchen Segler zum Erfolg.

Schnellbooteinsätze 1943 im Schwarzen Meer

Als im Februar 1943 die nach Konstanza zur Überholung geschickten Schnellboote wieder zur 1. Flottille zurückkehrten, wurden die neuen Einsätze von Iwan Baba aus nach Osten verstärkt. KKpt. Christiansen führte seine Boote zu Einsätzen gegen Tuapse und auch vor den Myschakoberg, der ja in einem der vorangegangenen Abschnitte genannt wurde und im Kampfraum Noworossijsk lag.

Am 24. Februar torpedierte S 28 bei Tuapse einen Frachter, der von seiner Besatzung auf den Strand gesetzt wurde.

Vom 17. bis 31. März stießen die Boote der 1. S.-Flot. immer wieder bis in die Höhe des Myschakoberges vor. Hier torpedierten S 26 und S 47 am 13. März einen Tanker, der aber nach Tuapse eingeschleppt werden konnte.

S 28 versenkte am 28. März einen Leichter, der vor der Küste havariert war.

Am späten Abend des 30. März liefen die Boote S 72, S 28, S 47 und S 102 zu einem Minenunternehmen vor Myschako aus, um die Versorgung der auf dem Myschakoberg liegenden Sowjet-Verbände zu unterbrechen.

Am 1. Juni übernahm KKpt. Büchting die Flottille vertretungsweise. Ab 1. September führte er sie als Chef bis zum Ende der Kämpfe im Schwarzen Meer.

Das Unternehmen »Neptun« begann am 17. April. Es war der Versuch, die Sowjets auf dem Myschakoberg zu vernichten und damit die ständige Bedrohung von Noworossijsk auszumerzen. Die Kämpfe dauerten bis zum 5. Mai an. Während dieser Zeit griffen die Boote der 1. S.-Flot. ununterbrochen in den Kampf ein. Mehrere Kleinfahrzeuge wurden durch S 47, S 51, S 102 und S 28 versenkt.

Hierbei kam es mehrfach zu Gefechten mit sowjetischen Wachkuttern und Kanonenbooten.

Diese Angriffe wurden auch nach Einstellung des Angriffs durch das V. AK fortgesetzt. Hier schaltete sich in hervorragender Weise auch die 3. Räumboot-Flottille unter Kptlt. Klassmann in den Kampf ein.

Wenn an dieser Stelle stellvertretend für alle weiteren Kleinkampfeinheiten den Räum- und M-Booten, den Vorpostenbooten und den U-Jägern der 3. R.-Flot. einige Zeilen gewidmet sind, so heißt dies, daß gerade diese kleinen Einheiten auf allen Meeren ihren eigenen großen Anteil am Kampf der Kriegsmarine gegen einen weit überlegenen Feind hatten.

Leider steht nicht der Platz zur Verfügung, um ihrer mehr als nur sporadisch bei einigen Einsätzen größerer Einheiten zu gedenken. Erst bei der Darstellung der Jahre 1944 und 1945 wird es möglich sein, diese Kleinkampfverbände im Einsatz vorzustellen. Doch zurück zum Schwarzen Meer und den dortigen Schnellbooteinsätzen.

Vor dem Myschako-Brückenkopf wurden von den genannten Flottillen - einschließlich der 3. R.-Flot. - in dem genannnten Zeitraum 15 Kanonenboote und Motortorpedoboote der Roten Marine, drei Frachter und fünf Leichter versenkt.

Bei Einsätzen im Asowschen Meer vom 1. bis 7. Mai 1943 wurden von der 3. S.-Flot. drei Küstenfahrzeuge versenkt. Vor Sotschi kam es am 20. Mai zu einem Gefecht gegen sowjetische Bewacher. Zwei Kleintransporter gingen unter, zwei S-Boote wurden durch Granattreffer beschädigt.

Dabei war der Einsatz der Schnellboote und anderer deutscher Fahrzeuge ein ständiger Wettlauf mit der Zeit, denn wenn die Boote bei Tag auf See überrascht wurden, wurden sie Ziele pausenloser Luftangriffe.

Die Vorstöße gegen Noworossijsk und der Kampf mit den vor diesem Hafen liegenden Wachkuttern der Sowjets war unerbittlich. Deutsche und Boote der UdSSR wurden beschädigt und versenkt. Es verging kaum eine Nacht, in der nicht S-Boote wenigstens rottenweise oder aber auch im Flottillenverband ausliefen. Vor Gelendschik und Tuapse kreuzten sie auf, schossen ihre Torpedos in die Hafenanlagen, nahmen Geleitzüge unter Feuer. Bei einem dieser Angriffe lief S 102 in der Nacht des 6. Juli auf eine Mine und sank. Die Besatzung wurde von den übrigen Booten aufgenommen.

Der 19. Juli sah einen Einsatz in der Kertschstraße, und am späten Abend des 22. Juli gelang es den Booten der 1. S.-Flot., zwei größere Dampfer zu versenken. Am 6. August aber erlitt die Flottille einen schweren Schlag, als 25 Bomber der Roten Luftwaffe die Flaksperre ihres Hafens Iwan Baba durchstießen und diesen mit Bomben förmlich zudeckten. Alle fünf Boote erlitten schwere Schäden und mußten nach Konstanza in die Werft.

Im September kam es zu mehreren Gefechten mit gegnerischen Kanonenbooten und Bombern. Dabei wurde S 46 am 10. September durch Bordwaffenbeschuß so schwer beschädigt, daß das Boot versenkt werden mußte.

Am 17. September trat S 42 vor Anapa mit zwei sowjetischen MGB ins Gefecht. Drei Nächte später gab es abermals ein Duell S-Boot gegen Kanonenboot zwischen

Kap Utrisch und Anapa. Der Geleitdienst zwischen Kertsch udn Feodosia brachte ein Gefecht mti einem MGB der Sowjets.

In der Nacht zum 5. Oktober versuchten drei Zerstörer des Gegners die S-Boote direkt vor ihrem Stützpunkt Iwan Baba abzufangen. Die S-Boote schossen Torpedos auf den Gegner. Diese gingen jedoch fehl.

Zwei dieser drei Zerstörer wurden im ersten Büchsenlicht des kommenden Tages von deutschen Flugzeugen bombardiert und sanken; der dritte wurde durch Treffer schwer beschädigt.

Am nächsten Tag begann der Rücktransport der aus dem Kubanbrückenkopf zurückgehenden deutschen Truppen über die Straße von Kertsch. Sämtliche Boote der 1. S.-Flot. und wieder die mit allen Booten fahrende 3. R.-Flot. geleiteten diese Transporte an der Südküste der Krim entlang bis nach Sewastopol.

Während der Kämpfe um den sowjetischen Brückenkopf Eltingen unternahmen fünf deutsche Boote in 17 Tagen insgesamt 60 Einsätze.

DER U-BOOT-KRIEG 1943

Die letzte Phase der Schlacht im Atlantik

Mit der Ernennung von Großadmiral Dönitz zum Oberbefehlshaber der Kriegsmarine verlegte die Operationsabteilung des BdU noch im Januar 1943 von Frankreich nach Berlin. Großadmiral Dönitz blieb nach wie vor auch BdU. Dazu bemerkte er:

»Diese Verbindung schien mir richtig zu sein, weil Offiziere und Mannschaften der U-Boot-Waffe auf mich eingestellt waren, und es für die Dienststellung des Befehlshabers der U-Boote in der Marine keinen höheren Offizier gab, der die erforderlichen Kenntnisse und Erfahrungen in der U-Boot-Kriegführung in gleichem Maße besaß wie ich.«

Der Stab des BdU wurde – damit er in der Nähe von Dönitz war – als 2. Abteilung der Seekriegsleitung in das OKM in Berlin eingegliedert. KAdm. Godt, Chef des Stabes des BdU, wurde Leiter dieser Abteilung. Ihm vertraute Dönitz die weitere Führung des U-Boot-Krieges an, denn schließlich war Godt an der Entwicklung der U-Boot-Taktik und am operativen Einsatz der U-Boote stark beteiligt. Korvettenkapitän Hessler, erfahrener U-Boot-Kommandant und Schwiegersohn von Dönitz, stand Godt als Erster Generalstabsoffizier zur Seite.

Wie sah es zu Beginn des Jahres 1943 im U-Boot Kampf aus? »Niemals kamen die deutschen U-Boote ihrem Ziel, die Verbindungen zwischen der Alten und der Neuen Welt zu unterbrechen, so nahe wie in den ersten 20 Tagen des März 1943.«

Diese Eintragung im Admirality Monthly gründet sich auf die Tatsache, daß deutsche U-Boote in diesem dramatischen Monat der Schlacht im Atlantik 105 Schiffe des Gegners mit 590.234 BRT versenkten und eine große Zahl weiterer Schiffe torpedierten, die ebenfalls für geraume Zeit ausfielen.

In diese letzte Phase der Schlacht im Atlanik, die im Januar 1943 begann, ging die deutsche U-Boot-Waffe mit 215 Booten, von denen 164 im Atlantik und die übrigen im Mittelmeer, Nordmeer und Schwarzen Meer eingesetzt waren.

Der Monat Januar 1943 brachte einen Erfolg von 42 versenkten Schiffen mit 218.449 BRT. Im Februar wurden bereits 68 alliierte Handelsschiffe mit 380.835 BRT vernichtet. Eine Steigerung schien fast nicht mehr möglich. Doch dieser Eindruck täuschte, wie der März beweisen sollte.

Bereits am 27. Februar 1943 wurde der Konvoi HX 227 mit 62 Schiffen durch U 759 gesichtet und gemeldet. Er entging seinem Schicksal, weil nur ein Boot, U 405, und dann ein zweites, U 634, heran und zum Schuß kamen.

Der B-Dienst des BdU erkannte am 6. März 1943 den Konvoi SC 121. KAdm. Godt befahl die Verfolgung, obgleich der SC 121 sich bereits 90 Seemeilen nördlich des aufgestellten U-Boot-Rudels befand. Drei Gruppen mit insgesamt 29 Booten versuchten Anschluß zu gewinnen. Zehn davon schlossen heran; sie schossen in 13 Anläufen

13 Schiffe mit 62.198 BRT heraus und torpedierten ein weiteres. Es ging kein U-Boot verloren.

Nach einigen Einzelerfolgen, wobei Oblt.z.S. Keller mit U 130 vier Schiffe aus dem XK-2-Konvoi versenkte und Oblt.z.S. Fenski im Mittelmeer mit U 410 einen Doppelerfolg erzielte und ein drittes Schiff torpedierte, sah der 9. März wieder einen neuen Großeinsatz.

U 510, KKpt. Neitzel, kam am Morgen des 9. März gegen den Bahia-Trinidad-Konvoi BT 6 zum Angriff und schoß in zwei furiosen Anläufen auf acht Schiffe, von denen drei sanken und die restlichen fünf Nothäfen aufsuchen mußten.

Am selben Tage hatte der B-Dienst einen weiteren Atlantik-Konvoi geortet. Es war der HX 228, der aus 60 schnellen Schiffen bestand. Sein Standort lag noch 300 Seemeilen westlich der U-Boot-Aufstellung der Gruppe »Neuland«. Von dieser Gruppe kamen zwölf Boote heran. U 221, Oblt.z.S. Trojer, versenkte zwei Schiffe und torpedierte ein drittes, ehe es unter Wasser gedrückt wurde.

U 444, U 406, U 757 und U 432 kamen am HX 228 ebenfalls noch zu zählbaren Erfolgen. U 432 versenkte den Geleitzerstörer »Harvester«, der wenige Stunden zuvor noch U 444 gerammt und versenkt hatte. U 432 wiederum wurde keine Stunde darauf von der französischen Korvette »Aconit« versenkt. Am 13. März ließ KAdm. Godt diesen Angriff abbrechen.

In den weiter entfernten Seegebieten versenkte U 185 unter Kptl. Maus auf dem Geleitweg Kly West-Guantanamo zwei Schiffe mit 13.328 BRT.

Am 14. März wurden sämtliche einsatzbereiten Boote im Nordatlantik in einem nach Westen verlaufenden Aufklärungsstreifen aufgestellt. Der B-Dienst hatte 24 Stunden vorher einen Funkspruch des Konvois HX 229 aufgefangen und entschlüsselt. Einen Tag später wurde ein FT-Spruch gehorcht, der dem Konvoi SC 122 galt. Beide Konvois waren stark gesichert und befanden sich auf dem Wege aus den USA nach England. Ersterer war ein schneller und letzterer ein langsamer Konvoi, und weil der langsamere vorn lief, mußten sie irgendwo im Atlantik aufeinandertreffen.

Bis zum 15. März waren die Gruppen »Stürmer« mit 18 und »Dränger« mit 11 Booten gebildet worden. Später kam noch die Gruppe »Raubgraf« hinzu, so daß schließlich 38 deutsche U-Boote im Bannkreis dieser beiden genannten Konvois operierten.

Am 16. März 1943 fiel der erste Torpedoschuß zur größten Rudelschlacht des Zweiten Weltkrieges. U 603, Kptlt. Bertelsmann, schoß ihn und versenkte damit die »Elin K.« Am Morgen des 17. März begann der Angriff auf den SC 122. U 338, Kptlt. Kinzel, versenkte drei Schiffe und torpedierte ein weiteres. In immer neuen Anläufen schlossen die Grauen Wölfe heran. Schiff um Schiff wurde aus den zwei Konvois herausgeschossen. Das größte war die 12.165 BRT mächtige »Southern Princess«, die den Torpedos von U 600, Kptlt. Zurmühlen, zum Opfer fiel. Kptlt. Walkerling versenkte mit U 91 zwei Libertyschiffe mit über 14.000 BRT. U 384, U 631 und wieder

Kinzel und Walkerling schlugen zu. Als letztes Boot kam am späten Abend des 17. März U 305, Kptlt. Bahr, zum Erfolg.

Bereits am Nachmittag dieses 17. März hatte über beiden Konvois die Luftüberwachung eingesetzt. Viermot-Bomber des Tpys Liberator zwangen acht angreifende U-Boote durch Bombenwürfe unter Wasser. Nur zwei Boote kamen am frühen Morgen des 18. März zum Schuß: U 305, das drangeblieben war, und U 663.

Am frühen Morgen des 18. März standen 32 U-Boote dicht an den Geleiten und wurden wieder abgedrängt. Nur U 221 unter dem jungen Trojer kam zum Schuß und versenkte um 16.43 Uhr und 16.49 Uhr die »Walter Q. Gresham« und die »Canadian Star« mit insgesamt 15.484 BRT.

U 338 wurde schwer beschädigt, U 384 unter Oblt. z.S. von Rosenberg-Gruszczynski wurde durch Flieger versenkt. U 441, U 608, U 666 und U 527 kamen abschließend noch zum Schuß. Nur zwei Schiffe gingen durch ihre Torpedoschüsse verloren.

Am Morgen des 20. März 1943 ließ der BdU den Angriff abbrechen, weil sich beide Geleitzüge im Landbereich der Flugzeuge des Coastal Command befanden. Die U-Boote setzten sich nach Westen ab. Während dieses Ablaufens wurden U 441 und U 631 durch Bomber beschädigt und traten den Rückmarsch an.

Nicht weniger als 21 Schiffe der Alliierten mit 140.842 BRT wurden in dieser größten Geleitzugsschlacht im Atlantik versenkt, elf weitere schwer getroffen. Von den insgesamt 100 Schiffen der beiden Konvois liefen nur noch 69 in den Nordkanal ein. Mehr waren nicht übriggeblieben.

Weitere Erfolge vervollständigten die März-Versenkungsliste. Captain Roskill, der berühmte Seekriegshistoriker, schrieb nach diesem März-Desaster 1943: »Man kann auf diesen Monat nicht zurückblicken, ohne so etwas wie Entsetzen zu empfinden über die Verluste, die wir erlitten.«

Die britische Admiralität traf alle Anstalten, um diese Erfolge deutscher U-Boote zu brechen. Fünf Support-Groups wurden durch Admiral Horton aufgestellt. Die Amerikaner schickten eine sechste mit dem Träger »Bogue« und fünf Zerstörern. Ihr Ziel war es, die »Wolf-Packs« zu vernichten.

Das Finale im Mai

Das vorläufige Ende des U-Boot-Einsatzes im Atlantik begann im April 1943. Nach dem Einsatz der insgesamt sechs Support-Groups durch Admiral Horton, Chef der Western Approaches (der westlichen Geleitzugswege), deren Schiffe durch den Einbau von »High Frequency Direction Finders« - »Huff-Duff« genannt - nunmehr in der Lage waren, von sich aus Zerstörer und Flugzeuge auf geortete U-Boote anzusetzen, war das vorläufige Ende gekommen.

Die mitentscheidende Waffe gegen die deutschen U-Boote war der neue Wasserbombenwerfer »Hedgehog«, der als Fächer 24 Wasserbomben gleichzeitig mit verschiedenen Tiefeneinstellungen werfen konnte. Hinzu kam als Non plus ultra der U-Boot-Bekämpfung die »Thorpex-Wasserbombe«, die jedes U-Boot, wie tief es auch getaucht sein mochte, erreichen konnte.

Die britische Operations Research hatte in den letzten Jahren und vor allem im Frühjahr 1943 während der großen Rudelschlachten die Angriffsweise der deutschen U-Boote genau durchleuchtet und daraus neue wirksame Abwehrmethoden entwikkelt. Ein weiterer Faktor, der später aufgegriffen werden soll, kam hinzu.

Alle diese Maßnahmen bewirkten, daß im April 1943, wo ohnehin ein Großteil der deutschen U-Boote nach den März-Rudelschlachten in die Stützpunkte zurückkehren mußte, die Erfolge der U-Boote zurückgingen. Gemessen an der Zahl der eingesetzten Boote waren sie jedoch noch durchaus gut.

Nach respektablen Einzelerfolgen von U 155, Piening, U 129, Witt, und U 124 unter Jochen Mohr, der bereits 1942 vor der US-Küste von sich reden gemacht hatte, gelang es der Gruppe »Löwenherz«, vom 4. bis zum frühen Morgen des 7. April 1943 am Konvoi HX 231 zu operieren. Von den 17 Booten dieser Gruppe kamen acht Boote zum Schuß. Am Abend des 14. April versenkte U 635 unter Oblt.z.S. Eckelmann die »Shillong« mit 5529 BRT.

Zwei Stunden nach Mitternacht des 5. April schoß U 630 auf zwei Dampfer, von denen die 9365 BRT große »Waroonga« sank. U 229, U 706, U 185, U 632 versenkten jeweils ein Schiff. U 563 unter Kptlt. von Hartmann torpedierte den 9005 BRT großen Tanker »Sunoil«, und U 270 schoß auf zwei Dampfer und horchte nach Einzelschüssen zwei Detonationen, doch diese brachten keine zählbaren Erfolge.

Die Geleitzüge ON 176, ONS 2 und ON 176 verloren jeweils nur wenige Schiffe. Am ON 176 versenkte U 188 den britischen Zerstörer »Beverly«.

Der HX 232 verlor drei Schiffe, ein weiteres wurde torpediert, aus dem HX 233 wurden zwei Schiffe versenkt. U 123 unter Oblt.z.S. von Schroeter sandte das britische U-Boot P 615 in die Tiefe. Der ONS 3 mit drei Verlusten, der HX 234 mit zwei und einer Torpedierung, der ONS 5 mit einer Versenkung zeigten, daß die großen Erfolge des März nicht wiederholt werden konnten. Lediglich am TS 37, Takoradi-Freetown, konnte wieder Kptlt. Henke mit U 515 in zwei Anläufen binnen zweier Stunden vier Schiffe versenken und einen fünften Frachter torpedieren.

Immerhin endete dieser Monat noch mit einer Versenkungszahl von 38 Schiffen mit 219.147 BRT. Hinzu kam die Versenkung eines Zerstörers, eines U-Bootes und eines weiteren Bewachers.

Am Konvoi HX 231 war am 6. April U 632 von einer Liberator der Luftsicherung vernichtet worden. U 635 fiel der Fregatte »Tay« am selben Tage zum Opfer. Vier weitere U-Boote wurden durch Luft- und Seeangriffe beschädigt.

Am ONS 4 führte Commander Macintyre die Geleitzugsicherung. Unter seiner Führung wurde U 191 durch den neuen Hedgehog-Wasserbombenwerfer versenkt. U 203 ging am 25. April für immer auf Tiefe.

Anfang Mai 1943 waren inzwischen wieder so viele deutsche U-Boote ausgelaufen, daß vier Gruppen gleichzeitig aufgestellt werden konnten. Die ersten beiden Konvois konnten nicht gefunden werden. Erst der aus England kommende ONS 5 mit 30 Schiffen wurde am 4. Mai gesichtet.

Das Ende der Schlacht im Atlantik

Bis dahin hatte U 515 unter Kptlt. Henke seinem ersten Paukenschlag in der Karibischen See den zweiten hinzugefügt, als er in den frühen Morgenstunden des 1. Mai in zwei Anläufen weitere drei Dampfer versenkte. Am selben Tage hatte U 107 unter Gelhaus das 12.411 BRT große britische Motorschiff »Port Victor« versenkt und U 182 unter Nico Clausen ein weiteres Schiff durch Torpedobeschuß gestoppt und mit seiner Artillerie versenkt.

Auf den ONS 5s kam U 125 unter Kptlt. Folkers am 4. Mai als erster zum Schuß und versenkte die »North Britain« mit 4635 BRT. U 628 unter Kptlt. Hasenschar kam am Morgen des 5. Mai heran und schoß auf fünf Schiffe, darunter eine Korvette. Nur ein Schiff wurde getroffen. Wenige Minuten später kam auch U 925 zum Schuß, dann U 264 und U 358 und noch einmal U 264. Hasenschar schloß nach Aufladen der Rohre noch einmal heran und versenkte ein Schiff. Damit verloren der ONS 5 und der ONS 5s, nachdem am Nachmittag des 5. Mai auch U 584 und U 707 geschossen hatten und am Abend U 266 in einem furiosen Angriff heranschloß und drei Schiffe binnen dreier Minuten versenkte, insgesamt 12 Schiffe mit 55.760 BRT.

Bis dahin hatten aber auch die U-Boote erhebliche Verluste hinnehmen müssen. So war U 630 von einem CANSO-Flugboot versenkt worden. Die Korvette »Pink« vernichtete am 5. Mai U 192; U 638 ging am selben Tage durch Wabos der Korvette »Loosestrife« verloren. U 125 wiederum wurde von dem aus dem Nebel heraus das Boot anlaufenden Zerstörer »Oribi« gerammt, es entkam und gab Notruf, der von der Korvette »Snowflake« angepeilt wurde. Diese schloß heran und brachte das Boot durch Artilleriefeuer zum Sinken. U 531 ereilte sein Schicksal in Gestalt des Zerstörers »Oribi«. U 533 wurde von »Sunflower« gerammt, konnte aber entkommen. Die Fregatte »Pelican« versenkte U 438 mit Wasserbomben. Drei weitere Boote wurden noch beschädigt.

Großadmiral Dönitz ließ den Angriff auf diesen stark gesicherten Geleitzug abbrechen. Sieben Boote waren am Konvoi ONS 5 verlorengegangen. Darüber berichtet das KTB des BdU:

»Die Ortung durch Luft- und Überwasserfahrzeuge beeinträchtigt nicht nur auf das Schwerste den unmittelbaren Kampf des einzelnen Bootes, sie gibt darüber hinaus auch dem Gegner ein offenbar gut ausgenutztes Mittel, um die vorbereitenden Aufstellungen der U-Boote zu erfassen und ihnen auszuweichen. Sie ist damit im

Begriff, dem U-Boot seine wesentlichste Eigenschaft, die Nichtfeststellbarkeit, zu nehmen.«

Nach Abbruch dieser Geleitzugsschlacht standen nur noch 18 Boote im Atlantik. Sie wurden vom BdU ostwärts von Neufundland zur Gruppe »Elbe« zusammengefaßt. Am Konvoi HX 237, der vom 11. bis 13. Mai angegriffen wurde, gingen drei Boote verloren. Dieser dagegen verlor drei Schiffe mit 21.389 BRT. Am ONS 7 fanden zwei U-Boote den Untergang, während der Konvoi nur ein Schiff mit 5196 BRT verlor.

An den SC 129 kam nur ein Boot heran: U 402 unter Kptlt. von Forstner. Er schoß zwei Schiffe heraus. U 223 wurde schwer beschädigt und erreichte nach einem sagenhaften zwölftägigen Marsch den Stützpunkt St. Nazaire.

U 186 wurde an diesem Konvoi durch den Zerstörer »Hesperus« versenkt, auf dem Commander McIntyre, wohl der bekannteste U-Boot-Killer, eingestiegen war. U 266 ging durch eine Liberator der RAF Squadron 86 verloren. Vom 1. bis zum 22. Mai 1943 gingen auf See ingesamt 31 U-Boote verloren. An Bord von U 954, das am 19. Mai 1943 südostwärts von Cape Farewell durch die Liberator Z 120 versenkt wurde, fuhr auch Oblt.z.S. Peter Dönitz, der Sohn des Großadmirals, als Wachoffizier. Er fiel mit allen seinen Kameraden. Bis zum Monatsende waren es 41 verlorene Boote geworden. Ihnen gegenüber standen Handelsschiffsverluste des Gegners von 41 Schiffen mit 205.372 BRT. Das war ein Ergebnis, das nicht ignoriert werden konnte, wenn nicht die ganze U-Boot-Waffe verlorengehen sollte.

Großadmiral Dönitz befahl bereits am 24. Mai 1943 den noch in See stehenden U-Booten den Abmarsch aus dem Nordatlantik in den Seeraum der Azoren.

Er sagte dazu: »Wir waren in der Atlantikschlacht unterlegen.« Captain Roskill schrieb in dem von ihm verfaßten amtlichen Seekriegswerk dazu: »Wir wußten, daß wir einen Griff abgeschüttelt hatten, der uns beinahe den Hals zugedrückt hätte.« (Siehe: Roskill S.W.: a.a.O.) Die amtlichen britischen Stellen gingen noch weiter:

»Die Schlacht erreichte nie wieder dieselbe Höhe, noch war sie in einem so unsicheren Gleichgewicht wie während des Frühjahrs 1943. Mit Recht kann daher gesagt werden, daß der Sieg, von dem hier berichtet wurde, einen entscheidenden Wendepunkt des Krieges darstellt. Dies nach 45 Monaten einer unaufhörlichen Schlacht, die von stärkerer und heftigerer Art war, als die Nachwelt sie sich einmal wird vorstellen können.«

Der U-Boot-Krieg aber mußte weitergeführt werden. Wäre er zur Gänze eingestellt worden, dann hätte der Gegner seine 2600 Fahrzeuge, die gegen die U-Boote eingesetzt waren, ebenso wie jene Hunderte von Flugzeugen für andere Zwecke freibekommen. Ein nicht abzuschätzendes Industrie- und Werftpotential wäre ebenfalls frei geworden, das nach den Worten von Großadmiral Dönitz für folgende andere Zwecke hätte eingesetzt werden können:

»Zur Forcierung und Eroberung der Seeherrschaft in der Ostsee, Churchills altem Wunsch. Dann hätten die Erzversorgung Deutschlands, die Versorgung der deutschen

Ostfront und am Ende des Krieges die Rückführungsoperationen nicht stattfinden können, und die deutsche Kriegsmarine wäre nicht in der Lage gewesen, mehr als zwei Millionen Menschen über die Ostsee zu retten.

Die für die U-Boot-Bekämpfung dann nicht mehr benötigten Flugzeuge wären ebenfalls mit Bomben beladen nach Deutschland geflogen und hätten deutsche Städte angegriffen und in Schutt und Asche gelegt.

Schon um dem Gegner diese Möglichkeit nicht zu geben, mußte daher im Mai 1943 der U-Boot-Krieg fortgesetzt werden. Der Atlantik war das Vorfeld, in welchem in vorderster Linie die Heimat verteidigt wurde. Die U-Boot-Waffe konnte 1943 nicht aufhören, sich einzusetzen. So nahmen denn die U-Boot-Fahrer in selbstlosem, echtem Soldatentum diesen schweren Kampf weiter auf sich.«

Im Juni 1943 stand Großadmiral Dönitz nach diesen unerhört hohen Verlusten vor der schwersten Entscheidung in seiner Laufbahn. Sollte er die U-Boote aus allen Seegebieten zurückrufen und den gesamten U-Boot-Krieg einstellen? Oder sollte er trotz aller Unterlegenheit gegenüber den Geleitzugstreitkräften weiterkämpfen lassen?

Was Großadmiral Dönitz herausfinden wollte, war nach seinen Worten folgendes: »Die Frage war, ob die U-Boot-Waffe die bittere Notwendigkeit eines Kampfes, bei dem es keine großen Erfolge mehr zu erringen gab, einsehen und diesen Einsatz selbstlos und opferbereit auf sich nehmen würde.

Ich ließ die Flottillenchefs der Front-Flottillen an der Biskayaküste beim »Führer der U-Boote West«, Kpt.z.S. Rösing, zusammenkommen. Es waren dies:

Der Chef der 9. U-Flottille, KKpt. Lehmann-Willenbrock, der Chef der 10. U-Flottille, KKpt. Kuhnke, der Chef der 7. U-Flottille, KKpt. Sohler, der Chef der 6. U-Flottille, KKpt. Schulz und der Chef der 3. U-Flottille, KKpt. Zapp. –

Es gab bei dieser Besprechung nur die eine Überzeugung, daß wir weiterkämpfen müßten, und es gab nur die eine Zuversicht, daß auch die U-Boot-Fahrer in ihrer großen Mehrzahl diesen Entschluß für richtig halten würden. Daß diese Zuversicht angebracht war, hat die U-Boot-Waffe gezeigt. Ihr Kampfgeist war bis zum Kriegsende ungebrochen.«

Der OB der Kriegsmarine hatte Hitler am 11. April 1943 auf dem Berghof Vortrag gehalten und dabei auch die U-Boot-Verluste genannt, die im Februar 19, im März 15 und bis zum 11. April sechs Boote betragen hatten. Er hatte diese Verlustzahlen als zu hoch bezeichnet und von Hitler eine Erhöhung der Werftkapazität verlangt.

Hitler stimmte dieser Forderung vollinhaltlich zu. Der von Dönitz sofort vorgelegte neue Bauplan sah vor, daß im zweiten Halbjahr 1943 die Zahl der monatlich fertig werdenden U-Boote auf 27 gesteigert werden sollte. Diese Zahl sollte bis zum ersten Halbjahr 1945 gehalten werden, während im zweiten Halbjahr 1945 monatlich 30 U-Boote geplant waren.

Die Krise der U-Boot-Waffe

Am 31. Mai 1943 trug GA Dönitz Hitler auf dem Berghof über die Krise der U-Boot-Waffe vor. Er erklärte, daß möglicherweise das Ausschlaggebende ein neues Ortungsgerät auf den Überwasserstreitkräften des Gegners sei, das die Flugzeuge an die U-Boote heranführe, wodurch die überwiegenden U-Boot-Verluste durch Flugzeuge erfolgt seien. Die Überraschung deutscher U-Boote mitten im dicksten Nebel durch Zerstörer sei ebenfalls auf neue Ortungsgeräte zurückzuführen. Mit 37 verlorengegangenen U-Booten im Mai (die genaue Zahl war am 31. Mai noch nicht bekannt) seien zur selben Zeit 30% aller in See befindlichen U-Boote vernichtet worden. Der Ob. d.M. erklärte Hitler:

»Ich habe mich aus dem Nordatlantik in den Raum westlich der Azoren abgesetzt, in der Hoffnung, dort weniger Luftüberwachung vorzufinden. Dort erwarte ich einen nach Gibraltar laufenden Geleitzug.

Mit den neu auslaufenden Booten werde ich in die abgesetzten Seeräume gehen, in der Hoffnung, daß die dortige Luftüberwachung noch nicht in dem Maße mit den modernen Ortungsgeräten ausgerüstet ist. Ich beabsichtige jedoch, im Juli zur Neumondperiode erneut im Nordatlantik einen Geleitzug anzugreifen, unter der Voraussetzung, daß den U-Booten dann zusätzliche Schutzwaffen zur Verfügung stehen.«

Nach den zu treffenden Maßnahmen, deren hauptsächliche darin bestand, den Booten ein wirksamen Funkmeßgerät mitzugeben, mit dem die Frequenz des ortenden Flugzeuges erfaßt werden konnte, meldete der Ob.d.M., daß im Oktober der »Falke« - ein Horchtorpedo - einsatzbereit sei, der den Gegner selbständig ansteuere, falls dieser nicht schneller als 12 kn/h sei. Es würden auch alle Anstrengungen gemacht, den »Zaunkönig«, der 18 kn/h laufen und damit gegen Zerstörer eingesetzt werden konnte, im Herbst an die Front zu bringen.

Nach weiteren Fragen der Luftunterstützung durch die Luftwaffe in der Biskaya kam Dönitz auf die Aussichten des U-Boot-Krieges in der Zukunft zu sprechen. Er erklärte:

»Wir sind an einer technischen Waffenfrage gescheitert, gegen die es ein Gegenmittel geben wird. Die Abwehr des Gegners auf See und in der Luft wird zunehmen, so daß nicht vorauszusagen ist, wie weit sich die Wirkung und damit der Erfolg des U-Boot-Krieges wieder hochziehen läßt.

Ich bin aber trotzdem der Ansicht, daß der U-Boot-Krieg geführt werden muß, auch wenn er sein Ziel, größere Erfolge zu erringen, nicht mehr erreicht, denn die Kräfte des Gegners, die er bindet, sind außerordentlich groß.«

An dieser Stelle wurde GA Dönitz von Hitler unterbrochen: »Es kommt gar nicht in Frage, daß im U-Boot-Krieg etwas nachzulassen sei! Der Atlantik ist mein wesentliches Vorfeld, und wenn ich dort auch in der Defensive kämpfen muß, so ist das besser, als wenn ich mich erst an den Küsten Europas verteidige. Das, was der U-Boot-

Krieg, auch wenn er nicht mehr zu großen Erfolgen kommt, bindet, ist so außerordentlich groß, daß ich mir das Freiwerden dieser Mittel des Gegners nicht erlauben kann.« (Siehe: Wagner, Gerhard: Lagevorträge des Oberbefehlshabers der Kriegsmarine vor Hitler 1939-1945).

Das war natürlich für GA Dönitz Wasser auf die Mühlen. Er stieß auch sofort nach und erklärte: »Ich bin daher der Ansicht, daß es bei dem seinerzeit gemeldeten Hochziehen des U-Boot-Baues nicht ausreicht. - Ich halte es für richtig, auf die Zahl von 40 Booten im Monat zu gehen. Ich habe in Übereinstimmung mit Minister Speer das Bauprogramm für 30 U-Boote und das seinerzeit gemeldete Hilfsschiffsprogramm bereits in Auftrag gegeben, und ich bitte, anliegenden Führerbefehl zu vollziehen.«

Dönitz legte Hitler den Befehl vor, dieser änderte die Zahl von 30 in 40 Boote um und unterschrieb den Befehl.

Das letzte, was Hitler Dönitz an diesem Tage mit auf den Weg gab, lautete: »Ich bin in Sorge, daß das neue Ortungsgerät des Gegners auf Grundlagen arbeitet, die wir nicht kennen. Die Krisis muß mit allen Mitteln überwunden werden.«

Natürlich mußte bei einem Hochziehen des Bauprogramms für die U-Boot-Waffe auch die Frage der Besatzungen dieser mehr gebauten Boote berücksichtigt werden. Hinzu kam der Mehrbedarf an Werftarbeitern; er belief sich auf 25.300 Mann, die sehr schwer zu bekommen waren.

Die Kriegsstärke der vorhandenen 645 U-Boot-Besatzungen einschließlich der in der Ausbildung fahrenden Besetzungen betrug zu diesem Zeitpunkt 31.999 Mann. Hinzu kamen 3986 Mann Baubelehrungspersonal. Auf den Front-Flottillen und Stützpunkten waren insgesamt 5172 Mann Personal vorhanden. Durch die Erweiterung der U-Boot-Ausbildung einschließlich der Schulflottillen, der Sicherheits-, Begleit- und Zielschiffe wurden 8432 Mann neues Personal benötigt. Der Ausbildungsbedarf ab Sommer 1944, also zu dem Zeitpunkt, zu dem eine Großzahl an Booten neu zur Front stoßen mußte, betrug für die Indienststellung dieser Boote ab November 1944 12.614 Mann. Damit wäre die U-Boot-Waffe mit 49.589 Soldaten sofort und mit weiteren 12.614 Soldaten ab November 1944 auf einen Gesamtbestand von 62.203 Mann gestiegen.

Dies waren einige der neuen Aufgaben, die auf den neuen Ob.d.M. zukamen.

Inzwischen waren die Großkampfschiffe, die eigentlich den Sturz von GA Raeder herbeigeführt hatten, in den hohen Norden verlegt worden, um dort zum Schlagen zu kommen. Da aber die alliierten Geleitzüge für die UdSSR ab März 1943 nicht mehr auf der Nordroute liefen, kam es vorläufig nicht zu ihrem Einsatz. Erst im September 1943 sollten sie wieder von sich reden machen. Allerdings bewirkte allein ihre Anwesenheit im hohen Norden die Bindung starker britischer Seestreitkräfte.

Für Dönitz kam es darauf an, den gesamten Umfang seiner neuen Aufgaben zu erfassen und vor allem darauf hinzuarbeiten, den Einsatz der U-Boote wieder erfolgreich zu machen und ihre Verluste so weit wie möglich herabzusetzen.

Das totale U-Boot

Im Juni 1943 erhielt GA Dönitz die ersten Konstruktionszeichnungen eines großen Elektro-U-Bootes des Typs XXI. Dieses Boot sollte unter Wasser eine Geschwindigkeit von 18 Knoten erzielen. Das würde das Boot in die Lage versetzen, jedem Gegner auch im Unterwassermarsch davonzulaufen. In einer Zeit, da die U-Boot-Waffe harte Verluste erlitt, wäre ein solches U-Boot die technische Neuerung ersten Ranges, mit dem die U-Boot-Waffe wieder an ihre stolzen alten Erfolge anknüpfen könnte.

Dieses Elektroboot und noch ein weiterer Bootstyp hätten der U-Boot-Waffe bereits seit geraumer Zeit zur Verfügung stehen können. Bereits im Jahre 1934 hatte der auf der Germaniawerft in Kiel arbeitende Konstrukteur Walter dem OKM eine Ideenskizze vorgelegt, in welcher er die technischen Möglichkeiten und die Wirkungsweise einer Gasturbine beschrieben hatte, mit deren Leistung es gelingen würde, ein U-Boot bedeutend schneller unter Wasser fahren zu lassen, als mit allen anderen Antrieben. Ingenieur Walter hatte zwei revolutionierende Dinge vorgesehen.

Beim Antrieb einer Turbine mit Wasserstoffsuperoxid wird bei dessen Zersetzung Sauerstoff frei. Dieser Sauerstoff sollte die bei Dieselmaschinen notwendige Sauerstoffzufuhr während des Unterwassermarsches bewirken. Dies würde bedeuten, daß man auch im Unterwassermarsch mit starken Dieselmotoren fahren könnte und daß es nur darum ging, die Abgase aus dem Boot hinauszuleiten.

Sein zweiter Vorschlag war noch interessanter. Walter hatte die bei einem gesteuerten Zerfall von Perhydrol anfallenden, mit Sauerstoff angereicherten Gase und deren thermische Energie als Antrieb für eine Turbine vorgesehen. Da der Zerfall von Wasserstoffsuperoxid unabhängig von der Außenluft vor sich geht, konnte sich eine Turbine, die mit den Zerfallsgasen von Perhydrol betrieben wurde, als Antriebsmittel für ein getaucht fahrendes U-Boot eignen.

Das Oberkommando der Kriegsmarine lächelte amüsiert über den verrückten Erfinder Walter und legte dessen Vorschlag zu den übrigen Akten unbenutzbarer Bauvorschläge. Allerdings hatten die beiden zuständigen Referenten beim OKM, Dr. Piening und Marineoberrat Waas, nach langer Untersuchung dieses Vorschlages erklärt, daß er durchaus realisierbar sei. Dennoch wollte man sich nicht an eine solche Arbeit machen und viel Geld für möglicherweise nichts ausgeben.

Helmut Walter arbeitete weiter an diesem Projekt. Er führte die ersten praktischen Versuche durch, bei denen er Dieselmotoren als Antrieb benutzte. Als Antriebsmittel aber zersetzte er 80prozentiges Perhydrol über einen Braunstein-Katalysator in Wasser und Sauerstoff. Die bei diesem Zersetzungsprozeß anfallende Wärme ließ das freigewordene Wasser aufdampfen. So entstand aus dem Wasserdampf und dem Sauerstoff ein Gemisch aus Dampfsauerstoff. Dieses Gemisch leitete er in den Zylinder des Dieselmotors. Wenn die Ventile richtig eingestellt waren, arbeitete der Motor einwandfrei.

Damit hatte Walter bewiesen, daß ein Dieselmotor mit diesem Gemisch wie mit der Zuführung von Luft arbeitete.

Daneben befaßte sich der geniale Erfinder auch mit Versuchen mit einer Turbine. Nach einer langen Testreihe stellte er unter Beweis, daß die thermische Energie des Zersetzungsprozesses und der dabei freiwerdende Sauerstoff als Antriebsleistung von der Turbine weitergegeben wurde.

Walter legte auch dem FdU, Kpt.z.S. Dönitz diese Pläne vor. Der Führer der U-Boote sagte seinerzeit: »Dies, Walter, ist das Ei des Kolumbus! Damit würden wir einen U-Boot-Antrieb erhalten, der alle vorhandenen Boote an Schnelligkeit weit überträfe.«

Nun setzte sich auch Dönitz für den Konstrukteur des absoluten U-Bootes ein. In Tannenberg, einem Vorort von Kiel, wurde eine kleine Fabrik eingerichtet. Hier ging die Arbeit an der »Frontreifmachung« einer Walter-Turbine weiter.

Die erste Versuchsturbine lief und erbrachte eine überraschend starke Leistung. Das Walter-U-Boot mit der Baubezeichnung V 80 - ein Versuchsboot mit 80 Tonnen Verdrängung - wurde im Frühjahr 1940 von Ingenieuren der Germaniawerft in Kiel erprobt. Es erzielte eine Unterwassergeschwindigkeit von 26 kn/h. Alle bekannten Typen der Kriegsmarine kamen nicht über 9 kn/h hinaus.

Walter und Waas sprachen erneut beim OKM vor. In einer Denkschrift wiesen sie auf die Dringlichkeit eines solchen U-Bootes hin. Das OKM lehnte mit folgender Begründung ab: »Jedes zu bauende neue Boot - von dem wir immer noch nicht wissen, ob es überhaupt zum Einsatz gelangen wird - verhindert den Bau von zwei bewährten U-Booten des Typs VII-C.«

Als sich im Frühjahr 1942 Helmut Walter bei dem in Paris sitzenden BdU, Admiral Dönitz, meldete und ihm vortrug, daß die Anlage V 300 in der Endkonstruktion nichts bringen werde, weil weder er, Walter, noch Waas Einfluß auf die Endkonstruktion hatten, stellte Dönitz den Antrag, dieses Versuchsmuster einzustellen und Walter ein neues Boot bauen zu lassen. In der Begründung für die Weiterarbeit auch nach diesem Mißgeschick schrieb Dönitz:

»Größere Unterwassergeschwindigkeit ist die einzige Alternative gegenüber den neuen Ortungsmitteln des Gegner und seiner neuen Verteidigungstaktik der durch U-Jagdgruppen gesicherten Geleitzüge.«

Im Juni 1942 schickte Dönitz eine weitere Denkschrift an das OKM und wies auf die Notwendigkeit des Weiterbaus an dem neuen Walterboot hin. Großadmiral Raeder ordnete auf diesen dringenden Appell hin den sofortigen Weiterbau der Walterboote an. Und zwar sollten jeweils vier Boote des Typs XVII und zwei des Typs XVIII gebaut werden.

Aber erst im November 1942, als Admiral Dönitz die bekanntesten U-Boot-Fachleute nach Paris einlud und sich diese im Stabsquartier des BdU auf dem Boulevard Suchet Nr. 28 einfanden, wurden Nägel mit Köpfen gemacht.

Es kamen Helmuth Walter, Ministerialdirektor Scheurer, Ministerialdirigent Bröking, Marinebaudirektor Oelfken und Marine-Oberbaurat Waas.

»Wir brauchen rasch neue Boote, die ganz ins Wasser hinein müssen«, lautete Dönitz' Forderung. »Wir müssen so rasch wie möglich den Schritt vom Tauchboot zum wirklichen Unterwasserboot verwirklichen.«

Professor Walter erklärte die Wirkungsweise seines Bootes und dessen Betriebsweise und stellte zum Schluß die Behauptung auf, daß seine Turbine bei einer Drehzahl von 14 100 U/Min. eine Leistung von 2500 PS erbringe.

Konteradmiral Thedsen, der leitende technische Offizier beim BdU, machte einen weiteren Vorschlag. Er plädierte dafür, in der unteren Hälfte der Walter-Acht anstelle der Peroxydtanks E-Maschinen einzubauen.

»Damit würden wir ein Elektroboot erhalten, das ebenfalls die doppelte Geschwindigkeit der heutigen Boote im Unterwassermarsch erreichen würde.«

Ministerialdirektor Scheurer griff den Vorschlag auf und bemerkte: »Wenn wir mit einer vergrößerten Batterie auch nicht die Geschwindigkeit des Walter-Bootes erreichen, so könnte doch ein solches Elektroboot gegenüber den bisherigen Typen eine bedeutende Beschleunigung erfahren. Und dies schon sehr bald.«

Als es schließlich noch darum ging, gewissermaßen als Zwischenlösung die vorhandenen Boote in der Übergangszeit durch zusätzliche Anlagen zu verbessern, entwarf Prof. Walter - gewissermaßen aus dem Handgelenk - den ersten U-Boot-Schnorchel. Durch ihn sollte eine Dieselmaschinenanlage über eine Schlauchleitung auch im Unterwassermarsch den notwendigen Sauerstoff erhalten. Die Dieselabgase sollten durch denselben Schlauch nach außen geleitet werden.

»Das ist der Punkt!« sagte Admiral Dönitz. »Wir werden den Schnorchel bauen, weil er in der Zwischenzeit eine größere Entkommenschance für die normalen U-Boote bietet. Außerdem werden zwei neue Boote gebaut, sowohl das Elektroboot als auch das Perhydrolboot.«

Es wurde dennoch Juni 1943, bevor Karl Dönitz, der ja das größte Interesse an dieser revolutionierenden Neuheit hatte, die Konstruktionszeichnungen vorgelegt werden konnten. Nun standen keinerlei Hemmnisse mehr im Wege. Als Oberbefehlshaber der Kriegsmarine besaß er die notwendigen Machtbefugnisse, diese Entwicklung zu forcieren. Da war einmal das große Elektroboot des Typs XXI, das unter Wasser eine Geschwindigkeit von 18 kn/h erzielen würde. Vier Walter-Boote wurden weitergebaut und eine Serie von 26 Stück dieser Boote auf Stapel gelegt.

Da diese Entwicklung sich erfolgversprechend anließ und in absehbarer Zeit mit solchen Booten zu rechnen war, hielt Großadmiral Dönitz am 8. Juli 1943 Hitler darüber Vortrag.

»Mit diesen neuen Booten, mein Führer, werden alle bisherigen Anstrengungen des Gegners in der U-Boot-Abwehr unwirksam gemacht, denn der Bau der Fahrzeuge, die unsere U-Boote bekämpfen, ist ganz darauf abgestellt, daß unsere Boote unter Wasser nur eine geringe Geschwindigkeit aufweisen. Der Vorteil einer Unterwasserfahrt von etwa 19 Knoten in der Stunde wird für lange Zeit erhalten bleiben, weil die Geleitzüge ihre Fahrt von rund 10 Knoten in der Stunde nicht wesentlich zu steigern vermögen.«

Hitler erkannte blitzschnell diese neue Chance. Er war begeistert und ließ einen ganzen Fragenkatarakt auf Dönitz herunterprasseln mit Erkundigungen nach Aktionsradius, Höchstfahrt, Aufladebedingungen, Bewaffnung und Tauchtiefe der neuen Boote und bewies damit, daß er sich in schwierige technische Dinge versenken und diese speichern und umsetzen konnte.

»Hohe Tauchtiefe und schnelle Unterwasserfahrt«, erklärte Dönitz, »bringen natürlich auch in bezug auf die Abwehr einen wesentlichen Vorteil. Das neue Elektroboot kann wegen seiner langen Ausdauer und der Schnelligkeit in der Unterwasserfahrt außerdem auch das gefährdete Küstenvorfeld auf dem Marsch ins Operationsgebiet rascher und ungestörter überwinden.«

Hitlers nächste Frage galt der Herstellung der Einsatzbereitschaft. Dönitz meldete, daß er mit Reichsminister Speer bereits alles durchgesprochen habe. Er legte gleich ein Überschlagsprogramm des Kriegsmarineamtes vor, in dem der Termin für den ersten Einsatz der Elektroboote auf November 1944 festgelegt war, und bemerkte dazu:

»Ich habe diesen Termin als viel zu spät bezeichnet und mit Reichsminister Speer besprochen, wie der Bau mit allen Mitteln nach vorn zu ziehen ist. Speer ist der Überzeugung, daß mit aller Entschlossenheit in drei Schichten notfalls mit Tag- und Nachtschicht gearbeitet werden muß, weil dieses Vorhaben eine umwälzende Bedeutung für den U-Boot-Krieg besitzt.«

Als schließlich auch Reichsminister Speer zu der Besprechung hinzugezogen wurde, sagte Hitler mit Betonung: »Das Wichtigste ist, daß dieses Boot gebaut wird!« Speers Antwort lautete: »Darüber sind wir uns im klaren. Wir haben schon für das neue U-Boot befohlen, daß es allen anderen Sachen vorgeht.«

Trotz der optimistischen Prognosen und der einstimmigen Erklärung des Vorrangs für die schnellen Unterwasserboote kamen diese jedoch im Kriege – von einigen Schein-Einsätzen abgesehen – nicht mehr zum Schlagen.

Die Metox-Krise

In dieser schwierigen Lage erhielt GA Dönitz die Meldung eines Funkmeß-Lehrtrupps der Marinegruppe West. Dieser hatte in Zusammenarbeit mit dem Fliegerführer Atlantik vor Bordeaux Versuche mit dem Metox-Gerät durchgeführt. Dies war ein Beutegerät aus Frankreich, das in U-Boote mit dem Zweck eingebaut wurde, diese vor feindlicher Ortung zu warnen.

Diese Versuche waren nicht zufällig angestellt worden, sondern Dönitz waren von sachkundiger Seite Warnungen zugegangen, die Eigenstrahlung dieses Gerätes sei derart, daß beispielsweise Flugzeuge, die in 500 m Höhe flogen, das Gerät bereits aus einer Entfernung von 12 Seemeilen, bei einer Flughöhe von 2000 Meter aber schon aus 25 Seemeilen Distanz orten könnten.

Es bahnte sich die fürchterliche Erkenntnis an, daß alle U-Boot-Verluste in den vergangenen Monaten durch die Eigenstrahlung dieser Metox-Geräte entstanden sein konnten. Das Warngerät war also zur Todesfalle geworden.

Unmittelbar nach den ersten Meldungen ließ Großadmiral Dönitz auf allen U-Booten nach Metox-Geräten fahnden. Als er Sicherheit darüber hatte, daß tatsächlich auf allen verlorengegangenen Booten solche Geräte installiert gewesen waren, ließ Dönitz die Metox-Benutzung strikt verbieten. Seine Spezialisten bestätigten die Eigentrahlung.

Dieses Metox-Gerät war ein Jahr vorher als Funkmeß-Beobachtungsgerät FuMB zum Empfang feindlicher Ortungsimpulse in die U-Boote eingebaut worden. Der Chef des Marinenachrichtendienstes, KAdm. Stummel, hatte seinerzeit erklärt, daß mit diesem Gerät, das als französisches Beutegerät verfügbar war, die Ortungsimpulse des Gegners früher von einem U-Boot empfangen würden, als dieser das Boot orten könne.

Admiral Dönitz, seinerzeit noch allein BdU, ließ nach reiflicher Überlegung zwei Tage später das FuMB als am schnellsten verfügbare Hilfe zum Einbau in U-Boote fertigmachen.

Mit dem »Biskayakreuz« als Antenne ausgestattet, sollte nun das Metoxgerät eine Ortungshilfe für die U-Boote werden.

Offiziere meldeten Dönitz knapp ein Jahr später, daß das Gerät die reinste U-Boot-Falle sei. Dönitz wollte dies nicht glauben und wies zunächst die Anklagen, die gegen KAdm. Stummel und seine Helfer erhoben wurden, zurück. Dann erhob die Marineführung Anklage wegen Beleidigung deutscher Seeoffiziere gegen den Anzeiger. Die Forderung nach einem Gerichtsverfahren ging von Admiral Dönitz aus. Damit wollte der BdU die Sache in Gang setzen, denn anders herum wäre es zu keinem Verfahren gekommen.

Beim Kriegsgerichtsverfahren gegen den Anzeiger dieser Tragödie mußte auch KAdm. Stummel auf dem Zeugenstuhl Platz nehmen. Schließlich hatte er ja den Metox-Empfänger einbauen lassen und konnte sicherlich darüber etwas sagen. Er wurde vom Gerichtsvorsitzenden aufgefordert, die Wirkungsweise des Ortungsgerätes genau zu erklären.

Als KAdm. Stummel dem Gericht erklärte, daß das Metox-Gerät eine sog. Superhetschaltung habe, einen kleinen Sender, dessen unabänderliche Konstruktions-Frequenz sich mit derjenigen des jeweiligen Funkempfanges mische, so daß der Empfang der Differenz zwischen diesen beiden Frequenzen eine hervorragende Trennschärfe ermögliche, horchte ein Mann im Gericht auf. Es war ein Frontoffizier der U-Boot-Waffe. Er stellte als Beisitzer dieses Kriegsgerichts dem Zeugen die entscheidende Frage:

»Dann war also der kleine Sender in den Geräten seiner festen Frequenz nach der gleiche wie diejenigen Sender, die in allen britischen Funkgeräten eingebaut sind. Gab es denn auch einen nicht strahlenden Sender?«

»Nein«, lautete die Antwort von KAdm. Stummel.

»War also dann mit jedem Einschalten des Metox-Gerätes der kleine Sender zwangsläufig mit eingeschaltet?« »Ja, selbstverständlich!«, erwiderte KAdm. Stummel. Und nun explodierte der U-Boot-Offizier.

»Mit einem solchen Sender zur See zu fahren, haben Sie also den U-Booten zugemutet? Ist das nicht für die U-Boote das gleiche gewesen, als ob sie mit Scheinwerfern, die nach allen Seiten leuchten, zur See gefahren wären?«

Als man dann den von nun an schweigenden KAdm. fragte, ob er denn gewußt habe, daß die U-Boote mit dem Einschalten ihres Metox-Gerätes ahnungslos in den britischen Funkverkehr hineingesendet hätten und natürlich auch in die Funkmeßgeräte englischer Flugzeuge hineinstrahlten, sagte Stummel: »Ja, das habe ich gewußt!«

Damit hatte sich dieser Konteradmiral ohne jeden Zweifel in den Augen der Marineoffiziere des Kameradenmordes schuldig gemacht. (Siehe dazu: Jäckel, Ernst, in : Biologische Zukunft, Hamburg 1973, Folge 4, S. 2 ff.).

Das spurlose Verschwinden deutscher U-Boote war jetzt geklärt. In diesen Tagen der erschütternden Gewißheit wirkte GA Dönitz wie versteinert. Auch sein eigener Sohn war auf einem mit Metox ausgerüsteten U-Boot gefallen. Ebenso die vielen Kameraden, die vielen Kommandanten, die er alle persönlich kannte und die in ihm ihren Vater sahen. Aber auch diesmal, in einer der finstersten Stunden nach der ebenso dramatischen Torpedomisere vor Norwegen, war Dönitz der Mann, der Farbe bekannte. So stand er denn am 19. August 1943 vor Hitler und meldete:

»Mein Führer, es ist durch die Überprüfung der vorjährigen Erprobungsergebnisse festgestellt worden, daß der Metox, jenes Gerät, das die U-Boote vor feindlicher Ortung warnen sollte, die Boote an den Gegner verriet. Der Metox bestitz, wie wir erst jetzt wissen, eine starke Abstrahlung, die wie ein Peilzeichen wirkt und vom Gegner als Wegweiser zu unseren Booten benutzt wird.

Dies ist eine traurige und für uns tief beschämende Entdeckung. Rückwirkend läßt sich hieraus all das Unheimliche und Ungeklärte erklären, z.B. das Umgehen der U-Boot-Aufstellung durch die Geleitzüge, die eigenen Bootsverluste im freien Seeraum und der Umstand, daß die Verluste an Geleitzügen trotz der U-Boot-Massierungen geringer waren. Denn am Geleitzug wurde der Metox abgestellt.«

Hitler hatte den Ausführungen des Ob.d.M. mit größter Aufmerksamkeit gelauscht. »Ich glaube, Herr Großadmiral«, erwiderte er nach langer Pause, »daß die Theorie, die Sie soeben vorgetragen haben, den Schlüssel für so viele unerklärbare Verluste liefert. Mit diesen Erkenntnissen sind wir aber einen großen Schritt weitergekommen. Wir müssen nun weiterforschen.«

Einige Tage später befand sich Großadmiral Dönitz abermals am Atlantik. Der Führer der U-Boote West, Kpt.z.S. Rösing, dem alle im Westen stationierten Flottillen unterstanden, hatte alle Flottillenchefs zusammenrufen lassen. Ihnen berichtete Dönitz, was geschehen war. Auch hier sagte er die ungeschminkte Wahrheit. Er erklärte, daß der Metox nunmehr von der »Wanze« ersetzt werde, daß dieses Gerät nach genauesten

Untersuchungen zwar nur ein Fünftel der Strahlung des Metox-Gerätes habe, daß es dennoch nur mit größter Vorsicht zu verwenden sei. Er stellte den neuen T 5-Torpedo, den Zaunkönig oder »Zerstörerknacker« in Aussicht, von dem Minister Speer 85 Stück vorab hatte fertigen lassen.

Im Anschluß daran bat Dönitz alle Kommandanten, die daheim waren, zu einem Gespräch zu sich. Er erklärte ihnen, worum es ging, und bat sie, nacheinander nach Berlin zu kommen, um mit KKpt. Heßler und Kptlt. Schnee in der Operationsabteilung des BdU in Berlin die neuen Angriffsmöglichkeiten und Taktiken zu besprechen.

Ende August liefen 1943 die ersten U-Boote mit jeweils vier Zaunkönigen in den Rohren zum Geleitzugskampf aus.

Den 31 Bootsverlusten im Juni und den noch 15 Bootsverlusten im Juli 1943 standen von nun an bis zum Mai 1944 nur jeweils zwei Verluste im Monat gegenüber. Dennoch mußte GA Dönitz Ende August 1943 eine Jahres-Verlustbilanz ziehen, die erschreckend hoch war.

Vom 1. September 1942 bis zum 31. August 1943 waren 239 U-Boote untergegangen. Im Jahr zuvor waren es 60 Boote gewesen und im zweiten Jahr des Krieges nur 19.

U-Boot-Einsatz in fernen Gewässern 1943

Als die großen U-Boote des Typs IX D 2, die einen Aktionsradius von 23 700 Seemeilen hatten, frontreif waren, liefen ab dem 12. September 1942 die ersten drei Boote dieses Typs zur Feindfahrt zum Großraum Kapstadt-Madagaskar in den Indischen Ozean aus.

Alle drei Boote erzielten Erfolge. U 181 unter Kptlt. Lüth versenkte auf dieser Feindfahrt, die bis zum 18. Januar 1943 dauerte, zwölf Schiffe mit insgesamt 58 000 BRT. U 177 unter Kptlt. Gysae kam auf acht Versenkungen mit runden 49 000 BRT, und U 178, Kptlt. Dommes, konnte sechs Schiffe mit 47 000 BRT versenken.

Die nächste Feindfahrt der großen Boote begann für U 181 unter seinem Kommandanten Lüth am 23. März 1943, also mitten in der Zeit der großen Geleitzugsschlachten. Der Einsatzraum war die See zwischen Südafrika und Madagaskar. Mit U 181 machten sich noch in kurzen Abständen zueinander U 177, Kptlt. Gysae, U 195, Kptlt. Steinfeld, U 196, Kptlt. Kentrat, U 197, Kptlt. Bartels und U 198, FKpt. Hartmann auf diese lange Reise, die die längste Feindfahrt des Zweiten Weltkrieges werden sollte.

Übrigens war U 196 bereits am 13. März 1943 von Kiel ausgelaufen.

Auf einem bestimmten Treffpunkt stand der Versorger »Charlotte Schliemann«, an dem die großen Boote der Reihe nach versorgten und hier nicht nur die Ölvorräte, sondern auch Proviant und Torpedos übernahmen.

Noch früher aber war FKpt. Hartmann ausgelaufen. Vom 9. März 1943 an stand er mit U 198 in See. Inzwischen zum Kpt.z.S. befördert, brachte er sein Boot nach genau 200 Seetagen mit acht Versenkungswimpeln am ausgefahrenen Sehrohr in die Heimat zurück.

Korvettenkapitän Lüth erhielt auf See am 15. April 1943 die Schwerter zum Ritterkreuz mit Eichenlaub. Mit U 196 wurde auch U 181 Ende August 1943 zur Suche nach U 197 angesetzt. Doch die beiden Boote konnten dem Kameradenboot nicht mehr helfen, denn dieses war bereits am 20. August 1943 südlich Madagaskar durch britische Flieger der Geschwader 259 und 265 versenkt worden.

Als U 181 am 14. Oktober 1943 wieder in Bordeaux eintraf, hatte das Boot an 206 Tagen ununterbrochen in See gestanden, und auf dieser zweitlängsten Einsatzfahrt eines U-Bootes überhaupt zehn Schiffe mit insgesamt 45 333 BRT versenkt. Damit hatte U 181 auf seinen beiden weiten ozeanischen Feindfahrten 22 Schiffe mit 103 712 BRT versenkt, eine einmalige Leistung. Am 9. August hatte Wolfgang Lüth in See das Eichenlaub mit Schwertern und Brillanten zum Ritterkreuz erhalten. Auf den Booten U 9, U 138, U 43 und U 181 hatte dieser U-Boot Offizier auf insgesamt 15 Feindfahrten 44 Schiffe mit 253 583 BRT sowie einen Zerstörer und ein U-Boot versenkt und zwei große Schiffe torpediert.

Als letztes Boot dieser Gruppe machte U 196 am 23. Oktober 1943 wieder in Bordeaux fest. Es hatte die längste Feindfahrt des Zweiten Weltkrieges und sicherlich auch die längste Feindfahrt der gesamten U-Boot-Geschichte unternommen und war 225 Tage in See gewesen. Sein Kommandant war Kptlt. Kentrat.

Als Franz Kurowski Großadmiral Dönitz im Herbst 1962 auf diese Leistungen hin befragte, antwortete der »Große Löwe«:

»Was die Kommandanten und Soldaten dieser Boote auf weiten ozeanischen Kriegsfahrten leisteten, ist heute überhaupt nicht zu ermessen. Sie nahmen das Eingeschlossensein auf engstem Raum für mehr als sieben Monate auf sich, standen in einem gnadenlosen Ringen Tag und Nacht gegen viele Feinde zu Wasser und aus der Luft, immer auf sich allein gestellt in der unendlichen Weite der See, so daß eine Rückkehr immer wieder wie ein Wunder erschien.

Wenn sie zurückkehrten, dann waren sie am Ende ihrer Kraft. Ich erinnere mich gut an den tapferen Korvettenkapitän Kentrat, der die längste Feindfahrt des Krieges unternahm. Nur wenige Monate später lief er mit seinem Boot zu einer weiteren Feindfahrt in den Indischen Ozean aus. Nach 130 Seetagen traf er in dem inzwischen errichteten Stützpunkt Penang ein. Der Kommandant war durch diese 375 Seetage in wenig mehr als eineinhalb Jahren am Ende seiner Kraft. Völlig nachtblind geworden, mit gefährlich gesunkenem Blutdruck und aus Erschöpfung an völliger Schlaflosigkeit leidend, hatte sich Kentrat mit unerhörter Selbstüberwindung bis zum Einlaufen in Penang aufrechterhalten.

Ich befahl eine Erholungszeit Kentrats in Japan und dann seine Rückkehr nach Deutschland. Da er aber keine Einschiffungsmöglichkeit mehr erhielt, übernahm

Auch auf dem pazifischen Kriegsschauplatz wendete sich das Kriegsglück zugunsten der Amerikaner. US-Marineinfanterie, die Ledernacken, beim Angriff auf die Marschall-Inseln.

Die Navy-Kampfgruppe 16 vor der Schlacht in der Korallensee.

Ein B-24 Liberator Seeaufklärer über den riesigen Weiten des pazifischen Ozeans.

Wie in Europa so auch im Pazifik war die überlegene alliierte Luftwaffe ein kriegsentscheidender Faktor. Ein B-17 Bomberverband beim Anflug auf sein nächstes Ziel.

Die stolze japanische Flotte musste eine ganze Reihe verlorener Seeschlachten hinnehmen. Viele Kampfschiffe und Flugzeugträger aller Art gingen dabei verloren.

Verlesung des Tagesbefehls in einer japanischen Kasernenstube.

Auf dem Ausbildungsplan steht heute das Erklettern einer Steinmauer. Die Japaner waren als harte Soldaten bekannt, die sich nicht schonten.

Ausmarsch aus dem Kasernengebäude. Das kaiserliche Zeichen ziert den Giebel des Kasernentorgebäudes.

Die Japaner verfügten über eine relativ starke Panzerwaffe.

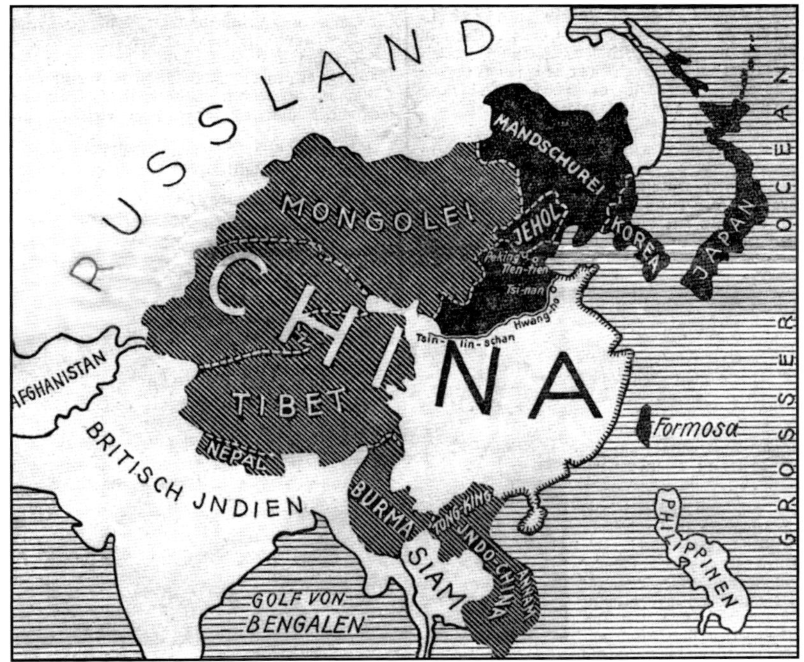

Auf dem asiatischen Festland hatte Japan vor allem die Mandschurei, Teile Chinas, Indo-Chinas und Burmas besetzt und wollte die beherrschende Kraft in dieser Region sein.

Japaner fahren mit erbeuteten Bren-Carriern zum nächsten Einsatz.

Der japanische Oberbefehlshaber der Seestreitkräfte, Yamamoto, wurde bei einem Inspektionsflug am 18. April 1943 über dem Pazifik in der Nähe der Salomonen-Inseln abgeschossen.

US-Landungstruppen gehen bei Rendava im Südwestpazifik an Land.

Der US-Landeabschnitt von Tarawa ist am 25. November 1943 mit Toten übersät. Dennoch vertreiben die Amerikaner die Japaner von einer Inselgruppe nach der anderen.

Ein US-Landungspanzer zieht einen Jeep durch die Fluten an Land.

Kentrat, notdürftig wiederhergestellt, den deutschen U-Boot-Stützpunkt in Kobe/Japan bis Kriegsende. So wie er haben alle Kommandanten auf diesen großen Booten gekämpft und gelitten. Ehre ihrem Andenken.«

Inzwischen hatte der Gegner seine Geleitzugfahrten durch das Nordmeer nach Murmansk wieder aufgenommen. Die Großkampfflotte sollte gegen diese Konvois zum Einsatz gelangen.

Inzwischen war aber der Fall »Achse« eingetreten, und alle Augen waren nach der bereits dargestellten Räumung von Sizilien auf das italienische Festland gerichtet. Vorab jedoch noch ein Wort zum Einsatz der ersten mit dem »Zerstörerknacker« ausgerüsteten U-Boote.

Mit dem »Zerstörerknacker« auf Feindfahrt

Insgesamt wurden von Juni bis Dezember 1943 im Indischen Ozean, im Roten Meer, im Persischen Golf und im Seeraum um Madagaskar, wo überall Schiffe mit wertvoller Ladung liefen, 57 Schiffe mit 337 000 BRT versenkt. (Siehe Roskill, Capt.: »Royal Navy«). Der BdU konnte Ende August 1943 auch die ersten mit dem »Zerstörerknacker« ausgestatteten Boote aus den Atlantikhäfen zum Einsatz verabschieden. Diese Boote liefen getaucht aus. Boote aus Norwegen und deutschen Stützpunkten schlossen sich an. Diesmal ging kein einziges Boot in der U-Boot-Falle Biskaya verloren.

In der Nacht zum 20. September wurde der erste Geleitzug gesichtet. Es war der ON 202. An diesem Konvoi entbrannte der U-Boot Kampf mit aller Macht; er erinnerte in Ansatz und Durchführung, leider nicht im Ergebnis, an die Rudelschlachten des März 1943. Kurz nach der Sichtung des ersten Konvois wurde im gleichen Seegebiet ein zweiter entdeckt; es war der ONS 18, der mit 28 Schiffen am 12. September aus Milford Haven ausgelaufen war, während der bedeutend schnellere ON 202 drei Tage später Liverpool verlassen hatte. Beide Geleite standen am 20. September nur noch 30 Seemeilen voneinander entfernt und boten ein ideales Doppelziel für die U-Boote.

Der Angriff begann am Morgen des 20. September 1943 mit dem ersten Anlauf von U 270. Das Boot torpedierte die Fregatte »Lagan«. Dieser Erfolg war der erste eines Zaunkönigs im Kriege. Der T 5 hatte akustisch sein Ziel gesucht und gefunden. Die »Lagan« mußte eingeschleppt werden. Als nächstes Boot griff U 260 an, doch ohne ersichtlichen Erfolg. U 238 unter Kptlt. Hepp erzielte um 9.32 Uhr dieses Tages zwei Treffer. Die 7176 BRT große »Theodore Dwight Weld« sank. Das zweite 7000 BRT große Schiff wurde eingeschleppt.

U 305 schoß auf den Zerstörer »St. Croix«, der getroffen wurde. Am Abend dieses Tages schoß Kptlt. Bahr mit U 305 auf einen weiteren Zerstörer. Es war, wie sich später herausstellte, abermals die »St. Croix«, die nunmehr sank. Eine Fregatte wurde von

U 305 torpediert. In der Zwischenzeit hatte Oblt. d.Res. Ferro mit U 645 ebenfalls einen Dampfer von über 7000 BRT versenkt.

Die Fregatte »Polyanthus« wurde von U 952 versenkt. U 229, U 641, U 377, U 270 und U 584 kamen nacheinander mit ihren T 5 zum Schuß. Mehrere Treffer wurden gehorcht. Die nächsten zwei Tage vergingen in ständigen Angriffen. Aber erst am frühen Morgen des 23. September ging die Fregatte »Itchen« durch T 5-Treffer auf Tiefe. Danach konnte U 238 unter Kptlt. Hepp in einem großartigen Anlauf die ganze Chargierung des Bootes, und zwar 2 T 3, 2 FAT und 1 T 3, als verbundene Einzelschüsse abfeuern. Vier Schiffe wurden getroffen, von denen drei mit 15 780 BRT sanken. U 952 versenkte die »Steel Voyager« und torpedierte die »James Gordon Bennett.«

Als nach vier Tagen des härtesten Einsatzes, bei dem die U-Boote durch den dichten Nebel heranschließen konnten, der Angriff auf diese beiden Konvois abgebrochen wurde, hatten die U-Boote sechs Dampfer mit 36 422 BRT versenkt und die Vernichtung von zwölf Zerstörern oder Fregatten durch den neuen Horchtorpedo gemeldet. Die Mehrzahl dieser Versenkungsmeldungen erwies sich jedoch als Endstreckendetonierer. Aufgrund dieser Meldungen wurde die Wirkung des »Zaunkönigs« zu optimistisch beurteilt. Drei Sicherungsfahrzeuge wurden wirklich versenkt, ein viertes, die »Lagan«, so schwer beschädigt, daß sie während des Krieges nicht mehr in Fahrt kam.

U 338 unter Kptlt. Kinzel wurde durch eine Liberator versenkt. Auch U 229 unter Oblt.z.S. Scheteling ging verloren. Das Boot wurde von dem Zerstörer »Kerpel« mit Rammstoß vernichtet.

Im Monat Oktober erzielten nur einzelne Boote Erfolge. U 378 versenkte den Zerstörer »Orkan«. Insgesamt wurden nur elf Schiffe versenkt.

Der November sah nur sechs Versenkungserfolge, und im Dezember kam es zu weiteren Einzeleinsätzen mit einer Reihe Versenkungen großer Schiffe über 10 000 BRT. Es waren allerdings auch nur neun Versenkungen und zwei Torpedierungen.

Der Gegner hatte zur Bekämpfung der U-Boote ein gewaltiges Aufgebot bestellt. Die Geleitträger-Gruppen und die verstärkten Luftstreitkräfte konnten im September und Oktober 1943 25 U-Boote versenken. Es erwies sich bereits jetzt, daß die Grauen Wölfe auch mit neuen verbesserten Waffen und Geräten nicht in der Lage waren, die alte Rudeltaktik fortzusetzen. Die Geleitzugbekämpfung mit U-Boot-Rudeln mußte eingestellt werden. Dazu Großadmiral Dönitz:

»Wir konnten nur noch hinhaltend und so haushaltend wie möglich weiterkämpfen, um die Kräfte des Gegners zu binden. Der Druck auf die alliierten Seeverbindungen durfte nicht nachlassen. Er mußte auch mit einer genügend hohen Zahl von U-Booten erzeugt werden, denn nur die Furcht vor einer jederzeit möglichen Konzentrierung der Boote in U-Boot-Rudeln konnte den Gegner davon abhalten, die gegen die Boote eingesetzten Flugzeuge und Seestreitkräfte nicht zu vermindern und sie für andere Aufgaben zu verwenden.«

Dementsprechend mußte Großadmiral Dönitz zu folgender Entscheidung kommen: »Der U-Boot-Krieg ist mit den vorhandenen Mitteln fortzuführen. Verluste, die zu den augenblicklichen Erfolgen nicht im Verhältnis stehen, müssen in Kauf genommen werden, so bitter sie auch sind.«

Es gab keine anderen Kriegsmittel, die in der Lage gewesen wären, so viele Feindkräfte zu binden wie das U-Boot. So liefen sie weiter aus und setzten sich bei jedem Einsatz unter Todesgefahr ein. Ihre Kommandanten aber warteten auf das Fertigwerden der neuen Elektroboote, mit denen sie das totale U-Boot haben würden.

Der Bau der ersten Boote des Typs XXI und XXIII lief auf Hochtouren. In neuen Konstruktionsbüros für den U-Boot-Bau in Blankenburg im Harz entstanden die Zeichnungen, und bereits im Winter 1943 gingen die Bauaufträge an die Werften hinaus. Otto Merker, der Leiter des Hauptausschusses Schiffbau, wollte zum 1. April 1944 das erste XXI-er Boot ausliefern, und noch im April dieses Jahres würden auch die ersten Boote des Typs XXIII verfügbar sein. Es sollte jedoch ganz anders kommen.

Die Übersicht 1943: Erfolge und Verluste

Das Jahr 1943 hatte in den ersten vier Monaten große Erolge bei erträglichen Bootsverlusten gebracht. Im Mai aber sah dies anders aus. Die in See stehenden Boote versenkten 44 Schiffe und verloren dabei 41 Boote. Dieser Zustand war unhaltbar. Ihn abzuwenden halfen alle Anstrengungen des Stabes und der U-Boot-Waffe und des Großadmirals, wie in den vorangegangenen Teilkapiteln über die Konstruktion und den Bau des »totalen U-Bootes« dargelegt wurde, nicht.

Im Jahr 1943 wurde die größte Zahl an Booten in Dienst gestellt. Es waren dies 284. Dabei kam der Indienststellungsmonat Dezember mit 28 Booten fast an die Forderungen des BdU heran. Er hatte eine monatliche Fertigung von 30 Booten als Mindestforderung gestellt. Diese wurde nie erfüllt, im Gegenteil: Die Monate sahen lediglich einen Durchschnitt von 23 bis 24 Booten.

Im selben Jahr gingen auf See und in den Häfen insgesamt 243 Boote verloren, so daß der Zugewinn nur gering war. Im Juli kam die U-Boot-Waffe noch einmal auf 36 Bootsverluste und hatte damit bei 46 versenkten Fahrzeugen im gleichen Zeitraum eine ähnlich schwierige Klippe zu umschiffen.

Es wurde weitergekämpft, denn »die U-Boot-Waffe« konnte 1943 nicht aufhören in ihrem erbarmungslosen Kampf und Opfergang. Der Tonnagekrieg wurde in fernen Gewässern fortgesetzt, wie ja bereits berichtet wurde.« (Siehe Dönitz, Karl: a.a.O.).

Der Tiefpunkt der Erfolge im Juni mit 20 Schiffen und 86.807 BRT versenkten Schiffsraumes sackte im November gar auf 14 Schiffe mit nur noch 50.868 BRT ab.

Die Erfolgsliste dieses Jahres und die Verlustliste der Boote sei im folgenden Text gegenübergestellt:

Jan. 1943:42 Schiffe mit insgesamt 218.449 BRT, 6 Boote.
Febr. 1943:68 Schiffe mit insgesamt 380.835 BRT, 18 Boote.
März 1943:105 Schiffe mit insgesamt 590.234 BRT, 14 Boote.
April 1943:48 Schiffe mit insgesamt 276.517 BRT, 14 Boote.
Mai 1943:44 Schiffe mit insgesamt 225.772 BRT, 41 Boote.
Juni 1943:20 Schiffe mit insgesamt 86.807 BRT, 17 Boote.
Juli 1943:46 Schiffe mit insgesamt 245.178 BRT, 36 Boote.
August 1943:17 Schiffe mit insgesamt 88.957 BRT, 23 Boote.
Sept. 1943:19 Schiffe mit insgesamt 106.840 BRT, 7 Boote.
Okt. 1943:24 Schiffe mit insgesamt 82.199 BRT, 26 Boote.
Nov. 1943:14 Schiffe mit insgesamt 50.868 BRT, 17 Boote.
Dez. 1943:16 Schiffe mit insgesamt 84.408 BRT, 7 Boote.

Diese Übersicht zeigt auf einen Blick, daß sich die Katastrophe des Mai zweimal wiederholte und daß in einem Falle einer Versenkungszahl von 14 Schiffen der Verlust von 17 Booten gegenüberstand.

Insgesamt gesehen, war das Jahr 1943 für die deutsche U-Boot-Waffe mit einer Gesamtversenkungszahl von 2.437.044 BRT und dem gegenübergestellten Verlust von 284 Booten eine einzige Katastrophe.

»Die Schlacht im Atlantik«, so die erleichterten Engländer, »war nach 45 Monaten eines unaufhörlichen Kampfes zu Ende gegangen. Sie war von stärkerer und heftigerer Art, als die Nachwelt sie sich einmal wird vorstellen können.« (Siehe Roskill: The War at Sea).

»Wir waren in der Atlantikschlacht unterlegen. Die gewaltige See- und Luftabwehr der beiden größten Seemächte der Welt hatte vor allem auf Grund des neuen Ortungsmittels den U-Boot-Krieg erdrückt.« (Siehe Dönitz, Karl: a.a.O.).

DER ALLIIERTE BOMBENKRIEG ÜBER DEUTSCHLAND

Vorbemerkungen

Im Laufe des Jahres 1942 wurden nach englischen Angaben etwa 1000 Angriffe auf deutsches Reichsgebiet geflogen, darunter 17 schwere mit einer Abwurfmenge von mehr als 500 Tonnen Bomben und Brandbomben.

Diese Großangriffe waren aus der Erwägung heraus geführt worden, daß die Lage der deutschen Kriegsindustrie bereits zu dieser Zeit auf das äußerste angespannt sei. Man berechnete im voraus, daß die Rüstungsproduktion nach diesen Angriffen um 30 Prozent absinken werde.

Vor allem aber wollte man die deutsche Bevölkerung demoralisieren, ihre Wohnbezirke und Arbeitsstätten zerstören. Die letzten moralischen Bedenken waren nach den deutschen Angriffen auf London geschwunden.

Diese Angriffe auf weitgestreute Flächenziele brachten 1942 jedoch keinen Erfolg. Ebenso waren die von den schweren Angriffen auf die Wohngebiete erwarteten moralischen Wirkungen ausgeblieben.

Daß dennoch das Jahr 1942 zum entscheidenden Jahr des Luftkrieges wurde und den Sieg der alliierten Bomberstreitkräfte anzeigte, liegt in der Tatsache begründet, daß die anglo-amerikanische Luftwaffe durch ihre technische und zahlenmäßige Entwicklung der Deutschen inzwischen weit überlegen war.

Die deutsche Luftwaffe sah sich 1942 auf allen Kriegsschauplätzen in die Verteidigung gedrängt. Die Luftschlachten, die noch gut ein Jahr zuvor über England und Deutschland ausgefochten worden waren, fanden nun beinahe ausschließlich über Deutschland statt. Im Luftraum des Gegners kam es nur noch zu sporadischen Angriffen.

Winterschlacht der Royal Air Force

Im Dezember 1942 flog die RAF Angriffe auf Frankfurt am Main, Mannheim und Essen. Der erste US-Angriff in Italien war gegen die im Hafen von Neapel liegenden italienischen Kreuzer gerichtet, einer von ihnen wurde versenkt.

Am Abend des 9. Dezember flogen 196 britische Bomber in Richtung Turin und trafen die Stadt schwer.

Einen Angriff besonderer Art flogen vier britische Mosquitos. Erstmalig durch das Radar-Fernführungssystem »Oboe« an ein Kraftwerk in Holland herangeführt, gelang es ihnen, es auszuschalten. Amerikanische Bomber griffen am 30. Dezember den deutschen U-Boot-Stützpunkt Lorient an. Die 8. USAAF war noch nicht stärker als 100 Flugzeuge, da das Gros der Bomber sich noch im afrikanischen Raum befand.

Mit diesen Angriffen ging das Jahr 1942 zu Ende.

Bombenangriffe wurden im Januar 1943 gegen Essen geführt, zwei Angriffe auf Berlin schlossen sich an. Die anglo-amerikanischen Angriffe auf U-Boot-Stützpunkte, Werften, Fabriken und die Zubehörindustrie, die an der Biskaya und an der Nordseeküste lagen, waren im Januar auf den Zielkarten der beiden Bomber-Verbände der Alliierten markiert. Am 27. Januar 1943 erlebte Wilhemshaven den ersten auf das Reichsgebiet geflogenen Tagesangriff der 8. USAAF, die mit 55 Maschinen des Typs B 17 und einer Reihe Begleitjäger vom Typ P-38 über der Stadt erschien.

Drei B 17 wurden abgeschossen.

Im Februar steigerten sich die Angriffe auf das Reichsgebiet. Köln, Hamburg, Wilhelmshaven und wieder Köln erlebten eine Vielzahl von Bombenangriffen, heftige nächtliche Duelle zwischen deutschen Nachtjägern und den Bombern fanden statt.

In diesem Monat griffen Amerikaner und Engländer auch wieder Ziele in Frankreich und Italien an. Palermo, Neapel und Cagliari erlebten heftige Angriffe, bei denen es eine große Anzahl Toter unter der Zivilbevölkerung gab.

Der schwerste Angriff dieses Monats wurde gegen Wilhelmshaven geflogen. In den Nächten zum 19. und 20. Februar erreichten insgesamt 484 Bomber das Ziel und warfen 1379 Tonnen Bomben ab. Von deutscher Seite wurden in diesen Tagen erstmals Nachtjäger zu Tageseinsätzen herangezogen, weil die Tagjagd nicht stark genug war.

Im März aber begann der Auftakt zu einer vier Monate dauernden Luftschlacht über dem Ruhrgebiet.

Luftschlacht über der Ruhr

Zu Monatsbeginn erlebte Berlin einen Angriff von 251 Bombern, die in der Nacht zum 2. März 610 Tonnen Bomben abwarfen. 20 000 Häuser wurden beschädigt, weil diese Bomben mitten in die Zentren fielen. Es gab erstmals 711 Tote und 1570 Verwundete. 35 000 Berliner wurden in dieser Nacht obdachlos. 17 Bomber konnten von der Nachtjagd und der Flak abgeschossen werden. Den Auftakt zur Luftschlacht über der Ruhr aber flogen – nach einem dazwischenliegenden Angriff auf Hamburg mit 344 Bombern und einer abgeworfenen Bombenmenge von 914 Tonnen – in der Nacht zum 6. März 1943 412 Maschinen des Bomber Command.

Es waren 140 Lancester-, 89 Halifax-, 52 Stirling- und 131 Wellington-Bomber, die von einer Gruppe von 22 Lancester der »Pfadfinder«-Gruppe und 8 Mosquitos nach dem Oboe-System gegen die Stadt Essen und die Kruppwerke geführt wurden. Dies war der 52. Angriff, der gegen Essen geführt wurde, und zum ersten Male hatte »Bomber-Harris« seinen Verbänden den Befehl gegeben, im dichten Bomberstrom anzugreifen. So war es am ehesten möglich, daß viele Feindflugzeuge den deutschen Abwehrgürtel der Nachtjagd mit geringen eigenen Verlusten durchbrechen konnten. Aus dem Raume Dorsten markierten die »Pfadfinder« den weiteren Zielanflug bis zum Ziel mit gelben Markierungsbomben, und als Hinweis auf das Ziel selbst wurden rote Zielleuchtbomben abgeworfen, nach denen sich alle folgenden Bomber zu richten hatten. Der Zielpunkt waren die Kruppwerke.

Als die ersten Bomber den Wendepunkt Dorsten erreichten, brannten die Markierungen schon. Flakfeuer schlug ihnen entgegen. Die roten Zielleuchtbomben wiesen den Weg. Alle sechs Minuten wurden sie von einer weiteren Mosquito erneuert, damit das Ziel immer markiert war. Zusätzlich warfen die »Pfadfinder« alle zwei Minuten Leuchtbomben über dem Ziel ab.

Der Angriff begann um 21.00 Uhr und endete 40 Minuten später. Die Bomber hatten gedreht und flogen in den Raum Haltern, um von dort nach Nordwesten abzudrehen und direkten Kurs auf England zu nehmen.

Insgesamt kamen 396 Bomber zum Abwurf; 14 Bomber wurden abgeschossen.

In Essen wurden 3016 Häuser vernichtet, 23 000 weitere beschädigt; es gab 397 Tote und 1440 Verletzte. Dies war der furiose Auftakt zu einer vier Monate dauernden Angriffstätigkeit, die selbst die Härtesten erschütterte.

Der März wurde durch einen schweren Angriff auf Duisburg abgeschlossen, bei dem von 387 Bombern 945 Tonnen Bomben und Brandbomben abgeworfen wurden. Angriffe auf Nürnberg und München, Stuttgart, Wilhelmshaven und zweimal Berlin ließen die abgeworfene Bombenmenge im März auf 8 000 Tonnen ansteigen.

In der Nacht zum 4. April war abermals Essen das Ziel von 348 Bombern; 317 erreichten die Stadt und warfen 983 Tonnen Bomben ab. Diesmal wurden neben 120 Wohnhäusern auch 27 Fabrikhallen und Gebäude der Firma Krupp getroffen.

Dazu bemerkte Luftmarschall Harris später:

»Es muß mit Nachdruck gesagt werden, daß - von Essen abgesehen - wir niemals ein besonderes Industriewerk als Ziel ausgewählt haben. Die Zerstörung von Industrieanlagen erschien uns stets als eine Art von Sonderprämie. Unser eigentliches Ziel war bei allen Angriffen stets die Innenstadt.« (Siehe Arthur Harris: a.a.O.).

Der Tagesangriff der 8. USAAF am 4. April richtete sich gegen die Renault-Werke in Billancourt bei Paris. Hier gab es 228 Tote und 500 Verletzte. Noch am selben Tage griff die US-Heeresluftwaffe auch Neapel an und verursachte schwere Schäden in der Stadt. Es kamen 221 Menschen in den Flammen um, 500 weitere Zivilpersonen wurden verletzt.

Die US-Angriffe gegen Antwerpen waren gegen Industriewerke gerichtet, in denen auch Schäden entstanden. Aber auch das Stadtgebiet wurde getroffen. »Es war der schrecklichste Tag meines Lebens. Ich sah die vielen, vielen Toten und erlebte es, wie aus den Trümmern zweier Schulen über 300 tote Kinder geborgen wurden.« (Victor L. Defarge gegenüber F. Kurowski). Insgesamt starben an diesem Tage in Antwerpen 2 130 Menschen; es gab weitere 634 Verletzte. Die Bevölkerung war verzweifelt.

Waren das ihre »Retter, die diese barbarischen Mittel anwandten? Und dies alles im Namen der Befreiung Belgiens von den Nazis?« (Victor L. Defarge).

In zwei Nächten zum 9. und 10. April wurde Duisburg bombardiert, Frankfurt am Main, Dortmund und Ludwigshafen folgten. Stettin, Duisburg und Essen machten den Schluß im April.

Am 24. April 1943 wurden von den Engländern zum erstenmal die neuen Flüssigkeitsbrandbomben geworfen, »weil die Stabbrandbomben zu leicht gelöscht werden konnten.« Es waren 27 kg schwere Brandbomben, die aus einer Mischung von Benzin, Gummi und Viskose bestanden.

Die gleichzeitig damit erstmals zum Einsatz gelangenden US-Brandbomben waren in ihrer Wirkung noch verheerender. Sie hatten noch weitere Beimischungen von Öl, flüssigem Asphalt und Magnesiumstaub. Ihr Gewicht betrug 225 kg.

Der Mai brachte dann einen Paukenschlag besonderer Art. Doch zuvor gab es noch die Angriffe gegen Dortmund in der Nacht zum 5. Mai, bei dem von 495 Bombern 1436 Tonnen Bomben abgeworfen wurden, und auf Duisburg, das mit 1599 Tonnen Bomben und Brandkanistern belegt wurde. Bei der Abwehr des Duisburger Angriffs konnte die Nachtjagd Erfolge verbuchen: 35 Bomber wurden abgeschossen. Bochum in der Nacht zum 14. Mai und Kiel am Tage des 14. Mai waren Ziele der Einleitungsangriffe. Bei Kiel warfen 108 B 17 und B 24 ihre Bomben ab.

Dazwischen griffen die Amerikaner am 9. Mai Palermo, am 11. Mai Catania und am 13. Mai St. Omer an. Bei allen drei Angriffen wurden zahlreiche Zivilisten getötet. In Palermo starben 210 Menschen, in Catania 150 und in St. Omer 78.

Air Vice Marshal Slessor, der im September 1942 nach Washington gereist war, meldete seinem Vorgesetzten, Sir Charles Portal, daß die Amerikaner nicht zu überzeugen seien, sondern daß sie nach wie vor verbissen an ihrer Version von der besten Wirksamkeit des Bombenkrieges festhielten. Sobald man Zweifel an der Richtigkeit ihrer Meinung äußere, ziehe dies lediglich Verärgerung und Widerstand nach sich, aber kein Nachdenken oder gar Nachgeben.

Air Chief Marshal Portal reichte diese Meldung an den Luftfahrtminister, Sir Archibald Sinclair, weiter und fügte in seinem Begleitschreiben hinzu:

»Ich glaube nicht, daß sie (die Amerikaner) je in der Lage sein werden, weiter als bis zur Ruhr oder bis Hamburg einzudringen, da schon allein Munitionsmangel sowie die Ausfälle unter den Bordschützen als Folge der ständigen deutschen Jägerangriffe untragbare Verluste nach sich ziehen müssen.« (Siehe »The Strategic Air Offensive Against Germany, 1939-1945«, Volume IV).

Noch war - mitten in der Luftschlacht über der Ruhr - der Sieg nicht errungen, aber bereits im Dezember hatte Winston Churchill gesagt: »Dies ist nicht das Ende. Es ist nicht einmal der Anfang vom Ende. Aber es vielleicht das Ende vom Anfang.« Damit wollte er zum Ausdruck bringen, daß es noch der ganzen Anstrengung aller bedurfte, um zum Ziele zu gelangen, das Vernichtung Deutschland hieß. In diesem Sinne verstärkte das Bomber Command seine Angriffe, und auch die 8. USAAF griff weiter an.

Vom Bomber Command war im Frühjahr in aller Stille die 617. Staffel aufgestellt worden. Wing Command Gibson, ein erfahrener Pilot mit über 60 Feindflügen über Deutschland, hatte das Kommando dieser Staffel übernommen, die mit schweren, umgebauten Lancaster-Bombern ausgerüstet war. Zu diesen Flugzeugen gehörte eine neue Bombe, die »Upkeep« genannt wurde. Diese Bombe, die wie ein Faß aussah, mußte bei einer Geschwindigkeit von genau 352 km/h in einer Höhe von 18 m geworfen werden, wenn sie einen Staudamm vernichten sollte. Und darum ging es! Man mußte diese Bombe genau 387 m vor dem Damm auslösen, damit ihr komplizierter Mechanismus auch zur Wirkung kam. Die 617. Staffel war zu Angriffen gegen deutsche Talsperren aufgestellt und ausgebildet worden. Sie hatte den richtigen Abwurf hundertmal trainiert. Diese Bombe war so konstruiert, daß sie sich beim Aufprall auf dem Wasser mit einer Drehzahl von 500 U/Min. drehte. So rollte sie auf dem Wasser zur Staumauer, prallte dagegen, wurde zurückgeschleudert und durch ihre Eigenrotation - die übrigens durch einen eigenen kleinen Motor in der Aufhängung der Bombe in Gang gesetzt wurde - wieder an die Mauer zurückgeführt, an der sie abwärts entlangrollte, um in 10 m Wassertiefe an der Mauer zu detonieren, weil der Druckzünder bei 10 m Wassertiefe reagierte. So konnte die Bombe ein Unterwasserleck in die Sperrmauer reißen.

Operation »Züchtigung«

Die Operation »Chastise« (Züchtigung) begann am 16. Mai 1943. Die ausgewählten 19 Lancaster starteten in drei Wellen. Die erste Welle von neun Bombern erhielt das Hauptziel, die Möhnetalsperre, zugewiesen. Die zweite Welle mit fünf Flugzeugen wurde auf den Sorpestaudamm angesetzt, und die dritte Welle, in der ebenfalls fünf Bomber flogen, ging als Reserve auf diesen weiten Flug. Sie würden dort angreifen, wo es notwendig werden sollte. Die erste Welle erhielt darüber hinaus den Auftrag, nach Zerstörung der Möhnetalsperre auch noch die Edertalsperre anzugreifen.

Die erste Welle, von Wing Commander Gibson geführt, erlitt beim Anflug einen Verlust. Dieser Bomber wurde durch Fw. Schneider von einer Gruppe des JG 27 unter Hptm. Janssen abgeschossen. Die zweite Gruppe wurde von einigen Jägern des JG 11 unter Major Meders Führung angegriffen und verlor zwei Bomber.

Die erste Gruppe unter Wing Commander Gibson erreichte den Möhnestaudamm, den ersten Zielanflug unternahm der Wing Commander selbst. Die Flak auf dem Damm feuerte aus allen Rohren, dennoch gelang der Anflug um 2.27 Uhr. Die Bombe allerdings fand ihr Ziel nicht. Erst beim fünften Angriff barst der Damm der Möhnetalsperre auf einer Breite von 75 m auseinander. Eine gewaltige Flutwelle ergoß sich durch dieses Loch und wälzte sich talwärts. In jeder Sekunde tosten 6000 Kubikmeter Wasser durch die Bresche und flossen das Ruhrtal und das Möhnetal hinab. Ein Barackenlager in Neheim-Hüsten, in dem 324 Fremdarbeiterinnen lebten, wurde einfach fortgespült. Alle Insassen ertranken. In Neheim kamen insgesamt 617 Menschen in den Fluten ums Leben.

Der Flak auf dem Damm war es trotz des schweren Feuers aus den MG der acht Bomber gelungen, eine Lancester abzuschießen. Auch in Richtung Soest brandete eine Springflut. Die dritte ergoß sich durch das Ruhrtal und überschwemmte Wickede, Langschede und Fröndenberg.

Mit drei seiner Bomber, die noch einsatzbereit waren, flog nun Wing Commander Gibson zur Edertalsperre, um auch sie zu vernichten. Hier war nicht einmal Flakabwehr aufgestellt. Die erste geworfene Mine verursachte einen Riß in der Staumauer. Die zweite Bombe, die auf die Brustwehr des Ederdammes fiel, detonierte und zerriß die werfende Lancaster. Die dritte Bombe aber riß auch hier eine breite Bresche in die Sperrmauer. Durch dieses Loch liefen 205 Millionen Kubikmeter Wasser aus. Die Gesamtzahl der Ertrunkenen belief sich auf 2009 Menschen. Aber noch Wochen nach dieser Operation »Züchtigung« wurden von dem 60 Mann starken Suchtrupp Menschen im tiefen Schlamm gefunden.

Wäre es der dritten Gruppe unter Flight Lieutenant McCarthy gelungen, auch das dritte Ziel, die Sorpe-Staumauer, zu zerstören, dann wäre das Ruhrgebiet ohne Wasser gewesen, wie dies der Auftrag der Besatzungen war. Aber der Flight Lieutenant, der die Talsperre allein erreichte, erzielte zwar einen Treffer, der die Dammkrone beschädigte, doch der Damm selbst hielt. Drei Flugzeuge der Reservegruppe erhielten nun über Funk den Befehl, diesen Anfangserfolg auszuweiten und den Damm zu zerstören. Von ihnen wurde eine abgeschossen, ehe sie das Ziel erreichte. Die vier anderen Bomber aus der Gruppe von Flight Lieutenant McCarthy waren deshalb nicht zum Abwurf gelangt, weil zwei vorher durch Nachtjäger abgeschossen worden waren und zwei weitere wegen Motorschäden umkehren mußten.

Als das zweite Reserveflugzeug das Ziel erreichte, ließ Flight Sergeant Brown den Damm zehnmal nacheinander anfliegen, ehe er Sergeant Johnson, dem Bombenschützen, den Wurf freigab. Die Bombe traf zwar den Damm, doch dieser hielt stand. Dann kam das dritte Reserveflugzeug heran. Es konnte jedoch keinen Zielangriff mehr durchführen, weil der Bodennebel so dicht geworden war, daß nichts mehr erkannt werden konnte. So wurde die Sorpetalsperre nicht entscheidend getroffen, und die Wasserversorgung des gesamten Ruhrgebiets blieb sichergestellt. Von den insgesamt 19 Lancasterbombern kehrten 9 nicht mehr nach England zurück.

Wenige Tage nach diesem Erfolg besuchte König Georg VI. die 617. Staffel in Scampton und verlieh Wing Commander Gibson das Victoria Cross. Im September 1943 wurde Guy Gibson über Rheydt bei einem neuen Bombenangriff abgeschossen.

In der Nacht zum 24. Mai erfolgte ein schwerer Angriff auf Dortmund. 826 Bomber waren zu diesem Einsatz gestartet, mit dem Luftmarschall Harris »diese deutsche Stadt endgültig von der Zielliste streichen« wollte. 724 Bomber erreichten das Ziel und warfen 2042 Tonnen Bomben ab. In den Wohnvierteln entstanden schwere Schäden. Aber auch die Dortmunder Industrieanlagen wurden getroffen. Von den 38 in dieser Nacht abgeschossenen Bombern kamen 22 auf das Konto der Nachtjäger, der Rest wurde von der Flak getroffen.

Von Wuppertal bis Hamburg

Im Mai wuchs der Flugzeugbestand der 8. USAAF nach Ende des Einsatzes der Bomber-Gruppen in Afrika erstmals auf über 300 Maschinen an. Eine neue alliierte Zielliste stellte die Flugzeugwerke an die Spitze der anzugreifenden Objekte, gefolgt von der Kugellagerindustrie und den Werken, in denen synthetisches Benzin und Gummi hergestellt wurden.

Am 17. Mai griffen schnelle und sehr hoch fliegende Mosquito-Bomber die Zeisswerke in Jena an. Außerdem setzte die Royal Air Force ihre Angriffe auf Ziele an der Ruhr und im Rheinland fort. Inzwischen war auch ein Sonderverband - die 100. Bomber Group - aufgestellt worden. Dieser Verband hatte von nun an ständig Schein-, Ablenkungs- und Störangriffe zu fliegen.

Immer mehr wurden Stimmen in England laut, die Aufklärung über die Zivilverluste in Deutschland forderten. So sagte Captain Balvour am 11. März 1943 im britischen Unterhaus, als er darauf angesprochen wurde:

»Wenn bei der Verfolgung des Zieles, in Deutschland militärische Ziele anzugreifen, die Zivilbevölkerung zu leiden hat, so ist dies nicht unser Fehler.« Und in jener Phase der Luftschlacht über der Ruhr, da Hunderte, ja Tausende von Menschenleben zugrunde gingen, äußerte sich Winston Churchill am 19. Mai 1943 über seine Entscheidung zum Flächenbombardement und dessen Wirksamkeit vor dem US-Kongreß in Washington:

»Dieses Experiment ist die Probe wert, solange andere Maßnahmen noch ausgeschlossen sind. Nun ja, es schadet nichts, das herauszubekommen. (Gelächter im Kongreß).

Der Zustand, in den die großen Zentren der deutschen Kriegsindustrie und insbesondere die des Ruhrgebietes gebracht werden, ist der einer unvergleichlichen Verwüstung. - - - Es ist unsere festgelegte Politik, einen Zustand herbeizuführen, welcher es Deutschland unmöglich macht, seine Kriegsindustrie auf irgendeiner Basis im großen oder konzentrierten Stil fortzusetzen. Dieser Prozeß wird pausenlos mit immer sich steigernder Intensität vorwärtsgetrieben, bis das deutsche und italienische Volk die ungeheuren Tyranneien aufgeben.« (Siehe Fuller a.a.O).

Am 28. Mai versicherte der stellvertretende Premierminister Attlee laut einer Meldung der Times vom 28.5.1943 im Unterhaus jedoch genau das Gegenteil von dem, was Churchill in den USA geäußert hatte. Und zwar sagte er:

»Nein, es findet kein unterschiedsloses Bomben statt. Wie in diesem Hause wiederholt festgestellt wurde, werden nur solche Ziele angegriffen, welche vom militärischen Standpunkt aus höchst wichtig sind.«

Doch zurück zu den Angriffen. Am Abend des 30. Mai starteten von 47 Flugplätzen in Süd- und Südostengland 719 Bomber der Typen Halifax, Stirling, Lancaster und Wellington. Sie hatten 1186 Sprengbomben, 342 000 Brandbomben und 28 454 Flüssigkeitsbrandbomben (Phosphorkanister) an Bord. In einem 150 km langen Strom flogen sie Wuppertal an.

Von den deutschen Radarstationen geleitet, starteten auf ihren Liegeplätzen alle verfügbaren Nachtjäger zur Abwehr dieser Bomberflotte. Die II./NJG 1 verfehlte mit den ersten von Major Ehle geführten acht Nachtjägern die Bomber, weil diese nach Erreichen der niederländischen Grenze scharf nach Süden abgedreht hatten, später auf Ostkurs drehten und nun genau Mönchengladbach anflogen. Als die Nachtjäger dorthin umgeleitet wurden, drehte der Bomberverband abermals und flog nunmehr genau zwischen Düsseldorf und Köln ins Bergische Land. Die Nachtjäger mußten auf den Plätzen im Revier landen, weil sie keinen Brennstoff mehr hatten. Um 0.50 Uhr gab es in Wuppertal Fliegeralarm. In Solingen und Remscheid heulten zur gleichen Zeit die Sirenen.

12 Zielmarkierer der »Pfadfinder«-Gruppe warfen ihre grünen Bomben ab. Dann folgte der erste Bomberverband und in einigen hundert Metern Höhe darüber, fast deckungsgleich, der zweite. Drei, vier Bomber des unteren Verbandes wurden von den Brandbomben der über ihnen fliegenden Maschinen getroffen und drehten brennend ab. Der erste Bomber wurde von der Flak abgeschossen. Aber in der Stadtmitte von Barmen regnete es bereits Bomben aller Art und auch Phosphorkanister. Die Häuser rund um den Alten Markt standen zwei Minuten später in Flammen. Die Christuskirche brannte aus. Aus der Altstadt rannten Menschen in Richtung Wupper. Einige blieben in dem fußtief aufgeweichten Asphalt stecken und verbrannten. Die Privatfrauenklinik im Fischertal in Wuppertal-Barmen wurde schwer getroffen und brannte. Dr. Hermann Drews rettete persönlich etwa 25 Frauen und Säuglinge. Aber in der Waschküche der Klinik kamen 20 Menschen ums Leben. Ihre Gebeine wurden erst im Jahre 1958 gefunden, als man dort Ausschachtungsarbeiten vornehmen ließ. Alle Bomber kamen zum Abwurf. 118 000 Obdachlose waren Teil der Bilanz. 2450 gezählte Tote wurden bestattet.

Auf dem Rückflug warfen sich die noch einsatzbereiten Nachtjäger des NJG 1 unter Oberstleutnant Falck auf den heimfliegenden Bomberstrom. In verbissen geführten Gefechten, bei denen sie ebenfalls Verluste erlitten, schossen sie 22 Bomber ab. Damit hatte der Gegner bei diesem Angriff insgesamt 35 Bomber verloren. Weitere 60 gingen bei der Landung in England zu Bruch.

Dr. Goebbels, Reichsminister für Volksaufklärung und Propaganda, verbot den deutschen Zeitungen, das ganze Ausmaß des Schreckens von Wuppertal zu berichten. Um Wuppertal zog sich eine hohe Mauer des Schweigens.

Am 10. Juni begann die auf der Casablanca-Konferenz beschlossene »Combined Bomber Offensive« der Alliierten gegen Deutschland. Und zwar sollten Tagangriffe der 8. USAAF und Nachtangriffe der RAF einander ablösen. Die Prioritätsliste sah vor, daß zuerst die deutschen Jägerplätze und Stützpunkte und erst dann die Flugzeugwerke selbst das Ziel sein sollten. Der Angriff auf Düsseldorf in der Nacht zum 12. Juni war wieder folgenschwer, denn 693 Maschinen warfen 1968 Tonnen Bomben ab, die riesige Flächenbrände verursachten. 120 000 Düsseldorfer wurden obdachlos. 38 Bomber wurden abgeschossen, davon 27 durch die deutsche Nachtjagd.

Bochum, Kiel, Bremen, Oberhausen und Köln wurden nacheinander schwer geprüft. Bei dem »Weberschiffchenangriff« zwischen Großbritannien und Nordafrika in der Nacht zum 22. Juni wurden von 661 Bombern 1956 Tonnen Bomben über Krefeld abgeworfen. 42 Bomber wurden abgeschossen, eine Reihe weiterer ging bei der Landung in Nordafrika zu Bruch.

Oberhausen, Elberfeld und Gelsenkirchen machten die Luftschlacht über der Ruhr zu einem Fanal des Grauens.

Köln wurde bereits in der Nacht zum 4. Juli wieder angegriffen. In der Nacht zum 9. Juli wurde dieser Angriff wiederholt. Gelsenkirchen, Aachen und zweimal Duisburg folgten, und alle diese Angriffe mündeten in dem einen großen, alles verschlingenden Untergangswirbel der Operation »Gomorrha«, jenen fünf Angriffen, denen die Hansestadt Hamburg vom 24. bis 30. Juli 1943 ausgesetzt war.

Nach zehntägiger Vorbereitung wurde die Direktive der britischen Luftkriegsführung zum Unternehmen »Gomorrha« erlassen.

»Sie sollen die alte Hansestadt Hamburg bis auf den Grund zerstören, und zwar im vollsten Ausmaß aller Ihrer Fähigkeiten und Möglichkeiten!« (Siehe Arthur Harris: a.a.O.)

Der Chef des Bomber Commands gab am Morgen des 24. Juli 1943, nachdem er den Wetterbericht erhalten hatte, folgenden Tagesbefehl heraus:

»Die Schlacht um Hamburg kann nicht in einer einzigen Nacht gewonnen werden. Wenigstens 10 000 Tonnen Bomben sind nötig, um diese Stadt auszulöschen. Wenn wir den maximalen Effekt des Bombardements erreichen wollen, dann muß unablässig angegriffen werden. Der erste Angriff heute nacht wird vor allem mit Brandbomben ausgeführt, um die Feuerwehrkräfte und die Löschmöglichkeiten zu erschöpfen.«

Die Planung sah vor, daß um 23.57 Uhr die Mosquito- »Pfadfinder« über Hamburg sein sollten, um gelbe Zielleuchtbomben abzuwerfen. Drei Minuten darauf sollte das Gros, bestehend aus 347 Lancaster-, 245 Halifax-, 125 Stirling- und 74 Wellington-Bombern das Ziel erreichen und mit dem Abwurf beginnen. Von den genannten 792 Maschinen erreichten 740 pünktlich das Ziel.

Um die deutsche Abwehr und ihren Einsatz auszuschalten, hatte man seit langer Zeit etwas ausgetüftelt, womit die Funkmeßstellen und die Jägerleitoffiziere und damit auch die gesamte Nachtjagd genarrt werden sollten. Es waren die »Windows«, Stanniolstreifen von 1,5 cm Breite und 27 cm Länge. Diese Streifen wurden in dichten Bündeln zu jeweils 10 000 von den Funkern der dazu vorgesehenen Maschinen aus den eigens dafür eingebauten Luken geworfen. Durch den Abwurf solcher Stanniolstreifen, deren Länge die Hälfte der Wellenlänge der Würzburg-Geräte hatte, wurde den Würzburg-Geräten eine ganze Armada feindlicher Bomber vorgegaukelt. Millionen solcher Streifen flatterten das erstemal in dieser Nacht über Hamburg der Erde entgegen und machten sämtliche »Himmelbett«-Stationen blind. Die gestarteten deutschen Nachtjäger erhielten Zielräume zugewiesen, in denen sie keine Flugzeuge, dafür aber Zehntausende solcher Stanniolstreifen vorfanden, die langsam herniederschwebten.

Die Bomberströme erreichten unangefochten Hamburg, wo sie von den dort stationierten 50 Flak-Batterien empfangen wurden. Zwei Stunden lang warfen diese 740 Bomber ihre Lasten ab. Hamburgs Innenstadt und einige Vororte standen in Flammen. 1400 Menschen starben in dieser Nacht, zwölf Bomber wurden abgeschossen, sechs davon von der noch einmal gestarteten Nachtjagd. Das war viel weniger, als Luftmarschall Harris und Winston Churchill gemeinsam errechnet hatten. Diese geringe Abschußzahl beruhte auf dem Überraschungseffekt der »Windows«.

Am Sonntag, dem 25. Juli verließen Flüchtlinge in langem Strom die Stadt, als am Vormittag 122 B 17 der 8. USAAF zum Tagesangriff die brennende Stadt anflogen mit dem Ziel, die Löscharbeiten zu verhindern.

Am nächsten Morgen griffen abermals 54 B 17 am Tage an, und in der Nacht zum 28. Juli waren es wieder 739 Bomber, die 2312 Tonnen Bomben abwarfen. 786 Maschinen waren von allen Flugplätzen Südenglands gestartet; 17 davon wurden abgeschossen, die übrigen verfehlten ihr Ziel.

In dieser Nacht gingen auf jeden Quadratkilometer Hamburgs 39 Minen, 803 Sprengbomben und 99162 Brandbomben nieder. In der Nacht zum 30. Juli erfolgte der letzte Angriff dieser Serie, die aus Hamburg das »Gomorrha« machen sollte. Frauen und Kinder hatten die Stadt verlassen. 30 000 Tote lagen bereits unter den Trümmern, als es am 29. Juli um 23.58 Uhr Alarm gab. Von den 777 Maschinen, die Luftmarschall Harris gegen Hamburg einsetzte, kamen diesmal 726 ans Ziel und warfen ihre Bomben und Brandkanister ab, die im Umkreis von 16 Kilometer auf die Stadt niedergingen und jene Häuser zerstörten, die hier noch standen. In Hamburg waren nach diesen Angriffen 30 482 Tote, darunter 5 586 Kinder, zu beklagen. Die Zahl der zum Teil für immer Verkrüppelten erreichte mit der der übrigen Verwundeten 50 000. 277 330 Wohngebäude und 580 Industriebetriebe wurden zerstört. Aber auch 24 Krankenhäuser, 277 Schulen und 58 Kirchen wurden bei diesem Angriff verwüstet.

Um die Zahl der versprochenen 10 000 Tonnen Bomben zu erfüllen, ließ Luftmarschall Harris in der Nacht zum 3. August 1943 noch einmal angreifen. 425 Maschinen erreichten das Ziel und warfen 939 Tonnen Bomben und Brandkanister, 30 Bomber wurden abgeschossen.

Nach Abschluß des Unternehmens »Gomorrha« meldete Luftmarschall Harris dem Kriegspremier: »Sir, Hamburg ist von der Landkarte verschwunden!«

Noch im Juli wurden die Städte Essen zweimal, Saarbrücken, Remscheid und Düsseldorf je einmal angegriffen.

Regensburg und Schweinfurt

Im letzten Monat des vierten Kriegsjahres wurden noch Angriffe auf Mannheim und Ludwigshafen, auf Nürnberg und - durch die 9. USAAF - von Italien aus auf Wiener Neustadt geflogen. Am 17. August flog die 8. USAAF von England aus ihren Jubiläumsangriff auf die Kugellagerwerkstätten in Schweinfurt und die Messerschmittwerke in Regensburg. Zu diesem Einsatz Nr. 84 starteten 376 US-Bomber zu einem gemeinsamen Angriff, der den Codenamen »Double Strike« trug.

Brigadegeneral Anderson hatte inzwischen die Führung der 8. USAAF übernommen und arbeitete auch den Plan für dieses Unternehmen aus, den er abschließend seinem OB, General Eaker, vorlegte. Dieser Plan sah vor, daß der gesamte Angriff von 8 Verbänden durchgeführt werden sollte, und zwar von vier Verbänden der 1. Bomber-Division, die die Kugellagerwerkstätten in Schweinfurt angreifen, und vier Verbänden der 3. Bomber-Division, die auf die Messerschmittwerke in Regensburg angesetzt werden sollten.

Die 1. Bomber-Division erreichte Schweinfurt und warf ihre Bomben ab. Alle drei hier arbeitenden Kugellagerfabriken wurden getroffen und in Schweinfurt selbst ebenfalls Schäden angerichtet. Die 3. Bomber-Division erreichte mit drei Verbänden Regensburg. Hier wurden die Werkhallen der Firma Messerschmitt schwer getroffen. Auf dem Werkflugplatz wurden nach der Lichtbildauswertung etwa 37 Maschinen zerstört oder beschädigt.

Wie aber war es diesen beiden Bomberströmen ergangen?

Bereits beim Überfliegen der deutschen Küste gegen 14.47 Uhr hatte die 1. Bomber-Division Feindberührung. Von diesem Zeitpunkt an bis zum Überfliegen der Küste auf dem Heimweg um 17.03 Uhr wurde der Verband ständig angegriffen udn verlor eine große Zahl Maschinen, während eine noch größere Zahl beschädigt wurde.

Die 3. Bomber-Division wiederum hatte - da sie eher gestartet war - schon ab 10.00 Uhr den ersten Feindkontakt, der bis 14.30 Uhr andauerte, als diese Maschinen beim Weiterflug nach Nordafrika den Alpenraum erreichten.

Nach englischen Berichten verlor die 1. Bomber-Divison durch Flak ein Flugzeug und durch Feindjäger 26, während aus unbekannter Ursache neun Maschinen verlorengingen.

Die Verluste der 3. Bomber-Divisin beliefen sich auf abgeschossene 16 sowie vier durch Unfälle und vier aus unbekannten Gründen verlorengegangene Flugzeuge.

Von den seitens der 1. Bomber-Division als beschädigt gemeldeten Flugzeugen waren 27 schwer und 95 leicht beschädigt, die 3. Bomber-Divisoin meldete ein Flugzeug schwer und 35 weitere leicht beschädigt.

Die offiziell als verlorengegangen gemeldeten Maschinen machten 10% der gestarteten Flugzeuge aus. Dies bestätigte sowohl Winston Churchill als auch Luftmarschall Harris in ihrer Meinung, daß Langstreckenflüge durch Deutschland bei Tage ein tödliches Risiko waren. Aber auch General Eaker, dem Winston Churchill nachgegeben hatte, lernte durch diese drastischen Verluste und mußte seine Haltung korrigieren.

Die Bomber-Besatzungen aber behaupteten, daß sie 288 deutsche Jagdflugzeuge abgeschossen hätten. Das waren mehr Jäger, als überhaupt an diesem Tage zur Verfügung standen. General der Jagdflieger Galland nannte für diesen Tag 25 Verluste der Jagdwaffe.

Der Doppelschlag von Schweinfurt und Regensburg war zwar eine großartige fliegerische Leistung der 8. USAAF, zugleich war er aber auch eine der größten Niederlagen des Zweiten Weltkrieges. Da von den schwerbeschädigten Maschinen nicht eine wieder instandgesetzt werden konnte, hatten die Amerikaner rund 100 Bomber bei diesem Einsatz verloren.

In der Nacht zum 18. August kam es dann noch zu einem dramatischen Angriff der Royal Air Force gegen die deutsche Heeresversuchsanstalt Peenemünde. Dieses Unternehmen »Hydra« hat eine lange Vorgeschichte. Hier in knapper Skizzierung jene Vorbereitungen zu einem Angriff, der nicht nur viele Opfer kostete, sondern auch zum ersten Male den Einsatz des JG 300 »Wilde Sau« aufzeigt.

Das Unternehmen »Hydra«- Bomben auf Peenemünde

Für den 30. Juni 1943 hatte Winston Churchill in London eine Sitzung des britischen Verteidigungsausschusses einberufen. Der einzige Tagesordnungspunkt lautete: »Deutsche Geheimwaffen«.

In London war man durch einen Zeitschriftenartikel von Prof. Pasqual Jordan von der aerodynamischen Abteilung in Peenemünde auf diese Heeresversuchsanstalt aufmerksam geworden. Fast gleichzeitig hatte ein luxemburgischer Arbeiter, der in Wirklichkeit für England spionierte, einen Bericht nach London geschickt, in dem er von der deutschen Heeresversuchsanstalt sprach. Bereits zwei Tage später war der Chef-Fotograf der RAF, Captain Kenny, fast täglich zur Luftaufklärung über der Ostsee und Peenemünde gestartet und hatte in einer seiner Meldungen von einem »12-Meter hohen senkrecht stehenden Zylinder von 1,2 m Dicke« berichtet.

Bei seinem Aufklärungsflug Nr. N/853 hatten die Auswerter seiner Fotos auf einem Eisenbahnwagen eine Rakete entdeckt. Am 18. Juni 1943 schrieb Duncan Sandys an den stellvertretenden Stabschef des Luftwaffenführungsstabes, daß die Deutschen in Peenemünde Raketen starteten und daß man so schnell wie möglich Peenemünde angreifen und zerstören müsse. (Duncan Sandys war von seinem Schwiegervater Winston Churchill bereits im April 1943 beauftragt worden, das Geheimnis Peenemünde zu untersuchen).

Am 1. Juli erhielt Churchill ein Telegramm aus der Schweiz, in dem berichtet wurde, daß die Deutschen etwa zum 1. September 1943 eine neue gefährliche Waffe einsatzbereit hätten, deren »Wirkung einen entscheidenden Achsensieg verheißen« werde.

Was war bis dahin in Peenemünde geschehen? Nun, man hatte am 29. Juni 1943 das 38. und 39. Baumuster der »A 4« gezündet, und das letztere hatte mit einer Geschwindigkeit von 1372 m/sec eine Strecke von 236,152 km zurückgelegt. Nun war es von diesem Ergebnis bis zur fertigen Vergeltungswaffe gegen England nicht mehr weit, und dies galt es unter allen Umständen zu verhindern.

Nach der Vernichtung von Hamburg in fünf Bombentagen und -nächten hatte Hitler mit allem Nachdruck die schnellstmögliche Fertigstellung dieser Vergeltungswaffe gefordert. Er hatte am Tage nach dem ersten Hamburger Angriff erklärt:

»Terror bricht man durch Terror, alles andere ist Quatsch!« Am 10. August 1943 eröffneten zehn Mosquito-Jagdbomber den Reigen der Scheinangriffe gegen Berlin. Ihre Flugroute führte dabei Nacht für Nacht dicht an Peenemünde vorbei. Nacht für Nacht gellten dort die Sirenen, ohne daß auch nur das Geringste passierte. Am frühen Morgen des 17. August wurden die Chefs der Bomber Groups in Marschall Harris' HQ gerufen. Dort gab um 9.40 Uhr Luftmarschall Harris den Befehl zu den Unternehmen »Hydra« und »Whitebait« (letzteres war der Scheinangriff auf Berlin):

»Das Ziel sind die Wohnsiedlung und die Häuser der Wissenschaftler«, so schärfte Marschall Harris den Kommandeuren ein, denn das war auch von Duncan Sandys gefordert worden. Dann erst kamen die großen Fabrikhallen und schließlich das Entwicklungswerk an die Reihe.

Air Vice Marshal Bennett, Chef der »Pfadfinder«-Verbände im Castle Hill-House in Huntingdon, setzte 97 »Pfadfinder« für dieses Unternehmen ein. Oberst Searby, Chef der 83., Pfadfinderstaffel in Wyton, wurde Master-Pfadfinder. Die drei angegebenen Ziele lagen alle in einer Linie mit der kleinen Insel Ruden, 5 km nördlich Peenemünde.

Die erste Welle der Bomber sollte die Wohnhäuser der Wissenschaftler zerstören, die zweite war für die vier Minuten später erfolgende Bombardierung der Werkhallen bestimmt, und der dritte Angriff sollte von der gesamten 5. Bomber Group geflogen werden.

Als durch den deutschen Funkhorchdienst in Frankreich die ersten Abstimmungszeichen gemeldet wurden, die sich rasch mehrten, stand fest, daß ein nächtlicher Großangriff erfolgen werde. Major Herrmann rief Generaloberst Weise an; dieser befahl als Luftwaffenbefehlshaber Mitte den Einsatz des JG 300 »Wilde Sau« mit allen drei Staffeln. Berlin schien wieder das Ziel des Angriffs zu sein, wie in den Tagen zuvor.

Gegen 23.00 Uhr überflogen die Mosquitobomber der 139. Staffel Dänemark und warfen hier eine Masse Düppelstreifen. Dann überquerten sie die Ostsee und flogen vorbei an Peenemünde nach Berlin. Nun war alles »Klar«.

Die II./NJG 3 startete in Jagel um 23.07 Uhr. Um 23.25 Uhr gab es wieder einmal in Peenemünde Alarm. Inzwischen waren 200 deutsche Jäger in der Luft und warteten auf den nach Berlin fliegenden Gegner oder versuchten, ihm den Weg abzuschneiden. Die II./NJG 1 kam aus St. Trond; diese 13 Jäger flogen zum erstenmal in der »Wilden Sau«.

Um 23.42 Uhr heulten auch in Berlin die Sirenen. »Feindflugzeuge im Anflug auf die Reichshauptstadt!« So lauteteten die Meldungen aus den Funkleitzentralen. Und als sich der gewaltige Bomberverband aus der gleichen Richtung näherte und stur den vorausgeflogenen »Pfadfindern« folgte, stand für alle Berlin als Angriffsziel auch der Masse der Bomber fest. Um 23.56 Uhr eröffnete die Flak um Berlin das Feuer auf die Mosquitos. Diese warfen über Berlin ihre Markierungsbomben und »Christbäume« ab. Als die Jäger unter Major Herrmann über der Reichshauptstadt waren, mußte die Flak ihr Feuer auf 5 500 m Höhe reduzieren. Da die Befehlszentrale der Nachtjagd in Arnheim-Deelen durch Sabotage lahmgelegt war, erhielten die Verbände keine Weisungen. General Junck, Kommandeur der 4. Jagddivision in Döberitz, gab schließlich selbst das Zeichen: »An alle Nachtjäger des XII. Fliegerkorps: Antreten auf Berlin!«

Der große Bluff war vollkommen. Während die deutschen Jäger nach Berlin flogen, hatten die alliierten Bomber Peenemünde erreicht. Es war 1.09 Uhr, als die ersten »Pfadfinder« ihre roten Punktlichter warfen. Eine Minute später setzten die nachfolgenden 16 Blindmarkiermaschinen ihre weißen Leuchtfallschirm-Bomben und lange brennende Zielanzeiger ab. Weitere Gelblichtbomben folgten, auf sie zeigten nun die grünen Zielanweiser.

Über Funk rief der Masterbomber, Oberst Searby, die 227 Bomber der ersten Welle auf, ihren Angriff und Abwurf auf die grüne Lichtkonzentration durchzuführen.

Diese 227 Bomber warfen ab, ein Drittel von ihnen allerdings auf die drei Kilometer zu weit südlich gesetzten Markierungen. Sie trafen das Ausländer-Arbeitslager »Trassenheide«. Hier verbrannten Hunderte von Arbeitern.

Von 1.17 Uhr bis 1.27 Uhr dauerte diese Welle. Dann traten die Zielverleger in Aktion, nachdem die Siedlung der Wissenschaftler brannte. 113 Lancasterbomber der zweiten Welle griffen nun das Versuchsserienwerk an. Und noch immer war kein einziger deutscher Jäger zur Stelle; 158 Nachtjäger kurvten im Raume Berlin nutzlos herum.

Endlich sahen die Jäger über Berlin die 150 km entfernt stehenden Leuchtbomben, aber die meisten hatten nur noch für 15 Minuten Benzin. Ohne Befehl erhalten zu haben, flogen die später gestarteten Nachtjäger direkt nach Peenemünde. Fünf von ihnen trafen dort um 1.35 Uhr ein und stießen auf die zweite Welle der Lancasterbomber.

Lt. Musset schoß nacheinander fünf Lancaster ab, ehe er mit seinem Bordfunker aussteigen mußte. Am Leitwerk seiner Me 110 zerschmetterte er sich beide Füße. Oblt. Barte und Ofw. Schellwat schossen je zwei Lancaster ab, und Major Ehle, Kommandeur der II./NJG 1, brachte es auf drei Abschüsse.

Die in Kopenhagen gestarteten Jäger der III./NJG 1 stießen auf den zurückkehrenden ersten Bomberverband. Sie flogen zwei geschlossene Angriffe und schossen eine

Reihe Feindbomber ab. Hier war es Uffz. Hölker, der in seine Maschine die ersten schräg nach oben schießenden Kanonen - »die schräge Musik« - eingebaut hatte und damit unter dem Gegner in dessen totem Abwehrwinkel fliegen konnte. Er schoß auf diese Art zwei Lancaster-Bomber ab. Lt. Erhard von der 6. Staffel schoß vier Lancaster ab. Als die dritte Welle, bestehend aus 54 Halifax- und 126 Lancaster-Bombern, angriff, war ganz Peenemünde unter einer dichten Rauchwolke verschwunden, aus der Flammenfahnen emporzüngelten. Auch diese Bomber wurden von Oberst Searby eingewiesen und warfen über den Häusern von Prof. Dr. von Braun und Generalmajor Dornberger ab. Aber die Bomben flogen über das Ziel hinweg und detonierten etwa 2000 m weiter entfernt.

Als die dritte Welle abflog, stieg als letzter einsatzbereiter Nachtjäger die Me 110 von Lt. Meißner auf. In der Apenrader Bucht hatte er den Bomberverband eingeholt. 17 Minuten lang kurvte Meißner durch den Verband, ehe er mit nur 300 Schuß Kanonenmunition drei Bomber abgeschossen hatte.

Der Angriff auf Peenemünde war zu Ende. Das Bomber Command hatte 42 Maschinen verloren. Die neue Taktik der Scheinangriffe hatte sich diesmal bewährt. Unausdenklich, was geschehen wäre, wenn die 203 bereitstehenden Tag- und Nachtjäger diesen Angriff voll hätten abblocken können. Es waren nur 30 gewesen, die in den Kampf eingreifen konnten, und diese hatten die 42 Bomber abgeschossen.

Von den 30 Baracken des Arbeitslagers Schlempp brannten 18 völlig nieder, 612 Fremdarbeiter fanden hier den Tod. Von ihnen spricht niemand mehr. 120 deutsche Arbeiter und Wissenschaftler starben ebenfalls, unter ihnen Dr. Thiel und Dr. Walther. Die Engländer glaubten Peenemünde für lange Zeit lahmgelegt zu haben, aber bereits am 21. August 1943 meldete General Fromm, der als Befehlshaber des Ersatzheeres für Peenemünde verantwortlich war: »Wiederaufnahme der Entwicklung und Fertigung in etwa vier Wochen.«

Dieser Luftangriff bestärkte Hitler darin, daß die Vergeltungswaffen rasch zum Einsatz gebracht werden mußten.

Die letzten Angriffe des vierten Kriegsjahres

Bei dem Einsatz in der Nacht zum 24. August 1943 auf Berlin erreichten 625 Bomber und 17 Mosquito-«Pfadfinder« das Ziel. Sie warfen 1765 Tonnen Bomben ab. In dramatischen Luftkämpfen wurden hier von der rechtzeitig eintreffenden »Wilden Sau« 33 Bomber abgeschossen. Die um die Reichshauptstadt dicht postierte Flak schoß ebenfalls 24 Bomber ab. Auch dies war wieder ein schwerer Aderlaß für das Bomber Command.

Mit den Bombenangriffen auf Leverkusen, Nürnberg und Mönchengladbach ging das vierte Kriegsjahr zu Ende. In den ersten acht Monaten des Jahres 1943 wurden allein von der RAF bei ihren Nachtangriffen folgende deutsche Städte schwer getroffen:

Hamburg wurde mit 11 000 Tonnen Bomben belegt, auf Essen fielen 9 000 Tonnen, Köln wurde mit 8 000 Tonnen und Duisburg mit 6 000 Tonnen Spreng- und Brandbomben angegriffen. Mit jeweils »nur« 5 000 Tonnen kamen Düsseldorf und Nürnberg davon, der Angriff auf Dortmund wurde mit ähnlichen Mengen von Kampfmitteln geführt.

Deutschland hatte zu spüren bekommen, daß es kein »Dach« mehr über dem Kopf hatte. Die Vorboten einer weiteren Vernichtung kündigten sich auch für das fünfte Kriegsjahr an.

Neuorganisation von September bis Dezember

Generalfeldmarschall Milch war zu Beginn des fünften Kriegsjahres zuversichtlich, »daß es uns gelingt, den Gegner bei Tage wie bei Nacht empfindlicher als bisher zu schlagen.«

Dies war notwendig, um die Produktion der deutschen Rüstungsindustrie zu erhalten und die deutschen Städte wirksamer als zuvor zu schützen.

Um dieses Versprechen auch einzulösen, erhielt Oberstleutnant Herrmann den Befehl, das von ihm aufgestellte JG 300 zur 30. Jagddivision auszubauen und damit im Rahmen der »Wilden Sau« Jagd auf einfliegende Feindbomberverbände zu machen. Sein Geschwader wurde von Oberstleutnant Kettner übernommen.

Rasch nacheinander entstanden die Jagdgeschwader 301 unter Major Weinreich und JG 302 unter Major Mössinger. Allerdings gab es für die 3 Geschwader nicht genügend eigene Flugzeuge. Jeweils zwei der drei aufgestellten Gruppen mußten als »Aufsitzer« die Flugzeuge der Tagjagd während der Nacht benutzen. Trotz der Doppelbeanspruchung dieser Flugzeuge gelang es der Tag- und Nachtjagd, aber auch den wenigen noch vorhandenen Zerstörergruppen, einige aufsehenerregende Erfolge zu erringen, so große Erfolge, daß zeitweise sogar die alliierte Luftwaffenführung vor der Frage stand, wie lange ihre Angriffe noch weitergeführt werden könnten, ohne die Bomberverbände nachhaltig zu schwächen.

Im Herbst 1943 kam es auch zu einer Neuorganisation der Luftverteidigung: General Kammhuber wurde nach seiner Ablösung als General der Nachtjagd Mitte November 1943 und durch »Hinwegbeförderung« zum OB der Luftflotte 5 in Norwegen auf das tote Gleis geschoben. Das XII. Fliegerkorps, in das auch die Nachtjagd integriert war, wurde in I. Jagdkorps umbenannt, dessen Führung von Generalleutnant Schmid übernommen wurde. Ihm unterstanden die Jagddivisionen 1, 2, 3 und 7. Die 4. und 5. Jagddivision unterstanden dem II. Jagdkorps, das der Luftflotte 3 unter GFM Sperrle unterstellt wurde.

Als General der Jagdflieger wurde Generalmajor Galland zusätzlich auch noch General der Nachtjagd. Um die doppelte Aufgabe wahrnehmen zu können, ernannte er zu seinen Stellvertretern Oberstleutnant Herrmann als Inspekteur der Nachtjagd, dessen Nachfolger später Oberst Streib wurde. Inspekteur der Tagjagd-Ost wurde Oberst Trautloft; Inspekteur der Tagjagd-West und -Süd wurde Oberst Lützow.

Die Schwierigkeiten der deutschen Jagdwaffe, die den Abwehrkampf über Deutschland zu führen hatte, lagen nicht in der Beschaffung von Jagdflugzeugen, sondern im Fehlen gutausgebildeter Besatzungen. Adolf Galland hat dies in seinem Werk »Die Ersten und die Letzten« dargestellt:

»Die Abwehr der Bomberoffensive gegen das Reich brachte der Jagdwaffe so starke Ausfälle, daß der schon seit 1941 bestehende Mangel an Offizieren im fliegenden Personal und damit an Verbandsführer-Nachwuchs im Sommer und Herbst 1943 fast katastrophale Folgen annahm. Die Luftwaffe verfügte zu diesem Zeitpunkt über insgesamt 70 000 Offiziere und 400 Generale. Die Zahl von 800 Offizieren als Verbandsführer, Flugzeugführer und Ausbilder in der Jagdwaffe ist aber dabei zu keinem Zeitpunkt des Krieges überschritten worden.«

Man war auf deutscher Seite im Herbst 1943 gezwungen, die Zeit der fliegerischen Ausbildung abermals zu verkürzen, um den ständig wachsenden Personalbedarf befriedigen zu können. Deutsche Jagdflieger kamen mit höchstens 150 Flugstunden zur Front, während die Jäger des Gegners bis zu 700 Stunden flogen, ehe sie aus den Training Commands zu den Fronteinheiten entlassen werden konnten.

Bei einem Treffen zwischen dem General der Jagdflieger, Gen.Maj. Galland, und Reichsmarschall Göring auf Burg Veltenstein kam es zwischen beiden infolge einer Meinungsverschiedenheit über die Bewaffnung der Me-410-Zerstörer mit einer 5-cm-Kanone zum Bruch. Galland bat um seine Ablösung und Versetzung zum fliegenden Personal. Göring genehmigte dies. Er bat aber wenig später Galland, auf seinem Posten zu bleiben.

Neue Maschinen und Waffen

In diesem 5. Kriegsjahr waren auch einige neue Flugzeuge und Waffen so weit, daß sie zur Front hätten gelangen bzw. daß man sie in die Frontflugzeuge hätten einbauen können.

Am 26. November 1943 wurde Hitler in Insterburg eine Maschine vorgeführt, die keine Luftschrauben hatte: die Me 262, das erste deutsche Strahlflugzeug.

Der Entwurf zu dieser Maschine war bereits im Projektangebot der Firma Messerschmitt am 7. Juni 1939 an das Reichsluftfahrministerium geschickt worden. Unter der Bezeichnung »P 65« war sie als »Verfolgungsjäger« gedacht, sie sollte mit zwei BMW-TL-Triebwerken eine »Reisegeschwindigkeit« von 900 km/h erreichen. 18 Monate vorher hatte Professor Messerschmitt mit der Ausarbeitung dieses Planes begonnen, aber noch am Tage der Vorlage bezeichnete man dieses Projekt als »Phantasterei«.

Nach verschiedenen Änderungen und nach Ausrüstung mit zwei Walter-Raketen mit je 750 kg Schub, später mit JUMO-210-G-Luftschraubenmotor von 750 PS, flog dieses Flugzeug am 18. April 1941 zum ersten Mal. Testpilot war Fritz Wendel.

Am 25. März 1942 gelang Fritz Wendel der erste Flug mit der Me 262, die zusätzlich zum Motorantrieb auch den Düsenantrieb eingebaut erhielt: die ersten beiden einbaureifen Triebwerke BMW 003. Beide Triebwerke blieben kurz nach dem Abheben stehen. Es gelang Wendel, die Maschine mit dem Jumo-Mittelmotor weiterzufliegen und wieder zu landen. Die Verdichterschaufeln an beiden Triebwerken waren gebrochen.

In der Zwischenzeit waren bei Junkers die JUMO-004-Triebwerke fertig geworden. Sie wurden in der Me 262 V-3 eingebaut. Diese hatte keinen Mittelmotor mehr. Am 18. Juli 1942 flog Wendel diese Maschine; auf dem Flugplatz bei Leipheim erfolgte der Start zum ersten zwölf Minuten dauernden Düsenflug.

Ende des Jahres 1942 waren alle Testflüge absolviert, und dieses Flugzeug, das um 200 Kilometer schneller war als irgendein anderer Jäger der Welt hätte in Serienbau gehen können.

Anfang 1943 flogen Hauptmann Späte, Oberleutnant Pöhs, Oberst Steinhoff und Generalmajor Galland diese Maschine. Letzterer sagte nach seinem Flug am 22. Mai 1943 in Lechtfeld begeistert. »Es ist, als ob ein Engel schiebt!«

Galland veranlaßte auch, daß Göring im Juli nach Lechfeld kam, um sich die Me 262 anzusehen. Dieser wiederum erwirkte die Vorführung vor Hitler in Insterburg. Hitler war von der Maschine tief beeindruckt. Er wandte sich an den neben ihm stehenden Konstrukteur, Prof. Messerschmitt, und fragte ihn:

»Kann die Maschine auch eine 1000-kg-Bombe tragen?«

Als Messerschmitt zustimmte, rief Hitler aus:

»Das ist der neue Blitzbomber!«

So wurde weiter an der Maschine gearbeitet, die der Luftwaffe in dieser entscheidenden Phase des Krieges eine entscheidende Überlegenheit verschafft hätte. Daß die Me 262 nach einigen Versuchen als Blitzbomber dennoch als Jäger zur Front kam, verdankt die Luftwaffe jenen wenigen Soldaten, die immer wieder für den Einsatz dieses Düsenflugzeuges als Jäger plädiert hatten.

Das Erprobungskommando Lechfeld unter Hptm. Thierfelder erhielt im Sommer 1944 die ersten Strahlflugzeuge. Bei einem der ersten Angriffe am 18. Juli 1944 auf einen Pulk viermotoriger Bomber stürzte Hptm. Thierfelder ab. Sein Nachfolger wurde Major Nowotny, der die erste Düsenjäger-Gruppe der Luftwaffe aufstellte und am 8. November 1944 beim Einsatz gegen Viermot-Bomber über dem Platz Achmer abstürzte.

Nach seinem Tode baute Oberst Steinhoff das von ihm im Dezember 1944 aufgestellte JG 7 auf, das ganz mit Me 262 ausgerüstet werden sollte.

Neben diesem Düsenjäger hätte die Luftwaffe im fünften Kriegsjahr auch schon voll auf den ersten Raketenjäger Me 163 zurückgreifen können, dessen Prototyp mit Heini Dittmar am 10. Mai 1941 zum ersten Male in der Geschichte der Luftfahrt die 1000-km-Grenze überwand. Die Me 163 B erzielte beim Erprobungskommando in Bad Zwischenahn nach Einbau einer 100 kp Turbine 1130 km/h Geschwindigkeit. Aber erst zum Ende des fünften Kriegsjahres kam diese Maschine zum Einsatz.

Ein drittes Flugzeug mit konventionellem Kolbenmotor als Antrieb hätte ebenfalls zu Beginn des fünften Kriegsjahres zur Verfügung stehen können: die Do 335. Sie wäre eines der kampfstärksten Jagdflugzeuge gewesen, denn sie erzielte in 6 400 m Höhe eine Geschwindigkeit von 775 km/h. Ihre Bewaffnung bestand aus drei Maschinenkanonen MK-103 (30 mm Kaliber) und zwei MG 151/20. Dieses Flugzeug wurde im Sommer 1943 in Rechlin als Prototyp Do 335 V-1 geflogen. Sie konnten als Jäger, Nachtjäger, als Jagdbomber und als Zerstörer geflogen werden. Erstmals wurden in diese Maschine serienmäßig Schleudersitze eingebaut. Diese Maschine, die ebenfalls die deutsche Tag- und Nachtjagd entscheidend verbessert hätte, kam nicht mehr zum Einsatz. Neben den Versuchen, bessere und schnellere Jagdflugzeuge zu bauen, wurde alles unternommen, damit sich die vorhandenen Jagdflugzeuge durchsetzen konnten. Die Schrägbewaffnung, durch Initiative eines einzelnen entstanden, wurde in die Flugzeuge der Nachtjagd eingebaut. Den ersten Abschuß mit dieser »Schrägen Musik«, die es dem Nachtjäger ermöglichte, schräg unter dem Bomber zu fliegen, damit dessen Heck-MG zu entgehen und dennoch zum Schuß zu gelangen, erzielte Major Schönert. Im Spätsommer 1943 waren schließlich die Schrägwaffen in fast alle Nachtjäger eingebaut.

Eine weitere Verbesserung der Wirkung der Nachtjagdwaffen wurde durch die Maschinenkanone MK 108 erzielt, die eine unerhört schnelle Schußfolge hatte und im Fliegerjargon »Preßlufthammer« genannt wurde.

Schließlich kam noch die Bewaffnung der Tag- und Nachtjäger mit der Raketenwaffe R-4-M vom Kaliber 5,5 cm dazu. Diese Raketen hatten ein Gewicht von 4 kg und eine Ladung von 500 Gramm Hexane. Sie wurden aus einfachen Holzrosten, die unter den Tragflächen angebracht waren, abgeschossen. 48 Raketen konnten so auf einmal abgefeuert werden.

Entscheidend für die großen Erfolge der Nachtjagd ab Ende 1943 war jedoch nicht allein die bessere Bewaffnung, sondern auch – und vor allem – das verbesserte Lichtenstein-SN-2-Funkmeßgerät, das bedeutend weiter reichte als das alte Gerät, das darüber hinaus ja durch die Düppelstreifen der Feindabwehr total gestört wurde. Bei dem schmalen Öffnungswinkel von nur 24 Grad war das alte »B/C«-Gerät nur eine schwache Hilfe beim Auffinden eines Gegners, denn sobald dieser den Erfassungsbereich verließ, war er fast nie mehr aufzufinden, zumal die Reichweite auf 2,5 bis 3 km begrenzt war.

Das neue Lichtenstein-SN-2-Gerät aber hatte einen Öffnungswinkel von 120 Grad, so daß ein kurvender Bomber immer im Blickfeld blieb, wenn er nicht um 180 Grad drehte und dann direkt vor die Verfolgermaschine flog. Darüber hinaus war die Reichweite bedeutend größer. Sie betrug stets etwas mehr als die Flughöhe des Gegners. Dadurch wurde es den Nachtjägern möglich, nach Einschleusung in die Flugrichtung zur Verfolgungsnachtjagd überzugehen, den Gegner selbst zu finden und anzugreifen. Alle diese Anstrengungen galten einem Gegner: den einfliegenden anglo-amerikanischen Bomberverbänden.

Die Kämpfe im Herbst und Winter

Im September 1943 starteten die Nachtjäger beinahe in jeder Nacht zur Abwehr der feindlichen Einflüge in das Reichsgebiet. In der Nacht hörten die Besatzungen die Funksprechmeldungen der Bodenleitstellen, denen sie folgten, um an die »Kuriere«, wie die Feindbomber genannt wurden, heranzukommen.

Zwischen der Scheldemündung und Ostende, dort also, wo sich die feindlichen Einflugschneisen befanden, kam es zu den ersten Luftkämpfen, und von dort aus verfolgten oder begleiteten die deutschen Nachtjäger den Bomberstrom ins Reichsgebiet, um immer wieder anzugreifen und den Gegner abzuschießen.

Beim Angriff auf Berlin am 4. September gelang ihnen der Abschuß von 16 Feindbombern. Die Flak holte ebenfalls sechs Viermotorige vom Himmel. Bei dem Angriff auf Mannheim-Ludwigshafen waren sie abermals im erbitterten Einsatz, 34 Bomber wurden abgeschossen. Aber auch die Nachtjäger erlitten mehr und mehr Verluste. Alte, erfahrene Flieger fielen.

In den Nachtstunden zum 23. September 1943 startete auch Oblt. Schnaufer, Staffelkapitän der 12./NJG 1, zum »Wilde-Sau-Einsatz«. Über diesen Einsatz berichtete Erich Handke, sein Bordfunker: »Wir starteten zur »Wilden Sau«. Über W.-S.-Frequenz wurde, wie bei einer Funkreportage, die Feindlage durchgegeben: »Spitze der Kuriere über Brüssel, Kurs 90 Grad, 4 000 bis 6 000 m, - - - Bombenabwürfe über Aachen. Alle wilden Säue nach Leuchtfeuer Ida sammeln. - - - Weitere Einflüge über Dünkirchen, Kurs 130 Grad, Bombenwürfe über Frankfurt. Feindtätigkeit über Darmstadt. Neues Angriffsziel Mannheim.« Schnaufer war Pilot, ich Bordfunker und Uffz. Gänsler Bordmechaniker. Mannheim und Ludwigshafen waren unser Ziel. Eine Maschine wurde von uns abgeschossen.«

Am 27. September, als 599 britische Bomber Hannover anflogen und dort 2196 Tonnen Bomben abwarfen, waren wieder alle einsatzbereiten Flugzeuge des NJG 1 zur Stelle. Auch Oblt. Schnaufer war gestartet. Als seine Maschine das Operationsgebiet erreichte, sah die Besatzung schon die ersten Brände. Im Vorbeiflug erspähte Schnaufer eine Halifax. Er kurvte hinterher und setzte sich darunter. Im Abstand von 30 m mit genau derselben Geschwindigkeit fliegend, schoß er diesen Bomber ab. Südwestlich des Steinhuder Meeres schlug er auf.

In den beiden nächsten Nächten erlitt das NJG 1 schwere Verluste. Hptm. Frank stieß bei der Landung mit der Maschine von Hptm. Friedrich zusammen, Hptm. Geiger wurde von einem britischen Fernnachtjäger abgeschossen.

Wenig später übernahm Schnaufer die Führung der IV./NJG 1. In der Nacht zum 4.10 galt ein Großangriff der RAF Kassel. Nebenangriffe wurden zur Täuschung auf Hannover und Braunschweig geflogen. Die Nachtjagd erlitt in dieser Nacht schwere Verluste. Hptm. Siegmund wurde nach 26 eigenen Nachtjagdsiegen von der eigenen Flak über Kassel abgeschossen. Oblt. Schnaufer gelang es, eine Halifax abzuschießen. Major Lent, Kommodore des NJG 3, schoß eine Stirling ab. Bei diesem Luftkampf wurde er verwundet. Das Flugzeug von Oblt. Drewes wurde beim Angriff auf eine Stirling in Brand geschossen. Während es seiner Besatzung gelang auszusteigen, kam er nicht frei. Im Sauerland flog er in eine Obstplantage hinein. Seine Maschine ging zu Bruch. Dabei gelang es ihm, sich aus den Trümmern zu befreien, bevor die Maschine explodierte.

Nach Abschuß eines viermotorigen US-Bombers am 8. Oktober wurde Oberstleutnant Philipp, Kommodore des JG 1, im Luftkampf mit Thunderbold-Begleitmaschinen abgeschossen. Er selbst hatte bis zu diesem Tage 206 Luftsiege errungen.

Am 13. Oktober starb Lt. Grimm, Flugzeugführer in der IV./NJG 1, an den Folgen seiner Verletzungen. Er war vier Tage zuvor nach Abschuß eines Viermot-Bombers von der eigenen Flak abgeschossen worden, konnte aber noch schwerverletzt mit dem Fallschirm abspringen.

Dann kam jener 14. Oktober 1943, der in die Geschichte des amerikanischen Luftkrieges als der schwarze Donnerstag einging.

Luftschlacht über Schweinfurt

Am 14. Oktober 1943, bei der Abwehr des letzten US-Tagesangriffes mit 291 eingesetzten Bombern gegen Schweinfurt und die dort befindliche Kugellager-Industrie, gelang es der deutschen Führung, fast alle in der Reichsverteidigung vorhandenen und noch einsatzbereiten Maschinen zum Einsatz zu bringen. Hinzu kamen kleine Verbände und Staffeln aus der Luftflotte 3 in Frankreich. Insgesamt waren an dieser Luftschlacht - der erfolgreichsten Luftschlacht des Jahres 1943 - 300 Tagjäger, 40 Zerstörer und etwa 30 Nachtjäger am Start.

Die 291 Maschinen gehörten zur 1. und 3. US-Bomberdivision. Kommandeur der 3. Bomberdivision war Archie Old. Der Angriff der Jäger erfolgte sowohl auf dem Hin- als auch auf dem Rückflug und so, daß mehrere Bomberverbände völlig zersprengt wurden. Er wurde mit solcher Wucht geführt, daß man von amerikanischer Seite die doppelte Anzahl deutscher Jäger gesehen haben wollte. Es waren keine 700 deutschen Jäger, aber auch die Hälfte war ausreichend, um den Bomberverband fast völlig aufzureiben. Interessant waren die Meldungen der US-Piloten, die angaben, daß sie 186 feindliche Jäger abgeschossen hätten.

Von deutschen Jägern waren 60 der Fliegenden Festungen abgeschossen worden; 17 weitere stürzten infolge der schweren Beschädigungen über See ab, und 121 wurden so schwer beschädigt, daß der Großteil nicht mehr repariert werden konnte. Auf deutscher Seite gingen 50 Jäger verloren.

Washington war schockiert über dieses Desaster, und man fragte sich ernstlich: »Haben die Engländer vielleicht doch recht mit ihrer These, daß Tagesangriffe über weite Gebiet Deutschlands untragbare Verluste nach sich ziehen?«

Aber General »Hap« Arnold, der Kommandierende General der amerikanischen Heeres-Luftwaffe, beruhigte diese Zweifeler mit den Worten:

»Wir vernichteten in Schweinfurt die Hälfte der für Deutschland wichtigen Kugellagerwerkstätten.« Dennoch war auch er sichtlich von dieser schweren Niederlage erschüttert.

Der Abwehrkampf ging weiter. Während die US-Luftwaffe in ihrer Herbstkrise steckte, ruhte die Last der Bomberangriffe auf der RAF. Die deutsche Tag- und Nachtjagd kämpfte mit dem letzten Flugzeug. Immer mehr bekannte Flieger fielen im Luftkampf. Hptm. Lucas, Staffelkapitän der 4./JG 3, fand im Luftkampf mit Hurricanes über Leiden den Tod nach 106 eigenen Abschüssen. Major Brändle, Kommandeur der II./JG 3, wurde bei der Abwehr mittlerer Bomber über Amsterdam am 3. November abgeschossen. Am 17.11. stürzte Major Ehle, Kommandeur der II./NJG 1, bei der Landung nach einem Einsatz über dem Hafen St. Trond tödlich ab, weil die Platzbefeuerung ausfiel.

Am 25. November rammte Oblt. Seifert bei Bethune eine von ihm angeschossene Lightning und stürzte mit ihr ab. Damit hatte die II./JG 26 ihren Kommandeur verloren.

Am 21. November 1943 erfolgte der erste Einsatz des He-177-Fernbomberverbandes des KG 40 gegen einen britischen Konvoi 1400 km westlich Bordeaux. Von 25 eingesetzten Maschinen erreichten 20 das Ziel, drei wurden abgeschossen, zwei kehrten wegen Störungen zum Einsatzplatz zurück. Die 20 Bomber warfen 40 Hs-293 Gleitbomben. Ein Frachter wurde versenkt, ein zweiter schwer beschädigt. In der Nacht zum 25. November griffen 112 deutsche Bomber die Hafenanlagen von Maddalena und Bastia an. In der Nacht zum 27.11. erfolgte ein Angriff von 76 Bombern auf Neapel. Dies waren die ersten deutschen Bombereinsätze des fünften Kriegsjahres. Am 1. Dezember fand Hptm. Schramm, Staffelkapitän der 5. /JG 27, im Raume Eupen den Fliegertod, als er abgeschossen wurde und sein Fallschirm sich nicht öffnete.

Beim Angriff jener 401 britischen Bomber auf Berlin, der im Rahmen der Luftschlacht um Berlin in der Nacht zum 3. Dezember 1943 geführt wurde, gelang es Hptm. Szameitat, dem Kommandeur der II./NJG 3, fünf viermotorige Bomber abzuschießen. Insgesamt verlor der Gegner in dieser Nacht 40 Flugzeuge. Am 2. Januar

1944 wurde der Hauptmann durch das Abwehrfeuer eines von ihm angegriffenen Bombers über Bückeburg abgeschossen. Bei der Notlandung in einer Tannenschonung überschlug sich die Maschine. Die Besatzung fand den Tod.

88 deutsche Bomber belegten in der Nacht zum 3. Dezember die Hafenanlagen von Bari mit Bomben. Ein Munitionsschiff der Alliierten und 19 Handelsschiffe wurden versenkt, sieben weitere schwer beschädigt.

Am 16. Dezember flog Oblt. Schnaufer trotz schlechten Wetters einen Einsatz im Raum der Leitstelle »Eisbär« und schoß dabei vier Viermotorige ab. Dies waren für den jungen Nachtjäger, der erst im Frühjahr 1942 zu dieser Waffe gekommen war, die Abschüsse 37 bis 40.

Die II./NJG 1, die am 22. November von Hptm. von Bonin übernommen worden war und in St. Trond lag, schrumpfte binnen weniger Wochen auf ganze vier Besatzungen zusammen. Diese Gruppe hatte den Abwehrerfolg der Nachtjagd entscheidend mitgetragen. Sie mußte am 16. Dezember nach Wittmundhafen verlegt werden, damit sie sich dort auffrischen konnte.

In der Nacht zum 21. Dezember schoß Hptm. Herget aus einem dichten auf Frankfurt anfliegenden Bomberverband in dramatischen Gefechten acht viermotorige Bomber ab. Damit ging das Jahr 1943 für die deutsche Jägerwaffe erfolgreich zu Ende.

Die Haupteinsätze des 4. Kriegsjahres (vom 1. 9. 1942 bis zum 31. 8. 1943)

Tag	Zahl,	Verband	Zielpunkte	Menge	Tote	Maschinen-verluste
3. 9.	200	RAF	Karlsruhe	?	?	?
7. 9.	185	RAF	Duisburg	491 t	?	8
11. 9.	360	RAF	Düsseldorf	760 t	44	30
20. 9.	?	RAF	München	?	34	?
23. 11.	222	RAF	Stuttgart	335 t	?	10
7. 12.	272	RAF	Mannheim	425 t	?	?
12./13. 1.	101	RAF	Essen	326 t	?	?
17. 1.	145	RAF	Berlin	367 t	?	1
18. 1.	111	RAF	Berlin	356 t	?	22
22. 1.	52	RAF	Essen	179 t	?	4
27. 1.	55	USAAF	Wilhelmshaven	109 t	?	?
31. 1.	92	RAF	Hamburg	315 t	?	5
3. 2.	137	RAF	Köln	460 t	?	5
4. 2	126	RAF	Hamburg	344 t	?	16
12. 2.	137	RAF	Wilhelmshaven	421 t	?	3

15. 2.	207	RAF	Köln	513 t	?	9
19. 2.	181	RAF	Wilhelmshaven	596 t	?	4
20. 2.	302	RAF	Wilhelmshaven	783 t	?	11
26. 2.	278	RAF	Nürnberg	749 t	?	9
27. 2.	372	RAF	Köln	1014 t	?	10
2. 3.	251	RAF	Berlin	610 t	711	17
4. 3.	344	RAF	Hamburg	913 t	?	10
6. 3.	369	RAF	Essen	1211 t	397	14
9. 3.	292	RAF	Nürnberg	782 t	?	7
10. 3.	217	RAF	München	567 t	?	8
12. 3.	267	RAF	Stuttgart	802 t	112	11
27. 3.	387	RAF	Duisburg	945 t	?	6
28. 3.	329	RAF	Berlin	873 t	?	9
30. 3.	213	RAF	Berlin	578 t	?	21
4. 4.	317	RAF	Essen	983 t	?	21
5. 4.	62	USAAF	Antwerpen	?	2130	?
9. 4.	304	RAF	Duisburg	846 t	?	19
10. 4.	99	RAF	Duisburg	321 t	?	8
15. 4.	365	RAF	Stuttgart	801 t	619	23
16. 4.	215	RAF	Dortmund	278 t	?	15
17. 4.	242	RAF	Pilsen	617 t	?	37
21. 4.	304	RAF	Stettin	782 t	53	22
27. 4.	499	RAF	Duisburg	1450 t	80	17
1. 5.	251	RAF	Essen	840 t	?	12
5. 5.	495	RAF	Dortmund	1436 t	?	31
13. 5.	517	RAF	Duisburg	1599 t	?	35
14. 5.	378	RAF	Bochum	1055 t	?	24
14. 5.	108	USAAF	Kiel	250 t	?	?
17. 5.	18	RAF	Talsperren	?	1217	8
24. 5.	724	RAF	Dortmund	2042 t	?	38
26. 5.	686	RAF	Düsseldorf	1959 t	?	27
28. 5.	493	RAF	Essen	1442 t	?	21
30. 5.	644	RAF	Wuppertal	1822 t	2450	33
12. 6.	693	RAF	Düsseldorf	1968 t	?	38
15. 6.	165	RAF	Oberhausen	573 t	?	17
17. 6.	179	RAF	Köln	656 t	?	15
22. 6.	661	RAF	Krefeld	1956 t	?	42
23. 6.	499	RAF	Mülheim/Ruhr und Oberhausen	1643 t	?	35
25. 6.	554	RAF	Elberfeld	1663 t	?	34
26. 6.	424	RAF	Gelsenkirchen	1291 t	?	30
29. 6.	540	RAF	Köln	1614 t	?	25

4. 7.	589	RAF	Köln	1808 t	?	30
9. 7.	255	RAF	Köln	1614 t	?	?
10. 7.	373	RAF	Gelsenkirchen	1304 t	?	10
14. 7.	161	RAF	Duisburg	342 t	?	5
22. 7.	250	RAF	Duisburg	577 t	?	13
25. 7.	740	RAF	Hamburg	2300 t	?	12
25. 7.	122	USAAF	Hamburg	?	?	?
28. 7.	739	RAF	Hamburg	2312 t	?	17
27. 7.	54	USAAF	Hamburg			
30. 7.	726	RAF	Hamburg	2277t	30482	28
					(gesamt)	28
26. 7.	599	RAF	Essen	1948 t	?	26
30. 7.	245	RAF	Saarbrücken	576 t	?	9
31. 7.	228	RAF	Remscheid	693 t	?	15
1. 8.	470	RAF	Düsseldorf	907 t	?	30
3. 8.	425	RAF	Hamburg	939 t	?	30
13. 8.	61	USAAF	Wiener Neustadt	?	181	?
17. 8.	376	USAAF	Schweinfurt und Regensburg	?	?	60
18. 8.	597	RAF	Peenemünde	1593 t	735	40
23. 8.	427	RAF	Leverkusen	1690 t	?	5
24. 8.	625	RAF	Berlin	1765 t	?	57
28. 8.	621	RAF	Nürnberg	1671 t	?	33
31. 8.	616	RAF	Mönchengladbach	2272 t	?	25

Die Haupteinsätze des 5. Kriegsjahres vom 1. 9. 1943 bis zum 22. 2. 1944

Tag	Zahl,	Verband	Zielpunkte	Menge	Tote	Maschinen-verluste
1. 9.	512	RAF	Berlin	1359 t	?	47
4. 9.	295	RAF	Berlin	906 t	?	22
6. 9.	546	RAF	Mannheim und Ludwigshafen	1463 t	?	34
7. 9.	365	RAF	München	1020 t	?	16
11. 9.	360	RAF	Düsseldorf	760 t	?	30
23. 9.	659	RAF	Hannover	2357 t	?	25
28. 9.	599	RAF	Hannover	2196 t	?	38
30. 9.	312	RAF	Bochum	1318 t	?	7

2. 10.	240	RAF	Hagen	1103 t	?	2
3. 10.	273	RAF	München	958 t	?	7
4. 10.	501	RAF	Kassel	1544 t	?	24
9. 10.	457	RAF	Hannover	1667 t	?	27
9. 10.	378	USAAF	Gotenhafen, Danzig, Marienburg, Anklam	?	28	28
10. 10.	326	USAAF	Münster	?	?	30
14. 10.	291	USAAF	Schweinfurt	?	?	77
19. 10.	349	RAF	Hannover	1697 t	?	17
21. 10.	285	RAF	Leipzig	1085 t	?	15
23. 10.	486	RAF	Kassel	1824 t	?	42
3. 11.	400	USAAF	Wilhelmshaven	?	?	?
4. 11.	527	RAF	Düsseldorf	2234 t	?	18
18. 11. bis 3. 12.	2212	RAF	Berlin (5 Angriffe)	8656 t	2700	123
4. 12.	527	RAF	Leipzig	1382 t	1182	23
13. 12.	1462	USAAF	Kiel, Bremen, Hamburg	?	281	?
15. 12.	190	USAAF	Innsbruck	?	281	?
17. 12.	450	RAF	Berlin	1815 t	?	25
21. 12.	576	RAF	Frankfurt	2070 t	?	40
24. 12.	338	RAF	Berlin	1288 t	?	15
30. 12.	656	RAF	Berlin	2315 t	?	20
2. 1. 44	386	RAF	Berlin	1401 t	?	28
3. 1.	311	RAF	Berlin	1116 t	?	27
6. 1.	348	RAF	Stettin	1118 t	?	15
11. 1.	663	USAAF	Halberstadt, Braunschweig, Magdeburg, Oscherslebern	?	?	59
15. 1.	472	RAF	Braunschweig	2005 t	?	38
21. 1.	697	RAF	Berlin	2401 t	?	35
22. 1.	585	RAF	Magdeburg	2024 t	?	55
28. 1.	481	RAF	Berlin	1761 t	?	33
29. 1.	596	RAF	Berlin	1954 t	?	46
29. 1.	806	USAAF	Frankfurt und Ludwigshafen	?	?	12
31. 1.	489	RAF	Berlin	1961 t	?	33
16. 2.	806	RAF	Berlin	2643 t	?	43
20. 2.	730	RAF	Leipzig	2291 t	?	78
20. 2.	971	USAAF	Braunschweig, Leipzig, Tutow, Oschersleben	3833 t	?	20

IM HOHEN NORDEN

»Lappland – das ist Dietl!«

Der Winter 1942-43 verlief im Hauptquartier der 20. Gebirgsarmee mit Abwehrvorbereitungen gegen die sowjetische Offensive, die auch hier erwartet wurde.

Im HQ der Lapplandarmee befaßte sich der Oberquartiermeister damit, die Versorgung und Bevorratung der Gebirgsarmee bestmöglich zu gewährleisten. Der vom OKW - dem die Lapplandfront direkt unterstand - befürchtete große Winterangriff der Roten Armee war entgegen allen Befürchtungen ausgeblieben.

Allein bei Leningrad war die Sowjet-Armee angetreten und hatte einen großen Erfolg errungen, als es ihr gelang, bei Schlüsselburg die deutsche Umklammerungsfront zu durchbrechen udn die verlorengegangene Landverbindung mit den eigenen Truppen in der eingekesselten Stadt wieder herzustellen.

Dieser für die Sowjets wichtige Erfolg kam für die 20. Gebirgsarmee - wenngleich nicht direkt betroffen, einer Katastrophe gleich, denn die Stimmung im finnischen HQ schlug um. Die finnische Presse ging nun dazu über, die sowjetischen (!) Heeresberichte im vollen Wortlaut zu veröffentlichen, was die finnische Bevölkerung in Furcht versetzte (wie dies auch beabsichtigt war). Diese Berichte von der Front, die ungünstiger nicht hätten lauten können, brachte schließlich die finnische Opposition dazu, auf eine Verständigung mit dem Erzfeind Finnlands - der UdSSR - zu drängen.

Der deutsche Gesandte in Finnland, von Blücher und General Erfurth, der Deutsche General beim Oberkommando der finnischen Wehrmacht, hatten dort einen schweren Stand. Daß es ihnen trotzdem gelang, das Vertrauen der finnischen Führung, vor allem der militärischen, zu behalten, war nicht zuletzt Generaloberst Dietl zu verdanken.

Dieser hatte im Winter 1942 alle Korps seiner Armee aufgesucht und war sicher, die Front lange Zeit halten zu können, selbst wenn die Versorgung einmal ins Stocken geraten sollte.

Was GenOberst Dietl Sorgen machte, waren die schlechten Nachrichten von der Hauptfront in Rußland und jene, die aus dem tunesischen Raum zu ihm drangen. Das Ende in Stalingrad am 2. Februar 1943 brachte Dietl zu der Überzeugung, daß alle deutschen Nebenkriegsschauplätze - so auch jener im Hohen Norden - spätestens in diesem Jahr 1943 aufgegeben werden sollen. Damit hätten eine Vielzahl kampfstarker Divisionen zu den Schwerpunkten des Ringens an der Ostfront eingesetzt werden können, zumal ja die Sowjet-Armee ebenfalls alle Kräfte auf einen entscheidenden Erfolg an ihrer Heimatfront eingesetzt hatte und im Hohen Norden nicht mehr aktiv wurde.

Die Spähtrupps, Stoßtrupps und weite Fernaufklärung der 20. Gebirgsarmee vor der Lapplandfront hatten ergeben, daß der Feind hier bereits starke Kräfte abgezogen hatte. Dies zeigte, daß er hier keinen neuen Angriff plante. Die Angriffsabsichten der

Sowjetunion, die im OKW geargwöhnt wurden, waren durch geschickte Feindpropaganda und durch Falschmeldungen roter Propagandasender ausgestrahlt worden. Damit sollte das Abziehen starker Verbände aus dem Hohen Norden und ihre Zuführung zur Zentralfront im Osten verhindert werden, was trotz der Meldungen Dietls an das OKW gelang.

Im Kreise seiner Offiziere vertrat GenOberst Dietl ebenfalls die Überzeugung, daß mit einem Angriff auf Lappland und auf Skandinavien in keinem Falle zu rechnen sei.

An der Lapplandfront dümpelte der Krieg vor sich hin. Die deutsch-finnischen Truppen waren nun gegenüber den Truppen der Russen um einiges überlegen. Sie hätten nun einen überraschenden Vorstoß mit einiger Aussicht auf einen schnellen Erfolg starten können, doch die Finnen legten sich quer.

Als im August 1943 selbst die besessensten Verfechter der sowjetischen Angriffsvorbereitungen im Hohen Norden zugeben mußten, daß sie sich geirrt hatten, reiste GenOberst Dietl in die Heimat zu seiner Familie.

Die Front in Lappland blieb ruhig und dies selbst noch im Herbst 1943, als sich weitere Angriffsvorbereitungen des Gegners zu verdichten schienen.

Diese Ruhe schloß natürlich die ständig eingesetzten Jagdkommandos nicht aus. Im Karelischen Urwald spielten sich die ganze Zeit über Kämpfe ab, die jedes Maß überschritten, auch wenn nur verhältnismäßig kleine Gruppen auf beiden Seiten daran beteiligt waren. Für alle jene, die in diese Kämpfe verstrickt waren, die mit List und Tücke geführt werden mußten, um überhaupt eine Überlebenschance zu haben, waren das Härteste, was sie im gesamten Ostfeldzug erlebt hatten. Jedes Aufeinandertreffen war ein Kampf bis zum Ende der einen oder anderen Seite. Überlebende gab es auf der Verliererseite nicht.

Daß auch die Bandenbekämpfung ihre Opfer kostete, sei am Rande vermerkt.

Das OKW und Dietls Pläne

Divisionen aus dem Hohen Norden an den gefährdeten Stellen der Ostfront einzusetzen, führte schließlich auch im FHQ zu Überlegungen in die gleiche Richtung. In einer am 6. September 1943 abgeschlossenen Studie stellte der Chef des WFSt. fest: »Ein Abzug von Kräften aus Finnland kommt nicht in Frage, da das GebAOK 20 bei einem feindlichen Großangriff ganz auf seine eigenen geringen Reserven angewiesen ist. Der Verlust Finnlands würde den Ausfall des kriegsnotwendigen Nickels und das Aufreißen der Ostsee für die Rote Marine bedeuten. Auch Norwegen, das nach Abgabe der 25. PD nur noch eine ID in Reserve hat, kann keine Kräfte abgeben. Eine erfolgreiche feindliche Landung in Norwegen bedeutet den Kriegseintritt Schwedens auf Seiten der Engländer und damit den Zusammenbruch der gesamten Nordfronten.«

Damit waren die Würfel gefallen. GenOberst Dietl hatte es nun dienstlich, daß alles beim Alten bleiben würde.

Am 28. September 1943 befaßte sich das KTB des OKW mit der kritischen Lage in Finnland. Dort ist zu lesen: »Sollte Finnland ausscheiden, wird die Kampfführung der 20. GebArmee außerordentlich schwierig. Voraussichtlich ist sie nur durchzuführen bei Erhöhung bzw. Verlagerung der Bevorratung und anderen Vorarbeiten, die viel Zeit erfordern. Deshalb ist die Ausnutzung der Zeit vor Eintritt des Polarwinters nötig.«

Demzufolge erging am 25. September 1943 eine Weisung an die 20. Gebirgsarmee mit der Nr. 50 »Für die Vorbereitung zur Rückführung des GebAOK 20 nach Nordfinnland und Nordnorwegen.«

In der Weisung wurde festgestellt, daß die »Lage bei der HGr. Nord völlig gefestigt« sei. Allerdings mußte »der Fall des Ausscheidens Finnlands oder ein Zusammenbruch von uns pflichtgemäß in Rechnung gestellt werden.

In diesem Fall muß das GebAOK 20 den für unsere Wehrwirtschaft lebensnotwendigen Nordraum unter Zurückschwenken der Armeefront in die Linie Karesuando - Ivalo - jetziger Kampfraum des XIX. GebAK - zunächst weiter halten, wozu ihm die 230. und 270. ID unterstellt werden würde.

Das Nickelwerk Kolosjoki muß dann gegen Erd- und Luftangriffe verstärkt geschützt werden.

Die Vorbereitungen für diese schwierigen und langwierigen Bewegungen sollen schon jetzt in Angriff genommen werden.«

Die Stärkemeldung der 20. Gebirgsarmee

Für alle diese Aufgaben standen der 20. GebArmee drei Gebirgskorps zur Verfügung. Diesen unterstanden zu dieser Zeit:

Die SS-GD Nord und die 7. GD beim XVIII. GebKorps. Die 2. GD mit unterstelltem GR 388 und die 6. GD mit unterstelltem GJR 139, die 210. ID, das LW-FeldRgt. 50 und das GR 193 beim XIX. GebKorps. Die 169. und 163. ID beim XXXVI. GebKorps.

Die Führung des Armeeoberkommandos Norwegen - zugleich Wehrmachtbefehlshaber Norwegen - hatte drei Armeekorps mit acht Divisionen und (beim Wehrmachtbefehlshaber) drei weitere Divisionen sowie ein verstärktes Rgt. der »PD Norwegen«.

Der Generalstab des Heeres wurde angewiesen, der 20. GebArmee bis zum Jahresende drei Marschbataillone zu je 1000 Mann zuzuführen, da ein Fehl von 8% bei der Armee bestand.

GenOberst Dietl ließ gemäß der Führerweisung Nr. 50 eine Studie über die Kampfführung im Falle der Rückführung der Armee aus Nordnorwegen erarbeiten und forderte für die Durchführung der Aufgaben, die seiner Armee gestellt wurden, die Erhöhung des LKW-Transportraumes sowie die erhöhte Zuweisung an Betriebsstoff.

Der Wehrmachtsführungsstab nahm dazu am 19. Oktober Stellung. GenOberst Jodl forderte eine Änderung der Aufgaben des GebAOK 20 dahingehend, daß im Sommer 1944 der Abmarsch der XXXVI. GebAK auf Kemi-Oulu, des XVIII. GebAK auf Ivalo bzw. Muonio erfolgen solle. Im Winter 1943-44 solle ostwärts Rovaniemi gehalten werden, um das Abfließen aller vier Divisionen über die Eismeerstraße zu gewährleisten.

Die 176.800 Mann der 20. Gebirgsarmee hatten also im Hohen Norden zu bleiben, bis ihr Rückzug notwendig werden würde.

Als am 14. Oktober 1943 GenOberst Jodl im HQ der 20. GebArmee eintraf, trug er ein persönliches Schreiben Hitlers bei sich, das er Feldmarschall Mannerheim übergeben sollte.

Jodl vertraute seinem Kameraden Dietl an, daß sich Hitler »darin gegen die innenpolitische Nachgiebigkeit der finnischen Regierung und gegen die unfreundlichen Äußerungen der finnischen Presse beschwert« habe.

Dietl erklärte Jodl, daß diese Beschwerde sicherlich gerechtfertigt sei, denn auch er wisse, daß die Finnen bereits Geheimverhandlungen mit Moskau angeknüpft hätten, um eine Sonderbehandlung zu erfahren, doch diese sei ihnen nicht gewährt worden. Im Gegensatz zu den Wünschen Finnlands habe die Sowjetunion - das wisse er sicher aus dem finnischen HQ - die Wiederherstellung der finnisch-sowjetischen Grenze auf der Linie der Winterstellung der Roten Armee von 1939-1940 verlangt, was für Finnland unannehmbar gewesen sei.

DER OSTKRIEGSSCHAUPLATZ

Bei der Heeresgruppe Nord

Auch im Nordabschnitt der Ostfront verstärkte die Sowjet-Armee noch während des Ringens um Stalingrad ihre Propagandatätigkeit. Währenddessen hatte der Stellungskrieg am Wolchow, von Nowgorod bis zur Tigodamündung, bei Kirischi und um den Pogostjekessel sich festgefressen.

Die 18. Armee stand in diesen Abschnitten mit nur schwachen Verbänden abwehrbereit. Im Großraum Mga stand ihres Reserve, die 96. ID, die aus dem des Pogostjekessel herausgezogen worden war, wenn auch Teile dieser Division noch immer in fremder Unterstellung bei den Stellungsdivisionen standen.

Die Armeeführung bereitete sich auf einen sowjetischen Angriff vor. Es war abzusehen, daß dieser nicht vor dem Zufrieren der Newa stattfinden werde. An Reserven war dann nicht zu denken, weil diese sämtlich im Süden der Ostfront eingesetzt waren.

Die Führung der Sowjet-Armee hatte sich das Ziel gesetzt, über die Newa hinweg das große Torfmoor am Südufer des Ladogasees mit Schlüsselburg und den berüchtigten Posseloks 1 bis 5 und 7 bis 8 und vor allem die beherrschende Höhe von Ssinjawino zu erobern und im Nachstoßen den berühmten Bahnknotenpunkt Mga in Besitz zu nehmen. Von dort aus sollte die Verbindung zu ihrer Leningradfront bei Kolpino hergestellt werden, um solcherart die Einschließung der Stadt aufzubrechen.

Dies alles sollte in drei großangelegten Zangenangriffen erreicht werden. Dazu wurden den sowjetischen Verbänden weitere zehn Divisionen und zwölf Brigaden zugeführt. Alle anderen Verbände waren nach den schweren Kämpfen des Sommers und Winters 1942 wieder aufgefüllt worden.

Die deutsche Verteidigung stand mit dem XXXVIII. AK von Nowgorod aus entlang dem Wolchow mit der 1. Luftwaffen-Felddivision und der 212. und 254. ID. Daran schloß sich das I. AK an, in dem die 28. JägDiv., die 121. und 24. ID standen.

Bei Kirischi – von den deutschen Soldaten als »Arsch der Welt« bezeichnet – beiderseits der Tigodamündung und im Raume um den Pogostjekessel verteidigten die Divisionen 21, 217, 11, 61, 13 und 69, die alle vom XXVIII. AK geführt wurden.

Im sogenannten Flaschenhals waren die 223. ID, die 1. ID sowie die 227. und 170. ID unter dem Kommando des XXVI. AK eingesetzt.

An der Leningradfront hielt das LIV. AK mit der 5. GD, der SS-Polizeidivision, der 250. (span.) ID und der 215. ID. Die weitere bis zur Kronständter Bucht verlaufende Einschließungsfront bildete das L.AK, dem noch das III. Luftwaffen-Feldkorps unterstand, das allerdings im Januar 1943 abgegeben werden sollte. Die 2. SS-InfBrig. und die 9. und 10. LwFeldDiv. gehörten zu diesem Korps.

Die 2. Ladoga-Schlacht

Am frühen Morgen des 12. Januar 1943 eröffnete die Sowjet-Armee diese Schlacht mit einem Trommelfeuer aus 200 Batterien, zahlreichen Salvengeschützen und schweren Granatwerfern. Über die gesamte Front flogen Schlachtflieger und Bomber hinweg und bombten die erkannten Ziele oder stießen auf die vordersten Stellungen herunter.

Von Nordosten her begann der von zwölf Divisionen und zwei schnellen Brigaden geführte Stoß, der auf die Nahtstelle zwischen der Kirowbahn und Lipki zielte.

Aus den Räumen zwischen Schlüsselburg und Dubrowka traten drei sowjetische Divisionen an. Ihr Vorgehen wurde durch 100 Batterien unterstützt.

Nachdem dieser Streitmacht der schnelle Durchbruch versagt blieb, führte die Sowjet-Armee aus den frontnahen Reserveräumen in den Tagen nach dem Initialangriff nach und nach weitere 450 Panzer heran, um so den Durchbruch zu erzwingen. Ihnen gegenüber standen schwache Panzerkräfte und einige Sturmgeschütz-Einheiten. Eine Panzerdivision stand der 18. Armee nicht zur Verfügung.

Allerdings war die sPzAbt. 502, die mit »Tigern« ausgestattet war, der Armee zugeführt worden. Aber diese Abteilung konnte hier nur über eine Kompanie verfügen. Dennoch war sie in dieser Schlacht das Zünglein an der Waage.

Doch zunächst zu den Abwehrkämpfen der Infanterie. Die 1. ID stand beiderseits von Gaitolowo zur Abwehr bereit. Daneben schloß sich das GR 366 unter Oberst Wengler an.

Bei den Kämpfen in diesem Abschnitt fiel Posselok 8 nach erbittertem Kampf.

Bei Dubrowka stand die 170. ID an der Newa. Hier stand das GR 399 unter Oberst Griesbach, der mit unnachahmlichem Elan alle Angriffe abschmetterte. Lediglich bei Marino gelang dem Feind am Ifflandwald ein Einbruch beim FüsRgt. 22 unter Oberstl. Iffland.

Von hier aus stießen Truppen der Sowjets auf Posselok 5 vor. Dort aber verlief die einzige Verbindungsstraße von Ssinjawino nach Schlüsselburg. Gelang dem Feind der Durchbruch, dann war der nördliche Teil des Flaschenhalses in Gefahr, abgeschnitten zu werden.

Teile der 96. ID, die in Reserve lag, wurden an die bedrohten Abschnitte geworfen. Ihnen gelang es, einige Einbrüche zu bereinigen und das E-Werk Gorodok zurückzugewinnen. Das vom Feind besetzte Marino aber erreichten sie nicht.

Die KGr. Hühner, Teile der 61. ID, die von GenMaj. Hühner geführt wurde, stieß über Posselok 5 hinaus bis zum südlichen Seeufer vor. Der Kampfraum zwischen der Wenglernase bis nach Lipki und von dort bis nach Schlüsselburg, wo das GR 328 unter Oberst Lamey stand und durch den Ifflandwald über den Scheidieswald (zum Gedächtnis an Oberst Scheidies so genannt) und zum kampfumtosten Posselok 5 mitten im Moor war ein einziger Hexenkessel. Beim Posselok 5 (Arbeitersiedlung), stand das GR 374 unter Oberst von Below, der hier das Ritterkreuz errang, das ihm am 28.

Februar 1943 verliehen wurde und ließ keinen Einbruch zu. Unterstützt wurde er durch die Artillerie der 96. ID unter Major Lieberkühn.

Die Gruppe Hühner, Teile der 61., 96. und 227. ID kämpfte hier gegen eine Übermacht von acht Divisionen und vier Brigaden mit einer großen Zahl an Panzern. Diese Gruppe wurde schließlich eingekesselt. Die Armeeführung mußte ihre Luftversorgung beantragen und am 17. Januar, als die Kräfte der KGr. erlahmten, den Durchbruch befehlen, wenn die Front beiderseits der Ssinjawinohöhe und die Höhe selbst gehalten werden sollte.

In der Nacht zum 18. Januar trat die KGr. Hühner zum Druchbruch an. Die Geschütze wurden gesprengt, alle Verwundeten mitgenommen, als dieser Ausbruch begann. Im Nahkampf mit Handgranaten und Bajonett mußten sich die an der Spitze vorgehenden Grenadiere unter Major Krudzki ihren Weg bahnen. Der Major fiel im Nahkampf. Der Durchbruch schien immer wieder durch neue Feindverbände vereitelt, aber die Grenadiere und Panzerjäger schlugen den Feind zurück und bahnten den nachfolgenden Kameraden den Weg.

Damit war die Gruppe Hühner trotz schwerer Verluste gerettet.

Bei Gaitolowo und an der Wenglernase griff die Sowjetarmee pausenlos an. Hier wurde gehalten.

Die Gruppe Hilpert unter General der Infanterie Hilpert, die aus dem von ihm geführten LIV. AK und Unterstellungen bestand, der dazu noch das XXVI. AK unterstellt wurde, gelang es, den Kampf um den Flaschenhals erfolgreich zu führen.

Während die 18. Armee auf diesem Schlachtfeld insgesamt neun Divisionen einsetzte, um mit den übrigen 16 Divisionen die langen Frontabschnitte von Pogostje bis nach Nowgorod und vor Leningrad und Oranienbaum halten zu können, mußte sie schließlich zwei weitere Divisionen aus der Belagerungsfront herausnehmen und sie in den bedrängten Raum schaffen. Es waren dies die 11. und 21. ID.

Diesen 11 Divisionen gegenüber standen etwa 26 Schützendivisionen des Feindes und zahlreiche Brigaden.

Ende Januar 1943 gliederte die Sowjet-Armee um. Die 8. Armee ging zur Abwehr über. Die 2. Stoßarmee erhielt den Angriffsbefehl auf die Ssinjawinohöhe, und die 67. Armee sollte daneben antreten, zwischen der Höhe und der Newa durchstoßen und Mustolowo angreifen und erobern.

Dieser Angriff begann am 29. Januar 1943. Der Feind griff zehn Tage lang mit immer neuen Kräften an. Er schaffte es nicht. Die neuen Angriffe vom 12. bis zum 23. Februar sahen die Ostpreußen der 11. ID im Abwehrkampf, unterstützt von den schlesischen Jägern. Die Rotarmisten gewannen nur eine der vorspringenden Frontnasen.

Als dann die Sowjet-Armee mit vier Divisionen, drei Brigaden und zwei Panzerbrigaden aus dem Pogostjekessel am 10. Februar angriff und diesen Angriff bis zum 23. Februar nährte, traten gleichzeitig von Kolpino aus weitere sieben Sowjet Divisionen, fünf Brigaden und drei Panzerbrigaden auf Krasny Bor an, um dem ersten

Angriff entgegenzustoßen, sich mit diesem in der Mitte zu treffen und die deutschen Truppen zu zerschlagen.

Diese Angriffe wurden von zusammengefaßten KGr. zum Stehen gebracht. Allerdings traf der Stoß auf Krasny Bor die 250. (span.) ID voll. Der Feind drang hier durch und gewann Krasny Bor und das Gelände an der Ishora in drei Kilometern Tiefe. Erst ein Gegenangriff der 21. ID brachte diesen Sturmkeil der Sowjets zum Stehen. Die Sowjet-Armee hatte das erklärte Ziel dieser Schlacht, nämlich die Vereinigung ihrer 55. Armee mit der 54, die bei Pogostje angetreten war, bei Krasny Bor nicht erreicht.

Als der März begann, war es mit der Kraft dieser Angriffe vorbei.

»Tiger« im Einsatz

Dieser Raum sah vom 12. Januar an den Einsatz von zunächst vier Tigern und acht Panzern III der 1. sPzAbt. 502 unter Oblt. von Gerdtell. Die Tiger traten am 13. Jan. ins Gefecht. Die vier Tiger schossen an diesem Tage nacheinander 12 T 34 ab; der Rest der Feindpanzer, die den Durchbruch erzwingen sollten, drehten ab. Im Rückzugskampf der Gruppe Hühner waren die Tiger und Pz III wieder dabei. Ein Tiger und vier Pz III gingen verloren. Der letzte Pz III unter Fw. Haid und Richtschütze Gefr. Lötsch schoß vor dem GefStand Hühner aus kürzester Entfernung noch drei T 34 ab, ehe er nach Verschuß der letzten Munition gesprengt werden mußte.

Einer jener Männer, die sich in diesen Tagen besonders auszeichneten, war Ofw. Bölter. Mit zwei Tigern und einem Pz III schoß er in diesen Tagen bei einem Einsatz fünf T 34 und eine Pak und beim nächsten Einsatz acht Tage später, nachdem ihm drei Splitter im Lazarett aus dem Körper geholt worden waren, mit seinem neuen Tiger vier KW I ab.

Bei Ssinjawino fiel in der Nacht zum 16. Jan. Oblt. von Gerdtell. Mit ihm starben Lt. Peetz und 17 Soldaten der Kp. Weitere wurden verwundet. Unter ihnen alle Zugführer, die Oblt. Herbst, Eckstein und Ebert.

Am 22. Januar fiel in diesem Kampfraum auch der sowj. Panzerführer der Leningradfront, General Bolotnikow.

Hptm. Wollschläger übernahm die Führung der Kp., die nahezu ohne Panzer war.

Als am 7. Februar die Rotarmisten erneut bei schwerem Schneesturm antraten, um die Höhe 43.3 zu erobern, gewann die 1. /sPzAbt. 502 deren verlorengegangene Teile wieder zurück. Die Abt. schoß mit dieser einen Kp. im Abschnitt des XXVI. AK 55 Feindpanzer ab, was General der Infanterie von Leyser in seinem Anerkennungsschreiben vom 18. Februar würdigte.

In der zweiten Phase der Schlacht wurde eine kleine Gruppe von drei Tigern unter Lt. Meser zur SS-PolDiv. entsandt. Drei Pz. III schlossen sich ihnen an. Mit diesen sechs Kampfwagen gelang es, mehrere KW I in Brand zu schießen, die aus der Ortschaft Tschernischewo herausstießen. Die Tiger und eine einzige 8,8 cm-Flak wehrten diesen Panzervorstoß ab. Etwa zehn weitere KW I, die aus Mischkino herausstießen, waren von den Tigern nicht zu erreichen. Sie trafen auf die drei Pz III bei Badajew, die im Verein mit einigen dort postierten Pak die Mehrzahl dieser Feindpanzer abschossen. Bei diesen Kämpfen des 11. Februar wurden 46 Feindpanzer abgeschossen, davon entfielen 32 auf die 1./sPzAbt. 502. Die Kommandanten Ofw Meinke und Fw. Haid erzielten die meisten Abschüsse.

Als der Gegner am 12. Februar erneut mit diesmal 16 Panzern beiderseits Mischkino angriff, schossen die Tiger, der hier verteidigenden KGr. Wengler zugeführt, zehn davon ab. Damit waren das 1. und 46. PzBatl. der Roten Armee zerschlagen. Die KGr. Meyer machte bis zum 16. Februar die »Feuerwehr«. Danach mußte der Gegner seine dezimierten Panzerverbände herausziehen und sie durch die 22. und 220. PzBrigade ersetzen.

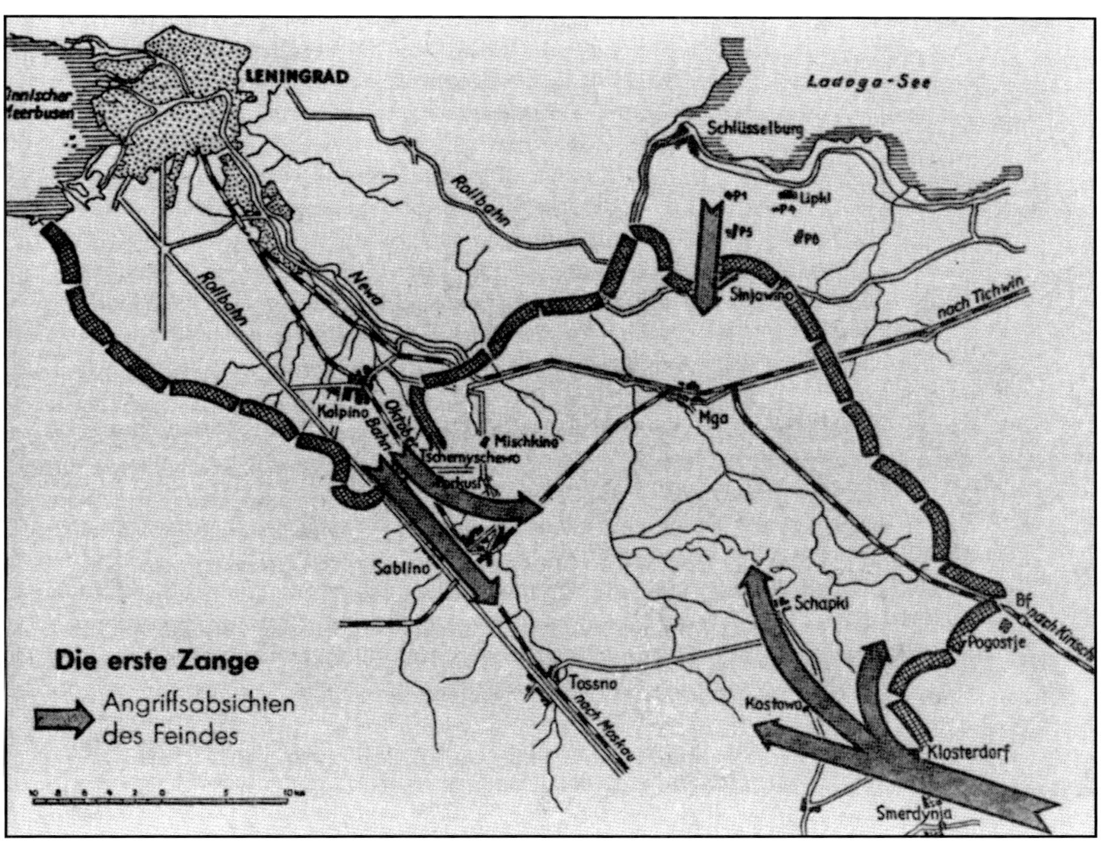

Februarkämpfe südlich des Ladogasees und Leningrads.

Beim sowjetischen Großangriff des 17. Februar zwischen Mischkino und Porkusi rollten die Tiger in die Abwehrstellungen der KGr. Sudau. Hier schossen die Tiger von Lt. Meyer und Ofw. Bölter mehrere Feindpanzer ab und entsetzten den GefStand dieser KGr. Als der Kampf zu Ende ging, hatte Lt. Meyer allein zehn Feindpanzer abgeschossen.

Am 22. Februar übernahm Major Richter die Abteilung als neuer Kommandeur. Am 6. März wurden die Tiger im Abschnitt der KGr. Gier zur Bereinigung eines Feindangriffs angesetzt. Das Gelände wurde zurückgewonnen. Ein Tiger erlitt einen schweren Artillerietreffer.

Als am 19. März die dritte Phase der 2. Ladoga-Schlacht begann, schossen die Tiger der 1./sPzAbt. 502 am ersten Tag zehn, am zweiten zwölf und am dritten 18 Feindpanzer ab, überwiegend T 34.

Als Anfang April 1943 diese große Ladoga-Schlacht zu Ende ging, fiel als letzter der sPzAbt. 502 Stabsfeldwebel Sandering durch einen Panzerbüchsentreffer in den Kinonblock. Der Tagesbefehl von GenOberst Lindemann, OB der 18. Armee, vom 6. April 1943 lautete:

»Der Großangriff begann am 12. Januar 1943 morgens um 7.20 Uhr mit einem mörderischen stundenlangen Trommelfeuer. Danach griff der Feind mit fünffacher Übermacht an. In den folgenden Kämpfen setzten die Sowjets ein:

48 Schützendivisionen, 19 Schützenbrigaden, eine mech. Stoßdivision, 19 Panzer-Regimenter und Brigaden, zehn selbständige Panzerbataillone. Während der Schlacht wurden diesen Verbänden Verstärkungen von mindestens 85.000 Mann zugeführt. Der Feind verlor nach vorsichtigen Schätzungen 270.000 Mann an Toten und Verwundeten, 675 Panzer wurden vernichtet, 172 Panzer bewegungsunfähig geschossen. 548 feindliche Flugzeuge wurden durch unsere Jäger und 124 durch unsere Flakmänner abgeschossen, 21 Flugzeuge von anderen Einheiten.

Außerordentlich gering ist die Zahl der gefangenen Rotarmisten. Es wurden nur 3.370 Gefangene gemacht, ein Zeichen, daß der Feind verbissen gekämpft hat.

An Offizieren und Mannschaften, die sich in dieser Winterschlacht bewährt haben, wurde zweimal das Eichenlaub zum Ritterkreuz und 34mal das Ritterkreuz verliehen.«

Von den abgeschossenen Panzern kamen 163 auf das Konto der 1./sPzAbt. 502. Für die Abteilung gab es dafür jedoch kein Ritterkreuz. Ofw. Bölter erhielt am 29. März das Deutsche Kreuz in Gold, am 1. Mai wurde er zum Tapferkeitsoffizier befördert. Oberleutnant Diels und Lt. Meyer wurden mit dem EK I ausgezeichnet.

Knappe Übersicht über den Sommer 1943
Der Herbst im Nordabschnitt

Die Kämpfe im Nordabschnitt der Ostfront des Jahres 1943 zu schildern würde den Rahmen dieses Werkes sprengen. Allein die einmaligen Leistungen von Oberst

Griesbach mit seinem GR 399 wären es wert, ausführlich dargestellt zu werden. Er erhielt dafür am 17. Mai 1943 als 242. deutscher Soldat das Eichenlaub zum Ritterkreuz. Knapp zehn Monate später sollte er, immer noch als Kommandeur dieses Regiments, die 53. Schwerter erhalten. (Siehe dazu: Generalmajor Franz Griesbach von Karl Kollatz).

Im Jahr 1944 wird Oberst Franz Griesbach mit seinem Regiment im Brennpunkt der Kämpfe und des Interesses stehen.

Nur langsam konnte sich die 18. Armee von den Folgen dieser gewaltigen Schlacht erholen. Nach und nach erhielten die einzelnen Verbände ihren Ersatz und gruben sich in ihren Stellungen ein, denn eines stand fest: Die Rote Armee würde es hier wieder versuchen. Bis zur Julihälfte dieses Jahres galt es in immer neuen Stoß- und Spähtrupps Aufklärungsergebnisse über die Verbände zu erzielen, die den deutschen Truppen gegenüberlagen. Hier begann die Zeit der Scharfschützen, der Feuerüberfälle, der Einbrüche und Gegenstöße. Der Brückenkopf Kirischi sah die 61. ID im Einsatz, welche die dort liegende 217. ID abgelöst hatte. Der Flaschenhals bei Mga, Gaitolowo und die Wenglernase, die Ssinjawinohöhen und der Kampfraum Krasny Bor waren unter anderem die Brennpunkte kleiner erbitterter Gefechte, während die Leningradfront und die Wolchowfront verhältnismäßig »ruhig« blieben.

Am 22. Juli 1943 begann der nächste sowjetische Großangriff, der genau mit der gewaltigen Großoffensive abgestimmt war, mit der die Sowjet-Armee die Heeresgruppe Mitte im Bereich von Orel durchstoßen wollte. Beteiligt waren: Die 67. Armee, die 8. Armee und einige Unterstellungen.

Das XXX. Gardeschützenkorps der 67. Armee stieß als Spitze eines Großverbandes von Norden nach Südosten vor, während die 8. Armee von Osten angriff. Insgesamt waren zehn Divisionen - jeweils fünf auf einer der Angriffstellen - beteiligt.

Die nächsten Tage sahen die deutschen Divisionen in der Abwehr dieses energisch vorgetragenen Angriffs. Die 121. ID und die 28. JägDiv. wurden von der Armee in den »Skat« geworfen. Die ostpreußische 11. ID hielt zwanzig Tage lang die Angriffe überlegener Feindverbände auf und wies mit ihren nur acht Bataillonen sechs bis sieben Feinddivisionen ab, bevor sie von der 21. ID abgelöst wurde.

Die Kämpfe zogen sich bis in den August hinein. Danach gruppierte die Sowjet-Armee um, um zwischen Woronowo und der Kirowbahn drei Tage lang anzugreifen und durch einen Flankenstoß auf Mga die Ssinjawino-Verteidigung auszuhebeln. Diesmal standen hier die 5. GebDiv. und die 1. ID (ebenfalls ostpreußische Soldaten) in der Abwehr und hielten eisern stand.

Wieder einmal waren es die bewährten Ostfrontdivisionen des Nordabschnittes, die 126. ID und die 121. ID und schließlich auch noch die 58. ID, die unter GenLt. von Graffen aus der Leningradfront hierher verlegt wurde. Turm in der Schlacht war Oberst Behrend, der am 6. März 1944 das 421. Eichenlaub zum Ritterkreuz erhielt. Auch er soll mit seinem Regiment im Jahre 1944 seine besondere Würdigung erfahren. (Siehe auch: Kollatz, Karl: Generalmajor Hermann-Heinrich Behrend).

Durch das sowjetische flankierende Feuer jenseits der Newa wurde das GR schwer getroffen. Etwa 80 Salvengeschütze hatten sich auf diesen Frontabschnitt eingeschossen. Der 4. August wurde für die gesamte Division zu einem unvergeßlichen Tag. Angriff und Einbruch, Abriegelung und Ausräumung des Einbruchs wechselten einander ab. Der Feind wurde aufgehalten.

Vom 12. bis zum 23. August warf die Sowjet-Armee noch einmal sieben neue Divisionen in diesen Raum hinein. Beim Posselok 6, am »Gleisdreieck«, standen die deutschen Kampfgruppen ebenso im Abwehrkampf wie an der »Elektroschneise«, der »Burmastraße« und allen anderen neuralgischen Punkten.

Erst Mitte Oktober flaute die Schlacht ab. Die 18. Armee hatte die 3. Ladoga-Schlacht, mit der die Sowjets ihr endgültig den Garaus machen wollte, überstanden und fast keinen Fußbreit Boden preisgegeben. Lediglich bei der Ssinjawinohöhe hatte der Feind, vom 15. bis 18. September angreifend und das gesamte XXX. Gardekorps in die Schlacht werfend, einige hundert Meter Bodengewinn erzielt.

Am 2. Oktober mußte allerdings die »Wengler-Nase«, die von der 290. ID verteidigt wurde, aufgegeben werden. Da diese aber für die weitere Kampfführung ohne Bedeutung war, wurde der Entschluß zur Aufgabe getroffen.

Von den hier eingesetzten fünf ostpreußischen Divisionen wurden die 1. und 11. ID im Wehrmachts-Bericht besonders gewürdigt. Ebenso die 5. Gebirgsdivision. Für alle seinerzeit beteiligten Verbände hier der Wehrmachts-Bericht vom 12. August 1943:

»In der dritten Schlacht südlich des Ladoga-Sees haben die unter Führung des Generalfeldmarschalls v. Küchler, des Generaloberst Lindemann und des Generals der Infanterie Wöhler stehenden deutschen Truppen, unterstützt von den durch General der Flieger Korten stehenden Luftwaffenverbänden, in der Zeit vom 22. Juli bis zum 6. August den Ansturm der 8., und 67. sowjetischen Armee in heldenmütigen Kämpfen abgeschlagen und damit die Durchbruchabsichten des Feindes vereitelt. Außer der im Wehrmachts-Bericht genannten 1. Infanteriedivision zeichneten sich in dieser Schlacht die 5. Gebirgsdivision und die ostpreußische 11. Infanteriedivision besonders aus. Alle übrigen Verbände, die Korpstruppen, die Sturmartillerie- und Panzereinheiten, die Flak und die vielen Kampftrupps in vorderster Stellung seien hier genannt. Sie haben mit den Fliegenden Verbänden der Luftwaffe unter General der Flieger Korten Großes geleistet.«

Das Dilemma der HGr. Nord aber bestand nach dieser einmaligen Abwehrleistung in der Tatsache, daß ihr mehr und mehr Divisionen weggenommen und an andere Frontabschnitte geworfen wurden.

So verließen die 58., 69., 290., 81., 132., und 23. ID diesen Kampfraum. Die 5. Gebirgsdivision ging nach Italien. Die spanische 250. ID wurde in die Heimat zurückbefohlen. Die sowjetische Winteroffensive wurde im Januar 1944 erwartet.

Im Mittelabschnitt der Ostfront

Noch während der monatelangen Vorbereitungen zum Unternehmen »Zitadelle« bereitete die Sowjet-Armee ihrerseits eine großangelegte Offensive vor. Mit drei Heeresgruppen sollte sie laut Befehl des STAWKA den deutschen Frontbogen um Orel angreifen, ihn zum Einsturz bringen und die Masse der HGr. Mitte zerschlagen.

Die Heeresgruppe Westfront, Armeegeneral Sokolowski, sollte mit schnellem Durchstoß nach Süden in Richtung Bolchow und Chotynez Orel den dort stehenden deutschen Verbänden den Rückzugsweg abschneiden.

Der Zentralfront wurde befohlen, diesem Stoß von Südosten entgegenzustoßen. Diese Aufgabe sollte Armeegeneral Rokossowsky ausführen.

Die Brjansker Front unter Generaloberst Popow wiederum erhielt Weisung, aus dem Raum Nowosil in zwei Gruppen die beiderseitige Umfassung von Orel durchzuführen und die hier stehenden deutschen Verbände einzukesseln und zu vernichten.

Dieser Angriff begann, während noch im Südteil der Operation »Zitadelle« der Panzerkampf bei Prochorowka anlief. Nicht weniger als 80 Schützendivisionen und 14 Panzerkorps mit insgesamt 3.500 Panzern konnte die Sowjet-Armee zu dieser Offensive einsetzen, eine Masse an Menschen und Material, denen die deutsche Wehrmacht nur ein Zehntel entgegensetzen konnte.

Schwerpunkt der Feind-Offensive waren die Räume im Nordabschnitt der HGr. Mitte zwischen Zisdra und Bolchow.

Der erste Angriffstag sah einen schnellen feindlichen Durchbruch von 28 km Breite in diesem Raum. Unmittelbar danach gelang es weiteren Angriffsverbänden der Sowjets auch zwischen der 56. und 262. ID durchzubrechen, die im Zentrum der Ostfront lag. Als dann ein dritter Durchbruch nordostwärts vor Bolchow erfolgte, war die gesamte Front der 2. Panzerarmee zerrissen.

Den tiefsten Durchbruch erzielte die 11. Gardearmee unter GenLt. Bagramjan, der von Norden durch die Stellungen des LV. AK stieß und 28 km weit durchrollte. Die direkt auf Bolchow angesetzte 61. Sowjetarmee, GenLt. Below, stieß zwar nur drei km durch, hatte aber damit ebenfalls die deutsche HKL durchbrochen.

Die beiden aus Osten frontal angreifenden Sowjetarmeen 3 und 63 stießen an der Nahtstelle des LIII. AK, Gen.d.Inf. Clössner, und dem XXXV. AK, Gen.d.Inf. Rendulic, durch. Das XXXV. AK hatte auf einer Frontbreite von 120 km gegen diese beiden sowjetischen Armeen zu halten. Es waren die Divisionen 34, GenMajor Hochbaum, 56, GenMaj. Lüdecke, 262, GenMaj. Karst und 299 unter GenMaj. Graf von Oriola, die den ersten Ansturm aufzuhalten hatten. Daß es gelang, diesen aufzuhalten, war der Führungskunst von General Dr. Rendulic zu verdanken. Der Sowjet-Armee blieb damit der schnelle Durchbruch und die Einnahme von Orel verwehrt.

Am 12. Juli hatte GenOberst Model, der bis dahin den Oberbefehl über die 9. Armee innehatte, den Befehl über alle Truppen im Orelbogen übernommen. Am 14. Juli sagte er in seinem Tagesbefehl an die ihm unterstellten Truppen:

»Wir stehen vor Schlachten, die alles entscheiden können! In dieser Stunde habe ich den Oberbefehl über die kampferprobte 2. Panzerarmee übernommen.«

Die drei Ein- und Durchbrüche der Sowjets konnten nicht mehr abgeriegelt und zerschlagen werden. Im Gegenteil: Die Sowjet-Armee stürmte, wenn auch bedeutend gebremst, dennoch weiter, auch wenn sich der deutsche Widerstand vom 19. Juli ab versteifte und einige Divisionen mit besonderer Widerstandskraft diese Panzerlawine zum Stehen brachten.

Um den Haupteinbruch schnellstmöglich zu einem gewaltigen Sprung nach vorn zu nutzen, schob die Führung der Sowjets südwestlich Bolchow die 4. Panzerarmee nach. Ihre Spitzenverbände, kampferprobte Panzer-Brigaden- und Regimenter, hatten das erste Ziel Karatschew erreicht. Danach sollte Naryschkino hart ostwärts Brjansk genommen werden.

Dieser Angriff ging, wenn auch zögerlich, so doch zielstrebig weiter, ehe es dem XXIII. AK unter GenLt. Friessner gelang, die Front zum Stehen zu bringen, wobei ihm weitere Truppen der 9. Armee halfen.

Die bei Karatschew entstandene Lücke wurde im Gegenangriff der 9. PD, GenLt. Scheller, der 129. ID, GenLt. Praun, und dem Reiterregiment Mitte, Oberstleutnant Frhr. von Boeselager, wieder geschlossen.

Bis zum 23. Juli erreichte die Sowjet-Armee mit ihren Spitzenverbänden die Oka und die Optucha. Orel war Frontgebiet geworden. Drei Tage darauf befahl GenOberst Model die Räumung der Stadt und den Rückzug der 2. Panzerarmee auf die »Hagenstellung«.

Am 3. und 4. August erreichten schließlich die sowjet. 3. und 63. Armee Orel; die Stadt war in der Nacht zuvor geräumt worden. Der »große Sieg« wurde durch einen Aufruf von Stalin besonders gefeiert. In Moskau schossen 120 Geschütze jeweils 12 Salven.

Der Frontbogen von Orel mußte geräumt werden, um nicht die 2. Panzerarmee und die 9. Armee der Einschließung und weiträumigen Überflügelung auszusetzen und um ihr das Schicksal der 6. Armee bei Stalingrad zu ersparen.

Im Kampf um Orel stand auch die 4. PD mit seiner I./PR 35 im Einsatz. Sie stieß gegen einen feindlichen Einbruch vor, riegelte ihn ab und zerschoß diesen Gegner. Eine wichtige feindbesetzte Höhe wurde von ihr und den Panzern dem Feind im Gegenstoß entrissen.

24 Stunden später stieß Major von Cossel erneut in die Flanke eines Panzerkeils und schoß mit einigen wenigen Panzern 20 T 34 ab.

Aus der Absetzbewegung des 20. und 21. Juli heraus griff Major von Cossel immer wieder nachdrängende Feindpanzer an und vernichtete sie. Er drang mit sieben Panzern in ein russisches Dorf ein, schoß den bereits dort eingenisteten Gegner hinaus und hielt es, bis die Ablösung der Infanterie eintraf.

Am 22. Juli griffen die sowjetischen Panzer die deutsche schüttere HKL an, durchstießen sie und standen im Begriff, direkt nach Orel durchzurollen. Wieder trat Major von Cossel mit seiner zusmmengeschmolzenen Abteilung zum Gegenstoß an.

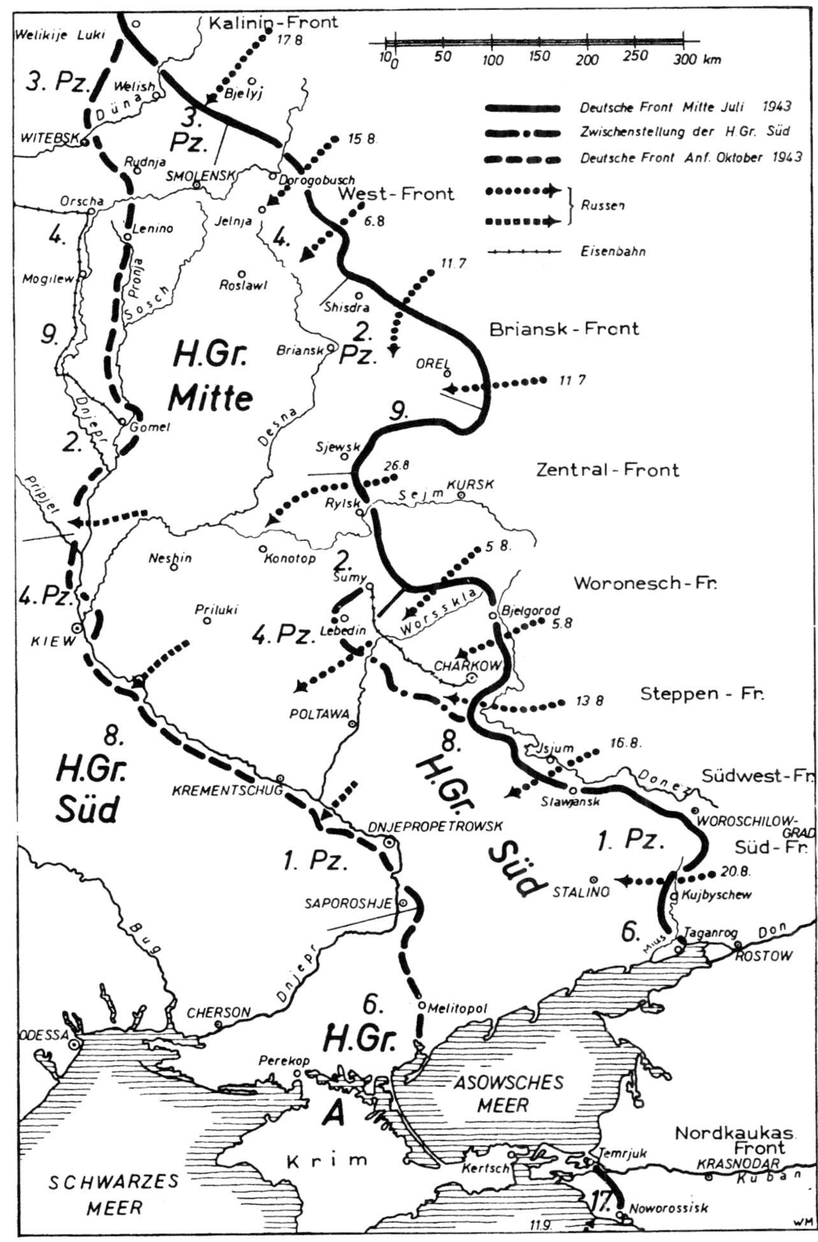

Die deutsche Front Juli-Oktober 1943

Er schoß drei Feindpanzer ab, und als er sich anschickte, einem Panzerrudel den Weg abzuschneiden, erhielt sein Wagen einen Volltreffer und stand Sekunden später in Flammen. Kein Mann der Besatzung konnte den Panzer verlassen.

Hans-Detloff von Cossel war nicht mehr. Das Schicksal dieses vorbildlichen Soldaten hatte sich erfüllt. Am 23. Juli wurde er auf dem Heldenfriedhof von Kromy, 40 km südwestlich Orel, zur letzten Ruhe gebettet. GenLt. von Saucken, der die 4. PD führte, sprach letzte Worte des Gedenkens am Grabe dieses bewährten Panzerführers.

Am 29. August erhielt Major von Cossel posthum als 285. deutscher Soldat das Eichenlaub zum Ritterkreuz.

Die schwere Panzerkampfgruppe Bäke während der Abwehrkämpfe

Als sich das III. PzKorps am 20. Juli 1943 in seine neuen Stellungen absetzte, verfügte die 6. PD wieder über 31 Panzer und drei Flammpanzer. Die Sowjet-Armee war zum Gegenangriff, zu ihrer großen Sommeroffensive übergegangen. Die neu aufgestellte »Gepanzerte Kampfgruppe Bäke« unter Major Dr. Bäke, sicherte am 21. Juli das Absetzen der Division. Diese sollte die 19. PD in der C-Linie ablösen. Dort stand der Divison auch wieder die sPzAbt. 503 zur Verfügung.

Als hier 20 T 34 angriffen, unterstellte sich Dr. Bäke sechs einsatzbereite Tiger dieser Abteilung und griff den anstürmenden Gegner überraschend aus einer Waldbürste an. In einem kurzen, aber äußerst erbitterten Kampf Panzer gegen Panzer wurden 23 T 34 abgeschossen. Bäke verlor dabei zwei Panzer.

Als der Gegner am 23. Juli mit einer noch größeren Streitmacht angriff, kam es erneut zu erbitterten Panzerduellen. Aber der Gegner drehte nach mehrstündigem Gefecht, bei dem Dr. Bäke seine Panzer geschickt immer wieder überraschend in die Angriffsposition brachte, ab, es blieben 33 T 34 brennend und lahmgeschossen auf dem Gefechtsfeld zurück.

Am 25. Juli wurde Dr. Bäkes Panzerverband Korpsreserve. Als GenOberst Hoth bei den Panzern vorn eintraf, führte er ein langes Gespräch mit Dr. Bäke, bei dem er beschloß, diesem tapferen und erfahrenen Panzerführer den Weg zum Divisionskommandeur zu ebnen.

Als die Panzerkampfgruppe Bäke am 27. Juli wieder zur 6. PD zurücktrat, gab der Kommandeur des PR 11 bekannt:

»111 Feindpanzer, 140 Pak und zahlreiche weitere schwere Waffen blieben von euch besiegt auf der Strecke!«

Am 1. August 1943 erhielt Major der Reserve Dr. Franz Bäke das 262. Eichenlaub für diesen einmaligen Einsatz.

Anfang August verstärkte sich die Sowjetoffensive. Von Norden nach Süden griffen die 11. Gardearmee und die 4. Panzerarmee die deutschen Verteidiger an. Vor diesem übermächtigen Gegner zogen sich die Verbände der 2. PzArmee und der 9. Armee hinhaltend kämpfend zurück. Kromy und Karatschew wurden ebenso wie Zhisdra aufgegeben. Die »Hagenstellung«, bis zum 18. August erreicht, zog sich zwischen Kirow, Brjansk und Sewsk hin.

Nach Norden setzte die Sowjet-Armee ebenfalls zu Anfang August die Offensive in Gang. Dort sollten die »Kalininer Front«, Generaloberst Jeremenko, und die »Westfront« unter Generaloberst Sokolowskij in Richtung Jarzewo - Smolensk-Rosslawl angreifen.

Am 7. August ließ der OB beider Fronten, Marschall Woronow, die Offensive beginnen. Ostwärts Spas Demensk griff die Sowjet-Armee mit drei Armeen an. Hinzu kamen einige Panzerregimenter und starke Fliegerkräfte der 1. Luftarmee, GenLt. Gromow.

Diese drei Armeen erzielten nach mörderischem Kampf einen 4 km tiefen Einbruch gegen die im Einbruchsraum verteidigenden Kräfte, die 2. PD, die 36. ID (mot.) und die 56. ID.

Hierzu das Generalstabswerk der Sowjet-Armee: »Drei deutsche Divisionen verteidigten mit unerhörter Tapferkeit!« So zollte selbst ein unversöhnlicher Gegner der deutschen Infanterie seinen besonderen Respekt.

Die Kalininfront trat am 13. August an. Sie traf direkt auf die 4. Armee und die 3. Panzerarmee. Es dauerte fünf Tage, bevor die Sowjet-Armee hier einen sechs Kilometer tiefen Einbruch erzielt hatte. Das war nicht das Ziel dieser mit gewaltigen Kräften begonnenen Offensive und das STAWKA brach diese am 16. August ab, um alle Verbände neu aufzufrischen, ihnen neue Waffen, Munition und Versorgungsgüter zu liefern.

Diese Atempause wurde von der HGr. Mitte dazu genutzt, ihre 48 Infanteriedivisionen auf der Gesamtfrontbreite von 950 Kilometern günstig zu verteilen. Hinter der Front wurden acht Infanteriedivisionen, sechs Panzer- und Panzergrenadierdivisionen und einige Sturmgeschütz-Brigaden als Eingreif-Reserve bereitgestellt.

Die Anforderung des Heeresgruppenkommandos an das OKH belief sich:
Für die Infanterie auf 100.000 Mann,
für die Panzer- und Panzergrenadiertruppe 20.000 Mann,
an schwerer Pak 700 Kanonen,
an Pak auf Selbstfahrlafetten 150,
an Panzern 353, um nur die hauptsächlichsten zu nennen.

Die zweite Phase der Offensive

Am 26. August begann die Sowjet-Armee den zweiten Teil ihrer Offensive. Bis zum 28. August hatten sich auch die »Westfront« und die »Kaliner Front« wieder eingeschaltet. Ihr Schwerpunkt traf genau auf die Naht zwischen der 4. und 9. Armee. Erschwerend, geradezu katastrophal kam hinzu, daß die 2. Panzerarmee aus dem

Verband der HGr. Mitte ausgeschieden und auf den Balkan verlegt wurde, wo sich nach der Entmachtung von Benito Mussolini ein Ausscheren der Italiener aus dem Achsenbündnis und gleichzeitig eine westalliierte Landungsoperation abzeichneten, denen es zu begegnen galt.

Damit hatte das XXXXI. PzKorps unter General der PzTr. Harpe im Abschnitt der 9. Armee den Hauptstoß des mehrfach überlegenen Gegners aufzuhalten. Die gleiche Aufgabe fiel dem IX. AK zu. Das IX. AK wurde von den starken Panzerkräften der Sowjets durchbrochen und mußte sich auf Ugra absetzen.

GFM von Kluge, der OB der HGr. Mitte, wurde ins FHQ befohlen, um Hitler Vortrag zuhalten. Er wies vor Hitler darauf hin, daß die Heeresgruppe Mitte dringend Hilfe benötige. Er mußte erklären, daß es bei der 2. Armee zu einer Krise gekommen war. Sie war nur durch Abgaben der 9. Armee zu bereinigen, die dazu die 12. PD und die 183. und 6. ID abgeben mußte.

Diese Abgaben rächten sich dramatisch, als die sowj. 10. Gardearmee am 29. August südlich der Bahn Jelnja - Spas Demensk vorstieß und Jelnja eroberte.

Nach diesem Erfolg der Sowjet-Armee brach am 30. August die Front zwischen der 2. und 9. Armee zusammen. Beide Armeen mußten von GFM von Kluge in die Linie Putiwl - Krolowetz - Demensk - Brjansk - Bolwa zurückgenommen werden.

Am 1. September mußte GFM von Kluge das HGr.-HQ nach Orscha zurücknehmen.

Am selben Tage ging die Verbindung mit der HGr. Süd verloren, als Krolowetz vom XIII. AK aufgegeben wurde und das Korps an den Sejm zurückging.

Im Norden bei der 4. Armee erfolgte bei der 252. ID ein Feindeinbruch; er weitete sich zum Durchbruch aus, in dessen Verfolgung die Sowjet-Armee Dorogobusch eroberte.

GFM von Kluge mußte dem OKH Meldung machen:

»Haltung der Truppe durch schwere, verlustreiche Kämpfe und durch klar erkennbare und spürbare materielle und personelle Überlegenheit des Feindes beeinflußt. Erscheinungen von Teilnahmslosigkeit und mangelndem Behauptungswillen häufen sich, ohne daß Anzeichen für schlechten Geist erkennbar sind.«

Dies war die typische Art eines Oberbefehlshabers, das Fehlen schwerer Waffen und die Unterlegenheit der Soldaten an Zahl und Bewaffnung, Ausrüstung und Nachschub zu bemänteln. Richtiger wäre es gewesen, zu bekennen, daß die Kräfte nicht mehr ausreichten und dies der Grund dafür war, daß die Front aufriß.

Die 4. und 9. Armee wurden vom 1. September an ständig von der »Brjansker Front« ebenso wie von der »Westfront« angegriffen. Smolensk war das Ziel beider sowjetischen Heeresgruppen. Trotz dieser mächtigen Panzerlawine der Sowjet-Armee vollzog sich der deutsche Rückzug in geordneten Bahnen und in einer festen Front. Am rechten Flügel der HGr. Mitte aber klaffte bald zur anschließenden HGr. Süd ein ständig breiter werdender Keil. Dort war nämlich das XIII. AK derart angeschlagen, daß die HGr-Führung die Ukraine in schnellem Tempo räumen mußte, was wiederum bewirkte, daß der rechte Flügel der HGr. Mitte in der Luft hing.

Hier waren starke sowjetische Panzerverbände durchgebrochen und dann nach Norden eingeschwenkt, um die HGr. Mitte von Süden her zu umschließen und abzuschneiden.

Dies zwang GFM von Kluge dazu, alle Panzerkräfte in diesen bedrohten Abschnitt zu werfen und sie dem AOK 2 zu unterstellen mit der Weisung, diese Lücke zu schließen, zumindest aber die rechte Flanke der HGr. Mitte vor einer Überflügelung von Süden zu schützen.

GFM von Kluge flog in diesen Tagen ins FHQ, um Hitler persönlich vorzutragen. Für die Zeit seiner Abwesenheit übernahm Generaloberst Reinhardt, OB der 3. Panzerarmee, die HGr.-Führung.

Als die Sowjet-Armee am 8. August die Dessna südlich Murawy erreichte und dort den ersten Brückenkopf über den Fluß bildete, setzte die 2. Armee das XX. AK dagegen ein. Diesem gelang es in erbitterten Gefechten, den Brückenkopf einzudrükken, womit die größte Gefahr zunächst beseitigt war.

Auch im Abschnitt der 9. Armee wurde das Dessna-Ufer von der Sowjet-Armee erreicht. Hier wehrte das XXXV. AK den Vorstoß der Feindverbände zunächst ab. Einen Tag darauf jedoch mußte sich die 9. Armee in den weiten Brückenkopf um Brjansk zurückziehen. Die KGr. unter dem Kommando von Gen.d.Pz.Tr. Harpe, von der sPzAbt. 505 tatkräftig unterstützt, konnte hier das sowj. II. Kavalleriekorps einschließen und diesem schwere Verluste beibringen.

Die Kämpfe waren derart schwer und verlustreich, daß die 2. Armee ihre Gefechtsstärke am 11. August mit 6.981 Mann angab, was nicht einmal der einer Division entsprach.

An sechs Stellen hatte die Sowjet-Armee die Dessna überschritten und Brückenköpfe gebildet, die sie ständig erweiterte. Nowgorod-Ssewersk fiel am 16. September, durch einen Angriff des sowj. XVI. Schützenkorps. Am 20. September mußte Tschernigow vom XXXXVI. PzK aufgegeben werden, und Ende September zeigte sich, daß es auch mit der Kampfkraft der sowjetischen »Zentralfront« zu Ende ging. Die Sowjet-Armee mußte ebenfalls mit schwersten Verlusten leben, und nun konnte die Oberste sowj. Führung keine ganzen Reserve-Korps mehr in den Kampf werfen. Als sie den Sohs erreichte, stellte sie die Offensive ein. Der Stellungskrieg begann.

An der »Brjansker Front« war der 7. September ein Großangriffstag, als diese nach stundenlangem Trommelfeuer nördlich Kirow zum Durchbruch durch die deutsche Front ansetzte. Die 50. Armee unter GenLt. Boldin und das II. Garde-KavKorps unter GenMaj. Krjukow brachen im ersten Angriff in die deutschen Stellungen ein. Vier Tage später hatten sie die Barriere der Dessna überwunden und die Bahnlinie Brjansk - Smolensk unterbrochen. Die hier tobenden Kämpfe waren verlustreich für beide Seiten.

Hier war es GenOberst Model, der ständig vorn bei der Truppe auftauchte und mitten in der Schlacht der wechselnden Lage entsprechend seine Befehle gab. Als es dem II. GardeKavKorps gelang, einen wichtigen Bahnknotenpunkt nahe Brjansk im Handstreich zu nehmen, befahl Model allen erreichbaren Kommandeuren den sofortigen Gegenangriff, damit der Feind nicht weitere Verstärkungen heranführen konnte.

Persönlich führte Model die 5. und 20. PD und eine Kampfgruppe der 110. ID nach vorn. Gemeinsam mit der 129. ID, GenLt. Praun, der 383. ID, GenLt. Hoffmeister, und der 707. SichDiv., GenMaj. Busich, wurde bis zum 19. September diese gefährliche Lage gemeistert.

Dennoch gelang der Sowjet-Armee der weitere Vorstoß - wenn auch gebremst. Am 12. September hatte es die 11. Gardearmee unter GenLt. Bagramjan geschafft und Brjansk eingeschlossen.

In den erbitterten Kämpfen der nächsten fünf Tage standen sechs deutsche Infanteriedivisionen dem Ansturm der Brjansker Front gegenüber. Dann fiel am 17. September die Stadt. Eines der weitgesteckten Ziele der Sowjet-Armee war damit genommen.

Das zweite Ziel, Smolensk, wurde von der 4. Armee unter GenOberst Heinrici verteidigt. Auch hier war die Sowjet-Armee in vielfacher Überlegenheit angetreten. Es war die »Westfront«, die am 14. September unmittelbar auf Smolensk vorstieß und dabei auf das XXVII. AK unter GenLt. Schneckenburger traf. Bei der 52. ID einbrechend, erweiterten die sowj. Sturmdivisionen den Einbruch zum Durchbruch. GenOberst Heinrici bat um die Freigabe zum Rückzug, was von GFM von Kluge abgelehnt wurde.

Am 15. September aber begann der sowjetische Großangriff. Westlich Jelnja wurde das IX. AK bis 11.00 Uhr völlig zerschlagen. Eine der hier stehenden deutschen Divisionen war die 78. Sturmdivision. Sie hatte bereits am 14. September bei Kukujewo mit dem Sturmregiment 14 im Abwehrkampf gestanden und wurde gemeinsam mit dem Schwesterregiment 215 von der Masse dieses Gegners niedergewalzt. Ein Gegenangriff der Sturmpioniere der Division führte nicht zur Abschnürung dieses Einbruchs. Der nächste Tag sah ähnlich erbitterte Kämpfe und hohe Verluste, so daß GenOberst Heinrici ohne Rücksprache mit der HGr. das Absetzen dieses schwer angeschlagenen Korps befahl, mit dem XXVIII. AK und dem XXXIX. PzKorps den Gegner zu halten versuchte. Dabei wurden 150 Feindpanzer und 86 Flugzeuge abgeschossen.

Am »Tor von Smolensk« lag die 78. Sturmdivision. Hier sollte sie in sechs »Rollbahnschlachten« als Turm in der Schlacht stehen. Auch hier wieder zeichnete sich OFw. Schreiber besonders aus, der als Fw. am 31. März 1943 das Ritterkreuz und als OFw. am 5. Oktober 1943 als 309. deutscher Soldat das Eichenlaub zum Ritterkreuz erkämpfte.

Die Rollbahnschlachten forderten von dieser Division noch einmal den letzten Einsatz.

GFM von Kluge, der Mitte September noch einmal ins FHQ geflogen war, erwirkte von Hitler den Absetzbefehl in die von der Dessna- und Orscha bis nach Witebsk erbaute »Panther-Stellung«.

Hier kam es den ganzen September über zu schweren Abwehrkämpfen. Die Sowjet-Armee stand vor Smolensk und wollte diese Stadt mit aller Gewalt erobern. In der Nacht vom 25. September 1943 stießen die Vorаustruppen der sowj. 5., 31. und 68. Armee nach Smolensk hinein. Die HGr. Mitte war nicht in der Lage gewesen, ihren 700 km (!) breiten Frontabschnitt mit ihren 42 Infanterie-Divisionen, den zwei Panzergrenadier-Divisionen, den sechs Panzerdivisionen und vier Luftwaffen-Felddivisionen zu halten, denn bis auf etwa 16 Divisionen waren alle übrigen angeschlagen und teilweise dezimiert.

Die Fortsetzung dieser sowjetischen Offensive begann am 20. Oktober 1943, als die »Weißrussische Front« (aus der »Zentralfront« umbenannt), ihre Verbände nach vorn schob und bei Lojew einen Brückenkopf über den Dnjepr bildete. Aus dem in den folgenden Tagen erweiterten Brückenkopf heraus trat diese »Front« am 10. November mit drei Armeen von Lojew aus an. Das Ziel dieser Offensive war die Linie Gomel - Bobrujsk. Bis zum 18. November wurde Kalinkowitschi besetzt und die Bahnlinie Gomel - Kalinkowitschi unterbrochen. Als diese Offensive am 22. November auch vom rechten Flügel dieser »Front« aufgenommen wurde, erreichten die Truppen - von der 16. Luftarmee unterstützt - am 25. November Stary-Bychow am Dnjepr und setzten im selben Ansturm noch über den Fluß. Gomel fiel der Roten Armee am 26. November zu. Die erste Gebietshauptstadt von Weißrußland war »befreit«. Wieder wurde von Marschall Stalin in Moskau ein Ehrensalut angeordnet.

Das HQ der HGr. Mitte in Orscha mußte bereits im Oktober verlassen werden. Der neue HGrGefStand wurde in Minsk eingerichtet. GFM von Kluge verunglückte am 28. Oktober bei einer Frontfahrt und wurde in ein Heimatlazarett überführt. An seine Stelle trat der bisherige OB der 16. Armee, GFM Busch. GenOberst Model, der OB der 9. Armee, übernahm am 3. November 1943 die HGr. Nordukraine. Die 9. Armee führte von diesem Zeitpunkt an Gen.d.PzTr. Harpe.

Herbst- und Winterkämpfe der 3. Panzerarmee

Als die »Kalininer Front« am 29. Oktober 1943 die Offensive aufnahm und als neue »1. Baltische Front« am 9. November Sawan gewann sowie die Bahn Newel - Polozk sperrte, um am nächsten Tage Pustoschka in Besitz zu nehmen, war auch der Nordteil der HGr. Mitte in Gefahr. Hiergegen setzte das OKH einen Gegenangriff an, der die Lücke schließen sollte. Dieser begann am 8. November. Nach einem kurzen Feuerschlag trat das IX. AK mit der 20. PD und der 252. ID nach Norden an. Der Angriff gewann zügig an Boden. Da aber die 16. Armee, die von Norden nach Süden diesem

Angriff entgegenstoßen sollte, nicht angetreten war, mußte auch der Angriff des IX. AK abgebrochen werden. Der Protest von GenOberst Reinhardt gegen diese Unterlassung schlug nicht durch.

Am selben Tage jedoch trat die Sowjet-Armee mit acht Schützendivisionen und jeweils zwei Schützen-, Panzer- und mech. Brigaden von Osten her frontal gegen Witebsk an. Die 206. ID im Zentrum dieses Angriffs konnte nicht standhalten. Der Feind erzielte hier einen fünf km breiten und drei km tiefen Einbruch.

Der Gegenangriff der 211. SichDiv. scheiterte, weil die zugesagte Luftunterstützung wegen dichten Nebels entfallen war. Die 206. ID zog sich kämpfend zurück. Aber erst als dem sowj. III. Garde-Kavalleriekorps am 16. November der Durchbruch in Richtung Gorodok gelang und dieser Verband damit im Rücken der 3. PzArme stand, erbat GenOberst Reinhardt die Räumung des Witebsk-Bogens. Dies wurde von GFM Busch abgelehnt.

Die tiefe Westflanke der 3. PzArmee wurde nun vom LIII. AK gesichert. Doch dieses Korps war zu schwach, um dem starken Panzerfeind längere Zeit standzuhalten. Es wurde hinweggefegt und GenOberst Reinhard bat ein zweites Mal um die Freigabe des Rückzugsbefehls, die wiederum von GFM Busch abgelehnt wurde. Der OB der HGr. Mitte erwirkte einen Führerbefehl, der das Halten um jeden Preis befahl.

Diesmal erwies sich das plötzlich einfallende Tauwetter als deutscher Verbündeter. Am 24. November wurden die Straßen und Wege unpassierbar. Schlammfluten und Sumpfgebiete setzten der Sowjet-Armee das Haltsignal.

Erst als am 9. Dezember wieder leichter Frost einsetzte und sich die Straßen wenige Tage später als befahrbar erwiesen, setzte die Sowjet-Armee ihre Offensive am 13. Dezember fort. Zwei feindliche Armeen stürmten gegen den Nordflügel der 3. PzArmee. Wieder stand das IX. AK unter GenLt. Wuthmann im Zentrum dieses Angriffs und mußte zwei Einbrüche hinnehmen. Ein drittes Mal bat GenOberst Reinhardt um die Freigabe des Rückzugs und ein drittes Mal wurde diese Bitte abgelehnt.

Die Sowjet-Armee stieß bis zur Straße Newel-Gorodok durch. Am 15. Dezember zeichnete sich bereits die Einschließung des IX. AK ab. Bei Lobok im Rücken dieses Korps hatten sich die beiden Stoßkeile des Feindes bis auf 10 km einander genähert.

Dies war nun auch für Hitler das Zeichen, den Rückzug zu genehmigen. Doch der Befehl kam - wie schon mehrfach vorher - zu spät. Die 87. ID unter GenLt. von Strachwitz wurde am 16. Dezember eingeschlossen.

Die Sowjet-Armee wollte nun auch die übrigen Divisionen des IX. AK einschließen und stieß mit dem V. PzKorps am 17. Dezember diesmal zwischen der 199. ID und der 20. PD durch. Das HGrKommando befahl die allgemeine Zurücknahme des Nordflügels und führte der 3. PzArmee zur Abwehr der sowjet. Angriffe die 197. ID, die 5. JägDiv. und die PGD »Feldherrnhalle« zu.

Am 17. Dezember gelang der 87. ID unter Führung ihres Kdrs., GenLt. Frhr. von Strachwitz, der Durchbruch durch den feindlichen Umklammerungsring. Bei Malaschkinki stürmten 5000 Soldaten der Division, allen voran die KGr. Geißler unter Oberst Geißler, mit dem GR 187 nach vorn, um den Feind zu überwinden. Oberst Geißler fiel im Nahkampf. (Am 7. Jan. 1944 wurde ihm posthum das RK verliehen).

Von den 5000 Soldaten dieser Division fielen bei diesen Durchbruchskämpfen 45 Offiziere und 1.496 Mann. Der Verlust aller schwerer Waffen mußte zur Rettung der übrigen in Kauf genommen werden.

Ostwärts von Witebsk griff die Sowjet-Armee im letzten Dezemberdrittel immer wieder an. Hier stand die 14. ID (mot.), die mit Hilfe der HePzJägAbt. 519 den Gegner aufhielt und den Angriff bis zum 21. Dezember zum Stehen brachte.

Der nächste Angriff vom 23. Dezember stieß zwischen der 206. und 246. ID bis zur Straße Witebsk - Ssurazh durch. Zwar wurden an diesem Tage 71 sowjetische Panzer abgeschossen, doch der Panzerkeil war zu stark und wurde immer wieder aus der Tiefe aufgefüllt, als daß er hätte zum Stehen gebracht werden können.

Am Heiligen Abend des Jahres 1943 stand die gesamte 3. PzArmee im Abwehrkampf. Gorodok ging an die stürmenden Panzer des sowj. V. PzK verloren. Der Loswida-Riegel nahm die Verbände der 3. PzArmee teilweise auf. An den beiden Weihnachtstagen standen 37 sowjetische Schützendivisionen und 15 Panzerbrigaden im Kampf. Bei der Straße Witebsk - Orscha konnte die im Eilmarsch herangezogene PGD »Feldherrnhalle« den Gegner aufhalten. Am 29. Dezember mußte das HQ der 3. Panzerarmee aufgegeben werden. GenOberst Reinhardt zog sich mit seinem Stab nach Beschenkowitschi zurück.

Die sowjetischen Offensiven des Jahres 1943 hatten die gesamte Ostfront verändert. Es ist noch zu schildern, was sich im Süden der Ostfront, im Kubangebiet, im Herbst und Winter 1943 ereignete.

Die 7. PD im Kampfraum Kiew – Zitomir

Am 3. November 1943 - die deutschen Truppen waren am unteren Dnjepr und nördlich des Pripjet gebunden -, trat die Sowjet Armee mit 30 Infanteriedivisionen, 24 Panzerbrigaden und zehn mot. Brigaden der »1. Ukrainischen Front« aus ihren Brückenköpfen nördlich von Kiew zum Angriff an. Die 4. PzArmee wurde durchstoßen, zwei Tage später war Kiew in sowjetischer Hand.

Mehrere Armeen, darunter eine Panzerarmee, stießen in Richtung Fastow vor. Andere Verbände wandten sich nach Zitomir und Korosten.

Damit zeichnete sich für die HGr. Süd eine Westumfassung großen Ausmaßes ab. Zu dieser Lage General von Manteuffel:

»Mit Hilfe der allmählich von Westen herankommenden Reserven und weiteren, aus der eigenen Heeresgruppe herausgezogenen Kräften gelang es Mitte November abermals, die sowjetische Offensive in einer Linie 50 km südlich von Kiew, hart südlich Fastow und bei Zitomir aufzufangen und bis zum 25. November in Gegenangriffen starke sowjetische Panzerverbände zu werfen und nach Norden bis Radomyschl vorzudringen. Dort blieb alles im Schlamm stecken.

Als der eigene Angriff nach Umgruppierung Mitte Dezember wieder aufgenommen wurde, reichte die Kraft nicht mehr aus, um den Dnjepr zu erreichen. Der Raum westlich Kiew blieb damit dem Gegner überlassen, der ihn später als Absprungbasis für seine neue Offensive nutzen wollte.« (Siehe Manteuffel, Hasso von: Bericht an den Autor. Wie diese Offensive verlief, ist in Band 6 dargestellt).

Diese kurze Übersicht enthält einige Ereignisse, deren Dramatik in der folgenden Schilderung dargelegt werden soll.

Die 7. PD griff am 14. November die feindlichen Panzerspitzen an und eroberte im Angriff nach Westen Iwniza. Von dort stieß sie am folgenden Tag weiter nach Nordwesten vor. Ziel war die Rollbahn Kiew-Zitomir. Es gelang der Division, den Teterew-Bogen, nur vier Kilometer südlich Zitomir, zu gewinnen. Zitomir aber war inzwischen vom Feind besetzt worden.

Der 16. November sah einen weiteren Angriff in Richtung Lewkoff. Zuvor mußte aber ein Feindeinbruch südostwärts von Zitomir bereinigt werden. Nach der Eroberung von Lewkoff befand sich die 7. PD 12 km ostwärts von Zitomir und rollte weiter auf das erklärte Ziel zu, die Straße Kiew-Zitomir. Im Angriff auf Wazkoff stießen der Division am anderen Morgen aus Zitomir ausfallende Feindverbände entgegen, während sie zur gleichen Zeit auch vom Osten her angegriffen wurde.

Erst am 18. November wurde die Abschnürung und Einschließung der in Zitomir stehenden Teile der »1. Ukrainischen Front« mit der Eroberung von Wazkoff vollendet.

Während dieser vier Kampftage war es vor allem das PR 25 unter OberstLt. Schulz, das sich mit großem Einsatz schlug und weit über 30 Panzer abschoß.

In der Nacht zum 19. November wandte sich die 7. PD Zitomir zu. Die Stadt sollte im Gegenangriff genommen werden, denn einmal war sie wichtig für den Abzug der noch ostwärts davon stehenden eigenen Truppen, zum anderen beherbergte sie ein großes deutsches Verpflegungsdepot.

Mit seinem Gefechtsstab und drei Panzern versuchte GenMaj. von Manteuffel im Verlaufe des 18. November eine schwache Stelle im Norden der Stadt zu finden, vergebens. Danach versuchte er mit einer gepanzerten KGr. von Süden an die Stadt heranzukommen. Doch hier war die Brücke über den Teterew zerstört worden. Im Osten und Nordosten war ebenfalls keine erfolgversprechende schwache Stelle zu finden, zumal es ja auch galt, sich gegen einen aus Osten aktiv werdenden Gegner zu behaupten.

Eine Stunde vor Einfall der Dunkelheit ging ein Funkspruch von OberstLt. Schulz bei der Stabsfunkstelle ein: »An alle! - Manteuffel sofort zu Schulz!«

Als GenMaj. von Manteuffel bei seinem Regimentskommandeur eintraf, empfing ihn dieser mit den Worten: »Wir haben bei einem örtlichen Vorstoß auf die Stadt eine völlig betrunkene Pak-Bedienung überwältigt. Es sieht so aus, als sei dort die schwache Stelle, die wir suchen.«

Ein Blick auf die Uhr zeigte Manteuffel, daß es 17.03 Uhr war. »Dann los, Schulz!« befahl er und ließ einen Funkspruch an alle durchtasten:

»Alles zum Angriff auf Zitomir antreten und der gepanzerten Gruppe Schulz und mir folgen! . . . In Zitomir liegen unsere Weihnachtsgaben!«

OberstLt. Schulz übernahm mit seinen sechs Panzern die Spitze. Mit seinem Gefechtsstab folgte General von Manteuffel dichtauf. Der am Ostrand der Stadt wütende ausgedehnte Flächenbrand erhellte gespenstisch die Szenerie. Die einzelnen Panzer rollten durch die Straßen der Stadt, dicht gefolgt von den Panzergrenadieren. Der Kampf war bald in vollem Gang. ObstLt. Schulz und seine Panzer schossen über 30 Pak und ebensoviele Panzer und gepanzerte Fahrzeuge zusammen.

In einem dramatischen Nachtkampf gegen einen waffen- und zahlenmäßig weit überlegenen Gegner wurde Zitomir bis 3.00 Uhr des 19. November erobert. Die in die Häuser geflohenen Rotarmisten mußten einzeln herausgeschossen werden. Zu diesem Kampf General von Manteuffel:

»Für mich war es einer der stärksten Eindrücke des bisherigen Krieges insofern, als ich mich von der Einsatzbereitschaft und dem ungestümen Vorwärtsdrang jedes einzelnen Panzergrenadiers und aller Panzerbesatzungen persönlich überzeugen konnte.

Schulz und ich waren zu Fuß bei den vordersten Gruppen, und ich entsinne mich noch heute genau, daß Schulz mir immer wieder die Hand drückte, überwältigt von dem, was jeder einzelne Mann geleistet hatte.«

Eine große Beute aus den Restbeständen des riesigen Verpflegungslagers der 4. Panzerarmee, das von den Rotarmisten - von den Spirituosen abgesehen - nicht hatte aufgebraucht werden können, belohnte die Truppe.

Das OKW, das bereits am 16. November die 7. PD und ihren Kdr., GenMaj. von Manteuffel, gewürdigt hatte, gab am 20. November bekannt:

»Die vor einigen Tagen von feindlichen Kräften besetzte Stadt Zitomir wurde von unseren Truppen eingeschlossen und gestern im Sturm genommen.

Für die umsichtige, kühne und tatkräftige Führung und sein außergewöhnlich tapferes Verhalten vor dem Feind wurde dem Divisionskommandeur das Eichenlaub zum Ritterkreuz des Eisernen Kreuzes verliehen.«

General von Manteuffel gab in einem Divisions-Tagesbefehl bekannt: »Mit der Verleihung dieser hohen Auszeichnung an mich ist in erster Linie die beispiellose Tapferkeit eines jeden Soldaten meiner Division gewürdigt worden.«

Weitere Kämpfe – Tod des Divisionskommandeurs

In der Armeegruppe Mattenklott unter Gen.d.Inf. Mattenklott trat die 7. PD bereits am Abend des 20. November aus Zitomir nach Norden auf das etwa 75 km weiter nördlich gelegene Korosten an. Dort war der Feind ebenfalls im Vorstoß auf diese

Stadt. Es galt, dem XIII. Armeekorps zu Hilfe zu eilen, das in und bei Korosten vor seiner Einschließung stand.

Nach einem Marsch über 45 km nach Nordosten wurde der Übergang über den Teterew geschafft. Am nächsten Tage wurden weitere 10 km Raum gewonnen, und am 22. November kämpfte die Division an der Rollbahn Zitomir-Kiew bei Nebyliza, 65 km weit hinter der feindlichen Front.

Auch an diesem Tage waren die Kampfwagen des PR 25 wieder erfolgreich und schossen 16 Feindpanzer ab.

In den nächsten Tagen hatte sich die Division gegenüber den von allen Seiten angreifenden Feinden zu erwehren, die ununterbrochen aus Kiew Verstärkung erhielten. Am Abend des 25. November mußte GenMaj. von Manteuffel seine Division auf die Armee-Abt. Mattenklott zurücknehmen. Durch den bereits hinter ihr geschlossenen Umklammerungsring kämpfte sich das PR 25, ObstLt. Schulz wieder an der Spitze, durch den Feind. 19 Panzer wurden abgeschossen, der Durchbruch erzwungen.

Im weiteren Verlauf der Kämpfe gelang es dem PR 25 unter Oberstlt. Schulz, am 8. Dezember einen 30 km tiefen Einbruch in die Flanke der sowjetischen Angriffsverbände im Irschen-Abschnitt zu erzielen und deren Angriff zum Stehen zu bringen. Der Feind versuchte in diesem Waldgelände südlich des Irschen-Abschnitts die Division zu zerschlagen, aber wieder waren die Panzer dabei, als am 10. Dezember die Ortschaft Malin südlich Irscha erstürmt wurde.

Als der Feind am 12. Dezember beim XIII. AK durchstieß und bis in die Artillerie-Feuerstellungen der dort stehenden Division einbrach, wurde auch der DivGefStand der 7. PD plötzlich von drei Seiten angegriffen.

Vereint schlugen einige wenige Panzer und SPW unter Oberst von Steinkeller, der den abwesenden DivKdr. vertrat, mit einigen Männern unter Obtl. Hohensee und Hptm. von Messling diesen Gegner zurück.

Bereits am 14. Oktober erhielt Adalbert Schulz, wenige Tage zuvor wegen Tapferkeit vor dem Feind zum Oberst befördert, als 9. deutscher Soldat das Eichenlaub mit Schwertern und Brillanten zum Ritterkreuz. Er war der erste Truppenoffizier des Heeres, der diese Auszeichnung erhielt. Der OB der Heeresgruppe Süd, GFM von Manstein, beglückwünschte diesen Soldaten, der trotz mehrfacher Verwundung bei der Truppe geblieben war und jeden Panzerangriff von vorn führte. Er sprach ihm im »Namen aller Soldaten der Heeresgruppe« seine Glückwünsche aus. »Ich möchte zum Ausdruck bringen«, fuhr von Manstein fort, »daß wir alle auf diesen hervorragenden Offizier stolz sind.«

Die Kämpfe der 7. PD setzten sich bis Ende Dezember fort. Immer wieder konnten die gepanzerten Teile der 7. PD angreifende feindliche Panzerrudel abwehren. Am 28. Dezember vernichtete das PR 25, das Zurückkämpfen von General Hauffes XIII. AK deckend, 16 Feindpanzer. Am 29. brachte es das Regiment auf weitere 16 Feindpanzer aus einem großen Panzerrudel, das versuchte, vier km südlich Tschernjachow durchzustoßen. Es wurde hier abgewiesen.

Trotz allen Mutes und allen Angriffsgeistes ging Zitomir jedoch in der Nacht zum 1. Januar 1944 wieder verloren.

Es ist nachzutragen, daß GenMaj. von Manteuffel am 26. Januar 1944 seine Division an Oberst Schulz übergab und dieser sie - soeben zum Generalmajor befördert - weiterführen sollte. Dazu Hasso von Manteuffel in seinem Abschiedsbefehl vom 24. Januar 1944:

»Die Division übernimmt GenMaj. Schulz, der aus unseren Reihen hervorgegangen ist. Er war, so lange ich der Division angehörte, mir Vorbild in dem, was den deutschen Soldaten ausmacht, und wird es immer bleiben.«

Am 28. Januar 1944 fuhr GenMaj. Schulz seinen 178. Panzerangriff, im Kommandeurswagen, dem RO I. Der Feind war mit starken Kräften in Schepetowka eingedrungen. Es galt, den noch dort kämpfenden Infanteristen zu Hilfe zu eilen. Als die 7. PD Schepetowka nach Abschuß von 13 Feindpanzern zu drei Vierteln erobert hatte, ließ GenMaj. Schulz eine kleine KGr. weiter vorstoßen, um den Rest der Stadt, in dem sich der Feind noch hielt, in Besitz zu nehmen. Um 11.20 Uhr war der Kommandeurswagen auf dem Wege zur Einsatzstelle, als er plötzlich von Feindpak beschossen wurde. GenMaj. Schulz befahl noch den Angriff des PR 25 zu 11.35 Uhr, als plötzlich mehrere Einschläge überschwerer Granatwerfer um den RO I herum einhieben. GenMaj. Schulz wurde am Kopf schwer verwundet und notdürftig mit drei Verbandpäckchen versorgt. Drei Minuten später war der Wagen bei einem Arzt der Division. Dieser versorgte den General und ordnete die sofortige Weiterfahrt zum HVPl. an. Der Sanka mit einem Oberfeldarzt brachte den General fort. Um 13.00 Uhr erhielt der Ia der 7. PD ein Ferngespräch vom HVPl. Als er den Hörer auflegte, wußte jeder, was passiert war. Der Ia, ObstLt. von Bleicken, bestätigte dies:

»General Schulz ist seinen Verwundungen erlegen.«

Am 30. Januar 1944 brachte der Wehrmachtbericht eine nur selten gegebene Meldung:

»In den Kämpfen um Schepetowka fand an der Spitze seiner Division der vor wenigen Tagen vom Führer mit der höchsten Tapferkeitsauszeichnung beliehene Kommandeur der 7. Panzerdivision, Generalmajor Adalbert Schulz, den Heldentod. Mit ihm verliert das Heer einen seiner besten Offiziere, die Panzerwaffe einen vorbildlichen Kommandeur.«

Im Kubanbrückenkopf: Sommer und Herbst 1943

Der Kampf der 17. Armee um den Kubanbrückenkopf und der Rückzug in mehreren Etappen begann bereits im Juli 1943, als die 98. ID aus dem Raum Briansk im Bahntransport zur Krim geschafft wurde und von dort aus die angeschlagene 101. Jägerdivision in den Wäldern von Ackermang ablöste.

Am 16. Juli begann die vierte Schlacht bei Krymskaja. Die 98. ID und die 97. JägDiv. standen im Zentrum der Kämpfe bei den Höhen 114,1 und 121,4. Diese Kämpfe dauerten bis zum 21. Juli an. Stukas griffen immer wieder in den Kampf ein. Die 97. JägDiv., Kerntruppe im Kuban-Brückenkopf, stand bei und auf der Höhe 114,1 ihren Mann und die 98. InfDiv. stand ihr in diesem Raum um nichts nach.

GenLt. Gareis, Kdr. der 98. ID, riß seine Männer immer wieder durch sein persönliches Beispiel mit. Er wurde für seinen und seiner Truppe Einsatz am 29. November 1943 mit dem RK ausgezeichnet. Das Divisions-Batl. 98 unter Major Maull stand neben dem GR 282 am 22. Juli im Zentrum eines feindlichen Angriffs, der von 50 Feindpanzern unterstützt wurde. Sturmgeschütze der StGeschBrig. 191 rollten diesem Panzerkeil entgegen und schossen 16 T 34 ab. Dieser sowjetische Angriff wurde am nächsten Morgen fortgesetzt. Wieder waren es die Sturmgeschütze, die das Zünglein an der Waage bildeten. Die Front wurde gehalten, obgleich die Verbindung zur 97. JägDiv. abriß.

Einem Gegenstoß der KGr. Metz unter Hptm. Metz gelang es, im Sturmangriff durch die »Todesschlucht« bei Podgornoyi diese Lücke wieder zu schließen.

Der Feind schaffte den Durchbruch nicht. Erst als am Morgen des 27. Juli der zweite sowjetische Angriff erfolgte, standen wieder das GR 282 und die KGr. Maull im Zentrum dieses Vorstoßes. Der Nahkampf setzte 30 Minuten nach Angriffsbeginn ein. Um 14.00 Uhr stockte der Feindangriff, um aber ab 16.00 Uhr mit 80 Panzern voraus wieder aufgenommen zu werden. Dahinter gingen frische Angriffsregimenter vor.

Das I./GR 282 wurde durchbrochen. Sein Kdr., Major Wahl, raffte alle Kräfte zum Gegenstoß zusammen und warf die Rotarmisten aus den eigenen Stellungen hinaus. Die alte HKL wurde wieder in Besitz genommen. Major Wahl wurde schwer verwundet. Er starb an dieser Verwundung am 13. August und konnte die Verleihung des für ihn beantragten RK nicht mehr erleben. Es wurde ihm am 29. August posthum verliehen.

Immer wieder waren es die Sturmgeschütze der »Büffelbrigade«, die mit unvorstellbarem Einsatzwillen angriffen und die Schlacht entschieden.

»Büffel nach vorn!« so lautete das Schlagwort für diese Brigade, deren Einsatz im folgenden die Lage umreißen soll.

»Büffel nach vorn!«

Anfang Januar 1943 war die StGeschAbt. 191, die später in Sturmgeschütz-Brigade 191 umbenannt wurde, über Woroschilowsk bis zum Mündungsgebiet des Kuban nach Westen marschiert und der 17. Armee im Kubanbrückenkopf unterstellt worden.

Hptm. Müller übernahm im Frühjahr 1943 die Abteilung, die nach schweren Kämpfen und dem Verlust der Mehrzahl der Geschütze auf der Krim aufgefrischt wurde.

Als Feuerwehr der 17. Armee machte sie alle Kubanschlachten mit. Hptm. Müller und seine »Büffel« wurden zu einem Begriff am Kuban. Sie kämpften überall dort, wo sie hinbefohlen wurden, rangen immer wieder starke Feind-Panzerkräfte nieder. Wo Ritterkreuzträger Hptm. Müller mit seiner Abteilung als Wellenbrecher gegen starke sowjetische Panzerkräfte eingesetzt wurde, dort hielt die Front.

In den Tagesmeldungen des AOK 17 wurden am 6. Oktober die Leistungen der StGeschAbt. 191 gewürdigt.

»Sturmgeschütz-Abteilung 191 unter Führung von Hauptmann Müller hatte an der erfolgreichen Abwehr des weit überlegenen Feindes in den letzten Tagen entscheidenden Anteil. Sie griff in Abwehr und Gegenstößen mit größter Tatkraft ein, insbesondere vernichtete sie im Kuban-Brückenkopf 95 Panzer, dabei auch mehrere 12 cm-Sturmhaubitzen. Nennung im Wehrmachtbericht wird beantragt.«

Bleiben wir zunächst noch bei der StGeschAbt. 191. Sie zerschlug nach Einschließung der Halbinsel Kertsch im November 1943 den feindlichen Brückenkopf bei Bulganak und Anfang Dezember auch den Brückenkopf der Sowjets bei Eltigen.

Bei der Räumung des Kubanbrückenkopfes sicherte die Brigade von Noworossijsk an alle Absetzbewegungen und schoß innerhalb weniger Tage wiederum 150 Feindpanzer ab. Gemeinsam mit den letzten Infanteristen setzte sie über die Straße von Kertsch. Hauptmann Müller, der die Brigade stets an der Spitze führte, wurde am 15. Dezember 1943 mit dem Eichenlaub zum Ritterkreuz ausgezeichnet. Damit war er der 354. Soldat, der diese hohe Auszeichnung erhielt. Doch nun zurück zu den Kämpfen der 17. Armee.

Die 98. ID, die in den Juliwochen zwölf Tage am Feind gestanden hatte, verlor 42 Offiziere, 188 Unteroffiziere und 1.537 Mann.

Als die Sowjet-Armee am 30. Juli noch einmal versuchte, die Höhe 114,1 nach starker Artillerie- und Fliegervorbereitung zu erstürmen und dazu als Speerspitze 20 T 34 einsetzte, die den vorgesehenen sechs Bataillonen den Weg bahnen sollten, wurden die vorn rollenden acht Feindpanzer von den Sturmgeschützen und einigen Pak abgeschossen. Danach tauchten überraschend die Stukas auf und warfen ihre Bomben in die Feindansammlungen und die bereitgestellten Panzer der zweiten Angriffswelle hinein. Damit war dieser Angriff abgeschmettert.

Das XXXXIV. Armeekorps hatte gleichzeitig einen starken Feindangriff zu überstehen, ebenso das V. AK bei Neberdzajewskaja. Hier wollte die Sowjet-Armee ihren südlichen Zangenarm ansetzen. Diese Zange sollte auf Noworossijsk und in Richtung Norden an die Straße zur Taman-Halbinsel führen.

Die dortigen Höhen 352,6 und andere waren Brennpunkte eines Kampfes um das nackte Überleben. Oblt. Gollert-Hansen, Chef der Radf.AufklSchwadron 173 der 73. ID, der diese Höhe verteidigte, wurde im Abwehrkampf dreimal verwundet, aber er gab nicht auf; sein »Krähennest« hielt allen Angriffen starker Feindverbände stand und verlegte der Sowjet-Armee den Weg nach Noworossijsk. Noch am 31. Juli 1943 erhielt Oblt. Gollert-Hansen für diesen einmaligen Einsatz das Ritterkreuz.

Hier versuchten die Sowjets immer wieder durchzubrechen, um die Paßstraße nach Noworossijsk zu gewinnen und den Weg dorthin erzwingen zu können. Vergeblich! Bis zum 10. August stand die Abwehr eisern und half mit, daß sich die gesamte Front wieder festigte.

Vom 7. bis zum 12. August versuchten die Rotarmisten den Riegel der 97. JägDiv. und 98. ID sowie der 9. ID zu durchbrechen. Bei Gorno Wessely und bei der Wyschka-Höhe, der Nahtstelle zwischen der 97. JägDiv. und der 9. ID, schaffte der Feind schließlich einen tiefen Einbruch, der aber von den Reserven der beiden Divisionen bis zum 11. August bereinigt wurde.

Die nächsten Wochen sahen einige weitere Feindversuche, hier durchzubrechen. Dann aber stellte der Feind seine Angriffe ein. Am 3. und 14. September kam es zu einigen kleineren Angriffen, die mit Panzerunterstützung geführt wurden. Auch sie blieben erfolglos. Der Kubanbrückenkopf blieb stabil.

Was besonders gefährlich für den Kubanbrückenkopf wurde, waren die Abgaben von Truppen. So der 13. PD, die von dort auf die Krim verlegt wurde. Am 3. September 1943 erhielt die HGr. A vom OKH den Befehl zur Räumung des Kuban-Brückenkopfes. Die Rückzugspläne wurden sowohl von der HGr. A als auch von der 17. Armee ausgearbeitet und beraten. Es sollte in Etappen zur Straße von Kertsch zurückgehen. 13 Pionier- und 11 Baubataillone wurden damit beauftragt, an geeigneten Stellen Sperren und Aufnahmestellungen zu errichten.

Der Landungsverband der Sowjets und sein Landungsunternehmen

Als im Hafen von Noworossijsk in der Nacht zum 30. August ein sowjetischer Leutnant gefangengenommen wurde, ergab dessen Befragung, daß er den Auftrag habe, die deutsche Besatzung im Bereich zwischen der Westmole und Stanitschka zu erkunden und auch die dort liegenden deutschen Verbände zu zählen, um einen handstreichartigen Überfall an dieser Stelle durchführen zu können. Es stellte sich heraus, daß nicht nur der Innenhafen von Noworossijsk, sondern auch noch der Raum Anapa - Osereika - der letztere durch Fallschirmjäger - als Ziel eines Handstreiches ausersehen war. Weitere Landungs- und Landeorte waren Borissowka und Temrjuk, wo ein Fesselungsangriff stattfinden sollte.

Man sah dieses alles als Täuschung an, dennoch wurde das I./JägRgt. 228 an den Hafen verlegt und Teile desselben Verbandes als Reserve bereitgestellt.

Als dann aber der Handstreich des Feindes ausblieb, wurden die Einheiten wieder abgezogen.

In der Nacht zum 10. September 1943 aber lief ein Landungsverband unter dem Kommando von KAdm. Cholostjakow die Bucht von Noworossijsk an. An Bord der

Schiffe und Boote die 255. MarInfBrig. unter Oberst Potapov, das 393. MarSchtzBtl., geführt von Oberstleutnant Kadantschik. Einige Spezialeinheiten kamen hinzu und stockten diesen Landungsverband auf 8.935 Mann auf.

Als es auf Mitternacht des 10. September zuging, hatte der Landungsverband die Bucht von Noworossijsk erreicht. Es waren insgesamt 129 Kleinfahrzeuge. Ihnen voraus die 25 Torpedokutter unter dem Kommando von Kpt. 2. Ranges Procenko, welche die Hafeneinfahrt öffnen und die erkannten deutschen Abwehrkräfte auszuschalten hatten.

Die beiden Batterien der MarineArtAbt. 531 unter Kptlt. Hoßfeld, die im Hafen als Wache zurückgeblieben waren, eröffneten das Feuer. Während unter dem Feuer der leichten FlaWaffen-Stellungen die Torpedos der sowjetischen Torpedokutter hochgingen, eröffnete die Flak das Feuer auf die Landungsfahrzeuge. In einem turbulenten Gefecht wurde ein Großteil von ihnen versenkt. Dann schossen sich die Flak und einige Feldhaubitzen auf die Torpedokutter ein. TKA 124 und TKA 125 wurden durch Volltreffer versenkt. Die Wachkutter SKA 025, SKA 032 und SKA 084 teilten deren Schicksal.

Die zweite Angriffswelle, die herankam, gelangte mit ihren Booten und Teilen der ersten Welle an Land. Im Nahkampf wurden die deutschen Stützpunkte ausgeschaltet. Die Verbindung untereinander riß ab, und trotz des zähen Widerstandes am Hafenbekken gelang die sowjetische Landung.

Gleichzeitig damit waren auch Teile der sowj. 18. Armee am Nordufer der Zemesbucht gelandet, um dort die deutschen Truppen zu binden.

Die deutschen Reserven wurden nach vorn geworfen. In Mefodijewski-Ost, einem Vorort von Noworossijsk, stürmten Teile der 73. ID, der 101. JägDiv. und der rumän. 1. GebDiv. dem Feind entgegen und hielten ihn auf. In Noworossijsk-West wiederum und in Stanitschka waren es Teile der 4. deutschen und der rumänischen 4. GD, die den Feind zum Stehen brachten.

Der Gegner wurde teilweise ins Meer zurückgeworfen, oder - wie an der Westmole - aufgehalten. Hier war es Oberst Hörl, der mit Teilen des GJR 91 den Feind niederrang.

Das feindbesetzte Hafengelände wurde am 11. September vom GJR 13 an einigen Stellen freigekämpft und eine lose Verbindung zur 73. ID unter GenMaj. Böhme aufgenommen.

Die Sowjet-Armee setzte nun aus dem Myschako-Brückenkopf Truppen zum Angriff nach Norden ein. Sie wurden vom GJR 91 abgewehrt. Oberst Hörl war immer wieder der Turm in der Schlacht. Das Ritterkreuz, zu dem er noch im September eingereicht wurde, erhielt er am 6. April 1944.

Kptlt(MA) Hoßfeld, Kdr. der MarArtAbt. 531, wurde ebenfalls zum RK eingereicht; ihm wurde aber bedeutend später für eine weitere Waffentat am 6. Oktober 1944 das RK und am 25. November 1944 das 659. EL verliehen. Er war wenige Tage vorher auf der Halbinsel Sworbe gefallen.

Die Rückführungen

Das Unternehmen »Brunhilde« begann am 12. September und ging am 9. Oktober 1943 zu Ende. Gen.d.Pioniere Jaenecke führte die 17. Armee. In den vorbereiteten Sperrstellungen wurden die feindlichen Durchbruchs- und Überflügelungsversuche des Feindes abgewehrt. Die »Nordkaukasusfront« unter GenOberst Petrov hatte aus Moskau Weisung erhalten, die 17. Armee auf keinen Fall entkommen zu lassen.

Zeitweise befanden sich das noch westlich Noworossijsk kämpfende V. AK unter Gen.d.Inf. Allmendinger und das XXXXIV. Armeekorps unter Gen.d.Art. de Angelis teilweise in der drohenden Gefahr, eingekesselt zu werden. Dennoch gelang es, die Truppe über den »Gernot-Riegel« auf den »Siegfried«-Riegel und den »Volker«-Riegel zurückzunehmen.

Die 4. GebDiv. kämpfte verbissen am 18. September um den Gudsewaberg und setzte sich erst nach Abschlagen des Feindangriffs weiter ab. Bei einem Feindeinbruch der Rotarmisten mit Panzern im Abschnitt der 4. GebDiv. im Raume Krasnaja Medwedowskaja vernichtete das GJR 91 sechs eingebrochene Feindpanzer. In der Nacht zum 21. September gingen alle drei deutschen Korps auf den »Hagen«-Riegel zurück.

Aus dem »Hagen«-Riegel ging es am Abend des 23. September in den »Rüdiger«-Riegel zurück, und am 24. September wiesen alle drei Korps feindliche Angriffe auf diesen Sperr-Riegel ab.

Ein Nachtangriff der Sowjet-Armee in der Nacht zum 25. September sechs km westlich Blagowetschenskaja mit einem am kommenden Morgen erfolgenden Frontalangriff, der von 15 Panzern unterstützt wurde, konnte nur unter Zuführung des I./GJR 13 zur bedrohten rum. 9. KavDiv., Oberst Grunau, bereinigt werden.

In dieser Nacht erfolgte auch in der Temrjuk-Bucht eine Landung von See aus. Die Landekräfte des Feindes wurden aufgerieben und zur Umkehr gezwungen. Es war das XXXXIV. ArmKorps, das bei Temrjuk die sowj. 389. SD und die 369. MarBrigade schlug.

Bis zum Abend des 25. September erreichte das V. AK die »Kleine Gotenstellung«, die am folgenden Tage auch von der KG Becker erreicht wurde. Temrjuk wurde geräumt und die dortige Kubanbrücke in die Luft gejagt.

Mit der Besetzung des »Kleinen Gotenkopfes« erzielte die 17. Armee eine bedeutende Frontverkürzung, so daß die freiwerdenden Divisionen auf die Krim überführt werden konnten. Das Übersetzen der ersten Verbände hatte übrigens bereits am 7. September begonnen. Bis Ende September wurde ein Großteil der Divisonen der 17. Armee über die Straße von Kertsch nach der Krim überführt.

Die Überführungsmaßnahmen

Unter dem Kommando des Komm.Admirals Schwarzes Meer, VAdm. Kieseritzki, und des Seekommandanten Kaukasus, Kpt. z.S. Grattauer, standen vier Flottillen Marinefährprähme zur Verfügung. Es waren die 1., 3., 5. und 7. Leichter-Flottille unter ihren Chefs Kptlt. Giele, FKpt. Strempel, KKpt. Mehler und KKpt. Stelter. Siebelfähren, Pionierfähren und Schlepper mit Leichtern und Flußschiffen schafften im Verlaufe ihrer Tätigkeit, die immer wieder vom Feind gestört wurde, 239.669 Mann, 16.311 Verwundete, 27.456 Zivilisten, 115.477 Tonnen Material und Versorgungsgüter, 21.230 Kraftfahrzeuge, 2774 bespannte Fahrzeuge, 1815 Geschütze, 74 Panzer, 74.657 Pferde und 6.255 Stück Vieh über die Straße von Kertsch auf die Krim.

Die Sicherung dieser Überführungsfahrten wurden von der 1. S.-Flot., der 3. Räumboot-Flottille und einer Reihe von Artillerieträgern gefahren. Dabei kam es immer wieder zu Gefechten mit leichten sowjetischen Seestreitkräften. Die 1. S.-Flot. versenkte bei ihrem Angriff gegen Anapa in der Nacht zum 27. September mehrere an der Pier liegende sowjetische Dampfer. Auch die deutschen U-Boote im Schwarzen Meer beteiligten sich an der Bekämpfung des Feindes mit gutem Erfolg.

Das Pionier-Landungs-Regiment 770 unter Oberst Henke, der bereits am 4. August mit dem Ritterkreuz ausgezeichnet worden war, karrte unermüdlich Heeresgut und Soldaten über die Straße von Kertsch.

Daß alle diese Überführungsfahrten ohne größere Verluste durchgeführt werden konnten, verdankte die 17. Armee auch der 9. Flakdivision unter GenMaj. Pickert, die mit einer Reihe leichter, mittlerer und schwerer Batterien im Einsatz stand. Hinzu kamen die deutschen Transportflieger, die vom 7. September bis zum 9. Oktober weitere 15.661 Soldaten und 1.153,8 Tonnen wertvollen Gerätes auf die Krim zurückflogen.

Als die Sowjet-Armee nach bitteren Verlusten und erfolglosen Einkesselungsversuchen am frühen Morgen des 5. Oktober eine Zerstörergruppe unter Kpt. 2 Ranges Negoda gegen die deutschen Räumungstransporte einsetzte, griffen die Boote der 1. S.-Flot. erfolglos an. Der Flottillenführer »Charkow« des Roten Marine-Verbandes beschoß in der Nacht zum 6. Oktober Jalta und Aluschtja.

Am frühen Morgen des 6. Oktobers wurde der gesamte Flottenverband von der deutschen Luftaufklärung erfaßt und von Stukas des StG 77 angegriffen. Die »Charkow« wurde bein ersten Anflug getroffen und von dem Zerstörer »Sposobnyj« in Schlepp genommen. Beim zweiten Angriff wurden alle drei beteiligten Schiffe getroffen, und »Sposobnyj« versuchte nacheinander den Flottillenführer und seine beiden Schwesterboote auf den Haken zu nehmen und aus der Gafahrenzone zu schleppen. Dies mißlang und der dritte Angriff brachte die Versenkung der »Besposcadnyj« und der »Charkow«. Der Zerstörer »Sposobnyj«, der die Schiffbrüchigen zu retten versuchte, wurde als letzter versenkt.

Nach diesem schweren Verlust verbot Stalin den Einsatz von Überwasserschiffen vom Zerstörer an ohne seinen ausdrücklichen Befehl.

In der Unternehmung »Wiking« wurden vom 8. bis zum 10. Oktober alle 240 Schiffe und Boote, die zur Räumung des Kuban-Brückenkopfes benötigt worden waren, in vier großen Geleitzügen von der Kertschstraße nach Sewastopol zurückverlegt. Die 3. und 30. R.-Flot. sicherte diese Geleitzüge. Nach See hin wurden sie von der 1. S.-Flot. gesichert. Durch U-Boot-Angriff wurde lediglich F 474 versenkt und durch Luftangriffe das Pionier-Sturmboot 229.

Das war ein großartiger Erfolg der deutschen Kräfte in der Kertschstraße.

Die 17. Armee gab in ihrer Morgenmeldung vom 9. Oktober 1943 bekannt:

»Die Armee hat den Übergang über die Straße von Kertsch beendet. Die als letzte Teile der Armee verbliebene 97. JägDiv. und die GebJägRgter 13 und 91 der 4. GebDiv. lösten sich, gedeckt durch das zusammengefaßte Feuer des nordostwärts Kertsch eingesetzten schweren Flakfeuers und die vernichtende Wirkung zahlreicher Wurfgeräte (Werfer-Batterien) vom Feind.

Mit ihnen setzte der Oberbefehlshaber der 17. Armee, General der Pioniere, Jaenecke, und der Kommandierende General des XXXXIX. GebAK, General der Gebirgstruppe Konrad, über. Anschließend wurde auch die Besatzung der Insel Kossa Tusla nach der Küste von Kertsch übergeführt.

Die Räumung des Kubanbrückenkopfes ist damit in voller Planmäßigkeit zu Ende geführt. Es ist gelungen, die Armee bis zur letzten Kompanie überzusetzen. Das entscheidende Verdienst daran hat die über alles Lob erhabene, hervorragende Haltung der Truppe.

Die Weiterleitungsorganisation des Kommandeurs des Pionier-Rgt. Stabes z.b.V. 700, Oberst Betz, aus dem Kubanbrückenkopf und die Leitung des Übersetzens durch den Befehlshaber der Straße von Kertsch haben an der reibungslosen Durchführung des gesamten Übersetzens besonderen Anteil.« (Oberst Paul Betz, gefallen am 9.5.1944, führte auf der Krim die 50. ID und wurde am 16.6.1944 posthum mit dem RK ausgezeichnet und zum GenMaj. befördert.)

Damit war der deutsche Versuch, der zwei Jahre vorher begonnen hatte, das Erdöl des südlichen Kaukasus für das Reich zu sichern, beendet. Dieses Ziel wurde trotz letzten Einsatzes aller Kräfte nicht erreicht.

Daß es gelang, die gesamte 17. Armee auf die Krim hinüberzuretten, war ein Glücksfall. Hier sollte im Jahre 1944 ihr Endkampf einsetzen und mit einer weiteren Überführungsaktion durch das Schwarze Meer nach Konstanza enden.

DER AMERIKANISCH-JAPANISCHE KRIEGSSCHAUPLATZ

U-Boot-Einsatz im Pazifik 1943

Im Kampfraum Guadalcanal, wo die japanische Flottenstreitmacht auf jene der US-Navy traf, um eine Entscheidung zu erzwingen, klärten einige U-Boote auf. Von I 7, I 9, I 21 und I 31 starteten Bordflugzeuge. I 21 versenkte einen Transporter. Die japanischen U-Transporter, die im Gebiet der Salomonen unterwegs waren, erlitten zwei Verluste. I 3 wurde durch MTB 59 mit Torpedo versenkt, und I 4 ging nach einem Duell mit dem US-U-Boot »Seadragon« unter.

Im Indischen Ozean waren die japanischen Boote im November und Dezember mit einigen Erfolgen an der Versenkungsquote beteiligt. So versenkte I 166 am 23. November einen Dampfer von 5332 BRT, und I 29 trug am selben Tage dem britischen Dampfer »Tilawa«, 10.006 BRT, die tödlichen Torpedos an. Das Boot von KKpt. Izu, I 29, war am 3. Dezember noch einmal erfolgreich. Es versenkte den britischen Motortanker »Belita« mit 6323 BRT.

Vor der australischen Küste versenkte KKpt. Muroako mit I 18 fünf Schiffe mit 31.337 BRT. Der Einsatz eines Kleinst-U-Bootes von I 18 aus schlug fehl. I 1, das Ende Januar 1943 zu einem Truppen- und Materialtransport unterwegs war, wurde von den beiden australischen Korvetten »Kiwi« und »Moa« am 29. Januar 1943 aufgefaßt. »Kiwi« rammte das bedeutend größere Boot dreimal und mußte sich schließlich beschädigt absetzen. »Moa« eröffnete auf Befehl von Cdr. Phipps das Feuer und versenkte das Boot, das um 23.30 Uhr unterging. Zur gleichen Zeit stand I 10 vor Australien; es versenkte einen 7000-Tonner und torpedierte ein gleich großes Schiff. I 8 beschoß mit seiner Artillerie Anlagen auf der Canton-Insel. Von Rabaul aus operierten RO 100, RO 101, RO 102 und RO 103 im Raume der Salomonen und vor Neuguinea. In den folgenden drei Monaten standen wieder fünf U-Boote vor der australischen Küste. Sie versenkten sieben Schiffe mit 35.906 BRT, beschädigten zwei weitere mit 7713 BRT und torpedierten den LST 469.

Die Angriffe im Seeraum der Samoa-Inseln und der Fidji-Inseln sowie vor Nouméa wurden erbittert geführt. So gelang es I 25 unter FKpt. Tagami, einen 10.763 BRT großen Tanker zu versenken. I 19 griff zwei Schiffe mit 14357 BRT an, die beide sanken; das Boot torpedierte ein weiteres mit 7181 BRT, das vom Gegner noch eingebracht werden konnte. Auf dem von I 17 versenkten Tanker mit 10169 BRT befanden sich zur Überführung ins Kampfgebiet die Motor-Torpedoboote PT 165 und PT 173. I 178 wurde am 29. Mai vor Espiritu Santo von dem amerikanischen U-Jäger SC 669 vernichtet. I 25, das zu einer großen Operation ausgelaufen war, wurde am 3. September 1943 von dem Zerstörer »Patterson« unter LtCdr. White, auf der Route

Espiritu Santo und den Oberen Salomonen durch Radar erfaßt und mit Wasserbomben belegt. An Bord des Zerstörers wurde eine mächtige Unterwasserdetonation registriert. Das Boot sank.

U-Boot-Einsatz im Indischen Ozean

Im Indischen Ozean war in den ersten drei Monaten des neuen Jahres nur I 27 zum Erfolg gekommen. Das Boot torpedierte am 20. März 1943 den Dampfer »Ford Mumford«, 7132 BRT, von dem Wrackteile bei Kap Comorin angetrieben wurden. Von ihrem Stützpunkt in Penang auslaufend, kamen einige japanische Boote im Mai und Juni im Golf von Oman, im Golf von Aden und vor der ostafrikanischen Küste zu Erfolgen. Nach Versorgung mit Treibstoff durch das nach Penang zurückkehrende I 10 fuhr I 8 in Richtung Frankreich weiter und lief am 4. Juli 1943 in Bordeaux ein. Vier der eingesetzten Boote versenkten neun Schiffe mit insgesamt 53323 BRT.

Die im Mai/Juni im Nordpazifik operierenden Boote waren insbesondere zu Rückführungsfahrten eingesetzt. So evakuierten die Boote I 2, I 5, I 6, I 7, I 9, I 21, I 24, I 35, I 155, I 157, I 169 und I 171 820 japanische Soldaten von Kiska nach Paramushiro. Bei dieser Aufgabe wurde I 24 am 10. Juni durch den U-Jäger PC 487 mit Wasserbomben versenkt. I 9 wurde am gleichen Tag durch den Zerstörer »Frazier« versenkt, und am 22. Juni griff der Zerstörer »Monaghan« das mit Radar aufgebrachte I 7 an. Es wurde im Artillerieduell versenkt.

Von Mitte Juli bis Mitte August kam es zu einigen weiteren Einsätzen, bei denen die aus Rabaul auslaufenden Boote Erfolge erzielten. So versenkte RO 106 das Landungsschiff LST 342. RO 101, das mehrfach erfolgreich auf Feindfahrt gewesen war, griff am Ende seiner Operation einen kleinen Begleitverband an und wurde am 15. September 1943 durch den US-Zerstörer »Saufley« versenkt.

Zu einem Aufklärungsmarsch in Richtung New Georgia liefen I 11, I 17 und I 19 aus. Die Boote hatten den Auftrag, die Seeaufklärung für einen neuen Verstärkungsversuch zu betreiben. I 11 gelang auf dieser Fahrt am 20. Juli die Torpedierung des australischen Kreuzers »Hobart«. Dazu wurde ein Schiff von 7176 BRT torpediert, das sank. I 17 wurde am 19. August vor Espiritu Santo von zwei US-Flugzeugen gesichtet und mit Bomben unter Wasser gedrückt. Die herbeigerufene Korvette »Tui« unter neuseeländischer Führung vernichtete das Boot mit Wasserbomben. I 19 kam noch vor Fidji zum Schuß. Seine zwei Torpedos trafen das anvisierte Schiff voll und versenkten es. Die im August von Truk und Rabaul auslaufende U-Boot-Gruppe erhielt Order, im Gebiet der Neuen Hebriden zu erkunden. Am 23. August klärte das Bordflugzeug von I 25 über Espiritu Santo auf. Das Flugzeug brachte dem Boot die Meldung von einem US-Verband, auf den I 25 zulief, um zum Angriff überzugehen. Doch noch ehe es in Schußposition kam, wurde es durch das Radar des Zerstörers »Patterson« erfaßt und von diesem versenkt.

Am 31. August torpedierte I 20 unter Kptlt. Otsuka einen Tanker von 10872 BRT. Das Boot wurde in der Nacht zum 2. Oktober durch den Zerstörer »Eaton« unter LtCdr. Jackson zwischen Choiseul und Kolombangara gestellt. Die ersten Artilleriesalven trafen das Boot voll. I 20 drehte sich herum und sank.

In diesen Sommermonaten 1943 waren im Indischen Ozean I 27 und I 37 erfolgreich. Während I 27 drei Schiffe von 13669 BRT versenkte, brachte es I 37 bei derselben Anzahl auf 19950 BRT. I 29 mit weiteren 5463 und I 10 mit 7634 BRT brachten die Bilanz dieser letzten drei Monate auf acht Schiffe mit 46715 BRT.

Die japanische U-Boot-Waffe hatte in diesem Zeitraum verlustreich gekämpft. Sie konnte die Erfolge des Vorjahres nicht wiederholen. Dennoch bedeutete ihre Anwesenheit in allen Teilen des Pazifiks eine permanente Bedrohung für die US-Kriegs- und Handelsschiffe. Darüber hinaus waren ihre Transportfahrten, was die Gefährlichkeit dieses Einsatzes angeht, weil ja die Routen bekannt waren, die härtesten des gesamten Krieges.

Wenden wir uns nun dem allgemeinen Seekriegseinsatz des Jahres 1943 im Pazifik zu!

Die ersten Rückeroberungen: Das Massaker von Lae

Nachdem das Kaiserliche Hauptquartier in Tokio sich dazu entschlossen hatte, Lae und Salamaua auf Neuguinea als westlichsten Schutzpfeiler von Rabaul und den Philippinen unter allen Umständen zu halten, mußte Lae bedeutend verstärkt werden. Nicht zuletzt auch durch die Tatsache, daß die Australier einen Marinestützpunkt in der Milnebucht errichtet hatten und bei Wau - nur 65 Kilometer südwestlich von Lae - einen Flugplatz bauten, wurde eine weitere Verstärkung von Lae notwendig.

Bereits am 19. Januar 1943 hatten die Japaner zum Schutz von Neuguinea 10.000 Soldaten bei Wewak gelandet und drei Monate später auch die Besatzung auf Hollandia verstärkt. Der Oberbefehlshaber der jap. 18. Armee, der in diesem Raum führte, General Imamura, mußte versuchen, die Bedrohung aus Wau zu beseitigen, weil von dort aus die japanischen Basen Lae und Salamaua gefährdet waren.

Da diese beiden Stützpunkte aber nur von 3500 japanischen Soldaten besetzt waren, mußten hier Truppennachlandungen erfolgen. Man beschloß, ein ganzes Regiment in Stärke von 6900 Mann heranzubringen.

Der Geleitzug bestand aus acht Transportern, die von den acht Zerstörern »Arashio«, »Asagumo«, »Asashio«, »Shikinami«, »Shirayuk«, »Tokitsukaze«, »Yukikaze« und »Uranami« gesichert wurden. Am späten Abend des 28. Februar 1943 lief dieser von KAdm. Kimura geführte Schiffsverband aus Rabaul aus. An Bord der Transporter waren 6900 Mann der japanischen 18. Armee eingeschifft.

Am frühen Morgen des 2. März sichtete eine Aufklärung fliegende Liberator diesen Verband nordostwärts der Dampierstraße. Über Funk wurde eine Staffel von zwölf fliegenden Festungen herangerufen, die zwei Stunden später erschien. Doch sie erzielten keine Erfolge. Am selben Morgen um 10.15 Uhr erfolgte ein Angriff von 34 Bombern der 5. Heeresflieger-Division, GenLt. Kenney. Zwei Transporter wurden versenkt und ein dritter beschädigt. Admiral Kimura befahl »Asagumo« und »Yukikaze« die Überlebenden aufzunehmen und sie mit größter Fahrt nach Lae zu bringen. Die Zerstörer schafften es. Sie luden die geretteten 950 Soldaten in der Nacht bei Lae aus und kehrten am frühen Morgen des 3. März zum Verband zurück.

An diesem 3. März wurde der Transporter-Konvoi durch eine Vielzahl von insgesamt 335 US- und Flugzeugen der australischen Luftwaffe angegriffen. Die Flugzeuge der AAF Southpacific unter GenLt. Kenney versenkten in diesem gnadenlosen Einsatz sämtliche japanischen Transporter. Der Bombenhagel war so dicht, daß es einfach unmöglich war, ihm zu entkommen. Die Zerstörer steuerten Zickzackkurs, um immer wieder ihre Vollsalven gegen die anfliegenden Bomber zu schießen. Eine Reihe Flugzeuge stürzte brennend ab oder zerbarst in der Luft, von den eigenen Bombendetonationen auseinandergerissen. Nacheinander wurden die Zerstörer »Arashio«, »Asashio«, »Shirayuki« und »Tokitsukaze« gebombt. Brennend, auseinandergerissen sanken sie, und die Transporter, von denen über die Hälfte bereits brannte, wurden nun systematisch zusammengebombt und mit dichtem MG - und Bordwaffenfeuer überschüttet. Auf den Schiffen starben die japanischen Soldaten zu Hunderten, oder sie gingen mit den sinkenden Fahrzeugen unter. Die beiden überlebenden Zerstörer und die von Lae zurückgekehrten zwei Zerstörer retteten nach Abflug der Bomber 2734 Schiffbrüchige.

Dann aber kamen Jagdbomber und stießen tief auf das Wasser herunter. Zum Entsetzen der Japaner auf den Schiffen sahen diese, wie die Jabos die im Wasser schwimmenden Tausende von Schiffbrüchigen mit Bordwaffen und kleinen Bomben belegten. Zum Schluß kamen noch Motor-Torpedoboote. Es waren PT 66, PT 67, PT 68, PT 121, PT 128, PT 143, PT 149 und PT 150 unter ihrem Commodore, Lieutenant Commander Atkins, die mit Wasserbomben, welche sie in die Pulks der im Wasser schwimmenden Menschen schleuderten, den Tod säten. Danach eröffneten sie aus allen Maschinenwaffen das Feuer.

Das Meer war übersät von Toten. Etwa 3000 Japaner verloren hier durch einen gnadenlosen Akt ihr Leben. Die Begründung, die dafür gegeben wurde, lautete: »Man mußte verhindern, daß die japanische Armee auf Lae durch an Land schwimmende Schiffbrüchige verstärkt wurde.«

Dies war ein schwerer Schlag für die Nachschuborganisation der Japaner. Mit der Beschießung des Flugplatzes Munda auf Neugeorgia durch die »Cactus Striking Force« und der Beschießung des zweiten Flugplatzes Vila, zu der die Task Force 68 unter KAdm. Merrill mit den Kreuzern »Montpellier«, »Cleveland«, »Denver« und drei Zerstörern in den Kula-Golf eindrang, wurden diese empfindlichen Schläge gegen die japanischen Stützpunkte im Pazifik fortgesetzt. Die Task Force 68 stieß dabei auf die beiden japanischen Zerstörer »Murasame« und »Minegumo«, die gerade einen Nachschubtransport durchführten. Die Kreuzer schossen die beiden Zerstörer zusammen und versenkten sie. Vila wurde am 16. März 1943 ein weiteres Mal durch die Zerstörer-Flottille unter LtCdr. McInerney beschossen.

Die Seeschlacht bei den Komandorski-Inseln

Mit der Seeschlacht bei den Komandorski-Insel begann am 30. März 1943 die einzige Tagschlacht nach alter Seekriegsführung im Pazifik. Nachdem die US-Funkaufklärung vom Auslaufen eines stark gesicherten Geleitzuges mit Nachschub für Attu Kenntnis hatte, erging der Befehl an KAdm. McMorris, mit seiner Einsatzgruppe anzugreifen. Der Verband, den McMorris führte, bestand aus dem Schweren Kreuzer »Salt Lake City«, dem leichten Kreuzer »Richmond« und vier Zerstörern.

Der japanische Konvoi mit zwei großen Transportern und einigen Geleitfahrzeugen wurde durch die Schweren Kreuzer »Maya« und »Nachi« auf dem VAdm. Hosogaya eingestiegen war, den Leichten Kreuzern »Tama« und »Abukuma« (auf diesem befand sich KAdm. Mori, der Chef der Zerstörer-Flottille) sowie vier Zerstörern gesichert.

Als die beiden Verbände sich einander auf Schußweite genähert hatten, eröffneten die Amerikaner das Feuer. Im Zentrum des Seekampfes stand das Duell der Schweren Kreuzer gegeneinander. »Nachi« und »Maya« schossen zunächst auf »Richmond« und »Salt Lake City«. Um 05.42 Uhr am 30. März 1943 standen sich schließlich »Salt Lake City« und »Maya« auf eine Entfernung von 19.000 m Distanz gegenüber. Sieben Minuten darauf erzielte »Salt Lake City« einen Treffer auf der Brücke der »Nachi« und 120 Sekunden später einen weiteren auf dem Torpedorohrsatz. »Maya« feuerte mit ihren 20-cm-Geschützen und erzielte damit um 6.10 Uhr einen Treffer auf das mittschiffs stehende Katapultfahrzeug der »Salt Lake City«. »Nachi« traf die »Salt Lake City« mit einer 20-cm-Granate auf dem Achterdeck.

In Verfolgung der Zickzackkurse steuernden US-Seestreitkräfte gelang es »Maya« um 07.10 Uhr, die »Salt Lake City« abermals zu treffen. Diese Granate durchschlug alle Decks bis zur Wasserlinie. Dann erhielt dieser US-Kreuzer einen weiteren Treffer von dem Leichten Kreuzer »Abukuma«, der ihren achteren Maschinenraum unter Wasser setzte. Nun legten die Zerstörer eine Nebelwand um die »Salt Lake City«, so daß »Abukuma« den Gegner nicht mehr sehen konnte. Die während des Gefechts von beiden Seiten geschossenen Torpedos erreichten ihre Ziele nicht. »Nachi« hatte im Gefecht einige Treffer erhalten. Der Zerstörer »Bailey« wurde ebenfalls beschädigt.

Als Admiral Hosogaya nach dreieinhalbstündigem Gefecht gemeldet wurde, daß seine Schiffe nur noch über einen sehr begrenzten Vorrat an Munition verfügten und unmittelbar darauf auch Flugzeuge gemeldet wurden, brach er das Gefecht ab und ließ zum Stützpunkt zurückkehren.

Verstärkungen der Luftstreitkräfte für Rabaul

Da der Stützpunkt Rabaul nach wie vor eine entscheidende Rolle spielte und immer deutlicher die amerikanischen Anstrengungen erkennbar wurden, diesen auszuschalten, wurden Anfang April 1943 unter Führung von Admiral Yamamoto durch die japanischen Träger »Zuikaku«, »Hiyo«, »Junyo« und »Zuiho« einige Torpedoflugzeuge, 65 Sturzkampfbomber und 95 Jagdflugzeuge nach Rabaul und Buka gebracht. Damit verfügte die dort stationierte japanische 11. Luftflotte wieder über ein beachtliches Potential an Flugzeugen, denn vorhanden waren dort noch immer 86 Jadgflugzeuge, 72 2-mot. Torpedoflugzeuge und 27 Sturzbomber. Damit verfügten die Japaner in Rabaul wieder über eine Streitmacht, sie konnte jeder US-Flotte gefährlich werden, die beispielsweise Guadalcanal anlief.

Der erste Angriff dieser neuen Luftstreitkräfte erfolgte am 7. April, als 67 Torpedo- und Sturzbomber, von 110 Jagdflugzeugen gesichert, die US-Schiffe auf der Reede von Lungga/Guadalcanal und Tulagi angriffen. Trotz der massierten Luftabwehr gelang es, Treffer zu erzielen. Der US-Zerstörer »Aaron Ward«, der Tanker »Kanawha« und die neuseeländische Korvette »Moa« sanken, ein Transporter und ein Tanker wurden beschädigt. Gemessen an dem massierten Einsatz war der Erfolg jedoch nur mäßig.

Die Japaner setzten ihre Luftangriffe fort. Am 11. April wurde die Oro-Bay nahe Buna auf Neuguinea und am nächsten Tag Port Moresby angegriffen. Die Milne-Bay erlebte am 14. April einen schweren Luftangriff. Zwei Transporter sanken hier. Damit hatten sich die japanischen Luftgeschwader sehr unangenehm in Erinnerung gebracht.

Das herausragendste Ereignis des April war aber eine Einzelaktion der Amerikaner. Sie sei im folgenden Abschnitt dargestellt, um aufzuzeigen, welch besondere Wichtigkeit der Tatsache beizumessen war, daß nach wie vor der japanische Geheimcode von den US-Nachrichtenstellen entziffert werden konnte.

Treibjagd auf Admiral Yamamoto

Anfang April 1943 erhielt Admiral Halsey von der Dechiffrierabteilung des Nachrichtendienstes davon Kenntnis, daß der japanische Oberbefehlshaber der Seestreitkräfte, Admiral Yamamoto, eine Inspektionsreise plane. Von Rabaul aus, so wurde an den ausgewerteten Funksprüchen festgestellt, wollte Admiral Yamamoto die Luft- und Marinestützpunkte im Raum Buin auf Bougainville inspizieren. Sein Flugzeug sollte am 18. April über Haihili eintreffen, wo es landen würde.

In einer geheimen Besprechung zwischen Admiral Nimitz und Admiral Halsey wurde nach Hinzuziehen der Spezialisten ein Angriff auf die Admiralsflugzeuge bejaht, weil »die Tötung des japanischen Oberbefehlshabers zugleich auch eine Schwächung der japanischen Marine« bedeute. Das Unternehmen, dessen Vorbereitungen und Koordinierung nicht einfach war, wurde eingefädelt. 16 P 38 der 339. Fighter Squadron unter Führung von Major Mitchell starteten rechtzeitig in Guadalcanal und flogen die 500-Kilometer nach Bougainville. Sie mußten auf dem Wege dorthin an den Inseln der New Georgia-Gruppe vorbei, auf denen japanische Luftstützpunkte eingerichtet waren. Um der Vielzahl an Gegnern zu entkommen, flogen die P 38 im Tiefstflug nur wenige Meter über der Wasseroberfläche dahin.

Am Morgen des 18. April 1943 tauchten über dem Südende von Bougainville neun Zero-Jäger der Japaner auf, die zwei Bomber begleiteten, in denen der Admiral mit seinem Stab den Flug unternommen hatte. In dem Augenblick, da die Flugzeuggruppe zur Landung ansetzte, flitzten die US-Fernjäger, im Tiefflug über das Meer kommend, heran. An der Spitze der Gruppe flog Captain Lanphier. Dieser griff einen der beiden japanischen Bomber an. Aus allen Waffen feuernd, durchsiebte er diesen Bomber, der Sekunden später in Flammen stand und in den Dschungel stürzte. Der zweite Bomber brannte nach den Feuerstößen von Lieutenant Barber und stürzte ebenfalls ab. An Bord einer der beiden Bomber hatte sich Admiral Yamamoto befunden. Mit dem Admiral starb auch sein Stabschef, VAdm. Ugaki. Drei der neun Begleitjäger wurden im Furioso des Feuerhagels abgeschossen. Nur eine P 38 ging verloren.

Japan hatte seinen größten Admiral verloren und dieser Schlag war nur dank der Beherrschung des japanischen Schlüsselcodes möglich gewesen. Der Überfall wurde bis Kriegsende geheimgehalten. Zum Nachfolger von Admiral Yamamoto wurde Admiral Koga ernannt.

Lagebericht April 1943 – Krieg auf den Nebenschauplätzen

Im April 1943 hatten die Japaner im Gesamtpazifik noch immer eine Vormachtstellung inne. Von den in den ersten Kriegsmonaten eroberten Gebieten hatten sie fast nichts wieder aufgeben müssen und alle Japaner waren der felsenfesten Überzeugung, daß Japan den Krieg gewinnen mußte.

Da Japan inzwischen auch an jene Gebiete herangekommen war, aus denen die benötigten Rohstoffe gewonnen werden konnten, schien die Lage auch aus dieser Sicht nicht bedrohlich. Das wurde wenigstens im Kaiserlichen Hauptquartier, dem Day Honei, immer wieder behauptet. Daß die Experten es besser wußten, verstanden sie geschickt zu verbergen, um die Welle von Optimismus nicht zu brechen, die viele zu Höchstleistungen mitriß.

Die Kriegsplanung und Durchführung war nicht erfolgreich genug. Die Masse des japanischen Heeres war immer noch in China gebunden. Der Pazifik war zum Operationsgebiet für die Flotte geworden, ohne daß man die errungenen Stützpunkte auch mit starken Besatzungen zu sichern vermocht hätte. Dieses Vorgehen sollte sich bitter rächen.

Kampf im burmesischen Dschungel

Die zweite Front, die im Zweikampf der Giganten im pazifischen Raum ebenso wie China keine entscheidende Rolle spielte, war Burma.

Die Armee des japanischen Generals Iida war am 16. Januar 1942 an der Küste Burmas gelandet und nach einem Marsch durch eine wahre Hölle konnte am 7. März 1942 Rangun, die Hauptstadt des Landes, in Besitz genommen werden. Die zahlenmäßig schwache jap. 15. Armee hatte es geschafft, im Vorstoß durch den für unbegehbar gehaltenen Urwald bei glühender Hitze und strömendem Regen die britischen Truppen zu umgehen und einzukesseln. Damit war die wichtige Verbindung in das Gebiet von Tschiang Kai-scheck durchbrochen. Die britischen Truppen mußten sich auf Assam zurückziehen.

Als sich schließlich die japanische Flotte nach großen Erfolgen aus dem Golf von Bengalen zurückzog, wurde die Position von General Iida wieder geschwächt. Der von ihm geplante Vorstoß nach Indien hatte nur Aussicht auf Erfolg, wenn angemessene Luft- und Seestreitkräfte zur Verfügung gestanden hätten.

Um genügend Nachschub an diese Front zu bekommen, ließ der japanische Generalstab durch Kriegsgefangene eine Bahnlinie von Burma nach Siam durch den Dschungel bauen. Von über See nach Siam herangeschafften Versorgungs-Geleitzügen sollte der Nachschub auf die Bahn umgeladen und nach Burma geschafft werden. Dieser Kampf gegen den Urwald war eine Sisyphusarbeit, die nie beendet wurde und Tausende europäischer Kriegsgefangener das Leben kostete.

Durch die Unruhen in Indien waren dort 47 britische Bataillone gebunden, die an der Burmafront dringend benötigt wurden. Assam sollte nun durch General Wavell verteidigt werden. Sein Hauptquartier lag bei Imphal, wo sein XV. AK stand. An der Küste war Chittagong der Ausgangspunkt für die Operationen des Burma-Armeekorps.

Von den Nagalrabergen bis in die sumpfigen Mangrovenwälder vor der Küste fiel das Gelände von 4000 Meter bis auf Meereshöhe ab. In den überschwemmten Reisfeldern wimmelte es von Milliarden Blutegeln, von denen die kleinen schwarzen ebenso gefährlich waren wie die großen grünen und gelben, die man Elefantenblutegel nannte. Tausendfüßler, Zecken und Ringwürmer kamen in der trockenden Jahreszeit hinzu.

General Wavells Truppen traten zu einer Offensive an und gewannen das Küstengebiet von Arakan zurück. Die indische 14. Division unter GenMaj. Lloyd, die in der vom Monsunregen überschwemmten Ebene kämpfen mußte, blieb fast im Schlamm stecken. Das ganze Jahr 1942 verging, ohne daß es gelungen wäre, die Küstenortschaft Akyab und den dortigen japanischen Luftstützpunkt zu erreichen.

Die Lage in China

In China hatte sich 1942 die Lage derart zugespitzt, daß es fast so aussah, als wolle sich Nationalchina aus dem Bündnis mit den USA lösen, nachdem die Verbindungslinie zu General Tschiang Kai-scheck unterbrochen worden war und kein Nachschub mehr eintraf. Man mußte eine Luftbrücke errichten, die über den Himalaja führte.

Von dem letzten indischen Flugplatz vor der Grenze, von Dinjan aus, mußten die Transportflugzeuge des Typs C 47 Dakota und C 53 Skymaster die bis zu 6000 m hohen Pässe überwinden, um in Kunming und Tschungking zu landen. Diese Luftbrücke funktionierte trotz hoher Opfer und damit blieb China im Krieg und erhielt laufend größer werdende Kontingente an Nachschub.

Beide Seiten hatten großes Interesse daran, Burma zu besitzen. Die Alliierten benötigten dieses Land, um ihre Landverbindung zu Tschiang Kai-schek wiederherzustellen. Japan wiederum konnte zum einen Burma als Verteidigungsflanke benutzen, zum anderen als Angriffsbasis, die es ermöglichte, nach Indien einzudringen, was dort mit Sicherheit einen Aufstand gegen England hervorgerufen haben würde.

Mit Generalleutnant Mutaguchi übernahm ein dazu besonders prädestinierter japanischer General die Führung in Burma, der die Möglichkeit einer zweiten strategischen Alternative verstärkt betrieb.

Die Ereignisse in Indien bekräftigten ihn in seiner Auffassung, zumal Subhas Chandra Bose, der »ungekrönte König von Bengalen« und indische Nationalistenführer, der eine indische Nationalarmee aufbauen wollte, in einem U-Boot aus Deutschland nach Singapur zurückgekehrt war und dort die provisorische Regierung des Freien Indien installiert hatte.

In mehreren Gesprächen wurde der Plan gefaßt, daß Bose mit seiner Nationalarmee unmittelbar nach dem Eindringen der Japaner in Assam dorthin aufbrechen sollte, um einen Aufruf zur Freiheit an die 400 Millionen Inder zu richten.

Für die bevorstehende Assam-Offensive waren General Mutaguchi vom großen Generalstab drei Divisionen zur Verfügung gestellt worden. Damit verfügte er in der 15. Armee über insgesamt acht Divisionen.

Der Kriegsschauplatz Südostasien stand bei den Alliierten seit der Konferenz von Quebec unter dem Befehl von Admiral Lord Mountbatten. Ihm standen als Erdtruppen die britische 14. Armee, GenLt. Slim und die dort stationierten Kampffliegerverbände zur Verfügung. Die Luftbrücke über den Himalaja jedoch war Sache der Amerikaner. Die 14. USAAF führte den Luftkrieg. Unter dem Kommando von GenMaj. Chennault standen in dieser Luftarmee auch chinesische Staffeln. Marschall Tschiang Kai-schek wurde GenLt. Stilwell mit einem Stab als Generalstabschef zur Verfügung gestellt.

Alle Kommandeure im burmesisch-chinesischen Raum waren einander verfeindet. Das ganze Jahr 1943 verging mit kleinen Operationen. Erst das Jahr 1944 sollte neue Großoffensiven an dieser Front bringen.

Wenden wir uns nach dieser Einblendung wieder dem Pazifik-Kriegsschauplatz zu.

Neue Planungen auf beiden Seiten

Durch die im vorigen Abschnitt in ihren Umrissen dargestellte Bindung japanischer Heerestruppen in Burma und China, die auf dem weiträumigen pazifischen Kriegsschauplatz fehlten, war es den Japanern nicht möglich, ihre geplanten Operationen und Invasionen, z.B. gegen Australien, durchzuführen. Auch die übrigen Vorbereitungen, die sich zu einer Reihe geplanter Landungsoperationen verdichtet hatten, waren durch den Mangel an Truppen immer wieder hinausgeschoben worden. Dies brachte die USA in einen Vorteil, den man sofort auszunützen begann. Es wurden nun auf alliierter Seite alle Anstrengungen unternommen, die Bedrohung des australischen Festlandes durch Japan abzuwehren. Wenn man, so wurde in den Generalstabsbesprechungen argumentiert, dort anfinge, wo die japanischen Eroberungen und Landungen aufgehört hatten, müßte es möglich sein, diese Linie aufzurollen und das ganze strategisch wichtige Gelände wieder in eigenen Besitz zu bekommen.

Die erste geplante Rückeroberung, die in dieses Muster paßte, war jene von Guadalcanal, auch wenn sie nicht mit dieser Absicht begonnen worden war. Die Rückgewinnung Guadalcanals löste auf alle Fälle eine Reihe weiterer Angriffsunternehmungen aus, bei denen die Rückeroberung der verlorengegangenen Gebiete in dieser Absicht ablief. Das Ziel der ersten war Rabaul.

New Britain, die vormalige deutsche Kolonie Neupommern, jene Insel, auf der Rabaul liegt, war zwar wild und unwirtlich und konnte keine Rohstoffe liefern, doch ihre strategische Lage war derart wichtig, daß Japan diesen besonderen Luftstützpunkt bereits am 22. Januar 1942 erobert hatte. In der Blanchebucht hatte man einen ausgezeichneten Ankergrund für eine große Flotte.

Rabaul lag am Schnittpunkt zweier Inselketten und war für beide Seiten ein unverzichtbarer operativer Angelpunkt des gesamten südwestlichen Pazifiks. Wenn die Alliierten in den Besitz von Rabaul gelangen sollten, wäre es ihnen möglich, von dort aus jede neue Bedrohung Neukaledoniens und Austrahliens abzuwehren.

Für die Alliierten würde die Gewinnung von Rabaul bedeuten, daß sie die Barriere des Bismarckarchipels durchbrochen hätten und von nun an die weiten Wasserflächen beiderseits des Äquators vor ihnen lagen. Von Rabaul als Basis konnten sie sich von Osten den Philippinen-Inseln und von Westen den Marshall-Inseln (früher Marschall Inseln) nähern. Von Rabaul aus war man weiterhin in der Lage, die Karolinen-Inseln zu erreichen und von dort aus in Richtung Japan vorstoßen.

Damit war für die US-Generalstäbe aller Wehrmachtteile klar, daß das nächste Ziel Rabaul heißen mußte. Dazu wurde ein Angriff entlang der beiden Inselketten geplant, die sich dort schnitten. Dieser Vorstoß sollte entlang der großen Achse Salomonen-Inseln-Neuirland (das frühere Neumecklenburg) und zum anderen Neuguinea-Neubritannien geführt werden.

Nach dem Fehlschlag der Japaner bei der Landung in Port Moresby und durch den Rückzug von Guadalcanar war es den US-Streitkräften gelungen, den Expansionsdrang der Japaner zu bremsem. Nun wollten sie selbst die Initiative ergreifen.

Im Gebiet um Neuguinea, das zum südwestpazifischen Kriegsschauplatz gehörte, war General MacArthur befehlsführend. Im Salomonengebiet hingegen, das zum südpazifischen Kriegsschauplatz gehörte, hatte der Oberbefehlshaber Pazifik, Admiral Nimitz, die Führung übernommen.

Die Streitkräfte, die General Mac Arthur unterstanden, setzten sich aus der 7. Flotte unter Admiral Carpenter, einer Luftstreitmacht mit 1300 Flugzeugen unter dem Befehl von GenLt. Kenney, und den Landstreitkräften in Stärke dreier Armeen, geführt von dem australischen General Blamey, zusammen.

Im Südpazifischen Raum standen: Die 3. US-Flotte unter Admiral Halsey, das Luftkommando Südpazifik unter Admiral Fitch, ferner zwei starke Truppenverbände: Die US-Army unter General Harmon und das US-Marinecorps unter General Vogel.

Rabaul war japanischerseits das Zentrum des 8. Operationsgebietes (8th Area Army) unter GenLt. Imamura. Er verfügte über zwei Armeen: Die 18. Armee unter General Adachi auf Neuguinea und die 17. Armee unter GenLt. Hyakutake auf den Salomonen. Doch diese beiden Armeen hatten allenfalls Korpsstärke, die 17. Armee nicht einmal das, denn sie bestand nur noch aus der 6. ID, da das Gros auf Guadalcanal verblutet war. Die 18. Armee hingegen verfügte über drei intakte Divisionen: Die 20., 41. und 51. ID. Alles in allem verfügte General Imamura über etwa 70.000 Mann Bodentruppen. Die Stärke der Alliierten betrug etwa das Fünffache davon.

Ähnlich sah es bei den See- und Luftstreitkräften aus. Japans Luftwaffe war auf etwa 400 Schlachtflugzeuge beziffert. Die Flotte, die dem 8. Operationsgebiet unter Admiral Kusaka zur Verfügung stand, bestand aus einem Kreuzer und acht Zerstörern.

Bevor jedoch die Großoffensive der Alliierten gegen die Salomonen-Inseln anlief, kam es im Mai/Juni 1943 zu einigen kleinen Einsätzen.

Kleineinsätze: Die Rückeroberung von Attu

Um die japanischen Nachschubwege nach New Georgia zu unterbinden, wurde vom 7. bis 15. Mai 1943 eine Minenunternehmung begonnen, zu der flankierend ein Vorstoß der Task Force 68 mit drei Kreuzern und vier Zerstörern angesetzt wurde, der in den Vellagolf führte; er hatte das Ziel, die Japaner abzulenken. Während dieser Unternehmung legte der Minenwurfverband in der Blackett-Straße eine Sperre, auf die am 8. Mai eine Zerstörer-Transportgruppe der Japaner lief. Die Zerstörer »Oyashio« , »Kagero« und »Kuroshio« gingen verloren. Nur der Zerstörer »Michishio« entging dem Untergang. Er hatte trotz schwerer Luftangriffe unermüdlich die im Wasser schwimmenden Schiffbrüchigen an Bord genommen und konnte sie heil zurückbringen.

In der Nacht zum 13. Mai lief ein Beschießungsverband unter KAdm. Ainsworth mit den Kreuzern »Helena«, »Honolulu« und »Nashville« mit drei Zerstörern nach Munda und beschoß diesen Stützpunkt der Japaner, während zur gleichen Zeit die Zerstörer »Preble«, »Gamble« und »Breese« im Kulagolf Minen legten. Diese Sperre wurde erkannt und von den Japanern geräumt.

Am 11. Mai begann auch die Operation »Landcrab«, die Rückeroberung von Attu. Dazu wurde die 7. US-ID unter GenMaj. Brown eingesetzt. Die Gesamtführung der Operation hatte KAdm. Kinkaid. Am 11.5. landete die Task Force 51, KAdm. Rockwell, mit vier schnellen Transportern als erste Staffel das IR 17 der 7. ID. Vier Zerstörer und eine Reihe kleinerer Einheiten sicherten die Landungen. Die übrigen Einheiten der 7. ID folgten in den nächsten Tagen nach.

Die starke Feuerunterstützung durch die Task Group 51. 1, KAdm. Kingman, mit den Schlachtschiffen »Nevada«, »Pennsylvania« und »Idaho«, dem Geleitträger »Nassau« als Luftunterstützung, sowie acht Zerstörern, ferner die beiden großen Deckungsgruppen, die aus den Task Groups 16.6. und 16.7. unter KAdm. McMorris und KAdm. Giffen gebildet waren, taten ein übriges, die Landung selbst zu einem besseren Spaziergang werden zu lassen.

Der Widerstand auf Attu jedoch war trotz der nachhaltigen Beschießung bei der Anlandung hart. Die 2600 japanischen Verteidiger auf Attu, die von Oberst Yamazaki geführt wurden, wehrten sich verbissen. Sie gaben keinen Meter Boden ihrer vorbereiteten Stellungen kampflos preis. In einem wilden Gemetzel wurden die Verteidiger in den nächsten 18 Tagen niedergemacht. Als am 30. Mai 1943 hier die Waffen schwiegen, waren es nur noch 28 Japaner, die sich ergeben konnten.

Operation »Cartwheel«

Unter diesem Decknamen wurde die Rückeroberung der Insel New Georgia der Zentral-Salomonen geführt. Das japanische U-Boot RO 103, Oblt. Ichimura, hatte am 23. Juni 1943 bei San Cristobal aus einem von Guadalcanal zurückkehrenden US-Geleitzug zwei Transporter herausgeschossen. Es sichtete auf dem Rückmarsch am 26. Juni einen Konvoi, den es als Nachschubgeleitzug für Guadalcanal ansprach. Dies war ein Irrtum. Es war die Task Group 36.2. unter KAdm. Merrill mit den Kreuzern »Montpelier«, »Columbia«, »Cleveland«, »Denver« und fünf Zerstörern, die den Stützpunkt Shortland Harbor auf Süd-Bougainville beschossen, während drei Zerstörer als Minenleger agierten.

Am Morgen des 30. Juni landete die Task Force 31, KAdm. Turner mit vier als Minensucher eingerichteten Zerstörern und sechs Transportern, gesichert durch acht weitere Zerstörer, die erste Kampfgruppe der 43. ID der US-Army unter GenMaj. Hester auf Rendova.

Zur Sicherung dieser Landungsoperation hatte die South Pacific Air Force unter VAdm. Fitch alles aufgeboten, was fliegen konnte. Die Landungen bei Rendova und an einigen anderen Punkten von New Georgia gelangen reibungslos.

Als Deckungsgruppe gegenüber erwarteten japanischen Angriffe stand dieTask Group 36.3, KAdm. de Witt, mit der Trägergruppe unter KAdm. Ramsey mit »Saratoga« und »HMS Victorious«, den Flakkreuzern »San Diego« und »San Juan« sowie acht Zerstörern zur Verfügung. Die Schlachtschiffgruppe unter KAdm. Davis mit drei Schlachtschiffen und fünf Zerstörern sowie zwei Task Groups (36.4., KAdm. Hill, und 36.5 KAdm. McFall) waren in diesem weiten Seeraum aufgestellt. Außerdem operierten elf U-Boote im Seegebiet zwischen Salomonen- und Bismarck-Inseln.

Die zweite Landung neben der Insel Randova fand am Strand von Zenana statt. Hier mußten sich die Soldaten der 43. ID bei strömendem Regen durch den Schlamm vorwärtskämpfen. Am ersten Tag schafften sie genau 1000 Meter, dann blieben sie ausgepumpt liegen.

Einen Tag später stießen sie auf die japanischen Stellungen, und eine Zentimeter-Offensive begann, in der die amerikanischen Kampfgruppen in 14 Tagen ganze fünf Kilometer Bodengewinn erzielten, und dies unter schweren Verlusten. Der Vorstoß kam zum Erliegen.

Die 25. und 27. ID mußte zusätzlich auf die Insel geworfen werden. Mit dieser weit überlegenen Streitmacht traten die Amerikaner dann zum Angriff auf Munda Point an. Wieder ging es durch dampfenden, undurchdringlichen Dschungel. Riesige Sumpfblasen platzten in der Nacht mit widerlichen Geräuschen auseinander. In der Nacht sah man von allen Seiten das phosphoreszierende Leuchten faulender Baumstämme.

Das Chaos wurde vollständig, als es einigen japanischen Gruppen gelang, in die Stellungen der Amerikaner einzusickern. Von nun an wurde auf alles geschossen und Handgranaten geworfen, was sich regte. So konnte es nicht ausbleiben, daß Amerikaner auf Amerikaner schossen. 336 Soldaten mußten nach wenigen Tagen aus einem einzigen vorn liegenden Regiment wegen Halluzinationen aus dem Kampf genommen und nach Guadalcanal zurückgeschickt werden. Die Japaner lagen in ihren Löchern, von Sumpfpflanzen und Luftwurzeln gedeckt, mitten im beinahe undurchdringlichen Dschungel. Der Angriff kam zum Erliegen.

Admiral Halsey nahm einen Führungswechsel vor. General Griswold wurde zum neuen Befehlshaber dieser Landeoperation ernannt. Weitere Verstärkungen kamen heran, und bald darauf befanden sich die 25., 37. und 43. ID auf der Insel. Zum Angriff auf Munda Point traten schließlich sechs Regimenter an. 15.000 US-Soldaten sollten die verteidigenden 5000 Japaner von der Insel New Georgia vertreiben.

Auch dieser Angriff blieb liegen, und nun wurden im neuen Anlauf fast 50.000 Mann angesetzt. Bulldozer rollten ihnen voraus und schlugen Schneisen in den Dschungel. Flammenwerfergruppen drangen gegen die uneinnehmbaren MG-Löcher vor und brannten sie aus. Die Artillerie wurde verstärt und hämmerte pausenlos aus allen Rohren in die Gebiete des Dschungels, in denen Feindkräfte erkannt worden waren.

Von der Versorgung abgeschnürt, an Zahl und Bewaffnung hoffnungslos unterlegen, kämpften die Japaner einen vollen Monat lang heldenhaft, bis auch der letzte Widerstand erloschen war.

Der zweite Operationsarm dieser Zangenbewegung richtete sich gegen Rabaul. Hier begann der Angriff am 30. Juni. Zunächst gelang es den Landungsverbänden, die beiden Inseln Woodlark und Kiriwana kampflos zu besetzen. Von hier aus sollten US-Bomber ihre Angriffe nach dem 480 km entfernt liegenden Rabaul fliegen und das japanische Hauptverteidigungsgebiet sturmreif bomben.

Die geplante Landung bei Lae mußte wegen des schlechten Wetters verschoben werden. Erst am 4. September 1943 landete die australische 9. ID ostwärts von Lae. Zur gleichen Zeit sprangen die Fallschirmjäger des FJR 503 im Westen von Lae im breiten Tal des Markhamflusses ab. Beide Verbände stürmten vorwärts. Ihr gemeinsames Ziel war der Kolonialhafen, der zur Ausbeute der Goldfelder von Bololo angelegt worden war. Am 16. September wurde Lae eingenommen.

Nach der Aufgabe von Lae versuchten sich die Japaner auf der Insel Hüon zu halten. Hier stand ihre 51. ID im Kampf gegen die australische 9. ID, die im Lufttransport auf die Insel geschafft worden war, und zog sich langsam über die Gebirgspässe zurück. Der Gegner blieb ihr dicht auf den Fersen, und die nach der Einnahme von Lae wieder eingeschiffte australische 7. ID, die ebenfalls auf Hüon gelandet war, kam den Japanern zuvor und erreichte am 2. Oktober Finchhafen.

DIE GROSSE WENDE

Trägerraids und Kreuzerduelle

Um den Vorstoß in Richtung Rabaul fortzusetzen, begann am 1. November 1943 der amerikanische Angriff auf Bougainville. Am 1. November wurden in der Kaiserin-Augusta-Bucht 14.000 Soldaten der 3. Marineinfanteriedivision gelandet.

Man wollte zunächst nur einen großen Brückenkopf in eigenen Besitz bringen, um dort einen Luftstützpunkt zu errichten, von dem aus schwere Bomber zur Sturmreifbombung nach Rabaul starten konnten.

Die Landung, die von VAdm. Wilkinson geführt wurde, gelang. Die Japaner, die in einer Stärke von etw 35.000 Mann zu beiden Seiten der Insel eingesetzt waren, wurden in den folgenden Wochen bis auf den letzten Mann aufgerieben.

Auf Bougainville war es japanischen Verbänden inzwischen gelungen, die US-Truppen in ihrem großen Brückenkopf zu umfassen. Sie erhielten am 7. November 1943 Verstärkung durch eine Gegenlandung auf Kap Torokina. Die Truppen dafür wurden auf Duka, Kueta und Buin abgezogen.

Die US-Truppen wurden im gleichen Zeitraum ebenfalls verstärkt. Es kamen nacheinander auf Bougainville an: die 37. ID, die Amerikanische Legion, und die 40. ID; schließlich stand das gesamte XIV. AK auf der Insel.

Die neue US-Strategie

Auf der Konferenz in Casablanca vom 14.-25. Januar 1943 hatte man auch die Invasion der japanischen Inseln beschlossen. Zwei detaillierte Pläne dazu wurden den Stabschefs vorgelegt. Der Marineplan, der von Admiral Nimitz und seinem Stab entwickelt worden war, sah vor, daß die US-Streitkräfte über den Mittelpazifik durch das Gewirr der Inselwelt Mikronesiens vorgehen sollten. Auf diesen Inseln hatten die Japaner ihre Flugplätze und Stützpunkte angelegt.

Die Navy machte sich stark dafür, diese Inseln nacheinander zu erobern und die japanischen Streitkräfte somit systematisch zu zerschlagen, bis man nahe genug an Japan herangekommen war und das japanische Mutterland von verschiedenen Stützpunkten aus bombardieren konnte.

Das Heer, und hier vor allem General MacArthur, wollte nach der Eroberung von Rabaul über Nordguinea die Molukken und über Mindanao die Philippinen erreichen. Dort sollten einige Inseln zu waffenstarrenden Luft- und Heeresstützpunkten ausgebaut und von diesen aus der Krieg gegen das japanische Mutterland geführt werden.

Beide Pläne waren gut und versprachen Erfolg, dennoch schienen die Generalstabschefs dem Vorschlag von Admiral Nimitz den Vorrang geben zu wollen. Der Generalstab erteilte – unter dem Protest von General Mac Arthur – Admiral Nimitz den Auftrag, die Gilbert-Inseln zu erobern, und unterstellte ihm dazu das Marinecorps.

Dann aber wurde auch der Plan von General MacArthur weiterverfolgt, damit liefen alle Angriffe zweigleisig. Die USA waren in der Lage, eine solche doppelte Streitmacht aufzubringen.

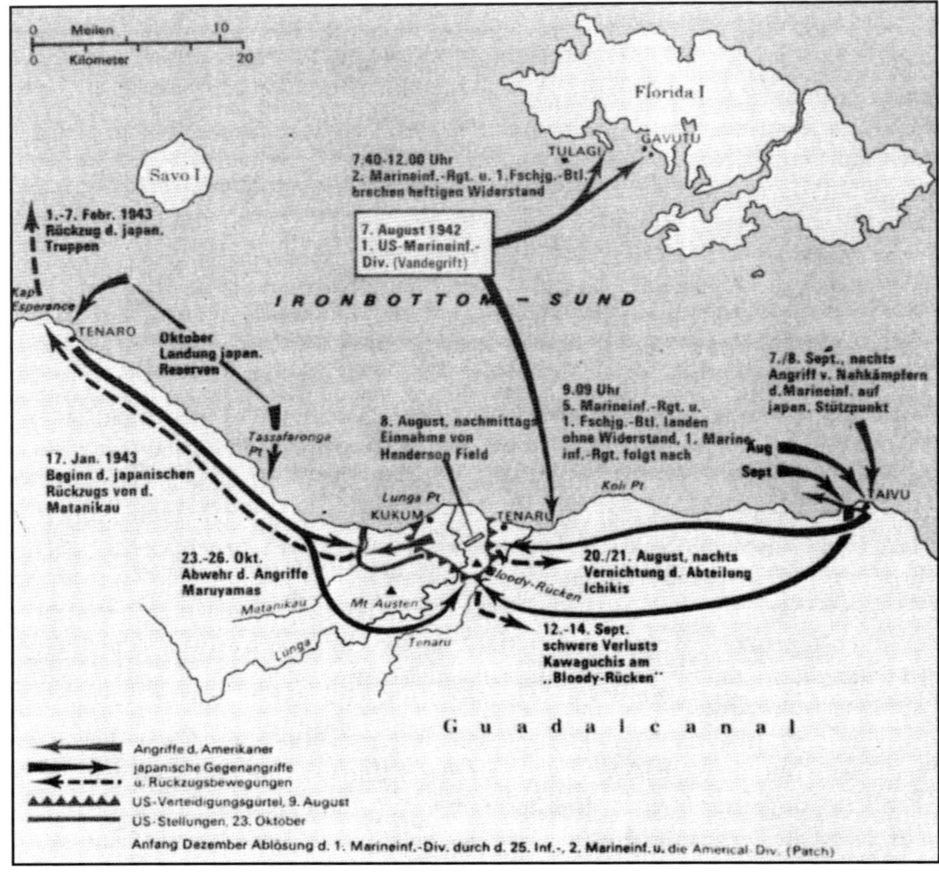

Die Landungen und Kämpfe bei und um Guadalcanal, Februar bis September 1943

Der erste große Trägerraid

Während der vorgenannten Kämpfe erfolgten immer wieder Küsten- und Stützpunktbeschießungen durch die US-Task Groups. Die Task Group 36.1. unter KAdm. Ainsworth wurde auf dem Rückmarsch von der Beschießung Vilas am 5. Juli über Funk benachrichtigt, daß aus Buin ein japanischer Zerstörerverband ausgelaufen sei.

An Bord der beiden jap. Transportgruppen befanden sich 2800 Soldaten für Vila. Die erste Transportgruppe mit den Zerstörern »Hamakaze«, »Mikazuki« und »Mochizuki« setzte ihre Truppen unmittelbar nach Mitternacht an Land. Die zweite Gruppe erhielt den Landungsbefehl um 01.43 Uhr. Mit seinen drei Zerstörern lief KAdm. Akiyama auf Nordkurs weiter.

Um 01.36 Uhr des 6. Juli hatten die Radarposten der US-Kreuzer diesen Gegner gesichtet, der in 20.000 Meter Entfernung stand. Auf dem neuen Zerstörer »Niizuki« war ebenfalls ein Radargerät eingebaut. Dieses hatte den Gegner bereits 30 Minuten vorher gemeldet. Als KAdm. Akiyama kurz nach Entlassung der zweiten Landungsgruppe über die Zahl und Stärke seiner Gegner unterrichtet war, befahl er um 02.00 Uhr allen Transportschiffen, kehrtzumachen und in das Gefecht gegen den Feind einzugreifen, obgleich die Truppen noch nicht ausgeschifft waren.

Inzwischen hatte er auf Backbordkurs drehen lassen, um näher an die US-Schiffe heranzuschließen. Beide Schiffsverbände kamen einander näher.

Die japanischen Zerstörer liefen zum Torpedoangriff an. Um 01.57 Uhr erfolgten die Befehle zum Torpedoschuß, und fast gleichzeitig damit eröffneten die US-Kreuzer aus ihren 15-cm-Geschützen das Feuer.

Der an der Spitze laufende Zerstörer »Niizuki« erhielt die ersten Treffer. Dann schlugen von allen drei US-Kreuzern abgeschossene Salven in diesen Zerstörer hinein, der vom Bug bis zum Heck aufgerissen wurde und vier Minuten nach dem ersten Treffer sank.

»Suzukaze« und »Tanikaze« hatten als erste binnen einer Minute jeweils alle acht Torpedos geschossen und drehten sofort auf Westkurs, um nicht auf die »Niizuki« aufzulaufen. Beide hatten ebenfalls Treffer erhalten. »Suzukaze« drei, während »Tanikaze« nur von einem Blindgänger getroffen war. Der Zerstörer »Amagiri« lief mit AK aus südlicher Richtung auf die US-Zerstörer zu und erhielt in schneller Folge vier Treffer.

KAdm. Ainsworth befahl um 02.03 Uhr einen Kurswechsel. Unmittelbar nach diesem Befehl wurde »Helena« von einem der jap. Torpedos getroffen. Dieser Aal riß dem Leichten Kreuzer das Vorschiff ab. In den nächsten 120 Sekunden wurde »Helena« von zwei weiteren Torpedos getroffen. Das Schiff lag sofort bewegungslos auf der See und erhielt starke Schlagseite. Die Männer gingen von Bord. »Helena« sank.

»Honolulu« und »St. Louis« kreuzten um 02.21 Uhr den Kurs der zweiten Transportgruppe und eröffneten abermals das Feuer. Alle drei Zerstörer dieser Gruppe wurden getroffen. »Hatsuyuki« mit drei Treffern am schwersten. Schließlich erhielt »Nagatusuki« einen Volltreffer; sie folgte der »Satsuki« und lief fünf Meilen vor Vila auf Grund. Während »Satsuki« versuchte, das Schwesterboot freizuschleppen, entfernten sich die Verbände von dieser Stelle. Um 04.00 Uhr mußte »Satsuki« den Versuch aufgeben. Die Besatzung von »Hatsuyuki« blieb an Bord.

Nachdem »Helena« gesunken war und die Einheiten einander aus der Sicht verloren hatten,gab KAdm. Ainsworth den Befehl zum Rückmarsch nach Tulagi. Seine beiden Leichten Kreuzer und die Zerstörer »O'Bannon« und »Jenkins« traten den Rückmarsch an. Aber die Zerstörer »Radford« und »Nicholas« standen noch an der Untergangsstelle der »Helena«, um Schiffbrüchige zu retten. Nur 13.000 Meter von dieser Untergangsstelle entfernt suchte an der Untergangsstelle der »Niizuki« der Zerstörer »Amagiri« nach japanischen Überlebenden. Während »Tanijaze« und »Suzukaze« nach Buin abliefen, sichteten die beiden rettenden Zerstörer »Nicholas« und »Amagiri« einander. Sie gaben ihre Rettungsunternehmen auf und eröffneten erneut das Seegefecht. Zunächst schossen beide Torpedos, dann eröffneten sie aus ihren Geschützen das Feuer.

»Amagiri« wurde getroffen. Der Zerstörer nebelte sich ein und lief ab.

Das Gefecht war nun zu Ende. Um 08.30 Uhr verließ die Besatzung der auf Grund gelaufenen »Nagatsuki« ihr Schiff, das kurz nach zehn Uhr von Bombern angegriffen und schwer getroffen wurde. Erst am Abend des 6. Juli brach der Zerstörer auseinander und sank.

Von den 2800 Mann Verstärkungen für Vila konnten nur etwa 900 an Land gebracht werden. In der Nacht zum 13. Juli versuchten die Japaner abermals, Truppen bei Vila zu landen. Unter Führung von KAdm. Izaki auf dem Zerstörerführer »Jintsu«, mit fünf Zerstörern als Geleitgruppe, wurden vier zu schnellen Transportern umgebaute Zerstörer geleitet, die 1200 Soldaten an Bord hatten.

Auch diesmal war KAdm. Ainsworth mit den Leichten Kreuzern »Leander« (neuseel.) »St. Louis«, »Honolulu« und zehn Zerstörern am Gegner. Der Chef der 21. Zerstörer-Flottille, Captain MacInerey, hatte sechs und die 12. Zerstörer-Flottille unter Captain Ryan fünf Zerstörer aufgeboten.

Den Kampf eröffnete der Leichte Kreuzer »Jintsu«, der seine Torpedos abfeuerte und dann von allen Kreuzern der Amerikaner mit insgesamt 2630 Schuß zusammengeschossen wurde. Auch die japanischen Zerstörer schossen ihre Torpedos. Der US-Zerstörer »Gwin« wurde mittschiffs getroffen und sank binnen weniger Minuten. Alle drei US-Kreuzer wurden - teilweise schwer - getroffen. Auch in diesem Duell im Pazifik zeigte sich die Überlegenheit der japanischen Seestreitkräfte im Nachtgefecht.

Die Nachschubtransporte gingen weiter. In der Nacht zum 20. Juli brachten drei japanische Zerstörer Nachschub nach Vila, während KAdm. Nishimura mit drei Schweren Kreuzern, einem Leichten Kreuzer und sechs Zerstörern vor dem Vellagolf kreuzte, um die Landungen zu decken.

Dieser Verband wurde am Morgen des 20. Juli von Torpedoflugzeugen und Bombern aus Guadalcanal angegriffen, nachdem er vor Mitternacht von zwei Sunderland-Flugbooten gesichtet und gemeldet worden war. Der Schwere Kreuzer »Kumano« erhielt um 02.46 Uhr Steuerbord achtern einen Torpedotreffer. Ein zweiter Aal, der ihn mittschiffs an Steuerbord traf, war Blindgänger. Mit leichter Schlagseite gelang es, dem Kreuzer zu entkommen und den Einsatzhafen wieder zu erreichen. Die beiden Zerstörer »Yugure« und »Kiyonami« wurden so schwer getroffen, daß sie schnell sanken und 468 Mann mit in die Tiefe nahmen.

In immer neuen kleineren Einsätzen wurde auf beiden Seiten erbittert gekämpft. Bei dem Versuch, Truppen nach den Shortlands in der Bougainvillestraße zu überführen, wurde auch der japanische Seeflugzeugtender »Nisshin« am 22. Juli versenkt. Die beiden Zerstörer »Ariake« und »Mikazuki«, die mit Truppen beladen in Richtung Tuluvo auf Neupommern unterwegs waren, liefen am 27. Juli bei Kap Gloucester auf Grund und wurden am 28. Juli durch Flugzeuge der 5. Australian Air Force versenkt.

In der Nacht zum 7. August kam es im Vella-Golf zu einem weiteren Schlagabtausch. Ein US-Zerstörerverband, geführt von Captain Mosbrugger, fing einen für Kolombangara bestimmten japanischen Truppentransport mit vier Zerstörern ab. Diesmal verfügten beide Seiten nur über Zerstörer. Den vier japanischen standen sechs US-Zerstörer gegenüber.

Es war 15 Minuten vor Mitternacht, als der Ausguck der »Shigure« mehrere Schiffe sichtete. Es handelte sich um den US-Zerstörerverband, der in zwei Kolonnen auf Nordnordostkurs lief. Doch die »Shigure« war von den US-Zerstörern bereits vorher gesichtet worden, und »Dunlap«, »Craven« und »Maury«, die in der Backbordkolonne liefen, hatten drei Minuten vor ihrer Sichtung durch »Shigure« jeweils acht Torpedos auf die japanischen Zerstörer geschossen. In dem Augenblick, als »Shigure« ihrerseits alle acht Torpedos schoß, wurde »Arashi« getroffen. Der Torpedo schlug in den Maschinenraum ein, der Sekunden später in hellen Flammen stand. Damit war dieser japanische Zerstörer ein gutes Ziel für die US-Zerstörer. Er wurde durch das nun einsetzende Geschützfeuer und dann noch einmal durch einen Torpedo getroffen. Auch der Zerstörer »Kawakaze« erhielt Torpedotreffer, die das Schiff binnen weniger Minuten noch vor der »Arashi« sinken ließen.

Eine Minute, nachdem die »Arashi« um 00.17 Uhr von der Wasseroberfläche verschwunden war, folgte ihr die »Hagikaze« nach. Damit waren von den vier japanischen Zerstörern drei gesunken. Lediglich »Shigure« gelang es, die Torpedolaufbahnen auszudampfen. Dieser letzte Zerstörer begann zu nebeln; er drehte im Schutz dieser Deckung und lief nach Norden ab.

Dies war ein harter Schlag für die Japaner. Insgesamt starben 1210 Soldaten und Besatzungsmitglieder. Nur 310 im Wasser schwimmende Schiffbrüchige konnten von Kolombangara aus gerettet werden.

Nach diesen Schlägen kam die US-Landungsoperation auf Vella Lavella nicht überraschend. Die III. Amphibious Force unter KAdm. Wilkinson überführte auf den schnellen, neuen Transportern »Dent« »Kilty«, »Stringham«, »Talbot«, »Ward« und »Waters« 4600 Mann der 25. US-ID auf die Zentral-Salomonen. Deckung und Feuerunterstützung gaben zwölf Zerstörer. Diese Operation verlief ohne Gefechtsberührung mit dem Gegner, der seinerseits am 17. August mit Leichtern und kleinen Schiffen, die dicht unter Land bleiben konnten, an der Nordküste Verstärkungen landete.

Ein neuer Flugzeugträger-Verband tritt auf

Der neu aufgestellte Trägerverband mit der Beteichnung US-Fast Carrier Task Force 50 griff mit einer seiner Task Groups unter KAdm. Pownall am 1. September 1943 mit den Trägern »Yorktown«, »Essex« und »Independance« Marcus Island an. Als Deckungsgruppe standen ihm ein Schlachtschiff, zwei Kreuzer und einige Zerstörer zur Verfügung. Die von den Trägern startenden Flugzeuge flogen insgesamt 275 Einsätze, bei denen vier Flugzeuge abgeschossen wurden. Ihr Erfolg war gering.

KAdm. Pownall setzte am 18. September seine Operationen fort, diesmal mit den drei anderen Trägern, »Belleau Wood«, »Lexington« und »Princeton«, denen insgesamt 190 Flugzeuge zur Verfügung standen, um Tarawa - eine der Gilbert-Inseln - auszuschalten. Eine Nacht vorher hatten Bomber der VII. USAAF diese Inseln bereits bombardiert. Sie wiederholten am 19. September diesen Angriff. Es wurden zwölf japanische Flugzeuge und zwei Schnellboote vernichtet. Abermals gingen nur vier eigene Flugzeuge verloren.

Eine andere Task Group dieses Verbandes unter KAdm. Montgomery führte mit den Trägern »Essex«, »Yorktown«, »Lexington«, »Cowpens«, »Independence« und »Belleau Wood« Angriffe gegen Wake durch. Hier kam es zu einigen Erfolgen bei insgesamt 738 Einsätzen. Aber es gingen auch zwölf eigene Flugzeuge durch Feindeinwirkung und weitere 14 durch Unfälle verloren. Die Schlachtschiffe und Kreuzer der Task Force 50 beschossen abermals Wake.

Während hier die Trägerangriffe weiterliefen, hatte die VII. Amphibious Force unter KAdm. Barbey 8000 Mann der australischen 9.ID am 3. September bereits ostwärts Lae auf Neuguinea gelandet. Als japanische Bomber angreifen wollten, wurden sie durch die rechtzeitige Warnung eines der Funkzerstörer von US-Jägern abgefangen.

Nach diesem Einsatz erfolgte der nächste dieser amphibischen Kampfgruppe unter der energischen Führung von KAdm. Barbey vom 22. September bis zum 3. Oktober. In mehrfachen Einsätzen wurde die austr. 20. Brigade beiderseits von Finchhafen gelandet. Die an Land gesetzten Truppen konnten am 2. Oktober die japanischen Verteidiger überwinden und Finchhafen erobern.

Gleichzeitig mit diesem Verlust erfolgte der japanische Versuch, mit 100 Landungsbooten und Kleinfahrzeugen nach Kolombangara zu gelangen und die dort unter

GenMaj. Sasaki kämpfenden eigenen Truppen vom Nordstrand, wohin sie sich zurückgezogen hatten, zu evakuieren. Es gelang KAdm. Ijuin, 9400 Mann aufzunehmen.

Konteradmiral Ijuin versuchte nun, in der Nacht zum 7. Oktober auch die in Vella Lavella wartenden Truppen zu entsetzen. Mit neun Zerstörern lief er in großer Fahrt dorthin, wurde aber von der US-Luftaufklärung erfaßt und gemeldet. Die US-Führung setzte dagegen zwei Zerstörer-Kampfgruppen ein. Während Captain Walker mit drei Zerstörern von Norden angriff, versuchte Captain Larsen, mit vier Zerstörern von Süden zum Schuß zu kommen.

Unmittelbar vor Vella Lavella stieß Captain Walker auf den Feind. In dem beginnenden Gefecht wurden zunächst von den US-Zerstörern insgesamt 14 Torpedos geschossen. Einer davon traf den Zerstörer »Yugumo«. Dieser hatte bereits vorher einen Achterfächer Torpedos geschossen. Einer der Aale traf den US-Zerstörer »Chevalier«. Dieser drehte aus dem Kurs, hatte eine Kollision mit »O'Bannon« und sank. Zerstörer »Selfridge« eröffnete das Gefecht mit Salven aus den Türmen. Die Zerstörer »Samidare« und »Shigure« beschossen ihn mit Torpedos, von denen einer voll traf und den US-Zerstörer zum Sinken brachte. Dieses Gefecht endete mit einem Erfolg der Japaner.

Im November 1943 war wieder die III. Amphibious Force unter KAdm. Wilkinson im Einsatz; sie landete aus zwölf Transportern 14.321 Soldaten der 3. Marine-Div. am Kap Torokina. Diese Landungen, bei denen immerhin eine ganze Division auf dem Spiel stand, wurde von starken Bedeckungs- und Sicherungsstreitkräften geleitet. Das ganze 45. Zerstörer-Geschwader mit elf Zerstörern, einer Reihe Minensucher und andere Kleinfahrzeuge begleiteten diesen Verband. Die Task Force 39 unter KAdm. Merrill wurde als Deckungsgruppe eingesetzt. Sie verfügte über die 12. Kreuzer-Div. mit vier Kreuzern und das 23. Zerstörer-Geschwader mit acht Zerstörern.

Die Landungen gingen ohne Einbußen vonstatten. Während der Ausschiffungen beschoß die Deckungsgruppe die japanische Luftbasis Buka.

Die Seeschlacht in der Kaiserin Augusta-Bay

Als KAdm. Omori am 30. Oktober 1943 mit seinem Geleitzug in Rabaul eingelaufen war, mit dem er dem OB der Achten Flotte, VAdm. Samejima, weitere Schiffe, Personal und Versorgungsgüter zugeführt hatte, erhielt er von Admiral Koga in Truk Weisung, mit seinem Verband und einem Verband der Achten Flotte gemeinsam 1000 Mann Truppen in die Kaiserin Augusta-Bay zu bringen. Diese sollten einen Gegenangriff gegen die dort angelandeten US-Truppen führen.

KAdm. Omori und mit ihm die 3. Kreuzer-Division mit den Kreuzern »Myoko« und »Hugaro«, dem Leichten Kreuzer »Sendai« (an Bord der Zerstörerkommodore KAdm. Ijuin), drei Zerstörern und dem Leichten Kreuzer »Agano« (KAdm. Osugi als

Zerstörerkommodore) sowie ebenfalls drei Zerstörern waren in den St.-Georgs-Kanal vorausgelaufen. Als die später fertig werdenden Transporter dort eintrafen, waren diese KAdm. Omori zu langsam. Sie erhielten Weisung, im St.-Georgs-Kanal zurückzubleiben. Er selbst lief mit der Flotte weiter.

Dieser Verband stieß auf die Task Force 39, die soeben Buka beschossen hatte und sich auf dem Rückmarsch befand. KAdm. Omori hatte seinen Verband in drei Kolonnen gegliedert. Die Backbordkolonne führte der Leichte Kreuzer »Sendai« an, gefolgt von seinen Zerstörern. 10.000 m weiter nach Steuerbord herausgesetzt liefen in der Mitte des Gesamtverbandes die beiden Schweren Kreuzer und weitere 4000 m nach Steuerbord herausgesetzt der zweite Zerstörerführer »Agano«, gefolgt von seinen drei Zerstörern. Die gesamte Kampfgruppe lief Südostkurs.

Von Süden auf Nordkurs herankommend, liefen die vier Leichten Kreuzer der Task Force 39 in Kiellinie. Diese Kiellinie wurde an Backbord und Steuerbord durch jeweils einen Zerstörer gesichert, denen die übrigen in Kiellinie folgten.

KAdm. Omori ließ nun nacheinander zwei Wendungen auf 180 Grad Gegenkurs ausführen. Nur drei Minuten darauf sichtete der Ausguck von »Shigure« feindliche Schiffe. KAdm. Omori, dem kein Radar zur Verfügung stand, war von diesem überraschenden Auftauchen verblüfft. Anders die US-Kampfführung, die durch das Radar des Kreuzers »Montpelier« die gegnerischen Schiffe schon geraume Zeit vorher entdeckt hatte.

KAdm. Merrill befahl um 01.31 Uhr den Zerstörerangriff seiner vier Spitzenzerstörer. Acht Minuten darauf wurde auch den übrigen Zerstörern, die in der Nachhut liefen, der Angriff freigegeben. Die erste Zerstörergruppe schoß insgesamt 25 Torpedos, dann drehte sie ab und schloß wieder zu den Leichten Kreuzern zurück.

Da die Japaner wußten, daß die US-Zerstörer ihre Torpedos geschossen hatten, versuchten alle Schiffe, diesen auszuweichen. Dabei rammten die Zerstörer »Samadire« und »Shiratsuyu« einander, was beide Zerstörer aus dem Gefecht warf.

Der japanische Zerstörerführer »Sendai« und der noch klare Zerstörer »Shigure« schossen um 01.48 Uhr ihre Torpedos, und drei Minuten nach ihrem Torpedofächer eröffneten die vier Leichten US-Kreuzer auf »Sendai« das Feuer. Bereits von den ersten drei Salven der 15-cm-Geschütze der Leichten Kreuzer wurde »Sendai« schwer getroffen und begann zu brennen.

KAdm. Omori auf »Myoko« bekam »Sendai« nun an der Backbordseite in Sicht. Er drehte mit Backbordruder auf Südwestkurs. Der zweite Zerstörerführer, die »Agano«, hatte inzwischen mit ihren drei Zerstörern Kurs auf die US-Schiffe genommen. Als diese Gruppe von KAdm. Omori den Befehl zur Formierung des Verbandes erhielt und in Kiellinie mit Hartruder Steuerbord drehte, um diesem Befehl nachzukommen, mußten »Myoko« und »Haguro« mitten durch diese Kiellinie hindurchstoßen. »Myoko« versuchte noch vor dem Zerstörer »Hatsukaze« herzudrehen, kam aber nicht schnell genug herum und riß dem Zerstörer den Bug ab, der sich so fest um den Bug des Schweren Kreuzers wickelte, daß er noch daran hing, als »Myoko« in Rabaul einlief. »Haguro« vermied mit einem gekonnten Rudermanöver einen Zusammenstoß mit »Naganami« und »Wakatsuki«.

Als das Gefecht zu Ende war, gelang es dem japanischen U-Boot I 144, 37 Besatzungsmitglieder der gesunkenen »Sendai«, unter ihnen auch KAdm. Ijuin, zu retten. Das Gros der Besatzung war mit dem Zerstörerführer untergegangen. Der Zerstörer »Hatsukaze« wurde von US-Zerstörern mit Geschützfeuer versenkt. Die Besatzung konnte bis auf neun Mann gerettet werden.

Damit war der Versuch, die US-Invasion von Bougainville zu verhindern, vereitelt. Auf US-Seite erhielt noch der Zerstörer »Foote« einen Torpedotreffer, konnte aber eingeschleppt werden. KAdm. Omori wurde abgelöst, weil er seinen Auftrag nicht erfüllt hatte.

Letzte Kämpfe 1943

Als US-Liberator-Bomber nördlich des Bismarckarchipels am 4. November die nach Rabaul marschierenden Teile der japanischen 2. Flotte sichteten, in der unter Führung von VAdm. Kurita die Schweren Kreuzer »Takao«, »Maya«, »Atago«, »Suzuya«, »Mogami«, »Chikuma« und »Chokai«, der Leichte Kreuzer »Noshiro« und vier Zerstörer vereinigt waren, die eine Reihe von Troßschiffen sicherten, starteten nach deren Einlaufen in Rabaul von den Trägern »Saratoga« und »Princeton« 22 Stukas, 23 Torpedoflugzeuge und 52 Jäger.

Bomben und Torpedos hagelten auf die Schiffe herunter. Alle Schweren Kreuzer mit Ausnahme von »Chikuma« und »Suzuya« wurden getroffen und teilweise schwer beschädigt, ebenso die Leichten Kreuzer »Agano« und »Noshiro« sowie der Zerstörer »Wakatsuki«. Im Anschluß an diesen erfolgreichen Trägerraid bombardierten 27 Liberator-Bomber, von 67 Lightnings geschützt, Stadt und Hafen Rabaul.

Japanische Zerstörer mit einem Leichten Kreuzer als Zerstörerführer landeten in der Nacht zum 7. November 1943 1175 Mann Verstärkungen bei Kap Torokina und Buka. Eine US-Transportgruppe traf in der Nacht zum 9. November dort ein. Diese Transporter wurden noch in der Nacht von 71 Bombern, Jägern und zweimotorigen Torpedoflugzeugen der auf Rabaul stationierten 11. japanischen Luftflotte angegriffen. Der Transporter »Präsident Jackson« wurde beschädigt. Ein zweiter japanischer Angriff zielte auf die unter Führung von KAdm. DuBose stehende Deckungsgruppe. Dabei wurde der Zerstörer »Birmingham« durch Bomben und Lufttorpedotreffer schwer beschädigt.

Die dritte Nachschubwelle der US-Truppen traf in der Nacht zum 13. November vor Kap Torokina ein. Der Kreuzer »Denver« aus der Deckungsgruppe erhielt beim Angriff einiger japanischer Torpedoflugzeuge einen Torpedotreffer.

Eine Reihe kleinerer Operationen zum Gewinn weiterer Inseln und Stützpunkte auf dem Weg nach Japan erfolgte in den letzten beiden Monaten des Jahres 1943. Sie sollen hier gestreift werden, da eine vollzählige Darstellung den Rahmen dieses Werkes sprengen würde.

Die Operation »Galvanic« brachte die US-Landung auf den Gilbertinseln, bei welcher zur Vorbereitung eine Reihe Trägeroperationen der Task Force 50 mit den Trägern »Yorktown«, »Lexington«, »Cowpens«, den Schlachtschiffen »South Dakota« und »Washington« und sechs Zerstörern gegen Makin durchgeführt wurden. Gegen Tarawa trat die Task Group 50.3 mit drei Trägern, vier Kreuzern und fünf Zerstörern an, während die Task Group 50.4 unter KAdm. Sherman Nauru zum Ziel erhielt.

Am 20. November begann die US-Landung auf Makin. Es wurden 6472 Mann der 27. ID unter GenMaj. Smith gelandet. Hier kam es zu schweren Kämpfen mit den japanischen Verteidigern, die dem an Zahl weit überlegenen Gegner drei Tage lang Widerstand leisteten.

Am selben Tage wurden 18600 Mann der 2. US-Marine-Division bei Betio auf Tarawa gelandet. Diese Landung auf dem flachen Wasser von Betio gestaltete sich für die Landenden verlustreich. Die japanische Abwehr schoß aus allen Waffen. Die Verluste der Amerikaner waren hoch. Als die Ledernacken schließlich Fuß gefaßt hatten und weiter vordrangen, konnten sie bis zum 23. November die Japaner aufreiben. Von den 4500 Soldaten, die KAdm. Shibasaki führte, gerieten nur 17 Japaner und 129 Koreaner in Gefangenschaft. Alle übrigen einschließlich KAdm. Shibasaki fielen im Kampf.

Auch die US-Verluste waren mit 1009 Toten und 2101 Verwundeten höher als bei anderen Landungsoperationen.

Der Nachfolger von KAdm. Shibasaki ließ am 22. November einen Funkspruch nach Tokio absetzen: »Unsere Waffen sind zerstört. Jeder von uns versucht einen letzten Angriff. - - - Möge Japan noch für zehntausend Jahre bestehen!« (Siehe Toland, John: a.a.O.).

Vor den US-Streitkräften lagen noch weitere 32 Inselgruppen mit 867 Atollen und Riffen, verteilt über ein Seegebiet von mehr als 400.000 Quadratmeilen. Als nächster Schritt war die gleichzeitige Eroberung der drei hauptsächlichen Atolle geplant. Diesen Plan betrachtete der Kommandierende General der Marineinfanterie, Smith, nach dem auf Tarawa verspürten Widerstand als zu gefährlich. Adm. Spruance, der Oberbefehlshaber der gesamten Invasionsoperationen, stimmte damit überein, doch Admiral Nimitz, der OB im Pazifik, konterte mit einer radikalen Idee, die Spruance und Smith bestürzte. Er schlug vor, die beiden nächsten Ziele einfach zu überspringen und sich auf das dritte zu stürzen. Dies war Kwajalein, das größte Korallenatoll der Welt. Einige hundert Inselchen formten hier eine riesige Lagune, die 66 Meilen lang und 20 Meilen breit ist. Spruance und Smith argumentierten, daß diese Insel im Einsatzbereich der nahe gelegenen japanischen Luftbasen liege, aber Nimitz beharrte auf seinem Plan.

Es blieb dabei, und zunächst wurde Kwajalein in mehreren Einsätzen von Trägerflugzeugen angegriffen und schwer gebombt. Insgesamt fanden 3856 Einsätze der

Fast Carrier Task Force 50 gegen Kwajalein allein am 4. Dezember 1943 statt. Sechs Träger starteten ihre Flugzeuge, deren Bomben und Torpedos sechs japanische Transporter versenkten, sowie die Kreuzer »Isuzu« und »Nagara« und drei weitere Transporter teilweise schwer beschädigten. Bei den Luftkämpfen wurden 55 japanische Jäger abgeschossen oder am Boden zerstört. Die US-Verluste beliefen sich auf fünf Flugzeuge. Der Träger »Lexington« wurde bei einem japanischen Angriff zweimotoriger Torpedobomber von einem Lufttorpedo getroffen.

Die nächste Landungsoperation hatte Cap Glouchester auf Neubritannien zum Ziel. Hier wurde am 26. Dezember auf zehn schnellen Transportern die gesamte 1. MarInf-Div. an Land geschafft.

Die dritte erfolgreiche Landungsoperation fand am 2. Januar 1944 statt. Diesmal wurden 7200 Mann des 126. RCT der 32. ID unter BriGen. Martin bei Saidor auf Neuguinea an Land gesetzt.

In Sio schnitt man 12.000 Japaner der 18. Armee unter GenLt. Adachi ab. Als die Lage dort für sie aussichtslos wurde, holte I 177 den GenLt. Adachi in der Nacht zum 8. Januar 1944 ab. Die Truppe unternahm noch einen Durchbruch über Gali nach Medang. Von den US-Truppen verfolgt, von der US-Navy beschossen, gelang dieses Wagnis.

Die Invasionsvorbereitungen zum Sprung auf Kwajalein liefen auf Hochtouren. Die 5. US-Flotte unter VAdm. Spruance hatte sich sorgfältig darauf vorbereitet, und die Task Force 58 unter VAdm. Mitscher, die diesen Angriff unterstützen sollte, war mit vier Task Groups angetreten, in denen insgesamt zwölf Träger, acht Schlachtschiffe, sechs Kreuzer und 36 Zerstörer zu einer bisher noch nicht dagewesenen mächtigen Kriegsschiffsformation vereinigt waren.

Der Sprung auf die größte Koralleninsel der Erde konnte beginnen.

ABKÜRZUNGSVERZEICHNIS

AA	=	Aufklärungsabteilung
a.a.O.	=	am angegebenen Ort
a.D.	=	Außer Dienst
AK	=	Armeekorps
AOK	=	Armeeoberkommando
Batl.	=	Bataillon
Bf	=	Jagdflugzeug-Typenbezeichnung
BRT	=	Bruttoregistertonnen
can.	=	canadische
cbm	=	Kubikmeter
CW	=	U.K. Coastal - Channel west (engl. Küstengeleitzug)
desgl.	=	desgleichen
DFS	=	Deutsche Forschungsanstalt für Segelflug (Lastensegler)
DivGefStand	=	Divisionsgefechtsstand
ex	=	vorheriger Name des Schiffes
FJ	=	Fallschirmjäger
FJD	=	Fallschirmjäger-Division
FJR	=	Fallschirmjäger-Regiment
FHQ	=	Führerhauptquartier
FKpt.	=	Fregattenkapitän
FlakDiv.	=	Flakdivision
FlK	=	Fliegerkorps
Flot.	=	Flottille
Frhr.	=	Freiherr
FschLehrBatl.	=	Fallschirm-Lehrbataillon
FschMGBatl.	=	Fallschirm-MG-Bataillon
FT	=	Funkentelegraphie (Funkspruch)
FW	=	Focke Wulf
GA	=	Großadmiral
GD	=	Gebirgsdivision, Gardedivision
GebSchtzDiv.	=	Gebirgsschützen-Division (sowj.)
GebJägRgt.	=	Gebirgsjäger-Regiment
Gen.d.Art.	=	General der Artillerie
Gen.d.Fl.	=	General der Flieger
Gen.d.Inf.	=	General der Infanterie
Gen.d.Pi.	=	General der Pioniere
Gen.d.PzTr.	=	General der Panzertruppe
GenLt.	=	Generalleutnant
GenMaj.	=	Generalmajor
GenOberst	=	Generaloberst
gep.	=	gepanzert
GFM	=	Generalfeldmarschall
Go	=	Großseglertyp
GPU	=	Gosudarstvennoje politicescoje upravlenie (politische Polizei der Sowjetunion)

GR = Grenadierregiment, Garderegiment
GrenRgt. = Grenadierregiment
He = Heinkel
HeKüstArtAbt. = Heeres-Küstenartillerie-Abteilung
HGr. = Heeresgruppe
HGrGefStand = Heeresgruppen-Gefechtsstand
HGrHQ = Heeresgruppen-Hauptquartier
HGrKdo = Heeresgruppenkommando
HKL = Hauptkampflinie
Hptm. = Hauptmann
HPzJägAbt. = Heeres-Panzerjägerabteilung
HVPl. = Hauptverbandsplatz
Ia = Erster Generalstabsoffizier
ID = Infanteriedivision
IDnen = Infanterie-Divisionen
i.G. = im Generalstab
IR = Infanterieregiment
ital. = italienische
JägBatl. = Jägerbataillon
JägDiv. = Jägerdivision
JägKorps. = Jägerkorps
JägRgt. = Jägerregiment
Jak = Jakowlew (sowj. Flugzeugtyp)
Jan. = Januar
JG = Jagdgeschwader
JR = Jägerregiment
Ju = Junkers
JW = Geleitzug Loch Ewe - Kola Fjord
KAdm. = Konteradmiral
Kdr. = Kommandeur
KGr. = Kampfgruppe
KGrFhr. = Kampfgruppenführer
KKpt. = Korvettenkapitän
km = Kilometer
KommGen = Kommandierender General
Kp = Kompanie
Kpn. = Kompanien
Kpt. = Kapitän
KptLt. = Kapitänleutnant
Kpt.z.S. = Kapitän zur See
LaGG = Lawotschkin-Jagdflugzeug
Lt. = Leutnant
LTF = Lufttransportführer
Lw-FeldDiv. = Luftwaffen-Felddivision
LwFeldRgt. = Luftwaffen-Feldregiment
MarArtAbt. = Marine-Artillerie-Abteilung
MarInfBrig. = Marine-Infanteriebrigade
MarSchtzBatl. = Marine-Schützenbataillon
Me = Messerschmitt

MG	=	Maschinengewehr
MGB	=	Motor Gun Boat
MPi	=	Maschinenpistole
MTW	=	Mannschaftstransportwagen
neuseel.	=	neuseeländisches
OB	=	Oberbefehlshaber
Ob.d.M.	=	Oberbefehlshaber der Kriegsmarine
Oblt.	=	Oberleutnant
Oblt.z.S.	=	Oberleutnant zur See
ostw.	=	ostwärts
PD	=	Panzerdivision
PGD	=	Panzergrenadierdivision
PGR	=	Panzergrenadierregiment
Pi	=	Pioniere
PiBatl.	=	Pionierbataillon
Pz	=	Panzer
PzAA	=	Panzer-Aufklärungs-Abteilung
PzAbt.	=	Panzerabteilung
PzArtRgt.	=	Panzer-Artillerieregiment
PzAOK	=	Panzerarmee-Oberkommando
PzJägAbt.	=	PanzerJäger-Abteilung
PzGrenDiv.	=	Panzergrenadierdivision
qbi	=	Q-Gruppenspruch im Funkverkehr = keine Sicht
Q-Stab	=	Quartiermeisterstab
RAF	=	Royal Air Force
R-Boot	=	Räumboot
R-Flot.	=	Räumboot-Flottille
S-Boot	=	Schnellboot
San.	=	Sanitäter, Sanitäts
SD	=	Schützendivision
SchtzRgt.	=	Schützenregiment
sHArtAbt.	=	schwere Heeresartillerie-Abteilung
SichDiv.	=	Sicherungsdivision
sowj.	=	sowjetische
SPW	=	Schützenpanzerwagen
SS-PolDiv.	=	SS-Polizeidivision
StG	=	Sturmgeschütz
StGeschAbt.	=	Sturmgeschütz-Abteilung
südöstl.	=	südöstlich
südw.	=	südwestlich
T-Boot	=	Torpedoboot
to	=	Tonnen
Uffz.	=	Unteroffizier
US	=	United States
VAdm.	=	Vizeadmiral
VO	=	Versorgungsoffizier
westl.	=	westlich
WFSt.	=	Wehrmachtführungsstab
z.b.V.	=	Zur besonderen Verfügung.

QUELLENANGABEN UND LITERATURVERZEICHNIS
(Auszug)

Ahlfen, Hans v. und Niehoff, Hermann: So kämpfte Breslau, München 1960
Ahlfen, Hans, von: Der Kampf um Schlesien, München 1961
Alman, Karl: Ritter der Sieben Meere, Rastatt 1963
ders.: Angriff, ran versenken!, Rastatt 1965
ders.: Sprung in die Hölle, Rastatt 1964
ders.: Graue Wölfe in blauer See, Rastatt 1967
ders.: Ritterkreuzträger des Afrika-Korps, Rastatt 1968
ders.: Großadmiral Karl Dönitz, Leoni 1989
ders.: Mit Eichenlaub und Schwertern, Rastatt 1971
Battle Report: Victory in the Pacific, Bd. 5, New York 1949
Bauer, Prof. Eddy: Der Panzerkrieg, Bonn 1965
Baumbach, Werner: Zu spät?, Buenos Aires und München 1948
Bekker, Cajus: Kampf und Untergang der Kriegsmarine, Oldenburg 1958
ders.: Verdammte See, Oldenburg 1973
ders.: Flucht übers Meer, Oldenburg 1959
Benary, Albert: Geschichte der 257. ID 1939-1945, Bad Nauheim 1955
Beyersdorff, Ernst: Geschichte der 110. ID, Bad Nauheim 1965
Bidlingsmayer, I.: Ostsee-Brückenköpfe, 1945, Neckargemünd 1962
Boldt, G.: Die letzten Tage in der Reichskanzlei, Reinbek 1964
Bradley, Omar N.: A soldiers Story, New York 1951
Breithaupt, Hans: Geschichte der 30.ID, 1939-1945, Bad Nauheim 1955
Bryant, A.: Sieg im Westen, Düsseldorf 1960
Busch, Fritz-Otto: Die japanische Kriegsmarine 1942, Berlin
ders.: Hinweise, Berichte Lektorate an den Autor
Busse, Theodor: Die letzte Schlacht der 9. Armee, ZS 1955
ders.: Briefe und Unterlagen an den Autor
Butow, R.J.C.: Japans Decision to surrender, Stanford 1954
Buxa, Werner: Weg und Schicksal der 11. ID, Kiel 1952
Carell, Paul: Unternehmen Barbarossa, Frankfurt/Main 1963
ders.: Verbrannte Erde, Frankfurt/Main 1966
ders.: Sie kommen! Oldenburg-Hamburg 1960
Cassidy, Henry: Moskau 1941-1943, Zürich 1944
Carius, Otto: Tiger im Schlamm, Neckargemünd 1960
Ciano Graf Galeazzo: Tagebücher 1939-1943, Rom 1948
Churchill, Winston: Der Zweite Weltkrieg, Stuttgart 1950-1954
Clark, Mark W.: Mein Weg von Algier nach Wien, Wien 1954
Clay, L.D.: Entscheidung in Deutschland
Conze, Werner: Geschichte der 291. ID, Bad Nauheim 1953
Crocker, George N.: Schrittmacher der Sowjets
Cunningham, Adm.: A sailors Odyssee, London 1952
Dedjier, Vl.: Tito, Darmstadt 1953
Dahl, Walter: Rammjäger, Heusenstamm 1967
Dahms, Hellmuth: Die Geschichte des Zweiten Weltkrieges, München 1983
Dieckhoff, Gerhard: 3. Panzergrenadierdivision, Göttingen 1963

Dietl, Gerda-Luise: General Dietl, München 1951
Dönitz, Karl: Zehn Jahre und 20 Tage, Frankfurt/Main 1963
ders.: Bedeutung der Seestrategie im Zweiten Weltkrieg, i.Ms. an Franz Kurowski
ders.: Kräftebinden des U-Bootkrieges ab Mai 1943, i.Ms. an Franz Kurowski
ders.: Die Schlacht im Atlantik in der deutschen Strategie des Zweiten Weltkrieges, ZS 1964
ders.: Mein wechselvolles Leben, Göttingen 1968
Edwards, Kenneth: Operation »Neptune«, London 1946
Eisenhower, Dwight: Kreuzzug in Europa, Amsterdam 1948
ders.: Invasion, Hamburg 1950
Ernst, Rudi: Panzerschlacht bei Tilly, i.Ms. an Franz Kurowski
Erfurth, Waldemar: Der Finnische Krieg 1939-1945, Wiesbaden 1962
Feuchter, Georg: Der Luftkrieg, Bonn 1954
Fey, Will: Panzer im Brennpunkt der Fronten, München 1959
Flower, D. und Reeves, J.: The War 1939-1945, London 1960
Frankland, Noble und Webster, Sir Charles: The Strategic Air Offensive against Germany, Vol. 1-4, London 1961
Fuller, J.F.C.: The Second World War 1939-1945, London 1954
Gale, Sir Richard: With the 6th Airborne Division in Normandy, Washington 1948
Galland, Adolf: Die Ersten und die Letzten, München 1953
Gerhard, Rudolf: Von Wunsdorf zu den Ardennen, i.Ms. an Franz Kurowski
Girbig, Werner: 1000 Tage über Deutschland, Stuttgart 1973
ders.: Start im Morgengrauen, Stuttgart 1975
Gisevius, H.B.: Bis zum bitteren Ende, Hamburg 1947
Godt, Erhard: Der U-Bootkrieg, in: Bilanz des Zweiten Weltkrieges, Frankfurt 1960
Görlitz, Walter: Der Zweite Weltkrieg, Bd. 2, Stuttgart 1952
Greiner, H.: Die Oberste Wehrmachtführung 1939-1945, Frankfurt/Main 1950
Greiner, Heinz: Kampf um Rom - Inferno am Po, Neckargemünd 1968
Harris, Sir Arthur: Bomber Offensive, London 1947
Haupt, Werner: Kurland, Bad Nauheim 1959
ders: Kriegsschauplatz Italien, Stuttgart 1977
ders.: Heeresgruppe Mitte, Dorheim 1968
Hayn, Friedrich: Die Invasion, Heidelberg 1954
Hillgruber Andreas und Hümmelchen, Gerhard: Chronik des Zweiten Weltkrieges, Frankfurt/ Main 1966
Hölter, Hermann: Armee in der Arktis, München 1977
Hubatsch, Walter: 61. ID, Bad Nauheim 1961
Inoguchi, R. und Nakajima, T.: Der göttliche Wind, Oldenburg 1959
Irving, David: Und Deutschlands Städte starben nicht, Zürich 1963
Jacobsen, Hans-Adolf: Der Zweite Weltkrieg 1939-1945, in Chronik und Dokumenten, Darmstadt 1961
Kesselring, Albert: Soldat bis zum letzten Tag, Frankfurt/Main 1953
Kissel, H.: Der deutsche Volkssturm 1944/45, Berlin 1962
Kjellberg, Sven: Rußland im Krieg 1930-45, Zürich 1945
Kardel, Hennecke: Geschichte der 170. ID, Bad Nauheim 1953
Klatt, Paul: 3. Gebirgsdivision, Bad Nauheim 1958
Kollatz, Karl: Sturm auf Woronesch, Fw. Rudolf Brasche, General der Panzertruppe Hasso von Manteuffel, Generalmajor Horst Niemack, GFM Walter Model, Schlacht der stählernen Giganten, Generalmajor Hermann von Oppeln-Bronikowski, General der Panzertruppe Otto von Knobelsdorff, Der Kampf am Totenteich, Generalleutnant Martin Unrein, Generalleutnant

Harry Hoppe, Generalmajor Franz Griesbach, Generalleutnant Wend von Wietersheim, Gefreiter Hans Sturm, Obergefreiter Franz Schmitz, Unteroffizier Friedrich Glaser, Feldwebel Hans Henkenschuh, Oberstleutnant Wilhelm Herb, Oberfeldwebel Erich Vielwerth, Oberstleutnant Gerhard Hein, Hauptmann Heinz Hogrebe, Obergefreiter Fritz Arndt, alle: Rastatt 1959-1980
Kühn, Volkmar: Deutsche Fallschirmjäger im Zweiten Weltkrieg 1939-1945, Stuttgart 1974
ders.: Torpedoboote und Zerstörer im Einsatz, 1939-1944, Stuttgart 1974
ders.: Schnellboote im Einsatz 1939-1945, Stuttgart 1991
ders.: Der Seenotdienst der deutschen Luftwaffe 1939-1945, Stuttgart 1979
Kurowski, Franz: Die Panzer-Lehr-Division, Bad Nauheim 1964
ders.: Von den Ardennen zum Ruhrkessel, Herford 1965
ders.: Kampf um die Festung Europa, Neckargemünd 1966
ders.: Heeresgruppe Mitte 1942-43, Friedberg 1989
ders.: Deutsche Offiziere in Staat, Wirtschaft und Wissenschaft, Herford 1966
ders.: Ich kam durch, Rastatt 1970
ders.: Endkampf um das Reich, Friedberg 1987
Lasch, Otto: So fiel Königsberg, München 1958
Lanz, Hubert: Die 1. Gebirgsdivision 1939-1945, Bad Nauheim 1954
Lohse, Gerhard: Geschichte der 126. ID, Bad Nauheim 1967
MacIntyre, Donald: U-Boat Killer, London 1956
Mannerheim, Marschall: Erinnerungen, Zürich 1952
Mielke, Otto: Die deutschen U-Boote 1939-1945, München 1959
Mackensen, Eberhard von: Vom Bug zum Kaukasus, Neckargemünd 1967
Manstein, Erich von: Verlorene Siege, Bonn 1955
ders.: Unterlagen und Berichte, Gespräche und Lektorat für Franz Kurowski
ders. und Kurowski Franz: Generalfeldmarschall Erich von Manstein i.Ms.
Melzer, Walter: Geschichte der 252. ID, Bad Nauheim 1960
Memminger, Fritz: Geschichte der 116. PD, Bochum 1962-1968
Merker, Ludwig: Das Buch der 78. Sturmdivision, Tübingen 1956
Metzsch, F.August: Geschichte der 22. ID, Kiel 1952
Montgomery, Bernhard Law: Memoiren, München 1958
Morison, S.E.: History of the United States Naval Operations in World War II, Vol. 1-15, Boston 1947-1962
Murawski, E.: Der deutsche Wehrmachtsbericht 1939-1945, Boppard 1962
Mussolini, Benito: Der Faschismus, Rom 1935
Obermaier, Ernst: Die Ritterkreuzträger der Luftwaffe Bd. 1: Jagdflieger, Mainz 1966
Patton, G.S.: Krieg, wie ich ihn erlebte, Bern 1950
Ploetz: Geschichte des Zweiten Weltkrieges, Würzburg 1960
Richards, Denis: Royal Air Force 1939-1945, Vol. I-IV, London o.J.
Rendulic, Dr. Lothar: Gekämpft, gesiegt, geschlagen, Wels 1952
des.: Soldat in stürzenden Reichen, München 1965
Ringel, Julius: Hurra die Gams! Graz-Stuttgart o.J.
Robertson, Terrence: Jagd auf die Wölfe, Oldenburg 1960
Rohwer, Dr. Jürgen: Die U-Booterfolge der Achensmächte 1939-1945, München 1968
Roscoe, Theodore: United State Submarine Operations in World War II, Annapolos 1945
Roskill, S.W.: The War at Sea, Vol. I-III-IV, London 1954-1956
Ruge, Friedrich: Der Seekrieg 1939-1945, Stuttgart 1954
Saunders, Hrowe H: Der verratene Sieg, Leoni 1984
ders.: Duell im Pazifik, Leoni 1983